圖書在版編目（CIP）數據

釋名校注 / 任繼昉，劉江濤校注． -- 武漢 ：崇文
書局，2025.3
ISBN 978-7-5403-7530-0

Ⅰ．①釋… Ⅱ．①任… ②劉… Ⅲ．①《釋名》－注
釋 Ⅳ．①H131.3

中國國家版本館 CIP 數據核字（2024）第 013002 號

出 版 人　韓　敏
選題策劃　王重陽
責任編輯　曾　咏
責任校對　陳　燕
責任印刷　馮立慧
封面設計　甘淑媛

釋名校注
SHIMING JIAOZHU

出版發行　長江出版傳媒｜崇文書局
地　　址　武漢市雄楚大街 268 號 C 座 11 層
電　　話　（027）87677133　　郵政編碼　430070
印　　刷　湖北新華印務有限公司
開　　本　700mm×1000mm 1/16
印　　張　38.5
字　　數　590 千
版　　次　2025 年 3 月第 1 版
印　　次　2025 年 3 月第 1 次印刷
定　　價　148.00 元

（如發現印裝品質問題，影響閱讀，由本社負責調換）

湖北省公益学术著作
Hubei Special Funds 出版专项资金
for Academic and Public-interest
Publications

釋名校注

任繼昉　劉江濤　校注

長江出版傳媒
崇文書局

前　言

　　成書於秦漢之間衆學者之手的《爾雅》、西漢揚雄的《輶軒使者絶代語釋別國方言》(簡稱《方言》)、東漢許慎的《説文解字》(簡稱《説文》)、東漢劉熙的《釋名》,歷來被視爲四大重要的訓詁著作。《爾雅》是語義詞典,《方言》是方言詞典,《説文》是漢字字典,《釋名》是語源(詞源)詞典,四書互有長短,常可互相參照、補足。

　　書曰"釋名",顧名思義,"釋"者,解釋也,"名"者,事物之名也。那麼,"釋名"自然就是"解釋名稱"了。爲什麼要解釋事物的名稱呢?《釋名》書前的《序》作了説明:

　　　　自古造化,制器立象。有物以來,迄于近代,或典禮所制,或出自民庶,名號雅俗,各方名殊。聖人於時就而弗改,以成其器,著於既往;哲夫巧士以爲之名,故興於其用而不易其舊,所以崇易簡、省事功也。

　　這裏的"名",是指萬事萬物的名稱,就像人有名有姓一樣,是人們指稱該事物時所使用的詞語形式。"名"不只是名詞,實際上也包括了動詞、形容詞等抽象詞語。劉熙所説的"名"和"實",就《釋名》本書而言,是語音形式及其所代表的實際對象,相當於瑞士語言學家索緒爾所説的"能指"和"所指"。

　　當然,"名"和"實"的概念不是劉熙首先發明的,名實關係一開始也是個哲學問題而非語言學問題。早在春秋戰國時期,諸子百家就已展開了熱烈的討論。但劉熙説"名之於實,各有義類",則是他在語言學範疇對這一問題提出的獨到見解。劉熙説:人們每天都稱呼、使用"名",卻不知道爲什麼叫那個名,比如:天爲什麼叫"天"? 地爲什麼叫"地"? 他認爲這是有道理可循的,於是寫了這部書,逐一解釋日常生活中各個"名"的由來,這也是書名《釋名》的本意。

人類生活於天地之間，天地間的萬物需要各有名稱；人類要生活就要生產，生活、生產中需要製造和使用多種器物，器物也需要各有名號。這些名稱、名號因何而來？因此——

夫名之於實，各有義類，百姓日稱而不知其所以之意。故撰天地、陰陽、四時、邦國、都鄙、車服、喪紀，下及民庶應用之器，論叙指歸，謂之《釋名》……至於事類未能究備，凡所不載，亦欲智者以類求之。

在充分闡釋了漢語詞彙發展的規律、方式和結果的基礎上，劉熙把視點轉向詞義，提出了"義類"和"事類"兩個重要範疇。在《釋名》裏，他以"事類"爲經，"義類"爲緯，對詞義進行理論分析，創立了一個從詞義結構入手探索詞義系統的模式。它主要用當時音同或音近的詞，解釋各類事物之所以叫這個名稱的道理，舉凡天文地理、身體髮膚、親疏長幼、言語行動、衣食住行、典籍器物、生老病死等等，其得名之由，皆有所論，可謂包羅萬象，琳琅滿目。全書充滿了對世間萬物名稱來由的好奇，發出了對漢語語源（詞源）的一個個歷史追問。它收錄了一千四百多個條目，訓釋詞語一千七百多個，分爲釋天、釋地、釋山、釋水、釋丘等二十七篇，大類之下又有小類，層次分明，次序井然，既涵蓋了"或典禮所制"的天文、地理、文藝、軍事等領域，也涉及了"或出自民庶"的尋常百姓的日常生活等內容。

《釋名》既然能夠與《爾雅》《方言》《説文》並駕齊驅，自然與語言文字學"四大名著"中的另外三種有所不同。例如《説文·革部》："靯，頸靶也。"《釋名·釋車》："靯，嬰也，喉下稱嬰，言纓絡之也。"秦陵二號銅車馬兩服馬頸部各有一靶索，經喉下，兩端連接於軛輈，與《説文》《釋名》對靯的釋説相符。比較來看，《釋名》的義訓較具體，可作爲閱讀《説文》的補充。

《釋名》中出現的新詞新義，能幫助研究者瞭解漢語詞的發展歷史，爲大型漢語詞典編纂工作提供更早書證。比如，《釋書契》"硯，研也，研墨使和濡也"，《漢語大詞典》列舉的"硯"的書證爲晉陸雲《與平原書》"筆亦如吳筆，硯亦爾"，"研"的"研磨；研細"義書證爲南朝梁徐悱《白馬篇》"研蹄飾鏤鞍，飛軨度河干"，《釋名》這一條的兩個關鍵字，在《漢語大詞典》的書證全都晚於《釋名》。《釋名》中出現的新合成詞，同樣能幫助研究者瞭解漢語詞的發展歷史。如"別人""舌頭""鋸齒""剪刀""關閉"等等，已見於《釋名》，而《漢語大詞典》等語文辭書缺乏書證、書證晚出甚至該立未立、應釋未釋者，屢見不鮮，編纂大型語文辭書不可不予以采録。

　　《釋名》廣泛采用聲訓手段，追溯人、物、事之名源，從而成爲中國第一部語源學研究著作。清人畢沅説："《釋名》其書參校方俗，考合古今，晰名物之殊，辨典禮之異，洵爲《爾雅》、《説文》以後不可少之書。"（《釋名疏證·序》）現代人黄侃也説："一切學問皆必求其根本，小學亦何獨不然？《釋名》之作，體本《爾雅》，而其解説，正在推求語根。以《釋名》之法駕馭《説文》《爾雅》，即爲推求語根之法。"（《文字聲韵訓詁筆記》）誠哉斯言！我們完全可以暫抛《釋名》在推源實踐上的得失之辯，因爲在《釋名》各條目均被確證得失之前，無論主張是得大還是失大，總歸是先入爲主的偏見。《釋名》在理論上的先進性，在實踐上被認爲是科學的這一大部分，無疑是我們的寶貴歷史遺産。

　　《釋名》在現代迄無整理本，直到 2006 年齊魯書社出版了《釋名匯校》，2021 年中華書局出版了《中華經典名著全本全注全譯叢書·釋名》，纔有所改觀。此外，《釋名》研究集大成的工具書——《釋名詁林》，也已列入國家"十四五"出版規劃，即將由中華書局出版。已出的《中華經典名著全本全注全譯叢書·釋名》、將出的《釋名詁林》與本書《釋名校注》，既各有分工，又互相呼應，三位一體，勢成鼎足，故可互參焉。

二〇二三年十月，歌笛湖北

目　録

凡例 ……………………………………………………… 1

釋名目録 ………………………………………………… 1

釋名序 …………………………………………………… 1

釋名卷第一 ……………………………………………… 7

　釋天第一 ……………………………………………… 7

　釋地第二 ……………………………………………… 45

　釋山第三 ……………………………………………… 50

　釋水第四 ……………………………………………… 57

　釋丘第五 ……………………………………………… 67

　釋道第六 ……………………………………………… 75

釋名卷第二 ……………………………………………… 81

　釋州國第七 …………………………………………… 81

　釋形體第八 …………………………………………… 106

釋名卷第三 ……………………………………………… 139

　釋姿容第九 …………………………………………… 139

　釋長幼第十 …………………………………………… 169

　釋親屬第十一 ………………………………………… 179

釋名卷第四 ……………………………………………… 207

　釋言語第十二 ………………………………………… 207

　釋飲食第十三 ………………………………………… 259

　釋綵帛第十四 ………………………………………… 290

　釋首飾第十五 ………………………………………… 307

釋名卷第五 ⋯⋯⋯⋯⋯⋯⋯⋯⋯⋯⋯⋯⋯⋯⋯⋯⋯⋯⋯⋯⋯⋯ 333

　釋衣服第十六 ⋯⋯⋯⋯⋯⋯⋯⋯⋯⋯⋯⋯⋯⋯⋯⋯⋯⋯⋯ 333

　釋宮室第十七 ⋯⋯⋯⋯⋯⋯⋯⋯⋯⋯⋯⋯⋯⋯⋯⋯⋯⋯⋯ 362

釋名卷第六 ⋯⋯⋯⋯⋯⋯⋯⋯⋯⋯⋯⋯⋯⋯⋯⋯⋯⋯⋯⋯⋯⋯ 397

　釋牀帳第十八 ⋯⋯⋯⋯⋯⋯⋯⋯⋯⋯⋯⋯⋯⋯⋯⋯⋯⋯⋯ 397

　釋書契第十九 ⋯⋯⋯⋯⋯⋯⋯⋯⋯⋯⋯⋯⋯⋯⋯⋯⋯⋯⋯ 407

　釋典藝第二十 ⋯⋯⋯⋯⋯⋯⋯⋯⋯⋯⋯⋯⋯⋯⋯⋯⋯⋯⋯ 423

釋名卷第七 ⋯⋯⋯⋯⋯⋯⋯⋯⋯⋯⋯⋯⋯⋯⋯⋯⋯⋯⋯⋯⋯⋯ 445

　釋用器第二十一 ⋯⋯⋯⋯⋯⋯⋯⋯⋯⋯⋯⋯⋯⋯⋯⋯⋯⋯ 445

　釋樂器第二十二 ⋯⋯⋯⋯⋯⋯⋯⋯⋯⋯⋯⋯⋯⋯⋯⋯⋯⋯ 457

　釋兵第二十三 ⋯⋯⋯⋯⋯⋯⋯⋯⋯⋯⋯⋯⋯⋯⋯⋯⋯⋯⋯ 471

　釋車第二十四 ⋯⋯⋯⋯⋯⋯⋯⋯⋯⋯⋯⋯⋯⋯⋯⋯⋯⋯⋯ 498

　釋船第二十五 ⋯⋯⋯⋯⋯⋯⋯⋯⋯⋯⋯⋯⋯⋯⋯⋯⋯⋯⋯ 533

釋名卷第八 ⋯⋯⋯⋯⋯⋯⋯⋯⋯⋯⋯⋯⋯⋯⋯⋯⋯⋯⋯⋯⋯⋯ 543

　釋疾病第二十六 ⋯⋯⋯⋯⋯⋯⋯⋯⋯⋯⋯⋯⋯⋯⋯⋯⋯⋯ 543

　釋喪制第二十七 ⋯⋯⋯⋯⋯⋯⋯⋯⋯⋯⋯⋯⋯⋯⋯⋯⋯⋯ 565

《釋名》版本目録 ⋯⋯⋯⋯⋯⋯⋯⋯⋯⋯⋯⋯⋯⋯⋯⋯⋯⋯⋯⋯ 597

引用文獻目録 ⋯⋯⋯⋯⋯⋯⋯⋯⋯⋯⋯⋯⋯⋯⋯⋯⋯⋯⋯⋯⋯ 599

後記 ⋯⋯⋯⋯⋯⋯⋯⋯⋯⋯⋯⋯⋯⋯⋯⋯⋯⋯⋯⋯⋯⋯⋯⋯⋯ 603

校後記 ⋯⋯⋯⋯⋯⋯⋯⋯⋯⋯⋯⋯⋯⋯⋯⋯⋯⋯⋯⋯⋯⋯⋯⋯ 606

凡　例

一、本書以中國國家圖書館藏明嘉靖三年(1524)儲良材、程鴻翻刊宋本《釋名》(善本書號 04994)爲底本,參校其他各本(見本書《釋名》版本目録)。校語中所用"原文""原"等語,即指此本。

二、爲便於檢索,本書將《釋名》正文依據底本分條情況,按篇逐條加以編號。個別條目因起頭正逢行首而刻工忘記空一格,致使該條看似與上條相合爲一條,又有其他證據可證實爲兩條者,以及明代刊本中有分條者,則酌情分開編號。篇數與條目數以"."隔開,如"1.1"表示第一篇《釋天》的第一條"天"。

三、關於校勘:

(一)校注中引述諸家校本、校者時一般用簡稱,如王先謙《釋名疏證補》簡稱"王先謙疏證補"。《釋名疏證》因作者有爭議,則簡稱"疏證本"。其他無特殊書名可稱者,則簡稱"校",如"吳志忠校"。

(二)對於諸家校語,一般按照以類相從的原則,依内容前後排列。同一内容之中,除特殊需要者外,一般按校者的時代先後排列。

(三)爲明晰起見,有時須將前人校語集中説明幾處問題的原文打散,分别置於各處正文之後,必要時以"……"略去其餘部分,或以"□"補出其所缺的部分。不便分開者則仍其舊。

(四)諸家校語於版本、校者亦習用簡稱,匯於一處則有易混者。爲便於區分,本書於校語中指稱版本、作者的姓氏之後補出其名,並加"〔〕"號,如"吳本"分爲"吳〔琯〕本""吳〔志忠〕本"兩種,"江云"指"江〔聲〕云"等。

(五)諸家注疏中有可與校語相印證或駁正者,亦酌録之。

(六)校語中的"下同"一般限于本條之内。

(七)諸家《釋名》補遺的内容插入正文相應之處,但不編號,以示區别。

四、關於注釋：

    (一)注釋詞語側重於以《釋名》爲節點驗證該詞的歷史(是早於、等於還是晚於《釋名》)，以反映漢語詞彙的發展過程。如不易精確理解的"前""後""左""右"，以及《漢語大詞典》等現有辭書缺乏書證、書證晚出、漏立詞條、漏釋義項、注釋不確等情況者，如"豬肉""別人""資本""鋸齒""剪刀""關閉"等，皆一一注出。

    (二)注中引證文獻，儘量採用早於《釋名》者，以明其淵源。晚於《釋名》者一般不録，以提示該詞可能首見於《釋名》，爲後續研究提供綫索。

    (三)不同條目中相同的詞語，注釋一般不避重複，但所用書證則盡量避複。

五、關於字形：古籍刻本字形固非今世電腦字庫所能盡録，而此書底本文字又多俗寫、異體，爲便於録入、閱讀及索引，其字形認讀無爭議者，一般參照蔡天祐刊本等較早版本和今人習慣換爲通用字形，如"熙—熙""觧—解""愽—博""隱—隱""私—私""畁—卑""穀—穀""刾—刺""絳—絳""义—叉""迭—迭""衕(衕)—衕""兎—兔""皷—鼓""賛—贊""盐—鹽""来—來"等；至於"木—扌"之混作，"巳—已—己"之不分，"礻""衤""宀"之作"礻""亻""穴"，亦本書常例，則一般隨文定取正體字形，必要時注明原形；有校勘意義的(如9.24"踈"、9.73"邊")，或能顯示被訓字與訓釋字之諧聲關係的字形(如15.4"俛")，盡量依其原形。爲展現漢語詞彙發展源流和文獻原貌，本書酌情使用異體字。

六、本書對所引舊籍施以新式標點，並加以統一。所引標點本舊籍中標點不合於現行出版規範處，依今例略改。

七、正文中的注碼一般標在點號前、標號後；適於整條內容或後續內容的注釋，注碼在該條最後。一個注碼涵蓋數項語詞的校注內容時，每項前空開半格。

釋名目録

卷第一
　　釋天　　　釋地　　　釋山　　　釋水　　　釋丘　　　釋道

卷第二
　　釋州國　　釋形體

卷第三
　　釋姿容　　釋長幼　　釋親屬

卷第四
　　釋言語　　釋飲食　　釋綵帛　　釋首飾

卷第五
　　釋衣服　　釋宮室

卷第六
　　釋牀帳　　釋書契　　釋典藝

卷第七
　　釋用器　　釋樂器　　釋兵　　　釋車　　　釋船

卷第八
　　釋疾病　　釋喪制

釋名序[1]

[1]釋名:漢末魏初劉熙所著的一部解釋事物命名緣由的專書。《三國志·吳書·韋曜傳》:“又見劉熙作《釋名》,信多佳者,然物類衆多,難得詳究,故時有得失;而爵位之事,又有非是。”《隋書·經籍志》:“《釋名》八卷,劉熙撰。”北齊顏之推《顏氏家訓·音辭》:“許慎造《説文》,劉熹製《釋名》。”而《後漢書·文苑列傳上·劉珍傳》:“劉珍字秋孫,一名寶……。又撰《釋名》三十篇,以辯萬物之稱號云。”現在一般認爲今本《釋名》二十七篇的作者是劉熙無疑;而劉珍《釋名》三十篇是現已佚失的另一部書。

劉熙字成國撰[1]

[1]劉熙:或稱劉熹,字成國,約生於公元 160 年左右,卒于建安(196—220)末期,北海(今山東昌樂)人,著有《釋名》《謚法》《孟子注》。《三國志·蜀書·許慈傳》:“師事劉熙,善鄭氏學,治《易》《尚書》《三禮》《毛詩》《論語》。建安中,與許靖等俱自交州入蜀。”又《吳書·程秉傳》:“逮事鄭玄,後避亂交州,與劉熙考論大義,遂博通《五經》。”又《薛綜傳》:“少依族人避地交州,從劉熙學。”

熙以爲[1]:自古造化[2],制器立象[3]。有物以來,迄于近代[4],或典禮所制[5],或出自民庶[6],名號雅俗[7],各方名殊[8]。聖人於時就而弗改[9],以成其器[10],著於既往[11];哲夫巧士以爲之名[12],故興於其用而不易其舊[13],所以崇易簡[14]、省事功也[15]。

[1]以爲:認爲。《左傳·僖公二十三年》:“及齊,齊桓公妻之,有馬二十乘,公子安之。從者以爲不可,將行,謀於桑下。”

〔2〕自古:從古以來。《詩·小雅·甫田》:"我取其陳,食我農人,自古有年。" 造化:自然界的創造者。《莊子·大宗師》:"今一以天地爲大鑪,以造化爲大冶,惡乎往而不可哉?"又指創造化育。《漢書·董仲舒傳》:"今子大夫明於陰陽所以造,習於先聖之道業,然而文采未極,豈惑虖當世之務哉?"

〔3〕制器:製造器物。《易·繫辭上》:"《易》有聖人之道四焉:以言者尚其辭,以動者尚其變,以制器者尚其象,以卜筮者尚其占。" 立象:以類設立名稱。象:類。《左傳·桓公六年》:"名有五,有信,有義,有象,有假,有類。以名生爲信,以德命爲義,以類命爲象,取於物爲假,取於父爲類。"《管子·七法》:"名也、時也、似也、類也、比也、狀也,謂之象。"

〔4〕迄(qì)于:至於;到於。《詩·大雅·生民》:"后稷肇祀,庶無罪悔,以迄于今。"毛傳:"迄,至也。" 近代:過去不遠的時代;較近的時代。《戰國策·楚策四》:"夫癘雖癰腫胞疾,上比前世,未至絞纓射股;下比近代,未至擢筋而餓死也。"

〔5〕或:有的。《詩·小雅·北山》:"或燕燕居息,或盡瘁事國,或息偃在牀,或不已于行。" 典禮:制度禮儀。《易·繫辭上》:"聖人有以見天下之動,而觀其會通,以行其典禮。"

〔6〕民庶:庶民,百姓。《管子·國蓄》:"人君鑄錢立幣,民庶之通施也。"

〔7〕名號:名稱;名目。《荀子·賦》:"名號不美,與暴爲鄰。"雅俗:文雅和粗俗。漢王充《論衡·四諱》:"雅俗異材,舉措殊操。"

〔8〕"名",吳志忠校本作"多",云:"各本'多'誤'名',今改。"

〔9〕聖人:指品德最高尚、智慧最高超的人。《易·乾》:"聖人作而萬物睹。" 於時:其時,當時。 就:憑藉;趁着。《詩·周頌·訪落》:"將予就之。"馬瑞辰通釋:"就當訓因。箋云'扶將我就其典法而行之',即因其典法而行之也。"

〔10〕器:器物。指有形的具體事物。《易·繫辭上》:"形而上者謂之道,形而下者謂之器。"孔穎達疏:"道是無體之名,形是有質之稱。"

〔11〕著(zhuó):貼近。《左傳·宣公四年》:"伯棼射王,汰輈,及鼓跗,著於丁寧。" 既往:以往;過去。《書·太甲中》:"既往背師保之訓,弗克於厥初,尚賴匡救之德,圖惟厥終。"

〔12〕哲夫:足智多謀的人。《詩·大雅·瞻卬》:"哲夫成城,哲婦傾城。"鄭玄箋:"哲,謂多謀慮也。" 巧士:擅長某種技藝的人。《墨子·雜守》:"有巧士,有使士。" 以:因而;因此。《禮記·緇衣》:"昔吾有先正,其言明且清,

國家以寧，都邑以成，庶民以生。" 爲：制定。《史記·廉頗藺相如列傳》："爲約曰：'匈奴即入盜，急入收保，有敢捕虜者斬！'"

〔13〕興(xìng)：譬喻；比喻。《論語·陽貨》："詩，可以興。"何晏集解引孔安國曰："興，引譬連類。"《漢書·劉向傳》："更生傷之，乃著《疾讒》《摘要》《救危》及《世頌》，凡八篇，依興古事，悼己及同類也。"顏師古注："興謂比喻也。" 易：改變，更改。《書·盤庚中》："今予告汝不易。"孔穎達疏："鄭玄云：我所以告汝者不變易。"

〔14〕所以：是因爲；爲了。 崇：尊崇；推重。《詩·周頌·烈文》："無封靡于爾邦，維王其崇之。"朱熹集傳："崇，尊尚也。" 易簡：平易簡約。《易·繫辭上》："易則易知，簡則易從……易簡而天下之理得矣。"

〔15〕事功：事情；功夫。

夫名之於實[1]，各有義類[2]，百姓日稱而不知其所以之意[3]。故撰天地[4]、陰陽[5]、四時[6]、邦國[7]、都鄙[8]、車服[9]、喪紀[10]，下及民庶應用之器[11]，論叙指歸[12]，謂之《釋名》[13]，凡二十七篇[14]。

〔1〕原文不分段。此爲明晰，分段另起。名：名稱；稱號。《管子·心術上》："物固有形，形固有名。" "於"，篆字疏證本、吳志忠校本作"與"。王先謙校："吳〔志忠〕校'於'作'與'。" 實：實質；實際。《管子·九守》："修名而督實，按實而定名。名實相生，反相爲情。"

〔2〕義類：事物的比義推類；名稱的詞源義類別。漢王充《論衡·謝短》："義類所及，故可務知。" 蘇輿校："《文獻通考·十八》引'義類'作'類義'。"按，卷目有誤，應在第一百八十九卷《經籍考·十六》。

〔3〕日稱：每天稱呼。 以：依憑；根據。蘇輿校："《通考》引'以'下有'然'字，當據補。"

〔4〕天地：天和地。《荀子·天論》："星隊木鳴，國人皆恐……是天地之變、陰陽之化，物之罕至者也。"

〔5〕陰陽：指日月、晝夜、寒暑、雷電、雨雪等自然事物和現象。

〔6〕四時：四季。《易·恒》："四時變化而能久成。"

〔7〕邦國：國家。《詩·大雅·瞻卬》："人之云亡，邦國殄瘁。"

〔8〕都鄙：京城和邊邑。《左傳·襄公三十年》："子產使都鄙有章。"杜預注："國都及邊鄙。"

〔9〕車服：車輿服裝。《書·舜典》："敷奏以言，明試以功，車服以庸。"

〔10〕喪紀：喪事。《禮記·文王世子》："喪紀以服之輕重爲序，不奪人親也。"鄭玄注："紀，猶事也。"

〔11〕應用：適應需要，以供使用。

〔12〕論叙：論述；叙述和分析。　指歸：主旨；意向。

〔13〕釋名：解釋事物名稱；對名稱的解釋。

〔14〕凡：總計；總共。《易·繫辭上》："乾之策二百一十有六，坤之策百四十有四，凡三百有六十。"　"二十七篇"，篆字疏證本校："此非其原書篇數也。據韋昭之辭，唐宋人書所引，則《釋名》實有《釋爵位》篇。今二十七篇具在，而無《爵位》之目，則明明有亡篇，不止二十七矣。兹云'二十七篇'者，乃後人據其見存之篇數以改之，其原叙必不云爾也。"

至於事類未能究備〔1〕，凡所不載〔2〕，亦欲智者以類求之〔3〕。博物君子〔4〕，其於答難解惑〔5〕，王父幼孫〔6〕，朝夕侍問〔7〕，以塞可謂之士〔8〕，聊可省諸〔9〕？

〔1〕事類：事物的分類、類別；同類事物。　究備：窮盡，完備。

〔2〕凡：所有；凡是。《易·益》："凡益之道，與時偕行。"　載：記録；登載。《書·洛誥》："汝受命篤弼，丕視功載。"僞孔傳："當輔大天命，視群臣有功者記載之。"

〔3〕智者：有智慧的人。《韓非子·主道》："明君之道，使智者盡其慮。"

〔4〕"博"原作"愽"（右"專"實缺中部一點），蔡天祜刊本、《古今逸史》本、《逸雅》本、疏證本等作"博"。按，"愽物"不可通，"愽"應是"博"字。卷一《釋天》1.11"其氣博汜而動物也"，卷三《釋姿容》9.46"搏，博也，四指廣博，亦似擊之也"，"博"原亦作"愽"而明應爲"博"字，例與此同。詳考本書字例，知從"專"之字，如"博""搏""薄""簿""膊""縛"，其"專"均寫作"專"形（多缺中部一點，偶作"專"不缺筆，或中部缺一横一點而作"專"，或中部一點移至右上角。唯"傅"字例外，不作"傅"），故此"愽"實亦"博"，爲"博"之俗寫。　博物：通曉衆物。漢桓寬《鹽鐵論·雜論》："桑大夫據當世，合時變，推道術，尚權利，辟略小辯，雖非正法，然巨儒宿學，惡然大能自解，可謂博物通士矣。"　君子：泛指才德出衆的人。《易·乾》："九三，君子終日乾乾。"漢班固《白虎通·號》："或稱君子何？道德之稱也。君之爲言群也；子者丈夫之通稱也。"亦爲對人的尊稱，猶言"先生"。

〔5〕答難（nàn）：答辯疑難問題。　解惑：解除疑惑。《素問·氣穴論》：“世言真數開人意，今余所訪問者真數，發蒙解惑，未足以論也。”

〔6〕王父：祖父。《書·牧誓》：“昏棄厥遺王父母弟不迪。”孔穎達疏：“《釋親》云‘父之考爲王父’，則王父是祖也。”泛指老者。　幼孫：幼小的孫子。《書·盤庚中》：“先后丕降與汝罪疾，曰曷不暨朕幼孫有比！”泛指小孩。

〔7〕朝夕：早晨和晚上。《國語·晉語八》：“朝夕不相及，誰能俟五？”侍：通“待”。《儀禮·士昏禮》：“媵侍於户外，呼則聞。”賈公彦疏：“供承夫婦者以女爲主，故使媵待於户外也。”楊樹達《積微居小學金石論叢·之部古韻證》：“鄭注云‘今文侍作待’……按侍、待古音同，故通作。”

〔8〕“塞”字下，篆字疏證本校：“此処有挩字。”蘇輿校：“此語不全，下有奪文。”塞：答，回報。《漢書·終軍傳》：“獻享之精交神，積和之氣塞明。”顏師古注：“塞，答也。”可謂：可以言説；能够討論。　“士”字下，蘇輿校：“此亦有奪文。”吳志忠校：“當有誤，各本同。”丁山校：“吳曰：當有誤，各本同。”士：疑當作“者”。

〔9〕聊：略微；絲毫。漢徐幹《室思》：“良會未有期，中心摧且傷。不聊憂餐食，慊慊常饑空。”省（xǐng）：知曉；懂得。　諸：代詞“之”和疑問語氣詞“乎”的合音。

釋名卷第一

劉熙字成國撰

釋天第一　　釋地第二　　釋山第三
釋水第四　　釋丘第五　　釋道第六

釋天第一[1]

[1]天：日月星辰所羅列的空間，即天空。又指日月星辰運行、四時寒暑交替、萬物受其覆育的自然之體。《莊子·大宗師》：“知天之所爲，知人之所爲者，至矣。”成玄英疏：“天者，自然之謂……天之所爲者，謂三景晦明，四時生殺，風雲舒捲，雷雨寒温也。”

1.1　天，豫[1]、司[2]、兗[3]、冀以舌腹言之[4]，天，顯也[5]，在上高顯也[6]。青、徐以舌頭言之[7]，天，垣也[8]，垣然高而遠也[9]。春曰蒼天[10]，陽氣始發[11]，色蒼蒼也[12]。夏曰昊天[13]，其氣布散[14]，皓皓也[15]。秋曰旻天[16]，旻[17]，閔也[18]，物就枯落[19]，可閔傷也[20]。冬曰上天[21]，其氣上騰[22]，與地絶也。故《月令》曰[23]：“天氣上騰[24]，地氣下降[25]。”《易》謂之乾[26]，乾，健也[27]，健行不息也[28]。又謂之玄[29]，玄，懸也[30]，如懸物在上也。

　　[1]豫：豫州。古九州之一。又漢武帝所置十三刺史部之一。轄境約當今淮河以北、伏牛山以東豫東、皖北地。東漢治所在譙（今安徽亳州）。參見卷二《釋州國》7.5[1]。

· 7 ·

〔2〕“司”，周祖謨校箋：“‘豫司’，《續博物志・一》引作‘豫并’，疑誤。本書‘風’以下‘兗豫司冀’合言，不言‘并’。” 司：司州。原爲司隸校尉部，簡稱“司隸”，西漢武帝征和四年（前89）置，東漢時成爲行政區，治雒陽（今洛陽東）。參見卷二《釋州國》7.12〔1〕。

〔3〕兗(yǎn)：兗州。古九州之一。又漢武帝所置十三刺史部之一。轄境約當今山東西南部及河南東部。東漢治昌邑（今山東巨野南）。參見卷二《釋州國》7.11〔1〕。

〔4〕冀：冀州。古九州之一。又漢武帝所置十三刺史部之一。轄境相當於今河北中南部、山東西端及河南北端。東漢治高邑（今河北柏鄉北），末期移治鄴縣（今河北臨漳西南）。參見卷二《釋州國》7.10〔1〕。 舌腹：舌頭中部。

〔5〕沈曾植曰：“‘顯’字喉音而曰‘舌腹’，此古今語音之異。”“‘天’讀如‘顯’，所謂諺人天短也。今齊東之人讀齒音字皆如喉，正是一理。兹舌音讀如喉音則少矣，此亦古今音之變也。”“‘天竺’或言‘音賢豆’，見《衆經音義》，此亦‘天’亦可讀‘顯’之證。” 顯：光明；豁亮。《詩・大雅・抑》：“無曰不顯，莫予云覯。”鄭玄箋：“顯，明也。”《國語・吳語》：“不敢顯然布幣行禮。”韋昭注：“顯者，陽也。”

〔6〕疏證本校：“《莊子》釋文引作‘高顯在上也’。” 高顯：宏大顯敞。

〔7〕青徐：青州和徐州的並稱。青：青州。在今山東。參見卷二《釋州國》7.1〔1〕。徐：徐州。大致在今淮北一帶。參見卷二《釋州國》7.2〔1〕。 舌頭：舌尖，舌頭前端。

〔8〕“垣”，盧文弨、段玉裁、疏證本、邵晉涵、孫星衍、黃丕烈、吳志忠分別校作“坦”，下同。疏證本校：“‘坦’，今本譌作‘垣’，《玉篇》、《爾雅》釋文、《莊子》釋文、《初學記》、《太平御覽》、《爾雅》疏皆引作‘坦’，據改。”邵晉涵曰：“《玉篇》作‘坦’。”孫星衍曰：“《爾雅》疏引作‘坦’。”吳志忠曰：“‘坦’依畢校，下同。”王仁俊集斠：“《禮・月令》疏‘天’下引作‘顯也，又云坦也’。”周祖謨校箋：“‘垣’字誤，畢本改作‘坦’是也。‘天’‘坦’雙聲，爲舌頭音透母字。”巾箱本作“坦”。按，本書卷七《釋用器》21.11“檀，垣也”，盧文弨改“垣”作“坦”，亦可證此“垣”爲“坦”字之誤。坦：平直；廣闊。漢張衡《西京賦》：“雖斯宇之既坦，心猶憑而未攄。”

〔9〕“垣然”應爲“坦然”。坦然：廣闊貌。漢阮瑀《爲曹公作書與孫權》：“則江表之任，長以相付。高位重爵，坦然可觀。”

〔10〕蒼天:特指春天。《爾雅·釋天》:"春爲蒼天,夏爲昊天。"郭璞注:"萬物蒼蒼然生。"

〔11〕陽氣:暖氣,生長之氣。《管子·形勢解》:"春者,陽氣始上,故萬物生。"

〔12〕蒼蒼:深青色。《莊子·逍遥游》:"天之蒼蒼,其正色邪?"《詩·王風·黍離》:"悠悠蒼天,此何人哉!"毛傳:"蒼天,以體言之⋯⋯據遠視之蒼蒼然,則稱蒼天。"

〔13〕昊(hào)天:蒼天,遼闊廣大的天空。特指夏天。《爾雅·釋天》:"夏爲昊天。"郭璞注:"言氣皓旰。"

〔14〕布散:散布;分布散播。

〔15〕皓皓:盛大貌。《史記·河渠書》:"瓠子決兮將奈何?皓皓旰旰兮間殫爲河!"

〔16〕旻(mín)天:茫茫蒼天。特指秋天。《爾雅·釋天》:"秋爲旻天。"郭璞注:"旻猶愍也,愍萬物凋落。"

〔17〕旻:秋天。又通"閔",痛傷。《詩·大雅·召旻序》:"旻,閔也,閔天下無如召公之臣也。"

〔18〕閔:哀傷;憐念。後多作"憫"。《書·文侯之命》:"嗚呼!閔予小子嗣,造天丕愆,殄資澤于下民。"孫星衍疏:"歎言傷悼予小子嗣位,遭天大過咎,絕財禄于下民。"

〔19〕枯落:凋落;衰殘。漢徐幹《中論·修本》:"《詩》曰:'何木不死,何草不萎。'言盛陽布德之月,草木猶有枯落而與時謬者。"

〔20〕閔傷:哀憐傷悼;憐惜哀痛。

〔21〕上天:特指冬天。《爾雅·釋天》:"冬爲上天。"郭璞注:"上天言時無事,在上臨下而已。"

〔22〕上騰:上升。《禮記·月令》:"天氣上騰,地氣下降,天地不通,閉塞而成冬。"孔穎達疏:"十月,地氣六陰俱升,天氣六陽並謝。天體在上,陽歸於虛無,故云'上騰'。"

〔23〕月令:《禮記》篇名。禮家抄合《吕氏春秋》十二月紀之首章而成。所記爲農曆十二個月的時令、行政及相關事物。

〔24〕天氣:指輕清之氣。《逸周書·時訓解》:"小雪之日,虹藏不見。又五日,天氣上騰,地氣下降。"

〔25〕地氣:地中之氣。《禮記·月令》:"(孟春之月)天氣下降,地氣上騰,天地和同,草木萌動。"

釋名校注

〔26〕易：書名。古代卜筮之書。今僅存《周易》，簡稱《易》。《周禮·春官·大卜》：“掌三《易》之法，一曰《連山》，二曰《歸藏》，三曰《周易》。” 乾：指天。《易·説卦》：“乾，天也。”

〔27〕健：强有力。《易·乾》：“天行健，君子以自强不息。”

〔28〕健行：强健運行。 不息：不停；不休止。《易·乾》：“君子以自强不息。”

〔29〕玄：指天。本《易·坤》：“天玄而地黄。”孔穎達疏：“天色玄，地色黄。”《文選·揚雄〈劇秦美新〉》：“或玄而萌，或黄而芽。”劉良注：“玄，天也；黄，地也。”

〔30〕懸：謂高掛在空中。漢司馬相如《長門賦》：“懸明月以自照兮，徂清夜於洞房。”

1.2 日，實也[1]，光明盛實也[2]。

〔1〕實：充實；充滿。《説文·日部》：“日，實也。太陽之精不虧。”段玉裁注：“以疊韵爲訓。《月令》正義引《春秋元命包》云：‘日之爲言實也。’”

〔2〕光明：光亮；明亮。《荀子·王霸》：“《詩》云：‘如霜雪之將將，如日月之光明。’” 盛實：旺盛，充實。疏證本校：“《禮記·月令》正義引作‘大明盛實’。”王仁俊集斠：“《月令》疏引同，又引《元命苞》云：‘日之爲言實也。’”

1.3 月[1]，缺也[2]，滿則缺也[3]。

〔1〕沈錫祚校：“《翻譯名義》卷四引作：‘月者，缺也……’”有“者”字。

〔2〕“缺”，盧文弨、疏證本、黄丕烈、巾箱本分別校作“闕”，下同。段玉裁曰：“《左傳》疏卷一引：‘月，缺也，滿而闕缺。’玉裁按：‘缺’‘闕’一也，疏衍‘缺’字。”

〔3〕疏證本校：“《初學記》《太平御覽》引作‘言滿則復闕’。”顧廣圻校：“《御覽》四引作‘言滿則復缺也’。”沈錫祚校：“《翻譯名義》卷四引作：‘月者，缺也，言滿而復缺也。’”

1.4 光，晃也[1]，晃晃然也[2]。亦言廣也，所照廣遠也[3]。

〔1〕“晃”，篆字疏證本作“晄”，下同，云：“《説文》云：‘晄，明也。從日光，光亦聲。’”晃（huǎng）：明；明亮。

〔2〕晃晃：明亮貌。

〔3〕廣遠：廣大遼遠。《國語·晉語八》：“夫樂以開山川之風也，以耀德於廣遠也。”

· 10 ·

1.5 景[1]，境也[2]，明所照處有境限也[3]。

〔1〕景：亮光；日光。《文選·班固〈東都賦〉》：“岳脩貢兮川效珍，吐金景兮歊浮雲。”高步瀛義疏引李賢曰：“景，光也。”一説讀 yǐng，即“影”的古字。陰影。丁山校：“按：‘景’即‘影’字。漢初無‘影’字，通作‘景’，葛洪《字苑》旁始加‘彡’（《顏氏家訓·書證篇》）。”

〔2〕境：地域；區域。《吕氏春秋·懷寵》：“暴虐姦詐之與義理反也，其執不俱勝，不兩立，故兵入於敵之境，則民知所庇矣。”高誘注：“境，壤。”

〔3〕明：日月的光亮。《易·繫辭下》：“日往則月來，月往則日來，日月相推，而明生焉。” 境限：區域；範圍。

1.6 晷[1]，規也[2]，如規畫也[3]。

〔1〕晷（guǐ）：日影；日光。《説文·日部》：“晷，日景也。”段玉裁注：“上文云‘景，光也’，渾言之。此云‘晷，日景也’，不云日光，析言之也。以其陰別於陽。即今之‘影’字也。《釋名》曰：‘晷，規也，如規畫也。’此謂以表度日。”後指日晷，測度日影以確定時刻的儀器。或指晷儀立表的投影。《周髀算經》卷上：“夏至之日，晷一尺六寸。”

〔2〕規：圓規，畫圓形的工具。可用以測日出、日入之影。《周禮·考工記·匠人》：“爲規，識日出之景與日入之景。”

〔3〕顧廣圻校：“《御覽》四引‘畫’字上少一‘規’字。”張步瀛删去“規”字。丁山校：“《御覽》四引無下‘規’字。”

1.7 曜[1]，耀[2]也，光明照耀也[3]。

〔1〕曜（yào）：日、月、五星（水、木、金、火、土）均稱“曜”。《素問·天元紀大論》：“九星懸朗，七曜周旋。”《〈穀梁傳注疏〉序》“七耀爲之盈縮”唐楊士勛疏：“日、月、五星皆照天下，故謂之七曜。”

〔2〕耀：照射；放光。《左傳·莊公二十二年》：“光遠而自他有耀者也。”

〔3〕照耀：强烈的光綫映射。《淮南子·本經訓》：“焜昱錯眩，照耀煇煌。”

1.8 星，散[1]也，列位布散也[2]。

〔1〕散：分散；離散。《史記·天官書》：“星者，金之散氣。”

〔2〕列位：排列位置。 布散：散布；分布散播。

1.9 宿[1]，宿也[2]，星各止宿其處也[3]。

〔1〕宿(xiù)：星宿，我國古代指某些星的集合體。《淮南子·天文訓》：“五星、八風，二十八宿。”高誘注：“二十八宿，東方：角、亢、氐、房、心、尾、箕；北方：斗、牛、女、虛、危、室、壁；西方：奎、婁、胃、昴、畢、觜、參；南方：井、鬼、柳、星、張、翼、軫也。”

〔2〕宿(sù)：處於。謂日月運行在空中所處的位置。《鶡冠子·天則》：“彼天地之以無極者，以守度量而不可濫，日不踰辰，月宿其列。”

〔3〕止宿：住宿。《漢書·王尊傳》：“尊親執圭璧，使巫策祝，請以身填金隄，因止宿，廬居隄上。”

1.10 氣[1]，餼也[2]，餼然有聲而無形也[3]。

〔1〕氣：雲氣；雲霧；霧氣。《墨子·號令》：“巫祝史與望氣者，必以善言告民，以請上報守。”

〔2〕邵晉涵曰：“《御覽》引‘猶愾也’。”顧廣圻校：“《御覽》十五引作‘氣猶愾也’。”愾(xì)：嘆息。《詩·曹風·下泉》：“愾我寤歎，念彼周京。”鄭玄箋：“愾，歎息之意。”

〔3〕餼然：應爲“愾然”。感慨貌；嘆息貌。《禮記·祭義》：“出戶而聽，愾然必有聞乎其嘆息之聲。”

1.11 風，兗、豫、司、冀橫口合脣言之[1]，風，汜也[2]，其氣博汜而動物也[3]。青徐言“風”[4]，踧口開脣推氣言之[5]，風，放也[6]，氣放散也[7]。

〔1〕兗、豫、司、冀：皆爲州名，參見1.1。　橫口：咧嘴。指發音時嘴角伸展。　合脣：閉口。指發音時兩脣間縫隙很小。

〔2〕“汜”，原作“汜”，疏證本、吳志忠校本等作“汜”，下同。劉師培書後：“‘風，汜也’，《書鈔》一百五十一引‘汜’作‘泛’。”汜(fàn)：同“泛”。廣泛；普遍。《禮記·王制》：“疑獄，汜與眾共之。眾疑，赦之。”孔穎達疏：“汜，廣也。”

〔3〕“博”，原作“博”，蔡天祐刊本作“博”，《古今逸史》本、《逸雅》本、疏證本、吳志忠校本等作“博”。按，“博”“博”即“博”字之俗寫，詳參《釋名序》第三段之注釋〔4〕。博汜：範圍大；廣博。　動物：使(微小的)物體移動。

〔4〕青徐：青州和徐州的並稱。青：青州。在今山東。參見卷二《釋州國》

7.1。徐:徐州。大致在今淮北一帶。參見卷二《釋州國》7.2。

〔5〕跛口:合口。跛,通"蹙",合攏。沈錫祚校:"吳棫《韻補》'開屑'作'含屑'。" 推氣:送氣。

〔6〕放:放散;散失。《詩·小雅·北山》:"或出入風議。"鄭玄箋:"風,放也。"

〔7〕放散:分散;向外散開。

1.12 陰⁽¹⁾,陰也⁽²⁾,氣在內奧蔭也⁽³⁾。

〔1〕陰:陰天;天陰。天空中十分之八以上的部分被中低雲量占住。《詩·豳風·鴟鴞》:"迨天之未陰雨,徹彼桑土,綢繆牖戶。"

〔2〕陰(yìn):通"蔭"。隱藏。《禮記·祭義》:"骨肉斃于下,陰爲野土。"

〔3〕沈曾植曰:"'奧蔭''奧優'同。""奧優"見卷四《釋言語》12.23:"懿,優也,言奧優也。"《老子》:"道者,萬物之奧。"王弼注:"奧猶曖也,可得庇蔭之辭。"

1.13 陽⁽¹⁾,揚也⁽²⁾,氣在外發揚也⁽³⁾。

〔1〕陽:晴天。《說文·勿部》:"昜,開也。一曰飛揚。"段玉裁注:"此'陰''陽'正字也。'陰''陽'行而'含''昜'廢矣。"

〔2〕揚:飛起;飄揚。《詩·小雅·沔水》:"鴥彼飛隼,載飛載揚。"

〔3〕發揚:四散,散播。漢張衡《觀舞賦》:"增芙蓉之紅華兮,光灼爍以發揚。"

1.14 寒,捍也⁽¹⁾,捍格也⁽²⁾。

〔1〕捍:堅實貌。《管子·地員》:"壤土之次曰五浮。五浮之狀,捍然如米。"尹知章注:"捍,堅貌。其土屑碎如米。"

〔2〕捍格:堅實貌。言因寒冷而冰凍堅實。

1.15 暑⁽¹⁾,煮也,熱如煮物也⁽²⁾。

〔1〕暑:炎熱;炎熱的夏季。《易·繫辭下》:"寒往則暑來,暑往則寒來。"

〔2〕煮物:烹煮食物等。

1.16 熱,爇也[1],如火所燒爇也[2]。

〔1〕爇(ruò):燒,焚燒。《左傳·僖公二十八年》:"魏犫、顛頡怒曰:'勞之不圖,報於何有!'爇僖負羈氏。"杜預注:"爇,燒也。"

〔2〕燒爇:焚燒。疏證本補遺:"'伏者何?金氣伏藏之日。金畏火,故三伏皆庚日。'引見《廣韻》。"邵晉涵於此處增:"《御覽》:'所作三伏,金氣伏藏之日。金畏火,故三伏皆庚日也。'從《廣韻》及《韻略釋疑》增入。"顧廣圻校:"《史記·封禪書》索隱引亦作'歷忌',釋《文選·閒居賦》李善注。"

1.17 雨,羽也[1],如鳥羽[2],動則散也[3]。

〔1〕羽:鳥毛。《書·禹貢》:"厥貢……齒、革、羽、毛。"僞孔傳:"羽,鳥羽。"

〔2〕鳥羽:特指鷸鳥的羽毛。古代求雨時頭戴、身披、手執鳥羽。《左傳·僖公二十四年》:"鄭子華之弟子臧出奔宋,好聚鷸冠。"唐顏師古《匡謬正俗·鷸》:"鷸,水鳥。天將雨即鳴……古人以其知天時,乃爲冠象此鳥之形,使掌天文者冠之。故逸《禮記》曰:'知天文者冠鷸。'此其證也。"《周禮·春官·樂師》:"凡舞:有帗舞,有羽舞,有皇舞,有旄舞,有干舞,有人舞。"鄭玄注:"鄭司農云:'皇舞者,以羽冒覆頭上,衣飾翡翠之羽。'……皇,雜五采羽如鳳皇色,持以舞。……旱暵以皇。"

〔3〕動則散:水鳥常常扇動翅膀,抖落身上水珠,如同下雨。

1.18 春,蠢也[1],動而生也[2]。

〔1〕蠢:蟲類蠕動。《説文·蚰部》:"蠢,蟲動也。"段玉裁注:"《鄉飲酒義》曰:'東方者春。春之爲言蠢也,産萬物者也。'注云:'蠢,動生之皃。'"

〔2〕許克勤校:"《玉燭寶典·一》引作:'春,蠢也,蠢動而生也。'(九八一下)又引《春秋説題辭》曰:'春,蠢興也。'(九五一下)胡玉縉校:"《寶典·一》引作'蠢動而生也'。又引《春秋説題辭》曰:'春,蠢興也。'"周祖謨校箋:"《玉燭寶典·一》引作'蠢動而生也'。《藝文類聚·三十》(以下簡稱《藝文》)引作'物蠢而生',《御覽》引作'萬物蠢然而生'。吳〔志忠〕本作'物蠢動而生',義較完備。"蠢動:出於本性的自然的行動。《莊子·天地》:"至德之世,不尚賢,不使能;上如標枝,民如野鹿;端正而不知以爲義,相愛而不知以爲仁,實而不知以爲忠,當而不知以爲信,蠢動而相使,不以爲賜。是故行而無跡,事而無傳。"郭象注:"用其自動,故動而不謝。"

1.19 夏,假也[1],寬假萬物[2],使生長也[3]。

〔1〕假:寬容;寬大。《易·家人》:"九五,王假有家,勿恤,吉。"王引之《經義述聞》卷一:"此假當訓大……王假有家者,王者寬假其家人也……《釋名》曰:'夏,假也,寬假萬物,使生長也。'是假有寬大之義。"王仁俊集斠:"《五行大義》卷一引'假也'之'也'作'者',餘同。"

〔2〕寬假:寬容;寬緩。《史記·封禪書》:"僊者非有求人主,人主者求之。其道非少寬假,神不來。" 萬物:宇宙間的一切物類。《易·乾》:"大哉乾元,萬物資始。"

〔3〕生長:出生成長;長大。《管子·形勢》:"春夏生長,秋冬收藏,四時之節也。"

1.20 秋,緧[1]也,緧迫品物[2],使時成也[3]。

〔1〕緧:通"遒(qiú)"。迫近。《周禮·秋官·司寇》賈公彥疏引鄭玄《周禮目録》:"秋者,遒也,如秋義殺害收聚斂藏於萬物也。"

〔2〕緧迫:即"遒迫"。迫逐。《楚辭·招魂》:"分曹並進,遒相迫些。"王逸注:"遒亦迫也。投箸行棋,轉相遒迫,使不得擇行也。" 品物:衆物;萬物。《易·乾》:"雲行雨施,品物流形。"

〔3〕時成:及時成熟。

1.21 冬,終也[1],物終成也[2]。

〔1〕終:結局;最後的時刻。與"始"相對。漢班固《白虎通·五行》:"冬之爲言終也。"

〔2〕終成:王念孫校:"念孫按:'終成'者爲'終藏',此'成'字蓋因上節'成'字而誤。《鄉飲酒義》云:'冬之爲言中也,中者,藏也。'《尚書大傳》云:'冬者,中也;中也者,萬物方藏於中也。'《漢書·律曆志》云:'冬,終也,物終藏乃可稱。'"終藏:最終收藏。

1.22 四時[1],四方各一時[2]。時,期也[3],物之生死各應節期而止也[4]。

〔1〕四時:四季。《易·恒》:"四時變化而能久成。"

〔2〕四方:東、南、西、北。泛指四處各地。《論語·子路》:"夫如是,則四

方之民,襁負其子而至矣。" 吳志忠、失名於"一時"後增一"也"字。吳志忠曰:"各本脫'也'字,今補。"吳翊寅校議:"吳〔志忠〕本'一時'下有'也'字。"周祖謨校箋:"吳〔志忠〕本於'時'下增'也'字。"

〔3〕期:期限。漢班固《白虎通·四時》:"時者期也,陰消陽長之期也。"

〔4〕生死:生和死;生或死。《荀子·禮論》:"禮者,謹於治生死者也。生,人之始也;死,人之終也。" "節期",篆字疏證本、黃丕烈校作"期節"。沈濟之校:"江〔聲〕本作'期節',〔顧〕千里從郎奎金本校仍改作'節期'。"節期:季節,時期。 疏證本校:"'止',似當爲'至'。"沈曾植校:"'止'疑當作'至'。"按,"止"可訓"至"。《詩·魯頌·泮水》:"魯侯戾止,言觀其旂。"毛傳:"止,至也。"

1.23 年,進[1]也,進而前也。

〔1〕進:前進;行進。《周禮·夏官·大司馬》:"車徒皆作,遂鼓行,徒銜枚而進。"鄭玄注:"進,行也。"

1.24 歲[1],越也[2],越故限也[3]。唐虞曰"載"[4],載生物也[5];殷曰"祀"[6],祀,已也[7],新氣升、故氣已也[8]。

〔1〕沈曾植注:"'歲'讀如'濊'。"

〔2〕越:越歷;逾越。《孔子家語·五儀解》:"篤行信道,自强不息,油然若將可越而不可及者,君子也。"

〔3〕故限:舊的界限。指特定的星空區域。

〔4〕唐虞:唐堯與虞舜的並稱。亦指堯與舜的時代。《論語·泰伯》:"唐虞之際,於斯爲盛。" 載(zǎi):年;歲。漢蔡邕《獨斷》:"唐虞曰載。載,歲也。言一歲莫不覆載,故曰載也。"又音 zài。生長。《管子·侈靡》:"地重人載,毀敝而養不足,事末作而民興之,是以下名而上實也。"尹知章注:"載,生也。今地利既重,人之生植穀物,居則從而毀奪弊盡之,所以養有不足。"

〔5〕載生:生長。《詩·大雅·生民》:"載生載育,時維后稷。"

〔6〕殷:朝代名。前 1600 年商湯滅夏後建立。都亳(今地有河南商丘、山東曹縣、河南偃師三説),曾多次遷移。後盤庚遷都殷(今河南安陽西北小屯村),因而商亦稱"殷"。傳至紂,被周武王攻滅。共傳十七代,三十一王。相當於前 1600—前 1046 年。《詩·大雅·大明》:"自彼殷商,來嫁於周。" 祀:原指歲祀先祖先妣所用的時間,引申指歲、年。《書·伊訓》:"惟元祀,十有二月,乙丑,伊尹祠于先王。"蔡沈集傳:"夏曰歲,商曰祀,周曰年,一也。"

〔7〕“巳”，蔡天祜刊本、疏證本等作“已”形，封口。“巳（sì，yǐ）、已”爲古今字。《説文·巳部》：“巳，巳也。四月，陽气巳出，陰气巳藏，萬物見，成文章，故巳爲蛇。象形。”段玉裁注：“辰巳之‘巳’既久用爲巳然、巳止之‘巳’，故即以巳然之‘巳’釋之。……漢人‘巳午’與‘巳然’無二音，其義則異而同也。”楊樹達拾遺：“達按：《説文》：‘祀，祭無巳也。’亦以‘巳’釋‘祀’。”按，本篇1.36：“巳，巳也，陽氣畢布巳也。”卷一《釋水》4.16：“汜，巳也，如出有所爲，畢巳而還入也。”以“巳”訓“巳”“汜”，猶本條以“巳”訓“祀”。

〔8〕新氣：新的氣候。 “升”，張步瀛校作“生”。丁山校：“升，《御覽》十七引作‘生’。” 故氣：舊的氣候。 已：停止。《詩·鄭風·風雨》：“風雨如晦，雞鳴不已。”鄭玄箋：“已，止也。”

1.25 五行者[1]，五氣也[2]，於其方各施行也[3]。

〔1〕五行：我國古代稱構成各種物質的五種元素。《書·洪範》：“五行：一曰水，二曰火，三曰木，四曰金，五曰土。”《孔子家語·五帝》：“天有五行，水、火、金、木、土，分時化育，以成萬物。”

〔2〕五氣：五行之氣；五方（東、南、西、北、中）之氣。《鶡冠子·度萬》：“五氣失端，四時不成。”古人將五行與五方相對應：東方木，西方金，南方火，北方水，中央土。

〔3〕施行：行動。《文子·上德》：“雷之動也萬物啓，雨之潤也萬物解，大人施行有似於此。陰陽之動有常節，大人之動不極物。”

1.26 金[1]，禁也[2]，其氣剛嚴[3]，能禁制也[4]。

〔1〕金：五行之一。五行學説謂西方、秋天爲金。《吕氏春秋·孟秋》：“某日立秋，盛德在金。”高誘注：“盛德在金，金主西方也。”《漢書·五行志上》：“金，西方，萬物既成，殺氣之始也。”

〔2〕禁：牽制；約束。《禮記·緇衣》：“君子道人以言，而禁人以行。”鄭玄注：“禁猶謹也。”孔穎達疏：“言禁約謹慎人以行，使行顧言也。”

〔3〕“嚴”，盧文弨、疏證本、黄丕烈分別校作“毅”。樓黎默校：“《御覽》八百九引‘嚴’作‘毅’。”剛嚴：剛强嚴峻。

〔4〕禁制：控制；約束。《莊子·説劍》：“子之劍何能禁制？”漢董仲舒《春秋繁露·保位權》：“無以權，無以畏，則君無以禁制也。”疏證本、黄丕烈、沈曾植分別於“制”後增一“物”字。疏證本曰：“今本作‘其氣剛嚴，能禁制也’，據

《太平御覽》引改。"篆字疏證本作:"金,禁也,氣剛毅,能禁制物也。"孫星衍校:"'其氣剛毅,能禁制物。'《太平御覽》。"樓黎默校:"〔《御覽》八百九引〕'制'下有'物'字。"沈曾植曰:"據《太平御覽》引增。"周祖謨校箋:"畢本據《御覽》引改爲'氣剛毅,能禁制物也',義較完備。"

1.27 木[1],冒也[2],華葉自覆冒也[3]。

〔1〕木:五行之一。五行學説謂東方、春天爲木。漢董仲舒《春秋繁露·陰陽終始》:"至春少陽,東出就木,與之俱生。"

〔2〕冒:覆蓋,籠罩。《詩·邶風·日月》:"日居月諸,下土是冒。"

〔3〕華(huā)葉:花與葉。戰國楚宋玉《風賦》:"乘凌高城,入于深宫,邸華葉而振氣。" 覆冒:蒙蔽;掩蔽。《漢書·谷永傳》:"黄濁四塞,覆冒京師。"

1.28 水[1],準也[2],準平物也[3]。

〔1〕水:五行之一。五行學説謂北方、冬天爲水。《説文·水部》:"水,準也。北方之行。"段玉裁注:"《月令》曰:'大史謁之天子曰:某日立冬,盛德在水。'"

〔2〕準:水之平。《説文·水部》:"準,平也。"段玉裁注:"謂水之平也。天下莫平於水,水平謂之準。"

〔3〕準平:衡量;平衡。

1.29 火[1],化也[2],消化物也[3]。亦言毁也,物入中皆毁壞也[4]。

〔1〕火:五行之一。五行學説謂南方、夏天爲火。《説文·火部》:"火,燬也。南方之行,炎而上。"

〔2〕化:熔化;銷鎔。

〔3〕消化:熔化,消融。

〔4〕毁壞:敗壞;破壞。《史記·周本紀》:"今殷王紂乃用其婦人之言,自絶於天,毁壞其三正。"

1.30 土[1],吐[2]也,能吐生萬物也[3]。

〔1〕土:五行之一。五行學説謂中央爲土。漢董仲舒《春秋繁露·五行相生》:"中央者土,君官也。"

〔2〕吐：長出，生出。《説文·土部》：“土，地之吐生物者也。”段玉裁注：“‘吐’‘土’疊韻。”

〔3〕吐生：生長。 萬物：宇宙間的一切物類。

1.31 子[1]，孳也[2]，陽氣始萌[3]，孳生於下也[4]。於《易》爲“坎”[5]，坎，險也。[6]

〔1〕子：地支的第一位。與天干相配，用以紀年。古人把黄道附近一周天十二等分，由東向西配以子、丑、寅等十二支，叫“十二辰”。太歲由東向西運行，運行到某處，這一年就叫“太歲在某”，由此順推。亦可紀月。農曆以通常冬至所在的十一月配子，稱爲建子之月，十二月爲建丑之月，正月爲建寅之月，餘類推。《説文·子部》：“子，十一月，陽气動，萬物滋，人以爲偁。”段玉裁注：“《律書》：‘子者，滋也。言萬物滋於下也。’《律曆志》曰：‘孳萌於子。’”還可紀日、紀時。

〔2〕孳：滋生，繁殖。漢班固《白虎通·爵》：“子者孳也，孳孳無已也。”

〔3〕陽氣：暖氣，生長之氣。 萌：發生；産生。《管子·牧民》：“惟有道者，能備患於未形也，故禍不萌。”

〔4〕孳生：繁殖；滋長；産生。

〔5〕坎：《易》卦名。八卦之一。坎象徵險難。《易·坎》：“彖曰：‘習坎，重險也。’”代表水，爲北方之卦。《易·説卦》：“坎者，水也。正北方之卦也，勞卦也，萬物之所歸也。”

〔6〕吴志忠校：“下脱，各本同。”失名校：“‘坎，險也’下脱，各本同。”蘇輿校：“以上‘乾，健也’、下‘艮，限也’各條例之，此下應言其義，當有奪文。”

1.32 丑[1]，紐也[2]，寒氣自屈紐也[3]。於《易》爲“艮”[4]，艮，限也，時未可聽物生[5]，限止之也。[6]

〔1〕丑：地支的第二位。古代同星歲紀年法相配，用以紀年。《爾雅·釋天》：“大（太）歲……在丑曰‘赤奮若’。”也用以紀月。《説文·丑部》：“丑，紐也。十二月，萬物動，用事。”段玉裁注：“《律曆志》曰：‘紐牙於丑。’《淮南·天文訓》《廣雅·釋言》皆曰：‘丑、紐也。’《系部》曰：‘紐、系也。一曰結而可解。’十二月陰氣之固結已漸解，故曰紐也。”又與天干相配用以紀日。《書·伊訓》：“惟元祀，十有二月，乙丑，伊尹祠於先王。”

〔2〕紐:繫束;活結。《禮記·喪服大記》:“小斂大斂,祭服不倒皆左衽,結絞不紐。”孔穎達疏:“‘結絞不紐’者,生時帶並爲屈紐,使易抽解,若死則無復解義,故絞束畢結不爲紐也。”

〔3〕寒氣:寒冷之氣。《禮記·月令》:“季春行冬令,則寒氣時發,草木皆肅,國有大恐。”“屈”,黄丕烈校作“詘”。

〔4〕艮(gèn):《易》卦名。八卦之一,也爲六十四卦之一。象徵山。《易·説卦》:“艮,止也。”高亨《周易大傳今注》:“艮爲山,山是静止不動之物,故艮爲止。”

〔5〕聽:聽憑;任憑。《莊子·徐无鬼》:“郢人堊漫其鼻端若蠅翼,使匠石斲之,匠石運斤成風,聽而斲之,盡堊而鼻不傷,郢人立不失容。”

〔6〕限止:限阻,阻止。《易·説卦》:“艮,止也。”高亨注:“艮爲山,山是静止不動之物,故艮爲止。”

1.33 寅[1],演也[2],演生物也[3]。

〔1〕寅:地支的第三位,古代用以紀年、月、日、時。《爾雅·釋天》:“大(太)歲在寅曰‘攝提格’。”夏曆正月爲建寅之月。

〔2〕演:蔓延。本書卷四《釋言語》12.33:“演,延也,言蔓延而廣也。”

〔3〕演生:延生;蕃衍生長。

1.34 卯[1],冒也[2],載冒土而出也[3]。於《易》爲“震”[4],二月之時,雷始震也。

〔1〕卯:地支的第四位。《爾雅·釋天》:“大(太)歲……在卯曰‘單閼’。”夏正建寅,二月爲卯。

〔2〕冒:向外透;往上升。《説文》:“卯,冒也。二月萬物冒地而出,象開門之形,故二月爲天門。”

〔3〕載(zài):開始。《詩·大雅·皇矣》:“載錫之光,受禄無喪,奄有四方。”鄭玄箋:“載,始也。”

〔4〕震:八卦之一,又爲六十四卦之一。象徵雷震。《易·震》:“象曰:‘洊雷,震。’”孔穎達疏:“洊者,重也,因仍也。雷相因仍,乃爲威震也。”

1.35 辰[1],伸也,物皆伸舒而出也[2]。

〔1〕辰:地支的第五位。在太歲紀年法中與天干相配,用以紀年。《爾雅·釋天》:"大(太)歲……在辰曰'執徐'。"用以紀月,指農曆三月。《説文·辰部》:"辰,震也。三月,陽气動,靁電振,民農時也。"段玉裁注:"'震''振'古通用。振,奮也。季春之月,生氣方盛,陽氣發泄,句者畢出,萌者盡達。二月靁發聲,始電至,三月而大振動。"

〔2〕伸舒:伸展,舒展。

1.36 巳[1],已也[2],陽氣畢布已也[3]。於《易》爲"巽"[4],巽,散也,物皆生布散也[5]。

〔1〕巳:地支的第六位。與天干相配,用以紀年。《爾雅·釋天》:"大(太)歲……在巳曰'大荒落'。"用以紀月,即農曆四月。《史記·律書》:"四月也其於十二子爲巳。巳者,言陽氣之已盡也。"亦用以紀日。《左傳·隱公五年》:"冬十二月辛巳,臧僖伯卒。"

〔2〕"巳"原作"巳"形,實亦"巳"字。説見本篇1.24〔7〕。已:完了;完成。《國語·齊語》:"有司已於事而竣。"

〔3〕陽氣:暖氣,生長之氣。 畢布:分布;全部布散。

〔4〕巽(xùn):八卦之一,又六十四卦之一。象徵風。《易·巽》:"隨風,巽。"

〔5〕布散:散布;分布散播。

1.37 午[1],仵也[2],陰氣從下上[3],與陽相仵逆也[4]。於《易》爲"離",離,麗也[5],物皆附麗陽氣以茂也[6]。

〔1〕午:地支的第七位。與天干相配,用以紀年、紀月(即農曆五月)、紀日。《書·泰誓中》:"惟戊午,王次於河朔。"《詩·小雅·吉日》:"吉日庚午,既差我馬。"古人以十二支配方位,午爲正南,因以爲南方的代稱。《史記·律書》:"景風居南方,其於十二子爲午。"

〔2〕仵(wǔ):迕逆,違背。《管子·心術上》:"過在自用,罪在變化,自用則不虛,不虛則仵於物矣。"《説文·午部》"午"段玉裁注:"《天文訓》曰:'午,仵也。陰氣從下上,與陽相仵逆也。'《廣雅·釋言》:'午,仵也。'按'仵'即'牾'字。"

〔3〕陰氣:寒氣;寒冷之氣。《管子·四時》:"北方曰月,其時曰冬,其氣曰

寒,寒生水與血……地乃不泄。斷刑致罰,無赦有罪,以符陰氣。"

〔4〕忤逆:猶"忤逆"。冒犯;違抗。漢陸賈《新語·辨惑》:"無忤逆之言,無不合之義。"

〔5〕麗:附着。《易·離》:"彖曰:'離,麗也。日月麗乎天,百穀草木麗乎土。'"

〔6〕附麗:附着;依附。　陽氣:暖氣,生長之氣。

1.38　未[1],昧也[2],日中則昃[3],向幽昧也[4]。

〔1〕未:地支的第八位。古代用以紀年。《爾雅·釋天》:"大(太)歲……在未曰'協洽'。"用以紀月,指農曆六月。《漢書·律曆志上》:"林鐘位于未,在六月。"與天干相配以紀日。《春秋·文公十六年》:"秋八月辛未,夫人姜氏薨。"楊伯峻注:"辛未,八日。"古代十二時辰以十二支爲紀,未時相當於午後十三時至十五時。《淮南子·天文訓》:"牽牛出以辰、戌,入以丑、未。"

〔2〕丁山曰:"按:今閩人呼'未'作'昧',古無輕脣音也。"昧:暗;昏暗。《淮南子·原道訓》:"氣不當其所充而用之則泄,神非其所宜而行之則昧。"高誘注:"昧,不明也。"《漢書·中山靖王劉勝傳》:"塵埃拚覆,昧不〔見〕泰山。"顏師古注:"昧,暗也。"

〔3〕日中:正午。《左傳·昭公元年》:"叔孫歸,曾夭御季孫以勞之。旦及日中不出。"楊伯峻注:"季孫以旦至叔孫家,候至中午,叔孫仍不出戶接見。"昃(zè):日西斜;太陽偏西。《易·離》:"日昃之離,何可久也!"

〔4〕幽昧:昏暗不明。《楚辭·離騷》:"惟夫黨人之偷樂兮,路幽昧以險隘。"王逸注:"幽昧,不明也。"

1.39　申[1],身也,物皆成其身體[2],各申束之[3],使備成也[4]。

〔1〕申:地支的第九位。用以紀年、月(即農曆七月)、日、時。《說文·申部》:"申,神也,七月,会气成體自申束。……吏目('目'或作'臣',此據段注本)鋪時聽事,申旦政也。"段玉裁注:"或曰:'神'當作'身',下云'陰气成體',《釋名》《晉書·樂志》《玉篇》《廣韵》皆云'申,身也',許説'身'字从'申'省聲,皆其證。此説近是,然恐尚非許意。"

〔2〕顧廣圻校:"當補'也,亦言'三字。"吳志忠、失名於"體"字後補出此三字。吳志忠曰:"各本脱'也,亦言'三字,今補。"身體:體格;軀體。《管子·任法》:"利身體,便形軀,養壽命,垂拱而天下治。"

〔3〕申束:約束。《詩·衛風·有狐》"之子無帶"鄭玄箋:"帶所以申束衣。"

〔4〕備成:齊備,完成。

1.40 酉[1],秀也[2],秀者物皆成也[3]。於《易》爲"兑"[4],兑,悦也,物得備足[5],皆喜悦也[6]。

〔1〕酉:地支的第十位。與天干相配,或在太歲紀年法中用以紀年。《爾雅·釋天》:"大(太)歲……在酉曰'作噩'。"用以紀月,即農曆八月。《説文·酉部》:"酉,就也。八月黍成,可爲酎酒。"段玉裁注:"黍以大暑而種,至八月而成,猶禾之八月而孰也。"

〔2〕秀:植物結實。《詩·豳風·七月》:"四月秀葽。"毛傳:"不榮而實曰秀;葽,葽草也。"

〔3〕"者",吴志忠校作"則",曰:"各本'則'誤'者',今改。"失名校:"'者'字誤,當作'則'。"吴翊寅校議:"吴〔志忠〕本'者'作'則'。"

〔4〕兑:《易》卦名。八卦之一,又六十四卦之一。象徵沼澤。又表示喜悦。《易·兑》:"兑,亨,利貞。象曰:'兑,説也。剛中而柔外,説以利貞。'"説(yuè):同"悦"。

〔5〕備足:俱全,齊備。《書·洪範》"五者來備"唐孔穎達疏:"五者於是來皆備足,須風則風來,須雨則雨來,其來各以次序。"

〔6〕喜悦:愉快,高興。《吴子·圖國》:"成湯討桀而夏民喜悦,周武伐紂而殷人不非。"

1.41 戌[1],恤也[2],物當收斂[3],矜恤之也[4]。亦言脱也,落也[5]。

〔1〕戌:地支的第十一位。與天干相配用以紀年。夏正建寅,九月爲戌。《史記·律書》:"九月也,律中無射……其於十二子爲戌。"

〔2〕恤:體恤;憐憫。《左傳·昭公三十年》:"事大在共其時命,事小在恤其所無。"

〔3〕收斂:收縮。

〔4〕矜恤:憐憫體恤。《晏子春秋·問上二一》:"積豐羨之養,而聲矜恤之義。"

〔5〕"落也"之上,顧廣圻校:"當補'物脱'二字。"吳志忠、失名補出。吳志忠曰:"各本脱'物脱'二字,今補。"吳翊寅校議:"吳〔志忠〕本作:'亦言脱也,物脱落也。'案:'戌''脱'聲近字爲訓,不當以'脱落'字爲二誼,故據補。凡本書訓釋,例用雙聲、疊韻字,其不合者,皆傳寫有譌脱也,説見廣圻《略例》。"周祖謨校箋:"吳〔志忠〕本改作:'亦言脱也,物脱落也。'"

1.42 亥[1],核也[2],收藏百物[3],核取其好惡、真僞也[4]。亦言物成皆堅核也[5]。

〔1〕亥:地支的第十二位。古代與太歲紀年法相配,用以紀年。《爾雅·釋天》:"大(太)歲……在亥曰'大淵獻'。"亦用以紀月,即農曆十月。《漢書·律曆志上》:"位於亥,在十月。"

〔2〕核:查對,審查。《莊子·人間世》:"剋核大至,則必有不肖之心應之,而不知其然也。"成玄英疏:"夫剋切責核,逼迫太甚,則不善之心欻然自應。"

〔3〕收藏:收聚蓄藏;收集保存。《禮記·月令》:"(仲冬之月)是月也,農有不收藏積聚者,馬牛畜獸有放佚者,取之不詰。" 百物:猶萬物。宇宙間的一切物類。漢王符《潛夫論·務本》:"六畜生於時,百物聚於野,此富國之本也。"

〔4〕核取:考察選取。 好惡(hǎo è):好壞。 真僞:真假。漢王符《潛夫論·愛日》:"公府不能昭察真僞。"

〔5〕堅核:堅實。

1.43 甲[1],孚也[2],萬物解孚甲而生也[3]。

〔1〕甲:天干的第一位,用以紀年、月、日。《楚辭·九章·哀郢》:"出國門而軫懷兮,甲之鼂吾以行。"《易·蠱》:"先甲三日,後甲三日。"孔穎達疏:"甲,爲十日之首。"高亨注:"每月三旬。每旬十日,以甲、乙、丙、丁、戊、己、庚、辛、壬、癸十字記之。"

〔2〕孚(fū):穀粒的皮殼。後作"稃"。盧文弨、段玉裁、疏證本、黃丕烈分別於"孚"後增一"甲"字。疏證本校:"今本作'孚也',從段校本增'甲'字。"周祖謨校箋:"畢本據段校本改作'甲,孚甲也'。案《史記·律書》云:甲者,萬物剖孚甲而出也。"吳志忠校"孚"爲"甲",曰:"各本下'甲'誤'孚',今改。"失名校:"'孚'字誤,校作:'甲,甲也。'"丁山校:"《白虎通疏證》曰:古'夾''甲''孚'通。《周禮·射鳥氏》'則以並夾取之',先鄭讀'夾'爲'甲',是也。"

〔3〕孚甲：植物籽實的外皮。《詩·小雅·大田》"既方既皁"鄭玄箋："方，房也。謂孚甲始生而未合時也，盡生房矣，盡成實矣。"孔穎達疏："謂米外之房者，言其孚甲，米生於中，若人之房舍然也。"

1.44 乙[1]，軋也[2]，自抽軋而出也[3]。

〔1〕乙：天干的第二位，與地支相配，用以紀年、月、日。《書·召誥》："越六日乙未，王朝步自周。"《漢書·律曆志上》："奮軋於乙。"

〔2〕軋(yà)：碾軋。《史記·匈奴列傳》："罪小者軋，大者死。"又委曲。《穀梁傳·襄公十九年》："取邿田自漷水，軋辭也。"范甯注："軋，委曲隨漷水，言取邿田之多。"楊士勛疏："今云軋辭者，軋謂委曲，經言自漷水者，委曲之辭也。"

〔3〕抽軋：植物幼苗破土時壓抑、屈曲的樣子。《史記·律書》："其於十母爲甲乙。甲者，言萬物剖符甲而出也；乙者，言萬物生軋軋也。"抽：收；收縮。《太玄·瑩》："羣倫抽緒。"范望注："抽，猶收也。"丁山曰："鄭注《禮記·月令》：'甲者，抽也；乙者，軋也。春時萬物皆解孚甲，自抽軋而出也。'"

1.45 丙[1]，炳也[2]，物生炳然[3]，皆著見也[4]。

〔1〕丙：天干的第三位。古代與地支相配用以紀年、月、日。《書·召誥》："越若來三月，惟丙午朏。"

〔2〕炳：明顯；昭著；鮮明。漢揚雄《法言·君子》："或問聖人之言，炳若丹青。"

〔3〕炳然：明顯貌；鮮明貌。《説文·丙部》："丙，位南方，萬物成，炳然。陰气初起，陽气將虧。"段玉裁注："鄭注《月令》曰：'丙之言炳也。萬物皆炳然箸見。'《律書》曰：'丙者，言陽道箸明。'《律曆志》曰：'明炳於丙。'"

〔4〕著見(zhù xiàn)：明白呈現；顯現。《漢書·武帝紀》："遭天地况施，著見景象，屑然如有聞。""見"，"現"的古字。

1.46 丁[1]，壯也[2]，物體皆丁壯也[3]。

〔1〕丁：天干的第四位。與地支相配用於紀年、月、日。《禮記·月令》："(仲春之月)上丁，命樂正習舞，釋菜。"

〔2〕壯：强壯；壯盛；盛大。《易·大壯》："象曰：'大壯，大者壯也。'"高亨注："本卦名'大壯'者，謂其大者强壯也。"

〔3〕物體：物的本體、形體。 丁壯：强壯；健壯；壯盛。《管子·輕重戊》：

“衆鳥居其上，丁壯者胡丸操彈居其下，終日不歸。”

1.47 戊[1]，茂也[2]，物皆茂盛也[3]。

〔1〕戊：天干的第五位。與地支相配，用以紀年或紀日。《爾雅·釋天》：“大（太）歲……在戊曰‘著雍’。”

〔2〕茂：繁盛；旺盛。《詩·大雅·生民》：“茀厥豐草，種之黄茂。”孔穎達疏：“既去其草，於此地種之以黄色而茂盛者，謂黍稷之穀也。”

〔3〕茂盛：茂密旺盛。《詩·周南·葛覃》“維葉萋萋”毛傳：“萋萋，茂盛貌。”

1.48 己[1]，紀也[2]，皆有定形[3]，可紀識也[4]。

〔1〕己：天干的第六位，用以紀年、月、日。《爾雅·釋天》：“大（太）歲……在己曰‘屠維’。”“月……在己曰‘則’。”《禮記·月令》：“（季夏之月）中央土，其日戊己。”

〔2〕紀：通“記”。記憶。本書卷四《釋言語》12.38：“紀，記也，紀識之也。”

〔3〕定形：固定的形體或形狀。《尹文子·大道上》：“語曰：‘好牛。’‘好’，則物之通稱；‘牛’，則物之定形。”

〔4〕紀識（zhì）：記住；記載。漢王充《論衡·正説》：“傳文紀識恐忘。”

1.49 庚[1]，猶更也[2]。庚[3]，堅强貌也[4]。

〔1〕庚：天干的第七位。用以紀年、月、日。《爾雅·釋天》：“大（太）歲……在庚曰‘上章’。”“月……在庚曰‘窒’。”《易·巽》：“先庚三日，後庚三日，吉。”高亨注：“周人以甲、乙、丙、丁、戊、己、庚、辛、壬、癸十字記日，‘先庚三日’即庚前之丁日，‘後庚三日’即庚後之癸日。”

〔2〕疏證本校：“‘猶’字疑衍。”沈錫祚校：“《韻補》：‘居郎切。《釋名》：庚，剛也。’”更：更改；改變。《禮記·月令》：“其日庚辛。”鄭玄注：“庚之言更也……萬物皆肅然改更，秀實新成。”

〔3〕“庚”，吴志忠校作“更”，曰：“各本下‘更’誤‘庚’，今改。”失名校：“‘庚’字誤，校作‘更’。”吴翊寅校議：“吴〔志忠〕本作：‘庚猶更，更，堅强皃也。’案：此與‘雲’同例。《史記》：‘大横庚庚。’徐鍇曰：‘庚庚，堅强之皃。’‘庚’‘更’古通。”周祖謨校箋：“吴〔志忠〕校作‘庚猶更，更，堅强貌也。’案《韻補》卷二引作：‘庚，剛也，堅强貌也。’”

〔4〕堅强:强固有力。《左傳·成公九年》:“勤以撫之,寬以待之,堅强以御之。”

1.50 辛[1],新也[2],物初新者皆收成也[3]。

〔1〕辛:天干的第八位。用以紀年、月、日。《爾雅·釋天》:“大(太)歲……在辛曰‘重光’。”“月……在辛曰‘塞’。”《詩·小雅·十月之交》:“十月之交,朔日辛卯。”

〔2〕新:初次出現的。《禮記·月令》:“其日庚辛。”鄭玄注:“辛之言新也……萬物皆肅然改更,秀實新成。”

〔3〕收成:收斂,成熟。

1.51 壬[1],妊也[2],陰陽交[3],物懷妊也[4],至子而萌也[5]。

〔1〕壬:天干的第九位。與地支組合,用以紀年、月、日。《爾雅·釋天》:“大(太)歲……在壬曰‘玄默’。”“月……在壬曰‘終’。”《左傳·襄公三年》:“夏四月壬戌,公及晉侯盟於長樗。”

〔2〕妊(rèn):懷孕;身孕。《説文·壬部》:“壬,位北方也。陰極陽生,故《易》曰:‘龍戰于野。’戰者,接也。象人裏妊之形。”段玉裁注:“《月令》鄭注:‘壬之言任也。時萬物懷任於下。’《律書》曰:‘壬之爲言任也。言陽气任養萬物於下也。’《律曆志》曰:‘懷任於壬。’”

〔3〕陰陽:指天地間化生萬物的二氣。《易·繫辭上》:“陰陽不測之謂神。” 交:兩者相接觸。《易·泰》:“天地交而萬物通也。”孔穎達疏:“由天地氣交而生養萬物。”

〔4〕懷妊:懷孕;孕育。《韓詩外傳》卷九:“吾懷妊是子,席不正不坐,割不正不食,胎教之也。”漢班固《白虎通·天地》:“地者,元氣之所生,萬物之祖也……萬物懷任,交易變化始起。”

〔5〕子:指十一月。參見 1.31〔1〕。 萌:發生;産生。《史記·孝文本紀》:“朕聞蓋天下萬物之萌生,靡不有死。”

1.52 癸[1],揆也[2],揆度而生[3],乃出之也[4]。

〔1〕癸(guǐ):天干的第十位。與地支組合,用以紀年、月、日。《爾雅·釋天》:“大(太)歲……在癸曰‘昭陽’。”“月……在癸曰‘極’。”《春秋·桓公十七年》:“癸巳,葬蔡桓侯。”

〔2〕揆(kuí)：度量；揣度。《詩·鄘風·定之方中》：“揆之以日，作于楚室。”毛傳：“揆，度也。”

〔3〕揆度(duó)：揣度，估量。《史記·律書》：“其於十母爲壬癸……癸之爲言揆也，言萬物可揆度，故曰癸。”

〔4〕“之”，盧文弨、疏證本校作“土”，巾箱本作“土”。

1.53 霜，喪〔1〕也，其氣慘毒〔2〕，物皆喪也。

〔1〕喪(sàng)：滅亡；死亡。《書·大誥》：“天惟喪殷，若穡夫，予曷敢不終朕畝？”

〔2〕慘毒：殘忍狠毒。《漢書·陳湯傳》：“郅支單于慘毒行於民，大惡通于天。”

1.54 露，慮〔1〕也，覆慮物也〔2〕。

〔1〕慮：結綴。《莊子·逍遥遊》：“今子有五石之瓠，何不慮以爲大樽，而浮乎江湖，而憂其瓠落無所容？則夫子猶有蓬之心也夫！”陸德明曰：“司馬云：‘慮猶結綴也。’”

〔2〕覆慮：同“覆露”。蔭庇；養育。《國語·晉語六》：“智子之道善矣，是先主覆露子也。”王引之《經義述聞》卷二十一：“露與覆同義，覆露之言覆慮也，包絡也。”

1.55 雪，綏也〔1〕，水下遇寒氣而凝〔2〕，綏綏然也〔3〕。

〔1〕綏：通“妥”。下垂。《禮記·曲禮上》：“兵車不式，武車綏旌，德車結旌。”鄭玄注：“綏，謂垂舒之也。”孔穎達疏：“尚威武故，舒散旗旛，垂綏然。”

〔2〕下：降下；降落。 寒氣：寒冷之氣。 凝：冰凍；結冰。《禮記·鄉飲酒義》：“天地嚴凝之氣，始於西南而盛於西北，此天地之尊嚴氣也。”

〔3〕綏綏：雪降落貌。

1.56 霰〔1〕，星也〔2〕，水雪相搏〔3〕，如星而散也〔4〕。

〔1〕霰(xiàn)：雪珠。白色不透明的球形或圓錐形小冰粒。多在下雪前或下雪時降落。《詩·小雅·頍弁》：“如彼雨雪，先集維霰。”鄭玄箋：“將大雨雪，始必微温，雪自上下，遇温氣而搏謂之霰，久而寒勝則大雪矣。”

〔2〕星:形容量多而分散。漢班固《西都賦》:"列卒周匝,星羅雲布。"吳志忠於"星也"後補"散也"二字,曰:"各本脱'散也'二字,今補。"吳翊寅校議:"吳〔志忠〕本作:'霰,星也,散也。'案:'霰''星'雙聲,'霰''散'疊韻。下言'如星而散',則'霰'當兼有二誼。各本脱'散也'二字。"巾箱本有"散也"二字。樓黎默校:"《廣韻》二十二'霰'引無'散也'字。"按:《廣韻》"二十二"實爲"三十二"。失名於"星"前增一"散"字。

〔3〕"水"字,一説作"氷(冰)"。《太平御覽》卷十二:"《釋名》曰:'霰,星也;水雪相搏(補各反),如星而散。'"疏證本校:"'水',《太平御覽》引作'冰',不從。"沈錫祚校:"《廣韻》三十二'霰'引亦作'冰''搏'。"孫祖同校:"黎刻《廣韻》引作'水雪相搏'。"樓黎默校:"郭璞《爾雅》注:'霰,冰雪雜下',則作'水'誤也。"按,據阮元校刻本《十三經注疏》、《爾雅詁林》、《爾雅》郭注之"冰雪"亦或作"水雪"。《廣韻》三十二"霰":"霰,雨雪雜。……《釋名》曰:'霰,星也,冰雪相搏如星而散。'"周祖謨《廣韻校本·廣韻校勘記》:"'冰',北宋本、巾箱本、黎本、景宋本作'水',與《釋名》合。水雪即雨雪也。張改'水'作'冰',非是。"(參見中華書局 2011 年第 4 版,408、996 頁。)水雪:雨雪。 "搏"原作"搏"(右"專"字實缺中部一點),蔡天祐刊本、《古今逸史》本、《逸雅》本、吳志忠校本作"搏"。張步瀛、丁山於"搏"旁注"補各反"。按,《太平御覽》《廣韻》引《釋名》作"搏",注音"補各反"即明爲"搏"字。又依本書字例,"搏"亦應是"搏"字,詳參《釋名序》第三段之注釋〔4〕。搏:拍;擊。《孟子·告子上》:"今夫水,搏而躍之,可使過顙。"疏證本作"搏",曰:"'搏',本或作'搏'。鄭箋《頍弁》詩云:'將大雨雪,始必微温,雪自上下,遇温氣而搏,謂之霰。'《詩》釋文云:'搏,徒端反。'然則此當作'搏'。"搏(tuán):聚集。《管子·霸言》:"夫令,不高不行,不搏不聽。"尹知章注:"搏,聚也。君命不高不聚而聽之。"

〔4〕邵晉涵校:"《御覽》十二引無'也'字。"張步瀛删去"也"字。

1.57 霡霂[1],小雨也[2],言裁霡歷霑漬[3],如人沐頭[4],惟及其上枝[5],而根不濡也[6]。

〔1〕霡霂:(màimù):小雨。《詩·小雅·信南山》"益之以霡霂,既優既渥"毛傳:"小雨曰霡霂。""霡"《説文》作"霢"。《説文·雨部》:"霢霂,小雨也。"段玉裁注:"霢霂,'溟蒙'之轉語。"

〔2〕小雨:降雨量較小的雨。亦指下小雨。《爾雅·釋天》:"小雨謂之霡霂。"

〔3〕裁:通"纔"。僅僅。《戰國策·燕策一》:"燕王曰:'寡人蠻夷僻處,雖大男子,裁如嬰兒。言不足以求正,謀不足以決事。'"吳師道補注:"裁,《史》注音在,僅也。" 霖歴:猶"迷離",模糊不明,難以分辨。 霑漬(zhān zì):沾濕。《漢書·嚴助傳》:"今方内無狗吠之警,而使陛下甲卒死亡,暴露中原,霑漬山谷。"

〔4〕沐頭:洗髮。《説文·水部》:"沐,濯髮也。"

〔5〕枝:通"肢"。四肢。《孟子·梁惠王上》:"爲長者折枝,語人曰:'我不能。'是不爲也,非不能也。"趙岐注:"折枝,案摩,折手節,解罷枝也。"

〔6〕根:物體的下部、基部。 濡(rú):滋潤。《詩·小雅·皇皇者華》:"我馬維駒,六轡如濡。"鄭玄箋:"如濡,言鮮澤也。"

1.58 雲,猶云云〔1〕,衆盛意也〔2〕。又言運也〔3〕,運行也〔4〕。

〔1〕云云:周旋回轉貌。《吕氏春秋·圜道》:"雲氣西行,云云然。"高誘注:"云,運也,周旋運布,膚寸而合,西行則雨也。"又衆貌;盛貌。《莊子·在宥》:"萬物云云,各復其根。"成玄英疏:"云云,衆多也。"

〔2〕蘇輿校:"《御覽·天部八》引無'意'字。"顧廣圻校略同。張步瀛删去"意"字。

〔3〕運:運行;運動。《春秋説題辭》:"雲之爲言運也,動陰路觸石而起謂之雲,合陽而起以精運也。"

〔4〕吳志忠、失名於"運行"前增一"若"字。吳志忠曰:"各本脱'若'字,今補。"王啓原校:"吳〔志忠〕校作'若運行也'。"吳翊寅校議:"吳〔志忠〕本'運行'上有'若'字。"周祖謨校箋:"吳於'運行'上增'若'字。" 運行:運轉;行走。《易·繫辭上》:"日月運行,一寒一暑。"

疏證本校:"案《太平御覽》引有'霞'一條云:'霞,白雲映日光而成赤色,假日之赤光而成也。故字從叚,叚聲。'似應在此下,今書無之,姑附見於此。"沈曾植節録疏證本校語。篆字疏證本"映"作"瑛",無此校語。又疏證本補遺:"'霞,白雲映日光而成赤色,假日之赤光而成也。故字从雨,叚聲。'亦引見《太平御覽》,'假'誤引作'遐','从雨,叚聲'誤引作'從叚,叚聲'。案《説文》無'霞'字,《史記·天官書》云:'雷電蝦虹。'則古者借用'蝦'字,从虫,叚聲。"篆字疏證本校語於"《説文》無霞字"字後尚有:"且云叚日之赤光而成,則安得有雨?从雨非也。"朱彬校:"盧〔文弨校〕本'運行也'下引《太平御覽》有

'霞'一條云:'霞,白雲映日而成赤色,假日之赤光而成也。'應在此下。彬謂'白雲'上仍當有'假也'二字。"邵晉涵校:"'霞,白雲映日光而成赤色,暇日之赤光而成也。故字從叚,遐聲。'(《御覽》十)"王念孫校:"念孫按:'暇'當作'假'。"顧廣圻校:"廣圻案:宋本《太平御覽》無'霞'條,活字本、舊鈔本亦然,唯黃正色刻本有之,非也。"丁山釋:"'霞,白雲映日光而成赤色,假日之赤光而成也,故字從叚,遐聲。'據《太平御覽》補。《說文》新附:'霞,赤雲氣也。從雨,叚聲。'又云:'遐,遠也。從辵,叚聲。或通用假字。'此云'從叚,遐聲','遐'既可通'假','假'亦可通'叚',既云從'叚',何能更出'遐聲'?疑必有衍誤。左思《蜀都賦》'舒丹氣而爲霞',劉淵林注云:'霞,赤雲也。'《楚辭·遠游》'載營魄而登霞兮',王逸注云:'霞,赤黃氣也。'按'霞'各訓,皆云'赤氣',故字或又作'椴'。郭璞《江賦》'壁立椴駿',李注云:'椴駿,如椴之駿也。椴,古霞字。'竊疑此'霞'字下當作'椴',下當係'從赤、叚,叚亦聲'之誤。"

1.59 雷,硍也[1],如轉物有所硍雷之聲也[2]。

〔1〕"硍(xiàn)",盧文弨、疏證本、黃丕烈分別校作"硠",下同。疏證本曰:"'硠',《太平御覽》音'郎'。《說文》云:'硠,石聲也。從石,良聲。'"硠(láng):雷聲、石相擊聲。《楚辭·九思·怨上》:"雷霆兮硠礚,霣霰兮霏霏。"

〔2〕轉物:轉動物體。

1.60 電[1],殄也[2],乍見則殄滅也[3]。

〔1〕電:閃電。《詩·小雅·十月之交》:"爗爗震電,不寧不令。"孔穎達疏:"爗爗然有震雷之電。"

〔2〕殄(tiǎn):滅絕;絕盡。《書·畢命》:"商俗靡靡,利口惟賢,餘風未殄,公其念哉?"孔穎達疏:"餘風至今未絕,公其念絕之哉?"

〔3〕乍見(xiàn):突然而短暫地出現。見,"現"的古字。 殄滅:消滅;滅絕。《書·盤庚中》:"乃有不吉不迪,顛越不恭,暫遇姦宄,我乃劓殄滅之,無遺育,無俾易種于茲新邑。"

1.61 震[1],戰也,所擊輒破[2],若攻戰也[3]。又曰"辟歷"[4],辟,折也[5],所歷皆破折也[6]。

〔1〕震:雷,響雷。《詩·小雅·十月之交》:"爗爗震電,不寧不令。"毛傳:

“震,雷也。”

〔2〕輒(zhé):立即,就。《史記·季布欒布列傳》:“有敢收視者,輒捕之。”

〔3〕攻戰:作戰;戰鬥。《戰國策·齊策五》:“故明君之攻戰也,甲兵不出於軍而敵國勝,衝櫓不施而邊城降。”

〔4〕辟歷:即霹靂。《史記·天官書》:“夫雷電、蝦虹、辟歷、夜明者,陽氣之動者也,春夏則發,秋冬則藏。”

〔5〕折:折斷;毀掉。《孫子·九地》:“是故政舉之日,夷關折符,無通其使。”按,本書“木—扌”常混作,“折”字或可視作“析”字。析:分開;分散。《書·盤庚下》:“今我民用蕩析離居,罔有定極。”

〔6〕破折:破壞折斷。《漢書·王莽傳下》:“昭寧堂池東南榆樹大十圍,東僵,擊東閣,閣即東永巷之西垣也。皆破折瓦壞,發屋拔木。”按,又或可認作“破析”。

1.62 霍,砲也[1],其所中物皆摧折[2],如人所盛咆也[3]。

〔1〕砲:用來發射石彈的機械裝置。三國魏曹叡《善哉行·我徂》:“發砲若雷,吐氣成雨。”

〔2〕中(zhòng):擊中。《左傳·桓公五年》:“祝聃射王,中肩。” 摧折:毀壞;折斷。《漢書·賈山傳》:“雷霆之所擊,無不摧折者;萬鈞之所壓,無不糜滅者。”

〔3〕邵晉涵校:“‘盛’,《御覽》作‘蹙’。”“盛咆”,盧文弨、疏證本校作“蹴跑”。疏證本曰:“‘蹴跑’,本皆作‘盛砲’,亦據《一切經音義》改。《玉篇》:‘跑,蒲篤切,蹴也。’則‘蹴跑’二字不誤矣。《太平御覽》‘蹴’作‘蹙’,後又因形近,遂訛爲‘盛’。”蹴跑:踢踩;踐踏。

1.63 虹[1],攻也[2],純陽攻陰氣也[3]。又曰“蝃蝀”[4],其見[5],每於日在西而見於東,掇飲東方之水氣也[6];見於西方曰“升”[7],朝日始升而出見也[8]。又曰“美人”[9],陰陽不和[10],婚姻錯亂[11],淫風流行[12],男美於女[13],女美於男,恒相奔隨之時[14],則此氣盛,故以其盛時名之也[15]。

〔1〕虹:大氣中的水滴經日光照射後,發生折射或反射作用而形成的弧形光圈。《禮記·月令》:“(季春之月)虹始見,萍始生。”

〔2〕攻:攻擊;進攻。《易·繫辭下》:"愛惡相攻而吉凶生。"孔穎達疏:"或愛攻於惡,或惡攻於愛,或兩相攻擊,事有得失,故吉凶生也。"

〔3〕純陽:純一的陽氣。古代以爲陰陽二氣合成宇宙萬物。火爲純陽,水爲純陰。《北堂書鈔》卷一四九引漢蔡邕《月令章句》:"天有純陽積剛,運轉無窮。" 陰氣:寒氣;寒冷之氣。

〔4〕蝀蝀(dìdōng):虹的別名。《詩·鄘風·蝀蝀》:"蝀蝀在東,莫之敢指。"毛傳:"蝀蝀,虹也。"

〔5〕見(xiàn):"現"的古字。顯現;顯露。《易·乾》:"九二:見龍在田。"陸德明釋文:"見,賢遍反。"高亨注:"是即今之現字,出現也,對上文潛字而言。"

〔6〕"掇",疏證本、失名校作"啜",畢效欽《五雅》本、《廣漢魏叢書》本、瑞桃堂刻本、鍾惺評本、巾箱本作"啜"。啜(chuò)飲:吸;喝。 水氣:雲氣;水上的霧氣。《詩·大雅·雲漢》"倬彼雲漢"鄭玄箋:"倬然天河水氣也,精光轉運於天。"

〔7〕升:特指早晨太陽從東方升起時出現在西方的虹。《詩·鄘風·蝀蝀》:"朝隮於西,崇朝其雨。"毛傳:"隮,升。"鄭玄箋:"朝有升氣於西言,終其朝則雨。"

〔8〕朝日:早晨初升的太陽。《藝文類聚》卷十八引漢蔡邕《協初賦》:"面若明月,輝似朝日。" 出見(xiàn):出現。

〔9〕疏證本校:"郭璞《爾雅》注云:'俗名爲美人虹。'《異苑》曰:'古語有之曰:古者有夫妻,荒年菜食而死,俱化成青虹,故俗呼爲美人虹。'"劉師培書後:"《書鈔》一百五十一引:'古者夫妻荒年菜食而死,俱化成青絳,俗呼美人虹。'疑亦《釋天》'又曰美人'下之挩文。"

〔10〕陰陽:夫婦。《禮記·郊特牲》:"玄冕齊戒,鬼神陰陽也。"孔穎達疏:"'鬼神陰陽也'者,'陰陽'謂夫婦也。著祭服而齊戒親迎,是敬此夫婦之道如事鬼神,故云'鬼神陰陽也'。" 不和:不和睦。《書·多方》:"自作不和,爾惟和哉。"劉師培書後:"'陰陽不和',《類聚》卷二引'和'作'合'。"

〔11〕婚姻:男女因結婚而產生互爲配偶的關係。《左傳·哀公三年》:"劉氏、范氏世爲婚姻。" 錯亂:雜亂無序;失卻常態。《漢書·劉歆傳》:"今聖上德通神明,繼統揚業,亦閔文學錯亂。"

〔12〕淫風:猥褻淫亂的風氣。《詩·衛風·氓》序:"宣公之時,禮義消亡,淫風大行,男女無別,遂相奔誘。" 流行:廣泛傳布;盛行。《左傳·僖公十三年》:"天災流行,國家代有。"

〔13〕美:喜歡;愛慕。

〔14〕恒:經常;常常。《書·伊訓》:"敢有恒舞于宮,酣歌于室,時謂巫風。"偽孔傳:"常舞則荒淫。" 奔隨:謂女子跟隨男子私奔。

〔15〕丁山校:"《類聚》引'名'作'合'。"

1.64 蜺[1],齧也[2],其體斷絕[3],見於非時[4],此灾氣也[5],傷害於物[6],如有所食齧也[7]。

〔1〕蜺(ní):副虹。大氣中有時跟虹同時出現的一種光的現象,形成的原因和虹相同,衹是光線在水珠中的反射比形成虹時多了一次,彩帶排列的順序和虹相反,紅色在內,紫色在外,顏色比虹淡。有時亦統指虹蜺。《文選·班固〈西都賦〉》:"虹蜺迴帶於棼楣。"張銑注:"雄曰虹,雌曰蜺。"

〔2〕齧(niè):亦作"嚙"。咬,啃。《管子·戒》:"東郭有狗嘷嘷,旦暮欲齧我,狿而不使也。"又指侵蝕。《戰國策·魏策二》:"昔王季歷葬於楚山之尾,欒水齧其墓。"

〔3〕斷絕:隔斷。《管子·幼官》:"旗物尚白,兵尚劍,刑則紹昧斷絕。"尹知章注:"其用刑則繼晝之昧斷絕而戮之也。"

〔4〕見(xiàn):"現"的古字。顯現;顯露。 非時:不是時候;不合時令。

〔5〕灾氣:灾害;灾難。

〔6〕傷害:損害;使受到損害。《韓非子·五蠹》:"民食果蓏蚌蛤,腥臊惡臭,而傷害腸胃,民多疾病。"

〔7〕食齧:咬食,咬嚙。

1.65 暈[1],捲也[2],氣在外捲結之也[3],日月俱然。
〔1〕暈(yùn):日月周圍的光圈。《史記·天官書》:"兩軍相當,日暈。"
〔2〕捲:圍繞。
〔3〕氣:雲氣。 捲結:圍裹纏繞。

1.66 陰而風曰"曀"[1],曀,翳也[2],言掩翳日光[3],使不明也[4]。

〔1〕陰:雲層厚而遮住陽光。《詩·豳風·鴟鴞》:"迨天之未陰雨,徹彼桑土,綢繆牖戶。" 風(fèng):颳風;吹。參見1.67〔1〕。 曀(yì):天陰而有風;

天色陰暗。《詩·邶風·終風》:"終風且曀,不日有曀。"毛傳:"陰而風曰曀。"

〔2〕翳(yì):遮蔽;隱藏;隱没。《楚辭·離騷》:"百神翳其備降兮,九疑繽其並迎。"王逸注:"翳,蔽也。"

〔3〕掩翳:遮蔽。 日光:太陽發出的光。漢陸賈《新語·道基》:"潤之以風雨,曝之以日光。"

〔4〕不明:昏暗;不亮。

1.67 風而雨土曰"霾"[1],霾,晦也[2],言如物塵晦之色也[3]。

〔1〕風(fèng):颳風;吹。《書·金縢》:"天大雷電以風,禾盡偃,大木斯拔。"疏證本校:"《北堂書鈔》引脱'雨'字。" 雨(yù):降雨。像下雨一樣降落。《詩·邶風·北風》:"北風其涼,雨雪其雱。" 霾:飛沙蔽天、日色無光貌。《詩·邶風·終風》:"終風且霾,惠然肯來?"毛傳:"霾,雨土也。"孫炎注:"霾,大風揚塵,從上下也。"

〔2〕晦:昏暗;晦冥。《詩·鄭風·風雨》:"風雨如晦,雞鳴不已。"毛傳:"晦,昏也。"

〔3〕塵晦:蒙塵晦暗。

1.68 珥[1],氣在日兩旁之名也[2]。珥,耳也,言似人耳之在面旁也。

〔1〕珥(ěr):耳飾。比喻日、月兩旁的光暈。《吕氏春秋·明理》:"其日有鬥蝕,有倍僪,有暈珥。"高誘注:"倍僪、暈珥,皆日旁之危氣也。在兩旁反出爲倍,在上反出爲僪,在上内向爲冠,兩旁内向爲珥。"

〔2〕氣:雲氣。參見1.10〔1〕。 兩旁:左右兩邊;兩側。《六韜·動静》:"太公曰:'如此者,發我兵去寇十里而伏其兩旁,車騎百里而越其前後……敵人必敗。'"

1.69 日月虧曰"食"[1],稍稍侵虧[2],如蟲食草木葉也[3]。

〔1〕虧:欠缺;不足。《史記·范雎蔡澤列傳》:"日中則移,月滿則虧。"食:通"蝕"。特指日蝕、月蝕。《詩·小雅·十月之交》:"日有食之。"孔穎達疏:"日食者,月掩之也。"馬瑞辰通釋:"《漢書·劉向傳》引《詩》'日有蝕之'……是日月食字本作'蝕',經傳作'食'者,省借字也。"

〔2〕稍稍:漸漸;逐漸。《戰國策·趙策二》:"秦之攻韓魏也,則不然。無有名山大川之限,稍稍蠶食之,傅之國都而止矣。" 侵虧:侵蝕,虧缺。

〔3〕草木:指草本植物和木本植物。《易·坤》:"天地變化,草木蕃。"

盧文弨於此處增:"朏,月未成明。霸,月始生霸然也。晦,月盡之名也。"疏證本、黃丕烈校同,惟"月未成明"後有一"也"字。疏證本校:"以上三句,今本脱。據《初學記》引補。"巾箱本有此三句,亦有"也"字,又"月盡之名"後有一"晦"字。邵晉涵校:"'朏,月未成明也。承小月,月生三日謂之朏。魄,月始生魄然也。承大月,月生二日謂之魄。'從《初學記》增入。"周祖謨校箋:"畢本此上據《初學記》引補出'朏,月未成明也。霸,月始生霸然也。晦,月盡之名也'三句。"

1.70 晦[1],灰也[2],火死爲灰,月光盡似之也[3]。

〔1〕晦:農曆每月的最後一天。由於月之受光面不能反射光線到地球上,地球上看不到月光,夜晚昏暗,故名。《左傳·成公十六年》:"蠻軍而不陳,陳不違晦。"杜預注:"晦,月終,陰之盡,故兵家以爲忌。"

〔2〕灰:物質充分燃燒後殘留的粉狀物。《禮記·月令》:"(仲夏之月)毋燒灰。"鄭玄注:"火之滅者爲灰。"

〔3〕月光:月亮的光芒。《詩·陳風·月出》"月出皎兮"毛傳:"皎,月光也。"

1.71 朔[1],蘇也[2],月死復蘇生也[3]。

〔1〕朔:舊曆每月初一,月球運行到地球和太陽之間,和太陽同時出没,地球上看不到月光的月相。《説文·月部》:"朔,月一日始蘇也。"段玉裁注:"'朔''蘇'疊韵。《日部》曰:'晦者,月盡也。'盡而蘇矣。"

〔2〕蘇:復活;恢復。漢班固《白虎通·四時》:"月言朔,朔之言蘇,明消更生,故言朔。"

〔3〕月死:月光消失,有如死去。 復:又;更;再。《左傳·僖公五年》:"晉侯復假道於虞以伐虢。" 蘇生:復活,甦醒。

1.72 弦[1],月半之名也[2]。其形一旁曲[3]、一旁直,若張弓施弦也[4]。

〔1〕弦：月相名。半圓形的月亮。農曆每月初七、初八爲“上弦”，廿二、廿三爲“下弦”。《論衡・四諱》：“月中分謂之弦。”

〔2〕月半：月亮之半。指弦月，半圓之月。

〔3〕一旁：一邊；一側。

〔4〕張弓：拉弓；開弓。《老子》：“天之道，其猶張弓與？” 施弦：設置弓弦。

1.73 望[1]，月滿之名也[2]。月大十六日、小十五日，日在東、月在西，遥相望也[3]。

〔1〕望：月相名。舊曆每月十五日（有時爲十六日或十七日），地球運行到太陽與月亮之間，當月亮和太陽的黄經相差一百八十度，太陽從西方落下，月亮正好從東方升起之時，地球上看見的月亮最圓滿。《易・小畜》：“婦貞厲，月幾望，君子征，凶。”孔穎達疏：“月幾望者，婦人之制夫，猶如月在望時，盛極以敵日也。”

〔2〕月滿：月圓。《史記・田叔列傳》：“夫月滿則虧，物盛則衰，天地之常也。”

〔3〕相望：相對；相向。銀雀山漢墓竹簡《孫臏兵法・威王問》：“兩軍相當，兩將相望，皆堅而固，莫敢先舉，爲之奈何？”

1.74 昏[1]，損也[2]，陽精損減也[3]。

〔1〕昏：天剛黑的時候；傍晚。《詩・陳風・東門之楊》：“昏以爲期，明星煌煌。”

〔2〕損：喪失。《商君書・慎法》：“君人者不察也，以戰必損其將，以守必賣其城。”

〔3〕陽精：指太陽。《禮記・月令》“月令第六”唐孔穎達疏：“月是陰精，日爲陽精。” 損減：喪失，消失。

疏證本補遺：“‘霄，青天也，無雲氣而青碧者也。又曰近天氣也。’引見《太平御覽》。”邵晉涵於此處補：“‘霄，青天也，無雲氣而青碧者也。又曰近天氣也。’（《御覽》八）”顧廣圻校：“此條宋本《御覽》亦無。”

1.75 晨，伸也[1]，旦而日光復伸見也[2]。

〔1〕伸:同"申"。明:明白。

〔2〕旦:天亮。《書·太甲上》:"先王昧爽丕顯,坐以待旦。" 復:又;更;再。《論語·述而》:"久矣吾不復夢見周公。" 伸見(xiàn):明亮地顯現。見:"現"的古字。

1.76 祲[1],侵也[2],赤黑之氣相侵也[3]。

〔1〕祲(jìn):日旁雲氣。古人認爲此由陰陽二氣相互作用而發生,能預示吉凶。常指妖氣,不祥之氣。《荀子·王制》:"相陰陽,占祲兆。"楊倞注:"祲,陰陽相侵之氣,赤黑之祲是其類也。"

〔2〕侵:進犯。《詩·小雅·六月》:"玁狁匪茹,整居焦穫,侵鎬及方,至於涇陽。"

〔3〕赤黑:暗紅色;紫醬色。《左傳·昭公十五年》:"吾見赤黑之祲,非祭祥也,喪氛也。"杜預注:"祲,妖氛也。"

1.77 氛[1],粉也[2],潤氣著草木[3],因寒凍凝[4],色白若粉之形也。

〔1〕氛:古代指預示吉凶的雲氣。《説文·氣部》:"氛,祥氣也。"段玉裁注:"謂吉凶先見之氣……統言則'祥''氛'二字皆兼吉凶,析言則祥吉、氛凶耳。許意是統言。《左傳》又曰'楚氛甚惡',杜注:'氛,氣也。'可見不容分別。"泛指霧氣;雲氣。《禮記·月令》:"(仲冬之月)氛霧冥冥。"

〔2〕粉:妝飾用的白色粉末。戰國楚宋玉《登徒子好色賦》:"著粉則太白,施朱則太赤。"

〔3〕潤氣:水氣。 著:通"伫"。滯留。《韓非子·十過》:"兵之著於晉陽三年,今旦暮將拔之而向其利,何乃將有他心。"陳奇猷集釋:"著,即伫字,滯留也。"又音 zhuó,依附;附着。《國語·晉語四》:"今戾久矣,戾久將底。底著滯淫,誰能興之?"韋昭注:"著,附也。"

〔4〕凍凝:因遇冷而凝結。

1.78 霧,冒也[1],氣蒙亂覆冒物也[2]。[3]蒙[4],日光不明[5],蒙蒙然也[6]。

〔1〕冒:覆蓋,籠罩。《詩·邶風·日月》:"日居月諸,下土是冒。"

〔2〕蒙亂：混亂；無秩序。漢劉向《五經通義》：“陰亂則爲霧，霧從地升也。”《春秋元命苞》：“霧，陰陽之氣也。陰陽怒而爲風，亂而爲霧，氣蒙冒覆地之物也。” 覆冒：蒙蓋；掩蔽。《漢書·谷永傳》：“黃濁四塞，覆冒京師，申以大水，著以震蝕。”

〔3〕此條蔡天祐刊本、范惟一玉雪堂刻本、瑞桃堂刻本、《廣漢魏叢書》本、《格致叢書》本、鍾惺評本、篆字疏證本無，文孫（仲淳）、盧文弨、邵晉涵、顧廣圻、王宗炎分別補出。龔文照校：“此條失刊，今依吳琯本增入。文照。”邵晉涵曰：“從郎〔奎金〕本增。《御覽》作：‘氣蒙冒覆地物也’。”文孫（仲淳）云：“宋本有。”

〔4〕蔡天祐刊本、范惟一玉雪堂刻本、瑞桃堂刻本、《廣漢魏叢書》本、《格致叢書》本、鍾惺評本、篆字疏證本無此條，文孫（仲淳）、盧文弨、邵晉涵、顧廣圻、王宗炎分別補出。疏證本、吳志忠校本“蒙”條另起。蒙：陰暗。《書·洪範》：“乃命卜筮，曰雨，曰霽，曰蒙。”僞孔傳：“蒙，陰闇。”

〔5〕日光：太陽發出的光。漢陸賈《新語·道基》：“潤之以風雨，曝之以日光。”

〔6〕蒙蒙：模糊不清貌。《楚辭·九辯》：“願皓日之顯行兮，雲蒙蒙而蔽之。”

1.79 彗星[1]，光梢似彗也[2]。

〔1〕彗星：繞太陽運行的一種有獨特外貌的星體。後曳長尾，呈雲霧狀。俗稱“掃帚星”。《楚辭·遠遊》：“寧彗星以爲旍兮，舉斗柄以爲麾。”

〔2〕光梢：彗星的長長的明亮稀疏的彗尾。 彗：掃帚。《史記·孟子荀卿列傳》：“（騶子）如燕，昭王擁彗先驅，請列弟子之座而受業，築碣石宮，身親往師之。”司馬貞索隱：“彗，帚也。謂爲之埽地，以衣袂擁帚而卻行，恐塵埃之及長者，所以爲敬也。”

1.80 孛蒲没反星[1]，星旁氣孛孛然也[2]。

〔1〕孛（bèi）星：彗星的一類。《漢書·五行志下之下》：“北斗，人君象；孛星，亂臣類，篡殺之表也。”《漢書·文帝紀》“有長星出於東方”顏師古注引漢文穎曰：“孛、彗、長三星，其占略同，然其形象小異。孛星光芒短，其光四出，蓬蓬孛孛也。彗星光芒長，參參如埽彗。長星光芒有一直指，或竟天，或十丈，或三丈，或二丈，無常也。”

〔2〕孛孛（bó bó）：猶“勃勃”。旺盛貌。《春秋·昭公十七年》“冬，有星孛

于大辰"孔穎達疏："彗爲帚也，言其狀似掃帚，光芒孛孛然。"

1.81 筆星[1]，星氣有一枝，末鋭似筆也[2]。

〔1〕筆星：彗星的一類，亦稱"昭明"。因其尾部鋭尖如筆頭，故稱。《史記·天官書》："昭明星，大而白，無角，乍上乍下。"司馬貞索隱："《釋名》爲筆星，氣有一枝，末鋭似筆。"

〔2〕鋭：尖，底大頂小。《漢書·天文志》："下有三星，鋭，曰罰，爲斬艾事。"顔師古注引孟康曰："上小下大，故曰鋭。"

1.82 流星[1]，星轉行如流水也[2]。

〔1〕流星：指運行在星際空間的流星體（包括宇宙塵粒和固體塊等空間物質）進入地球大氣層並與大氣摩擦燃燒所產生的光跡。《楚辭·九辯》："願寄言夫流星兮，羌儵忽而難當。"

〔2〕轉行：旋轉而行。　流水：水向低處流逝。《東觀漢記·明帝紀》："十四年，帝作壽陵。制：'令流水而已。'"

1.83 枉矢[1]，齊魯謂光景爲"枉矢"[2]，言其光行若射矢之所至也[3]；亦言其氣枉暴[4]，有所灾害也[5]。

〔1〕枉矢：星名。行曲如蛇，流速如矢，故名。《史記·天官書》："枉矢，類大流星，虵行而倉黑，望之如有毛羽然。"

〔2〕齊魯：春秋戰國時期，以泰山爲界分爲齊國和魯國。山北稱爲齊，山南則稱爲魯。在今山東境内。參見卷二《釋州國》7.25、7.23。　　"光景"，盧文弨校作"流星"。疏證本校："'光景'二字疑'流星'之譌。《史記·天官書》云：'枉矢類大流星，蛇行而蒼黑，望之如有毛羽然。'據此，枉矢亦流星之類。'流'字脱'水'旁而爲'充'，類'光'字；'景'與'星'皆從'日'，由是譌爲'光景'與?"篆字疏證本於校語"據此"後有一"則"字，"'景'與'星'皆從'日'"句作："'景'從'日'，篆文'曐'作'星'，亦從'日'。"

〔3〕射矢：射箭。

〔4〕枉暴：邪曲残暴。

〔5〕灾害：禍害。《國語·周語中》："其餘以均分公侯伯子男，使各有寧宇，以順及天地，無逢其灾害。"

1.84 厲[1]，疾氣也[2]，中人如磨厲傷物也[3]。

〔1〕厲：病災；瘟疫。《左傳·襄公三十一年》："盜賊公行，而夭厲不戒。"又音lài，生癩瘡。癩瘡。《莊子·天地》："厲之人夜半生其子，遽取火而視之，汲汲然唯恐其似己也。"陸德明《經典釋文》："李音賴。"《史記·范雎蔡澤列傳》："漆身爲厲，披髮爲狂，不足以爲臣恥。"司馬貞索隱："厲音賴，癩病也。言漆塗身，生瘡如病癩。"

〔2〕吳志忠校本於"疾氣"前增"厲也"二字，曰："各本脱'厲也'二字，今補。"失名於此處增一"厲"字，又將下"疾氣也"之"也"勾至"疾"前。吳翊寅校議："吳〔志忠〕本作：'厲，厲也，疾氣中人，如磨厲傷物也。'案《説文》：'厲，旱石也。'疾厲之氣如磨厲之悍，故據誼補，當從之。"厲：磨礪。《左傳·哀公十六年》："勝自厲劍。"疾氣：疾病之氣。"也"，吳志忠校："各本'氣'下衍'也'字，今删。"

〔3〕中（zhòng）人：侵襲人；傷害人。《楚辭·九辯》："憯悽增欷兮，薄寒之中人。"王逸注："有似迫寒之傷人。" 磨厲：同"磨礪"。在磨刀石上磨擦。《書·費誓》："礪乃鋒刃。"僞孔傳："磨礪鋒刃。"

1.85 疫[1]，役也[2]，言有鬼行疫也[3]。

〔1〕疫：瘟疫。流行性急性傳染病的通稱。《吕氏春秋·仲夏》："行秋令則草木零落，果實早成，民殃於疫。"古代以爲發生瘟疫是癘鬼在作祟，故指癘鬼。《周禮·春官·占夢》："乃舍萌於四方，以贈惡夢，遂令始難驅疫。"鄭玄注："疫，癘鬼也。"

〔2〕役：役使；差遣；驅使。《書·大誥》："予造天役，遺大投艱于朕身。"蔡沈集傳："然我之所爲，皆天之所役使。"《荀子·正名》："夫是之謂以己爲物役矣。"

〔3〕"行疫"之"疫"，盧文弨、段玉裁、疏證本、黄丕烈、吳志忠分别校作"役"。疏證本曰："《一切經音義》引作'若有鬼行役役不休也'。《説文》云：'疫，民皆疾也。'似'役役不休'之訓爲得。"吳志忠曰："'役'依畢校。"周祖謨校箋："案玄應書卷廿一引作：'疫，役也，言有鬼行役，役役不住也。'下'疫'字誤，當作'役'。"行役：役使作祟。

1.86 疕[1]，截也[2]，氣傷人如有斷截也[3]。

〔1〕疕（zhá）：疫癘。《周禮·春官·大宗伯》："以荒禮哀凶札。"鄭玄注：

“札，讀爲截。謂疫癘。”陸德明釋文：“札，如字。又音截。”又指夭折。短命早死。

〔2〕截：斷，割斷。《史記·蘇秦列傳》：“韓卒之劍戟……皆陸斷牛馬，水截鵠鴈。”

〔3〕氣：疫氣。　傷人：傷害人。吳志忠、失名於“有”後增一“所”字。吳志忠曰：“各本脱‘所’字，今補。”吳翊寅校議：“吳〔志忠〕本‘斷’上有‘所’字。”沈錫祚校：“《韻補》卷五有‘疧’字，引《釋名》：‘疧，截也，氣傷人如有所截斷也。’”周祖謨校箋：“畢本‘疧’字從《周禮·均人職》改作‘札’。《韻補·月韻》引此文作‘氣傷人如有所截斷也’。”　斷截：切斷；截斷。《漢書·谷永傳》：“發人冢墓，斷截骸骨，暴揚尸柩。”

1.87　灾〔1〕，栽也〔2〕，火所燒滅之餘曰“栽”，言其於物如是也〔3〕。

〔1〕灾：泛指灾害、禍患。《周禮·天官·膳夫》：“天地有灾則不舉。”鄭玄注：“天灾，日月晦食；地灾，崩動也。”

〔2〕栽（zāi）：同“灾”。自然發生的火灾。《左傳·宣公十六年》：“凡火，人火曰火，天火曰灾。”《公羊傳·桓公十四年》：“御廩灾。”何休注：“火自出燒之曰灾。”

〔3〕如是：如此；像這樣。《孟子·梁惠王上》：“誠如是也，民歸之。”

1.88　害〔1〕，割也，如割削物也〔2〕。

〔1〕害：灾禍，禍患。《詩·魯頌·閟宮》：“上帝是依，無灾無害。”

〔2〕割削：猶切割。漢王充《論衡·效力》：“諸有鋒刃之器，所以能斷斬割削者，手能把持之也，力能推引之也。”

1.89　異者〔1〕，異於常也〔2〕。

〔1〕異：怪異不祥之事；灾異。《公羊傳·隱公三年》：“己巳，日有食之。何以書？記異也。”何休注：“異者，非常可怪，先事而至者。”又《定公元年》：“冬十月，實霜殺菽。何以書？記異也。此灾菽也，曷爲以異書？異大乎灾也。”

〔2〕異：不相同。《論語·子張》：“異乎吾所聞。”

1.90 青^[1]，瘠也^[2]，如病者瘠瘦也^[3]。

〔1〕"青"，郎奎金刻《逸雅》本作"眚"，段玉裁、邵晉涵、疏證本分別校作"眚"，邵晉涵曰："從郎〔奎金〕本改。"徐復音證："復按：原本誤'眚'爲'青'，……當如上改。《周禮‧大司馬》'憑弱犯寡則眚之'，鄭注曰：'眚猶人眚瘦也。'"胡楚生校："慧琳《音義》凡三引此條，卷十六引作'瘦眚猶瘠瘦也'；卷五十六所引，'青'作'眚'；卷五十七所引，'青'作'眚'。……按：《説文》：'眚，目病生翳也。'又《左傳‧莊公二十五年》注云：'月侵日爲眚。'則《左傳》所注爲引申之義，明本作'青'不可通，作'眚'是也。"眚（shěng）：眼睛生翳。引申爲日月蝕。亦指灾異；妖祥。《易‧訟》："九二，不克訟，歸而逋，其邑人三百户，無眚。"《左傳‧莊公二十五年》："非日月之眚不鼓。"杜預注："眚，猶灾也。月侵日爲眚。"

〔2〕"瘠"，疏證本校作"省"，下同，曰："今本二'眚'字俱作'消'。《一切經音義》兩引，一引作'瘠'，一引作'瘠'。案：此書訓詁皆取音相近之字，'消''瘠'音與'眚'皆不近，'瘠'亦《説文》所無。案《春秋‧莊廿二年》'春肆大眚'，《公羊傳》作'省'。此書《言語》篇據《太平御覽》作'省，瘦也'，則此當作'眚，省也'。章懷注《後漢書‧袁閎傳》引謝承書云'面貌省瘦'，正與此合，今據改。"周祖謨校箋："畢本'瘠'字並改爲'省'。'省瘦'爲古之常言。"篆字疏證本作"消"，曰："二'消'字，今本皆作'瘠'。'瘠'與'眚'音不近，'瘠'雖音同'眚'，而字書所無，皆非也。《説文》云：'消，少減也。'以音誼求之，當爲'消'也。"朱彬於"瘠"旁注"消"，曰："盧〔文弨〕云：當是'眚，省也'。下'瘠'字亦當是'省'。"顧廣圻校："案鄭注《大司馬》云：'眚猶人眚瘦也。'"吳志忠校、徐復音證作"瘠"。吳志忠曰："'瘠'依畢校。"吳翊寅校議："吳〔志忠〕本'省'作'瘠'。案《一切經音義》引亦作'瘠'，經典借'省'字。《周禮‧大司馬》：'馮弱犯寡則眚之。'鄭注：'眚猶人省瘦也。'此即本鄭爲説。《説文》：'消，減少也。'此正字，'瘠'後出字。'省'訓'視'，非其誼。"丁山校："慧琳《一切經音義》本，'省'皆作'瘠'，無作'瘠'者。並云：'瘠瘦猶瘠瘦也。'"徐復音證："原本誤'瘠'爲'瘠'，當如上改。'瘠'亦不見《説文》，但作'省'。"《管子‧入國》："掌孤數行問之，必知其食飲飢寒、身之膌勝而哀憐之，此之謂恤孤。"王念孫《讀書雜志‧管子九》："'勝'讀如減省之'省'，'勝'亦瘦也。字或作'眚'，又作'瘠'，又作'省'。《釋名‧釋天篇》曰：'眚，瘠也，如病者瘠瘦也。'"瘠（shěng）：瘦。《周禮‧夏官‧大司馬》："馮弱犯寡則眚之。"注："眚，損也。四面削其地，猶人眚瘦也。"參見本書卷三《釋言語》12.136。

〔3〕痡瘦:當作"痟瘦"。消瘦;身體變瘦。

1.91 慝⁽¹⁾,態也⁽²⁾,有姦態也⁽³⁾。

〔1〕慝(tè):陰氣;寒氣。指肅殺之氣。《左傳·莊公二十五年》:"唯正月之朔,慝未作,日有食之。"杜預注:"慝,陰氣。"又指灾害;禍患。《國語·晉語八》:"蠱之慝,穀之飛實生之。"韋昭注:"言蠱之爲惡害于嘉穀。"丁山釋:"然則慝者言陰氣暗盛,爲害物類也。《漢書·五行志》:'上慢下暴,則陰氣勝,故其罰常雨也。水傷百穀,衣食不足,則奸軌並作。'即此慝意。"

〔2〕態:通"慝"。邪惡;欺詐。《荀子·成相》:"讒夫多進,反覆言語生詐態。"王念孫《讀書雜志·荀子八》:"'態',讀爲姦慝之'慝',言言語反覆,則詐慝從此生也。以'態'爲'慝'者,古聲不分去、入也。"

〔3〕姦態:詐僞的情狀。《漢書·李尋傳》:"賀良等反道惑衆,姦態當窮竟。"

1.92 妖⁽¹⁾,殀也⁽²⁾,殀害物也⁽³⁾。

〔1〕妖:指反常、怪異的事物。《左傳·宣公十五年》:"天反時爲灾,地反物爲妖。"《吕氏春秋·慎大》:"晝見星而天雨血,此吾國之妖也。"

〔2〕殀(yāo):殺死。《禮記·王制》:"不殺胎,不殀夭,不覆巢。"鄭玄注:"殀,斷殺。"

〔3〕殀害:殺害,殘害。

邵晉涵校於此處用朱筆增:"《埤雅》引《釋名》云:'祭雨曰昇,祭星曰布。昇取其氣之昇也,布取其象之布也。'"又用墨筆注:"此條不似《釋名》。"

1.93 孽⁽¹⁾,蘖也⁽²⁾,遇之如物見髡孽也⁽³⁾。

〔1〕孽(niè):灾害,灾禍。《詩·小雅·十月》:"下民之孽,匪降自天。"鄭玄箋:"孽,妖孽,謂相爲灾害也。"

〔2〕蘖:通"蘖(niè)"。樹木砍去後重生的枝條。《廣雅·釋詁一》:"蘖,始也。"王念孫疏證引《書·盤庚》:"若顛木之有由蘖。"

〔3〕見:被,受到。《孟子·梁惠王上》:"百姓之不見保,爲不用恩焉。"髡(kūn)孽:砍截。

釋地第二[1]

[1]地：地面；陸地。《左傳·僖公四年》："公（獻公）至，毒而獻之。公祭之地，地墳；與犬，犬斃。"但本章不包括山、水、丘、道等地物，另有各章分釋之。

2.1 地者[1]，底也[2]，其體底下[3]，載萬物也[4]。亦言"諦"也[5]，五土所生[6]，莫不信諦也[7]。《易》謂之"坤"[8]。坤，順也[9]，上順乾也[10]。

[1]"者"，盧文弨、疏證本、黃丕烈、吳志忠分別刪去。疏證本曰："今本'地'下有'者'字，據《月令》正義、《莊子》釋文、《爾雅》釋文引刪。"吳志忠曰："刪'者'，依畢校。"樓黎默校："《御覽》三十六無'者'字。"周祖謨校箋："《玉燭寶典》卷一引曰：'地，底也。'無'者'字。《莊子》釋文、《爾雅》釋文引同。"

[2]底：最低下的地方。戰國楚宋玉《高唐賦》："俯視崝嶸，窒寥窈冥；不見其底，虛聞松聲。"

[3]底下：猶低下。底，通"低"。

[4]載：承受。《易·坤》："坤厚載物，德合無疆。" 萬物：宇宙間的一切物類。

[5]諦（dì）：確鑿；確實。《大戴禮記·曾子天圓》："地之所生下首……下首之謂方。"盧辯注引《白虎通》："地，諦也，其道曰方。"

[6]五土：山林、川澤、丘陵、水邊平地、低窪地這五種土地。《孔子家語·相魯》："乃別五土之性，而物各得其所生之宜。"王肅注："五土，一曰山林，二曰川澤，三曰丘陵，四曰墳衍，五曰原隰。"

[7]信諦：真實可信，確信。

[8]坤：地，大地。《易·説卦》："坤也者，地也。……坤爲地。"

[9]順：柔順；和順。《易·繫辭下》："夫坤，天下之至順也。"《易·説卦》："坤，順也。"

[10]乾：指天。《易·説卦》："乾，天也。"

2.2 土，吐也[1]，吐生萬物也[2]。

〔1〕吐:長出,生出。參見本卷《釋天》1.30〔2〕。

〔2〕吐生:生長出。　萬物:一切物類。指植物。

2.3　已耕者曰"田"〔1〕。田,填也〔2〕,五稼填滿其中也〔3〕。

〔1〕邵晉涵校:"《廣韻》引作'土已耕者曰田'。"樓黎默校:"《廣韻·一先》引有'土'字,當補。"張步瀛補出"土"字,巾箱本有"土"字。

〔2〕填:填塞。《國語·吳語》:"王遂出,夫人送王,不出屏,乃闔左闔,填之以土,去笄側席而坐,不掃。"

〔3〕五稼:五穀。一般指稻、稷、黍、麥、豆,泛指所有的糧食作物。　填滿:填塞;塞滿。　其中:這裏面;那裏面。《論語·爲政》:"言寡尤,行寡悔,禄在其中矣。"

2.4　壤〔1〕,瀼也〔2〕,肥濡意也〔3〕。

〔1〕壤:鬆軟的泥土,即經耕作的土地。《周禮·地官·大司徒》:"辨十有二壤之物,而知其種,以教稼穡樹藝。"鄭玄注:"壤亦土也,變言耳。以萬物自生焉則言土,土猶吐也;以人所耕而樹藝焉,則言壤。壤,和緩之貌。"

〔2〕"瀼",黃丕烈、疏證本校作"膘",巾箱本作"膜"。徐復音證:"畢沅本改'瀼'爲'膘',據《説文》也。"瀼:通"膘(rǎng)"。肥。《説文·肉部》:"膘,益州鄙言人盛,諱其肥,謂之膘。"

〔3〕"濡",盧文弨校作"瀼",疏證本、黃丕烈校作"膘"。疏證本曰:"兩'膘'字,今本一作'瀼',一作'濡'。'瀼'字《説文》所無,'濡'字音不近,皆非也。《説文》云:'益州鄙言人盛,諱其肥,謂之膘。从月,襄聲。'《方言》:'凡人言盛及其所愛,諱其肥臧,謂之膘。'郭璞注云:'肥膘,多肉。'《漢書·鄒陽傳》:'壤子王梁代。'晉灼引《方言》,以'膘'爲'壤',知二字義同,亦得通用,此切證也,故並改正。"篆字疏證本引《説文》以下作:"兹與'肥'字聯文,則當作'膘'。"巾箱本作"膘"。周祖謨校箋:"此條訓釋上下文意不合。畢本據《説文》所云'益州鄙言人盛,諱其肥,謂之膘',改此文作'壤,膘也,肥膘意也'。"

2.5　廣平曰"原"〔1〕。原,元也〔2〕,如元氣廣大也〔3〕。

〔1〕廣平:寬闊平坦。　原:寬廣平坦之地。《詩·大雅·綿》:"周原膴膴,堇荼如飴。"鄭玄箋:"廣平曰原。"

〔2〕元:指元氣。《吕氏春秋·應同》:"帝者同元,王者同義。"高誘注:"同

元氣也。”

〔3〕元氣：宇宙自然之氣。《楚辭·九思·守志》：“食元氣兮長存。”原注：“元氣，天氣。” 廣大：寬廣高大。《禮記·中庸》：“今夫山，一卷石之多，及其廣大，草木生之，禽獸居之，寶藏興焉。”

2.6 高平曰“陸”〔1〕。陸，漉也〔2〕，水流漉而去也〔3〕。

〔1〕高平：隆起而平坦。《詩·小雅·天保》“如山如阜”毛傳：“言廣厚也。高平曰陸，大陸曰阜。”

〔2〕漉：液體往下滲流。《戰國策·楚策四》：“蹄申膝折，尾湛胕潰，漉汁灑地。”

〔3〕疏證本校：“‘水’，《太平御覽》引作‘川’。”邵晉涵校：“《廣韻》引作‘川流而去也’。” 流漉：流逝；滲流。

2.7 下平曰“衍”〔1〕，言漫衍也〔2〕。

〔1〕衍：低下而平坦的土地。《周禮·地官·大司徒》：“辨其山、林、川、澤、丘、陵、墳、衍、原、隰之名物。”鄭玄注：“下平曰衍。”

〔2〕漫衍：綿延伸展貌。《楚辭·遠遊》：“騎膠葛以雜亂兮，斑漫衍而方行。”洪興祖補注：“漫衍，無極貌。”

2.8 下濕曰“隰”〔1〕。隰，墊也〔2〕，墊濕意也〔3〕。

〔1〕隰（xí）：低濕的地方。《書·禹貢》：“原隰底績，至于豬野。”僞孔傳：“下濕曰隰。”《爾雅·釋地》：“下濕曰隰。”李巡注：“下濕謂土地窊下常沮洳，名爲隰也。”

〔2〕王先慎校：“《爾雅》：‘蟄，靜也。’《說文》、虞氏《易注》並云：‘蟄，藏也。’均無‘下濕’義。‘蟄’當作‘墊’。《方言》、《說文》、《莊子》司馬注並云：‘墊，下也。’是‘墊’爲凡在下之稱。《書》‘下民昏墊’，鄭注：‘陷也。’某傳：‘溺也。’土爲水濕，勢若陷溺，是此文當作：‘下濕曰隰。隰，墊也，墊濕意也。’後人以‘墊’音‘疊’。《漢·地理志》孟康注‘墊音疊’，與‘濕’聲別，故改‘墊’爲‘蟄’，不顧其義之不通矣。《說文》‘墊’從土，執聲，‘執’‘濕’音近，《一切經音義·四濕》‘濕，墊也’，即本此訓，從‘土’不從‘虫’。猶見唐以前此字尚不誤。”徐復音證：“復按：王先慎曰：‘蟄’當作‘墊’。《說文》：‘墊，下也。从土，執聲。’‘執’‘濕’音近。古音濕、隰、墊皆在七部。”周祖謨校箋：“王先慎謂《說文》

‘蟄，藏也’，無‘下濕’義。‘蟄’當作‘墊’。《方言》、《説文》、《莊子》司馬注並云：‘墊，下也。’《書》‘下民昏墊’，鄭注：‘陷也。’某傳：‘溺也。’土爲水濕，勢若陷溺，是此文當作：‘下濕曰隰，隰，墊也；墊，濕意也。’今案：原本《玉篇》：‘隰，辭立反。《尚書大傳》：隰隰言濕也。《廣雅》（當作《釋名》）：隰隰，墊也；墊墊，濕意也。’據此可證王説不誤。《方言》卷六：‘墊，下也。’郭注音‘丁念反’。”墊：陷没；下陷。《書・益稷》：“洪水滔天，浩浩懷山襄陵，下民昏墊。”僞孔傳：“言天下民昏瞀墊溺，皆困水災。”

〔3〕蟄濕：當作“墊濕”。低窪潮濕。邵晉涵校：“《御覽》引無‘意’字。”

2.9　下而有水曰“澤”[1]，言潤澤也[2]。

〔1〕下：低。《尉繚子・天官》：“然不能取者，城高池深，兵器備具，財穀多積，豪士一謀者也。若城下、池淺、守弱，則取之矣。” 澤：水聚匯處。《書・禹貢》：“九川滌源，九澤既陂。”

〔2〕潤澤：滋潤；濕潤。

2.10　地不生物曰“鹵”[1]。鹵，爐也，如爐火處也[2]。

〔1〕生物：生長農作物。鹵：鹽鹼地。《易・説卦》：“其於地也，爲剛鹵。”孔穎達疏：“取水澤所停，則鹹鹵也。”

〔2〕爐火：生了火的爐子。爐中之火。

2.11　徐州貢土五色[1]，有青、黄、赤、白、黑也。

〔1〕徐州：古九州之一。參見卷二《釋州國》7.2〔1〕。 貢土：古代帝王分封諸侯時，按封地方位取一色土授之，供其立社設壇。《書・禹貢》“厥貢惟土五色”孔穎達疏：“貢土之意，王者封五色土以爲社，若封建諸侯，則各割其方色土與之，使歸國立社……蔡邕《獨斷》云：天子大社，以五色土爲壇，皇子封爲王者，授之大社之土，以所封之方色，苴以白茅，使之歸國以立社。” 五色：青、赤、白、黑、黄五種顏色。古代以此五者爲正色。《書・益稷》：“以五采彰施於五色，作服，汝明。”孫星衍疏：“五色，東方謂之青，南方謂之赤，西方謂之白，北方謂之黑，天謂之玄，地謂之黄，玄出於黑，故六者有黄無玄爲五也。”

2.12　土青曰“黎”[1]，似黎草色也[2]。

〔1〕黎:黑色。後作"黧"。《書·禹貢》:"厥土青黎。"僞孔傳:"色青黑而沃壤。"

〔2〕黎:通"藜"。一年生草本植物,莖直立,嫩葉可吃。莖可以做枴杖。也稱"灰藋""灰菜"。《淮南子·時則訓》:"飄風暴雨總至,黎莠蓬蒿並興。"

2.13　土黄而細密曰"埴"[1]。埴,膩也[2],黏胒如脂之膩也[3]。

〔1〕細密:精細密緻。　埴(zhí):亦作"戠"。黏土。《書·禹貢》:"厥土赤埴墳,草木漸苞。"僞孔傳:"土黏曰埴。"孔穎達疏:"《考工記》用土爲瓦,謂之搏埴之工,是埴爲黏土,故土黏曰埴。"

〔2〕膩:黏膩。

〔3〕黏胒(nì):今作"黏膩"。胒,同"膩"。《説文·肉部》:"膩,肥也。"脂:油脂;脂肪。《詩·衛風·碩人》:"手如柔荑,膚如凝脂。"

2.14　土赤曰"鼠肝"[1],似鼠肝色也[2]。

〔1〕鼠肝:質次的紅色硬土。《管子·地員》:"猶土之次曰五纑,五纑之狀如鼠肝。"郭沫若等集校引汪繼培云:"《釋名》'土,赤曰鼠肝,似鼠肝色也。'《説文》'墀,赤剛土也'。《周禮》'騂剛用牛',杜子春云'謂地色赤而土剛强也'。"

〔2〕鼠肝色:謂色如鼠肝,即赤色。

2.15　土白曰"漂"[1],漂輕飛散也[2]。

〔1〕漂:輕貌。

〔2〕漂輕:輕飄;不堅實。　飛散:飄飛四散。漢王充《論衡·書虛》:"子胥之生,不能從生人營衛其身,自令身死,筋力消絶,精魂飛散,安能爲濤?"疏證本以下不另起。

2.16　土黑曰"盧"[1],盧然解散也[2]。

〔1〕盧:黑色。漢揚雄《太玄·守》:"上九。與荼有守,辭于盧首不殆。"范望注:"荼,白也;盧,黑也。九,西方,故白。守以類相求,故辭黑首也。"字或作"壚"。《書·禹貢》:"厥土惟壤,下土墳壚。"僞孔傳:"高者壤,下者壚。壚疏。"

〔2〕盧然:散開貌。　解散:離散;分散。《書序》:"及秦始皇滅先代典籍,焚書坑儒,天下學士逃難解散。"

釋山第三〔1〕

〔1〕山:地面上以石頭爲主體構成的隆起部分。區別於以土爲主體構成的丘。《書·禹貢》:"禹敷土,隨山刊木。"

3.1　山,産也,産生物也〔1〕。土山曰"阜"〔2〕。阜,厚也,言高厚也〔3〕。大阜曰"陵"〔4〕。陵,隆也〔5〕,體高隆也〔6〕。

〔1〕産生:出産。

〔2〕阜(fù):土山。《詩·小雅·天保》:"如山如阜,如岡如陵。"毛傳:"高平曰陸,大陸曰阜,大阜曰陵。"

〔3〕高厚:體高土厚。

〔4〕陵:大土山。《詩·小雅·天保》:"如山如阜,如岡如陵。"毛傳:"大阜曰陵。"

〔5〕隆:高;突起。《易·大過》:"棟隆,吉。"

〔6〕高隆:猶"隆高"。高起;凸起。《釋名·釋丘》:"如陼者曰陼丘,形似水中之高地,隆高而廣也。"

3.2　山頂曰"冢"〔1〕。冢,腫也〔2〕,言腫起也。山旁曰"陂"〔3〕,言陂陁也〔4〕。

〔1〕冢(zhǒng):山頂。《詩·小雅·十月之交》:"百川沸騰,山冢崒崩。"鄭玄注:"山頂曰冢。"

〔2〕腫:鼓脹。《史記·扁鵲倉公列傳》:"病見寒氣則遺溺,使人腹腫。"

〔3〕陂(bēi):山坡。《文選·古詩〈冉冉孤生竹〉》:"千里遠結婚,悠悠隔山陂。"李善注引《説文》:"陂,阪也。"

〔4〕陂陁(pō tuó):傾斜不平貌。《文選·司馬相如〈子虛賦〉》:"罷池陂陀,下屬江河。"

3.3 山脊曰“岡”[1]。岡，亢也[2]，在上之言也[3]。

〔1〕山脊：山的高處像獸類脊骨似的隆起部分。《爾雅·釋山》：“山脊，岡。”郭璞注：“謂山長脊。”邢昺疏：“孫炎云：‘長山之脊也，言高山之長脊名岡。’”

〔2〕亢（kàng）：高。《莊子·人間世》：“解之以牛之白顙者與豚之亢鼻者。”陸德明釋文：“亢，高也。”

〔3〕顧廣圻校：“《御覽》五十二引作‘在上言之’。”丁山校：“《御覽》五三引作‘在上言之’。”張步瀛校“之言”爲“言之”。

3.4 山旁隴間曰“涌”[1]。涌猶桶[2]，桶狹而長也。

〔1〕隴：通“壟”。高丘。　涌：指山谷。

〔2〕桶：本指古代量器名。方形的斛，受六斗。《逸周書·月令》：“日夜分，則同度量，鈞衡石，角斗桶，正權概。”《禮記·月令》作“甬”。後指盛水或盛其他物品的容器，多爲長圓形。

3.5 山大而高曰“嵩[1]”。嵩，竦也[2]，亦高稱也[3]。

〔1〕嵩：山高。漢蔡邕《太尉喬玄碑陰》：“如淵之浚，如嶽之嵩。”

〔2〕竦（sǒng）：高聳。漢劉向《説苑·政理》：“水濁則魚困，令苛則民亂；城峭則必崩，岸竦則必阤。”

〔3〕稱：稱呼；稱謂。漢班固《白虎通·爵》：“天子者，爵稱也。”

3.6 山小高曰“岑”[1]。岑，嶄也[2]，嶄然也。

〔1〕岑（cén）：小而高的山。《爾雅·釋山》：“山小而高曰岑。”

〔2〕嶄（zhǎn，chán）：同“嶃”。高峻，尖銳。《漢書·司馬相如傳上》：“深林巨木，嶄巖參差，日月蔽虧。”顏師古注：“嶄巖，尖銳貌。”

3.7 上鋭而長曰“嶠”[1]，形似橋也[2]。

〔1〕嶠（qiáo）：高而鋭的山。《爾雅·釋山》：“〔山〕鋭而高，嶠。”邢昺疏：“言山形鐵峻而高者名嶠。”

〔2〕橋：木名。《尚書大傳·梓材》：“南山之陽有木名橋，南山之陰有木名梓。”引申指高。《詩·鄭風·山有扶蘇》：“山有橋松。”朱熹集傳：“上竦無枝

曰橋,亦作‘喬’。”陸德明釋文:“橋,高也。”

3.8 小山別大山曰“甗”音“彦”[1]。甗,甑也[2];甑一孔者,甗形孤出處似之也[3]。

〔1〕小山別大山:上大下小形狀像甑的山。《詩・大雅・公劉》:“陟則在巘,復降在原。”毛傳:“巘,小山別於大山也。”陸德明釋文:“甗,本又作‘巘’。”孔穎達疏:“小山別於大山者,《釋山》云:‘重甗,隒。’郭璞曰:‘謂山形如累兩甗。甗,甑。山狀似之,上大下小,因以爲名。’” 甗(yǎn):一種炊器。外形上大下小,分兩層,上部是透底的甑,可蒸;下部是鬲,可煮。《周禮・考工記・陶人》:“陶人爲甗,實二鬴,厚半寸,脣寸。”鄭玄注引鄭司農曰:“甗,無底甑。”

〔2〕甑(zèng):蒸食炊器。其底有孔,古用陶製,殷、周時代有以青銅製,後多用木製。俗叫甑子。《周禮・考工記・陶人》:“甑,實二鬴,厚半寸,脣寸,七穿。”

〔3〕孤出:特出。特別突出。

3.9 山多小石曰“磝”[1]。磝,堯也[2],每石堯堯獨處而出見也[3]。

〔1〕磝(áo):多小石的山。

〔2〕堯(yáo):高。《説文・土部》:“堯,高也。”段玉裁注:“堯,本謂高。陶唐氏以爲號……堯之言至高也。”漢班固《白虎通・號》:“謂之‘堯’者何? 堯猶嶢嶢也。至高之貌,清妙高遠,優遊博衍,衆聖之主,百王之長也。”

〔3〕堯堯:至高貌。《墨子・親士》:“是故天地不昭昭,大水不潦潦,大火不燎燎,王德不堯堯者,乃千人之長也。”孫詒讓閒詁:“《白虎通》云:‘堯猶嶢嶢,至高之貌。’” 獨處:獨自居處。戰國楚宋玉《對楚王問》:“夫聖人瑰意琦行,超然獨處。” 出見(xiàn):出現。《春秋繁露・五行順逆》:“恩及於火,則火順人,而甘露降;恩及羽蟲,則飛鳥大爲,黄鵠出見,鳳凰翔。”

3.10 山多大石曰“礐”[1]。礐,學也[2],大石之形學學形也[3]。[4]

〔1〕礐(què):多大石的山。《爾雅・釋山》:“多大石,礐。”邢昺疏:“山多此盤石者名礐。”

〔2〕礐:通"嶨(xué)"。山多大石貌。《説文·山部》:"嶨,山多大石也。"

〔3〕嶨嶨:怪石嶙峋貌。"嶨嶨形"之"形",疏證本、邵晉涵、黄丕烈、吴志忠分别校作"然"。疏證本校:"'然',今本誤作'形',據《初學記》《太平御覽》引改。"吴志忠曰:"'然'依畢校。"周祖謨校箋:"又下'形'字,畢本據《初學記》《御覽》引改作'然',是也。"

〔4〕周祖謨《〈釋名廣義〉釋例》:"山多小石曰'礚',山多大石曰'礐',此分析而言也。實則'礚礐'當是一語,蓋與'磽确'('苦交''胡角'二音)、'墝埆'義同。原本《玉篇》:'磽,堅也。'《淮南子·原道》:'田者爭處磽确,而以封畔肥饒相讓。'磽确乃多石之地。《通俗文》:'物堅硬謂之磽确。'《墨子·親士》:'墝埆者其地不育。'字亦從土。"

3.11 山有草木曰"岵"[1]。岵,怙也[2],人所怙取以爲事用也[3]。

〔1〕岵(hù):有草木的山。《説文·山部》:"山有草木也。"

〔2〕怙(hù):依賴;憑恃。《詩·小雅·蓼莪》:"無父何怙,無母何恃。"陸德明釋文:"《韓詩》云:'怙,賴也。'"

〔3〕怙取:依託;憑藉。取:憑借,借助。《易·繫辭下》:"愛惡相攻而吉凶生,遠近相取而悔吝生。"王弼注:"相取,猶相資也。" 事用:材用;使用的材料。

3.12 山無草木曰"岐"[1]。岐,圮也[2],無所出生也[3]。

〔1〕岐(qǐ):不長草木的山。《説文·山部》:"岐,山無草木也。"

〔2〕圮(pǐ):毁坏;坍塌。《書·咸有一德》:"祖乙圮于耿。"僞孔傳:"河水所毁曰圮。"

〔3〕吴志忠於"無所"前增"圮壞"二字,曰:"各本脱'圮壞'二字,今補。"吴翊寅校議:"吴〔志忠〕本作'岐,圮也,圮壞無所生出也'。"按:"生出",吴志忠校本作"出生"。出生:出産;産出。

3.13 山上有水曰"埒"[1]。埒,脱也[2],脱而下流也[3]。

〔1〕"埒",盧文弨、段玉裁、疏證本、邵晉涵、黄丕烈、吴志忠分别校作"埒",下同。疏證本校:"'埒',今本譌作'埒'。《爾雅》曰:'山上有水,埒。'據改。"吴志忠曰:"'埒'依畢校,下同。"邵晉涵曰:"'埒'疑當從《爾疋》作'埒'。"

巾箱本作"圬"。徐復音證："復按：畢校依《爾雅》'山上有水，埒'，改'圬'爲'埒'，是也。此由形近而誤。"周祖謨校箋："'圬'，畢本據《爾雅》改爲'埒'，是也。"任按："改爲'埒'"似應作"改爲'埒'"。埒(liè)：山上水流。《爾雅·釋山》："山上有水，埒。"

〔2〕脱：脱落，掉下。《老子》："善建者不拔，善抱者不脱。"

〔3〕下流：向下流逝。《楚辭·九懷·尊嘉》："榜舫兮下流，東注兮磕磕。"

3.14 石載土曰"岨[1]"，岨臚然也[2]。土載石曰"崔嵬"[3]，因形名之也[4]。

〔1〕岨(qū)：同"砠"。戴土的石山。《説文·山部》："石戴土也。从山，且聲。《詩》曰：'陟彼岨矣。'"段玉裁注："《周南·卷耳》曰：'陟彼砠矣。'本亦作'砠'。《〔爾雅·〕釋山》曰：'石戴土謂之崔嵬。土戴石爲岨。'毛傳云：'崔嵬，土山之戴石者。石山戴土曰砠。'二文互異而義則一。戴者，增益也。土在上則雨水沮洳，故曰岨。"

〔2〕岨臚：錯落。沈兼士《積微居小學金石論叢序》："岨臚也者，猶錯也，謂石之錯落不平如鋸牙然。今河北人謂天寒手凍，皮膚粗散爲起岨臚，猶古語也。"

〔3〕崔嵬：山頂。《詩·小雅·谷風》："習習谷風，維山崔嵬。"毛傳："崔嵬，山巔也。"形容高聳、高大貌。《楚辭·九章·涉江》："帶長鋏之陸離兮，冠切雲之崔嵬。"王逸注："崔嵬，高貌。"

〔4〕因形：根據形狀。　名：命名；取名。《書·吕刑》："禹平水土，主名山川。"偽孔傳："禹治洪水，山川無名者主名之。"

3.15　山東曰"朝陽"[1]，山西曰"夕陽"[2]，隨日所照而名之也[3]。

〔1〕山東：山的東坡。《詩·大雅·卷阿》："梧桐生矣，于彼朝陽。"毛傳："山東曰朝陽。"　朝(zhāo)陽：指山的東面。《書·武成》："歸馬于華山之陽。"孔穎達疏引李巡曰："山西暮乃見日，故曰夕陽；山東朝乃見日，故曰朝陽。"

〔2〕山西：山的西坡。《爾雅·釋山》："山西曰夕陽，山東曰朝陽。"邵晉涵正義："山西暮乃見日，故曰夕陽，山東朝乃見日，故曰朝陽。"　夕陽：指山的西面。《詩·大雅·公劉》："度其夕陽，豳居允荒。"毛傳："山西曰夕陽。"

〔3〕名:起名字;命名。《禮記·祭法》:"黃帝正名百物。"

3.16 山下根之受霤處曰"甽"〔1〕。甽,吮也〔2〕,吮得山之肥潤也〔3〕。

〔1〕霤(liù):向下流的水。《周禮·考工記·輪人》:"上尊而宇卑,則吐水疾而霤遠。" 甽:同"畎(quǎn)"。山谷通水處。《書·禹貢》:"岱畎,絲、枲、鉛、松、怪石。"僞孔傳:"畎,谷也……岱山之谷出此五物,皆貢之。"孔穎達疏:"谷是兩山之間流水之道。畎言畎去水,故言谷也。"

〔2〕吮:用嘴吸。《韓非子·備內》:"醫善吮人之傷,含人之血。"參見本書卷四《釋飲食》13.5:"吮,循也,不絕口,稍引滋汋,循咽而下也。"

〔3〕肥潤:肥沃潤澤。

3.17 山中藂木曰"林"〔1〕。林,森也〔2〕,森森然也〔3〕。

〔1〕藂(cóng):同"叢"。聚集;叢生。《商君書·開塞》:"古者,民藂生而群處,亂,故求有上也。"

〔2〕森:衆多貌,衆盛貌。

〔3〕森森:樹木繁密貌。

3.18 山足曰"麓"〔1〕。麓,陸也〔2〕,言水流順陸燥也〔3〕。

〔1〕麓:山脚。《詩·大雅·旱麓》:"瞻彼旱麓,榛楛濟濟。"毛傳:"麓,山足也。"

〔2〕陸:物體運行的軌道。《左傳·昭公四年》:"古者日在北陸而藏冰,西陸朝覿而出之。"杜預注:"陸,道也。"

〔3〕水流:流動的水,流水。漢《析里橋郙閣頌》:"高山崔嵬兮,水流蕩蕩。" 燥:焦急;焦躁。又快速。

3.19 山體曰"石"〔1〕。石,格也〔2〕,堅捍格也〔3〕。

〔1〕山體:山的形體、主體。

〔2〕格:通"垎(hè)"。堅硬;强悍。《管子·地員》:"五粟之土,乾而不格。"郭沫若等集校引陳奐曰:"格,當讀如垎。"《説文·木部》"格"字段玉裁注:"亦有借格爲扞垎字者。"一説當作"硌",邵晉涵校作"硌",下同。張步瀛校作"硌

硌”，並注：“音‘落’。”周祖謨校箋：“‘格’字，《初學記》與《韻補·藥韻》引俱作‘硌’。”蘇興校：“《御覽·地部十六》引作：‘山體曰石，石硌硌也，堅捍硌也。’‘硌’與‘落’同。”硌（luò）：大石貌。《山海經·西山經》：“又百二十里，曰上申之山。上無草木，而多硌石。”郭璞注：“硌，磊硌，大石貌也。”

〔3〕捍格：堅固。

3.20 小石曰“礫”〔1〕。礫，料也〔2〕，小石相枝柱其間〔3〕，料料然出內氣也〔4〕。

〔1〕礫（lì）：小石；碎石。戰國楚宋玉《高唐賦》：“礫磥磥而相摩兮，嶨震天之礚礚。”

〔2〕料：蔣禮鴻《義府續貂·料料》：“料之言寮也。《廣雅·釋詁三》：‘寮，空也。’王氏疏證：‘《說文》：“寮，穿也。”《衆經音義》卷一引《倉頡篇》云：“寮，小空也。”張衡《西京賦》云：“交綺豁以疏寮。”《廣韻》：“鐐，有孔鑪也。”義並相近。’礫、料、寮同在宵部。”

〔3〕枝柱：猶支撐。

〔4〕料料：中有空隙貌。蔣禮鴻《義府續貂·料料》：“料料，猶秝秝也。《玉篇》：‘秝，郎的切，稀疏秝秝然。’秝秝亦云適歷。秝秝、適歷、料料，謂中有空隙也。”

顧廣圻校：“《御覽》卅八引：‘山頂曰冢，亦曰巔，亦曰椒。山脊曰岡。山大而高曰嵩，小而高曰岑，銳而高曰嶠，卑而大曰扈，小而衆曰巋，上大下小曰巀。山有草木曰怙，無草木曰垓。石戴土曰岨，土戴石曰崔嵬。山東曰朝陽，山西曰夕陽。山足曰麓，山穴曰岫。山邊曰崖，崖之高曰巖。上秀曰峰，陬隅高巖者曰嵒。山坡曰阪。山三襲曰陟，山再成曰英，一成曰坯。山中絕曰陘，未及上曰翠微。山屬曰嶧。山狹而高曰巒，小曰隋。土山曰阜，曲阜曰阿，大阜曰陵，小阜曰丘。山精曰夔，亦曰跂，亦曰雲易。祭山曰庪懸。’〔顧〕千里引（任按：上海圖書館藏本作“《御覽》卅八引”）。”

丁山校：“《釋山》佚文，據《御覽》補：

山卑而大曰扈。

小而衆曰巋。

山穴曰岫。

山邊曰崖，崖之高曰巖。上秀曰峰，陬隅高巖者曰嵒。

山坡曰阪。

山三襲曰陟,山再成曰英,一成曰坯。

山中絶曰陘,未及上曰翠微。(一説山氣青縹色曰翠微。)

山屬曰嶧。(言駱驛相屬連。今魯國有嶧山,絶石相積構,連屬成山,蓋謂此也。)

山狹而高曰巒,小曰嶞。(他果反。謂山形長狹者。荆州人謂之巒。《詩》云:'嶞山喬岳。')土山曰阜,曲阜曰阿,大阜曰陵,小陵曰丘。

山精曰夔,亦曰跂,亦曰雲陽。

祭山曰庪懸。(角毁反。自'山頂曰冢'已下,並出《説文》《釋名》《爾雅》)

(按此摘録,皆《釋名》之外,然于題頗有關係,亦可附《釋名·釋山》之末,以補其不足也。)"

釋水第四[1]

[1]水:特指河流。《書·禹貢》:"漆、沮既從,灃水攸同。"泛指江河湖海等各種水面。

4.1 天下大水四[1],謂之"四瀆"[2],江、河、淮、濟是也。

[1]天下:古時多指中國範圍内的全部土地;全國。《書·大禹謨》:"奄有四海,爲天下君。" 大水:大海或大河。《禮記·月令》:"(季秋之月)鴻鴈來賓,爵入大水爲蛤。"鄭玄注:"大水,海也。"《史記·大宛列傳》:"其人民乘象以戰。其國臨大水焉。"張守節正義:"大水,河也。"

[2]四瀆(dú):長江、黄河、淮河、濟水的合稱。《爾雅·釋水》:"江、河、淮、濟爲四瀆。四瀆者,發原注海者也。"

4.2 瀆[1],獨也[2],各獨出其所而入海也[3]。

[1]瀆:江河大川。《韓非子·五蠹》:"中古之世,天下大水,而鯀、禹決瀆。"

[2]獨:單獨;獨自。《易·小畜》:"'有孚攣如',不獨富也。"

[3]入海:進入海洋。《史記·秦始皇本紀》:"於是遣徐市發童男女數千人,入海求僊人。"

4.3 江[1]，公也[2]，小水流入其中[3]，公共也[4]。

〔1〕江：專指長江。古四瀆之一。上源沱沱河出青海西南部唐古拉山脈各拉丹冬峰。流經青海、西藏、四川、雲南、重慶、湖北、湖南、江西、安徽、江蘇等地，在上海入東海。《書·禹貢》："江、漢朝宗于海。"

〔2〕公：公共；共同。《禮記·禮運》："大道之行也，天下爲公。"鄭玄注："公，猶共也。"

〔3〕小水：小水流。《吕氏春秋·有始》："小水萬數。"

〔4〕公共：公有的；公用的。《史記·張釋之馮唐列傳》："釋之曰：'法者天子所與天下公共也。今法如此而更重之，是法不信於民也。'"司馬貞索隱引小顔曰："公，謂不私也。"

4.4 淮[1]，圍也[2]，圍繞楊州北界[3]，東至海也。

〔1〕淮：淮河。古四瀆之一。源出河南桐柏山，東流經河南、安徽等地到江蘇入洪澤湖。《書·禹貢》："導淮自桐柏。"

〔2〕圍：圍繞。《莊子·則陽》："精至於无倫，大至於不可圍。"

〔3〕圍繞：包圍；環繞。《東觀漢記·周嘉傳》："嘉從太守何敞討賊，敞爲流矢所中，賊圍繞數十重。" 楊州：即揚州，或稱爲"維揚"。漢武帝時，在全國設十三刺史部，其中有揚州刺史部，東漢時治所在歷陽（今安徽和縣），末年治所遷至壽春（今安徽壽縣）、合肥（今安徽合肥西北）。 北界：北邊；北面。

4.5 河[1]，下也[2]，隨地下處而通流也[3]。

〔1〕河：專稱黄河。古四瀆之一。上源馬曲（約古宗列曲）出青海巴顔喀拉山脈雅拉達澤山麓；卡日曲出各姿各雅山麓，在鄂陵附近相匯。東流經甘肅、四川、寧夏、内蒙古、陝西、山西、河南等地，在山東北部入渤海。《書·禹貢》："島夷皮服，夾右碣石入于河。"

〔2〕下：由高至低；降落。《禮記·射義》："君子無所爭，必也射乎？揖讓而升，下而飲，其爭也君子。"鄭玄注："下，降也。"

〔3〕流：通行。《管子·水地》："水者，地之血氣，如筋脈之通流者也。"

4.6 濟[1]，濟也[2]，源出河北[3]，濟河而南也[4]。

〔1〕濟(jǐ)：濟水。古四瀆之一。《周禮·夏官·職方氏》《漢書·地理志》

《説文》作"泲",他書皆作"濟"。包括黄河南、北兩部分:《書・禹貢》"導沇水,東流爲濟,入于河",此爲河北部分;下文又云"溢爲滎,東出于陶丘北,又東至于菏,又東北會于汶,又東北入于海",此爲河南部分。河北部分源出今河南濟源西王屋山,下游屢經變遷;河南部分本係從黄河分出的一條支派,因分流處與河北濟口隔岸相對,古人遂目爲濟水的下游。

〔2〕濟(jì):渡過。《書・大誥》:"予惟小子若涉淵水,予惟往求朕攸濟。"僞孔傳:"往求我所以濟渡。"

〔3〕河北:黄河以北。《穀梁傳・僖公二十八年》:"温,河北地。"

〔4〕濟河:渡過黄河。　南:南去;向南行。《周禮・地官・大司徒》:"日南,則景短多暑。日北,則景長多寒。"

4.7　川[1],穿也[2],穿地而流也。

〔1〕川:河流。《周禮・地官・遂人》:"凡治野,夫間有遂,遂上有徑;十夫有溝,溝上有畛;百夫有洫,洫上有塗;千夫有澮,澮上有道;萬夫有川,川上有路,以達於畿。"鄭玄注:"遂、溝、洫、澮,皆所以通水於川也。"

〔2〕穿:穿通;貫穿。《詩・召南・行露》:"誰謂鼠無角,何以穿我墉?"

4.8　山夾水曰"澗"[1]。澗,間也[2],言在兩山之間也。

〔1〕澗:兩山間的水溝。《詩・召南・采蘩》:"于以采蘩?于澗之中。"毛傳:"山夾水曰澗。"

〔2〕間:中間;兩者之中。《易・序卦》:"盈天地之間者唯萬物。"

4.9　水正出曰"濫泉"[1]。濫,銜也[2],如人口有所銜,口闓則見也[3]。

〔1〕正出:從主水口涌出。　濫(jiàn)泉:涌出的水泉。《爾雅・釋水》:"濫泉正出。正出,涌出也。"

〔2〕銜:含在嘴裏;用嘴咬着。《墨子・非攻下》:"赤烏銜珪,降周之岐社。"

〔3〕闓(kǎi):開啟。《管子・七臣七主》:"藏竭則主權衰,法傷則姦門闓。"

4.10　懸出曰"沃泉"[1],水從上下[2],有所灌沃也[3]。

〔1〕懸出:從懸崖上流出。　沃泉:由上向下流的泉水。《爾雅·釋水》:
"沃泉縣出。縣出,下出也。"郭璞注:"從上溜下。"郝懿行義疏:"李巡曰:'水
泉從上溜下出。'是下泉即沃泉。"

〔2〕下:由高至低;降落。

〔3〕灌沃:澆灌;滋潤。

4.11　側出曰"汍泉"[1]。汍[2],軌也[3],流狹而長,如車軌也[4]。

〔1〕側出:旁出。從山崖側旁流出。　"汍",段玉裁、邵晉涵分別校作
"氿",邵晉涵曰:"從《爾疋》改。"疏證本、吳志忠校本作"氿"。篆字疏證本、黃
丕烈校作"厬"。下同。篆字疏證本云:"《爾疋》云:'厬泉穴出。穴出,仄出
也。'今本'厬'作'氿'。《爾疋》亦然。《説文》云:'厬,仄出泉也。从厂,晷聲,
讀若軌。'兹據以改作'厬'。其'氿'字,則《説文》引《爾疋》曰:'水醮曰氿。'今
本《爾疋》作:'水醮曰厬。'則'厬''氿'二字互易,錯用久矣。"按,下文二"軌"
字本書底本亦從"車""丸",亦説明此條二"汍"字實是"氿"字無疑。氿(guǐ)
泉:從山崖側旁流出的泉水。《詩·小雅·大東》:"有洌氿泉,無浸穫薪。"毛
傳:"側出曰氿泉。"

〔2〕汍:當作"氿"。泉水從旁流出。《爾雅·釋水》:"氿泉穴出。穴出,仄
出也。"郭璞注:"從旁出也。"邢昺疏引李巡曰:"水泉從旁出名曰氿。"

〔3〕軌:車輪碾軋的痕跡。《孟子·盡心下》:"城門之軌,兩馬之力與?"朱
熹集注:"軌,車轍跡也。"

〔4〕車軌:行車的軌跡。《穀梁傳·昭公八年》:"御轚者不得入,車軌塵,
馬候蹄。"

4.12　所出同、所歸異曰"肥泉"[1],本同出時所浸潤少[2],所歸
各枝散而多[3],似沘者也[4]。

〔1〕肥泉:即"肥泉"。水同源異流。《詩·邶風·泉水》:"我思肥泉,兹之
永歎。"毛傳:"所出同、所歸異爲肥泉。"

〔2〕本:指起源;肇始。《易·乾》:"本乎天者親上,本乎地者親下,則各從
其類也。"　同出:出處相同。《老子》:"兩者同出,異名同冒(謂)。"　浸潤:霑
濡;滋潤。《史記·司馬相如列傳》:"懷生之物,有不浸潤於澤者,賢君耻之。"

〔3〕所歸:歸依;歸向。《老子》:"儽儽兮若無所歸。"　枝散:分枝;分散。

〔4〕沘:即沘河。也叫沘水。源出安徽合肥西北。分爲二支:一支東南

流，注入巢湖；一支西北流至壽縣，又西北經八公山南入淮河。

4.13 水從河出曰"雍沛"〔1〕，言在河岸限内〔2〕，時見雍出〔3〕，則沛然也〔4〕。

〔1〕河：古代對黄河的專稱。參見4.5〔1〕。出：決口而出。　雍沛：沖決河岸而别自成流的水。

〔2〕岸限：猶界限。此指堤岸。

〔3〕雍出：涌出。徐復補疏："雍之言涌也。胡渭《禹貢錐指》：'灉，濟水所出。以濟性勁疾，故屢伏屢見，皆自本地涌出。'"

〔4〕沛然：充盛貌；盛大貌。漢桓寬《鹽鐵論・禁耕》："夫不蚤絶其源而憂其末，若決吕梁，沛然，其所傷必多矣。"

4.14 水上出曰"涌泉"〔1〕，瀆泉並是也〔2〕。

〔1〕涌泉：水向上噴出的泉。《公羊傳・昭公五年》："濆泉者何？直泉也。直泉者何？涌泉也。"

〔2〕"瀆"，邵晉涵、吴志忠校作"濆"。邵晉涵曰："以意改。"吴志忠曰："各本'濆'誤'瀆'，今改。"佚名校："'瀆'字誤，改作'濆'。"吴翊寅校議："吴〔志忠〕本'瀆'作'濆'。"王啓原校："'瀆泉'，吴〔志忠〕校作'濆泉'。"周祖謨校箋："'瀆'字，吴〔志忠〕本改作'濆'。"徐復音證："復按：'瀆泉'闕解。疑爲'濆泉'之誤，形相近。《公羊・昭五年傳》：'濆泉者何？直泉也。直泉者何？涌泉也。'詳見札記。"又《䢵鄦齋讀書小識・讀釋名》："復謹按：畢氏疏證，未及'瀆泉'之義。'瀆泉'當爲'濆泉'之誤，形相近也。考之各書，得確證二、旁證五，依次疏之。一、《公羊・昭五年傳》：'叔弓帥師敗莒師於濆泉。濆泉者何？直泉也。直泉者何？涌泉也。'《左氏》作'蚡泉'，《穀梁》作'賁泉'，皆音近通用。二、《廣雅・釋水》：'濆泉，直泉也。直泉，涌泉也。'亦以'濆泉''涌泉'並言之。三、王念孫曰：'濆'聲轉讀'沸'。《詩・采菽》：'觱沸檻泉。'傳云：'觱沸，泉出皃。檻泉，正出也。'按：檻泉，《爾雅》作'濫泉'。濫泉，正出；正出，涌出也：義與'觱沸'相承。又《詩・十月之交》：'百川沸騰。'傳：'沸，出也。'亦謂涌出也。四、'沸'與'浡'聲義亦近。《淮南・原道》篇：'原流泉浡。''浡'亦謂涌出也。五、'沸'字亦作'濆'。《集韵》：'濆，泉湧出也。'按朱駿聲曰：'沸，湧出之皃。字亦作濆。'六、'濆'與'瀵'聲亦相近。《爾雅》：'瀵，大出尾下。'郭注曰：'今河東汾陰縣，有水口如車輪許，濆沸涌出，其深無限，名之曰瀵。'七、

‘瀵’又轉如韻，《集韻》音‘豹’。今山東歷城縣有趵突泉，亦謂瀵出也。”瀵(pēn)泉：地下噴出的泉水。《公羊傳·昭公五年》：“瀵泉者何？直泉也；直泉者何？涌泉也。”按，《左傳》作“蚠泉”，《穀梁傳》作“賁泉”。

4.15 水泆出所爲澤曰“掌”[1]，水停處如手掌中也[2]。今兗州人謂澤曰“掌”也[3]。

〔1〕泆(yì)：通“溢”。水滿而氾濫。《史記·夏本紀》：“道沇水，東爲濟，入於河，泆爲滎。” 所爲：所作，作爲。《易·繫辭上》：“知變化之道者，其知神之所爲乎！” 澤：聚水的窪地；沼澤。《左傳·襄公二十一年》：“深山大澤，實生龍蛇。” 掌：水澤。

〔2〕手掌：腕關節與指之間的部分。亦指手心的一面。漢劉向《説苑·政理》：“梁王曰：‘先生有一妻一妾不能治，三畝之園不能芸，言治天下如運諸手掌，何以？’”

〔3〕兗(yǎn)州：漢武帝所置十三刺史部之一。約當今山東西南部及河南東部地區。參見卷二《釋州國》7.11〔1〕。

4.16 水決復入爲“汜”[1]。汜，已也[2]，如出有所爲[3]，畢已而還入也[4]。

〔1〕決：沖破堤岸；堤岸潰破。《左傳·襄公三十一年》：“大決所犯，傷人必多。” 復：又；更；再。 汜(sì)：從主流分岔流出後又回到主流的水。《詩·召南·江有汜》：“江有汜，之子歸，不我以。”毛傳：“決復入爲汜。”《爾雅·釋水》：“決復入爲汜。”邢昺疏：“凡水決之歧流復還本水者名汜。”

〔2〕已：完畢；完成。《國語·齊語》：“有司已於事而竣。”

〔3〕所爲：所作，作爲。《易·繫辭上》：“知變化之道者，其知神之所爲乎！”

〔4〕畢已：完畢；完成。 還入：返回進入。

4.17 風吹水波成文曰“瀾”[1]。瀾，連也，波體轉流[2]，相及連也[3]。

〔1〕水波：水的波浪。亦指水。《呂氏春秋·應同》：“旱雲煙火，雨雲水波。”陳奇猷校釋：“猶言旱雲如煙火，雨雲如水波耳。” 成文：形成紋理。文：

紋理。《左傳·隱公元年》："仲子生而有文在其手。""文"，鍾惺評本作"紋"。

瀾：大波浪。《孟子·盡心上》："觀水有術，必觀其瀾。"趙岐注："瀾，水中大波也。"泛指波紋。

〔2〕轉流：轉移流動。《詩·小雅·雨無正》"巧言如流"毛傳："巧言從俗，如水轉流。"

〔3〕沈錫祚校："'瀾'，《韻補》引作'相連及也'。'及連'係倒文，應乙正。"丁山校："《倭名抄》引云：'風吹水波成文曰漣，波體轉相連及也。'"周祖謨校箋："《倭名抄》卷一引作'風吹水波成文曰漣，波體轉相連及也'，《韻補·先韻》引亦作'相連及也'，當據改。"連及：牽連涉及。漢王充《論衡·謝短》："夫三王之事雖近矣，經雖不載，義所連及。"

4.18　水小波曰"淪"〔1〕。淪，倫也〔2〕，小文相次有倫理也〔3〕。

〔1〕淪：水的小波紋。亦謂水起小波紋，或使起波紋。《說文·水部》："小波爲淪。从水，侖聲。《詩》曰：'河水清且淪漪。'"段玉裁注："《魏風》：'河水清且淪猗。'《釋水》曰：'小波爲淪。'毛傳曰：'小風水成文，轉如輪也。'"

〔2〕倫：條理，順序。《書·舜典》："八音克諧，無相奪倫。"

〔3〕文：紋理；波紋。　相次：依爲次第；相繼。《周禮·考工記·畫繢》："畫繢之事，雜五色，青與白相次也，赤與黑相次也，玄與黃相次也。"鄭玄注："此言畫繢六色所象，及布采之第次。"　倫理：條理。《禮記·樂記》："凡音者，生於人心者也；樂者，通倫理者也。"鄭玄注："倫，猶類也。理，分也。"

4.19　水直波曰"涇"〔1〕。涇，徑也〔2〕，言如道徑也〔3〕。

〔1〕涇（jīng）：直流的水波。《詩·大雅·鳧鷖》："鳧鷖在涇，公尸來燕來寧。"馬瑞辰通釋："'在涇'正泛指水中有直波處，非涇渭之'涇'。"

〔2〕徑：小路。參見本卷《釋道》6.13："徑，經也，人所經由也。"

〔3〕道徑：道路；途徑。漢劉向《列女傳·京師節女》："其夫有仇人，欲報其夫而無道徑。"

4.20　水草交曰"湄"〔1〕。湄，眉也，臨水如眉臨目也〔2〕，水經川歸之處也〔3〕。

〔1〕水草：水和草。《吳子·治兵》："夫馬，必安其處所，適其水草，節其飢

飽。” 交:交際,兩者相接觸。《易·泰》:“天地交而萬物通也。” 湄(méi):岸邊,水和草相接的地方。《詩·秦風·蒹葭》:“所謂伊人,在水之湄。”毛傳:“湄,水隒也。”孔穎達疏:“謂水草交際之處,水之岸也。”

〔2〕臨:靠近;挨傍。

〔3〕川:河流。參見4.7〔1〕。

4.21 海[1],晦也[2],主承穢濁[3],其水黑如晦也。

〔1〕海:百川會聚之處。包括大洋靠近陸地的水域、内陸的大湖或大池。《詩·小雅·沔水》:“沔彼流水,朝宗於海。”《説文·水部》:“海,天池也,以納百川者。”

〔2〕晦(huì):昏暗;晦冥。《博物志》引《考靈耀》:“海之言晦,昏無所覩也。”

〔3〕主:主宰;主持;掌管。《墨子·尚賢中》:“今王公大人之君人民,主社稷,治國家,欲脩保而勿失。” 承:接受;承受。《左傳·宣公三年》:“用能協於上下,以承天休。”杜預注:“民無灾害,則上下和而受天祐。” 穢濁:污濁;肮髒。

4.22 水注谷曰“溝”[1],田間之水亦曰“溝”[2]。溝,構也[3],縱橫相交構也[4]。

〔1〕注:流入;灌入。《詩·大雅·文王有聲》:“豐水東注,維禹之績。”谷:山間的水流。《公羊傳·僖公三年》:“無障谷。”何休注:“水注川曰溪,注溪曰谷。”又指山間流水的通道。 溝:流水道。《爾雅·釋水》:“水注川曰谿,注谿曰谷,注谷曰溝。”《國語·吳語》:“齊、宋、徐、夷曰:‘吳既敗矣。’將夾溝而㽼我,我無生命矣。”

〔2〕溝:田間水道。《周禮·考工記·匠人》:“九夫爲井,井間廣四尺,深四尺,謂之溝。”

〔3〕構(gòu):同“構”。交結;連接。《國語·晉語三》:“穆公歸,至于王城,合大夫而謀曰:‘殺晉君,與逐出之,與以歸之,與復之,孰利?’公子縶曰:‘殺之利,逐之恐構諸侯。’”

〔4〕縱橫:縱向和橫向。南北曰縱,東西曰橫;經曰縱,緯曰橫。 交構:同“交構”。交通;連接。

4.23 注溝曰"澮[1]"。澮,會也,小溝之所聚會也[2]。

〔1〕澮(kuài):大溝。《周禮·地官·稻人》:"以列舍水,以澮寫水。"鄭玄注:"澮,田尾去水大溝。"《爾雅·釋水》:"注溝曰澮。"邢昺疏:"注溝曰澮,謂注溝水入之者名澮。"

〔2〕聚會:聚集,會合。《漢書·五行志下之上》:"其夏,京師郡國民聚會里巷阡陌,設張博具,歌舞祠西王母。"

4.24 水中可居者曰"洲"[1]。洲,聚也,人及鳥物所聚息之處也[2]。

〔1〕居:停息;止息。《易·繫辭下》:"變動不居,周流六虛。" 洲:水中的陸地。《詩·周南·關雎》:"關關雎鳩,在河之洲。"

〔2〕聚:會合;聚集。《禮記·王制》:"二百一十國以爲州,州有伯。"鄭玄注:"州猶聚也。"

4.25 小洲曰"渚"[1]。渚,遮也[2],體高能遮水,使從旁迴也[3]。

〔1〕渚(zhǔ):小洲;水中的小塊陸地。《詩·召南·江有汜》:"江有渚。"毛傳:"渚,小洲也。"

〔2〕遮:遏止;阻攔。《吕氏春秋·應同》:"子不遮乎親,臣不遮乎君。"高誘注:"遮,後遏也。"

〔3〕迴:掉轉;返回。《楚辭·離騷》:"迴朕車以復路兮,及行迷之未遠。"王逸注:"迴,旋也。"

4.26 小渚曰"沚"[1]。沚,止[2]也,小,可以止息其上也[3]。

〔1〕沚(zhǐ):小渚;水中小塊陸地。《詩·秦風·蒹葭》:"溯游從之,宛在水中沚。"毛傳:"小渚曰沚。"

〔2〕止:栖息。《詩·秦風·黄鳥》:"交交黄鳥,止于棘。"

〔3〕止息:休息。《楚辭·離騷》:"步余馬於蘭皋兮,馳椒丘且焉止息。"

4.27 小沚曰"泜"[1]。泜,遲也[2],能遏水使流遲也[3]。

〔1〕"泜",疏證本校作"坻",下同,云:"今本'坻'作'泜',據《太平御覽》引

改。《爾雅》曰：‘小沚曰坻。’《説文》云：‘坻，小渚也。从土，氏聲。’《蒹葭》詩云：‘宛在水中坻。’毛傳云：‘坻，小渚也。’與此異者，蓋同是水中之地，大小非有定限。小渚曰沚，則坻爲小沚，亦即小渚矣。”篆字疏證本校：“今本‘坻’作‘泜’。《爾雅》曰：‘小沚曰坻。’《説文》云：‘坻，小渚也。从土，氏聲。’據改。”周祖謨校箋：“‘泜’，畢本據《御覽》引改作‘坻’，是也。《爾雅·釋水》《説文》均作‘坻’。”按，“泜”同“坻”。坻（chí）：小渚；水中小洲或高地。《詩·秦風·蒹葭》：“溯游從之，宛在水中坻。”

〔2〕遲：緩慢。《荀子·修身》：“則千里雖遠，亦或遲或速，或先或後，胡爲乎其不可以相及也！”

〔3〕遏：抑制；阻止。《詩·大雅·民勞》：“式遏寇虐，憯不畏明。”鄭玄箋：“式，用；遏，止也。”

4.28 人所爲之曰“潏”[1]。潏，術也，堰使水鬱術也[2]，魚梁[3]、水碓之謂也[4]。

〔1〕所爲：所作，作爲。《易·繫辭上》：“知變化之道者，其知神之所爲乎！” 潏（shù）：指水中堤堰、魚梁等土石工程。《爾雅·釋水》：“水中可居者曰洲，小洲曰陼，小陼曰沚，小沚曰坻，人所爲爲潏。”

〔2〕堰（yàn）：以土石築堤堵截水流。 鬱術：迂回曲折貌。沈兼士《與丁聲樹論〈釋名〉潏字之義類書》：“余意水碓之制，乃藉水之回力以爲用，故謂之鬱術。術者，《説文》訓爲邑中道；城中道路周轉互通，亦取義於回。”

〔3〕魚梁：用編網、竹笱（gǒu）等置於水門處以捕魚的設施。《詩·邶風·谷風》“毋逝我梁”毛傳：“梁，魚梁。”

〔4〕水碓（duì）：利用水力舂米的器械。

4.29 海中可居者曰“島”[1]。島，到也，人所奔到也；亦言“鳥”也，物所赴如鳥之下也[2]。

〔1〕島：海洋及江、湖中被水環繞的陸地。《史記·田儋列傳》：“田橫懼誅，而與其徒屬五百餘人入海，居島中。”

〔2〕赴：到；去；前往。《史記·滑稽列傳》：“欲赴佗國奔亡，痛吾兩主使不通。”

劉師培書後："又畢書末附《補遺》，甄録佚文數十則。今考《初學記》卷七引：'橋，水梁也。'疑亦《釋水》篇挩文。"

釋丘第五[1]

〔1〕丘：自然形成的土堆，小土山。《周禮・地官・大司徒》："以天下土地之圖，周知九州之地域廣輪之數，辨其山、林、川、澤、丘、陵、墳、衍、原、隰之名物。"鄭玄注："土高曰丘。"

5.1 丘一成曰"頓丘"[1]。一頓而成[2]，無上下大小之殺也[3]。

〔1〕一成：一重；一層。《爾雅・釋丘》："丘一成爲敦丘。"郭璞注："成，猶重也。"邢昺疏："言丘上更有一丘相重累者名敦丘。" 頓丘：即"敦丘"，一層之丘。《爾雅・釋丘》："丘一成爲敦丘。"郭璞注："《周禮》曰：'爲壇三成。'今江東呼地高堆者爲敦。"

〔2〕頓：通"敦(dùn)"。土堆。後作"墩"。《文選・班固〈答賓戲〉》："今吾子處皇代而論戰國，曜所聞而疑所覿，欲從整敦而度高乎泰山，懷汎濫而測深乎重淵，亦未至也。"李善注："敦音頓，頓丘也。服虔曰：'敦，音頓，頓丘也。'應劭曰：'《爾雅》曰：前高，整丘；如覆敦者，敦丘。'"李周翰注："整、敦，小丘也。"引申爲堆土。

〔3〕上下：高處和低處；上面和下面。《孟子・告子上》："孟子曰：'水信無分於東西，無分於上下乎？'" 大小：大與小；大或小。《禮記・月令》："（孟冬之月）審棺槨之薄厚，塋丘壟之大小。" 殺(shài)：等差。《禮記・文王世子》："其族食，世降一等，親親之殺也。"鄭玄注："殺，差也。"

5.2 再成曰"陶丘"[1]。於高山上一重作之[2]，如陶竈然也[3]。

〔1〕再：兩次；第二次。《書・多方》："我惟時其教告之，我惟時其戰要囚之，至於再，至於三。" 陶丘：兩層的山丘。《爾雅・釋丘》："丘一成爲敦丘，再成爲陶丘。"邢昺疏："丘形上有兩丘相重累者，名陶丘。"郝懿行義疏："'陶'從'匋'，匋是瓦器，丘形重累似之。"

〔2〕高山：高聳的山陵。《荀子・勸學》："故不登高山，不知天之高也。" 重(chóng)：層。《莊子・天下》："天子棺槨七重，諸侯五重，大夫三重，士

再重。”

〔3〕陶竈(zào)：燒製陶器的土窰。竈：同“灶”。漢王充《論衡・無形》：“五行之物，可變改者，唯土也。埏以爲馬，變以爲人，是謂未入陶竈更火者也。”《禮記・月令》（季夏之月）其祀中霤”孔穎達疏：“古者窟居，隨地而造。若平地則不鑿，但累土爲之，謂之爲複。若高地則鑿爲坎，謂之爲穴，其形皆如陶竈。”

5.3 三成曰“崑崙丘”[1]，如崑崙之高而積重也[2]。

〔1〕三成：三重，三層。《周禮・秋官・司儀》：“令爲壇三成，宮旁一門。”鄭玄注引鄭司農曰：“三成，三重也。” 崑崙丘：三重相疊的土山。《爾雅・釋丘》：“丘三成爲崑崙丘。”郭璞注：“崑崙山三重，故以名云。”

〔2〕崑崙：亦寫作“昆侖”。山脈。在新疆、西藏、青海境内。勢極高峻，多雪峰、冰川。古代神話傳説，上有瑤池、閬苑、增城、縣圃等仙境。《莊子・天地》：“黄帝遊乎赤水之北，登乎崑崙之丘。” 積重(chóng)：積聚，積累。《荀子・王制》：“爲之，貫之，積重之，致好之者，君子之始也。”楊倞注：“貫，習也。積重之，謂學使委積重多也。”

5.4 前高曰“髦丘”[1]，如馬舉頭垂髦也[2]。

〔1〕前：南邊。取面向南，則前爲南。《荀子・彊國》：“今巨楚縣吾前，大燕鰌吾後。”楊倞注：“楚在齊南，故曰前。” 髦丘：即“旄(máo)丘”，前高後低的山丘。《詩・邶風・旄丘》：“旄丘之葛兮，何誕之節兮。”毛傳：“前高後下曰旄丘。”《爾雅・釋丘》：“前高，旄丘。”

〔2〕舉頭：擡頭。 髦：馬頸上的長毛。《儀禮・既夕禮》：“馬不齊髦。”鄭玄注：“齊，翦也。今文‘髦’爲‘毛’。”

5.5 中央下曰“宛丘”[1]，有丘宛宛如偃器也[2]。涇上有一泉水亦是也[3]。

〔1〕中央：中間。《禮記・王制》：“道路，男子由右，婦人由左，車從中央。” 下：低。《尉繚子・天官》：“然不能取者，城高池深，兵器備具，財穀多積，豪士一謀者也。若城下、池淺、守弱，則取之矣。” 宛丘：四方高中央低的丘。《詩・陳風・宛丘》：“子之湯兮，宛丘之上兮。”毛傳：“四方高、中央下，曰宛丘。”孔穎達疏：“《釋丘》云：‘宛中，宛丘。’言其中央宛宛然，是爲四方高、中央下也。”

〔2〕宛宛:盤旋屈曲貌。《文選·司馬相如〈封禪文〉》:“宛宛黃龍,興德而升。”李善注:“《楚辭》曰:‘駕八龍之宛宛。’” 偃器:周邊高中間凹下可以盛裝的器具。

〔3〕疏證本校:“‘涇’當爲‘陘’字之誤。《説文》云:‘陘,山絕坎也。’或又疑爲‘丘’字。”篆字疏證本校:“‘涇’疑當爲‘陘’字之誤也。《説文》云:‘陘,山絕坎也。’”陘(xíng):山脈中斷的地方。《史記·趙世家》:“趙與之陘,合軍曲陽,攻取丹丘、華陽、鴟之塞。”裴駰集解引徐廣曰:“陘者,山絕之名。常山有井陘,中山有苦陘。”

5.6 偏高曰“阿丘”[1]。阿[2],荷也[3],如人擔荷物[4],一邊偏高也[5]。

〔1〕阿(ē)丘:偏高的土山。《詩·鄘風·載馳》:“陟彼阿丘,言采其蝱。”毛傳:“偏高曰阿丘。”

〔2〕阿:大而曲的丘陵。《説文·阜部》:“大陵也。一曰曲阜也。”

〔3〕荷(hè):肩負;扛;擔。《逸周書·克殷》:“及期,百夫荷素質之旗于王前。”

〔4〕擔荷:肩挑背負。《管子·小匡》:“今夫商群萃而州處,觀凶饑,審國變,察其四時,而監其鄉之貨,以知其市之賈,負任擔荷,服牛輅馬,以周四方。”

〔5〕一邊:一側;一面。

5.7 畝丘[1],丘體滿一畝之地也[2]。

〔1〕畝丘:一畝地大小的丘。《爾雅·釋丘》:“如畝,畝丘。”郭璞注:“丘有壟界如田畝。”孔穎達疏:“李巡曰:‘謂丘如田畝,曰畝丘也。’孫炎云:‘方百步也。’”

〔2〕畝:我國地積單位,市畝的通稱。秦、漢時以五尺爲步,二百四十步爲畝。

5.8 圜丘[1]、方丘[2],就其方圜名之也[3]。

〔1〕圜(yuán)丘:古代帝王冬至祭天的地方。後亦用以祭天地。《周禮·春官·大司樂》:“冬日至,於地上之圜丘奏之。”賈公彥疏:“土之高者曰丘,取

自然之丘。圜者,象天圜也。"圜:同"圓"。圓形。《楚辭·離騷》:"何方圜之能周兮,夫孰異道而相安?"朱熹集注:"圜,一作'圓'。"

〔2〕方丘:古代帝王夏至祭地祇之壇。《周禮·春官·大司樂》:"夏日至,於澤中之方丘奏之。若樂八變,則地示皆出,可得而禮矣。"賈公彥疏:"言澤中方丘者,因高以事天,故於地上;因下以事地,故於澤中。取方丘者,水鍾曰澤,不可以水中設祭,故亦取自然之方丘,象地方故也。"

〔3〕方圜:同"方圓"。方形與圓形。亦泛指事物的形體、性狀。《管子·形勢解》:"以規矩爲方圜則成,以尺寸量長短則得。"

5.9 銳上曰"融丘"〔1〕。融〔2〕,明也;明,陽也,凡上銳皆高而近陽者也〔3〕。

〔1〕銳上:上部尖銳。 融丘:尖頂的高丘。《爾雅·釋丘》:"再成爲陶丘,再成銳上爲融丘。"郭璞注:"纖頂者。"郝懿行義疏:"融,炊氣上出也,宜兼高長二義,長與高即銳上之意。"

〔2〕融:明亮。《左傳·昭公五年》:"《明夷》之《謙》,明而未融,其當旦乎,故曰'爲子祀'。"杜預注:"融,朗也。"孔穎達疏:"明而未融,則融是大明,故爲朗也。"

〔3〕陽:明亮。《楚辭·九歌·大司命》:"壹陰兮壹陽,衆莫知兮余所爲。"王逸注:"陰,晦也。陽,明也。"

5.10 如乘曰"乘丘"〔1〕。四馬曰"乘",一基在後似車〔2〕,四列在前似駕馬車之形也〔3〕。

〔1〕乘(shèng):車子。春秋時多指兵車,包括一車四馬。《左傳·成公十六年》:"苗賁皇徇曰:'蒐乘、補卒,秣馬、利兵,修陳、固列,蓐食、申禱,明日復戰!'" 乘丘:形同馬車的土丘。《爾雅·釋丘》:"如乘者乘丘。"郭璞注:"形似車乘也。"

〔2〕基:根基;主體。《詩·小雅·南山有臺》:"樂只君子,邦家之基。"毛傳:"基,本也。"

〔3〕馬車:馬拉的車子。《司馬法·嚴位》:"凡馬車堅,甲兵利。"

5.11 如陼之與反者曰"陼丘"〔1〕,形似水中之高地〔2〕,隆高而廣也〔3〕。

〔1〕陼(zhǔ):同"渚"。水中小塊陸地。《爾雅·釋水》:"水中可居者曰洲,小洲曰陼。"郭璞注:"陼,當爲渚。" 陼丘:形似洲渚的小土山。《爾雅·釋丘》:"如陼者,陼丘。"邢昺疏:"陼,水中可居之小者,丘形似之,名爲陼丘也。"

〔2〕形似:形式、外觀相似。 高地:地勢高的地方。《史記·河渠書》:"北載之高地,過降水,至于大陸,播爲九河,同爲逆河,入于勃海。"

〔3〕隆高:高起;凸起。

5.12　水潦所止曰"泥丘"〔1〕**,其止污水留不去成泥也**〔2〕。

〔1〕水潦(lǎo):積在田地裏或流於地面的水。《荀子·王制》:"修隄梁,通溝澮,行水潦,安水藏。" 泥丘:丘阜頂上積水泥濘處。《爾雅·釋丘》:"水潦所止泥丘。"郭璞注:"頂上污下者。"邢昺疏:"水潦,雨水也。丘形頂上污下,潦水停止而成泥濘者,名泥丘。"

〔2〕"止",吳志忠校作"上",曰:"各本'上'誤'止',今改。"許克勤校:"《説文義證》引'止'作'上'。"佚名校:"'止'字誤,改作'上'。"吳翊寅校議:"吳〔志忠〕本作'其上污',云:'各本上誤止。案《説文》:'屺,反頂受水丘。'此云'上污',謂丘頂之上地反窪下,故水流不去,即所謂'反頂受水'也。'污',《説文》作'洿',云:'濁水不流也。一曰:窪下也。'《大戴記·少閒》鄭注云:'污,窪也。'本書多從鄭爲訓。"周祖謨校箋:"'止',吳〔志忠〕本作'上'。" 不去:不離開。戰國楚宋玉《高唐賦》:"傾岸洋洋,立而熊經;久而不去,足盡汗出。"

5.13　澤中有丘曰"都丘"〔1〕**,言蟲鳥往所都聚也**〔2〕。

〔1〕澤:水聚匯處。《書·禹貢》:"九川滌源,九澤既陂。" 都丘:池澤中的小土山。《爾雅·釋丘》:"澤中有丘,都丘。"郭璞注:"在池澤中。"邢昺疏:"都,水所聚也,言在池澤中者,因名丘。"

〔2〕蟲鳥:指蛇和鳥。 都(dū)聚:匯聚。《周禮·春官·司常》:"師都建旗。"賈公彦疏:"都,聚也。"

5.14　當途曰"梧丘"〔1〕**。梧**〔2〕**,忤也**〔3〕**,與人相當忤也**〔4〕。

〔1〕當途:當路;擋路。《爾雅·釋丘》:"當途,梧丘。"郭璞注:"途,道。"梧(wù)丘:當路的高丘。《晏子春秋·雜下三》:"景公畋于梧丘。"《爾雅·

丘》：“澤中有丘，都丘。當途，梧丘。”邢昺疏：“梧，遇也。當道有丘名梧丘，言若相遇於道路然也。”

〔2〕梧：違逆；抵觸。《漢書·司馬遷傳贊》：“至於采經摭傳，分散數家之事，甚多疏略，或有抵梧。”顏師古注引如淳曰：“梧讀曰迕，相觸迕也。”

〔3〕忤（wǔ）：違逆；觸犯。《莊子·刻意》：“無所於忤，虚之至也。”成玄英疏：“忤，逆也。”

〔4〕當忤：抵擋，抵牾。

5.15 道出其右曰“畫丘”[1]，人尚右[2]，凡有指畫[3]，皆用右也[4]。

〔1〕右：西邊。取面向南，則右爲西。《荀子·彊國》：“勁魏鉤吾右，西壤之不絶若繩。”楊倞注：“魏在齊西，故曰右。……西壤，齊西界之地。” 畫丘：被道路環繞的山丘。《爾雅·釋丘》：“途出其右而還之，畫丘。”郭璞注：“言爲道所規畫。”邢昺疏：“右，謂西也。還，繞也。畫，規畫也。言道出丘西而復環繞之者，名畫丘，若爲道所規畫然也。”

〔2〕尚：愛好。《國語·晉語八》：“其爲人也，剛而尚寵。”韋昭注：“尚，好也。”

〔3〕指畫：指點；比劃。《禮記·玉藻》：“凡有指畫於君前，用笏。”

〔4〕右：右手。《書·牧誓》：“王左杖黃鉞，右秉白旄以麾。”

5.16 道出其前曰“載丘”[1]，在前，故載也[2]。

〔1〕前：南邊。取面向南，則前爲南。《荀子·彊國》：“今巨楚縣吾前，大燕鰌吾後。”楊倞注：“楚在齊南，故曰前。” 載（dài）丘：即戴丘。道路北側之丘。《爾雅·釋丘》：“途出其前，戴丘。”郭璞注：“道出丘南。”邢昺疏：“謂道過丘南，若爲道負戴，故爲戴丘。”一説，指同道路正相對的小土山。戴，值也，即相對。又説，道側之丘。

〔2〕載：通“戴”。加在頭上；用頭頂着。《詩·周頌·絲衣》：“絲衣其紑，載弁俅俅。”鄭玄箋：“載猶戴也。”

5.17 道出其後曰“昌丘”[1]。[2]

〔1〕後：北邊。取面向南，則後爲北。《荀子·彊國》：“今巨楚縣吾前，大

燕鰆吾後。"楊倞注:"燕在齊北,故曰後。" 昌丘:其後有路的小土丘。《爾雅·釋丘》:"途出其後,昌丘。"郭璞注:"道出丘北。"一説,指同道路正相對的小土山。昌,當也,即相值相對。

〔2〕吳志忠校:"下脱,各本同。"佚名校:"'昌丘'下脱,各本同。"徐復音證:"復按:此句無釋,蓋未完成之稿。《釋詁》:'昌,當也。'蓋謂道與丘相當也。古音'昌''當'同在十部。"

5.18 水出其前曰"沚丘"[1],沚[2],基趾也[3],言所出然[4]。

〔1〕前:南邊。取面向南,則前爲南。 沚(zhǐ)丘:即渻(shěng)丘。前面有水流過的小土山。《爾雅·釋丘》:"水出其前,渻丘。"《説文·水部》:"水出丘前謂之渻丘。"段玉裁注:"渻丘亦爲楷丘。"

〔2〕沚:同"址"。基址。漢揚雄《太玄·大》:"豐牆峭沚,三歲不築,崩。"范望注:"沚,足也,謂基也。"

〔3〕基趾:建築物的地基、基礎。《左傳·宣公十一年》:"令尹蔿艾獵城沂……議遠邇,略基趾,具餱糧,度有司,事三旬而成。"杜預注:"趾,城足。"

〔4〕所出:從何而出。《文選·宋玉〈高唐賦〉》:"卒愕異物,不知所出。"李善注:"言卒然復有驚愕之異物,從旁而出,不知所從來。"

5.19 水出其後曰"阻丘"[1],此水以爲險也[2]。

〔1〕後:北邊。取面向南,則後爲北。 阻丘:北面有水阻隔的土丘。

〔2〕"此",盧文弨、疏證本、黃丕烈、巾箱本分別校作"背"。疏證本曰:"'背',今本誤作'此',據誼改。"吳志忠校作"北",並增一"阻"字,曰:"各本'北'誤'此',脱'阻'字,今補正。"王引之曰:"余曩讀畢尚書校本而善之,今讀吳君校本,則又有畢本所不及者。如《釋邱》'北阻水以爲險也',今本'北'誤'此'。"吳翊寅校議:"吳〔志忠〕本作'北阻水以爲險也'。案原本'北'譌作'此',畢改'此'爲'背',即'北阻水'之意。吳〔志忠〕本不誤,當從之。"沈錫祚校:"'此'係'北'之譌字,'北'即'背'之假借字也。"背水:背靠水流。《尉繚子·天官》:"按天官曰:'背水陳爲絶地,向阪陳爲廢軍。'" 險:險阻;險礙。《管子·勢》:"戰而懼險,此謂迷中。"尹知章注:"方戰之時,懼有險礙。"

5.20 水出其右曰"沚丘"[1]。沚[2],止也,西方義氣有所制止也〔3〕。

〔1〕右:西邊。取面向南,則右爲西。　沚丘:位於水流左方(東邊)的土丘。

〔2〕沚:小渚;水中小塊陸地。參見4.26〔1〕。

〔3〕義氣:謂剛正之氣。　制止:阻止。

5.21　水出其左曰"營丘"〔1〕。〔2〕

〔1〕疏證本校:"《爾雅》亦云。案《水經·淄水》注引《爾雅》曰:'水出其前左爲營丘。'《禮記·檀弓》正義及《史記·周本紀》集解皆引《爾雅》曰:'水出其前左爲營丘。'案:孫炎《爾雅》注云:'今齊之營丘,淄水過其南及東。'過其南及東則是出其前而左也,是今本及《爾雅》皆脱'前而'二字。"周祖謨校箋節述疏證本校語。黄丕烈於"左"前加"前而"二字。徐復音證:"王念孫曰:'左'氏上當有'前'字,《元和郡縣志》引《爾雅》,亦有'前'字。"按:"氏"似爲"字"之誤。左:東邊。取面向南,則左爲東。《荀子·彊國》:"楚人則乃有襄賁、開陽以臨吾左。"楊倞注:"襄賁、開陽,楚二邑,在齊之東者也。《漢書·地理志》二縣皆屬東海郡。"　營丘:位於水流左方(東邊)的土丘。

〔2〕吴志忠校:"下脱,各本同。"佚名校:"'營丘'下脱,各本同。"徐復音證:"復按:此句亦無釋。《詩》正義以爲水所營繞,故曰'營丘',引孫炎曰'今齊之營丘,淄水過其南及東',是也。與《爾雅》郭注同。《詩·齊譜》"地方百里,都營丘"孔穎達疏:"水所營繞,故曰營丘。"營繞:環繞。

5.22　丘高曰"陽丘"〔1〕,體高近陽也〔2〕。

〔1〕陽丘:祭壇。在平坦的地上用土築的高臺。

〔2〕陽:太陽;陽光。《詩·小雅·湛露》:"湛湛露斯,匪陽不晞。"毛傳:"陽,日也。"

5.23　宗丘〔1〕,邑中所宗也〔2〕。

〔1〕宗丘:春秋楚邑。在今湖北秭歸北。《左傳·昭公十四年》:"楚子使然丹簡上國之兵於宗丘,且撫其民。"

〔2〕邑:人民聚居之處。大曰都,小曰邑。泛指村落、城鎮。參見卷二《釋州國》7.47〔5〕。　宗:尊重。《儀禮·士昏禮》:"(庶母)命之曰:'敬恭聽宗爾父母之言,夙夜無愆。'"鄭玄注:"宗,尊也。"或指祭禮。《國語·魯語上》:"故

有虞氏禘黄帝而祖顓頊,郊堯而宗舜。"韋昭注:"此上四者謂祭天以配食也。祭昊天於圓丘曰禘,祭五帝於明堂曰祖、宗,祭上帝於南郊曰郊。"

釋道第六[1]

〔1〕道:道路。《詩·小雅·大東》:"周道如砥,其直如矢。"

6.1　道一達曰"道路"[1]。道,蹈也[2]。

〔1〕一達:道路直達一個方向,没有岔道。《爾雅·釋宫》:"一達謂之道路。"郭璞注:"長道。"邢昺疏:"一達長道謂之道路。"　道路:地面上供人或車馬通行的途徑。《周禮·夏官·司險》:"司險掌九州之圖,以周知其山林川澤之阻,而達其道路。"

〔2〕蹈:踩,踏。《書·君牙》:"心之憂危,若蹈虎尾,涉於春冰。"

6.2　路,露也[1],人所踐蹈而露見也[2]。

〔1〕露:顯露;暴露。《禮記·孔子閑居》:"地載神氣,神氣風霆,風霆流形,庶物露生。"孔穎達疏:"言衆物感此神氣風霆之形,露見而生。"

〔2〕踐蹈:踩踏。　露見(xiàn):顯現,顯露。《漢書·王嘉傳》:"臣謹封上詔書,不敢露見。"

6.3　二達曰"岐旁"[1]。物兩爲"岐"[2],在邊曰"旁",此道並通出似之也。

〔1〕二達:道路通往兩個方向。"岐",疏證本曰:"《説文》云:'跂,足多指也。'則兩'岐'似當作'跂'。世俗或以'跂'爲企望,而以'岐'爲兩岐,蓋音同假借也。"篆字疏證本仍之,此段校語後尚有"姑从作'岐'"之語。　岐旁:雙岔路。《爾雅·釋宫》:"一達謂之道路,二達謂之岐旁。"郭璞注:"岐道旁出也。"邢昺疏:"岐分二達者謂之岐旁,言岐道旁出也。"

〔2〕岐:同"歧"。分叉;岔出。《淮南子·原道訓》:"故牛岐蹄而戴角,馬被髦而全足者,天也。"

6.4 三達曰"劇旁"[1]。古者列樹以表道[2],道有夾溝以通水潦[3],恒見修治[4],此道旁轉多[5],用功稍劇也[6]。

〔1〕三達:道路通往三個方向。 劇旁:通達三方的道路;三岔路。《爾雅・釋宮》:"三達謂之劇旁。"邢昺疏:"歧分三達者謂之劇旁。"郝懿行義疏:"劇旁者,《詩・兔罝》正義引孫炎云:'旁出歧多,故曰劇。'按劇者,甚也,言此道歧多旁出轉甚也。"

〔2〕列樹:成行列地種植樹木。《國語・周語中》:"道無列樹。"韋昭注:"列樹以表道,且爲城守之用也。" 表道:標明道路。《國語・周語中》:"列樹以表道,立鄙食以守路。"韋昭注:"表,識也。"

〔3〕夾(xiá):通"狹"。窄。《管子・霸言》:"夫上夾而下苴,國小而都大者弒。" 水潦(lǎo):積在田地裏或流於地面的水。《荀子・王制》:"修隄梁,通溝澮,行水潦,安水藏。"

〔4〕恒:經常;常常。《書・伊訓》:"敢有恒舞于宮,酣歌于室,時謂巫風。"僞孔傳:"常舞則荒淫。" 修治:修理整治。《漢書・宣帝紀》:"郡國宮館,勿復修治。"

〔5〕旁轉:旁出轉彎。

〔6〕用功:下功夫。 劇:同"勮"。用力多。《説文・力部》:"勮,務也。從力,豦聲。"段玉裁注:"務者,趣也。用力尤甚者……字譌從刀作'劇'。"

6.5 四達曰"衢"[1]。齊魯謂四齒杷爲"欋"[2],欋杷地則有四處[3],此道似之也。

〔1〕四達:道路通達四方。 衢(qú):大路;四通十字路。《爾雅・釋宮》:"三達謂之劇旁,四達謂之衢。"

〔2〕齊魯:春秋戰國時期,以泰山爲界分爲齊國和魯國。山北稱爲齊,山南則稱爲魯。在今山東境內。 杷(pá):農具。一端有柄,一端有齒,用以聚攏、杷梳穀物或整地等。齒用竹、木或鐵等製成。《急就篇》卷三:"捃穫秉杷插捌杷。"顏師古注:"無齒爲捌,有齒爲杷,皆所以推引聚禾穀也。" 欋(qú):農具名。即四齒杷。

〔3〕杷地:用杷子在地上杷梳。 處:痕跡。

6.6 五達曰"康"[1]。康,昌也[2];昌,盛也。車步併列並用之[3]，言充盛也[4]。

〔1〕五達:道路通達五方。　康:五岔路。《爾雅·釋宮》:“五達謂之康。”徐復《〈釋名〉補疏上篇》:“章先生《古文尚書拾遺》卷二:‘《釋宮》云:“五達謂之康。”字亦作庚。《詩》有由庚，《春秋傳》有夷庚，以爲道路大名。《小爾雅·廣言》:‘庚，道也。’《文選》束晳《補亡詩》:‘由庚，萬物得由其道也。’是庚爲道路之稱。”

〔2〕昌:興盛。《書·洪範》:“人之有能有爲，使羞其行，而邦其昌。”僞孔傳:“功能有爲之士，使進其所行，汝國其昌盛。”

〔3〕車步:車輛與行人;車行與步行。　併列:即“並列”，並排平列。《史記·三王世家》:“蓋聞周封八百，姬姓並列，或子、男、附庸。”　並用:全都使用;一同使用。《左傳·襄公二十七年》:“天生五材，民並用之。”

〔4〕充盛:充滿、豐盛。漢班固《白虎通·嫁娶》:“女二十，肌膚充盛，任爲人母。”

6.7　六達曰“莊”[1]。莊，裝也[2]，裝其上使高也。

〔1〕六達:道路通達六方。　莊:六岔路。《爾雅·釋宮》:“六達謂之莊。”

〔2〕裝:裝載。

6.8　七達曰“劇驂”[1]。驂馬有四耳[2]，今此道有七，比於劇也[3]。

〔1〕七達:道路七面相通。　劇驂:七岔路。《爾雅·釋宮》:“七達謂之劇驂。”郭璞注:“三道交，復有一歧出者。今北海劇縣有此道。”

〔2〕驂馬:同駕一車的三或四匹馬中位於兩邊的馬。《詩·鄭風·大叔於田》:“執轡如組，兩驂如舞。”鄭玄箋:“在旁曰驂。”　耳;語氣詞。表示限止，相當於“而已”“罷了”。《論語·陽貨》:“子曰:‘二三子! 偃之言是也，前言戲之耳。’”

〔3〕劇:多。《商君書·算地》:“不觀時俗，不察國本，則其法立而民亂，事劇而功寡。”

6.9　八達曰“崇期”[1]。崇，充也。道多所通，人充滿其上[2]，如共期也[3]。

〔1〕八達：道路八面相通。《爾雅·釋宫》："一達謂之道路……八達謂之崇期。"郭璞注："四道交出。" 崇期：四通八達的道路。《爾雅·釋宫》："一達謂之道路……八達謂之崇期。"郭璞注："四道交出。"

〔2〕充滿：布滿；填滿。《吕氏春秋·當染》："從屬彌衆，弟子彌豐，充滿天下。"

〔3〕期：邀約；約定。《詩·鄘風·桑中》："期我乎桑中，要我乎上宫，送我乎淇之上矣。"又指會；會合。《國語·周語中》："火之初見，期於司里。"韋昭注："期，會也。"

6.10 九達曰"逵"[1]。齊魯謂道多爲"逵師"[2]，此形然也[3]。

〔1〕九達：謂四通八達。漢荀悦《申鑒·雜言下》："聖人之道，其中道乎，是謂九達。"黃省曾注："言聖道無所不達，百家則私蹊曲徑而已。" 逵（kuí）：四通八達的道路。《左傳·隱公十一年》："潁考叔挾輈以走，子都拔棘以逐之，及大逵。"陸德明釋文："《爾雅》云：'九達謂之逵。'杜（預）云：'道方九軌。'此依《考工記》。"

〔2〕齊魯：春秋戰國時期，以泰山爲界分爲齊國和魯國。山北稱爲齊，山南稱爲魯。在今山東境内。 逵師：指四通八達的道路。

〔3〕然：是這樣。

6.11 城下道曰"隍"[1]，隍，翱也，都邑之内翱翔[2]、祖[3]、駕之處也[4]。

〔1〕丁山校："《御覽·一九三》引作'城下謂之壕'。""《一切經音義》引……而首句又云：'壕，城下道也。'""隍（háo）"，張步瀛校疏證本作"壕"，下同。壕：溝道。低凹如溝狀的通道。

〔2〕都邑：城市。《商君書·算地》："故爲國任地者，山林居什一，藪澤居什一，溪谷流水居什一，都邑蹊道居什四，此先王之正律也。" 翱翔：猶遨遊。《詩·齊風·載驅》："魯道有蕩，齊子翱翔。"毛傳："翱翔，猶彷徉也。"

〔3〕祖：出行時祭祀路神。《左傳·昭公七年》："公將往，夢襄公祖。"杜預注："祖，祭道神。"引申爲送行。

〔4〕駕：套車。《詩·小雅·采薇》："戎車既駕，四牡業業。"

6.12 步所用道曰“蹊”[1]。蹊,係也[2],射疾則用之[3],故還係於正道也[4]。

〔1〕步:步行,用脚走。《書·召誥》:“王朝步自周,則至于豐。”鄭玄注:“步,行也。” 蹊(xī):小路。也泛指道路。《孟子·盡心下》:“山徑之蹊,間介然用之而成路。”

〔2〕係:繼續;接續。《爾雅·釋詁上》:“係,繼也。”

〔3〕射疾:趨射急疾;射獵急切。孫詒讓《札迻》:“《周禮·秋官·野盧氏》‘禁野之横行徑踰者。’鄭注云:‘徑踰,射邪趨疾越渠隄也。’此云‘射疾’,即謂‘射邪趨疾’,蓋蹊非常行之涂,惟趨射急疾乃用之耳。云‘步所用’者,亦云陝陋不容牛馬也。”徐復音證復述孫詒讓校語。

〔4〕正道:要道;主幹道。

6.13 徑[1],經也[2],人所經由也[3]。

〔1〕徑:步道;小路。《論語·雍也》:“有澹臺滅明者,行不由徑。”

〔2〕經:循行;經過。《管子·七法》:“不明於計數,而欲舉大事,猶無舟楫而欲經於水險也。”

〔3〕經由:經過;通過。

6.14 鹿、兔之道曰“亢”[1],行不由正[2],亢陌山谷、草野而過也[3]。

〔1〕亢:通“迒(háng)”。獸迹;獸的足印。《廣雅·釋詁三》:“迒,迹也。”

〔2〕由:經由;經過。《孫子·九變》:“塗有所不由,軍有所不擊。” 正:即6.12所説的“正道”,指主幹道。

〔3〕亢(kàng):隱蔽。《左傳·昭公元年》:“吉不能亢身,焉能亢宗?”杜預注:“亢,蔽也。” 陌:通“帕(mò)”。義同“抹(mò)”。緊貼;緊挨着轉彎。參見卷四《釋首飾》15.25〔6〕。按,今語有“拐彎抹角”,鹿、兔性怯弱,不敢行大路,於山谷、草野間隱蔽地拐彎抹角而行,蓋即“亢陌”之義。 山谷:兩山間低凹而狹窄處。《呂氏春秋·謹聽》:“故當今之世,求有道之士,則於四海之內,山谷之中,僻遠幽閒之所。” 草野:野草叢生之處;原野。

6.15 涂[1],度也[2],人所由[3],得通度也[4]。

〔1〕涂:同"途"。道路。《周禮·地官·遂人》:"百夫有洫,洫上有涂。"鄭玄注:"徑、畛、涂、道、路,皆所以通車徒於國都也。"

〔2〕度:過;逾越。《漢書·王莽傳》:"度百里之限。"顏師古注:"度亦踰越也。"

〔3〕所由:所經過;所經歷。《論語·爲政》:"子曰:'視其所以,觀其所由,察其所安。人焉廋哉? 人焉廋哉?'"楊樹達疏證:"由,行也。所由謂其所由行之徑路。"

〔4〕通度:通過;經過。

釋名卷第一

釋名卷第二

劉熙字成國撰

釋州國第七　　釋形體第八

釋州國第七^{〔1〕}

〔1〕州國:州邑與封國。

7.1　青州在東^{〔1〕},取物生而青也^{〔2〕}。州^{〔3〕},注也^{〔4〕},郡國所注仰也^{〔5〕}。

〔1〕青州:古九州之一。《書·禹貢》:"海岱惟青州。"僞孔傳:"東北據海,西南距岱。"《周禮·夏官·職方氏》:"正東曰青州。""海"指渤海,"岱"即泰山。又漢武帝所置十三刺史部之一。轄今山東德州、齊河以東,馬頰河以南、濟南、臨朐、安丘、高密、萊陽、棲霞、乳山等地以北、以東和河北吳橋地。東漢治臨菑(今淄博臨淄區北)。漢應劭《風俗通·山澤·藪》:"今漢有九州之藪……青州曰孟諸,不知在何處。"

〔2〕取:憑藉;依託。《易·繫辭下》:"愛惡相攻而吉凶生,遠近相取而悔吝生。"王弼注:"相取,猶相資也。"

〔3〕州:古代行政區劃。中國秦、漢前有"九州"説及"十二州"説,皆爲傳説中的地方行政區劃制度。漢武帝爲了加强中央集權,於京師附近七郡外分境内爲十三個監察區(豫州、兗州、青州、徐州、冀州、幽州、并州、涼州、益州、荆州、揚州、交趾、朔方),各置刺史巡視境内,稱"十三刺史部"。至征和四年

(前 89)，又以京師附近七郡設司隸校尉部，性質略同刺史部。東漢時朔方併入并州，交趾改稱“交州”，加上司隸校尉部仍合稱“十三部”或“十三州”。東漢末年州始成爲郡以上的一級行政區劃。

〔4〕注：集中；聚集。《周禮·天官·獸人》：“令禽注于虞中。”賈公彦疏：“注猶聚也。”

〔5〕郡國：郡和國的並稱。漢初，兼采封建及郡縣之制，分天下爲郡與國。郡直屬中央，國分封諸王、侯，封王之國稱王國，封侯之國稱侯國。“郡”又參見 7.52。　注仰：同“屬仰”。擡頭注視；注目仰望。引申爲仰慕。

7.2　徐州[1]，徐，舒也[2]，土氣舒緩也[3]。

〔1〕徐州：古九州之一。《書·禹貢》：“海岱及淮惟徐州。”僞孔傳：“東至海，北至岱，南及淮。”《爾雅·釋地》：“濟東曰徐州。”“海”指今黄海，“岱”是泰山，“淮”是淮水，“濟東”即濟水以東。又漢武帝所置十三刺史部之一。轄境相當於今江蘇長江以北和山東東南部地區。東漢治郯（今山東郯城）。

〔2〕舒：緩慢；從容。《詩·召南·野有死麕》：“有女如玉，舒而脱脱兮。”毛傳：“舒，徐也。”

〔3〕土氣：土壤的性質。漢蔡邕《京兆樊惠渠頌》：“陽陵縣東，其地衍陝；土氣辛螫，嘉穀不值。”　舒緩：從容平緩；舒展緩慢。

7.3　揚州[1]，州界多水，水波揚也[2]。

〔1〕揚州：古九州之一。《書·禹貢》：“淮、海惟揚州。”《周禮·夏官·職方》：“東南曰揚州。”《爾雅·釋地》：“江南曰揚州。”“淮”指淮水，“海”指東海，“江”指長江。又漢武帝所置十三刺史部之一。轄今安徽淮河和江蘇長江以南及江西、浙江、福建三省，湖北英山、黄梅、武穴，河南固始、商城等市縣地。東漢治歷陽（今安徽和縣），末年移壽春（今壽縣）、合肥（今合肥西北）。

〔2〕水波：水的波浪。亦指水。《吕氏春秋·應同》：“旱雲煙火，雨雲水波。”陳奇猷校釋：“猶言旱雲如煙火，雨雲如水波耳。”

7.4　荆州[1]，取名於荆山也[2]。必取“荆”爲名者[3]，荆，警[4]也，南蠻數爲寇逆[5]，其民有道後服[6]，無道先彊[7]，常警備之也[8]。

〔1〕荆州：古九州之一。《書·禹貢》：“荆及衡陽惟荆州。”《爾雅·釋地》：

“漢南曰荆州。”《周禮·夏官·職方氏》：“正南曰荆州。”“荆”指荆山（在今湖北西部）；“衡”指衡山，《漢書·地理志》以爲即今湖南衡山西的衡山；“漢”指漢水。又漢武帝所置十三刺史部之一。轄境約當今湖北、湖南兩省及河南、貴州、廣東、廣西的一部。東漢治漢壽（今湖南常德東北）。

〔2〕取名：起名；命名。漢班固《白虎通·禮樂》：“何以名爲夷蠻？……夷者，傅夷無禮義。東方者，少陽易化，故取名也。” 荆山：山名。《書·禹貢》：“導嶓冢，至於荆山。”僞孔傳：“荆山在荆州。”《漢書·地理志上》稱爲“南條荆山”。北魏酈道元《水經注·江水二》：“《禹貢》：‘荆及衡陽惟荆州。’蓋即荆山之稱，而制州名矣。故楚也。”在今湖北西部、武當山東南、漢江西岸。漳水發源於此。西北—東南走向。西周時楚立國於此一帶。

〔3〕爲名：作爲名稱。

〔4〕警：戒備。《左傳·宣公十二年》：“且雖諸侯相見，軍衛不徹，警也。”

〔5〕南蠻：古稱南方的民族及其居住的地方。《禮記·曲禮下》：“其在東夷、北狄、西戎、南蠻，雖大曰子。”《吕氏春秋·召類》：“堯戰於丹水之浦以服南蠻，舜卻苗民，更易其俗。” 數（shuò）：屢次。《孫子·行軍》：“屢賞者窘也；數罰者困也。” 寇逆：賊寇，叛逆。

〔6〕有道：謂政治清明（指政治有法度，有條理）。《論語·衛靈公》：“邦有道，則仕；邦無道，則可卷而懷之。” 後服：較遲降服。《公羊傳·僖公四年》：“楚有王者則後服，無王者則先叛。”

〔7〕無道：指社會政治紛亂，黑暗。《論語·季氏》：“天下無道，則禮樂征伐自諸侯出。” 彊（qiáng）：同“强”。

〔8〕警備：警戒防備。《漢書·陳湯傳》：“南郡獻白虎，邊陲無警備。”

7.5 豫州〔1〕，地在九州之中〔2〕，京師東都所在〔3〕，常安豫也〔4〕。

〔1〕豫州：古九州之一。《書·禹貢》：“荆河惟豫州。”《周禮·夏官·職方氏》《爾雅·釋地》並云：“河南曰豫州。”“荆”即荆山（今湖北南漳西）；“河”指黄河。又漢武帝所置十三刺史部之一。轄境約當今淮河以北、伏牛山以東豫東、皖北地。東漢治所在譙（今安徽亳州）。

〔2〕九州：傳説中的中國上古行政區劃。起於春秋、戰國時代。説法不一。西漢以前，認爲係禹治水後所劃分，州名未有定説：《書·禹貢》作冀、兖、青、徐、揚、荆、豫、梁、雍；《吕氏春秋·有始》有幽州而無梁州；《周禮·職方氏》有幽、并州而無徐、梁州；《爾雅·釋地》有幽、營州而無青、梁州。《漢書·

地理志》始以《職方氏》九州爲周制；三國魏孫炎注《爾雅》，始以《爾雅》九州爲殷制；後世經學家遂合稱之爲三代九州。《吕氏春秋》因爲不是經，故經學家並未爲之立説。實際上九州都祇是當時學者各就其所知的大陸所劃分的九個地理區域。各家所説各州境界亦多出入。如泰山以東北地區於《禹貢》屬青州，於《職方氏》屬幽州，而《職方氏》的青州，則相當於《禹貢》徐州的大部分和豫州的一部分。《吕氏春秋·有始》："何謂九州？河、漢之間爲豫州，周也。兩河之間爲冀州，晉也。河、濟之間爲兖州，衛也。東方爲青州，齊也。泗上爲徐州，魯也。東南爲揚州，越也。南方爲荆州，楚也。西方爲雍州，秦也。北方爲幽州，燕也。"

〔3〕京師：泛稱國都。《公羊傳·桓公九年》："京師者何？天子之居也。"東都：東漢都洛陽，在西漢京都長安之東，故稱"東都"。漢班固有《東都賦》。所在：所處之地。《山海經·海内西經》："昆侖之虚方八百里，高萬仞……面有九門，門有開明獸守之，百神之所在。"

〔4〕安豫：安寧快樂。

7.6　涼州[1]，西方所在[2]，寒涼也[3]。

〔1〕涼州：漢武帝所置十三州刺史部之一。東漢時治所在隴縣（今甘肅張家川）。轄境相當今甘肅、寧夏，青海湟水流域，陝西定邊、吴起、鳳縣、略陽和内蒙古額濟納旗一帶。建安十八年（213）併入雍州。三國魏文帝復置，移治姑臧（今甘肅武威）。清張澍《涼州府志備考》載："漢武帝元朔三年（前126），改雍州曰涼州，以其金行，土地寒涼故也。"

〔2〕西方：古人觀念中的西邊或西邊的地方。《楚辭·招魂》："西方之害。"王逸注："言西方之地，厥土不毛。"　所在：所處或所到之地。

〔3〕寒涼：寒冷；清冷。《詩·邶風·北風》"北風其涼"毛傳："北風，寒涼之風。"

7.7　雍州[1]，在四山之内，雍翳也[2]。

〔1〕雍州：古九州之一。《書·禹貢》："黑水西河惟雍州。"《爾雅·釋地》："河西曰雍州。"《周禮·夏官·職方氏》："正西曰雍州。"黑水所指，自來説法不一，有張掖河、黨河（今甘肅）、大通河（在今青海）等説。西河或河指今山西、陝西間的黄河。又東漢州名，興平元年（194）分涼州河西四郡置。建安十八年（213）復《禹貢》九州，省涼州及司隸，秦嶺以北弘農以西諸郡悉屬雍州。

三國魏文帝復置涼州，弘農還屬司隸，雍州治長安（今西安西北）。轄境相當於今陝西中部、甘肅東南部、寧夏南部及青海黃河以南的一部。

〔2〕雍翳：隱蔽；障隔。《爾雅·釋地》：“雍，壅也。”李巡注：“河西，其氣蔽壅，厥性急凶，故曰雍。雍，壅也。”

7.8 并州[1]，曰土無也[2]，其州或并或設[3]，故因以爲名也[4]。

〔1〕并（bīng）州：古九州之一。其地約當今河北保定和山西太原、大同一帶地區。《周禮·夏官·職方氏》：“正北曰并州，其山鎮曰恒山，其澤藪曰昭餘祁。”古恒山在今河北曲陽西北，昭餘祁故跡在今山西平遙西南。又漢武帝所置十三刺史部之一，約當今山西大部和內蒙古、河北的一部。東漢治晉陽（今山西太原西南），轄境擴大，包有今陝西北部與河套地區。建安十八年（213）併入冀州，三國魏復置。

〔2〕“曰土無”三字，盧文弨、疏證本、黃丕烈、巾箱本分別校作“并，兼并”。疏證本曰：“今本作‘并州曰土無也’，謬甚，據《太平御覽》引改正。”邵晉涵校：“《御覽》作‘并者，兼并也’。”周祖謨校箋：“畢本據《御覽》引改爲：‘并州，兼并也。’唐韋澳《諸道山河地名要略·并州》引：‘《釋名》曰：并者，兼也。’又云：‘不以衛水爲號，不以常山爲稱，而云并者，兩谷之間也。’”

〔3〕或：有時。 并：合併。《漢書·董仲舒傳》：“科別其條，勿猥勿并。”顏師古注：“并，合也。” 設：建立；設立。《孟子·滕文公上》：“設爲庠序學校以教之。”

〔4〕故：因此；所以。《論語·先進》：“求也退，故進之；由也兼人，故退之。” 因：依照；根據。《韓非子·外儲說左上》：“法者，見功而與賞，因能而授官。” 以：用；使用。《書·梓材》：“以厥庶民。”僞孔傳：“言當用其衆人之賢者與其小臣之良者。”孔穎達疏：“以，用也。” 爲名：作爲名稱。

7.9 幽州[1]，在北幽昧之地也[2]。

〔1〕幽州：古九州之一。《周禮·夏官·職方氏》：“東北曰幽州。”《爾雅·釋地》：“燕曰幽州。”“燕”指戰國燕地，即今北京、河北北部及遼寧一帶。又漢武帝置十三刺史部之一。東漢治薊縣（今北京城西南隅）。轄今北京、河北北部、山西小部、遼寧大部、天津海河以北及朝鮮大同江流域。

〔2〕幽昧：昏暗不明。《楚辭·離騷》：“惟夫黨人之偷樂兮，路幽昧以險隘。”王逸注：“幽昧，不明也。”《爾雅·釋地》：“燕曰幽州。”陸德明釋文：“或云

北方太陰,故以幽冥爲號。"

7.10 冀州[1],亦取地以爲名也。其地有險有易[2],帝王所都[3],亂則冀治[4],弱則冀彊[5],荒則冀豐也[6]。

〔1〕冀州:古九州之一。《書·禹貢》的冀州,西、南、東三方都以當時的黄河與雍、豫、兖、青等州爲界,指今山西和陝西間黄河以東、河南和山西間黄河以北和山東西北、河北東南部地區。《爾雅·釋地》:"兩河間曰冀州。"《周禮·夏官·職方氏》:"河内曰冀州。"因另有幽州、并州,包括地區較《禹貢》冀州爲小。又漢武帝所置十三刺史部之一。轄境相當於今河北中南部、山東西端及河南北端。東漢治高邑(今河北柏鄉北),末期移治鄴縣(今河北臨漳西南),三國魏、晉治信都(今河北衡水冀州區),轄境漸小。

〔2〕吳志忠、佚名於"其地"前增"冀,易也"三字。吳志忠曰:"各本脱'冀,易也'三字,今補。"吳翊寅校議:"吳〔志忠〕本'名也'下有'冀,易也'三字。案:畢以'冀'爲'希冀'之意,《文選·登樓賦》注:'冀與覬同。'是也。吳〔志忠〕本因下文'有險有易',故據誼補。" 有險有易:有亂有治。《文選·班固〈東都賦〉》:"豈特方軌並跡,紛綸后辟,治近古之所務,蹈一聖之險易云爾哉!"李善注:"險易,喻治亂也。"

〔3〕帝王:君主,國家的最高統治者。《莊子·天道》:"夫帝王之德,以天地爲宗。" 都:建都。《史記·秦本紀》:"(孝公)十二年,作爲咸陽,築冀闕,秦徙都之。"

〔4〕冀:希望;盼望。《楚辭·離騷》:"冀枝葉之峻茂兮,願俟時乎吾將刈。"

〔5〕彊(qiáng):同"强"。

〔6〕荒:收成不好;凶年;歉收。《韓非子·六反》:"天饑歲荒。" 豐:豐收。《管子·五行》:"歲農豐,年大茂。"

7.11 兖州[1],取兖水以爲名也[2]。

〔1〕兖(yǎn)州:古九州之一。《書·禹貢》:"濟、河惟兖州。"《爾雅·釋地》:"濟、河間曰兖州。"《周禮·夏官·職方氏》:"河東曰兖州。""濟"指黄河以南自今河南滎陽北東北流至今山東利津南入海的古濟水,"河"指自今河南武陟東北流至今河北滄縣東北入海的古黄河。又漢武帝所置十三刺史部之一。約當今山東西南部(北至茌平、萊蕪,東至沂河流域,東南以莒縣、平邑並

泗水東岸爲界),及河南東部(南樂、濮陽、延津、開封、尉氏以東,扶溝、淮陽、鹿邑以北地區)。東漢治昌邑(今山東巨野南),其後屢有遷移,轄境逐漸縮小。

〔2〕兗水:古水名。即沇(yǎn)水。濟水的别稱。《書·禹貢》:"導沇水,東流爲濟。"《續漢書·郡國志》:"(河東郡垣縣)有王屋山,兗水出。"參見卷一《釋水》4.6。　爲名:作爲名稱。

7.12　司州[1],司隸校尉所主也[2]。

〔1〕司州:原爲司隸校尉部,簡稱"司隸",西漢武帝征和四年(前89)置,掌京畿七郡捕督奸猾,察舉百官以下犯法者,性質略同於刺史部。轄今陝西秦嶺以北,隴縣、彬州、黄陵、洛川、宜川以南,山西永和、汾西以南,霍州、沁水、陽城以西和河南安陽、新鄉、中牟等市縣以西,新鄭、汝陽、西峽以北地區。東漢成爲行政區,治雒陽(今洛陽東)。三國魏通稱司隸校尉部爲"司州",轄境滅縮。西晉正式定名"司州"。

〔2〕司隸校尉:官名。漢武帝征和四年始置,領兵一千二百人,捕巫蠱,督察大奸猾,後罷其兵,改察所轄三輔(京兆尹、左馮翊、右扶風)、三河(河東、河南、河内)、弘農七郡,相當於州刺史。哀帝時稱"司隸",東漢復舊稱,仍察七郡,並爲司隸行政長官。　主:主宰;主持;掌管。《墨子·尚賢中》:"今王公大人之君人民,主社稷,治國家,欲脩保而勿失。"

7.13　益州[1],益,阸也[2],所在之地險阸也[3]。

〔1〕益州:漢武帝所置十三刺史部之一。轄境約當今四川折多山和雲南怒山、哀牢山以東,甘肅隴南、兩當和陝西秦嶺以南,湖北十堰鄖陽区、保康西北,貴州除東邊以外地區。東漢初治雒縣(今四川廣漢北),中平中移治綿竹(今德陽東北),興平又移成都(今市)。東漢以後轄境漸小。

〔2〕阸(ài):同"隘"。狹窄,狹小。《左傳·昭公元年》:"彼徒我車,所遇又阸。"陸德明釋文:"阸,本又作隘。"又指險阻之處,險要之地。《吴子·應變》:"避之于易,邀之于阸。"《史記·秦始皇本紀》:"高壘毋戰,閉關據阸,荷戟而守之。"

〔3〕險阸:險要阻塞。亦指險要阻塞之地。《漢書·晁錯傳》:"長戟二不當一,曲道相伏,險阸相薄,此劍楯之地也。"

7.14 古有營州[1],齊[2]、衛之地於天文屬營室[3],取其名也。

〔1〕營州:古代九州之一。《爾雅·釋地》:"齊曰營州。""齊"指齊國,在今山東半島。

〔2〕齊:古國名。參見7.25〔1〕。

〔3〕衛:古國名。參見7.24〔1〕。天文:日月星辰等天體在宇宙間分布運行等現象。《易·賁》:"觀乎天文,以察時變。" 營室:星官名。二十八宿之一。亦稱"室"。北方玄武七宿的第六宿。有星二顆。《周禮·考工記·輈人》:"龜蛇四斿,以象營室也。"鄭玄注:"營室,玄武宿,與東壁連體而四星。"古人認爲地上各州郡邦國和天上一定的區域相對應,在該天區發生的天象預兆着各對應地方的吉凶。就天文説,稱作分星;就地面説,稱作分野。大約起源於春秋戰國,分野大體以十二星次爲準。戰國以後也有以二十八宿來劃分分野的。後又因十二星次與二十八宿互相聯繫,從而兩種分野也在西漢之後逐漸協調互通。

7.15 燕[1],宛也[2]。北方沙漠平廣[3],此地在涿鹿山南[4],宛宛然[5],以爲國都也。

〔1〕燕(yān):周代諸侯國,又稱"北燕"。姬姓,開國君主爲召公奭。在今河北北部和遼寧西端,建都薊(今北京城西南隅)。戰國時爲七雄之一,後爲秦所滅。

〔2〕宛:曲折,彎曲。《莊子·知北游》:"紛乎宛乎,魂魄將往。"成玄英疏:"紛綸宛轉,並適散之貌也。"

〔3〕北方:北部地區。在我國多指黃河流域及其以北地區。《左傳·文公九年》:"范山言於楚子曰:'晉君少,不在諸侯,北方可圖也。'楚子師于狼淵以伐鄭。" 沙漠:指地面完全爲沙所覆蓋,乾旱缺水,植物稀少的地區。亦作"沙幕"。《漢書·蘇武傳》:"徑萬里兮度沙幕。" 平廣:平坦廣闊。

〔4〕涿(zhuō)鹿山:位於河北涿鹿東南。相傳黃帝曾於此大戰蚩尤。

〔5〕宛宛:盤旋屈曲貌。參見卷一《釋丘》5.5〔2〕。

7.16 宋[1],送也。地接淮泗而東南傾[2],以爲殷後[3],若云滓穢所在[4],送使隨流東入海也[5]。

〔1〕宋:周代諸侯國名。子姓。周武王滅商後,封商王紂子武庚於商舊都

（今河南商丘）。成王時，武庚叛亂被殺，又以其地封與紂的庶兄微子啓，號宋公，爲宋國。

〔2〕淮泗（sì）：淮河與泗水。淮河參見卷一《釋水》4.4。泗水在今山東西南部，源出山東泗水東蒙山南麓，四源並發，故名。西流經泗水、曲阜、濟寧市兗州區，折南至濟寧東南魯橋鎮入運河。古泗水自魯橋以下又南循今運河至南陽鎮，穿南陽湖而南，經昭陽湖西、江蘇沛縣東，又南至徐州東北循淤黃河東南流至淮安西，注入淮河，是淮河下游第一大支流，常同淮河連稱"淮泗"。東南：介於東與南之間的方位或方向。《易·説卦》："齊乎巽，巽，東南也。"傾：偏斜；傾側。《楚辭·天問》："康回馮怒，地何故而東南傾？"

〔3〕殷：朝代名。商王盤庚從奄（今山東曲阜）遷都至殷（在今河南安陽小屯村），後世因稱商爲"殷"。整個商代亦稱爲"商殷"或"殷商"。至紂亡國。

〔4〕滓穢：污濁。《尸子·君治》："水有四德：沐浴群生，流通萬物，仁也；揚清激濁，蕩去滓穢，義也。"

〔5〕隨流：隨着江水流。漢司馬相如《難蜀父老》："於是乃命使西征，隨流而攘，風之所被，罔不披靡。" 入海：進入海洋。《史記·秦始皇本紀》："於是遣徐市發童男女數千人，入海求僊人。"

7.17 鄭[1]，町也[2]。其地多平，町町然也[3]。

〔1〕鄭：周朝國名。姬姓。開國君主爲周宣王弟鄭桓公（名友）。公元前806年分封於鄭（今陝西渭南華州區東）。周幽王時，桓公見西周將亡，將財產、部族、家屬連同商人遷移到東虢（西周諸侯國，姬姓，故地在今河南滎陽東北）和鄶（西周諸侯國，妘姓，在今河南新密東南）之間。鄭武公即位，先後滅鄶、東虢，建立鄭國，都新鄭（今屬河南）。公元前375年爲韓所滅。

〔2〕町（zhèng）：平地。

〔3〕町町：平坦貌。《詩·鄭風·東門之墠》"東門之墠"毛傳："墠，除地町町者。"

7.18 楚[1]，辛也[2]。其地蠻多而人性急[3]，數有戰爭[4]，相爭相害[5]，辛楚之禍也[6]。

〔1〕楚：古國名。亦稱"荆""荆楚"。芈（mǐ）姓。始祖鬻熊。西周時立國於荆山一帶，都丹陽（今湖北秭歸西北）。常與周發生戰爭，周人稱爲"荆蠻"。後建都於郢（今湖北荆州市荆州區西北）。春秋時兼併周圍小國，長期與晉爭

霸,疆域西北到武關(今陝西丹鳳東南),東南到昭關(今安徽含山北),北到今河南南陽,南到洞庭湖以南。戰國時疆域又有擴大,東北到今山東南部,西南到今廣西東北角。楚懷王攻滅越國,又擴大到今江蘇和浙江。爲五霸、七雄之一。公元前 223 年爲秦所滅。

〔2〕辛:辛苦;困苦。

〔3〕蠻(mán):荒野遥遠,不設法制的地方。泛稱長江中游及其以南地區的少數民族。《書·禹貢》:"五百里荒服,三百里蠻,二百里流。"僞孔傳:"以文德蠻來之,不制以法。"孔穎達疏:"鄭云,蠻者聽從其俗,羈縻其人耳,故云蠻。" 性急:性情急躁。《韓非子·觀行》:"西門豹之性急,故佩韋以緩己;董安於之性緩,故佩弦以自急。"

〔4〕數(shuò):屢次。 戰争:武裝鬥争。《史記·秦始皇本紀》:"以諸侯爲郡縣,人人自安樂,無戰争之患,傳之萬世。"

〔5〕相争:彼此争奪;争鬥。 相害:互相殘害。

〔6〕辛楚:辛酸痛楚。《全後漢文·劉瑜〈延熹八年舉賢良方正上書陳事〉》:"臣在下土,聽聞歌謠,驕臣虐政之事,遠近呼嗟之音,竊爲辛楚,泣血漣如。"

7.19 周⁽¹⁾,地在岐山之南⁽²⁾,其山四周也⁽³⁾。

〔1〕周:周朝。姬姓。公元前 1046 年武王滅商建周,都城鎬京(今陝西西安長安區灃河以東),史稱"西周"。公元前 771 年,申侯聯合犬戎攻破鎬京,周幽王被殺。次年周平王東遷洛邑(今河南洛陽),史稱"東周"。公元前 256 年爲秦所滅。《楚辭·離騷》:"湯禹儼而祇敬兮,周論道而莫差。"

〔2〕岐山:古山名。在今陝西岐山縣東北。上古稱"岐"。《書·禹貢》:"導岍及岐,至於荆山。"僞孔傳:"三山皆在雍州。"周文王之祖父亶父率部族定居周原(在今陝西境内,西起汧河左岸,東瀕漆水河,北倚岐山,南至渭河,包有今鳳翔、岐山、扶風、武功四縣大部和寶雞、眉縣、乾縣、永壽四市縣小部地),部族日臻强盛,周遂成爲部族名。《詩·大雅·緜》:"古公亶父,來朝走馬,率西水滸,至於岐下。"故周朝之名,源於岐山之南的周原。"地在岐山之南"即謂此。

〔3〕四周:四面環繞。

7.20 秦⁽¹⁾,津也⁽²⁾。其地沃衍⁽³⁾,有津潤也⁽⁴⁾。

〔1〕秦:周朝國名。嬴姓。周孝王封伯翳之後非子於秦(今甘肅張家川東),作爲附庸。周平王東遷,秦襄公因護送有功,被分封爲諸侯,秦始立國。春秋時建都於雍(今陝西鳳翔南),佔有今陝西中部和甘肅東南端。秦穆公攻滅十二國,稱霸西戎。至秦孝公遷都咸陽(今陝西咸陽東北),成爲戰國七雄之一。

〔2〕津:潤澤;濕潤。《周禮·地官·大司徒》:"其民黑而津。"孫詒讓正義:"人之潤澤者亦謂之津。"

〔3〕沃衍:土地肥美平坦。

〔4〕津潤:滋潤;濕潤。

7.21 晉[1],進也[2]。其土在北[3],有事於中國[4],則進而南也;又取晉水以爲名[5],其水迅進也[6]。

〔1〕晉:春秋諸侯國名。姬姓。周成王封弟叔虞於堯之故墟唐(今山西翼城西),至叔虞子燮父改國號晉。故址在今山西、河北南部、陝西中部及河南西北部。

〔2〕進:前進;向前。《易·晉》:"晉,進也。明出地上,順而麗乎大明,柔進而上行。"孔穎達疏:"晉,進也者,以今釋古。古之晉字,即以進長爲義。"

〔3〕北:在鎬京(宗周)(今陝西西安西南)、洛邑(今河南洛陽)等京師之北或西北。

〔4〕中國:京師。《詩·大雅·民勞》:"惠此中國,以綏四方。"毛傳:"中國,京師也。"《史記·五帝本紀》:"夫而後之中國,踐天子位焉。"裴駰集解引劉熙曰:"帝王所都爲中,故曰中國。"

〔5〕晉水:汾水支流。在今山西太原西南。源出太原西南懸甕山,分北、中、南三渠,東流入汾河。《山海經·北次二經》:"懸甕之山,⋯⋯晉水出焉。"

〔6〕迅進:迅速前進;快速流動。

7.22 趙[1],朝也[2]。本小邑[3],朝事於大國也[4]。

〔1〕趙:古國名。戰國七雄之一。開國君主趙烈侯(名籍)與魏、韓三家分晉,建立趙國。公元前403年被周威烈王承認爲諸侯。建都晉陽(今山西太原西南)。公元前386年遷都邯鄲(今屬河北)。疆域有今山西中部,陝西東北角及河北西南部。公元前222年爲秦所滅。

〔2〕朝(cháo):朝拜;進見。用於卑見尊、下見上。《春秋·僖公二十八

年》："公朝于王所。"

〔3〕邑：侯國。《左傳·桓公十一年》："鄖人軍其郊，必不誡，且曰虞四邑之至也。"杜預注："四邑：隨、絞、州、蓼也。邑亦國也。"

〔4〕朝事：臣服。　大國：古指大諸侯國。《公羊傳·隱公五年》："諸侯者何？天子三公稱公，其餘大國稱侯。"何休注："大國謂百里也。"

7.23　魯[1]，魯鈍也[2]。國多山水[3]，民性樸魯也[4]。

〔1〕魯：周代諸侯國名。姬姓。開國君主爲周公旦之子伯禽。建都曲阜（今山東曲阜），故地在今山東兖州東南至江蘇沛縣、安徽泗縣一帶。春秋時國勢衰弱，春秋後期公室爲季孫氏、孟孫氏、叔孫氏三家所分。戰國時成爲小國，公元前256年爲楚所滅。《史記·周本紀》："（周武王）封弟周公旦於曲阜，曰魯。"

〔2〕魯鈍：粗率，遲鈍。《論語·先進》："參也魯。"何晏集解引孔安國曰："魯，鈍也。曾子性遲鈍。"

〔3〕山水：山與水。《墨子·明鬼下》："古今之爲鬼，非他也，有天鬼，亦有山水鬼神者，亦有人死而爲鬼者。"

〔4〕民性：人的天賦本性。《禮記·王制》："司徒修六禮以節民性，明七教以興民德。"　樸魯：樸實魯鈍。

7.24　衛[1]，衛也[2]。既滅殷[3]，立武庚爲殷後[4]，三監以守衛之也[5]。

〔1〕衛：周朝國名，姬姓。始封之君爲周武王之弟康叔。公元前11世紀周公平定武庚反叛後，將商故都周圍地區和殷民七族分封給康叔，建都朝歌（今河南淇縣東北），國號"衛"。轄地大致在今黄河以北的河南鶴壁、安陽、濮陽，河北邯鄲和邢臺一部分，山東聊城西部、菏澤北部一帶。後遷都楚丘（今河南滑縣東）、帝丘（今河南濮陽東南）和野王（今河南沁陽）等地。公元前209年爲秦所滅。

〔2〕衛：防守；衛護。《國語·齊語》："築五鹿、中牟、蓋與、牡丘，以衛諸夏之地。"韋昭注："衛，蔽扞也。"

〔3〕殷：即商朝。參見7.16〔3〕。

〔4〕武庚：西周初分封的殷君。商紂之子，名禄父。周武王滅商後，受封於商王畿部分之地，並以管叔、蔡叔、霍叔加以監視，稱爲"三監"。成王年幼

即位,周公旦攝政,“三監”不服,與武庚勾結,並聯合東方夷族發動叛亂。周公東征平定後,被殺。一說北奔。

〔5〕三監:周武王滅商後,以商舊都封給紂子武庚,並以殷都以東爲衛,由武王弟管叔監之;殷都以西爲鄘,由武王弟蔡叔監之;殷都以北爲邶,由武王弟霍叔監之,總稱“三監”。一說武王以邶封武庚,以鄘封管叔,以衛封蔡叔,以監殷民,稱爲“三監”。　守衛:防守;保衛。《墨子·號令》:“以富人重室之親,舍之官府。謹令信人守衛之。”

7.25　齊[1],齊也[2]。地在渤海之南[3],勃齊之中也[4]。

〔1〕齊:周代國名。姜姓。吕氏。在今山東北部。公元前 11 世紀,西周封吕尚於齊,國都營丘(後稱“臨淄”,今山東淄博臨淄區北)。春秋時爲五霸之主。公元前 567 年齊靈公滅萊,疆土擴到山東東部。疆域東到海,西到黄河,南到泰山,北到無棣水(今河北鹽山南)。戰國時爲七雄之一。公元前 221年爲秦所滅。

〔2〕齊:通“臍”。肚臍。比喻當中;中央。《爾雅·釋言》:“齊,中也。”

〔3〕渤海:我國的内海,位於遼、冀、魯、津三省一市間,東至遼東半島南端,南至山東半島北岸。《莊子·説劍》:“繞以渤海,帶以常山。”亦稱“北海”。《莊子·秋水》:“(河伯)順流而東行,至於北海,東面而視,不見水端。”

〔4〕“勃”,吳志忠校作“如”,曰:“各本‘如’誤‘勃’,今改。”吳翊寅校議:“吳〔志忠〕本作‘如齊之中也’。案:‘齊’即‘臍’字。《莊子·達生》篇:‘與齊俱入。’釋文引司馬注云:‘齊,回水如磨齊也。’《列子·黄帝》釋文同,是‘臍’古作‘齊’之證。《漢書·郊祀志》:‘齊所以爲齊,以天齊也。’蘇林曰:‘當天中央齊也。’又《水經·淄水》注引《地理風俗記》云:‘齊地以爲齊者,即天齊淵名也。’‘勃齊之中’誼不可通,當改‘如’爲是。”佚名校:“‘勃’字誤,改作‘如’。”王先謙疏證補:“吳〔志忠〕校下‘勃’作‘如’,是。”　中:居中。《孟子·盡心上》:“中天下而立。”

7.26　吳[1],虞也[2]。太伯讓位而不就歸[3],封之於此,虞其志也[4]。

〔1〕吳:古國名。也稱爲“勾吳”“攻吳”。姬姓。始祖爲周太王之子太伯、仲雍,至十九世孫壽夢稱王,據有今江蘇、上海大部和安徽、浙江的一部分。初都蕃離(亦作“梅里”,今江蘇無錫梅村),後徙都吳(今江蘇蘇州)。傳至夫

差,於公元前473年爲越所滅。

〔2〕虞:通“娛”。樂。《左傳·昭公四年》:“恃險與馬,而虞鄰國之難,是三殆也。”楊伯峻注引楊樹達《讀左傳》:“虞讀如娛。《說文》:‘娛,樂也。’”《管子·七臣七主》:“故主虞而安,吏肅而嚴,民樸而親。”王念孫《讀書雜志·管子九》:“虞與娛同,樂也,言國有道則主樂而安也。”

〔3〕太伯:一作“泰伯”。姬姓。周太王長子。太王欲立幼子季歷,以使季歷子姬昌(周文王)繼位振興周族。太伯與弟仲雍同避江南,改從當地風俗,斷髮文身,建立吳國。　讓位:讓出官爵或職位。《淮南子·精神》:“公子札不以有國爲尊,故讓位。”　“就歸”,吳志忠、佚名校作“歸就”。吳志忠曰:“各本‘歸就’二字倒,今乙。”佚名曰:“‘就歸’二字倒。”吳翊寅校議:“吳〔志忠〕本作‘讓位而不歸就,封之於此’,云:‘各本歸就二字誤倒,今乙。’”歸就:回歸就位。

〔4〕志:意念;心情。《書·舜典》:“詩言志,歌永言。”《左傳·昭公二十五年》:“是故審則宜類,以制六志。”杜預注:“爲禮以制好惡喜怒哀樂六志,使不過節。”孔穎達疏:“此六志,《禮記》謂之六情。在己爲情,情動爲志,情志一也。”

7. 27　越[1],夷蠻之國也[2],度越禮義[3],無所拘也[4]。此十二國[5],上應列宿[6],各以其地及於事宜制此名也[7]。至秦改諸侯[8]、置郡縣[9],隨其所在山川土形而立其名[10],漢就而因之也[11]。

〔1〕越:古國名,亦稱“於越”。姒姓。相傳始祖是夏代少康的庶子無餘,建都會稽(今浙江紹興)。春秋末年常與吳交戰,公元前494年爲吳王夫差所敗。越王勾踐卧薪嘗膽,刻苦圖强,於公元前473年攻滅吳國,並曾向北擴展,稱爲霸主。疆域有今江蘇北部運河以東、江蘇南部、安徽南部、江西東部和浙江北部。戰國時國力衰弱,約在公元前306年爲楚所滅。《左傳·宣公八年》:“盟吳越而還。”杜預注:“越國,今會稽山陰縣也。”孔穎達疏:“越,姒姓。其先夏后少康之庶子也,封於會稽,自號於越。於者,夷言發聲也。”

〔2〕夷蠻:古代對東方和南方各族的泛稱。《史記·太史公自序》:“嘉句踐夷蠻能脩其德,滅强吳以尊周室,作《越王句踐世家》第十一。”

〔3〕度越:猶超過。《漢書·揚雄傳下》:“今揚子之書文義至深,而論不詭於聖人,若使遭遇時君,更閱賢知,爲所稱善,則必度越諸子矣。”　禮義:禮法道義。禮,謂人所履;義,謂事之宜。《詩·衛風·氓序》:“禮義消亡,淫風大行。”

〔4〕拘：拘守；約束。《莊子・秋水》："井黿不可以語於海者，拘於虛也。"

〔5〕"二"，盧文弨、邵晉涵、黃丕烈分別校作"三"。邵晉涵曰："從郎〔奎金〕本改。"《古今逸史》本、郎奎金刻《逸雅》本、疏證本作"三"。疏證本曰："鄭注《周禮・保章氏》説十二次之分野云：'星紀，吳越也；玄枵，齊也；娵訾，衛也；降婁，魯也；大梁，趙也；實沈，晉也；鶉首，秦也；鶉火，周也；鶉尾，楚也；壽星，鄭也；大火，宋也；析木，燕也。'"按，自7.15"燕"至7.27"越"確爲十三國。吳越併稱同屬星紀，十三國正應十二星次之數。

〔6〕列宿（xiù）：衆星宿。特指二十八宿。《楚辭・九嘆・遠逝》："指列宿以白情兮，訴五帝以置詞。"王逸注："言己願復指語二十八宿，以列己清白之情。"《史記・天官書》："天則有列宿，地則有州域。"按，十二次、二十八宿均爲分野之標準，詳參7.14〔3〕。後又因十二次與二十八宿互相聯繫，這兩種分野也在西漢之後逐漸協調溝通，十二次與二十八宿又相配，如星紀配斗、牛兩宿，玄枵配女、虛、危三宿。《釋名》云"此十二國，上應列宿"，正是兩種分野相協的體現。

〔7〕事宜：事情的道理。《漢書・兒寬傳》："總百官之職，各稱事宜。"

〔8〕秦：朝代名。我國歷史上第一個中央集權君主專制的統一王朝。公元前221年秦王嬴政統一中原，建立秦朝，自稱始皇帝，建都咸陽（今陝西咸陽東北）。 諸侯：古代帝王所分封的各國君主。在其統轄區域内，世襲佔有封地及其居民，掌握軍政大權，但按禮要服從王命，定期向帝王朝貢述職，並有出軍賦和服役的義務。《易・比》："先王以建萬國，親諸侯。"

〔9〕郡縣：郡和縣的並稱。郡縣之名，初見於周。秦統一六國，分全國爲三十六郡，後增加到四十多郡，下設縣。郡、縣長官均由中央政府任免。但秦仍分封"列侯"和"倫侯"，漢初分封制亦與郡縣制並行。其後郡縣遂成常制，但歷代王朝仍有分封制。《史記・秦始皇本紀》："今陛下興義兵，誅殘賊，平定天下，海内爲郡縣。"

〔10〕山川：山岳、江河。《易・坎》："天險，不可升也，地險，山川丘陵也，王公設險以守其國。" 土形：地形。

〔11〕就：憑藉；趁着。《詩・周頌・訪落》："將予就之。"馬瑞辰通釋："就當訓因。箋云'扶將我就其典法而行之'，即因其典法而行之也。" 因：沿襲，承襲。《論語・爲政》："殷因于夏禮，所損益，可知也。"

7.28 河南[1]，在河之南也[2]。

〔1〕河南:郡名,指河南郡。西漢高祖二年(前205)改秦三川郡置郡。治雒陽(今洛陽東北)。轄今河南黃河以南洛水、伊水下游,雙洎河、賈魯河上游地區及黃河以北原陽縣;其後漸小。

〔2〕河:專稱黃河。參見本書卷一《釋水》4.5。

7.29　河内[1],河水從岐山而南[2],從雷首而東[3],從譚首而北[4],郡在其内也[5]。

〔1〕河内:郡名。秦昭王三十四年(前273)置。治懷縣(今武陟西南)。轄境相當於今河南黃河以北,京漢鐵路(包括衛輝)以西地區。在漢有地狹人眾之稱。

〔2〕河水:指黃河。《吕氏春秋·有始》:"何謂六川?河水、赤水、遼水、黑水、江水、淮水。" "岐山",朱彬校:"盧云:'岐山當是梁山。'"疏證本校:"'岐山'當是'梁山'之譌。"《尚書·禹貢》:"冀州,既載壺口,治梁及岐,既修太原,至於岳陽。"蔡沈注:"梁山,吕梁山也。……岐山,在今汾州介休縣狐岐之山。……二山河水所經,治之所以開河道也。"吕梁山:位於今山西西部,黃河與汾河之間。主峰在離石縣東北。昔日大禹治水,鑿吕梁以通黃河,便是指此。亦稱爲"梁山"。《吕氏春秋·愛類》:"昔上古龍門未開,吕梁未發,河出孟門,大溢逆流。"　南:南去;向南行。《周禮·地官·大司徒》:"日南,則景短多暑。日北,則景長多寒。"

〔3〕雷首:古山名。即今山西的中條山脈西南端,介於黃河和涑水間,主峰在山西芮城西北。《書·禹貢》:"壺口、雷首,至于太岳。"僞孔傳:"三山在冀州太岳上黨西。"孔穎達疏:"《地理志》云,雷首在河東蒲阪縣南。"　東:向東;東去。《左傳·僖公三十二年》:"秦師遂東。"

〔4〕"譚首",吴志忠校作"覃懷",曰:"各本'覃懷'誤'譚首',今改。"佚名校:"'譚'字誤,改作'覃';'首'字誤,改作'懷'。"吴翊寅校議:"吴〔志忠〕本'譚首'作'覃懷'。案:'譚'即'覃'之或體,各本作'譚首',涉上文'雷首'而誤。此據《禹貢》《漢·地理志》改,當從之。"覃懷:在今河南武陟縣以西、孟縣以東地區。《書·禹貢》:"覃懷底績。"僞孔傳:"覃懷,近河地名。"鄭玄注:"覃懷爲縣名,屬河内。"孔穎達疏:"《地理志》河内郡有懷縣,在河之北。蓋'覃懷'二字共爲一地。"金履祥《尚書注》:"覃,大也;懷,地名。太行爲河北脊,其山脊諸州皆山險,惟太行以南懷州瀕河之地平夷廣衍,田皆腴美,俗謂小江南,即古覃懷也。"　北:向北去;向北。《墨子·貴義》:"子墨子北之齊,遇日

者,日者曰:'先生之色黑,不可以北。'墨子不聽,遂北。"

〔5〕郡:古代地方行政區劃名。周制縣大郡小,戰國時逐漸變爲郡大於縣。秦滅六國,正式建立郡縣制,以郡統縣。漢因之。此處即指河内郡。

7.30 河東[1],在河水東也[2]。

〔1〕河東:郡名。秦昭王十七年(前290)置。治安邑(今山西夏縣西北)。漢代轄今山西陽城、沁水、浮山以西,永和、隰縣、霍州以南地區。黄河流經山西,自北而南,故稱山西境内黄河以東的地區爲"河東"。《孟子·梁惠王上》:"河内凶,則移其民於河東,移其粟於河内。河東凶亦然。"趙岐注:"魏舊在河東,後爲強國兼得河内也。"

〔2〕河水:指黄河。《吕氏春秋·有始》:"何謂六川? 河水、赤水、遼水、黑水、江水、淮水。"

7.31 河西[1],在河水西也[2]。

〔1〕河西:漢時指今甘肅、青海兩省黄河以西,即河西走廊與湟水流域。《漢書·霍去病傳》:"渾邪王以衆降數萬,開河西酒泉之地。"《漢書·武帝紀》:元狩二年,渾邪王降,以其地爲武威、酒泉郡;元鼎六年,分置張掖、敦煌郡。因地在黄河上游以西,地理上自成一體,政治上聯繫密切,故合稱"河西四郡"。

〔2〕河水:指黄河。

7.32 上黨[1],黨[2],所[3]也,在山上,其所最高,故曰上也[4]。

〔1〕上黨:郡名。戰國韓、趙各置一郡,其後韓郡併入趙,入秦後仍置。治壺關(今山西長治北),西漢移治長子(今長子西南)。轄境相當於今山西和順、榆社以南,沁水流域以東地。東漢末移治壺關。上黨地區是由群山包圍起來的一塊高地,地高勢險,自古爲戰略要地。狄子奇《國策地名考》曰:"地極高,與天爲黨,故曰上黨。"

〔2〕黨:處所。《左傳·哀公五年》:"師乎,師乎,何黨之乎?"杜預注:"黨,所也。"《禮記·玉藻》:"不退,則必引而去君之黨。"王引之《經義述聞·禮記中》:"家大人曰:'黨,所也,謂君所坐之處。'"

〔3〕所:處所;地方。《詩·魏風·碩鼠》:"樂土樂土,爰得我所。"

〔4〕盧文弨、疏證本、巾箱本於"曰上"後增一"黨"字。疏證本曰:"今本作

‘故曰上也’。案：當有‘黨’字，增。”周祖謨校箋：“‘故曰上也’，畢本作‘故曰上黨也’。”

7.33 潁川[1]，因潁水爲名也[2]。

[1]潁川：郡名。戰國秦王政十七年（前230）置。以潁水得名。治陽翟（今禹州）。轄境相當今河南登封、寶豐以東，尉氏、漯河以西，新密以南，葉縣、舞陽以北地。其後治所屢有遷移，轄境漸小。《史記·秦始皇本紀》：“十七年，內史騰攻韓，得韓王安，盡納其地，以其地爲郡，命曰潁川。”

[2]因：依照；根據。　潁水：今稱“潁河”。淮河最大支流。在安徽西北部及河南東部。源出河南登封嵩山西南，上源支流衆多，東南流到周口，納沙河、賈魯河，至安徽壽縣正陽關入淮河。《山海經·海內東經》：“潁水出少室。”

7.34 汝南[1]，在汝水南也[2]。

[1]汝南：郡名。西漢文帝十二年（前168）分淮陽郡置。治平輿（今河南平輿北）。轄境相當於今河南潁河、淮河之間，京廣鐵路西側一線以東，安徽茨河、西淝河以西、淮河以北地區。東漢仍治平輿，其後治所屢遷，轄境漸小。《樂府詩集》卷八十三《雞鳴歌》：“東方欲明星爛爛，汝南晨雞登壇喚。”題解引《晉太康地記》：“後漢固始、鮦陽、公安、細陽四縣衛士習此曲，於闕下歌之，今《雞鳴歌》是也。然則此歌蓋漢歌也。”

[2]汝水：河川名。有南北之分，此指南汝河。南汝河爲淮河支流，源出河南泌陽北黃山東，東北流經遂平之汝南、新蔡，匯合於洪河（古稱澺水），又東南流出息縣注於淮水。《漢書·地理志》：“高陵山，汝水出，東南至新蔡入淮。”

7.35 汝陰[1]，在汝水陰也。[2]

[1]汝陰：古縣名。秦置，治所在今安徽阜陽。西漢時爲汝南郡都尉治所。

[2]汝水：河川名。有南北之分，此指北汝河，爲潁河支流。源出河南嵩縣外方山，經汝陽、汝州等地，東至商水入潁河。　陰：水的南面。《說文·阜部》：“陰，水之南、山之北也。”

7.36　東郡[1]、南郡[2]，皆以京師方面言之也[3]。

〔1〕東郡：郡名。戰國秦王政五年（前 242）置。治濮陽（今河南濮陽西南）。西漢轄境相當今山東東阿、梁山以西，山東鄆城、東明、河南范縣、長垣北部以北，河南延津以東，山東茌平、冠縣，河南清豐、濮陽、滑縣以南地區。東漢以後轄境縮小，治所屢有遷移。《史記·魏世家》："景湣王元年，秦拔我二十城，以爲秦東郡。"

〔2〕南郡：郡名。戰國秦昭襄王二十九年（前 278）置。治江陵（今荆州市荆州区）。漢轄今湖北粉青河及襄陽以南，荆門、洪湖兩市以西，長江和清江流域以北，西至重慶巫山。《史記·秦始皇本紀》："當是之時，秦地已並巴、蜀、漢中，越宛有郢，置南郡矣。"

〔3〕京師：國都。《公羊傳·桓公九年》："京師者何？天子之居也。"　方面：方向；方位。《東觀漢記·逢萌傳》："萌被徵上道，迷不知東西，云：'……方面不知，安能濟政！'即駕而歸。"

7.37　北海[1]，海在其北也[2]。

〔1〕北海：郡名、國名。西漢景帝中二年（前 148）分膠西國地置，治營陵縣（今山東昌樂東南）。轄境約當今山東濰坊及安丘、昌樂、壽光、昌邑等地。東漢改爲北海國，移治劇縣（今昌樂西）。

〔2〕海：指渤海。渤海又稱"北海"。參見 7.25〔3〕。

7.38　西海[1]，海在其西也[2]。

〔1〕西海：郡名。西漢元始四年（4）王莽在羌族居地置。治今青海海晏。轄境約當今青海湖附近一帶，新莽末廢。《漢書·張騫傳》："賴天之靈，從沂河山，涉流沙，通西海，山雪不積，士大夫徑度，獲王首虜，珍怪之物畢陳於闕。"

〔2〕海：大湖或大池。或即指青海湖。海晏正處青海湖東北岸。

7.39　南海[1]，在海南也[2]。宜言"海南"[3]，欲同四海名[4]，故言"南海"。

〔1〕南海：郡名。秦始皇三十三年（前 214）置。治番禺（今廣州）。秦、漢之際地入南越，西漢元鼎六年（前 111）滅南越後復置。轄今廣東瀜江、大羅山

以南,珠江三角洲及綏江流域以東。其後漸小。漢揚雄《交州箴》:“大漢受命,中國兼該。南海之宇,聖武是恢。”

〔2〕顧頡剛《讀〈釋名・釋地〉以下六篇》:“謂‘南海,在海南也;宜言海南’,然則五嶺之北豈爲大海乎? 南海一郡將孤懸海中乎?”根據上文“北海,海在其北也”“西海,海在其西也”,以及下文“東海,海在其東也”之例,還有南海郡的地理位置,疑此條似應言“南海,海在其南也”。海:應指今南海。

〔3〕宜:應當;應該。《詩・邶風・谷風》:“黽勉同心,不宜有怒。”

〔4〕四海:古以中國四境有海環繞,各按方位爲“東海”“南海”“西海”和“北海”。《書・益稷》:“予決九川,距四海。”僞孔傳:“距,至也。決九州名川通之至海。”

7.40 東海[1],海在其東也[2]。

〔1〕東海:郡名。秦置。楚漢之際也稱“郯郡”。治郯縣(今山東郯城北)。西漢轄境相當今山東臨沂、費縣、江蘇連雲港贛榆區以南,山東棗莊、江蘇邳州以東和江蘇宿遷、灌南以北地區。漢揚雄《解嘲》:“今大漢左東海,右渠搜。”

〔2〕海:此指黃海。

7.41 濟南[1],濟水在其南也[2]。

〔1〕濟南:郡名、國名。因地處古四瀆之一“濟水”(故道爲今黃河所據)之南而得名。西漢初改博陽郡置郡,文帝改爲國。景帝時爲參加叛亂的吳、楚七國之一,亂平國除仍爲郡。治東平陵(今濟南章丘區西)。轄境相當於今山東濟南、濟陽、鄒平等地。東漢又改爲國。

〔2〕濟水:河川名。源出河南濟源王屋山,南流注入黃河。亦稱爲“沇水”。參見本書《釋水》4.6。 “濟水在其南也”,疑當作“在濟水之南也”。

7.42 濟北[1],濟水在其北也[2],義亦如“南海”也[3]。

〔1〕濟北:郡名、國名。在原齊國境內。公元前 206 年,項羽分齊爲臨淄、濟北、膠東三國,封田安爲濟北王,都博陽。漢時濟北或置國、或設郡,多有更替。

〔2〕“濟水在其北也”,根據下條“濟陰,在濟水之陰也”之例,以及濟北郡的地理位置,疑當作“在濟水之北也”。

〔3〕義:意義;道理。《詩大序》:"故《詩》有六義焉:一曰風,二曰賦,三曰比,四曰興,五曰雅,六曰頌。" 南海:南海郡。參見7.39。

7.43 濟陰〔1〕,在濟水之陰〔2〕也。

〔1〕濟陰:郡名、國名。因在濟水之南而得名。景帝中元六年(前144)從梁國分出,始爲國,明年爲郡,治所在定陶(今山東菏澤定陶區西北)。轄境相當於今山東菏澤附近,北至濮陽地區。

〔2〕陰:水的南面。《説文・𨸏部》:"陰,闇也。水之南、山之北也。"

7.44 南陽〔1〕,在國之南而地陽也〔2〕。凡若此類郡國之名,取號於此〔3〕,則其餘可知也〔4〕。縣邑之名亦如之〔5〕。

〔1〕南陽:郡名。戰國秦昭王三十五年(前272)置。治宛縣(今河南南陽)。漢轄境相當於今河南熊耳山以南葉縣、内鄉間和湖北大洪山以北廣水市、十堰市鄖陽區間地。

〔2〕國:國都。《左傳・隱公元年》:"先王之制,大都不過參國之一。"陽:山的南面。《説文・𨸏部》"陰"段玉裁注:"《穀梁傳》曰:'水北爲陽,山南爲陽。'注云:'日之所照曰陽。'"

〔3〕郡國:郡和國的並稱。參見7.1〔5〕。 取號:選取名號;命名。

〔4〕其餘:其他;剩下的。《論語・雍也》:"回也其心三月不違仁,其餘則日月至焉而已矣。"

〔5〕縣邑:縣和邑的並稱。"縣"參見7.51。"邑"指都城或封地。《詩・商頌・殷武》:"商邑翼翼,四方之極。"毛傳:"商邑,京師也。"《漢書・高帝紀下》:"令天下縣邑城。"顔師古注引張晏曰:"皇后、公主所食曰邑。" 如之:如此;像這樣。《禮記・檀弓下》:"及出,命引之,三步則止,如是者三。君退,朝亦如之,哀次亦如之。"

7.45 大曰"邦"〔1〕。邦,封也〔2〕,封有功於是也〔3〕。

〔1〕邦:古代諸侯的封國。《書・堯典》:"百姓昭明,協和萬邦。"《詩・大雅・皇矣》:"王此大邦,克順克比。"

〔2〕封:帝王以土地、爵位、名號授給王族或有功的人。《孟子・告子下》:"周公之封於魯,爲方百里也。"

釋名校注

〔3〕周祖謨校箋:"《韻補》引作:'邦,封也,有功於是,故封之也。'" 有功:有功勞,有功績之人。《戰國策·秦策三》:"明主則不然,賞必加於有功,刑必斷於有罪。" 於是:在此。《穀梁傳·僖公三十三年》:"百里子與蹇叔子送其子而戒之曰:'女死,必於殽之巖唫之下,我將尸女於是。'"

7.46 國城曰"都"者[1],國君所居[2],人所都會也[3]。

〔1〕國城:國都。《管子·八觀》:"夫國城大而田野淺狹者,其野不足以養其民。" 都(dū):國都,京都。《書·文侯之命》:"簡恤爾都,用成爾顯德。"孔穎達疏引鄭玄曰:"都,國都也。"

〔2〕國君:天子或諸侯國之君。《禮記·曲禮上》:"國君撫式,大夫下之。" 居:居住。《易·繫辭上》:"君子居其室。"

〔3〕都會:會集,會聚。

7.47 周制[1]:九夫爲井[2],其制似"井"字也[3]。四井爲邑[4],邑猶悒也[5],邑人聚會之稱也[6]。

〔1〕周制:周代的制度。《左傳·昭公二十三年》:"叔孫曰:'列國之卿,當小國之君,固周制也。'"

〔2〕夫:田制百畝稱夫。井田制一夫(成年男子)受田百畝,故即以一夫所受之田稱夫。《周禮·地官·小司徒》:"乃經土地而井牧其田野。九夫爲井,四井爲邑,四邑爲丘,四丘爲甸,四甸爲縣,四縣爲都。"鄭玄注:"'九夫爲井'者,方一里,九夫所治之田也。……《司馬法》曰:'六尺爲步,步百爲畝,畝百爲夫,夫三爲屋,屋三爲井,井十爲通。'" 井:井田。長寬各一里。殷、周時代,地方一里爲井,劃爲九區,形如"井"字,每區百畝,八家各分一區耕作,中央爲公田。《孟子·滕文公上》:"方里而井,井九百畝。其中爲公田,八家皆私百畝,同養公田。"方里,長寬各一里的面積。

〔3〕制:形制;樣式。《周禮·考工記·弓人》:"弓長六尺有六寸,謂之上制,上士服之;弓長六尺三寸,謂之中制,中士服之;弓長六尺,謂之下制,下士服之。"鄭玄注:"人各以其形貌大小服此弓。"

〔4〕邑:古代土地面積單位。四井爲邑,長寬各二里。《周禮·地官·小司徒》:"九夫爲井,四井爲邑。"鄭玄注:"四井爲邑,方二里。"又爲人民聚居之處。大曰都,小曰邑。泛指村落、城鎮。《周禮·地官·里宰》:"里宰掌比其邑之衆寡與其六畜兵器,治其政令。"鄭玄注:"邑猶里也。"賈公彥疏:"邑是人

之所居之處，里又訓爲居，故云邑猶里也。”

〔5〕顧廣圻校：“當作‘邑猶悒悒’。”悒(yì)悒：積滯鬱結。《素問·刺瘧》：“數便，意恐懼，氣不足，腹中悒悒。”王冰注：“悒悒，不暢之貌。”

〔6〕邑人：同邑的人。　聚會：聚集，會合。《漢書·五行志下之上》：“其夏，京師郡國民聚會里巷阡陌，設張博具，歌舞祠西王母。”　稱：稱呼；稱謂。漢班固《白虎通·爵》：“天子者，爵稱也。”

7.48　四邑爲丘[1]。丘，聚也[2]。

〔1〕邑：參見7.47〔4〕。　丘：古代區劃田地、政區的單位名。四邑爲丘，長寬各四里。《周禮·地官·小司徒》：“九夫爲井，四井爲邑，四邑爲丘。”鄭玄注：“四邑爲丘，方四里。”《漢書·刑法志》：“因井田而制軍賦。地方一里爲井，有稅有賦。稅以足食，賦以足兵。故四井爲邑，四邑爲丘。丘，十六井也。有戎馬一匹，牛三頭。”

〔2〕聚：村落。《管子·乘馬》：“方六里命之曰暴，五暴命之曰部，五部命之曰聚。聚者有市，無市則民乏。”

7.49　四丘爲甸[1]。甸，乘也[2]，出兵車一乘也[3]。

〔1〕甸(shèng)：古代徵賦劃分田里、區域的單位。四丘爲甸，長寬各八里。每甸出兵車一乘。《周禮·地官·小司徒》：“九夫爲井，四井爲邑，四邑爲丘，四丘爲甸。”鄭玄注：“‘甸’之言‘乘’也，讀如‘衷甸’之‘甸’。甸方八里。”《禮記·郊特牲》：“唯社，丘乘共粢盛。”鄭玄注：“丘，十六井也，四丘六十四井曰甸，或謂之‘乘’。”

〔2〕乘(shèng)：一車四馬的總稱。《莊子·列禦寇》：“王悦之，益車百乘。”成玄英疏：“乘，駟馬也。”也特指配有一定數量兵士的兵車。《左傳·隱公元年》：“命子封帥車二百乘以伐京。”杜預注：“古者兵車一乘，甲士三人，步卒七十二人。”

〔3〕兵車：戰車。《左傳·襄公十年》：“子產聞盜，爲門者，庀群司，閉府庫，慎閉藏，完守備，成列而後出，兵車十七乘。”　一乘：古時一車四馬。《管子·乘馬》：“一乘者，四馬也。”

7.50　鄙[1]，否也[2]，小邑不能遠通也[3]。

〔1〕鄙：小邑；周代王公子弟及卿大夫在王畿内的采邑。《周禮·天官·

大宰》:"以八則治都鄙。"鄭玄注:"都之所居曰鄙。都鄙,公卿大夫之采邑,王子弟所食邑在畿内者。"

〔2〕"否",段玉裁校作"不"。

〔3〕小邑:小的村落、城鎮。　遠通:通達遠方。

7.51　縣[1],懸也[2],懸係於郡也[3]。

〔1〕縣:地方行政區劃名。始於春秋時期。最初設置在諸侯國邊地,秦、晉、楚等大國往往把新兼併得的土地置縣。到春秋後期,各國纔把縣制逐漸推行到内地,而在新得到的邊遠地區置郡。郡的面積雖較縣大,但因地廣人稀,地位要比縣低。《左傳·哀公二年》:"克敵者,上大夫受縣,下大夫受郡。"杜預注:"春秋以前,縣大于郡;戰國時,則郡大于縣。"戰國時期,邊地逐漸繁榮,纔在郡下設縣,產生郡、縣兩級制。秦統一六國後,乃確立郡縣制,縣隸於郡。漢代沿用。

〔2〕懸:吊掛;繫掛。《管子·明法》:"吏者,民之所懸命也。"

〔3〕懸係:同"懸繫"。懸掛繫結。《詩·齊風·東方未明序》"挈壺氏不能掌其職焉"孔穎達疏:"然則挈壺者,懸繫之名。"　郡:參見7.52。

7.52　郡[1],群也[2],人所群聚也[3]。

〔1〕郡:古代地方行政區劃名。周制縣大郡小,戰國時逐漸變爲郡大於縣。秦滅六國,正式建立郡縣制,以郡統縣。漢因之。

〔2〕群:合群;會合。《論語·衛靈公》:"君子矜而不爭,群而不黨。"朱熹集注:"和以處衆曰群。"

〔3〕群聚:聚合;會集。《鹽鐵論·禁耕》:"衆邪群聚,私門成黨。"

7.53　五家爲伍[1],以"五"爲名也[2]。又謂之"鄰"[3],鄰,連也,相接連也[4]。又曰"比"[5],相親比也[6]。

〔1〕伍:古代民户編制單位。五家編爲一伍。《左傳·襄公三十年》:"田有封洫,廬井有伍。"杜預注:"使五家相保。"

〔2〕爲名:作爲名稱。

〔3〕鄰:古代行政單位。五家爲鄰。《周禮·地官·遂人》:"五家爲鄰,五鄰爲里。"

〔4〕接連:連續不斷;連在一起。《尉繚子·兵教下》:"十曰陳車,謂接連前矛,馬冒其目也。"

〔5〕比:古代基層行政編制,五家爲比。《周禮·地官·大司徒》:"令五家爲比,使之相保。"孫詒讓正義:"鄉民相聚爲小部,始於一比五家,比長治之。"

〔6〕親比:親近依附。《荀子·王霸》:"唯便僻親比己者之用,夫是之謂小用之。"

7.54 五鄰爲里[1],居方一里之中也[2]。

〔1〕里:古代地方行政組織。自周始,後代多因之,其制不一。《周禮·地官·遂人》:"五家爲鄰,五鄰爲里。"此以二十五家爲一里。

〔2〕方:古代計量面積用語。後加表示長度的數字或數量詞,表示縱橫若干長度的意思。多用於計量土地。《論語·先進》:"方六七十,如五六十,求也爲之,比及三年,可使足民。" 里:長度單位。古以三百步爲一里。《穀梁傳·宣公十五年》:"古者三百步爲里。"

7.55 五百家爲黨[1]。黨,長也[2],一聚之所尊長也[3]。

〔1〕黨:古代一種地方基層組織。五百家爲黨。《周禮·地官·大司徒》:"五族爲黨。"鄭玄注:"族,百家;黨,五百家。"

〔2〕長(zhǎng):尊敬;尊重。《孟子·告子上》:"彼長而我長之。"趙岐注:"告子言見彼年老長大,故我長敬之。"

〔3〕聚:村落。《管子·乘馬》:"方六里命之曰暴,五暴命之曰部,五部命之曰聚。聚者有市,無市則民乏。" 尊長:尊敬,尊重。

7.56 萬二千五百家爲鄉[1]。鄉,向也[2],衆所向也。

〔1〕鄉:基層行政區劃名。周制,一萬二千五百家爲鄉。《周禮·地官·大司徒》:"令五家爲比,使之相保;五比爲閭,使之相受;四閭爲族,使之相葬;五族爲黨,使之相救;五黨爲州,使之相賙;五州爲鄉,使之相賓。"鄭玄注:"鄉萬二千五百家。"

〔2〕向:仰慕;歸向。《韓非子·外儲說左下》:"今西伯昌,人臣也,修義而人向之。"

釋形體第八〔1〕

〔1〕形體:身體。《莊子·達生》:"齊七日,輒然忘吾有四枝形體也。"

8.1 人,仁也〔1〕,仁生物也〔2〕,故《易》曰:"立人之道曰仁與義〔3〕。"

〔1〕仁:仁愛;相親。核心指人與人相互親愛。《禮記·中庸》:"仁者人也,親親爲大。"《論語·顏淵》:"樊遲問仁。子曰:'愛人。'"

〔2〕生物:生長萬物。《荀子·禮論》:"天能生物,不能辨物也;地能載人,不能治人也。"

〔3〕立人:立身,做人。《易·説卦》:"立天之道曰陰與陽,立地之道曰柔與剛,立人之道曰仁與義。"

8.2 體,第也〔1〕,骨肉〔2〕、毛血〔3〕、表裏〔4〕、大小相次第也〔5〕。

〔1〕第:等級;次第。有時也用於數字前表示次序。漢班固《白虎通·爵》:"侯者百里之正爵,上可有次,下可有第,中央故無二,五十里有兩爵者,所以加勉進人也。"

〔2〕骨肉:骨和肉。《莊子·至樂》:"吾使司命復生子形,爲子骨肉肌膚,反子父母妻子、閭里、知識,子欲之乎?"

〔3〕毛血:毛髮與血液。

〔4〕表裏:内外;表面和内部。《管子·心術下》:"表裏遂通,泉之不涸,四支堅固。"

〔5〕次第:依次。《漢書·燕剌王劉旦傳》:"及衛太子敗,齊懷王又薨,旦自以次第當立,上書求入宿衛。"又指排比編次。

8.3 軀〔1〕,區也〔2〕,是衆名之大總〔3〕,若區域也〔4〕。

〔1〕軀:身體。《荀子·勸學》:"口耳之間則四寸耳,曷足以美七尺之軀哉!"

〔2〕區:區域。有一定界限的地方或範疇。《漢書·叙傳下》:"爰洎朝鮮,

燕外之區。漢興柔遠,與爾剖符。"

〔3〕眾名:眾物之名。《尹文子·大道上》:"名生於方圓,則眾名得其所稱也。"總:聚合;匯集。《淮南子·原道訓》:"萬物之總,皆閲一孔;百事之根,皆出一門。"高誘注:"總,眾聚也。"又指總攬。漢王充《論衡·書解》:"總眾事之凡,典國境之職。"

〔4〕區域:土地的界劃;地區。《周禮·地官·序官》"廛人"鄭玄注:"廛,民居區域之稱。"

8.4 形[1],有形象之異也[2]。

〔1〕形:形象;面貌。《荀子·非相》:"故相形不如論心,論心不如擇術。"

〔2〕形象:形狀;外貌。《淮南子·兵略》:"天化育而無形象,地生長而無計量。" 異:不相同。《論語·子張》:"異乎吾所聞。"

8.5 身,伸也[1],可屈伸也[2]。

〔1〕伸:伸開;挺直。《淮南子·氾論訓》:"時屈時伸,卑弱柔和如蒲韋。"

〔2〕屈伸:屈曲與伸舒。《禮記·樂記》:"屈伸俯仰,綴兆舒疾,樂之文也。"

8.6 毛,貌也,冒也[1],在表所以別形貌[2],且以自覆冒也[3]。

〔1〕冒:覆蓋;蒙蓋。《周禮·考工記·韗人》:"凡冒鼓,必以啓蟄之日。"鄭玄注:"冒,蒙鼓以革。"

〔2〕表:外表。《莊子·天下》:"以濡弱謙下爲表,以空虛不毀萬物爲實。"所以:用以;用來。《淮南子·人間訓》:"夫戟者,所以攻城也;鏡者,所以照形也。" 形貌:外形;容貌。《墨子·大取》:"諸以形貌命者,若山丘室廟者皆是也。"

〔3〕覆冒:蒙蓋;掩蔽。《漢書·谷永傳》:"黃濁四塞,覆冒京師,申以大水,著以震蝕。"

8.7 皮[1],被也[2],被覆體也[3]。

〔1〕皮:本指獸皮。帶毛叫皮,去毛叫革。引申指人的皮膚或動植物體表面的一層組織。《左傳·僖公十四年》:"皮之不存,毛將安傅?"

〔2〕被:覆蓋。《書・禹貢》:"導菏澤,被孟豬。"僞孔傳:"孟豬,澤名,在菏東北,水流溢,覆被之。"

〔3〕被覆:覆蓋,掩蔽。

8.8　膚〔1〕,布也〔2〕,布在表也〔3〕。

〔1〕膚:人或動物體表的一層組織,即皮膚。有時亦包括肌肉。《詩・衛風・碩人》:"手如柔荑,膚如凝脂。"

〔2〕布:鋪開;分佈。

〔3〕表:外表。

8.9　肌〔1〕,懻也〔2〕,膚幕堅懻也〔3〕。

〔1〕肌:肌肉,瘦肉。《韓非子・用人》:"昔者介子推無爵祿而義隨文公,不忍口腹而仁割其肌。"《玉篇》:"北方名强直爲懻。又懻忮也。"胡吉宣校釋:"肌堅而肉柔,今俗謂筋肉。"參見8.12〔1〕。

〔2〕懻(jì):堅强,强硬。《史記・貨殖列傳》:"種代,石北也,地邊胡,數被寇。人民矜懻忮,好氣,任俠爲姦,不事農商。"《漢書・地理志下》:"民俗懻忮。"顏師古注引臣瓚曰:"今北土名彊直爲懻中。"

〔3〕膚幕:皮膜,覆蓋在肌肉外表的筋膜。"幕"通"膜"。人或動植物體內的薄皮形組織。《史記・扁鵲倉公列傳》:"割皮解肌,訣脈結筋,搦髓腦,揲荒爪幕,湔浣腸胃,漱滌五藏,練精易形。"按,"爪幕"之"幕",《太平御覽》卷七二一引作"膜"。　堅懻:堅牢,堅韌。

8.10　骨,滑也〔1〕,骨堅而滑也。

〔1〕滑:光滑。《説文・水部》:"滑,利也。"

8.11　胑〔1〕,枝也〔2〕,似水之枝格也〔3〕。

〔1〕胑(zhī):同"肢"。《荀子・君道》:"塊然獨坐而天下從之如一體,如四胑之從心。"

〔2〕枝:植物主幹旁生的莖條。《詩・檜風・隰有萇楚》:"隰有萇楚,猗儺其枝。"

〔3〕"水",疏證本、黄丕烈、吳志忠校作"木"。疏證本曰:"'木',今本譌作

'水',據誼改。"蘇輿校:"《御覽·人事十六》正作'似木枝格',但誤在'骨堅而滑也'句下。"周祖謨校箋:"吳改'水'爲'木',是也。蘇輿云:《御覽·人事十六》引正作'木'。" 枝格:長枝條。《文選·司馬相如〈上林賦〉》:"蛭蜩蠷猱,獑胡縠蛫……夭蟜枝格,偃蹇杪顛。"李善注:"郭璞曰:皆獼猴在樹暴戲姿態也。《埤蒼》曰:格,木長貌也。"

8.12 肉[1],柔也[2]。

〔1〕肉:指人體的皮膚、肌肉和脂肪層。《素問·陰陽應象大論》:"在體爲肉。"王冰注:"覆裹筋骨,充其形也。"參見8.9〔1〕。

〔2〕蘇輿校:"此下應言其義。本書之例,在於段聲以定義,未有空陳其聲而無其義者。諸如此類,疑竝奪文。發凡於此,以後不贅。"吳志忠校:"下脱,各本同。"佚名校:"'柔'字下脱,各本同。"

8.13 筋[1],力也[2]。肉中之力[3],氣之元也[4],靳固於身形也[5]。

〔1〕筋:肌腱或附在骨頭上的韌帶。《韓非子·奸劫弑臣》:"卓齒之用齊也,擢湣王之筋,懸之廟梁,宿昔而死。"

〔2〕"力",盧文弨、疏證本、黃丕烈、吳志忠、巾箱本校作"靳"。疏證本曰:"今本誤作'力也'。案:'力'聲不近'筋',據下'靳固'之言,當改爲'靳',則音誼皆合矣。""當改爲'靳'",篆字疏證本作"當改'力'爲'靳'"。吳志忠曰:"'靳'依畢校。"靳(jìn):牢固;穩固。

〔3〕"中",吳志忠刪去,曰:"各本'肉'下衍'中'字,今刪。"佚名校:"'中'字衍。"周祖謨校箋:"案《説文》:'筋,肉之力。'"

〔4〕氣:指人的元氣,生命力。《墨子·辭過》:"古之民未知爲飲食時,素食而分處,故聖人作,誨男耕稼樹藝,以爲民食,其爲食也,足以增氣充虛,彊體適腹而已矣。" 元:根源;根本。《文子·道德》:"夫道者德之元,天之根,福之門,萬物待之而生。"

〔5〕靳固:堅固;牢固;穩固。 身形:身體;形體。

8.14 膜[1],幕也[2],幕絡一體也[3]。

〔1〕膜:人或動植物體内的薄皮形組織,具有保護作用。《素問·痹論》:

"故循皮膚之中,分肉之間,熏於肓膜,散於胸腹。"

〔2〕幕:覆蓋;籠罩。《易·井》:"上六,井收,勿幕。"王弼注:"幕,猶覆也。"

〔3〕幕絡:連綿牽絡、籠罩蒙覆貌。　一體:指整個身體。

8.15　血,濊也[1],出於肉,流而濊濊也[2]。

〔1〕濊(huì):水多貌。《説文·水部》:"濊,水多皃。"

〔2〕濊濊:液體水流動貌。

8.16　膿[1],醲也[2],汁醲厚也[3]。

〔1〕膿:瘡口潰爛所化的黏液。《靈樞經·玉版》:"營氣不行,乃發爲癰疽。陰陽不通,兩熱相搏,乃化爲膿。"

〔2〕醲(nóng):濃厚。《韓非子·難勢》:"夫有盛雲醲霧之勢而不能乘遊者,蟪螾之材薄也。"

〔3〕醲厚:濃厚;稠密。

8.17　汁[1],涕也[2],涕涕而出也[3]。

〔1〕汁:眼淚。

〔2〕涕:眼淚。《易·離》:"出涕沱若,戚嗟若。"也指鼻涕。《素問·解精微論》:"泣涕者腦也……故腦滲爲涕。"王冰注:"鼻竅通腦,故腦滲爲涕流於鼻中矣。"

〔3〕涕涕:淚流貌。《周禮·地官·保氏》"四曰喪紀之容"鄭玄注:"喪紀之容,涕涕翔翔。"

8.18　津[1],進也,汁進出也[2]。

〔1〕津:汗水等體液。《靈樞經·決氣》:"腠理發泄,汗出溱溱,是謂津。"

〔2〕進出:進去和出來。

8.19　汋[1],澤也[2],有潤澤也[3]。

〔1〕"汋",蔡天祐本作"沟(jūn)",作"汋""沟"文義均不通。疏證本曰:"人身無所謂'汋'者,'汋'字蓋誤也。疑當爲'液'。"《説文·水部》"汋"字段玉裁注:"《釋名》:'汋,澤也,有潤澤也。''自臍以下曰水腹,水汋所聚也。''胞……

主以虛承汋也。'蓋皆借爲'液'字。"徐復補疏:"復按:汋,俗液字。《説文》:'汋,激水聲也。'段玉裁注:'《釋名》:"汋,澤也。"蓋皆借爲液字。'"按,此説有理。一、據文意,"汁""津""液""汗"諸條前後相次,符合《釋名》以類相從的編撰條例。二、據讀音,"液"爲餘紐鐸部,"澤"爲定紐鐸部,古音相近,符合《釋名》聲訓條例。《釋形體》同篇8.78:"腋,繹也,言可張翕尋繹也。"此以"澤"訓"液",正如彼以"繹"訓"腋"。《篇海類編·地理類·水部》:"澤,液也。"《素問·疏五過論》:"嘗富大傷,斬筋絶脈,身體復行,令澤不息。"王冰注:"身體雖已復舊而行,且令津液不爲滋息也。何者? 精氣耗減也。澤者,液也。""液""澤"互爲聲訓。三、據搭配組詞,《釋飲食》篇13.5:"吮,循也,不絶口,稍引滋汋,循咽而下也。""滋汋"亦應是"滋液",即唾液。漢班固《白虎通·情性》:"口能咮嘗,舌能知味,亦能出音聲,吐滋液。"但由於缺乏書證,不能解釋其字形訛變之由,故疏證本衹能説"疑當爲'液'",段玉裁也是作揣度之辭。徐復據段注謂"汋"是俗"液"字,亦未提供更多證明。王寧先生《〈釋名〉中用爲"液"的"汋"字旁議》(《漢字漢語研究》2020年第4期)認爲,"汋"字應是左"氵"右"与"之字,即"液"之異形。我們認爲"汋""沟"均是"汷(液)"之形訛(《釋名》中華書局"三全本",2021年)。蔡偉先生認爲:"古書中以'汋'爲'液'的現象,其中的'汋'應爲'汐'的俗訛字。凡從勺從夕之字,因形近而往往相溷。"蕭旭先生認爲,"汋"非俗字、訛字,用同"液"。液:津液。中醫對人體内液體的總稱,包括血液、唾液、淚液、汗液等。通常專指唾液。《説文·水部》:"液,盡也。"《玉篇·水部》:"液,津也。"《廣韻·昔韻》:"液,津液。"《素問·調經論》:"人有精氣津液。"

〔2〕澤:滋潤。《莊子·逍遥遊》:"時雨降矣,而猶浸灌,其於澤也,不亦勞乎!"

〔3〕潤澤:滋潤;使不乾枯。

8.20 汗,澣也[1],出在於表[2],澣澣然也[3]。

〔1〕澣:同"汗"。疑當作"汗(hàn)",水迅速流動貌,又光明盛大貌。《文選·王延壽〈魯靈光殿賦〉》:"澔澔汗汗,流離爛漫。"李善注:"澔澔汗汗,光明盛貌。"

〔2〕表:外表。《莊子·天下》:"以濡弱謙下爲表,以空虛不毀萬物爲實。"

〔3〕王先謙疏證補:"《漢書·劉向傳》:'汗出而不反者也。''澣'字字書所無,疑是'涣涣'之誤。《易》言'涣汗',又疊韻字。《説文》:'涣,流散也。'

《詩·溱洧》：'方渙渙兮。'傳：'渙渙，盛也。'以釋'汗'字，於義亦安。"周祖謨校箋復述王先謙疏證補校語。按：從字形看，"泮"字更近似。

8.21 髓[1]，遺也[2]，遺遺也[3]。

〔1〕髓（suǐ）：骨中的凝脂。《吕氏春秋·過理》："刑鬼侯之女而取其環，截涉者脛而視其髓。"

〔2〕"遺"，吴志忠校作"潰"，曰："各本'潰'誤'遺'。"佚名校："'遺'字誤，改作'潰'。"潰（wěi）：流動貌。

〔3〕"遺遺"（"遺"字原右作"匱"，應是"辶"寫作"𠃊"，後誤加橫作"匚"），吴志忠校作"潰潰"，並增一"然"字，曰："各本'潰潰'誤'遺遺'，下脱'然'字，今改補。"吴翊寅校議："吴〔志忠〕本作'髓，潰也，潰潰然也。'案：'汗'言'浑浑然'，故'髓'言'潰潰然'，亦據誼改。"王先謙疏證補："吴〔志忠〕校作：'髓，潰也，潰潰然也。'"周祖謨校箋："吴〔志忠〕校作：'髓，潰也，潰潰然也。'"又節引疏證本校語。潰潰：行相隨貌。《詩·齊風·敝笱》："其魚唯唯。"清陳喬樅《韓詩遺説考·敝笱·其魚遺遺》："《韓詩》'遺遺'，即'潰潰'之省。《毛詩》'唯唯'，又'潰潰'之假借。鄭箋云：'唯唯，行相隨順之貌。'"

8.22 髮，拔也[1]，拔擢而出也[2]。

〔1〕拔：抽出；拽出。《左傳·隱公十一年》："公孫閼與潁考叔争車，潁考叔挾輈以走，子都拔棘以逐之。"

〔2〕拔擢：抽引。"出"，吴志忠校本作"生"。出：出生；生出。《荀子·禮論》："無先祖，惡出？"

8.23 鬢[1]，峻也[2]，所生高峻也[3]。

〔1〕"鬢"，盧文弨、疏證本、黄丕烈、巾箱本校作"囟"。疏證本曰："'囟'，今本誤作'鬢'。案：後别有'其上聯髮曰鬢'，不應兩見。《説文》云：'囟，頭會匘蓋也。'則是人頭之頂，與高峻之誼合，且'囟''峻'同音，兹當作'囟'無疑矣。"吴志忠校作"顖"，曰："'顖'依畢校。"周祖謨校箋："'鬢'别見下文，畢校改作'囟'，'囟''峻'同音。吴〔志忠〕校字作'顖'。"顖（xìn）：同"囟"。囟門。嬰兒頭頂骨未合縫的地方，在頭頂的前部中央。也叫"腦門""頂門"。按，"鬢"又可寫作"䰢"，與"顖"相似，或因此而"顖"訛作"鬢"。

〔2〕峻：高；陡峭。《國語·晉語九》："高山峻原，不生草木。"

〔3〕高峻:高聳峭拔。

8.24 髦[1],冒也[2],覆冒頭頸也[3]。

〔1〕髦:馬頸上的長毛,泛指動物頭頸上的長毛。《儀禮·既夕禮》:"馬不齊髦。"又可指古代兒童頭髮下垂至眉的一種髮式。《詩·鄘風·柏舟》:"髧彼兩髦。"毛傳:"髦者,髮至眉,子事父母之飾。"按,馬頸長毛後覆頸,前亦覆額;兒童頭髮前覆額,後亦及頸。故"髦"兼指馬頸毛、兒童齊眉髮式。《釋形體》8.104"蹄,底也",亦非人體部位。蓋取名之初,不分人獸。

〔2〕冒:覆蓋,籠罩。

〔3〕覆冒:蒙蓋;掩蔽。參見8.6〔3〕。 "頸",許克勤校:"勤按:'頸'當作'額',字之誤也。《詩》毛傳及《説文》竝訓爲'髮至眉',則髦爲覆冒頭額甚明。"頭額:額頭,腦門子。

8.25 眉,媚也[1],有斌媚也[2]。

〔1〕媚:嬌豔,美好。《詩·大雅·思齊》:"思媚周姜,京室之婦。"

〔2〕斌媚:同"嫵媚"。姿態美好可愛。漢司馬相如《上林賦》"嫵媚孅弱",《史記·司馬相如列傳》作"斌媚姌嫋"。

8.26 頭,獨也[1],於體高而獨也[2]。

〔1〕獨:孤單。《詩·小雅·正月》:"念我獨兮,憂心愍愍。"鄭玄箋:"此賢者孤特自傷也。"

〔2〕體:身體。《禮記·大學》:"富潤屋,德潤身,心廣體胖,故君子必誠其意。"

8.27 首[1],始也[2]。[3]

〔1〕首:頭。《詩·邶風·靜女》:"愛而不見,搔首踟蹰。"

〔2〕始:開首;起頭。《爾雅·釋詁上》:"首,始也。"《書·吕刑》:"蚩尤惟始作亂。"

〔3〕吴志忠校:"下脱,各本同。"佚名校:"'首,始也'下脱,各本同。"

8.28 面[1],漫也[2]。[3]

〔1〕面:臉部;頭的前部。《墨子·非攻中》:"君子不鏡於水而鏡於人。鏡於水,見面之容;鏡於人,則知吉與凶。"

〔2〕漫:同"曼"。細潤;柔美。《淮南子·修務訓》:"曼頰皓齒,形夸骨佳。"高誘注:"曼頰,細理也。"

〔3〕吳志忠校:"下脱,各本同。"佚名校:"'面,漫也'下脱,各本同。"

8.29 額,鄂也[1],有垠鄂也[2],故幽州人則謂之"鄂"也[3]。

〔1〕鄂:通"堮"。邊際;界限。漢徐幹《齊都賦》:"南望無垠,北顧無鄂。"

〔2〕垠鄂:即"垠堮"。界限;邊際。《淮南子·俶真訓》:"萌兆牙櫱,未有形埒垠堮。"

〔3〕幽州:古九州之一,即今河北北部及遼寧一帶。參見7.9〔1〕。

8.30 角者[1],生於額角也[2]。

〔1〕角:額骨兩端的部位。《漢書·諸侯王表》:"漢諸侯王厥角稽首。"顏師古注引應劭曰:"厥者,頓也。角者,額角也。"

〔2〕角:角落,物體兩個邊沿相接的地方。《易·晉》:"晉其角,維用伐邑。"孔穎達疏:"晉其角者,西南隅也。"此指額頭兩旁的角落。

8.31 頞[1],鞍也[2],偃折如鞍也[3]。

〔1〕頞(è):鼻梁。《説文·頁部》:"頞,鼻莖也。"《素問·氣厥論》:"膽移熱於腦,則辛頞鼻淵。"王冰注:"頞,謂鼻頞也。"

〔2〕鞍:鞍子。套在騾馬背上便於騎坐的坐具。上部中段呈凹面,兩端凸起。《管子·山國軌》:"被鞍之馬千乘,齊之戰車之具,具於此,無求於民。"

〔3〕偃折:彎曲;曲折。

8.32 目,默也[1],默而内識也[2]。

〔1〕默:靜默不語。《易·繫辭上》:"或出或處,或默或語。"

〔2〕默而内識(zhì):把所見默默記在心裏。《論語·述而》:"默而識之,學而不厭,誨人不倦,何有於我哉?"皇侃疏:"見事心識而口不言,謂之'默識'者也。"内:内心;心裏。《論語·里仁》:"見賢思齊焉,見不賢而内自省也。"識:記住。戰國楚宋玉《神女賦》:"寐而夢之,寤不自識。"

8.33 眼[1]，限也[2]，瞳子限限而出也[3]。

〔1〕眼：眼珠。《史記·伍子胥列傳》："抉吾眼縣吳東門之上，以觀越寇之入滅吳也。"

〔2〕限：通"睍（wěn）"。眼凸出貌。《周禮·考工記·輪人》："望其轂，欲其睍也。"鄭玄注："睍，出大貌也……司農云：'睍讀如限切之限。'"孫詒讓正義："《說文·目部》云：'睴，大目出也。'與睍聲近。段玉裁云：'《說文》：睍，目也。'鄭意《目部》睔、睴、睨、睴等字，與睍音皆相近，故以大出貌訓睍。"

〔3〕瞳子：瞳人，瞳孔。參見8.35〔1〕。"限限"，王先謙疏證補："'限限'不見它書，'限'訓'阻止'，與'出'義不合，童子亦非可出者。疑本作'童子限而不出也'，傳寫致誤耳。"胡楚生校："希麟《音義》卷六引此條作：'眼，限也，謂視物有限也。'"按，"限限"猶"睍睍"。眼珠凸出貌。 出：外凸；突出。

8.34 睫[1]，插[2]，接也，插於眼眶而相接也[3]。

〔1〕睫：眼瞼邊緣的細毛。《韓非子·喻老》："智如目也，能見百步之外而不能自見其睫。"

〔2〕插：栽植。盧文弨、疏證本、黃丕烈、巾箱本於"插"後增一"也"字。疏證本曰："今本作'睫，插，接也'，少一'也'字，則合兩訓爲一矣。《廣韻》'睫'下引《釋名》曰：'睫，插也，插於眶也。'并引《說文》'睞'，又云：'睞同睫。'《太平御覽》引曰：'睫，接也，插於匡而相接也。'據此兩引，則'插''接'當分作兩誼。《一切經音義》三引'睫'皆作：'䀾，目旁毛也。'"篆字疏證本校："《廣韻》云：'《釋名》曰：'睫，插也，插於眶也。'《說文》作：'睞，目旁毛也。'"最後未引《一切經音義》。胡楚生校："慧琳《音義》凡六引此條，……卷四十九所引，'睫，插'下有'也'字。"周祖謨校箋："畢校作'插也，接也'，於'插'下增一'也'字。"

〔3〕眼眶：眼皮邊緣所構成的框。

8.35 瞳子[1]，瞳，重也[2]，膚幕相裹重也[3]。子，小稱也[4]。主謂其精明者也[5]。或曰"眸子"[6]，眸，冒也[7]，相裹冒也[8]。

〔1〕瞳子：瞳人，瞳孔。虹膜中央的小孔，光線通過瞳孔進入眼內。《淮南子·修務訓》："舜二瞳子，是謂重明。"

〔2〕重（chóng）：重疊；重複。《易·坎》："習坎，重險也。"孔穎達疏："兩坎相重，謂之重險。"

〔3〕膚幕:皮膜。皮指上下眼皮、眼角膜、虹膜等組織。幕:通"膜"。人或動植物體内的薄皮形組織。《史記·扁鵲倉公列傳》:"割皮解肌,訣脈結筋,搦髓腦,揲荒爪幕,湔浣腸胃,漱滌五藏,練精易形。"按,幕,《太平御覽》卷七二一引作"膜"。同篇《釋形體》8.14:"膜,幕也,幕絡一體也。"可知"幕""膜"互通。

〔4〕稱:稱呼;稱謂。漢班固《白虎通·爵》:"天子者,爵稱也。"

〔5〕精明:光亮;鮮明。指眼睛明亮。漢劉向《説苑·説叢》:"鏡以精明,美惡自服,衡下無私,輕重自得。"

〔6〕眸子:瞳人。亦泛指眼睛。《孟子·離婁上》:"存乎人者,莫良於眸子。眸子不能掩其惡。胸中正,則眸子了焉;胸中不正,則眸子眊焉。聽其言也,觀其眸子,人焉廋哉?"朱熹集注:"眸子,目瞳子也。"

〔7〕冒:覆蓋,籠罩。《詩·邶風·日月》:"日居月諸,下土是冒。"

〔8〕裹冒:包裹,覆冒。

8.36 鼻,嘒也[1],出氣嘒嘒也[2]。

〔1〕嘒(huì):小聲。《説文·口部》:"嘒,小聲也。"

〔2〕出氣:呼吸;喘氣。《莊子·盜跖》:"孔子再拜趨走,出門上車,執轡三失,目芒然無見,色若死灰,據軾低頭,不能出氣。" 嘒嘒:象聲詞。《詩·商頌·那》:"鞉鼓淵淵,嘒嘒管聲。"

8.37 口[1],空也[2]。[3]

〔1〕口:發聲和飲食的器官。《書·秦誓》:"人之彦聖,其心好之,不啻若自其口出,是能容之。"

〔2〕空(kǒng):穴;洞。《周禮·考工記·函人》:"凡察革之道,視其鑽空,欲其惌也。"陸德明釋文:"空,音孔,又如字。"

〔3〕吴志忠校:"下脱,各本同。"佚名校:"'口,空也'下脱,各本同。"徐復補疏:"空與孔通。下應補'言空竅也'四字。《素問·陰陽應象大論》:'在竅爲口。'竅亦孔也。"

8.38 頰[1],夾也[2],兩旁稱也[3];亦取挾斂食物也[4]。

〔1〕頰:臉的兩側從眼到下頜的部分。《易·咸》:"上六:咸其輔、頰、舌。"

〔2〕夾(jiā):從左右相持或相對。《墨子·雜守》:"守大門者二人,夾門

而立。”

〔3〕“兩旁”，王先慎曰：“今本‘兩’上脱‘面’字，《御覽》引‘面’下脱‘兩’字。《急就篇》顔注：‘面兩旁曰煩。’即本此，可證。”兩旁：左右兩邊；兩側。《六韜·動静》：“太公曰：‘如此者，發我兵去寇十里而伏其兩旁，車騎百里而越其前後……敵人必敗。’”　稱：稱呼；稱謂。漢趙岐《孟子章句題辭》：“子者，男子之通稱也。”

〔4〕挾斂：挾取。挾，同“夾（jiā）”。　食物：吃的東西。可供飲食的東西。《史記·匈奴列傳》：“高帝乃使劉敬奉宗室女公主爲單于閼氏，歲奉匈奴絮繒酒米食物各有數，約爲昆弟以和親。”

8.39 舌，泄也[1]，舒泄所當言也[2]。

〔1〕泄：發泄；發散。《詩·大雅·民勞》：“惠此中國，俾民憂泄。”鄭玄箋：“泄猶出也，發也。”

〔2〕舒泄：抒發，發泄。　當言：該説。

8.40 齒，始也[1]。少長之別始乎此也[2]，以齒食多者長也[3]，食少者幼也[4]。

〔1〕始：開始；開端。與“終”相對。《楚辭·招魂》：“芙蓉始發，雜芰荷些。”

〔2〕少長（shàozhǎng）：年少的和年長的。又指從年少到長大。

〔3〕以：用；使。馬王堆漢墓帛書《道原》：“人皆以之，莫知其名。人皆用之，莫見其刑（形）。”　“也”，段玉裁删去。疏證本校：“此‘也’字，《太平御覽》引無。”篆字疏證本删去，曰：“今本此處有‘也’字，據《太平御覽》引删。”

〔4〕幼：年紀小；未長成的。《禮記·曲禮上》：“人生十年曰幼，學。”

8.41 頤[1]，養也[2]。動於下[3]，止於上[4]，上下咀物以養人也[5]。

〔1〕頤（yí）：口腔的下部，俗稱下巴。《易·噬嗑》：“頤中有物，曰噬嗑。”《急就篇》卷三：“頰頤頸項肩臂肘。”顔師古注：“下頜曰頤。”

〔2〕養：供給人食物等，使生活下去。《書·梓材》：“引養引恬。”僞孔傳：“能長養民，長安民。”

〔3〕動：起始；發動。《史記·樂書》：“情動於中，故形於聲，聲成文謂

之音。”

〔4〕止：停止。《易·艮》：“時止則止，時行則行，動靜不失其時，其道光明。”

〔5〕上下：升降。《楚辭·卜居》：“將氾氾若水中之鳧乎？與波上下偷以全吾軀乎？”王逸注：“隨衆卑高。” 咀（jǔ）：嚼；嚼食。 養人：滋養人的身體。

8.42 牙，櫨牙也[1]，隨形言之也。

〔1〕櫨（zhā）牙：同“鉏牙”“齟齬”“槎牙”“楂枒”等。錯雜不齊貌。

8.43 輔車[1]，其骨强，所以輔持口也[2]。或曰“牙車”[3]，牙所載也；或曰“頷”[4]，頷[5]，含也，口含物之車也[6]；或曰“頰車”[7]，亦所以載物也；或曰“鼸車”[8]，鼸鼠之食積於頰[9]，人食似之，故取名也[10]。凡繫於“車”，皆取在下載上物也。

〔1〕輔車：頰骨與上下牙牀骨。輔本指車兩旁木，所以夾車者。人頰骨似車輔，故稱。《左傳·僖公五年》：“諺所謂‘輔車相依，脣亡齒寒’者，其虞、虢之謂也。”杜預注：“輔，頰輔；車，牙車。”

〔2〕輔持：輔助，支持。

〔3〕牙車：下齶骨。即下牙牀。《左傳·僖公五年》“輔車相依”杜預注：“輔，頰輔；車，牙車。”孔穎達疏：“《釋名》曰：‘頤或曰輔車，其骨彊，可以輔持其口，或謂牙車，牙所載也，或謂頷車也。’牙車、頷車，牙下骨之名也。”

〔4〕盧文弨、段玉裁、疏證本、黃丕烈、吳志忠、巾箱本分別於“頷”後增“車”字。段玉裁注：“《左傳·僖五年》正義。”疏證本曰：“今本誤脱‘車’字。”吳志忠曰：“補‘車’，依畢校。”周祖謨校箋：“今本‘或曰頷’下脱‘車’字，當改正。”頷（hàn）車：即牙車，下齶骨。

〔5〕頷：下巴。《公羊傳·宣公六年》：“祁彌明逆而踆之，絕其頷。”何休注：“頷，口。”

〔6〕車：牙牀。《左傳·僖公五年》：“諺所謂‘輔車相依，脣亡齒寒’者，其虞、虢之謂也。”杜預注：“車，牙車。”

〔7〕頰車：牙下骨，載齒的齶骨。丁山校：“‘亦所以載物也’句，《一切經音義》引作‘亦所載頰也’。”周祖謨校箋：“今本‘所以載頰’，‘頰’則誤爲‘物’，當改正。”

〔8〕鼸(xiàn)車:頰輔與牙牀。

〔9〕鼸鼠:田鼠的一種,灰色短尾。《太平御覽》卷九一一引《大戴禮記》:"正月田鼠出。田鼠者,鼸鼠也。"今本《大戴禮記·夏小正》作"嗛鼠"。孔廣森補注:"嗛鼠,即《爾雅》鼸鼠。郭璞曰:'以頰裹藏食。'"《爾雅·釋獸》"鼸鼠"清郝懿行義疏:"嗛與鼸同。按,鼸鼠,即今香鼠。頰中藏食,如獼猴然。"頰:臉的兩側從眼到下頜部分。參見8.38〔1〕。

〔10〕取名:起名;命名。漢班固《白虎通·禮樂》:"何以名爲夷蠻? ……夷者,僔夷無禮義。東方者,少陽易化,故取名也。"

8.44 耳,舑也[1],耳有一體屬著兩邊[2],舑舑然也[3]。

〔1〕舑(ér):頰毛;鬍鬚。形容多鬚貌。《史記·高祖功臣侯者年表》"侯昭元年"唐司馬貞索隱:"《字林》以多須髮曰舑。"

〔2〕一體:一樣;一同。《史記·張耳陳餘列傳》:"陳餘、張耳一體有功於趙。" 屬著(zhǔ zhuó):依托,附着。 兩邊:兩側。

〔3〕舑舑:猶"聃聃"。舒展貌。

8.45 脣,緣也[1],口之緣也。

〔1〕緣:邊沿。

8.46 吻[1],免也[2],入之則碎,出則免也。又取抆也[3],漱唾所出[4],恒加抆拭[5],因以爲名也[6]。

〔1〕吻:嘴脣;嘴角。《周禮·考工記·梓人》:"銳喙決吻,數目顧脰,小體騫腹,若是者謂之羽屬。"鄭玄注:"吻,口腃也。"孫詒讓正義:"《説文·口部》云:'喙,口也。'《文選·甘泉賦》李注云:'決亦開也。'謂口銳利而脣開張也。"

〔2〕免:逃避;逃脱。《禮記·曲禮上》:"臨難毋苟免。"

〔3〕"抆",盧文弨校作"抆",下同。周祖謨校箋:"'抆'當作'抆'。"抆(wěn):擦拭。《楚辭·九章·悲回風》:"孤子吟而抆淚兮,放子出而不還。"洪興祖補注:"抆,音吻,拭也。"

〔4〕漱唾:吮吸與吐出。漱:吮吸,飲。《文選·張衡〈思玄賦〉》:"漱飛泉之瀝液兮,咀石菌之流英。"王念孫《讀書雜志餘編·文選》:"此'漱'字當讀爲'欶'。《説文》:欶,吮也。"唾:吐,嘔吐。《韓非子·外儲説左上》:"魯人有自

喜者,見長年飲酒不能釂則唾之,亦效唾之。”

〔5〕恒:經常;常常。《書·伊訓》:“敢有恒舞于宫,酣歌于室,時謂巫風。”僞孔傳:“常舞則荒淫。”

〔6〕因以爲名:參見卷二《釋州國》7.8〔4〕。

8.47 舌[1],卷也,可以卷制食物[2],使不落也[3]。

〔1〕“舌”,盧文弨、疏證本、黄丕烈校作“口”。疏證本曰:“今本‘因以爲名也’之下提行别起,作‘舌,卷也’云云。案:‘舌’已見前,不應重出。鄭注《周禮·攷工記》‘梓人’云:‘吻,口腃也。’今本‘舌卷’葢‘口卷’之譌,‘口卷’即‘吻’,當承‘吻’下,故併爲一,而以‘或曰’字聯合之。”王鳴盛校:“前已有‘舌’,此‘舌’字當訛。(王)”周祖謨校箋:“畢沅改‘舌卷也’爲‘或曰口卷也’,與上文‘吻,免也’相連。《周禮·考工記》‘梓人’鄭注云:‘吻,口腃也。’是‘舌卷’爲‘口卷’之譌。”王鳴盛校:“鄭注《考工記》曰:‘吻,口腃也。’疑此當作‘或曰口腃,可以卷制’云。(王)”按:本條疑當作:“腃,卷也,可以卷制食物,使不落也。”腃(quán):嘴脣;口邊。《周禮·考工記》“銳喙決吻”鄭玄注:“吻,口腃也。”

〔2〕食物:食品。一切可供飲食的東西。《史記·張騫列傳》:“度漢兵遠,不能至,而禁其食物,以苦漢使。”

〔3〕不落:不掉下。

8.48 鼻下曰“立人”[1],取立於鼻下,狹而長,似人立也[2]。

〔1〕立人:人中。指人的上脣之上正中凹下的部分。

〔2〕人立:如人之直立。《左傳·莊公八年》:“(齊侯)射之,豕人立而啼。”

8.49 口上曰“髭”[1]。髭,姿也[2],爲姿容之美也[3]。

〔1〕髭(zī):嘴脣上邊的鬍子。

〔2〕姿:容貌;姿態。戰國楚宋玉《神女賦》:“上古既無,世所未見,瑰姿瑋態,不可勝贊。”

〔3〕姿容:外貌;儀容。

8.50 口下曰“承漿”[1],漿水也[2]。

〔1〕承漿：穴位名。下脣中央的凹陷處。因其處可承接口涎，故名。

〔2〕盧文弨、疏證本、黃丕烈、吳志忠、巾箱本於“漿水”前增“承”字，并校“漿水”作“水漿”。疏證本曰：“‘承水漿也’，今本作‘漿水也’三字，據《太平御覽》引增改。”吳志忠曰：“補‘承’，乙‘水漿’，依畢校。”周祖謨校箋：“畢沅據《御覽》引校改爲：‘口下曰承漿，承水漿也。’”漿水：同“水漿”。指飲料或流質食物。《禮記·檀弓上》：“故君子之執親之喪也，水漿不入於口者三日，杖而後能起。”

8.51 頤下曰“鬚”〔1〕。鬚，秀也〔2〕。物成乃秀，人成而鬚生也；亦取須體幹長而後生也〔3〕。

〔1〕頤下：下巴的下面。鬚：下巴或嘴邊的毛。

〔2〕秀：植物開花抽穗。《詩·大雅·生民》：“實發實秀，實堅實好。”朱熹集傳：“秀，始穟。”

〔3〕須：須要；需要。《漢書·馮奉世傳》：“奉世上言‘願得其衆，不須煩大將’。” 體幹：身體；身材。 長（zhǎng）：長大；成年。《公羊傳·隱公元年》：“桓幼而貴，隱長而卑。”何休注：“長者，已冠也。”

8.52 在頰耳旁曰“髯”〔1〕，隨口動搖〔2〕，髯髯然也〔3〕。

〔1〕髯（rán）：頰毛。亦泛指鬍鬚。《漢書·高帝紀上》：“高祖爲人，隆準而龍顏，美須髯，左股有七十二黑子。”顏師古注：“在頤曰須，在頰曰髯。”

〔2〕動搖：動蕩搖擺。《戰國策·趙策二》：“守四封之內，愁居攝處，不敢動搖。”

〔3〕髯髯：多鬚貌。《樂府詩集·相和歌辭三·陌上桑》：“爲人潔白皙，髯髯頗有鬚。”

8.53 其上連髮曰“鬢”〔1〕，鬢，濱也〔2〕，濱，崖也〔3〕，爲面額之崖岸也〔4〕。

〔1〕其：指代上條所言之“髯”。 鬢：臉旁靠近耳朵的頭髮。《莊子·說劍》：“然吾王所見劍士，皆蓬頭突鬢垂冠。”

〔2〕濱：水邊，近水的地方。《書·禹貢》：“厥土白墳，海濱廣斥。”僞孔傳：“濱，涯也。”

〔3〕崖:岸邊。《荀子·勸學》:"玉在山而草木潤,淵生珠而崖不枯。"楊倞注:"崖,岸。"

〔4〕面額:臉面;面部。 崖岸:山崖;堤岸。

8.54 鬢曲頭曰"距"〔1〕,距,拒也〔2〕,言其曲似拒也。

〔1〕曲頭:頭尾部彎曲。 距:雄雞、雉等腿後突出像腳趾的部分。《説文·足部》:"距,雞距也。"比喻鉤形之物。

〔2〕"拒",盧文弨、段玉裁、疏證本、吳志忠、巾箱本校作"矩",下同。吳志忠云:"'矩'依畢校,下同。"周祖謨校箋:"二'拒'字畢校作'矩'。吳〔志忠〕本同。"葉德炯校:"'距''矩'二字本通。《考工記·輪人》注:'故書矩爲距。'可證成國以曲尺之'矩'釋曲頭之'距',亦取其聲義相近也。"拒:通"矩(jǔ)"。《左傳·宣公十二年》:"工尹齊將右拒卒。"陸德明釋文:"拒,音矩,本亦作矩。"此指畫方形或直角的用具。即曲尺。《墨子·法儀》:"百工爲方以矩。"

8.55 項〔1〕,确也〔2〕,堅确受枕之處也〔3〕。

〔1〕項:脖子的後部。《左傳·成公十六年》:"王召養由基,與之兩矢,使射吕錡,中項,伏弢。"

〔2〕确:堅硬。《淮南子·人間訓》:"有寢丘者,其地确石而名醜,荆人鬼,越人襪,人莫之利也。"

〔3〕堅确:堅固,堅實。 受枕:接納枕頭。受:接取。《禮記·内則》:"男不言内,女不言外,非祭非喪,不相授器。其相授,則女受以篚。"

8.56 頸〔1〕,徑〔2〕也,徑挺而長也〔3〕。

〔1〕頸:脖子的前部。《慧琳音義》卷十五"頸項"注引《蒼頡篇》:"頸在前,項在後。"

〔2〕徑:直;直接。《楚辭·遠遊》:"陽杲杲其未光兮,凌天地以徑度。"洪興祖補注:"徑,直也。"

〔3〕徑挺:直貌。挺:直。《周禮·考工記·弓人》:"於挺臂中有柎焉,故剽。"鄭玄注:"挺,直也。"

8.57 咽〔1〕,咽物也〔2〕。

〔1〕咽（yān）：消化和呼吸的通道，位於鼻腔、口腔的後方，喉的上方，相應地分爲鼻咽、口咽和喉咽三部分。通稱咽喉。《漢書·息夫躬傳》：“吏就問，云咽已絕，血從鼻耳出。”顏師古注：“咽，喉嚨。”

〔2〕王先謙疏證補：“此文疑當云：‘咽，咽也，言咽物也。’脱去‘咽也，言’三字，則文意不完，與本書例亦不合。《説文》：‘咽，嗌也。’《漢書·息夫躬傳》注：‘咽，喉嚨。’因食物由咽入，故吞物亦謂之‘咽’。蘇武、匈奴二《傳》並云‘咽，吞也’，是其證矣。《史記·扁鵲倉公傳》正義云：‘咽，嗌也，言咽物也。’即用此文。後世以‘咽’爲喉嚨專稱，別造‘嚥’字，爲吞物之名，古書所無。”咽（yàn）：亦作“嚥”。吞入；吞食。《孟子·滕文公下》：“井上有李，螬食實者過半矣，匍匐往將食之，三咽，然後耳有聞，目有見。”朱熹集注：“咽，吞也。”

8.58 嚥[1]，在頤纓理之中也[2]。青徐謂之“脰”[3]，物投其中，受而下之也；又謂之“嗌”[4]，氣所流通[5]，阨要之處也[6]。

〔1〕嚥（yān）：咽頭，喉結。

〔2〕頤：口腔的下部，俗稱下巴。　纓：繫冠的帶子。以二組繫於冠，結在頷下。《禮記·玉藻》：“玄冠朱組纓，天子之冠也。”　理：紋理；紋路。《易·繫辭上》：“仰以觀於天文，俯以察於地理。”孔穎達疏：“地有山川原隰，各有條理，故稱理也。”

〔3〕青徐：青州和徐州的並稱。青：青州。在今山東。參見卷二《釋州國》7.1。徐：徐州。大致在今淮北一帶。參見卷二《釋州國》7.2。　脰（dòu）：頸肉。《儀禮·士虞禮》：“祝俎，髀、脰、脊、脅、離肺，陳於階間，敦東。”胡培翬正義引郝敬云：“脰，頸肉。”轉指咽喉。

〔4〕嗌（yì）：咽喉；咽頭。口腔與食道中間的區域，約由頭骨底部以至相當於第六頸椎的位置，爲漏斗狀。《穀梁傳·昭公十九年》：“（許世子止）哭泣歠饘粥，嗌不容粒，未踰年而死。”陸德明釋文：“嗌音益，咽喉也。”

〔5〕流通：流轉通行；不停滯。《尸子》卷上：“水有四德，沐浴群生，流通萬物，仁也。”

〔6〕阨（ài）要：狹窄險要。阨：同“隘”。《左傳·昭公元年》：“彼徒我車，所遇又阨，以什共車，必克。”參見卷二《釋州國》7.13。

8.59 胡[1]，互也[2]，在咽下垂[3]，能斂互物也[4]。

〔1〕胡：鳥獸頷下的垂肉或皮囊。《詩·豳風·狼跋》：“狼跋其胡。”朱熹

集傳：“胡，領下懸肉也。”

〔2〕互：借作“冱”。閉塞。《左傳·昭公四年》：“其藏冰也，深山窮谷，固陰冱寒，於是乎取之。”杜預注：“冱，閉也。”

〔3〕咽（yān）：消化和呼吸的通道。通稱咽喉。參見8.57〔1〕。

〔4〕斂互：斂合；收斂包合。斂：收藏。《周禮·夏官·繕人》：“既射則斂之。”鄭玄注：“斂，藏之也。”

8.60 胸猶啌也[1]，啌氣所衝也[2]。

〔1〕胸：身體前面頸下腹上的部分。《周禮·考工記·梓人》：“以胸鳴者。” 啌（xiāng）：咳嗽。

〔2〕氣：呼吸；氣息。《禮記·祭義》：“氣也者，神之盛也。”鄭玄注：“氣，謂噓吸出入者也。”特指咳嗽時噴出的氣流。 衝：碰撞；衝擊。《莊子·秋水》：“梁麗可以衝城，而不可以窒穴，言殊器也。”成玄英疏：“衝，擊也。”

8.61 臆猶抑也[1]，抑氣所塞也[2]。

〔1〕臆（yì）：亦作“肊”。胸骨；胸。《説文·肉部》：“肊，胸骨也……臆，肊或從‘意’。”段玉裁注：“宋本、李燾本皆作‘骨’。俗本作‘肉’，非也……作‘臆’者形聲，作‘肊’者會意也。” 抑：遏制；阻止。《戰國策·秦策一》：“約縱散横，以抑強秦。”

〔2〕氣：呼吸；氣息。 塞：充實；充滿。《書·皋陶謨》：“剛而塞。”僞孔傳：“剛斷而實塞。”

8.62 膺[1]，壅也[2]，氣所壅塞也[3]。

〔1〕膺（yīng）：胸。《國語·魯語下》：“請無瘠色，無洵涕，無搯膺，無憂容。”韋昭注：“膺，胸也。”

〔2〕壅：堵塞；阻擋。《左傳·成公十二年》：“交贄往來，道路無壅。”

〔3〕氣：呼吸；氣息。 壅塞：阻塞。《禮記·月令》：“（孟秋之月）完隄坊，謹壅塞，以備水潦。”

8.63 腹[1]，複也[2]，富也[3]，腸胃之屬以自裹盛[4]，復於外複之[5]，其中多品[6]，似富者也。

〔1〕腹:指胸腔與骨盤之間的部位,俗稱爲"肚子"。《易·説卦》:"乾爲首,坤爲腹。"

〔2〕複:重複;重疊。《吕氏春秋·季冬》"水澤復"高誘注:"'復'或作'複',凍重絫也。"

〔3〕富:充裕;豐厚;多。《論語·顏淵》:"富哉言乎!"何晏集解引孔安國曰:"富,盛也。"

〔4〕腸胃:腸與胃。《韓非子·解老》:"以腸胃爲根本,不食則不能活。"裏盛(chéng):包裹,容納。

〔5〕復:又;更;再。《左傳·僖公五年》:"晉侯復假道於虞以伐虢。"

〔6〕品:物品,物件。《禮記·郊特牲》:"籩豆之薦,水土之品也。"孔穎達疏:"謂籩豆所充實之物,皆是水土所生品類,非人所常食也。"

8.64　心,纖也〔1〕,所識纖微〔2〕,無物不貫心也〔3〕。

〔1〕纖:細小;微細。《書·禹貢》:"厥篚玄纖縞。"僞孔傳:"纖,細也。"

〔2〕所識(zhì):記得的事物、事情。　纖微:細微。《韓詩外傳》卷九:"患生於忿怒,禍起於纖微。"

〔3〕貫心:深入心中。

8.65　肝,幹也〔1〕,五行屬木〔2〕,故其體狀有枝幹也〔3〕。凡物以大爲幹也〔4〕。

〔1〕幹:指器物、事物的主幹。《禮記·月令》:"命工師令百工審五庫之量,金鐵、皮革筋、角齒、羽箭幹,脂膠丹漆,毋或不良。"

〔2〕五行:我國古代稱构成各种物質的五种元素。參見本書《釋天》1.25〔1〕。　木:五行之一。《書·洪範》:"五行:一曰水,二曰火,三曰木,四曰金,五曰土。"漢董仲舒《春秋繁露·陰陽終始》:"至春少陽,東出就木,與之俱生。"

〔3〕體狀:形體;形狀。　枝幹:樹枝和樹幹。

〔4〕"大",盧文弨、疏證本、黃丕烈、吳志忠、巾箱本校作"木"。疏證本曰:"'木',今本譌作'大',據《太平御覽》引改。"吳志忠曰:"'木'依畢校。"吳翊寅校議:"吳〔志忠〕本作'亦取凡物以木爲幹也'。"周祖謨校箋:"'大',畢據《御覽》引改作'木'。"

8.66 肺,勃也[1],言其氣勃鬱也[2]。

〔1〕勃:盛貌。《文選·馬融〈長笛賦〉》:"氣噴勃以布覆兮,乍跱蹠以狼戾。"李善注:"勃,盛貌。"

〔2〕氣:呼吸;氣息。　勃鬱:茂盛;旺盛。

8.67 脾[1],裨也[2],在胃下,裨助胃氣[3],主化穀也[4]。

〔1〕脾:人或高等動物的内臟之一。在胃的左側。其功能在製造血球、破壞血球,調節血量,産生淋巴球與抗體等。《靈樞經·順氣一日分爲四時》:"脾爲牝藏,其色黄。"

〔2〕裨(bì):同"裨"。增加;增補;補益。《國語·鄭語》:"若以同裨同,盡乃棄矣。"韋昭注:"裨,益也。"

〔3〕裨助:增益;補益。漢馬融《長笛賦》:"況笛生乎大漢,而學者不識,其可以裨助盛美。"　胃氣:中醫指胃的生理功能及其精氣。

〔4〕主:主宰;掌管。《墨子·尚賢中》:"今王公大人之君人民,主社稷,治國家,欲脩保而勿失。"　化穀(gǔ):消化穀物。"穀"爲糧食作物總稱。《靈樞經·本藏》:"寒温和則六腑化穀,風痹不作,經脈通利,肢節得安矣。"

8.68 腎,引也[1]。腎屬水[2],主引水氣[3],灌注諸脉也[4]。

〔1〕引:抽取;收納。《文選·張衡〈西京賦〉》:"五都貨殖,既遷既引。"李善注:"遷謂徙之於彼,引謂納之於此。"

〔2〕水:五行之一。《書·洪範》:"五行:一曰水,二曰火,三曰木,四曰金,五曰土。"

〔3〕水氣:指五行中水的精氣。《吕氏春秋·應同》:"水氣勝,故其色尚黑。"

〔4〕灌注:流瀉;澆灌。漢班固《西都賦》:"源泉灌注,陂池交屬。"　脉:血管。《素問·脉要精微論》:"夫脉者,血之府也。"王冰注:"府,聚也。言血之多少皆聚見於經脉之中也。"

8.69 胃,圍也[1],圍受食物也[2]。

〔1〕圍:圍裹。《易·繫辭上》:"範圍天地之化而不過。"《朱子語類》卷七四:"'範圍天地之化',範是鑄金作範,圍是圍裹。"

〔2〕圍受:圍裹收納。 食物:吃的東西。可供飲食的東西。

8.70 腸,暢〔1〕也,通暢胃氣〔2〕,去滓穢也〔3〕。

〔1〕暢:通暢;通達。《易·坤》:"美在其中,而暢於四支。"孔穎達疏:"有美在於中,必通暢於外。"

〔2〕通暢:暢通。 胃氣:中醫指胃的生理功能及其精氣。

〔3〕去:去掉;除去。《易·繫辭下》:"小人以小善爲無益而弗爲也,以小惡爲無傷而弗去也。" 滓穢(zǐhuì):骯髒污濁。《尸子·君治》:"水有四德:沐浴群生,流通萬物,仁也;揚清激濁,蕩去滓穢,義也。"

8.71 臍〔1〕,劑也〔2〕,腸端之所限劑也〔3〕。

〔1〕臍:肚臍。人和其他哺乳動物肚子中間臍帶脱落之處。《莊子·人間世》:"支離疏者,頤隱於臍,肩高於頂。"

〔2〕劑(jì):齊,齊平。《爾雅·釋言》:"劑,齊也。"又指剪絶;割截。漢揚雄《太玄·永》:"永不軌,其命劑也。"范望注:"劑,剪絶也。"

〔3〕腸:似指臍帶。 限劑:限止,截斷。

8.72 胞〔1〕,鞄也〔2〕;鞄,空虚之言也〔3〕,主以虚承水汋也〔4〕。或曰"膀胱"〔5〕,言其體短而横廣也〔6〕。

〔1〕"胞",疏證本作"脬",曰:"'脬',今本作'胞'。案,《説文》云:'胞,兒生裹也。'乃别一字。俗以音同,便借用。"胞(pāo):通"脬"。尿脬;膀胱。漢張仲景《金匱要略·婦人雜病》:"此名轉胞不得溺也。"

〔2〕"鞄",疏證本、吳志忠校本、巾箱本作"鞄",下同。鞄(páo):同"鞄"。本指治革工。《説文·革部》:"鞄,柔革工也。"然於此條義不合。疑"鞄"通"匏"。《篇海類編·鳥獸類·革部》:"鞄,八音之一。"鞄即匏,爲笙、竽一類樂器,用匏做座,上設簧管。匏亦植物名,葫蘆的一種,果實比葫蘆大。曬乾後可做涉水的工具,也可做容器,對半剖開可做水瓢。

〔3〕空虚:空無;不充實。《管子·八觀》:"民偷處而不事積聚,則困倉空虚。"

〔4〕虚:空虚;空無所有。《易·歸妹》:"上六無實,承虚筐也。" 承:接受;承受。《左傳·宣公三年》:"用能協於上下,以承天休。"杜預注:"民無灾

害,則上下和而受天祐。” 水汋(zhuó):即“水液”。指尿液。《素問·水熱穴論篇第六十一》:“岐伯曰:腎者牝藏也,地氣上者,屬於腎,而生水液也。”汋:或謂假借爲“液”;或謂係“汐”之訛,“汐”通“液”。參見8.19。

〔5〕膀胱(pángguāng):泌尿系統中儲尿的器官。爲肌肉與膜質形成的囊,呈卵圓形,位於骨盆腔的前方,腹腔的下方。或稱爲“尿胞”“尿脬”。

〔6〕横廣:廣闊,廣大。漢揚雄《〈法言〉序》:“退言周于天地,贊于神明,幽弘横廣,絕于邇言。譔《寡見》。”

蘇輿校:“又案《史記·扁鵲倉公傳》正義釋各藏名義,全本此書。其釋‘膽’云:‘膽,敢也,言人有膽氣而能果敢也。’釋‘喉嚨’云:‘喉嚨,空虛,言其中空虛,可以通氣息焉。’釋‘肛’云:‘肛,釭也,言其處似車釭,故曰釭門,即廣腸之門,又名瞋也。’竝本書所無。”

8.73 自臍以下曰“水腹”〔1〕,水汋所聚也〔2〕。又曰“少腹”〔3〕,少〔4〕,小也,比於臍以上爲小也。

〔1〕水腹:肚臍以下部位,或指臍下兩旁。

〔2〕水汋(zhuó):即“水液”。指尿液。參見8.72〔4〕。

〔3〕少(shào)腹:小腹。《素問·六元正紀大論》:“病生皮膝,内舍於脅,下連少腹。”

〔4〕少(shào):小。《史記·扁鵲倉公列傳》:“齊中尉潘滿如病少腹痛。”

8.74 陰〔1〕,蔭也〔2〕,言所在蔭翳也〔3〕。

〔1〕陰:男女生殖器。《史記·吕不韋列傳》:“(吕不韋)私求大陰人嫪毐以爲舍人。”

〔2〕蔭(yìn):遮蓋;隱蔽。《楚辭·九歌·山鬼》:“山中人兮芳杜若,飲石泉兮蔭松柏。”

〔3〕所在:存在的地方。《楚辭·離騷》:“昔三后之純粹兮,固衆芳之所在。” 蔭(今讀 yīn)翳:遮蔽。

8.75 脅〔1〕,挾也〔2〕,在兩旁〔3〕,臂所挾也。

〔1〕脅(xié):身軀兩側自腋下至腰上的部分。亦指肋骨。《儀禮·特牲饋

食禮》：“長脅二骨短脅。”胡培翬正義：“脊兩旁之肋，謂之脅。”《左傳·僖公二十三年》：“曹共公聞其駢脅，欲觀其裸。”孔穎達疏：“脅是腋下之名，其骨謂之肋。”

〔2〕挾（xié）：夾持；夾在腋下。《國語·齊語》：“時雨既至，挾其槍、刈、耨、鎛，以旦暮從事於田野。”韋昭注：“在掖曰挾。”

〔3〕兩旁：左右兩邊；兩側。《六韜·動靜》：“太公曰：‘如此者，發我兵去寇十里而伏其兩旁，車騎百里而越其前後……敵人必敗。’”

8.76 肋[1]，勒也[2]，檢勒五臟也[3]。

〔1〕肋（lèi）：肋骨；胸部兩側成對的、扁而彎的長形骨。《説文·肉部》：“肋，脅骨也。”

〔2〕勒：約束；抑制。

〔3〕檢勒：檢點約束。　　五臟：指心、肝、脾、肺、腎五種器官。漢荀悦《漢紀·元帝紀》：“五臟病則氣色變於面。”

8.77 膈[1]，塞也[2]，塞上下[3]，使氣與穀不相亂也[4]。

〔1〕膈（gé）：膈膜；人或哺乳動物胸腔和腹腔之間的膜狀肌肉。也稱橫膈膜。《靈樞經·經脈》：“其支者復從肝，別貫膈，上注肺。”

〔2〕“塞”，吳志忠校作“隔”，曰：“各本‘隔’誤‘塞’，今改。”吳翊寅校議：“吳〔志忠〕本‘塞’作‘隔’。”佚名校：“‘塞’字誤，改作‘隔’。”周祖謨校箋：“吳〔志忠〕校‘塞也’作‘隔也’。”隔：遮斷，阻塞。《説文·𨸏部》：“隔，障也。”段玉裁注：“今依《西京賦》注所引作‘塞也’，與《土部》‘塞，隔也’爲轉注。《廣韵》亦曰‘塞也’。《西京賦》曰：‘隴坻之隘，隔閡華戎。’”

〔3〕盧文弨、疏證本、黃丕烈、吳志忠於“塞上下”前增一“隔”字，邵晉涵增一“鬲”字，連下爲句。疏證本曰：“今本脫‘隔’字，據《太平御覽》引增。”吳志忠曰：“補‘隔’，依畢校。”邵晉涵曰：“從《御覽》。”周祖謨校箋：“《御覽》引作‘隔塞上下，使不與氣穀相亂也’。”隔塞：阻塞。《漢書·五行志中》：“言上偏聽不聰，下情隔塞。”　　上下：高處和低處；上面和下面。《孟子·告子上》：“孟子曰：‘水信無分於東西，無分於上下乎？’”此特指位於上方的胸腔和位於下方的腹腔。

〔4〕氣：呼吸的氣息。《禮記·祭義》：“氣也者，神之盛也。”鄭玄注：“氣，謂噓吸出入者也。”　　穀：糧食作物的總稱。古代經傳常以百穀、九穀、六穀、

五穀稱之。《禮記・曲禮下》:"歲凶,年穀不登,君膳不祭肺,馬不食穀。"特指食物。　相亂:互相混雜。

8.78　腋[1],繹也[2],言可張翕尋繹也[3]。

〔1〕腋:胳肢窩。肩膀和上肢交接處的內側呈窩狀的地方。《莊子・秋水》:"赴水則接腋持頤,蹶泥則沒足滅跗。"

〔2〕繹(yì):尋繹,理出事物的頭緒。引申爲解析。《論語・子罕》:"巽與之言,能無説乎? 繹之爲貴。"邢昺疏:"繹,尋繹也。"

〔3〕張翕(xī):同"張歙"。張開和關閉。《莊子・山木》:"方舟而濟於河,有虛船來觸舟,雖有惼心之人不怒;有一人在其上,則呼張歙之。"陸德明釋文:"張,開也。歙,斂也。"《淮南子・本經訓》:"開闔張歙,不失其叙。"　尋繹:抽引推求。《漢書・循吏傳・黄霸》:"米鹽靡密,初若煩碎,然霸精力能推行之。吏民見者,語次尋繹,問它陰伏,以相參考。"顏師古注:"繹,謂抽引而出也。"

8.79　肩,堅也[1]。[2]

〔1〕堅:强勁。《詩・大雅・行葦》:"敦弓既堅,四鍭既鈞。"朱熹集傳:"堅,猶勁也。"

〔2〕吴志忠校:"下脱,各本同。"佚名校:"'肩,堅也'下脱,各本同。"

8.80　甲[1],闔[2]也,與胸脅皆相會闔也[3]。

〔1〕甲:背脊上部跟兩胳膊接連的部分。後作"胛"。《素問・臟氣法時論》:"心病者,胸中痛,脅支滿,脅下痛,膺、背、肩甲間痛,兩臂內痛。"

〔2〕闔(hé):閉合。《易・繫辭上》:"一闔一闢謂之變。"

〔3〕胸脅:胸膛至腋下。《素問・腹中論》:"有病胸脅支滿者,妨於食。""皆",疏證本、黄丕烈、吴志忠校作"背"。疏證本曰:"'背',今本譌作'皆',據《太平御覽》引改。"吴志忠曰:"'背'依畢校。"周祖謨校箋:"'皆'字,畢本據《御覽》引改作'背'。"　會闔:會合;聚集。

8.81　臂[1],裨也[2],在旁曰裨也。

〔1〕臂:從肩胛到腕骨的部分;胳膊。《左傳・襄公十四年》:"公孫丁授公

彎而射之,貫臂。"

〔2〕裨(pí):同"禆"。副貳;輔佐。《漢書・項籍傳》:"於是梁爲會稽將,籍爲裨將,徇下縣。"顏師古注:"裨,助也,相副助也。"

8.82　肘[1],注也[2],可隱注也[3]。

〔1〕肘(zhǒu):上下臂相接處可以彎曲的部位。《左傳・成公二年》:"自始合,而矢貫余手及肘。"

〔2〕注:通"柱",支撑。《說文・肉部》:"肘,臂節也。"段玉裁注:"今江蘇俗語曰手臂'挣注'是也。"《淮南子・覽冥訓》:"當此之時,鴻鵠鶬鸕,莫不憚驚伏竄,注喙江裔,又況直燕雀之類乎?"高誘注:"注喙,喙注地不敢動也。"于省吾《雙劍誃諸子新證・淮南子二》:"注喙即拄喙,謂喙不動也。"

〔3〕隱:安穩,穩定。也作"穩"。《方言》卷六:"隱,定也。"《楚辭・九章・抽思》:"超回志度,行隱進兮。"洪興祖補注引《說文》:"隱,安也。"《說文・受部》:"㥯,所依據也。讀與隱同。"段玉裁注:"此與《𠁥部》'隱'音同義近,'隱'行而'㥯'廢矣。凡諸書言安隱者當作此,今俗作'安穩'。"

8.83　腕[1],宛也[2],言可宛屈也[3]。

〔1〕腕:臂下端與手掌相連可以活動的部分。《靈樞經・骨度》:"肘至腕長一尺二寸半,腕至中指本節長四寸。"

〔2〕宛:彎曲;宛轉。《說文・宀部》:"宛,屈草自覆也。"段玉裁注:"引伸爲宛曲、宛轉。"《史記・司馬相如列傳》:"奔星更於閨闥,宛虹拖於楯軒。"張守節正義:"顏云:'宛虹,屈曲之虹。'"

〔3〕宛屈:宛轉;屈曲。

8.84　掌[1],言可以排掌也[2]。

〔1〕掌:手掌。《禮記・中庸》:"治國其如示諸掌乎!"

〔2〕排掌:劈擊;拍打。

8.85　手,須也[1],事業之所須也[2]。

〔1〕須:依靠。《漢書・循吏傳・朱邑》:"昔陳平雖賢,須魏倩而後進;韓信雖奇,賴蕭公而後信。"又須要;需要。《漢書・馮奉世傳》:"奉世上言'願得

其衆,不須煩大將'。"

〔2〕事業:古代特指勞役、耕稼等事。《荀子·富國》:"事業,所惡也;功利,所好也。"楊倞注:"事業謂勞役之事。"《荀子·王霸》:"百畝一守,事業窮,無所移之也。"楊倞注:"事業,耕稼也。"

8.86 節[1],有限節也[2]。

〔1〕節:骨節。骨骼聯接的部分。《吕氏春秋·開春》:"飲食居處適,則九竅百節千脈皆通利矣。"

〔2〕限節:限制;節制。

8.87 爪[1],紹也[2],筋極爲爪[3],紹續指端也[4]。

〔1〕爪:指甲。《素問·五藏生成論》:"肝之合筋也,其榮爪也。"

〔2〕紹:承繼。《漢書·叙傳下》:"漢紹堯運,以建帝業。"

〔3〕筋:肌肉;肌腱或附在骨頭上的韌帶。《周禮·天官·瘍醫》:"凡藥,以酸養骨,以辛養筋,以鹹養脈。" 極:盡頭,終了。《詩·唐風·鴇羽》:"悠悠蒼天,曷其有極?"鄭玄箋:"極,已也。"《吕氏春秋·制樂》:"故禍兮福之所倚,福兮禍之所伏,聖人所獨見,衆人焉知其極。"高誘注:"極,猶終。"

〔4〕紹續:繼續;承續。《國語·晉語二》:"天降禍於晉國,讒言繁興,延及寡君之紹續昆裔,隱悼播越,託在草莽,未有所依。"韋昭注:"紹,繼也。續,嗣也。" 指端:手指末端。

8.88 背[1],倍也[2],在後稱也[3]。

〔1〕背(bèi):脊背。胸部的後面,從後腰以上到頸下的部位。《孟子·盡心上》:"其生色也,睟然見於面,盎於背,施於四體。"

〔2〕倍:背對,背向。《管子·弟子職》:"交坐毋倍尊者。"

〔3〕稱:稱呼;稱謂。漢班固《白虎通·爵》:"公卿大夫者何謂也?内爵稱也。"

8.89 脊[1],積也[2],積續骨節[3],終上下也[4]。

〔1〕脊:背部中間的骨頭。《易·説卦》:"其於馬也,爲美脊。"

〔2〕積:纍積;堆疊。《易·升》:"君子以順德,積小以高大。"

〔3〕積纇：纍積；連續。　骨節：骨頭；骨頭的關節。《國語·魯語下》：“昔禹致群神於會稽之山，防風氏後至，禹殺而戮之，其骨節專車。”

〔4〕終：竟；盡。《荀子·勸學》：“吾嘗終日而思矣，不如須臾之所學也。”上下：高處和低處；上面和下面。

8.90　尾，微也[1]，承脊之末稍微殺也[2]。

〔1〕微：小；細。《易·繫辭下》：“幾者動之微。”孔穎達疏：“初動之時，其理未著，唯纖微而已。”

〔2〕末稍：末端；末尾。　微殺(shài)：細小。《禮記·樂記》“使其曲直繁瘠廉肉”鄭玄注：“繁瘠廉肉，聲之鴻殺也。”孔穎達疏：“殺謂細小。”

8.91　要[1]，約也[2]，在體之中[3]，約結而小也[4]。

〔1〕要(yāo)：“腰”的古字。《墨子·兼愛中》：“昔者，楚靈王好士細要。”

〔2〕約：纏束；環束。《詩·小雅·斯干》：“約之閣閣，椓之橐橐。”毛傳：“約，束也。”

〔3〕體：身體。全身的總稱。《禮記·祭義》：“身也者，父母之遺體也。”中：中間；當中。《孫子·九地》：“擊其中，則首尾俱應。”

〔4〕約結：約束，扎縛。

8.92　髖[1]，緩也[2]，其腋皮厚而緩也[3]。

〔1〕髖(kuān)：臀部。《說文·骨部》：“髖，髀上也。”段玉裁注：“髖者，其骨冣寬大也。”桂馥義證：“髀上也者，《一切經音義》二引同。又十四引《廣雅》：‘髖，臀也。’《坤蒼》：‘髖，尻也。’《集韻》引《廣雅》：‘髖，尻也。’”亦指髖骨。組成骨盆的大骨。通稱“胯骨”。《素問·氣交變大論》：“甚則屈不能伸，髖髀如別。”

〔2〕緩：寬綽；寬大。《古詩十九首·行行重行行》：“相去日已遠，衣帶日已緩。”

〔3〕吳志忠校：“當有誤，各本同。”按，“腋”疑是“腴”之形訛。腴：腹下肥肉。《靈樞經·衛氣失常》：“膏者多氣而皮縱緩，故能縱腹垂腴。”證明腴部肥厚而皮緩，與《釋名》“皮厚而緩”相合。（“皮縱緩”即“皮緩”，即皮鬆弛、柔軟之義。《說文·糸部》：“縱，緩也。”《素問·生氣通天論》：“有傷于筋，縱，其若不容。”王冰注：“機關縱緩。”張隱菴集注：“傷筋而弛縱。”）　緩：鬆弛；寬綽。

《穀梁傳・文公十八年》："一人有子，三人緩帶。"《修行本起經》卷下："頭白齒落，皮緩面皺，肉消脊瘻，支節萎曲。"

8.93 臀[1]，殿也[2]，高厚有殿遷也[3]。

〔1〕"臀"，段玉裁、邵晉涵、黃丕烈分別校作"臋"。朱彬校："彬謂'臀'字重，此必'臋'字之誤。古者最後謂之'殿'，故軍敗在後爲'殿'，宮殿之'殿'與尾首之'臋'，皆取義於'殿'。"郎奎金刻《逸雅》本作"臀"，《古今逸史》本作"殿"。周祖謨校箋："'臀'字誤，畢本作'臋'。"臀：人體後面兩股上端和腰相連的部位。《易・夬》："臀無膚，其行次且。"

〔2〕殿：通"垠"。界限；邊際。

〔3〕殿遷(è)：同"殿鄂""垠鄂"。指四周邊緣高起。參見卷五《釋宮室》17.42〔2〕。

8.94 尻[1]，寥也[2]，尻所在寥牢深也[3]。樞[4]，機也[5]，要[6]、髀[7]、股動搖如樞機也[8]。

〔1〕尻(kāo)：脊骨末端，臀部。《儀禮・少牢饋食禮》："腊兩髀屬于尻。"

〔2〕寥：同"寥"。空虛；空深。《莊子・大宗師》："安排而去化，乃入於寥天一。"陸德明釋文："寥，本亦作'廖'。"

〔3〕寥牢：空虛貌。蔣禮鴻《義府續貂》："料之言寥也。《廣雅・釋詁》三下：'寥，空也。'王氏《疏證》：'《説文》："寥，穿也。"《衆經音義》卷一引《倉頡篇》云："寥，小空也。"張衡《西京賦》云："交綺豁以疏寥。"《玉篇》："蓼，草木莖葉疏也。"《廣韻》："鐐，有孔鑪也。"義並相近。'礫、料、寥古音同在宵部。"

〔4〕段玉裁、疏證本、佚名於"樞"前增"又樞也"三字。疏證本曰："於此當有'又樞也'三字，乃能使上下文相聯屬。"按，此處應分開另立一條。樞：本指户樞。舊式門的轉軸或承軸曰。《説文・木部》："樞，户樞也。"段玉裁注："户所以轉動開閉之樞機也。"此指髀樞。髀骨外側的凹陷部分，也稱"髀臼"。《素問・繆刺論》："刺樞中以毫鍼。"王冰注："樞，謂髀樞也。"

〔5〕機：古代弩箭上的發動機關。《説文・木部》："機，主發謂之機。"《書・太甲上》："若虞機張，往省括於度，則釋。"僞孔傳："機，弩牙也。"又可指髀臼，又叫"髀臼"，與"樞"同義。它與股骨頭構成能作各方向運動的髖關節。《素問・骨空論》："坐而膝痛，治其機。"王冰注："髖骨兩傍相接處。"《醫宗金鑑・正骨心法・要旨》："環跳者，髖骨外向之凹，其形如臼，以納髀骨之上端

如杵者也,其名曰'機',又名'髀樞',即環跳穴處也。"

〔6〕要(yāo):"腰"的古字。參見 8.91〔1〕。

〔7〕髀(bì):股部;大腿外側。參見 8.95〔1〕。

〔8〕股:大腿。參見 8.96〔1〕。 動摇:摇擺晃動。 樞機:樞與機。比喻事物的關鍵部分。《易・繫辭上》:"言行,君子之樞機,樞機之發,榮辱之主也。"王弼注:"樞機,制動之主。"孔穎達疏:"樞謂户樞,機謂弩牙。"

8.95 髀[1],卑也[2],在下稱也[3]。

〔1〕髀(bì):股部;大腿外側。《禮記・深衣》:"帶,下毋厭髀,上毋厭脅,當無骨者。"《説文・肉部》:"股,髀也。"段玉裁注:"髀,股外也。言股則統髀,故曰髀也。"

〔2〕卑:低。與高相對。《易・繫辭上》:"卑高以陳,貴賤位矣。"

〔3〕稱:稱呼;稱謂。《方言》卷三:"臧、甬、侮、獲,奴婢賤稱也。"

8.96 股[1],固也[2],爲强固也[3]。

〔1〕股:大腿。《左傳・僖公二十二年》:"公傷股,門官殲焉。"

〔2〕固:牢固;堅硬。《鶡冠子・能天》:"不若金石固,而能燒其勁。"

〔3〕强固:堅固;牢固。

8.97 膝[1],伸也[2],可屈伸也[3]。

〔1〕膝(xī):大腿和小腿相連關節的前部。通稱膝蓋。《禮記・檀弓下》:"今之君子,進人若將加諸膝,退人若將隊諸淵。"

〔2〕周祖謨校箋:"案:'伸也'疑當作'屈也'。"徐復補疏:"'膝''伸'聲不近,當以'屈'爲義。《世説新語・方正》:'梅頤見陶公,拜,陶公止之。頤曰:"梅仲真膝,明日豈可復屈邪?"'即用屈義。"屈:彎曲。《老子》:"大直若屈,大巧若拙。"

〔3〕屈伸:屈曲與伸舒。《禮記・樂記》:"屈伸俯仰,綴兆舒疾,樂之文也。"

8.98 脚[1],却也[2],以其坐時却在後也[3]。

〔1〕脚:腿的下端;小腿。《説文・肉部》:"脚,脛也。"段玉裁注:"《東方朔

傳》曰:'結股脚。'謂跪坐之狀。股與脚以膝爲中。脚之言却也,凡却步必先脛。"

〔2〕却:退。《戰國策·秦策一》:"棄甲兵,怒戰慄而却。"

〔3〕坐:古人鋪席於地,兩膝着席,臀部壓在脚後跟上。參見卷三《釋姿容》9.19〔1〕。

8.99 脛[1],莖也[2],直而長,似物莖也。

〔1〕脛(jìng):小腿。《書·泰誓下》:"今商王受狎侮五常,荒怠弗敬,自絶于天,結怨于民,斮朝涉之脛,剖賢人之心。"

〔2〕莖:草木幹。泛指直立的柱或竿。《文選·班固〈西都賦〉》:"抗仙掌以承露,擢雙立之金莖。"

8.100 膝頭曰"膞"[1]。膞,圍也[2],因形團圞而名之也[3]。

〔1〕膝頭:膝蓋。 膞(zhuǎn):膝蓋。

〔2〕"圍",段玉裁、疏證本、黃丕烈、吳志忠、巾箱本分別校作"團"。疏證本校:"案《説文·肉部》云:'膞,切肉也。'《口部》云:'團,圜也。'據誼,此當作'團'。弟'團''膞'同是'專'聲,容可假借。""'團',今本作'圍',《太平御覽》引作'圓',案下文是'團'字。"團(tuán):圓。《墨子·經下》:"鑑團景一。"《説文·口部》:"團,圜也。"

〔3〕因形:根據形狀。 團圞(yuán):團圓。圓貌。圞:同"圓"。圓形。《楚辭·離騷》:"何方圜之能周兮,夫孰異道而相安?"朱熹集注:"圜,一作'圓'。"名:命名;取名。《楚辭·離騷》:"名余曰正則兮,字余曰靈均。"

8.101 或曰"蹁"[1]。蹁,扁也,亦因形而名之也[2]。

〔1〕蹁(pián):膝蓋。

〔2〕因形:根據形狀。

8.102 足[1],續也[2],言續脛也[3]。

〔1〕足:脚。《書·説命上》:"若跣弗視地,厥足用傷。"

〔2〕續:連屬;連接。《禮記·深衣》:"續衽鉤邊,要縫半下。"鄭玄注:"續,猶屬也。"

〔3〕脛(jìng)：小腿。參見 8.99 注〔1〕。

8.103　趾[1]，**止也**[2]，**言行一進一止也**[3]。

〔1〕趾：脚指頭。漢焦贛《易林·否之艮》："興役不休，與民争時，牛生五趾，行危爲憂。"亦泛指脚。《詩·豳風·七月》："三之日于耜，四之日舉趾。"毛傳："四之日，周四月也，民無不舉足而耕矣。"

〔2〕止：停止；終止。《易·蒙》："山下有險，險而止。"

〔3〕行：行走。《詩·唐風·杕杜》："獨行踽踽。豈無他人？不如我同父。"　進：前進；向前。《周禮·夏官·大司馬》："車徒皆作，遂鼓行，徒銜枚而進。"鄭玄注："進，行也。"

8.104　蹄[1]，**底也**[2]。[3]

〔1〕蹄：獸畜足趾端的角質物。後借以通稱獸畜的脚。《易·説卦》："其於馬也，爲美脊，爲亟心，爲下首，爲薄蹄，爲曳。"

〔2〕底：最低下的地方；物體最下的部位。戰國楚宋玉《高唐賦》："俯視崝嶸，窒寥窈冥；不見其底，虛聞松聲。"

〔3〕邵晉涵、黄丕烈分别將此條與下條連接，疏證本、吳志忠校本以下不另起。

8.105　足底也[1]。

〔1〕吳志忠、佚名分别於"足底"前增一"在"字，連上爲句。吳志忠曰："各本脱'在'字，另分爲條，今補正。"吳翊寅校議："吳〔志忠〕本作'在足底也'。"佚名曰："另分條，誤。"足底：指足下面，即足掌。又稱脚底板。

8.106　踝[1]，**确也**[2]，**居足兩旁，磽确然也**[3]；**亦因其形踝踝然也**[4]。

〔1〕踝(huái)：小腿與脚之間左右兩側突起的部分。由脛骨和腓骨下端的膨大部分形成。《素問·氣穴論》："踝上横二穴，陰陽蹻四穴。"

〔2〕确：堅硬的石頭。《説文·石部》："确，磐石也。"段玉裁注："'确'即今之'埆'字，與《土部》之'墝'音義同。《丘中有麻》傳曰：'丘中，墝埆之處也。'墝埆，謂多石瘠薄。"

〔3〕磽(qiāo)确：土地堅硬瘠薄。《東觀漢記·丁綝傳》：“昔孫叔敖敕其子，受封必求磽确之地。今綝能薄功微，得鄉厚矣。”

〔4〕踝踝：凸起堅實貌。

8.107 足後曰“跟”[1]，在下旁著地[2]，一體任之[3]，象木根也[4]。

〔1〕跟：脚的後部。漢焦贛《易林·蹇之革》：“頭癢搔跟，無益於疾。”

〔2〕“旁”，盧文弨、疏證本、黃丕烈、巾箱本校作“方”。下方：下邊；下面。《史記·龜策列傳》：“故之大卜官，問掌故文學長老習事者，寫取龜策卜事，編於下方。” 著(zhuó)地：即“着地”。落地；觸地。

〔3〕一體：指整個身體。按，脚跟也是整個身體之一部分，言“一體任之”，稍有未協。疑“一”爲“上”之訛。下條釋踵，即作“上體”。又卷四《釋言語》12.106：“起，啓也；啓，一舉體也。”疑“一”亦是“上”之訛。啓是跪，危坐。古人跪是膝蓋着地，臀部擡起，身子上聳，這正是“上舉體”之義。 任(rèn)：憑藉；依託。《史記·平津侯主父列傳》：“昔秦皇帝任戰勝之威，蠶食天下，并吞戰國，海内爲一，功齊三代。”

〔4〕木根：樹根。

8.108 踵[1]，鍾也[2]。鍾，聚也，上體之所鍾聚也[3]。

〔1〕踵(zhǒng)：脚後跟。亦泛指脚。《荀子·榮辱》：“小人莫不延頸舉踵而願曰：‘知慮材性，固有以賢人矣！’”

〔2〕鍾：匯聚；集中。《左傳·昭公二十八年》：“子貉早死無後，而天鍾美於是，將必以是大有敗也。”

〔3〕上體：人的上身。《漢書·五行志下》：“凡下體生於上，不敬也；上體生於下，媟瀆也。” 鍾聚：匯集，聚集。

釋名卷第二

釋名卷第三

劉熙字成國撰

釋姿容第九　　釋長幼第十　　釋親屬第十一

釋姿容第九[1]

〔1〕姿容：姿態；儀容。《全後漢文·張衡〈七辯〉》："西施之徒，姿容修嫮。"

9.1　姿[1]，資也[2]。資，取也，形貌之稟[3]，取爲資本也[4]。

〔1〕姿：容貌；姿態。戰國楚宋玉《神女賦》："上古既無，世所未見，瑰姿瑋態，不可勝贊。"

〔2〕資：取用；求取；利用。《儀禮·喪服》："有餘則歸之宗，不足則資之宗。"鄭玄注："資，取也。"

〔3〕形貌：外形；容貌。《墨子·大取》："諸以形貌命者，若山丘室廟者皆是也。"　稟：稟賦，謂人所稟受的體性資質。

〔4〕資本：憑藉的條件。

9.2　容[1]，用也[2]，合事宜之用也[3]。

〔1〕容：儀容；相貌。《楚辭·招魂》："二八齊容，起鄭舞兮。"王逸注："言二八美女，其儀容齊一。"

〔2〕用：需要。《易·繫辭下》："介如石焉，寧用終日，斷可識矣。"孔穎達疏："既守志耿介如石不動，纔見幾微，即知禍福，何用終竟其日？當時則斷，

可識矣。”

〔3〕合:符合;適合。《孫子·九地》:“合於利而動,不合於利而止。” 事宜:事情的道理。《論衡·知實》:“賢聖之知事宜驗矣。”

9.3 妍[1],研也[2],研精於事宜[3],則無蚩繆也[4]。蚩[5],癡也。[6]

〔1〕妍:美麗;美好。《全漢文·王褒〈責須髯奴辭〉》:“爾乃附以豐頤,表以蛾眉,發以素顔,呈以妍姿。”引申指巧慧,聰慧。

〔2〕“研也”二字,邵晉涵删去,曰:“從郎〔奎金〕本删。”研:窮究;精研。《易·繫辭下》:“德行恒簡以知阻,能説諸心,能研諸侯之慮。”孔穎達疏:“研,精也。”

〔3〕研精:猶“精研”。精心研習。 事宜:事情的道理。

〔4〕蚩繆(chīmiù):癡愚錯謬。繆:錯誤;乖誤。《禮記·仲尼燕居》:“不能詩,於禮繆。”鄭玄注:“繆,誤也。”

〔5〕蚩:丑陋。漢趙壹《刺世疾邪賦》:“榮納由於閃揄,孰知辨其蚩妍。”亦無知;癡愚。《詩·衛風·氓》:“氓之蚩蚩,抱布貿絲。”毛傳:“蚩蚩,敦厚之貌。”盧文弨將“蚩,癡也”分開,另立爲條。疏證本、吳志忠校本此處另起。疏證本曰:“今本皆連上。案:‘蚩’與‘妍’對,當别爲一條。”周祖謨校箋:“又‘蚩,癡也’,畢沅云:‘當别爲一條。’”

〔6〕吳志忠校:“下脱,各本同。”佚名校:“‘蚩,癡也’下脱,各本同。”

9.4 兩脚進曰“行”[1]。行,抗也[2],抗足而前也[3]。

〔1〕進:前進;行進。《周禮·夏官·大司馬》:“車徒皆作,遂鼓行,徒銜枚而進。”鄭玄注:“進,行也。”

〔2〕抗:舉。《儀禮·既夕禮》:“甸人抗重出自道,道左倚之。”鄭玄注:“抗,舉也。”

〔3〕抗足:投足;舉足。

9.5 徐行曰“步”[1]。步,捕也[2],如有所伺捕[3],務安詳也[4]。

〔1〕徐行:緩慢前行。《孟子·告子下》:“徐行後長者,謂之弟……夫徐行者,豈人所不能哉?所不爲也。” 步:步行,行走。《書·召誥》:“王朝步自

周,則至于豐。"鄭玄注:"步,行也。"

〔2〕捕:捉拿。《左傳·襄公十四年》:"譬如捕鹿,晉人角之,諸戎掎之。"

〔3〕伺(sì)捕:偵察並抓捕。《周禮·地官·小司徒》:"以起軍旅,以作田役,以比追胥,以令貢賦。"鄭玄注:"追,逐寇也。胥,伺捕盜賊也。"伺:窺伺;窺探;觀察。《荀子·王制》:"伺彊大之間,承彊大之敝,此彊大之殆時也。"

〔4〕務:必須;一定。《書·泰誓》:"樹德務滋,除惡務本。" 安詳:穩重,從容。漢蔡邕《薦邊文禮書》:"口辯辭長,而節之以禮度。安詳審固,守持內定。"

9.6 疾行曰"趨"[1]。趨,赴也[2],赴所至也[3]。

〔1〕疾行:快步行走。《孟子·告子下》:"徐行後長者,謂之弟;疾行先長者,謂之不弟。" 趨:快步走;奔跑。《論語·微子》:"孔子下,欲與之言。趨而辟之,不得與之言。"

〔2〕赴:趨走;前往。《説文·走部》:"赴,趨也。"徐鍇繫傳:"一心趨向之也。"《史記·滑稽列傳》:"欲赴佗國奔亡,痛吾兩主使不通。"

〔3〕"至",盧文弨、疏證本、黄丕烈、巾箱本校作"期"。疏證本曰:"'期',今本作'至',據《太平御覽》引改。"周祖謨校箋:"'至',畢本據《御覽》引改作'期'。"所期:期望的。

9.7 疾趨曰"走"[1]。走,奏也[2],促有所奏至也[3]。

〔1〕疾趨:急速行進。《禮記·玉藻》:"疾趨則欲發,而手足毋移。"孔穎達疏:"疾趨謂他事行禮,須直身速行時也。" 走:疾行,奔跑。《韓非子·五蠹》:"田中有株,兔走,觸株折頸而死。"

〔2〕奏:通"走"。奔走。《詩·大雅·綿》:"予曰有奔奏。"陸德明釋文:"奏,本亦作'走',音同。"朱熹集傳:"與'走'通。"

〔3〕促:緊迫;急速。《説文·人部》:"促,迫也。"《莊子·庚桑楚》"夫外韄者不可繁而捉"陸德明釋文:"崔作'促',云'迫促也'。" 奏至:疾行而至;跑到。

9.8 奔[1],變也[2],有急變[3],奔赴之也[4]。

〔1〕奔:快跑;急馳。《詩·小雅·小弁》:"鹿斯之奔,維足伎伎。"又指趨赴、赴投。《左傳·襄公十五年》:"鄭公孫夏,如晉奔喪,子蟜送葬。"

〔2〕變:事變,有重大影響的突發事件。《穀梁傳·昭公十五年》:"君在祭

樂之中,大夫有變,以聞可乎?"范甯注:"變謂死喪。"《漢書·高后紀》:"嬰至滎陽,使人諭齊王與連和,待吕氏變而共誅之。"顏師古注:"變謂發動也。"

〔3〕急變:非常的變故。《漢書·平帝紀》"寢令以急變聞"顏師古注:"非常之事,故云急變。"

〔4〕奔赴:驅奔;急急忙忙奔向目的地。

9.9 仆[1],踣也[2],頓踣而前也[3]。

〔1〕仆(pū):向前跌倒。《左傳·定公八年》"偃且射子鉏"孔穎達疏引《吳越春秋》:"臣迎風則偃,背風則仆。"

〔2〕踣(bó):向前仆倒。《左傳·襄公十四年》:"譬如捕鹿,晉人角之,諸戎掎之,與晉踣之。"杜預注:"踣,僵也。"孔穎達疏:"前覆謂之踣。"

〔3〕頓踣:跌倒。頓:僵仆;仆。 前:向前行進;前去。《莊子·盜跖》:"孔子下車而前。"

9.10 超[1],卓也[2],舉脚有所卓越也[3]。

〔1〕超:躍登;跳躍。《國語·周語中》:"左右皆免胄而下拜,超乘者三百乘。"

〔2〕卓:高超;超絶。漢揚雄《法言·先知》:"不膠者卓矣。"

〔3〕舉脚:擡腿。參見卷二《釋形體》8.98〔1〕。 卓越:跳越;超越。

9.11 跳,條也[1],如草木枝條[2],務上行也[3]。

〔1〕條:植物的細長枝條。《詩·周南·汝墳》:"伐其條枚。"毛傳:"枝曰條,幹曰枚。"

〔2〕草木:指草本植物和木本植物。《易·坤》:"天地變化,草木蕃。" 枝條:植物的枝子。漢應劭《風俗通·正失·封泰山禪梁父》:"柘桑之林,枝條暢茂,烏登其上。"

〔3〕務:致力。《論語·學而》:"君子務本,本立而道生。" 上行:上升;向上生長。《易·謙》:"天道下濟而光明,地道卑而上行。"

9.12 立,林也,如林木森然[1],各駐其所也[2]。

〔1〕林木:林中樹木;樹林。《漢書·貢禹傳》:"斬伐林木,亡有時禁,水旱

之災,未必不繇此也。” 森然:茂密貌;衆多貌。

〔2〕駐:停留。漢班昭《東征賦》:“悵容與而久駐兮,忘日夕而將昏。” 其所:一定的位置。

9.13　騎[1],支也[2],兩脚枝別也[3]。

〔1〕騎:跨坐;乘坐。《莊子·齊物論》:“乘雲氣,騎日月,而遊乎四海之外。”

〔2〕“支”,張步瀛校作“歧”。丁山校:“《御覽》三百引‘支’‘枝’均作‘歧’。”歧:分爲兩支;分叉。按,“支”爲“枝”的古字,同“枝別”之“枝”。支:分支;旁出。《詩·大雅·文王》:“文王孫子,本支百世。”毛傳:“本,本宗也;支,支子也。”或即指枝條。《詩·衛風·芄蘭》:“芄蘭之支,童子佩觿。”

〔3〕疏證本校:“‘枝’,《太平御覽》引作‘歧’。”樓黎默校:“《御覽》二百引作‘歧’,是也。”周祖謨校箋:“又‘兩脚枝別’,‘枝’《御覽》引作‘歧’。”張步瀛校作“歧”。歧別:岔開;叉開。按,“枝別”可通。枝別:分散;旁出。漢應劭《風俗通·聲音·柷》:“由經五藝六,而其枝別葉布,繁華無已也。”或理解爲“像枝條一樣分叉旁出”,亦通。

9.14　乘[1],陞也[2]。登亦如之也[3]。

〔1〕乘(chéng):登;升。《易·同人》:“乘其墉,弗克攻,吉。”

〔2〕陞:同“升”。上升,登上。《爾雅·釋天》:“素陞龍于縿。”邢昺疏:“陞,上也。”吳志忠校:“下脱,各本同。”佚名校:“‘陞也’下脱,各本同。”

〔3〕登:升;上。《易·明夷》:“初登于天,後入于地。” 如之:如此;像這樣。《禮記·檀弓下》:“及出,命引之,三步則止,如是者三。君退,朝亦如之,哀次亦如之。”

9.15　載[1],戴也[2],在其上也[3]。

〔1〕載(zài):乘坐。《説文·車部》:“載,乘也。”《史記·河渠書》:“陸行載車,水行載舟。”參見9.51條。

〔2〕“載也”之“載”,盧文弨、疏證本、邵晉涵、黄丕烈、巾箱本分別校作“戴”,並增一“戴”字,連下爲句。疏證本曰:“‘戴也’,今本譌作‘載也’,又脱第二‘戴’字,據《禮記》正義引改增。《釋山》云:‘石載土曰岨,土載石曰崔嵬。’是‘載’即‘戴’也。”戴:把東西加在上面。《孟子·梁惠王上》:“頒白者不

143

負戴於道路矣。”

〔3〕周祖謨校箋：“畢據《禮記》正義引改作：‘載，戴也，戴在其上也。’”吳志忠於“在”前增一“載”字，連下爲句，曰：“各本脱下‘載’字，今補。”疑當增“戴”字。

9.16 檐[1]，任也[2]，任力所勝也[3]。

〔1〕“檐”，盧文弨、段玉裁、疏證本、黃丕烈、巾箱本分別校作“儋”。疏證本曰：“今本譌作‘檐’。”許克勤校：“《通鑑》釋文十七引作‘檐’，从‘木’，下同。今本蓋‘擔’之誤。”周祖謨校箋：“‘檐’字誤，《妙法蓮華經釋文》引作‘擔’，是也。”張步瀛校作“擔”。按，“儋”“檐”皆同“擔”。擔（dān）：肩挑。《國語·齊語》：“負、任、擔、荷，服牛、輅馬，以周四方。”

〔2〕任（rèn）：擔荷，負載。《詩·小雅·黍苗》：“我任我輦，我車我牛。”高亨注：“任，擔荷。”《漢書·地理志下》：“瀕洙泗之水，其民涉度，幼者扶老而代其任。”顏師古注：“任，負戴。”引申指憑依；依據。《史記·平津侯主父列傳》：“昔秦皇帝任戰勝之威，蠶食天下，并吞戰國，海內爲一，功齊三代。”

〔3〕疏證本校：“《太平御覽》引作‘力所勝任也’。”丁山《〈御覽〉待校録》：“768：‘擔，任也，力所勝任也。’”勝任：足以承受或擔任。《易·繫辭下》：“鼎折足，覆公餗，其形渥，凶。言不勝其任也。”《莊子·秋水》：“且夫知不知是非之竟，而猶欲觀於莊子之言，是猶使蚊負山，商蚷馳河也，必不勝任矣。”

9.17 負[1]，背也[2]，置項背也[3]。

〔1〕負：用背部載物。《詩·小雅·無羊》：“爾牧來思，何蓑何笠，或負其餱。”《禮記·明堂位》：“天子負斧依。”鄭玄注：“負之言背也。”

〔2〕背（bèi）：脊背。《孟子·盡心上》：“其生色也，睟然見於面，盎於背，施於四體。”

〔3〕項背：脖子後部和背脊。項：脖子的後部。《左傳·成公十六年》：“王召養由基，與之兩矢，使射吕錡，中項，伏弢。”

9.18 駐[1]，株也[2]，如株木不動也[3]。

〔1〕駐：停留。漢班昭《東征賦》：“悵容與而久駐兮，忘日夕而將昏。”

〔2〕株：露在地面上的樹根、樹幹或樹樁。《韓非子·五蠹》：“田中有株，兔走觸株，折頸而死。”

〔3〕株木：木株；樹椿。

9.19 坐^[1]，挫也^[2]，骨節挫屈也^[3]。

〔1〕坐：古人鋪席於地，兩膝着席，臀部壓在脚後跟上。《左傳·昭公二十七年》："執羞者坐而入，執鈹者夾承之。"杜預注："坐行，膝行。"

〔2〕挫：屈折；彎曲。《莊子·天地》："不以物挫志之謂完。"成玄英疏："挫，屈也。"王先慎曰："古人坐以兩膝向後，如今跪形，故骨節挫詘。"

〔3〕骨節：骨頭；骨頭的關節。《國語·魯語下》："昔禹致群神於會稽之山，防風氏後至，禹殺而戮之，其骨節專車。" 挫屈：屈折。

9.20 伏^[1]，覆也^[2]。偃^[3]，安也^[4]。

〔1〕伏：面向下、背朝上俯卧着。《禮記·曲禮上》："寝毋伏。"孔穎達疏："寝，卧也。伏，覆也。卧當或側或仰而不覆也。"

〔2〕覆：翻倒；反轉。《楚辭·九章·思美人》："車既覆而馬顛兮，蹇獨懷此異路。" 吳志忠校："下脱，各本同。"佚名校："'伏，覆也'下脱，各本同。"

〔3〕盧文弨、疏證本、黃丕烈、吳志忠校本自"偃"以下分開，另立爲條。偃（yǎn）：仰卧；安卧。《詩·小雅·北山》："或息偃在牀，或不已於行。"

〔4〕安：安居；居處。《左傳·文公十一年》："郕大子朱儒自安於夫鍾，國人弗徇。"杜預注："安，處也。" 吳志忠校："各本脱，下同。"佚名校："'偃，安也'下脱，各本同。"

9.21 僵^[1]，正直畺然也^[2]。

〔1〕僵：倒下。《吕氏春秋·貴卒》："管仲扞弓射公子小白，中鉤。鮑叔御，公子小白僵。"

〔2〕正直：直挺挺；不彎曲。 畺（jiāng）然：僵硬貌。畺：通"僵"。

9.22 側^[1]，逼也^[2]。^[3]

〔1〕側：藏伏。《淮南子·原道訓》："處窮僻之鄉，側谿谷之間。"高誘注："側，伏也。"

〔2〕佚名校作："側，仄也。仄，逼仄也。"逼仄（zè）：亦作"逼側"。猶狹窄；密集；擁擠。《文選·張衡〈西京賦〉》："麀鹿麌麌，駢田逼仄。"薛綜注："駢田

逼仄，聚會之意。”徐復補疏：“‘逼側’連用，謂仄陋也。《後漢書·廉范傳》：‘成都民物豐盛，邑宇逼側。’此下當有脫句，申言逼側之義。”逼：迫近。《晏子春秋·内篇諫上》：“逼邇不引過。”蘇輿注：“逼邇，近臣也。”

〔3〕吳志忠校：“下脱，各本同。”

9.23 據[1]，居也[2]。[3]

〔1〕據：跨；跨坐。《書·禹貢》“濟河惟兗州”偽孔傳：“東南據濟。”孔穎達疏：“據，謂跨之。”

〔2〕居：踞坐（坐時兩脚底和臀部着地，兩膝上聳）；坐。《論語·陽貨》：“居！吾語女。”邢昺疏：“居，由坐也。”

〔3〕吳志忠校：“下脱，各本同。”

9.24 企[1]，啓開也[2]。目延竦之時[3]，諸機樞皆開張也[4]。

〔1〕企：踮起脚。《漢書·高帝紀》：“吏卒皆山東之人，日夜企而望歸。”顏師古注：“企謂舉足而竦身。”

〔2〕啓開：打開。《潛夫論·志氏姓》：“禹字子‘啓’者，‘啓開’之字也。”

〔3〕“目”，疏證本、吳志忠校作“自”。疏證本云：“據《一切經音義》引改。”胡楚生校：“慧琳《音義》卷五十九引此條‘目’作‘言自’。”“竦(shū)”，疏證本、吳志忠校作“竦”。吳志忠曰：“‘自’‘竦’皆依畢校。”施惟誠刻本、《格致叢書》本作“竦(shū)”，巾箱本作“竦”。延竦(sǒng)：伸長脖子、提起脚跟站着。《説文·人部》：“企，舉踵也。从人止聲。”段玉裁注：“取人延竦之意。”參見下條。

〔4〕機樞：猶“樞機”。“機”“樞”同義，指髖臼，亦稱“髀臼”。參見卷二《釋形體》8.94條。此泛指關節。《淮南子·泰族訓》：“今夫道者，藏精於内，棲神於心，靜莫恬淡，訟繆胸中，邪氣無所留滯。四枝節族，毛蒸理泄，則機樞調利，百脈九竅，莫不順比。” 開張：張開；舒展。

9.25 竦[1]，從也[2]，體皮皆從引也[3]。

〔1〕竦(sǒng)：企立。伸長頭頸，踮起脚跟。《漢書·韓信傳》：“士卒皆山東人，竦而望歸。”顏師古注：“竦，謂引領舉足也。”

〔2〕從：跟，隨。跟從，跟隨。《詩·邶風·擊鼓》：“從孫子仲，平陳與宋。”

〔3〕體皮：身體及皮膚。 引：牽引；拉。《禮記·檀弓上》：“喪服，兄弟之子，猶子也，蓋引而進之也。”

9.26 視⑴,是也⑵,察是非也⑶。

〔1〕視:觀察;審察。《國語·晉語八》:"叔魚生,其母視之。"韋昭注:"視,相察也。"

〔2〕是:正確;對的。《詩·魏風·園有桃》:"彼人是哉?子曰何其。"

〔3〕察:明辨;詳審。《孟子·梁惠王上》:"明足以察秋毫之末,而不見輿薪,則王許之乎?" 是非:對的和錯的;正確與錯誤。《禮記·曲禮上》:"夫禮者,所以定親疏,決嫌疑,別同異,明是非也。"

9.27 聽,静也⑴,静然後所聞審也⑵。

〔1〕静:默不作聲。《禮記·玉藻》:"君子之容舒遲,見所尊者齊遬。足容重,手容恭,目容端,口容止,聲容静。"鄭玄注:"不噭咳也。"《國語·晉語一》:"雖不識義,亦不阿惑,吾其静也。"韋昭注:"静,默也。"

〔2〕所聞:聽到的。《商君書·更法》:"夫常人安于故習,學者溺于所聞。"審:明白;清楚。《公孫龍子·白馬》:"故黄、黑馬一也,而可以應有馬,而不可以應有白馬,是白馬之非馬,審矣。"

9.28 觀⑴,翰也⑵,望之延頸翰翰也⑶。

〔1〕觀:觀看;觀覽。《詩·小雅·庭燎》:"君子至止,言觀其旂。"

〔2〕翰:長。《禮記·曲禮下》:"雞曰翰音。"鄭玄注:"翰猶長也。"陸德明釋文:"翰,長也。"

〔3〕延頸:伸長頭頸。 翰翰:伸頸延望貌。

9.29 望⑴,茫也⑵,遠視茫茫也⑶。

〔1〕望:遠視;遙望。《詩·衛風·河廣》:"誰謂宋遠,跂予望之。"鄭玄箋:"跂足則可以望見之。"

〔2〕茫:廣闊無邊的樣子。《漢書·揚雄傳上》:"鴻濛沆茫。"顏師古注:"廣大貌。"

〔3〕遠視:向遠處望。《銀雀山漢墓竹簡·守法》:"三百步而一進行樓。進行樓所以遠視城下及城外也。" 茫茫:廣大而遼闊。

9.30 跪⑴,危也⑵,兩膝隱地⑶,體危倪也⑷。

〔1〕跪:屈膝,雙膝或單膝着地,臀部擡起。《禮記・曲禮上》:"授立不跪,授坐不立。"《正字通・足部》:"跪,屈膝也……朱子謂古人只是跪坐,著《跪坐拜說》云:兩膝著地,以尻著踵而稍安者爲坐,伸腰及股而勢危者爲跪;因跪而益致其恭,以頭著地,爲拜。"清趙翼《陔餘叢考・古人跪坐相類》:"蓋以膝隱地,伸腰及股,危而不安者,跪也;以尻着踵,而體便安者,坐也……據此則古人之坐與跪,皆是以膝着地,但分尻着踵與不着踵耳。"《史記・孫子吳起列傳》:"婦人左右、前後、跪起,皆中規矩繩墨,無敢出聲。"

〔2〕危:高;高聳。《國語・晉語八》:"拱木不生危,松柏不生埤。"高誘注:"危,高險也。"

〔3〕隱(yìn):依據;憑依。《管子・弟子職》:"亦有據膝,毋有隱肘。"郭沫若等集校:"隱謂憑也。"《禮記・檀弓下》:"其坎深不至於泉,其斂以時服,既葬而封,廣輪揜坎,其高可隱也。"鄭玄注:"隱,據也。封可手據,謂高四尺。"

〔4〕危倪(niè):猶"杌隉(wùniè)",爲雙聲聯綿詞,亦作"阢倪""阢隉""軏輗"等。"危""阢"古音並屬疑紐。卷四《釋言語》12.130:"危,阢也,阢阢不固之言也。"即以"阢"訓"危"。"倪"同"隉",古音亦屬疑紐。《集韻・屑韻》:"隉,《說文》:'危也。'或作倪。"故"危倪""杌隉"同。杌隉:傾危不安;危險。《書・秦誓》:"邦之杌隉,曰由一人。"僞孔傳:"杌隉,不安,言危也。""倪",疏證本、黃丕烈、吳志忠校作"院(nì)",巾箱本作"院"。疏證本曰:"'院',今本作'倪',據《一切經音義》引改。"吳志忠曰:"各本'院'誤'倪',今改。"胡玉縉校:"《御覽》五百四十二引'院'作'倪'。"周祖謨校箋:"案《淨土三部經音義》卷一引作:'兩膝隱地,體危院也。'"胡楚生校:"慧琳《音義》卷四十六引此條,'倪'作'院'。"按,"倪""院"古音並屬疑紐,"危院""危倪"同。

9.31 跽[1],忌也[2],見所敬忌[3],不敢自安也[4]。

〔1〕跽(jì):跪而挺直上身。《莊子・人間世》:"擎跽曲拳,人臣之禮也。"王先謙集解引宣穎曰:"擎,執笏,跽,長跪。曲拳,鞠躬。"《說文・足部》:"跽,長跪也。"段玉裁注:"係於拜曰跪,不係於拜曰跽……長跽乃古語。長,俗作踉,人安坐則形弛,敬則小跪,聳體若加長焉,故曰長跽。"

〔2〕忌:顧忌;忌憚。《左傳・昭公十四年》:"己惡而掠美爲昏,貪以敗官爲墨,殺人不忌爲賊。"

〔3〕敬忌:謹慎而有所畏懼。《書・康誥》:"汝亦罔不克敬典,乃由裕民,惟文王之敬忌。"蔡沈集傳:"敬則有所不忽,忌則有所不敢。"

〔4〕不敢：謂没膽量，没勇氣。《孟子·公孫丑下》："我非堯舜之道，不敢以陳於王前。"　自安：自安其心；自以爲安定。《荀子·王霸》："故人主天下之利埶也，然而不能自安也，安之者，必將道也。"

9.32　拜於丈夫爲跌[1]，跌然屈折[2]，下就地也[3]；於婦人爲扶[4]，自抽扶而上下也[5]。

〔1〕拜：行禮時下跪，低頭與腰平，兩手至地。《論語·子罕》："拜下，禮也。"　丈夫：男子。指成年男子。《穀梁傳·文公十二年》："男子二十而冠，冠而列丈夫。"　沈曾植《海日樓札叢》卷一"跌"："《釋名》三：'拜於丈夫爲跌，跌然屈折下就地也。於婦人爲扶，自抽扶上下也。''扶''拜'聲諧，而'跌''拜'不諧。且跌然形容屈折，辭亦未當，嘗以爲疑。久而悟得，'跌'乃'跋'字誤耳。'跋''拜'聲諧。《説文》'跋'訓'蹎'。《詩·狼跋》疏：'跋與疐皆顛倒之類。'蹎跋、顛倒，與屈折下就地形容較切。"跋：跌倒，仆倒。《説文·足部》："跋，蹎也。"此指跪拜。

〔2〕屈折：屈身。《莊子·駢拇》："屈折禮樂，呴俞仁義，以慰天下之心者，此失其常然也。"陸德明釋文："謂屈折支體爲禮樂也。"

〔3〕就：就近；湊近。《孟子·梁惠王上》："望之不似人君，就之而不見所畏焉。"

〔4〕婦人：成年女子的通稱，多指已婚者。《易·恒》："婦人吉，夫子凶。""扶"，段玉裁、吳志忠校作"拔"。吳志忠曰："'拔'用段氏説改，各本誤'扶'，下同。"佚名校："'扶'，段氏説作'拔'。"吳翊寅校議："吳〔志忠〕本'扶'皆作'拔'，云：用段氏説改。當從之。"王先謙疏證補："吳〔志忠〕校'扶'皆作'拔'。"扶：肅拜。疏證本曰："肅拜者，頰首正立，斂兩袖於胸前而低昂之，故曰'抽扶而上下'也。"

〔5〕"抽扶"，樓黎默校："《御覽》作'相扶'。"丁山校："〔《御覽》引'抽'作'相'。"相扶：相依。漢東方朔《答客難》："天下和平，與義相扶。"　上下：仰俯。頭仰起又俯下。指施禮應酬。《周禮·春官·卜師》："凡卜，辨龜之上下左右陰陽，以授命龜者，而詔相之。"鄭玄注："上，仰者也；下，俯者也。"

9.33　攀[1]，翻也[2]，連翻上及言也[3]。

〔1〕攀：抓住東西向上爬；攀登。漢劉向《九思·遭厄》："攀天階兮下視，見鄢郢兮舊宇。"

〔2〕翻:翻過;越過。

〔3〕連翻:連續不斷。 盧文弨、疏證本、黃丕烈、吳志忠、巾箱本於"言"前增一"之"字。疏證本曰:"今本脱'之'字,據《一切經音義》引增。"吳志忠曰:"補'之',依畢校。"周祖謨校箋:"畢據玄應書引於'及'下增'之'字。"及:到,到達。《左傳・隱公元年》:"不及黄泉,無相見也!"

9.34 掣[1],制也[2],制頓之[3],使順已也[4]。

〔1〕掣:牽曳;牽引。《吕氏春秋・具備》:"吏方將書,宓子賤從旁時掣揺其肘。吏書之不善,則宓子賤爲之怒。"引申爲牽制;控制。

〔2〕制:牽制;控制。《淮南子・脩務訓》:"夫馬之爲草駒之時,跳躍揚蹏翹尾而走,人不能制。"高誘注:"制,禁也。"

〔3〕王先謙疏證補:"'掣',引也;'頓'亦引也。《續史記・滑稽傳》:'當道掣頓人車馬。'《鹽鐵論・散不足》篇:'吏捕索掣頓,不以道理。''掣頓'即'制頓'也。成國依聲立訓,故必釋'掣'爲'制'以明之。"制頓:猶"掣頓"。硬拉;強奪。漢桓寬《鹽鐵論・散不足》:"數幸之郡縣,富人以貲佐,貧者築道旁。其後小者亡逃,大者藏匿;吏捕索掣頓,不以道理。"《史記・滑稽列傳》:"當此之時,公卿大臣皆敬重乳母。乳母家子孫奴從者橫暴長安中,當道掣頓人車馬,奪人衣服。"

〔4〕胡楚生校:"慧琳《音義》凡三引此條,卷四十八、卷七十所引,並與此相同。卷二十七引作:'掣,制也,頓使順己。'"周祖謨校箋:"'巳',吳〔志忠〕校改作'己',是也。"

9.35 牽[1],弦也[2],使弦急也[3]。

〔1〕牽:拉,挽。《書・酒誥》:"肇牽車牛,遠服賈,用孝養厥父母。"

〔2〕弦:急促。《説文・弦部》"弦"段玉裁注:"弦有急意。"《素問・平人氣象論》:"弦多胃少曰肝病。"王冰注:"弦,謂急而益勁,如新張弓弦也。"

〔3〕弦急:緊急;急躁。

9.36 引[1],演也[2],徒演廣也[3]。

〔1〕引:牽引;拉。《禮記・檀弓上》:"喪服,兄弟之子,猶子也,蓋引而進之也。"《淮南子・脩務訓》:"引之不來,推之不往。"

〔2〕演:推廣;傳布;延及。《漢書・外戚傳》:"愚臣既不能深援安危,定金

匱之計,又不知推演聖德,述先帝之志。"顏師古注:"演,廣也。"

〔3〕"徒",盧文弨、疏證本、邵晉涵、吴志忠、巾箱本校作"使"。施惟誠刻本作"徙"。篆字疏證本曰:"'使',吴本作'徙'。"按,此"吴本"指吴琯刻《古今逸史》本,但《古今逸史》本作"徒"。徙(xǐ)演:遷移;傳播。

9.37 掬[1],局也[2],使相局近也[3]。

〔1〕掬(jū):兩手相合捧物。《左傳·宣公十二年》:"中軍、下軍爭舟,舟中之指可掬也。"楊伯峻注:"先乘舟者恐多乘,或恐敵人追至……故先乘者以刀斷攀者之指。舟中之指可掬,言其多也。《晉世家》云:'晉軍敗,走河,爭渡,船中人指甚衆。'即述其義。"

〔2〕局:逼迫。《説文·口部》:"局,促也。"《史記·宋微子世家》:"遂以局殺湣公于蒙澤。"

〔3〕局近:逼近。

9.38 撮[1],捽也[2],暫捽取之也[3]。

〔1〕撮(cuō):抓取。《莊子·秋水》:"鴟鵂夜撮蚤,察毫末。"

〔2〕捽(zuó):抓,揪。《戰國策·楚策一》:"吾將深入吴軍,若扑一人,若捽一人,以與大心者也,社稷其爲庶幾乎!"

〔3〕暫:猝然;突然。《史記·李將軍列傳》:"廣詳死,睨其旁有一胡兒騎善馬,廣暫騰而上胡兒馬。" 捽取:抓取。

9.39 摣[1],叉也[2],五指俱往也[3]。

〔1〕"摣"原作"樝",盧文弨、段玉裁、邵晉涵、疏證本、黄丕烈、汪道謙分別校作"摣"。疏證本云:"'摣',今本譌从'木'。案《説文·手部》云:'抯,挹也。从手,且聲。讀若樝棃之樝。'然則此當作'抯'。"篆字疏證本校作"抯",云:"'抯',本皆作'樝'。……"按,《法華經玄贊》卷九、《一切經音義·六·妙法蓮華經·二》引作"摣"。《釋名》底本"木—扌"旁常混作,此條上下諸條皆釋"扌"旁字,且"樝"爲果木名,無動詞義,故改从"扌"旁。摣(zhā):抓取;捕捉。《方言》卷一〇:"抯,摣,取也。南楚之間凡取物溝泥中,謂之抯,或謂之摣。"

〔2〕"叉"原作"义",段玉裁、疏證本、吴志忠校作"叉"。王仁俊集斠:"(《一切經音義·六·妙法蓮華經·二》)今莊刻翻本'叉'誤作'义'。"按,《法華經玄贊》卷九引作"叉"。《釋名》底本諸"叉"字均作"义"。叉:頭部有分杈,

用來刺物取物的器具。在此指手指像叉那樣扎取；刺取。

〔3〕五指：五個手指。《荀子・勸學》："若挈裘領，詘五指而頓之，順者不可勝數也。" 盧文弨、疏證本、吳志忠、巾箱本於"俱往"後增"叉取"二字。疏證本曰："今本脫'叉取'二字，據《一切經音義》引增。"吳志忠曰："補'叉取'，依畢校。"黃丕烈增"义取"二字。胡楚生校："慧琳《音義》凡四引此條，卷二所引，'往'下有'叉取'二字。卷二十七所引，'往'下有'叉取'二字，句末無'也'字。卷四十八、卷七十所引，'往'下並有'叉取'二字。"周祖謨校箋："案《法華經玄贊》卷六引作：'摣，叉也，謂五指俱往叉取。'當據校。"

9.40 捉，捉也[1]，使相促及也[2]。

〔1〕"捉也"之"捉"，盧文弨、段玉裁、黃丕烈校作"促"；《古今逸史》本、疏證本、吳志忠校本、巾箱本作"促"。周祖謨校箋："案《韻補・屋韻》引作'捉，促也'，當據正。"按，"捉"亦通"促"，王先謙疏證補引蘇輿曰："'捉''促'字通。《莊子・庚桑楚》釋文：'捉，崔本作促。'是其證。"然後文作"促及"，依《釋名》體例，"捉也"之"捉"亦應作"促"明矣。促：靠近；迫近。《說文・人部》："促，迫也。"

〔2〕促及：靠近；接近。

9.41 執[1]，攝也[2]，使畏攝己也[3]。

〔1〕執：拿；持。《詩・邶風・簡兮》："左手執籥，右手秉翟。"

〔2〕攝：執持，握持。漢焦贛《易林・比之小畜》："公子王孫，把彈攝丸，發輒有得，室家饒足。"

〔3〕"己"原作"已"，蔡天祐刊本、《古今逸史》本、《逸雅》本作"巳"，段玉裁校作"己"。按，《釋名》底本"己—已—巳"混作，此應認作"己"無疑，故改。

9.42 拈[1]，黏也[2]，兩指翕之[3]，黏著不放也[4]。

〔1〕拈（niān）：用兩三個手指頭夾、捏取物。

〔2〕黏（nián）：膠附，黏合。漢王褒《僮約》："黏雀張鳥，結網捕魚。"

〔3〕翕（xī）：聚合。《書・皋陶謨》："翕受敷施，九德咸事。"偽孔傳："翕，合也。"

〔4〕黏著（zhuó）：黏連在一起。《周禮・考工記・輪人》"雖有深泥，亦弗之溓也"鄭玄注引鄭司農曰："溓，讀爲黏，謂泥不黏著輻也。"

9.43　抶[1]，鐵也[2]，其處皮薰黑，色如鐵也[3]。

〔1〕抶(chì)：笞擊；鞭打。《左傳・文公十年》："命夙駕載燧，宋公違命，無畏抶其僕以徇。"杜預注："抶，擊也。"

〔2〕鐵：金屬名。純鐵灰白色，受氧化後表面可産生一層四氧化三鐵薄膜，呈藍黑色，故古人稱爲"黑金"，爲"五金"之一。《説文・金部》："鐵，黑金也。"引申指像鐵一樣的顔色。《禮記・月令》："駕鐵驪，載玄旂，衣黑衣。"鄭玄注："鐵驪，色如鐵。"

〔3〕孫詒讓《札迻》："'薰'，吴〔琯〕本作'薰'。案：'薰黑'無義，'薰'當爲'鑂'。《墨子・兼愛上》篇云：'朝有鑂黑之色。''鑂'字亦見《玉篇》。後《釋長幼》云：'八十曰耋。耋，鐵也，皮膚變黑，色如鐵也。'"鑂(lì)黑：黄黑色。

9.44　蹋[1]，蹋也[2]，榻著地也[3]。

〔1〕蹋(tà)：踢。《漢書・戾太子劉據傳》："山陽男子張富昌爲卒，足蹋開門。"又同"踏"。踐踏；踩。《説文・足部》："蹋，踐也。"段玉裁注："俗作踏。"《史記・司馬相如列傳》："糾蓼叫奡蹋以艐路兮。"司馬貞索隱引《三倉》云："踏，著地。"《漢書》作"踏"。按，依上下諸條"抶""批""搏"皆爲用手擊打之例，此"蹋"字疑當爲"搨"。搨(dá)：打。《集韻・盍韻》："搨，打也。"又通"撻"。用鞭子或棍子打。漢應劭《風俗通・怪神・世間多有亡人見神》："鞭撻奴婢，皆得其過。"

〔2〕"蹋也"之"蹋"，《古今逸史》本、《逸雅本》作"榻"，盧文弨、段玉裁、疏證本、邵晉涵、黄丕烈、巾箱本分别校作"榻"。王國珍《〈釋名〉語源疏證》校此條作"蹋，搨也，搨著地也"，曰："第一個'搨'，吕本作'蹋'，《疏證補》改作'榻'。第二個'搨'，吕本、《疏證補》均作'榻'。本書'木'旁字常與'扌'旁用混。疑'榻'是'搨'字。……搨著，貼近、靠近。"按，或"蹋也"之"蹋"應是"榻"，或"榻著地"之"榻"應是"蹋"，均可通。卷六《釋牀帳》18.1："長狹而卑曰'榻'，言其鶬榻然近地也。"但前後應一致，方合《釋名》訓釋體例。

〔3〕榻(tà)：長狹而低的坐卧用具。　著(zhuó)地：觸地或近地。著：依附；附着。《國語・晉語四》："今戾久矣，戾久將底，底著滯淫，誰能興之？"韋昭注："著，附也。"又接觸；貼近。《左傳・宣公四年》："伯棼射王，汰輈，及鼓跗，著於丁寧。"

9.45　批[1]，裨也[2]，兩相裨助[3]，共擊之也[4]。

〔1〕“批”,疏證本曰:“字俗,當作‘捭’。《説文》云:‘捭,兩手擊也。’正與下義合。”篆字疏證本作“捭”,曰:“本皆作‘批’,俗字也,《説文》所无。”批:用手擊打。《左傳·莊公十二年》:“(宋萬)遇仇牧于門,批而殺之。”

〔2〕“裨”,疏證本作“裨”。下同。周祖謨校箋:“‘裨’當作‘裨’。”裨(bì):同“裨”。增加;增補。《國語·鄭語》:“若以同裨同,盡乃棄矣。”韋昭注:“裨,益也。同者,謂若以水益水,水盡乃棄之,無所成也。”

〔3〕裨助:補益;幫助。漢馬融《長笛賦》:“況笛生乎大漢,而學者不識,其可以裨助盛美。”

〔4〕共擊:共同擊打。

9.46 搏[1],博也[2],四指廣博[3],亦似擊之也[4]。

〔1〕“搏”原作“搏”,蔡天祐刊本、《逸雅》本、疏證本、吳志忠校本作“搏”。按,“搏”即“搏”之俗寫,詳參《釋名序》第三段之注釋〔4〕。搏:拍;擊。《孟子·告子上》:“今夫水,搏而躍之,可使過顙。”

〔2〕“博”原作“愽”,蔡天祐刊本作“愽”,《古今逸史》本、《逸雅》本、疏證本、吳志忠校本等作“博”,黃丕烈校作“博”,下同。胡楚生校:“慧琳《音義》卷五十九引此條,‘愽’作‘搏’。”按,“愽”“愽”即“博”之俗寫,詳參《釋名序》第三段之注釋〔4〕。博:大。《左傳·昭公三年》:“仁人之言,其利博哉! 晏子一言而齊侯省刑。”又指廣大;寬廣。《墨子·非攻中》:“土地之博,至有數千里也;人徒之衆,至有數百萬人。”

〔3〕廣博:寬廣博大。《禮記·經解》:“廣博易良而不奢,則深於《樂》者也。”

〔4〕“似”,盧文弨、段玉裁、疏證本、黃丕烈、吳志忠、巾箱本分別校作“以”。疏證本曰:“‘以’,今本誤作‘似’。《一切經音義》引作‘以’。”吳志忠曰:“‘以’依畢校。”末句篆字疏證本作“以擊之也”,云:“今本誤作‘亦似擊之也’,據《一切經音義》引改。”胡楚生校:“慧琳《音義》卷四十六引此條‘似’作‘以’。”周祖謨校箋:“玄應書卷十四作‘以擊之也’,‘似’作‘以’,是也。”似:通“以(yǐ)”。清朱駿聲《説文通訓定聲·頤部》:“似,叚借爲以。”《老子》:“而我獨頑似鄙。”俞樾平議:“‘似’,當讀爲‘以’,古‘以’‘似’通用。”以:用;使。馬王堆漢墓帛書《道原》:“人皆以之,莫知其名。人皆用之,莫見其刑(形)。”擊:打;敲打。《詩·邶風·擊鼓》:“擊鼓其鐘。”

9.47 挾[1]，夾也[2]，在旁也[3]。

〔1〕挾（xié）：夾持；夾在腋下。《詩·小雅·吉日》："既張我弓，既挾我矢。"

〔2〕夾：從左右相持或相對。《墨子·雜守》："守大門者二人，夾門而立。"

〔3〕吳志忠於"在"前增一"夾"字，連下，曰："各本脫下'夾'字，今補。"周祖謨校箋："吳〔志忠〕校'在'上有'夾'字。"吳翊寅校議："吳〔志忠〕本作'夾在旁也'。"王先謙疏證補："吳〔志忠〕校下句作'夾在旁也'。"

9.48 捧，逢也[1]，兩手相逢以執之也[2]。

〔1〕逢：遇到；碰上。《詩·王風·兔爰》："我生之初，尚無爲。我生之後，逢此百罹。"

〔2〕相逢：彼此遇見；遭遇。漢張衡《西京賦》："跳丸劍之揮霍，走索上而相逢。" 執：拿；持。《詩·邶風·簡兮》："左手執籥，右手秉翟。"

9.49 懷[1]，回也，本有去意[2]，回來就己也[3]；亦言歸也，來歸己也[4]。

〔1〕懷：懷藏。《禮記·曲禮上》："賜果于君前，其有核者懷其核。"又歸附；依附。《書·皋陶謨》："安民則惠，黎民懷之。"孔傳："愛則民歸之。"按，據上條"捧"、下條"抱"，"懷"應是懷藏義；然據本條句意，"懷"又似應是歸附義。

〔2〕去意：離開的想法。去：離開。《書·胤征》："伊尹去亳適夏。"

〔3〕回來：歸來。 就：就近；湊近。《孟子·梁惠王上》："望之不似人君，就之而不見所畏焉。"

〔4〕來歸：回來；歸來。《詩·小雅·六月》："吉甫燕喜，既多受祉。來歸自鎬，我行永久。"朱熹集傳："多受福祉，蓋以其歸自鎬而行永久也。"

9.50 抱，保也[1]，相親保也[2]。

〔1〕保：養育；撫養。《書·康誥》："若保赤子，惟民其康乂。"《說文·人部》："保，養也。"

〔2〕相：表示一方對另一方有所施爲。《史記·魯仲連鄒陽列傳》："臣聞明月之珠，夜光之璧，以闇投人於道路，人無不按劍相眄者。" 親保：親近，保養。

9.51 戴[1]，載也[2]，載之於頭也。

〔1〕戴：頂在頭上。《左傳・僖公十五年》："君履后土而戴皇天。"《玉篇・異部》："戴，在首也。"

〔2〕載：放置；裝載。《史記・禮書》："側載臭茝，所以養鼻也。"司馬貞索隱："載者置也。言天子之側常置芳香於左右。"又擔任；擔負。《荀子・富國》："以國載之，則天下莫之能隱匿也。"楊倞注："載，猶任也。"按，本條可與9.15條相參看。

9.52 提[1]，地也，臂垂所持近地也[2]。

〔1〕提：懸持；拎。《說文・手部》："提，挈也。"段玉裁注："挈者，懸持也。"《禮記・曲禮下》："凡奉者當心，提者當帶。"孔穎達疏："謂屈臂當帶，而提挈其物。"

〔2〕近地：接近地面。《春秋繁露・人副天數》："百物者最近地，故要以下，地也。"

9.53 挈[1]，結也[2]；結，束也[3]，束持之也。

〔1〕挈(qiè)：提起；懸持。《墨子・兼愛中》："夫挈太山而越河濟，可謂畢劫有力矣。"

〔2〕結：繫；扎縛。《楚辭・九歌・山鬼》："乘赤豹兮從文貍，辛夷車兮結桂旗。"洪興祖補注："以辛夷香木爲車，結桂枝以爲旌旗也。"

〔3〕"束也"二字，吳志忠刪去，曰："各本'束'上衍'束也'二字，今刪。"佚名校："'束也'二字衍。"吳翊寅校議："吳〔志忠〕本作'結束持之也'，云：'衍束也二字。'"

9.54 持[1]，跱也[2]，跱之於手中也。

〔1〕持：拿着；握住。《禮記・射義》："持弓矢審固，然後可以言中。"

〔2〕跱(zhì)：止。《廣雅・釋詁三》："跱，止也。"又積；具備。《管子・輕重甲》："故遷封食邑、富商蓄賈、積餘藏羨、跱蓄之家，此吾國之豪也。"

9.55 操[1]，抄也[2]，手出其下之言也。

〔1〕操：執持；拿着。《禮記・曲禮上》："謀於長者，必操几杖以從之。"孔

穎達疏："操,執持也。"

〔2〕抄:叉取;刺取。《説文解字·金部》:"鈔,叉取也。从金,少聲。"段玉裁注:"叉者,手指相造也。手指突入其閒而取之,是之謂鈔。字从金者,容以金鐵諸器刺取之矣。俗作'抄'。"

9.56 攬[1],斂也[2],斂置手中也[3]。

〔1〕攬:把持;引聚。《楚辭·離騒》:"攬茹蕙以掩涕兮,霑余襟之浪浪。"

〔2〕斂:聚集。《書·洪範》:"斂時五福,用敷錫厥庶民。"孔穎達疏:"斂聚五福之道。"

〔3〕斂置:聚斂放置。

9.57 擁[1],翁也[2],翁撫之也[3]。

〔1〕擁:抱。《禮記·玉藻》:"肆束及帶,勤者有事則收之,走則擁之。"孔穎達疏:"擁,謂抱之於懷也。"

〔2〕翁:父親。《史記·項羽本紀》:"吾翁即若翁,必欲烹而翁,則幸分我一桮羹。"亦用爲對年長者的敬稱。《方言》卷六:"凡尊老……周、晉、秦、隴謂之公,或謂之翁。"或謂通"蓊(wěng)"。蔽護。王先謙疏證補引王啓原曰:"漢《鐃歌》'擁離',《宋書·樂志》作'翁離',其辭'擁離趾中'則仍作'擁離'。郭茂倩《樂府集》引《古今樂錄》云,'擁離'亦曰'翁離'。蓋'擁''翁'義通也。'翁擁'之'翁'義當如'蓊'。《玉篇》:'蓊,木茂也。'木茂則蔽護。《漢書·司馬相如傳》:'觀衆樹之蓊薆兮,覽竹林之榛榛。'集解:'師古曰:"蓊薆,蔭蔽貌。"'是'翁撫之'猶云'擁護之'。若云如翁之撫,恐不其然。"王先謙曰:"《史記·夏侯嬰傳》集解引蘇林云,南陽謂抱小兒曰'雍樹'。'雍''擁'字同,正'翁撫'之義。"

〔3〕撫:撫摩。《莊子·達生》:"桓公田於澤,管仲御,見鬼焉,公撫管仲之手,曰:'仲父何見?'"

9.58 撫[1],敷也[2],敷手以拍之也[3]。

〔1〕撫:拍,輕擊。《儀禮·鄉射禮》:"左右撫矢而乘之。"鄭玄注:"撫,拊之也。"賈公彦疏:"言撫者,撫拍之意。"

〔2〕敷:鋪開;擴展。《書·顧命》:"牖間南向,敷重篾席。"

〔3〕敷手:舒展五指;伸開手掌。　拍:輕擊;拍打。參見下條。

9.59 拍[1]，搏也[2]，手搏其上也[3]。

〔1〕拍：輕擊；拍打。《韓非子·功名》：“一手獨拍，雖疾無聲。”

〔2〕搏：拍；擊。《孟子·告子上》：“今夫水，搏而躍之，可使過顙。”

〔3〕盧文弨、疏證本、黃丕烈分別於“手”前增一“以”字，連下。疏證本曰：“今本脫‘以’字，據《一切經音義》引增。”胡楚生校：“慧琳《音義》卷四十五、卷五十七所引，‘手’上有‘以’字。”周祖謨校箋：“又玄應書卷四引‘手’字上有‘以’字。《韻補·藥韻》引同。”

疏證本補遺：“‘擊，搏也。擊謂以手指拍之曰搏也。’引見《一切經音義》。”王仁俊集斠：“逸文《華嚴音義·昇兜率天宮品第二十三》引‘擊，搏也’宜在下葉，‘拍，搏也’近是。”

9.60 摩挱猶末殺也[1]，手上下之言也[2]。

〔1〕摩挱（suō）：亦作“摩莎（suō）”“摩挲（suō）”。撫摸。用手輕按着上下移動。《禮記·郊特牲》：“汁獻涗于醆酒。”鄭玄注：“謂沛柜鬯以醆酒也。獻讀當爲莎，齊語聲之誤也。柜鬯者，中有煮鬱，和以盎齊，摩莎沛之，出其香汁，因謂之汁莎。”孔穎達疏：“獻，謂摩莎；涗，謂沛也。”丁山校：“《一切經音義》卷十三引《事類》：‘摩抄猶捫摸也，亦末希也。’字異而音義並同。《一切經音義》引云：‘摩挱，抹撚也。’”胡楚生校：“慧琳《音義》卷七十五引此條作：‘摩抄，抹撽也。’”周祖謨校箋：“案玄應書卷二十引作‘摩抄，抹撽也’。字有不同。”末殺：用手摩弄。

〔2〕上下：升降。《楚辭·卜居》：“將氾氾若水中之鳧乎？與波上下偷以全吾軀乎？”王逸注：“隨衆卑高。”

9.61 蹙[1]，遵也[2]，遵迫之也[3]。

〔1〕蹙（cù）：通“蹴”。踢；踏。《禮記·曲禮上》：“以足蹙路馬芻，有誅。”陸德明釋文：“蹙，本又作蹴。”陳澔集說：“蹙，與蹴同。”

〔2〕“遵”，盧文弨、段玉裁、疏證本、吳志忠、巾箱本分別校作“遒”，下同。疏證本校：“‘戚’，‘子六’反，又‘十六’反。諸本‘遒’皆作‘遵’，字之誤也。‘戚’與‘遵’音誼皆遠。”“十六”，篆字疏證本、疏證補本作“千六”。吳騫曰：“‘千六’與‘遒’亦不十二分遠。”蘇輿校：“《說文》：‘遒，迫也。’或作‘遒’。《楚辭·招魂》：‘遒相迫些。’本書《釋天》：‘秋，緧也，緧迫萬物。’‘緧’‘遒’並通。

《廣雅》：‘懯、遒、迫，急也。’又云：‘懯、遒，迫也。’與此義同。《釋訓》：‘速速、懯懯，惟述鞠也。’郭璞音義：‘述，迫也。’‘述’‘遒’同聲。”（按，“萬物”應是“品物”，參見卷一《釋天》1.20條。）吳志忠曰：“‘遒’依畢校，下同。”周祖謨校箋：“‘遵’字，畢改作‘遒’。”按，卷一《釋天》1.20作“緧，緧迫”，卷七《釋車》24.77正作“遒，遒迫”，亦可證此“遵，遵迫”應是“遒，遒迫”。遒（qiú）：迫近。《楚辭·招魂》：“分曹並進，遒相迫些。”王逸注：“遒，亦迫也。”

〔3〕遵迫：當作“遒迫”。逼迫；迫逐。《楚辭·招魂》“分曹並進，遒相迫些”王逸注：“遒亦迫也。投箸行棋，轉相遒迫，使不得擇行也。”

9.62 踐[1]，殘也[2]，使殘壞也[3]。

〔1〕踐：踩；踩踏。《莊子·馬蹄》：“馬，蹄可以踐霜雪，毛可以禦風寒。”

〔2〕殘：毀壞；破壞。《孟子·梁惠王下》：“賊仁者謂之‘賊’，賊義者謂之‘殘’。”

〔3〕沈錫祚校：“《韻補·一先》：‘殘，財先切。餘也，踐也，踐使殘壞也。’可訂正。”周祖謨校箋：“《韻補·先韻》‘殘’下引‘使’字上有‘踐’字，當據補。”殘壞：破敗；毀壞。

9.63 踖[1]，藉也[2]，以足藉也[3]。

〔1〕踖（jí）：踐踏；跨越。《禮記·曲禮上》：“毋踐屨，毋踖席。”

〔2〕藉（jí）：踐踏；欺凌。《史記·魏其武安侯列傳》：“太后怒，不食，曰：‘今我在也，而人皆藉吾弟。令我百歲後，皆魚肉之矣。’”司馬貞索隱引晉灼曰：“藉，蹈也。以言踩藉之。”

〔3〕吳志忠於“足藉”後增一“之”字，曰：“各本脫‘之’字，今補。”吳翊寅校議：“吳〔志忠〕本作‘以足藉之也’。案：‘履’言‘以足履之’，‘蹈’言‘以足踐之’，則此亦當有‘之’。”周祖謨校箋：“吳〔志忠〕校依以下幾條文例作‘以足藉之也’。”

9.64 履[1]，以足履之[2]，因以名之也[3]。

〔1〕履：踏。《詩·小雅·小旻》：“戰戰兢兢，如臨深淵，如履薄冰。”又指鞋。《莊子·讓王》：“原憲華冠縰履，杖藜而應門。”《説文·履部》：“履，足所依也。”按，據上條“踖”、下條“蹈”，此“履”應是踏義；然據本條句意，此“履”應是指鞋。

〔2〕履:穿(鞋)。《莊子·田子方》:"儒者冠圜冠者知天時,履句屨者知地形。"

〔3〕因以:參見卷二《釋州國》7.8〔4〕。 名:命名;取名。《書·吕刑》:"禹平水土,主名山川。"僞孔傳:"禹治洪水,山川無名者主名之。"

9.65 蹈[1],道也,以足踐之[2],如道路也[3]。

〔1〕蹈:踩,踐踏。《書·君牙》:"心之憂危,若蹈虎尾,涉于春冰。"

〔2〕踐:踩;踩踏。參見9.62〔1〕。

〔3〕疏證本校:"'如道路'者,'如'之言'往'也。"如:往,去。《左傳·隱公六年》:"鄭伯如周,始朝桓王也。"

9.66 跐[1],弭也[2],足踐之,使弭服也[3]。

〔1〕"跐",汪道謙據鍾惺本校作"跐";蔡天祐刊本、畢效欽刻《五雅》本、施惟誠刻本、《格致叢書》本、鍾惺評本作"跐",黄丕烈、文孫(仲淳)、盧文弨、王宗炎分别校作"跐"。跐(bié):同"跐(bì)"。踢;蹴。跐(cǐ):踐踏。《廣雅·釋詁一》:"跐,履也。"《釋詁二》:"跐,蹋也。"《莊子·秋水》:"且彼方跐黄泉而登大皇。"陸德明釋文:"《廣雅》云:'跐,蹋也,蹈也,履也。'"

〔2〕弭:順服;順從。

〔3〕弭服:順服;服從。

9.67 躡[1],懾也[2],登其上[3],使懾服也[4]。

〔1〕躡(niè):踩;踏。《戰國策·秦策四》:"魏桓子肘韓康子,康子履魏桓子,躡其踵。"又指攀登;登上。《史記·司馬相如列傳》:"然後躡梁父,登泰山,建顯號,施尊名。"

〔2〕懾(shè):恐懼。《墨子·七患》:"君脩法討臣,臣懾而不敢拂。"又指威懾;使屈服。《淮南子·氾論訓》:"威動天地,聲懾海内。"高誘注:"懾,服也。"

〔3〕登:升;上。《易·明夷》:"初登于天,後入于地。"

〔4〕懾服:因畏懼而屈服。《戰國策·秦策三》:"趙、楚懾服不敢攻秦者,白起之勢也。"

9.68 匍匐[1],小兒時也[2]。匍猶捕也[3],藉索可執取之言也〔4〕；匍〔5〕，伏也〔6〕，伏地行也〔7〕。人雖長大〔8〕，及其求事〔9〕，盡力之勤〔10〕，猶亦稱之〔11〕。《詩》曰"凡民有喪，匍匐救之"是也〔12〕。

〔1〕匍匐：爬行。《詩·大雅·生民》："誕實匍匐，克岐克嶷，以就口食。"朱熹注："匍匐，手足並行也。"

〔2〕小兒：小孩子。《史記·淮陰侯列傳》："（蕭何）曰：'王素慢無禮，今拜大將如呼小兒耳，此乃信所以去也。'"

〔3〕捕：捉拿。《左傳·襄公十四年》："譬如捕鹿，晉人角之，諸戎掎之。"

〔4〕藉（jí）索：繫縛繩索。藉：用繩縛。　執取：提取；拿取。疏證本曰："小兒初學步時，恐其躓跋，必以帶圍繞其胸腋而結於背後，乃曳之行，故曰'藉索可執取'。"

〔5〕"匍"，黃丕烈、邵晉涵分別校作"匐"。疏證本曰："《説文·勹部》云：'匐，伏墜也。'"邵晉涵曰："從郎〔奎金〕本改。"尚絅校："按：下'匍'疑'匐'訛。"《古今逸史》本、疏證本、吳志忠校本作"匐"。

〔6〕伏：面向下、背朝上俯卧着。參見 9.20〔1〕。

〔7〕伏地：俯伏在地上。《漢書·淮南厲王傳》："追念罪過，恐懼伏地。"

〔8〕長（zhǎng）大：成長爲大人。

〔9〕求事：追求功業。求：謀求；追求。《詩·大雅·文王有聲》："遹求厥寧，遹觀厥成。"事：事業；功業。《荀子·正名》："正利而爲謂之事，正義而爲謂之行。"楊倞注："爲正道之事利則謂之事業。"

〔10〕盡力：竭盡能力。《論語·泰伯》："（禹）卑宮室而盡力乎溝洫。"

〔11〕稱（chèn）：相當；符合。《孟子·公孫丑下》："古者棺椁無度，中古棺七寸，椁稱之。"

〔12〕凡民有喪，匍匐救之：出自《詩·邶風·谷風》。

9.69　偃蹇也〔1〕，偃息而卧〔2〕，不執事也〔3〕。〔4〕

〔1〕偃蹇（yǎnjiǎn）：猶安卧。"也"，段玉裁、邵晉涵分別刪去，疏證本、黃丕烈、吳志忠、巾箱本校作"偃"。疏證本曰："衆本皆作'偃，蹇也'，其下'蹇，跛蹇也'又別爲條。今案：自上'匍匐'以迄下'貸貣'，皆總目二字於上，下乃析其字而分釋之。今本'偃，蹇也'之'也'乃'偃'字之誤。"篆字疏證本校："今本作'偃，蹇也，偃息'云云，其下'蹇，跛蹇也'提行別起，分爲二條。案：此諸條自上'匍匐'以迄下'貸貣'，皆總目二字於上，下乃析其字而分釋之。今本'偃，蹇也'之'也'乃'偃'字之誤衍。今據《一切經音義》所引'偃息'上別出

‘偃’字。”吳志忠曰：“‘蹇’下删‘也’字，補‘偃’字，連下文爲條，皆依畢校。”周祖謨校箋：“此條‘偃蹇’爲一詞，依上下文例，‘偃息而卧’上當出‘偃’字，其上‘也’字當删。畢本已改正。”偃：仰卧；安卧。《詩·小雅·北山》：“或息偃在牀，或不已於行。”

〔2〕偃息：睡卧休息。

〔3〕執事：從事工作；主管其事。《周禮·天官·大宰》：“九曰閒民，無常職，轉移執事。”

〔4〕段玉裁將上下兩條相連。疏證本、吳志忠校本以下不另起。巾箱本以小字注：“接‘蹇，跛蹇也’。”

9.70 蹇[1]，跛蹇也[2]，病不能作事[3]。今託病似此[4]，而不宜執事役也[5]。

〔1〕周祖謨校箋：“此條玄應書卷三、卷九兩引，皆與上條相連。‘蹇，跛蹇也’即釋‘偃蹇’之‘蹇’。畢本已改正。”蹇：瘸腿；跛脚。《史記·晉世家》：“卻克僂而魯使蹇。”

〔2〕跛蹇：瘸腿；跛行。《莊子·達生》：“汝得全而形軀，具而九竅，無中道夭於聾盲跛蹇，而比於人數，亦幸矣。”

〔3〕作事：任職；工作。

〔4〕託病：藉口生病。託：假托；推托。《公羊傳·莊公三十二年》：“然則曷爲不直誅而酖之？行誅乎兄，隱而逃之，使託若以疾死然，親親之道也。”

〔5〕不宜：不適宜，不適合。《史記·孝文本紀》：“今釋宜建而更選於諸侯及宗室，非高帝之志也。更議不宜。” 執：操持；從事。《詩·豳風·七月》：“我稼既同，上入執宫功。” 事役：勞役。漢徐幹《中論·民數》：“事役既均，故民盡其心而人盡其力。”

9.71 望佯[1]，佯，陽也[2]，言陽氣在上[3]，舉頭高[4]，似若望之然也[5]。

〔1〕望佯：同“望羊”“茫洋”“芒洋”。仰視貌；遠視貌。《莊子·秋水》：“河伯始旋其面目，望洋向若而嘆。”陸德明釋文作“盳洋”，引崔譔曰：“猶‘望羊’，仰視貌。”

〔2〕陽：陽氣；亢陽之氣。《楚辭·天問》：“天式從横，陽離爰死。”王逸注：

“人失陽氣則死。”

〔3〕陽氣：暖氣，生長之氣。《管子·形勢解》：“春者，陽氣始上，故萬物生。”

〔4〕舉頭：擡頭。

〔5〕似若：好像。《史記·魏公子列傳》：“於是公子立自責，似若無所容者。” 然：助詞。與“若”“如”等配合，表比擬。猶言“那樣”“似的”。《史記·蘇秦列傳》：“秦王聞若説，必若刺心然。”

9.72 沐禿也⁽¹⁾，沐者髮下垂⁽²⁾，禿者無髮⁽³⁾，皆無上貌之稱也⁽⁴⁾。

〔1〕沐禿：頭禿無髮貌。王先謙疏證補：“本書《釋疾病》：‘禿，無髮沐禿也。’據此，‘沐禿’二字雖可分疏，在漢時俗諺仍總言禿耳。”參見卷七《釋疾病》26.8條。《説文·水部》：“沐，濯髮也。”段玉裁注：“引伸爲芟除之義。如《管子》云：‘沐涂樹之枝。’《釋名》云：‘沐禿……無上兒之稱’。”

〔2〕沐：洗頭髮。《荀子·不苟》：“故新浴者振其衣，新沐者彈其冠，人之情也。” 下垂：謂向下垂掛。漢班固《白虎通·衣裳》：“續縷爲結于前，下垂三分，身半，紳居二焉。”

〔3〕禿：頭頂無髮。《吕氏春秋·盡數》：“輕水所多禿與癭人。”高誘注：“禿，無髮。”

〔4〕上：指頭上毛髮。

9.73 卦賣⁽¹⁾，卦⁽²⁾，掛也。自掛於市而自賣邊⁽³⁾，自可無慙色⁽⁴⁾，言此似之也。

〔1〕卦賣：對自己所出售的東西一邊賣一邊誇贊。謂自我吹嘘。清郝懿行《證俗文》卷十七：“俗謂自誇鬻曰‘賣卦’。……案：古言‘卦賣’，今言‘賣卦’，但語有倒轉，其實一爾。”

〔2〕卦：占卜。《鶡冠子·學問》：“聖人以此六者，卦世得失逆順之經。”陸佃注：“卦，猶卜也。”

〔3〕“邊”，段玉裁於旁加一“⌐”號，盧文弨校：“段疑是‘之’。”疏證本校：“段疑是‘之’字。”“邊”同“邊”。

〔4〕自可：自誇；自許。 慙色：羞愧的臉色。《韓詩外傳》卷一：“子貢逡

巡,面有慚色,不辭而去。"

9.74 倚簁[1],倚,伎也[2];簁[3],作清簁也[4],言人多技巧[5],尚輕細如簁也[6]。

〔1〕倚簁(shāi):精細。詹憲慈《廣州語本字》卷二十三第 865 條:"俋簁者,作事苟且而不精細也。俗讀'俋'若北語'臘月'之'臘'。'俋簁'本作'倚簁'。《釋名》:'倚簁,倚,伎也;簁,作清簁也。言人多伎巧,尚輕細如簁也。'孫詒讓曰:'作清簁者,清謂清酒也。《説文》:"簁箄,竹器也。"《急就篇》顏注:"簁,所以去粗取細者也。"蓋簁亦可以用漉酒之糟,取其清。'古之所謂'倚簁',乃取精細之意。今以不精細爲倚簁,反言之也。'倚簁'所以改作'俋簁'者,'倚''俋'義同也。《集韻》:'俋,倚也,衣駕切,音亞。'今讀若北語之'臘',音之轉也。'簁'即'篩'字。"

〔2〕伎(jì):通"技"。才智;技藝。《老子》:"人多伎巧。"王弼注:"民多智慧則巧僞生。"

〔3〕簁(shāi):篩子。《急就篇》卷三:"簁箄箕帚筐篋簍。"顏師古注:"簁,所以籮去麤取細者也。今謂之篩。"

〔4〕孫詒讓《札迻》:"'作清簁'者,'清'謂清酒也。(《釋飲食》云:'酒言蒼梧清。')《説文·竹部》云:'簁箄,竹器也。'《急就篇》顏注云:'簁,所以籮去粗取細者也。'蓋簁亦可以用漉濁酒之糟,取其清。《毛詩·小雅·伐木》傳:'以筐曰釃,以藪曰湑。'簁即筐之屬。"清:濾去汁滓的甜酒。《周禮·天官·酒正》:"辨四飲之物:一曰清。"鄭玄注:"清,謂醴之沛者。"孫詒讓正義:"以別於五齊之醴爲汁滓相將不沛者也。"簁:過濾。

〔5〕技巧:精巧的技能。《史記·貨殖列傳》:"於是太公勸其女功,極技巧,通魚鹽,則人物歸之,繦至而輻湊。"

〔6〕尚:尊崇;崇尚。《論語·陽貨》:"君子尚勇乎?" 輕細:細微,細小。《漢書·外戚傳下·孝成許皇后》:"蓋輕細微眇之漸,必生乖忤之患,不可不慎。"

9.75 窶數猶局縮[1],皆小意也[2]。

〔1〕窶(jù)數:又作"窭數"。緊縮;狹小;窘迫。按,本書卷六《釋牀帳》18.12 條又作"屢數",實應爲一詞,皆爲聚集、收縮、狹小、窘迫等義。參見 18.12〔1〕。 局縮:狹小;蜷縮。

〔2〕小意：小的意思。

9.76 齧掣[1]，掣，卷掣也[2]；齧[3]，噬齧也[4]。語説卷掣[5]，與人相持齧也[6]。

〔1〕齧掣（nièchè）：互相争吵；互相言語攻擊。

〔2〕卷掣：開合。徐復補疏：“卷收而掣開，謂言語捭闔也。”按，卷五《釋衣服》16.5：“掣，開也。”

〔3〕齧（niè）：亦作“囓”。咬，啃。《管子·戒》：“東郭有狗嘽嘽，旦暮欲齧我，猳而不使也。”

〔4〕噬（shì）齧：咬。

〔5〕語説：談論義理。《禮記·文王世子》：“大樂正學舞干戚。語説，命乞言，皆大樂正授數。”鄭玄注：“語説，合語之説也。”孔穎達疏：“言合語者，謂合會義理而語説也。”

〔6〕相持：雙方對立、争持，互不相讓。《戰國策·魏策四》：“秦、趙久相持於長平之下而無決。”吴志忠、佚名於“相持”後增“如噬”二字。吴志忠曰：“各本脱‘如噬’二字，今補。”吴翊寅校議：“吴〔志忠〕本作‘與人相持如噬齧也’。”王先謙校同。周祖謨校箋：“‘相持齧’，吴〔志忠〕校作‘相持如噬齧也’。”

9.77 岉摘[1]，猶譎摘也[2]，如醫别人岉[3]，知疾之意[4]，見事者之稱也[5]。

〔1〕岉摘：非議；欺騙。“岉”同“脈”。《方言》卷一〇：“譎，過也。南楚以南凡相非議人謂之‘譎’，或謂之‘脈’。‘眠娗’‘脈蜴’‘賜施’‘茭媞’‘譠謾’‘慔忚’，皆欺謾之語也。”戴震疏證：“‘脈蜴’當即‘脈摘’，語之轉耳。”

〔2〕譎（jué）摘：欺謾；指責。譎：欺誑；詭詐。《方言》卷三：“譎，詐也。自關而東西或曰譎。”摘：指斥；責備。

〔3〕别人：另外的人；他人。岉：脈搏，脈息。《史記·扁鵲倉公列傳》：“臣意切其脈，得肝氣。”

〔4〕疾：病，病痛。《書·金縢》：“既克商二年，王有疾，弗豫。”

〔5〕見事：識别事勢。《史記·范雎蔡澤列傳》：“吾聞穰侯智士也，其見事遲。”稱：稱呼；稱謂。漢班固《白虎通·爵》：“天子者，爵稱也。”

9.78 貸駴者[1]，"貸"言以物貸予[2]，"駴"者言必弃之不復得也[3]，不相量事者之稱也[4]。此皆見於形貌者也[5]。

〔1〕貸駴(ái)：呆傻。貸：通"忒(tè)"。差錯。《易·豫》："故日月不過，而四時不忒。"《孫子·形》："不忒者，其所措必勝，勝已敗者也。"杜牧注："忒，差忒也。"駴：愚；呆。《漢書·息夫躬傳》："左將軍公孫禄、司隸鮑宣皆外有直項之名，内實駴不曉政事。"顔師古注："駴，愚也。"

〔2〕"者,貸"二字，盧文弨、段玉裁、疏證本、黄丕烈、巾箱本分别校作"貸者"。 貸予：施與；給予；借給。

〔3〕不復：不再。漢司馬遷《報任少卿書》："蓋鍾子期死，伯牙終身不復鼓琴。"

〔4〕量(liáng)事：商量事情。 稱：稱呼；稱謂。

〔5〕形貌：外形；容貌。《墨子·大取》："諸以形貌命者，若山丘室廟者皆是也。"

9.79 卧[1]，化也[2]，精氣變化[3]，不與覺時同也[4]。

〔1〕卧：趴在几上或躺於牀上休息。《孟子·公孫丑下》："坐而言，不應，隱几而卧。"焦循正義："卧與寢異，寢於牀，《論語》'寢不尸'是也；卧於几，《孟子》'隱几而卧'是也。卧於几，故曰伏。"《荀子·解蔽》："心卧則夢。"

〔2〕化：變化；改變。《國語·晉語九》："雀入於海爲蛤，雉入於淮爲蜃。黿鼉魚鱉，莫不能化，唯人不能。"

〔3〕精氣：人的精神元氣。漢王充《論衡·訂鬼》："人之生也，陰陽氣具，故骨肉堅，精氣盛。" 變化：改變化生，在形態上或本質上產生新的狀況。《易·乾》："乾道變化，各正性命。"孔穎達疏："變，謂後來改前，以漸移改，謂之變也。化，謂一有一無，忽然而改，謂之爲化也。"

〔4〕覺(jiào)：睡醒；清醒。參見9.83〔1〕。

9.80 寐[1]，謐也[2]，静謐無聲也[3]。

〔1〕寐：睡；入睡。《詩·衛風·氓》："三歲爲婦，靡室勞矣。夙興夜寐，靡有朝矣。"鄭玄箋："常早起夜卧，非一朝然。"

〔2〕謐(mì)：寂静。《素問·五運行大論》："其政爲謐。"又安寧。漢賈誼《新書·禮容語下》："其詩曰：'昊天有成命，二后受之，成王不敢康，夙夜基命

宥謐。'謐者,寧也,億也。"

〔3〕静謐:安寧平静。

9.81 寢[1],權假卧之名也[2]。寢,侵也[3],侵損事功也[4]。

〔1〕寢:睡;卧。《詩・小雅・斯干》:"乃寢乃興,乃占我夢。"

〔2〕權假:暫且;權宜。權:權宜;姑且。假:權且;暫時。《詩・小雅・小弁》:"假寐永歎。"鄭玄箋:"不脱冠衣而寐曰假寐。"《廣韻・馬韻》:"假,且也。"

〔3〕侵:損傷。《莊子・駢拇》:"待繩約膠漆而固者,是侵其德者也。"成玄英疏:"侵,傷也。"

〔4〕侵損:損害;減損。損:減少;虧損。《説文・手部》:"損,減也。"《易・損》:"損下益上,其道上行。" 事功:功績;功業;功勞。《春秋繁露・天地之行》:"考實事功,次序殿最,所以成世也;有功者進,無功者退,所以賞罰也。"

9.82 眠[1],泯也[2],無知泯泯也[3]。

〔1〕眠:睡覺。

〔2〕泯:不明貌。《漢書・司馬相如傳下》:"視眩泯而亡見兮,聽敝恍而無聞。"

〔3〕泯泯:昏昧的樣子。《書・吕刑》:"民興胥漸,泯泯棼棼。"蔡沈集傳:"泯泯,昏也。"

9.83 覺[1],告[2]也。[3]

〔1〕覺(jiào):睡醒;清醒。《詩・王風・兔爰》:"尚寐無覺。"《莊子・齊物論》:"俄然覺,則蘧蘧然周也。"

〔2〕告:告諭;曉示。《書・甘誓》:"王曰:'嗟! 六事之人,予誓告汝。'"孔穎達疏:"我設要誓之言,以敕告汝。"

〔3〕吴志忠校:"下脱,各本同。"佚名校:"'覺,告也'下脱,各本誤。"

9.84 寤[1],忤也[2],能與物相接忤也[3]。

〔1〕寤:睡醒。漢袁康《越絶書・外傳記寶劍》:"楚王卧而寤,得吴王湛盧之劍。"

〔2〕王啓原校:"經傳言'夢寤'必言'驚'。《春秋・隱元年傳》:'莊公寤

生,驚姜氏。'《逸周書》:'寤儆王曰:今朕寤,有商警予。'又:'太姒夢見商之庭産棘,寤驚以告文王。'見朱右曾《逸周書校釋》。又《史記》:'王召左史戎曰:今朕寤遂事,其驚予。'凡此皆與物接忤者。"忤(wǔ):觸遇;接觸。

〔3〕接忤:接觸;觸遇。

9.85 欠[1],嶔也[2],開張其曰[3],聲脣嶔嶔也[4]。

〔1〕欠:倦時張口呵氣,打呵欠。《靈樞經·九針》:"脾主吞,腎主欠。"

〔2〕嶔(qīn):高險。《公羊傳·僖公三十三年》:"爾即死,必於殽之嶔巖。"

〔3〕開張:張開;舒展。 "曰",《古今逸史》本、《逸雅》本、疏證本等作"口",黃丕烈校作"口",吳志忠校本作"口"。尚絅校:"'曰'疑'口'。"

〔4〕吳志忠校本於"聲"前增一"作"字,曰:"各本脱'作'字,今補。"佚名校:"各本'聲'上脱'作'字,改作'開張其口,作聲'。"盧文弨、疏證本、邵晉涵刪去"聲"字。疏證本云:"今本'口'下衍'聲'字,……據《太平御覽》引……刪。"吳翊寅校議:"吳〔志忠〕本作'開張其口作聲'。案:畢云今本'口'下衍'聲'字,吳云各本'聲'上脱'作'字,'欠'亦微有聲也,當從吳〔志忠〕本。" 嶔嶔:高深貌。盧文弨、疏證本於"嶔嶔"後增一"然"字。疏證本曰:"今本……'欽欽'下無'然'字,據《太平御覽》引增……"

9.86 嚏[1],疐也[2],聲作疐而出也[3]。

〔1〕嚏(tì):同"嚔"。打噴嚏。《説文·口部》:"嚏,悟解气也。"徐鍇繫傳:"腦鼻中气壅塞,噴嚏則通,故云'悟解气也'。"《玉篇·口部》:"嚏,噴鼻也。"

〔2〕"疐",盧文弨、疏證本、黃丕烈、巾箱本校作"疐",下同。疏證本曰:"今本'疐'皆作'疐',俗譌字也。《毛詩·終風》云:'願言則疐。'陸氏釋文乃云:'疌,本又作嚏,本又作疐。'據此,則知'疐'一誤而爲'疌',再誤而爲'嚏',今本作'疐'者,又因'嚏'而譌也。《説文》'嚏'從口,疐聲。鄭君箋《詩》云:'疐讀爲'不敢嚏欬'之'嚏',然則此當云'嚏,疐也'。《説文·更部》云:'疐,礙不行也。'氣欲出而有礙,則歊涌而出有聲,故曰'聲作疐而出也'。"疐(zhì):怒貌。《禮記·大學》"身有所忿懥,則不得其正"鄭玄注:"懥,怒貌也。或作'懫',或爲'疐'。"

〔3〕"作疐",顧廣圻校:"《御覽》三百八十七引云:'嚏,聲乍嚏而出也。'"樓黎默校:"《御覽》二百八十七引'作'作'乍',下'疐'同上作'嚏'。"丁山校:"《御覽》三六七引:'嚏者,乍嚏而出也。'"張步瀛校疏證本"作疐"二字作"乍

嚏”。乍：突然；忽然。《孟子·公孫丑上》：“今人乍見孺子將入於井，皆有怵惕惻隱之心。”朱熹集注：“乍，猶忽也。”

9.87 笑，鈔也[1]，頰皮上鈔者也[2]。

〔1〕蘇輿曰：“此‘鈔’字非本義，蓋取斂撮之意。本書《釋首飾》云：‘綃，鈔也，鈔髮使上從也。齊人謂之帤，言斂髮使上從也。’是‘鈔’‘斂’義同。人笑則頰皮斂撮，故云。今俗猶呼物相斂著者爲‘鈔’。”

〔2〕頰皮：臉頰的皮膚。 上鈔：向上斂撮。

疏證本補遺：“‘省，瘼也，臞雀約少之言也。’引見《太平御覽·人事部·瘼人類》，而文有到，字有譌，蓋據引入《瘼人類》，其本文必‘瘼’在‘省’上。今‘省’在‘瘼’上，是到也。‘雀’字則‘省’字之誤爾。顧‘省’之於‘瘼’，聲不相近，用以爲訓，不合《釋名》之例，終非是也。以聲類求之，當云：‘瘼，脙也，臞脙約少之言也。’《說文》云：‘臞，少肉也。’又云：‘齊人謂臞脙也。’故云‘臞脙約少之言也’。以‘脙’釋‘瘼’，斯聲誼皆得矣。”蘇輿校：“‘省’一條已見《釋言語》。《御覽》所引，爲‘雀’爲‘瘼’之譌。畢注亦嘗言及。本書及各書增減異同，如此者甚夥。既一例校入注文，不應專舉二條列入《補遺》，轉致掛漏。”王仁俊集斠：“此條卷四《言語部》已有之，但彼文作：‘省，嗇也，曜嗇約少之言也。’”

釋長幼第十[1]

〔1〕長幼：指老年人和年輕人；年長者與年少者。

10.1 人始生曰“嬰兒”[1]。胸前曰“嬰”[2]，抱之嬰前，乳養之也[3]。或曰“嬰婗”[4]，嬰，是也[5]，言是人也[6]；婗，其啼聲也[7]，故因以名之也[8]。

〔1〕始生：初生。《左傳·昭公二十八年》：“平公強使取之，生伯石。伯石始生，子容之母走謁諸姑。” 嬰兒：初生幼兒。《老子》：“我獨泊兮其未兆，如嬰兒之未孩。”

〔2〕膺:通“臆”。胸。下文“膺前”即胸前。《靈樞經·論疾診尺》:“肘前獨熱者,膺前熱。”

〔3〕乳養:哺育。《漢書·宣帝紀》:“(邴吉)憐曾孫之亡辜,使女徒復作淮陽趙徵卿、渭城胡組更乳養,私給衣食,視遇甚有恩。”

〔4〕嬰婗(yī ní):嬰兒。《説文·女部》:“婗,嬰婗也。”朱駿聲通訓定聲:“嬰婗,雙聲連語,猶言‘嬰兒’也。”

〔5〕是:此,這。《詩·大雅·崧高》:“因是謝人,以作爾庸。”

〔6〕是人:此人;這人。

〔7〕啼聲:幼兒的哭聲。

〔8〕故:因此;所以。《左傳·襄公元年》:“春,己亥,圍宋彭城。非宋地,追書也。於是爲宋討魚石,故稱宋。” 因:依照;根據。《史記·孫子吳起列傳》:“善戰者因其勢而利導之。”參見卷二《釋州國》7.8〔4〕。 以:用。《論語·微子》:“不使大臣怨乎不以。”何晏集解:“ 孔曰:‘以,用也。’”

10.2　男,任也[1],典任事也[2]。

〔1〕任(rèn):擔荷;負載。《國語·齊語》:“以知其市之賈,負任擔荷。”韋昭注:“背曰負,肩曰擔。任,抱也;荷,揭也。”

〔2〕典任:負責;主持。

10.3　女,如也[1],婦人外成如人也[2]。故“三從”之義[3]:少如父教[4],嫁如夫命[5],老如子言[6]。青徐州曰“娪”[7],娪,忤也[8],始生時人意不喜[9],忤忤然也[10]。

〔1〕如:隨順;依從。漢班固《白虎通·嫁娶》:“女者,如也,從如人也。”

〔2〕婦人:成年女子的通稱。多指已婚者。《楚辭·卜居》:“將呢嚅栗斯,喔咿儒兒,以事婦人乎?” 外成:女子出嫁。漢班固《白虎通·嫁娶》:“婦人外成,以出適人爲嫁。”

〔3〕三從:舊禮教中婦女應遵守的從父、從夫、從子三個規範。《儀禮·喪服》:“婦人有三從之義,無專用之道,故未嫁從父,既嫁從夫,夫死從子。”從:聽從;依順。《墨子·號令》:“不從令者斬。”

〔4〕父教:父親對子女的教育。

〔5〕夫命:丈夫的命令。

〔6〕子言：兒子的話。

〔7〕青徐：青州和徐州的並稱。青：青州。在今山東。參見卷二《釋州國》7.1。徐：徐州。大致在今淮北一帶。參見卷二《釋州國》7.2。　“州”，吳志忠校作“人”，曰：“各本‘人’誤‘州’，今改。”吳翊寅校議：“吳〔志忠〕本‘州’作‘人’。”王先謙校、周祖謨校箋同，唯“本”作“校”。佚名校：“‘州’字誤，改作‘人’。”　娒（wù）：女子。孫詒讓《札迻》：“‘娒’疑與《管子·海王》《國蓄》兩篇‘吾子’‘吾’字同，尹知章注云：‘吾子謂小男小女也。’蓋‘吾子’本爲小男小女之通稱，後世語變，遂專以稱小女，猶‘孺子’爲小兒之通稱，秦漢古書亦或以專稱女子也。漢青徐，於周爲齊地，故與《管子》書合矣。畢欲改爲‘姞’，失之。”

〔8〕忤（wǔ）：違逆；觸犯。《莊子·刻意》：“無所於忤，虛之至也。”成玄英疏：“忤，逆也。”

〔9〕始生：初生。參見10.1〔1〕。　人意：人的意願、情緒。《詩·小雅·無羊》“麾之以肱，畢來既升”鄭玄箋：“此言擾馴，從人意也。”

〔10〕忤忤：不喜貌；不快貌。

10.4　兒始能行曰“孺”〔1〕。孺，濡也〔2〕，言濡弱也〔3〕。

〔1〕孺：幼兒。《說文·子部》：“孺，乳子也。”段玉裁注：“以疊韵爲訓。凡幼者曰孺子。”

〔2〕濡（ruǎn）：柔軟；柔弱。《淮南子·說山訓》：“厲利劍者必以柔砥，擊鐘磬者必以濡木。”

〔3〕濡弱：柔弱；懦弱。《莊子·天下》：“以濡弱謙下爲表，以空虛不毀萬物爲實。”

10.5　七年曰“悼”〔1〕。悼，逃也〔2〕，知有廉恥〔3〕，隱逃其情也〔4〕。亦言是時而死〔5〕，可傷悼也〔6〕。

〔1〕悼：指年幼的人。《禮記·曲禮上》：“八十九十曰耄，七年曰悼。悼與耄，雖有罪，不加刑焉。”又指夭亡。《逸周書·謚法》：“年中早夭曰悼。”

〔2〕逃：藏；隱匿。

〔3〕廉恥：廉潔知恥。《荀子·修身》：“偷儒憚事，無廉恥而嗜乎飲食，則可謂惡少者矣。”

〔4〕隱逃：隱匿；逃避。《荀子·解蔽》：“群臣去忠而事私，百姓怨非而不用，賢良退處而隱逃。”　情：本性。《孟子·滕文公上》：“夫物之不齊，物之情

也。"趙岐注:"其不齊同,乃物之情性也。"

〔5〕是時:此時;這時。《韓非子·初見秦》:"當是時也,趙氏上下不相親也,貴賤不相信也。"

〔6〕可:應當;應該。《史記·陳丞相世家》:"及平長,可娶妻,富人莫肯與者。" 傷悼:憂傷,哀傷。《史記·屈原賈生列傳》:"賈生既以適居長沙,長沙卑濕,自以爲壽不得長,傷悼之,乃爲賦以自廣。"

10.6 毀齒曰"齓"〔1〕。齓,洗也〔2〕,毀洗故齒〔3〕,更生新也〔4〕。

〔1〕毀(huǐ)齒:小孩乳齒掉落而更生新齒。漢劉向《説苑·辨物》:"故男八月而生齒,八歲而毀齒。"因指小孩七八歲更換乳齒的年紀。 "齓",盧文弨、黃丕烈俱校作"齔",下同。齓(chèn):同"齔"。兒童換齒。即脱去乳齒,長出恒齒。《國語·鄭語》:"府之童妾未既齔而遭之。"韋昭注:"毀齒曰齔。"

〔2〕疏證本校:"'洗'當爲'洒',今本皆作'洗',蓋'西''先'同音,故輒以'洗'爲'洒'。"篆字疏證本、黃丕烈校作"洒",下同。篆字疏證本曰:"今本'洒'皆作'洗'。"丁士涵校:"洗一洒。(江〔聲〕)"洗:通"洒"。散落。《集韻·銑韻》:"洗,通作'洒'。"《禮記·内則》:"屑桂與薑,以洒諸上而鹽之。"

〔3〕毀洗:即"毀洒"。毀壞掉落。 故:舊的。《易·雜卦》:"革,去故也;鼎,取新也。"

〔4〕更(gēng)生:新生。《莊子·達生》:"棄世則無累,無累則正平,正平則與彼更生,更生則幾矣。"郭象注:"更生者,日新之謂也。"

10.7 長丁丈反〔1〕,萇也〔2〕,言體萇也〔3〕。

〔1〕長(zhǎng):相比之下年紀大。《論語·先進》:"以吾一日長乎爾,毋吾以也。"

〔2〕"萇",段玉裁、篆字疏證本、吳志忠校作"長",下同。吳志忠曰:"各本'長'誤'萇',今改,下同。"吳翊寅校議:"吳〔志忠〕本'萇'作'長'。案:'萇'段借字,作'長'爲正。"萇:通"長(cháng)"。疏證本曰:"《詩》'長楚'亦作'萇楚',可通用。"

〔3〕萇:猶"體長"。身體長大。

10.8 幼〔1〕,少也〔2〕,言生日少也〔3〕。

〔1〕幼:年紀小;未長成的。《禮記·曲禮上》:"人生十年曰幼,學。"

〔2〕少(shǎo)：數量小，與“多”相對。又時间短；不久。《孟子·萬章上》：“始舍之，圉圉焉，少則洋洋焉。”

〔3〕生日：有生之日；生活的時間。漢孔融《雜詩》：“人生自有命，但恨生日希。”

10.9 十五曰“童”〔1〕，故《禮》有“陽童”〔2〕。牛羊之無角者曰“童”〔3〕，山無草木曰“童”〔4〕，言未巾冠似之也〔5〕，女子之未笄者亦稱之也〔6〕。

〔1〕童：未成年。亦泛指幼小。《穀梁傳·昭公十九年》：“羈貫成童，不就師傅，父之罪也。”范甯注：“成童，八歲以上。”周祖謨校箋：“《釋氏要覽·上》‘師資童子’條引《釋名》曰：‘兒年十五曰童。童，獨也。”

〔2〕禮：指《禮記》。　陽童：没有成年而死的庶子。即嫡子以外的眾子；妾所生之子。《禮記·雜記上》：“有父母之喪，尚功衰，而附兄弟之殤則練冠。附於殤，稱‘陽童某甫’，不名，神也。”鄭玄注：“陽童，謂庶殤也。宗子則曰‘陰童’。童，未成人之稱也。”

〔3〕童：指牛羊等未生角或無角。《詩·大雅·抑》：“彼童而角，實虹小子。”毛傳：“童，羊之無角者也。”

〔4〕盧文弨、疏證本、黄丕烈於“草木”後增一“亦”字。疏證本曰：“今本無‘亦’字，據《太平御覽》引增。”　童：指山嶺、土地無草木。《荀子·王制》：“斬伐養長不失其時，故山林不童，而百姓有餘材也。”楊倞注：“山無草木曰童。”

〔5〕巾冠(guàn)：指長大成人。古成年人始戴巾和冠(guān)。參見卷四《釋首飾》15.17。

〔6〕女子：泛指女性。特指處女。《禮記·雜記上》：“男子附於王父則配；女子附於王母則不配。”鄭玄注：“女子，謂未嫁者也。”　未笄(jī)：舊指女子未成年。笄：簪，古時用以貫髮或固定弁、冕。《儀禮·士冠禮》：“皮弁笄，爵弁笄。”鄭玄注：“笄，今之簪。”此作動詞，指女子十五歲成年。亦特指行成年之禮。《儀禮·士昏禮》：“女子許嫁，笄而醴之稱字。”鄭玄注：“笄女之禮，猶冠男也。”《禮記·內則》：“女子十有五年而笄。”鄭玄注：“謂應年許嫁者。女子許嫁，笄而字之。其未許嫁，二十則笄。”　稱：稱呼；稱謂。《穀梁傳·哀公十三年》：“王，尊稱也；子，卑稱也。辭尊稱而居卑稱，以會乎諸侯，以尊天王。”

10. 10　二十曰“弱”[1]，言柔弱也[2]。

〔1〕弱：特指二十歲。《禮記·曲禮上》：“二十曰弱，冠。”孔穎達疏：“二十成人，初加冠，體猶未壯，故曰弱也。”

〔2〕柔弱：軟弱，不剛強。《老子》：“人之生也柔弱，其死也堅强。”

10. 11　三十曰“壯”[1]，言丁壯也[2]。

〔1〕壯：壯年。後泛指成年。《禮記·曲禮上》：“三十曰壯，有室。”

〔2〕丁壯：强壯，健壯。《管子·輕重戊》：“衆鳥居其上，丁壯者胡丸操彈居其下，終日不歸。”

10. 12　四十曰“强”[1]，言堅强也[2]。

〔1〕强：特指四十歲。《禮記·曲禮上》：“四十曰强，而仕。”

〔2〕堅强：健壯强勁。《老子》：“故堅强處下，柔弱處上。”

10. 13　五十曰“艾”[1]。艾，治也[2]，治事能斷割芟刈[3]，無所疑也。

〔1〕艾：年長；老。亦指年老的人。《禮記·曲禮上》：“五十曰艾，服官政。”又音 yì。通“乂”。治；治理。《詩·小雅·小旻》：“民雖靡膴，或哲或謀，或肅或艾。”

〔2〕盧文弨、疏證本、黃丕烈於“治”字上增“乂也，乂”三字。疏證本云：“今本止云‘艾，治也’，無‘乂也，乂’三字，據《一切經音義》引增。”丁山將疏證本校語“今本”改爲“何〔允中〕本、嘉靖本”。胡楚生校：“慧琳《音義》卷二十五引此條作：‘艾，乂也；乂，治也。’”吳志忠校“治”作“刈”，曰：“各本‘刈’誤‘治’，今改。”佚名校：“‘治’字誤，改作‘刈’。”吳翊寅校議：“吳〔志忠〕本‘治’作‘刈’。案：下云‘割斷芟刈’，是作‘治’者誤也。‘艾’‘刈’亦雙聲字。”刈（yì）：割取。《詩·周南·葛覃》：“葛之覃兮，施於中谷。維葉莫莫，是刈是濩。”孔穎達疏：“葛既成就，已可采用，后妃於是刈取之。”

〔3〕治事：處理事務。　斷割：砍截切割。引申爲裁決。《韓非子·安危》：“危道：一曰斲削於繩之内，二曰斷割於法之外。”　芟（shān）刈：割。《墨子·非攻下》：“芟刈其禾稼，斬其樹木，墮其城郭。”引申爲殺戮。

10.14 六十曰“耆”[1]。耆，指也[2]，不從力役[3]，指事使人也[4]。[5]

〔1〕耆(qí)：古稱六十歲。《禮記·曲禮上》：“六十曰耆，指使。”

〔2〕指：用手指指着；對着。引申爲指示，指點。《禮記·仲尼燕居》：“治國其如指諸掌而已乎！”按，《中庸》作“治國其如示諸掌乎”。

〔3〕從：從事；參與。《左傳·成公十六年》：“君之外臣至(郤至)從寡君之戎事，以君之靈，間蒙甲胄，不敢拜命。” 力役：勞役。《孟子·盡心下》：“有布縷之徵，粟米之徵，力役之徵。”

〔4〕指事：手指以示人做某事。 使人：支使人做事；使喚人。《説苑》卷一：“湯之時大旱七年，雒坼川竭，煎沙爛石。於是使人持三足鼎，祝山川。”

〔5〕疏證本校：“《一切經音義》引作：‘耆，指也，謂指事使人，不自執役也。’”王仁俊集斠：“《〔一切經音義·〕十·地持論·一》引作：‘耆，指也，謂指事使人，不自執役也。’‘執役也’下云：‘宿久也。’”胡楚生校：“慧琳《音義》兩引此條，卷四十五引作：‘耆，指也，謂指事使人，不自執役也。’卷五十引作：‘耆，指也，指謂指事役人，不自執役也。’”周祖謨校箋：“玄應書卷十引作：‘耆，指也，謂指事使人，不自執役也。’”

10.15 七十曰“耄”[1]，頭髮白[2]，耄耄然也[3]。

〔1〕耄(mào)：年老；高齡。古稱七十歲的年紀。漢桓寬《鹽鐵論·孝養》：“七十曰耄。耄，食非肉不飽，衣非帛不暖。”

〔2〕頭髮：人的前額以上、兩耳以上和後頸部以上生長的毛；頭上的毛髮。

〔3〕耄耄：髮白貌。

10.16 八十曰“耋”[1]。耋，鐵[2]也，皮膚變黑[3]，色如鐵也。

〔1〕耋(dié)：泛指老年。《詩·秦風·車鄰》：“今者不樂，逝者其耋。”毛傳：“耋，老也。八十曰耋。”

〔2〕鐵：金屬名。純鐵灰白色，受氧化後表面可呈藍黑色，故古人稱爲“黑金”。引申指像鐵一樣的顏色。參見卷三《釋姿容》9.43〔2〕。

〔3〕皮膚：人和高等動物身軀外部的皮膜。《東觀漢記·明德馬皇后傳》：“夢有小飛蟲萬數，隨著身入皮膚中。”

釋名校注

10.17 九十曰“鮐背”[1],背有鮐文也[2]。或曰“黄耈”[3],鬢髮
變黄也[4];耈[5],垢也[6],皮色驪悴[7],恒如有垢者也[8]。或曰“胡
耈”[9],咽皮如雞胡也[10]。或曰“凍梨”[11],皮有班黑[12],如凍梨色
也。或曰“齯齒”[13],大齒落盡,更生細者[14],如小兒齒也[15]。[16]

〔1〕鮐(tái)背:舊謂老人背上生斑如鮐魚之紋,爲高壽之徵。《爾雅·釋
詁上》:“鮐背、耈老,壽也。”郭璞注:“鮐背,背皮如鮐魚。”因代稱老人。章炳
麟《新方言·釋形體第四》:“《方言》:‘凡以驢、馬、馲駝載物者謂之負佗。’佗
今作馱,此通語也。負物必曲背,故今謂僂者爲佗背。《爾雅》:‘鮐背,壽也。’
恐鮐背即佗背,老人多僂,以此狀之。台、它雙聲。《莊子·德充符篇》:‘衛有
惡人焉,曰哀駘它。’蓋醜惡莫如局背,故亞訓爲醜,象局背形:駘它者,即局背
之謂耳。舊說鮐背,背有鮐文,甚誤。”鮐:魚名。也稱鯖、油筒魚、青花魚。身
體紡錘形,頭頂淺黑色,背部青藍色,腹部淡黄色,兩側上部有深藍色波狀條
紋。生活在海中,黄海、渤海盛産。

〔2〕鮐文:鮐魚樣的斑紋。《詩·大雅·行葦》“黄耈台背”鄭玄箋:“大老
則背有鮐文。”

〔3〕黄耈(gǒu):年老。《詩·小雅·南山有臺》:“樂只君子,遐不黄耈。”
毛傳:“黄,黄髮也;耈,老。”

〔4〕吳志忠、佚名於“鬢髮”前增一“黄”字。吳志忠曰:“各本脫下‘黄’字,
今補。”吳翊寅校議:“吳〔志忠〕本‘鬢’上有‘黄’字。案:此分釋‘黄耈’二字,
與‘耈,垢也’同例,各本脫,當補。”周祖謨校箋:“吳〔志忠〕校‘鬢’上有‘黄’
字,是也。劉熙分釋‘黄’‘耈’二字,故下文云:‘耈,垢也。’” 鬢髮:鬢角的
頭髮。

〔5〕耈:年老;高壽。《漢書·韋賢傳》:“歲月其徂,年其逮耈。”顏師古注:
“耈者,老人面色如垢也。”

〔6〕垢:污穢、肮髒的東西。《韓非子·大體》:“不吹毛而求小疵,不洗垢
而察難知。”

〔7〕皮色:膚色;面色。 驪悴(lícuì):駿黑憔悴。驪:深黑色。漢王充《論
衡·定賢》:“舉擔千里之人,材筴越彊之士,手足胼胝,面目驪黑。”悴:枯萎;
憔悴。漢劉向《九嘆·遠逝》:“中木搖落,時槁悴兮。”

〔8〕恒:經常;常常。《書·伊訓》:“敢有恒舞于宫,酣歌于室,時謂巫風。”
僞孔傳:“常舞則荒淫。”

176

〔9〕胡耇:年老的人。亦指年老;高壽。《左傳·僖公二十二年》:"雖及胡耇,獲則取之,何有於二毛?"杜預注:"胡耇,元老之稱。"孔穎達疏:"《謚法》:'保民耆艾曰胡。'胡是老之稱也。《釋詁》云:'耇,壽也。'"

〔10〕咽(yān):指頸項。漢焦贛《易林·訟之小過》:"青牛白咽,呼我俱田。" 胡:鳥獸頷下的垂肉或皮囊。《詩·曹風·候人》"維鵜在梁"陸璣疏:"鵜,水鳥,形如鶚而極大,喙長尺餘,直而廣,口中正赤,頷下胡大如數升囊。"

〔11〕凍梨:形容老人面色。《方言》卷一:"眉、梨、耋、鮐,老也。东齐曰眉,燕代之北鄙曰梨,宋卫兖豫之内曰耋,秦晉之郊、陈兖之会曰耇鮐。"郭璞注:"言面色似凍梨。"錢繹箋疏:"《韓非子·外儲説》:'面目黎黑。'《魯頌·駉篇》毛傳曰:'純黑而驪。'然則凡言黎者皆黑之意也。"《國語·吳語》:"今王播棄黎老。"韋昭注:"黎,凍梨,壽徵也。"

〔12〕"班",蔡天祐刊本、吳志忠校本、巾箱本作"斑"。周祖謨校箋:"'班',吳〔志忠〕校作'斑'。"按,"班"通"辯(斑)"。清段玉裁《説文解字注·文部》:"斑者,辯之俗……又或假班爲之。"《韓非子·外儲説左下》:"班白者多以徒行,故不二輿。""黑",疏證本、黃丕烈校作"點"。疏證本曰:"'點',今本譌作'黑',據《太平御覽》引改。案:此所謂'耇'也。《説文》:'耇,老人面如點也。'"周祖謨校箋:"畢本據《御覽》引'黑'作'點',是也。"班點:即"斑點"。散布的雜色點子。

〔13〕次"齯"字,盧文弨、段玉裁、疏證本、黃丕烈、巾箱本分別校作"齒"。疏證本曰:"今本'齒'亦誤作'齯',據《藝文類聚》《太平御覽》引改。"篆字疏證本校:"今本誤作'齯齯'。"周祖謨校箋:"下'齯'字誤,《御覽》引作'齒'。"齯(ní)齒:也作"兒齒"。老人齒落後復生之細齒。《爾雅·釋詁上》:"黃髮、齯齒、鮐背、耇老,壽也。"郭璞注:"齯齒,齒墮更生細者。"又借指年壽高的老人。漢焦贛《易林·復之家人》:"綏我齯齒。"此專指九十歲老人。齯:老人齒落再生。《説文·齒部》:"齯,老人齒。"《廣韻·齊韻》:"齯,老人齒落復生。"

〔14〕更(gèng)生:再生。漢賈誼《新書·憂民》:"曩頃不雨,令人寒心,壹雨爾,慮若更生。" "耇",張步瀛校爲"齒"。顧廣圻校:"'細者',《御覽》作'細齒'。"

〔15〕小兒:小孩子。《史記·淮陰侯列傳》:"(蕭何)曰:'王素慢無禮,今拜大將如呼小兒耳,此乃信所以去也。'"

〔16〕疏證本、黃丕烈於此增"或曰'眉壽'"四字。疏證本曰:"今本无此句,據《藝文類聚》引補。案:既有此文,下必更有申説'眉壽'之名誼云云,惜

引者不具引，今不可得聞矣，姑爲證明之：《詩·南山有臺》云：'瑕不眉壽。'毛傳云：'眉壽，秀眉也。'鄭君箋《閟宮》詩云：'秀眉亦壽徵。'"孫祖同校："畢引增'或曰眉壽'，此句似與'九十'無確證。按《詩》'爲此春酒，以介眉壽'蓋謂老壽，非專指九十之年也。所引《南山有臺》及鄭箋《閟宮》詩亦與'九十'兩字無牽連，應刪。"按，《藝文類聚·卷十八·人部二》"老"："《釋名》曰：'九十曰鮐背，或曰黃耇，或曰胡耇，或曰凍梨，或曰齯齒，或曰眉壽。'"可與今本相參照。

10.18 百年曰"期頤"[1]。頤[2]，養也[3]，老昏不復知服味善惡[4]，孝子期於盡養道而已也[5]。

〔1〕期頤（yí）：一百歲。《禮記·曲禮上》："百年曰期頤。"鄭玄注："期，猶要也；頤，養也。不知衣服食味，孝子要盡養道而已。"孫希旦集解："百年者飲食、居處、動作，無所不待於養。方氏慤曰：'人生以百年爲期，故百年以期名之。'"

〔2〕周祖謨校箋："案《禮記·曲禮》鄭注云：'期猶要也；頤，養也。不知衣服食味，孝子要盡養道而已。'此處《釋名》未釋'期'字。"頤：保養。《易·頤》："觀頤，自求口實。"李鼎祚集解："虞翻曰：'觀頤，觀其所養也。'鄭玄曰：'頤，養也。'"

〔3〕養：奉養；事奉。《書·酒誥》："肇牽車牛，遠服賈，用孝養厥父母。"

〔4〕顧廣圻校："《御覽》三百八十二引'昏'作'惽'。"老昏：亦作"老惽"。猶"老糊塗"。　不復：不再。《史記·刺客列傳》："於是遂誅高漸離，終身不復近諸侯之人。"　服味：猶言"衣食"。服：衣服；服飾。《詩·曹風·候人》："彼其之子，不稱其服。"味：菜肴；食物。《穀梁傳·襄公二十四年》："大侵之禮，君食不兼味，臺榭不塗。"　善惡：好壞。《楚辭·離騷》："世幽昧以眩曜兮，孰云察余之善惡。"

〔5〕孝子：孝順父母的兒子。《詩·大雅·既醉》："威儀孔時，君子有孝子。孝子不匱，永錫爾類。"　期：希望；企求。《書·大禹謨》："刑期于無刑，民協于中，時乃功。"蔡沈集傳："其始雖不免於刑，而實所以期至於無刑之地。"　盡：全部使出；努力完成。《戰國策·秦策一》："然而甲兵頓，士民病……伯王之名不成，此無異故，謀臣皆不盡其忠也。"　養道：贍養之道。道：道德；道義。《左傳·桓公六年》："所謂道，忠於民而信於神也。"

10.19 老[1],朽也[2]。[3]老而不死曰"仙"[4]。仙,遷也,遷入山中也[5]。故其制字[6],"人"旁作"山"也[7]。

〔1〕"老",張步瀛校作"考"。章炳麟《文始》:"朽本與考同音。"

〔2〕朽:衰老,衰落。

〔3〕疏證本、黄丕烈校、吳志忠校本將以下分開,另立一條。吳志忠校:"下脱,各本同。"佚名校:"'老,朽也'下各本同脱。"

〔4〕老而不死:年老却不死去。《論語·憲問》:"原壤夷俟。子曰:'幼而不孫弟,長而無述焉,老而不死,是爲賊!'以杖叩其脛。" 仙:同"僊"。神仙。古代宗教和神話傳説中超脱塵世而長生不死者。《論衡·道虚》:"物無不死,人安能仙?"

〔5〕遷入:搬遷進入。

〔6〕制字:造字。制:製作;製造。《孟子·梁惠王上》:"可使制梃,以撻秦楚之堅甲利兵矣。"趙岐注:"制,作也。"

〔7〕作:書寫。

釋親屬第十一[1]

〔1〕親屬:因血統、婚姻或收養而互相有關係的人。如血親、姻親、配偶均屬之。《禮記·大傳》:"六世親屬竭矣。"

11.1 親[1],襯也[2],言相隱襯也[3]。

〔1〕親:親人,親戚。泛稱和自己有血緣或因婚姻而建立親戚關係的人。《周禮·秋官·掌戮》:"凡殺其親者焚之,殺王之親者辜之。"

〔2〕襯(chèn):貼近;憑藉。

〔3〕隱襯:猶"隱親"。親近;慰愛。

11.2 屬[1],續也,恩相連續[2]也。

〔1〕屬(shǔ):親屬。《孟子·離婁下》:"夫章子豈不欲有夫妻子母之屬哉?"又音 zhǔ。繼續;聯接。漢王充《論衡·説日》:"臨大澤之濱,望四邊之地與天屬,其實不屬,遠若屬矣。"

〔2〕恩:情愛;寵愛。《詩·豳風·鴟鴞》:"恩斯勤斯,鬻子之閔斯。"朱熹集傳:"恩,情愛也。" 連續:接連,延續。《全漢文·蘇武〈報李陵書〉》:"幸賴聖明,遠垂拯贖,得使入湯之禽,復假羽毛,刖斷之足,復蒙連續。"

11.3 父,甫也[1],始生己也[2]。

〔1〕甫:男子美稱。《説文·用部》:"甫,男子美稱也。"又指開始。《周禮·春官·小宗伯》:"卜葬兆,甫竁,亦如之。"鄭玄注:"甫,始也。"

〔2〕吳志忠、佚名分別於"始生"前增"甫,始也"三字。吳志忠曰:"各本脱'甫,始也'三字,今補。"吳翊寅校議:"吳〔志忠〕本'始'上有'甫,始也'三字。"周祖謨校箋同。王先謙疏證補:"吳〔志忠〕校'始'上有'甫,始也'三字,是。"

11.4 母,冒也[1],含生己也[2]。

〔1〕冒:包覆;籠罩。《易·繫辭上》:"夫《易》,開物成務,冒天下之道,如斯而已者矣。"韓康伯注:"冒,覆也。言《易》通萬物之志,成天下之務,其道可以覆冒天下也。"

〔2〕吳志忠、佚名於"含"前增"冒,含也"三字。吳志忠曰:"各本脱'冒,含也'三字,今補。"吳翊寅校議:"吳〔志忠〕本'含'上有'冒,含也'三字。"周祖謨校箋同。含生:懷孕並生育。

11.5 祖,祚也[1],祚物先也[2]。又謂之"王父"[3],王,暀也[4],家中所歸暀也[5]。王母亦如之[6]。

〔1〕祚:通"胙(zuò)"。祭祀用的酒肉。《左傳·僖公四年》:"太子祭于曲沃,歸胙于公。"杜預注:"祭之酒肉。"《説文·肉部》:"胙,祭福肉也。"徐鍇注:"今俗別作'祚',非是。"在此指用酒肉祭祀。

〔2〕物先:人之祖先。物:人。《左傳·昭公十一年》:"晉荀吳謂韓宣子曰:'不能救陳,又不能救蔡,物以無親。'"楊伯峻注引顧炎武曰:"物,人也。"先:先世;祖先。《書·盤庚中》:"予念我先神后之勞爾先。"孔穎達疏:"我念我先世神后之君成湯愛勞汝之先人。"

〔3〕王父:祖父。《書·牧誓》:"昏棄厥遺王父母弟不迪。"孔穎達疏:"《釋親》云'父之考爲王父',則王父是祖也。"

〔4〕暀(wǎng):往;去。

〔5〕歸眰:同“歸往”。歸附;向往。《穀梁傳·莊公三年》:“其曰王者,民之所歸往也。”

〔6〕王母:祖母。《禮記·曲禮下》:“祭王父曰皇祖考,王母曰皇祖妣。”如之:如此;像這樣。《禮記·檀弓下》:“及出,命引之,三步則止,如是者三。君退,朝亦如之,哀次亦如之。”

11.6 曾祖[1],從下推上[2],祖位轉增益也[3]。

〔1〕曾祖:祖父的父親。漢班固《白虎通·宗族》:“宗其爲曾祖後者,爲曾祖宗。”

〔2〕推:推斷;推論。《史記·秦始皇本紀》:“始皇推終始五德之傳,以爲周得火德,秦代周德,從所不勝。”

〔3〕祖位:祖先的排位;祖先排列的位置。 轉:漸漸;更加。 增益:增加;增添。戰國楚宋玉《高唐賦》:“交加累積,重疊增益。”

11.7 高祖[1],高,皋也[2],最在上,皋韜諸下也[3]。

〔1〕高祖:曾祖的父親。《禮記·喪服小記》:“繼禰者爲小宗。有五世而遷之宗,其繼高祖者也。”鄭玄注:“小宗有四:或繼高祖,或繼曾祖,或繼祖,或繼禰,皆至五世則遷。”

〔2〕皋:通“櫜(gāo)”。《説文·本部》:“皋,气皋白之進也。”段玉裁注:“或叚‘皋’爲‘櫜’。”本指收藏弓矢、盔甲的袋子。引申爲收藏。《詩·小雅·彤弓》:“彤弓弨兮,受言櫜之。”朱熹集傳:“櫜,韜。”

〔3〕丁山曰:“孫〔詒讓〕云:按‘皋’與‘櫜’通。《毛詩·小雅·彤弓》傳云:‘櫜,韜也。’《周禮·地官·大司徒》鄭注云:‘蓮芡之實有櫜韜。’‘皋韜’即‘櫜韜’,蓋覆冒包裹之言。”皋韜:猶“櫜韜”。覆冒包裹;籠罩。 諸下:衆晚輩。

11.8 兄,荒也[1];荒,大也,故青徐人謂兄爲“荒”也[2]。
〔1〕荒:大。《詩·周頌·天作》:“天作高山,大王荒之。”毛傳:“荒,大也。”
〔2〕青徐:青州和徐州的並稱。青:青州。在今山東。參見卷二《釋州國》7.1。徐:徐州。大致在今淮北一帶。參見卷二《釋州國》7.2。 “爲”,張步瀛校作“曰”。

11.9 弟，弟也[1]，相次第而上也[2]。

〔1〕"弟也"之"弟"，畢效欽刻《五雅》本、范惟一玉雪堂刻本、施惟誠刻本等作"第"。樓黎默校："《御覽》引作'弟，第也'，下同，是也。"周祖謨校箋："'弟也'當作'第也'。"弟：次序；順序。《吕氏春秋·貴直論·原亂》："亂必有弟：大亂五、小亂三。"高誘注："弟，次也。"畢沅校正："弟，本一作'第'。今從汪本，乃古'第'字。"

〔2〕次第：次序；順序。《詩·大雅·行葦》"序賓以賢"鄭玄箋："謂以射中多少爲次第。" "上"，黄丕烈、疏證本、邵晉涵、巾箱本分别校作"生"。疏證本曰："'生'，今本譌作'上'，據《太平御覽》引改。"邵晉涵曰："從《御覽》。"周祖謨校箋："'上'，《御覽》引作'生'，畢本據改。"

11.10 子[1]，孳也[2]，相生蕃孳也[3]。

〔1〕子：古代兼指兒女。《儀禮·喪服》："故子生三月，則父名之，死則哭之。"鄭玄注："凡言子者，可以兼男女。"

〔2〕孳：生育；滋生。漢趙曄《吴越春秋·越王無餘外傳》："鯀娶于有莘氏之女，名曰女嬉，年壯未孳。"

〔3〕相生：猶"生生"。孳生不絕，繁衍不已。 蕃孳：亦作"蕃滋"。繁殖。《漢書·郊祀志下》："子孫蕃滋。"

11.11 孫，遜也[1]，遜遁在後生也[2]。

〔1〕遜：辭讓；退讓。《書·堯典》："昔在帝堯，聰明文思，光宅天下，將遜于位，讓于虞舜。"

〔2〕遜遁：亦作"遜遯"。退避。《詩·大雅·雲漢》"昊天上帝，寧俾我遯"鄭玄箋："天曾將使我心遜遯，慚愧於天下，以無德也。" "生"，疏證本校："'生'字疑衍。《爾雅》曰：'子之子爲孫。'郭注云：'孫猶後也。'"周祖謨校箋："畢云：'生字疑衍。'"王仁俊集斠："邵〔晉涵《爾雅正義》〕引無'生'字。"

11.12 曾孫[1]，義如"曾祖"也[2]。

〔1〕曾孫：孫子的兒子。《左傳·昭公七年》："余將命而子苟與孔烝鉏之曾孫圉相元。"

〔2〕篆字疏證本曰："'誼如曾祖'，言亦取曾益之義。"義：意義；道理。《穀

梁傳・昭公四年》：“《春秋》之義，用貴治賤，用賢治不肖，不以亂治亂也。”

11.13 玄孫[1]，玄，懸也，上懸於高祖[2]，最在下也。

〔1〕玄孫：曾孫的兒子。自本身下數爲第五代。《爾雅・釋親》：“孫之子爲曾孫，曾孫之子爲玄孫。”郭璞注：“玄者，言親屬微昧也。”

〔2〕高祖：曾祖的父親。參見 11.7〔1〕。

11.14 玄孫之子曰“來孫”[1]，此在無服之外[2]，其意疏遠[3]，呼之乃來也。

〔1〕來孫：玄孫的兒子。自本身下數爲第六代。《爾雅・釋親》：“父之子爲子，子之子爲孫，孫之子爲曾孫，曾孫之子爲玄孫，玄孫之子爲來孫。”

〔2〕無服：古喪制指五服之外無服喪關係。《禮記・喪服小記》：“爲父後者，爲出母無服。無服也者，喪者不祭故也。”

〔3〕意：情意；感情。《漢書・蕭望之傳》：“望之見納朋，接待以意。” 疏遠：不親近；關係上感情上有距離。《荀子・仲尼》：“主疏遠之，則全一而不倍。”

11.15 來孫之子曰“昆孫”[1]。昆，貫也[2]，恩情轉遠[3]，以禮貫連之耳[4]。

〔1〕昆孫：來孫的兒子。自本身下數爲第七代。《爾雅・釋親》：“玄孫之子爲來孫，來孫之子爲晜孫。”郭璞注：“晜，後也。《汲冢竹書》曰：‘不窋之晜孫。’”郝懿行義疏：“晜孫亦遠孫之通稱。”晜（kūn）同“昆”。

〔2〕貫：連接；連續。《荀子・王霸》：“若夫貫日而治詳。”

〔3〕恩情：恩愛之情。骨肉親情。 轉遠：漸遠；更遠。

〔4〕以：拿；用。《左傳・僖公二十三年》：“（公子）醒，以戈逐子犯。” 禮：人類的行爲規範。《禮記・曲禮上》：“夫禮者，所以定親疏，決嫌疑，別同異，明是非也。” 貫連：連接；接連。

11.16 昆孫之子曰“仍孫”[1]，以禮仍有之耳[2]，恩意實遠也[3]。

〔1〕仍孫：昆孫的兒子。自本身下數爲第八代。《爾雅・釋親》：“來孫之子爲晜孫，晜孫之子爲仍孫。”

〔2〕以:以……論;論……。《左傳·宣公四年》:"以賢,則去疾不足;以順,則公子堅長。" 禮:人類的行爲規範。

〔3〕恩意:情意;恩情。《儀禮·聘禮》"燕與羞,俶獻無常數"鄭玄注:"《聘義》所謂時賜無常數,由恩意也。"

11.17 仍孫之子曰"雲孫"〔1〕,言去己遠〔2〕,如浮雲也〔3〕。皆爲早娶晚死壽考者言也〔4〕。

〔1〕雲孫:仍孫的兒子。自本身下數爲第九代。亦泛指遠孫。《爾雅·釋親》:"晜孫之子爲仍孫,仍孫之子爲雲孫。"郭璞注:"言輕遠如浮雲。"

〔2〕"己",原作"已",蔡天祐刊本、《古今逸史》本等作"巳",疏證本作"己",黄丕烈校作"己"。按,底本"己—已—巳"混作,此處認作"已經"之"已"似亦可通,然據11.22"從己親祖"、11.23"於己爲久故之人"、11.33"言遠離己"、11.35"言與己妻相長弟"等均原作"已"、實是"己"之例,可知本篇釋親屬常以己身言之,故此處亦是"自己"之"己"明矣。

〔3〕浮雲:飄動的雲。《論語·述而》:"不義而富且貴,於我如浮雲。"

〔4〕早娶:過早地娶妻;早婚。 壽考:年高;長壽。《詩·大雅·棫朴》:"周王壽考,遐不作人。"鄭玄箋:"文王是時九十餘矣,故云壽考。"

11.18 父之兄曰"世父"〔1〕,言爲嫡統繼世也〔2〕。又曰"伯父"〔3〕,伯,把也〔4〕,把持家政也〔5〕。

〔1〕世父:大伯父。後用爲伯父的通稱。《爾雅·釋親》:"父之晜(昆)弟,先生爲世父,後生爲叔父。"

〔2〕嫡統:嫡系子孫;正統。 繼世:繼承先世。《孟子·萬章上》:"繼世以有天下,天之所廢,必若桀、紂者也,故益、伊尹、周公不有天下。"

〔3〕伯父:父親的哥哥。《禮記·曾子問》:"已祭,而見伯父叔父,而后饗冠者。"

〔4〕把:掌管;控制。《晏子春秋·諫下十九》:"然則後世誰將把齊國?"

〔5〕把持:專攬;控制。漢班固《白虎通·號》:"霸,猶迫也,把也。迫脅諸侯,把持王政。" 家政:家庭事務的管理工作。

11.19 父之弟曰"仲父"〔1〕。仲〔2〕,中也,位在中也。

〔1〕仲父:父親的大弟。

〔2〕仲:次;第二。指兄弟或姐妹中排行第二者。古時兄弟姐妹排行常以伯(孟)、仲、叔、季爲序。《儀禮·士冠禮》:"伯某甫,仲叔季,惟其所當。"鄭玄注:"伯仲叔季,長幼之稱。"

11.20 仲父之弟曰"叔父"〔1〕。叔,少也〔2〕。〔3〕

〔1〕叔父:父親的第二個弟弟。《禮記·曾子問》:"已祭,而見伯父叔父,而後饗冠者。"

〔2〕少(shào):年輕;年少。《史記·陳涉世家》:"陳涉少時,嘗與人傭耕。"

〔3〕吳志忠校:"下脱,各本同。"佚名校:"'叔,少也'下脱,各本同。"周祖謨校箋:"《韻補》引此下有'幼者稱也'一句。"

11.21 叔之弟曰"季父"〔1〕。季〔2〕,癸也〔3〕。甲乙之次〔4〕,癸最在下,季亦然也〔5〕。

〔1〕疏證本、黃丕烈、吳志忠、巾箱本分別於"叔"後增一"父"字。疏證本曰:"今本脱此'父'字,據《太平御覽》引增。"吳志忠曰:"補'父',依畢校。"周祖謨校箋:"案玄應書卷一引'叔'下有'父'字,《御覽》引同。" 季父:最小的叔父。《戰國策·韓策二》:"臣之仇,韓相傀。傀又韓君之季父也。"

〔2〕季:兄弟姊妹排行最小的。《詩·魏風·陟岵》:"母曰:嗟!予季行役,夙夜無寐。"毛傳:"季,少子也。"

〔3〕癸:天干的第十位。參見1.52〔1〕。

〔4〕甲乙:十天干的第一、第二位,代指天干。漢班固《白虎通·姓名》:"湯生於夏時,何以用甲乙爲名? ……不以子丑爲名何? 曰:甲乙者,榦也;子丑者,枝也。" 次:順序;次序。《國語·周語中》:"吾曰:'子則賢矣。抑晉國之舉也,不失其次,吾懼政之未及子也。'"

〔5〕亦然:也是這樣。《穀梁傳·成公七年》:"免牲者,爲之緇衣纁裳,有司玄端,奉送至於南郊。免牛亦然。"

11.22 父之世叔父母曰"從祖父母"〔1〕,言從己親祖別而下也〔2〕。亦言隨從己祖以爲名也〔3〕。

〔1〕世叔：世父（伯父）和叔父的合稱。漢王符《潛夫論·斷訟》：“遭值不仁世叔，無義兄弟，或利其娉幣，或貪其財賄，或私其兒子，則彊中欺嫁。”汪繼培箋：“《爾雅·釋親》云：‘父之晜弟先生爲世父，後生爲叔父。’” 疏證本於“從”字後增一“祖”字，云：“舊脱一‘祖’字。若‘從祖父母’，則父之從父晜弟與其妻於己爲父母行也。《爾雅》曰：‘父之世父、叔父爲從祖祖父，父之世母、叔母爲從祖祖母。’今依此補之。”篆字疏證本校：“當云‘從祖祖父母。若‘從祖父母’，則父之從父晜弟與其妻于己爲父母行也。《爾疋》曰：‘父之世父、朱父爲從祖祖父，父之世母、朱母爲從祖祖母。父之從父晜弟爲從祖父。’《義禮·喪服小功》章云：‘從祖祖父母、從祖父母，報。’”從祖祖父母：從祖祖父（祖父的兄弟，即伯祖父或叔祖父）、從祖祖母（祖父兄弟的妻子，即伯祖母或叔祖母）的合稱。《爾雅·釋親》：“父之世父、叔父爲從祖祖父；父之世母、叔母爲從祖祖母。”

〔2〕親祖：祖父母。 別：分支。《漢書·揚雄傳上》：“（揚雄）其先出自有周伯僑者，以支庶初食采於晉之揚，因氏焉，不知伯僑周何別也。”顔師古注：“別謂分系緒也。”

〔3〕隨從：跟隨；跟從。漢劉向《列女傳·魏曲沃負》：“節成然後許嫁，親迎然後隨從。” 爲名：作爲名稱。

11.23 父之姊妹曰“姑”[1]。姑，故也[2]，言於己爲久故之人也[3]。

〔1〕姊妹：姐姐和妹妹。《左傳·襄公十二年》：“無女而有姊妹及姑姊妹。”

〔2〕故：舊的；原有的。漢班固《白虎通·三綱六紀》：“舅者，舊也；姑者，故也。”

〔3〕久故：猶故舊。《楚辭·九章·惜往日》：“思久故之親身兮，因縞素而哭之。”

11.24 姊[1]，積也[2]，猶日始出，積時多而明也[3]。

〔1〕姊：姐姐。同父母（或只同父、只同母）年齡比自己大的女子。《詩·邶風·泉水》：“女子有行，遠父母兄弟。問我諸姑，遂及伯姊。”

〔2〕積：纍積。《易·升》：“君子以順德，積小以高大。”又經過（時間）。漢劉向《説苑·臣術》：“翟黄對曰：‘此皆君之所以賜臣也，積三十歲故至於此。’”

〔3〕積時：猶下條之“歷時”。經歷的時間。　　明：光明；明亮。《易·繫辭下》：“日往則月來，月往則日來，日月相推而明生焉。”引申也有“明智”的意思。《老子》：“知人者智，自知者明。”此以太陽之明亮比喻姐姐之聰慧明理，與下條“尚昧也”相對而同理。

11. 25　妹[1]，昧也[2]，猶日始入[3]，歷時少[4]，尚昧也[5]。

〔1〕妹：妹妹。同父母（或只同父、只同母）年齡比自己小的女子。《詩·衛風·碩人》：“東宮之妹，邢侯之姨。”毛傳：“女子後生曰妹。”按，此條可與上條“姊”相參看。

〔2〕昧：暗；昏暗。《淮南子·原道訓》：“氣不當其所充而用之則泄，神非其所宜而行之則昧。”高誘注：“昧，不明也。”引申也有“愚昧”的意思。《莊子·大宗師》：“然而夜半有力者負之而走，昧者不知也。”

〔3〕“入”，吳志忠校作“出”，曰：“各本‘出’誤‘入’，今改。”吳翌寅校議：“吳〔志忠〕本：‘猶日始出。’”佚名校：“‘入’字誤，改作‘出’。”王先謙疏證補：“吳〔志忠〕校‘始入’作‘始出’，詳語義，作‘出’是。”陳邦懷跋復述王先謙校語。

〔4〕歷時：經過的時間。

〔5〕尚：猶；還（hái）；仍然。《詩·大雅·蕩》：“雖無老成人，尚有典刑。”

11. 26　姑謂兄弟之女爲“姪”[1]。姪，迭也[2]，共行事夫[3]，更迭進御也[4]。

〔1〕兄弟：哥哥和弟弟。《詩·小雅·常棣》：“凡今之人，莫如兄弟。”《爾雅·釋親》：“男子先生爲兄，後生爲弟。”　　姪（zhí）：晉以前女子稱兄弟的子女。《儀禮·喪服傳》：“姪者何也？謂吾姑者，吾謂之姪。”《左傳·僖公十五年》：“姪從其姑。”又晉以後，男子也稱兄弟的子女爲姪。北齊顏之推《顏氏家訓·風操》：“案《爾雅》《喪服經》《左傳》，姪名雖通男女，並是對姑之稱，晉世以來始呼叔姪。”

〔2〕迭：更迭；輪流。《易·說卦》：“易六畫而成卦，分陰分陽，迭用柔剛。”韓康伯注：“六爻升降，或柔或剛，故曰迭用柔剛也。”

〔3〕行：出嫁。《詩·鄘風·蝃蝀》：“女子有行，遠父母兄弟。”　　事：侍奉。《易·蠱》：“不事王侯，志可則也。”按，古諸侯嫁女，以姪娣從嫁，稱爲“媵”。《公羊傳·莊公十九年》：“媵者何？諸侯娶一國，則二國往媵之，以姪娣從。”

〔4〕更迭:交替;更易。　進御:爲君王所御幸。《詩·召南·小星序》:"小星,惠及下人也。夫人無妒忌之行,惠及賤妾,進御於君,知其命有貴賤,能盡其心矣。"

11.27　夫之父曰"舅"[1]。舅,久也[2]。久,老稱也[3]。

〔1〕舅:丈夫的父親。《禮記·檀弓下》:"昔者吾舅死於虎,吾夫又死焉,今吾子又死焉。"鄭玄注:"夫之父曰舅。"

〔2〕久:老。《莊子·至樂》:"頤輅生乎食醯,黄軦生乎九猷。"陸德明釋文:"李云:九宜爲久。久,老也。"

〔3〕稱:稱呼;稱謂。漢班固《白虎通·爵》:"天子者,爵稱也。"

11.28　夫之母曰"姑"[1],亦言故也[2]。

〔1〕姑:丈夫的母親。《左傳·昭公二十八年》:"子容之母走謁諸姑。"

〔2〕蘇輿校:"'亦'上當有'姑'字。《御覽·宗親七》引作'姑言故也'。《御覽》脱'亦'字,此脱'姑'字耳。"佚名於"亦"前增一"姑"字。"亦言",吳志忠校作"姑亦",曰:"各本'姑亦'誤'亦言',今改。"吳翊寅校議:"吳〔志忠〕本作'姑亦故也'。"佚名校:"'亦言'誤,改作'姑亦故也'。"　故:舊的;原有的。參見11.23。

11.29　母之兄弟曰"舅"[1],亦如之也[2]。

〔1〕舅:母親的兄弟。《儀禮·喪服》:"舅,傳曰:何以緦? 從服也。"鄭玄注:"(舅,)母之昆弟。"

〔2〕如之:如此;像這樣。《禮記·檀弓下》:"及出,命引之,三步則止,如是者三。君退,朝亦如之,哀次亦如之。"

11.30　妻之父曰"外舅"[1],母曰"外姑"[2],言妻從外來,謂至己家爲婦[3],故反以此義稱之[4],夫妻匹敵之義也[5]。

〔1〕外舅:岳父。《爾雅·釋親》:"妻之父爲外舅。"

〔2〕外姑:岳母。《爾雅·釋親》:"妻之父爲外舅,妻之母爲外姑。"

〔3〕己家:自家。　"婦",段玉裁、疏證本校作"歸"。疏證本曰:"'歸',本皆作'婦',兹從段玉裁改。"歸:女子出嫁。《詩·召南·江有汜》:"江有汜,之

子歸。”鄭玄箋：“婦人謂嫁曰歸。”兼有“返回”的意思。《詩·小雅·出車》：
“執訊獲醜，薄言還歸。”《易·漸》：“女歸，吉。”孔穎達疏：“歸，嫁也。女人生
有外成之義，以夫爲家，故謂嫁曰‘歸’也。”

〔4〕“義”，吳志忠删去，曰：“各本‘此’下衍‘義’字，今删。”佚名校：“‘義’
字衍。”吳翊寅校議：“吳云‘謂’字、‘義’字並衍。案：畢依段氏改‘婦’爲‘歸’，
意仍未曉。此校删二字，甚明晰，當從之。”

〔5〕夫妻：丈夫和妻子。《易·小畜》：“輿説輻，夫妻反目。” 匹敵：相比；
相當；對等。《左傳·成公二年》：“蕭同叔子非他，寡君之母也；若以匹敵，則
亦晉君之母也。”

11.31 妻之昆弟曰“外甥”[1]，其姊妹女也[2]，來歸己，内爲
妻[3]，故其男爲外甥之甥[4]。甥者[5]，生也，他姓子[6]，本生於外，不
得如其女來在己内也[7]。

〔1〕昆弟：兄弟。《左傳·僖公二十四年》：“我請昆弟仕焉。” 外甥：姐或
妹的兒子。

〔2〕姊妹：姐姐和妹妹。《左傳·襄公十二年》：“無女而有姊妹及姑姊
妹。” 女：女性；女人。《易·家人》：“女正位乎内，男正位乎外。”

〔3〕歸：女子出嫁。内(nà)：“納”的古字。迎娶。《漢書·陳平傳》：“爲平
貧，乃假貸幣以聘，予酒肉之資以内婦。”

〔4〕“外甥”之“甥”，疏證本、邵晉涵、吳志忠校作“姓”。疏證本曰：“‘外
姓’，今本作‘外甥’，誤。若上作‘外甥’，則下‘之甥’二字當衍。”篆字疏證本
曰：“‘外姓’，今本誤作‘外甥’，據《礼記》正義引改。”吳志忠曰：“‘姓’依畢校。”

〔5〕甥：古代對姑之子、舅之子、妻之兄弟、姊妹之夫的通稱。《爾雅·釋
親》：“姑之子爲甥，舅之子爲甥，妻之昆弟爲甥，姊妹之夫爲甥。”郭璞注：“四
人體敵，故更相爲甥，甥猶生也，今人相呼皆依此。”

〔6〕他姓：別姓，異姓。

〔7〕不得：不能；不可。《穀梁傳·襄公二十九年》：“閽，門者也，寺人也，
不稱姓名。閽不得齊於人。” 内：内室；房室。《儀禮·少牢饋食禮》：“宰夫
以籩受，嗇黍，主人嘗之，納諸内。”俞樾平議：“納諸内者，納諸房也。古謂房
室爲内。”

11.32 姊妹之子曰"出"[1]，出嫁於異姓而生之也[2]。

〔1〕姊妹：姐姐和妹妹。　子：古代兼指兒女。《詩·魏風·陟岵》："父曰：'嗟，予子行役，夙夜無已。'"　出：姊妹出嫁所生，指外甥。《左傳·莊公二十二年》："陳厲公，蔡出也。"杜預注："姊妹之子曰出。"孔穎達疏："《〔爾雅·〕釋親》云：'男子謂姊妹之子爲出。'言姊妹出嫁而生子也。"

〔2〕出嫁：女子離開母家與丈夫成婚。《張家山漢簡（二四七號墓）·二年律令·置後律》："女子爲户毋後而出嫁者，令夫以妻田宅盈其田宅。"　異姓：不同姓。亦指不同姓的人。《書·旅獒》："王乃昭德之致於異姓之邦。"

11.33 出之子曰"離孫"[1]，言遠離己也[2]。

〔1〕出：姊妹的孩子，即外甥。參見上條。　離孫：外甥的孩子。《爾雅·釋親》："男子謂姊妹之子爲出，謂出之子爲離孫。"

〔2〕遠離：遠遠地離開。《漢書·元帝紀》："惟蒸庶之飢寒，遠離父母妻子，勞於非業之作，衛於不居之宫，恐非所以佐陰陽之道也。"

11.34 姪之子曰"歸孫"[1]。婦人謂嫁曰"歸"[2]，姪，子列[3]，故其所生爲孫也。

〔1〕歸孫：女子稱姪子的兒子。《爾雅·釋親》："女子謂昆弟之子爲姪，謂姪之子爲歸孫。"郭沫若《中國史稿》第一編第二章第一節："'姪'是'至'的意思。姪之子又生於本氏族，所以就叫做'歸孫'。"

〔2〕婦人：成年女子的通稱。多指已婚者。《公羊傳·隱公二年》："其言歸何？婦人謂嫁曰歸。"　歸：女子出嫁。《詩·召南·江有汜》："江有汜，之子歸。"鄭玄箋："婦人謂嫁曰歸。"

〔3〕列：行列；位次。《公羊傳·僖公二十二年》："宋公曰：'不可，吾聞之也，君子不鼓不成列。'"此指輩份。

11.35 妻之姊妹曰"娣"[1]。娣，弟也[2]，言與己妻相長弟也[3]。

〔1〕姊妹：此偏指妹妹。　娣（dì）：古代姐妹共嫁一夫，長爲姒，幼爲娣。《爾雅·釋親》："女子同出，謂先生爲姒，後生爲娣。"郭璞注："同出，謂俱嫁事一夫。《公羊傳》曰：'諸侯娶一國，二國往媵之，以姪娣從。……娣者何？

弟也。’”

〔2〕弟:幼;小。《國語・晉語二》:“將不長弟以力征一二兄弟之國。”韋昭注:“弟,言幼也。”

〔3〕長(zhǎng)弟:猶長幼。

11.36 母之姊妹曰“姨”〔1〕,亦如之〔2〕。《禮》謂之“從母”〔3〕,爲娣而來〔4〕,則從母列也〔5〕。故雖不來〔6〕,猶以此名之也〔7〕。

〔1〕姨:母親的姐妹。《左傳・襄公二十三年》:“繼室以其姪,穆姜之姨子也。”孔穎達疏:“據父言之,謂之姨;據子言之,當謂之從母。但子效父語,亦呼爲姨。”

〔2〕如之:如此;像這樣。此指如上條“妻之姊妹曰娣。娣,弟也,言與已妻相長弟也”所説。

〔3〕禮:指“三禮”,即《周禮》《儀禮》和《禮記》。《儀禮・喪服》:“從母,丈夫婦人,報。”鄭玄注:“從母,母之姊妹。”《禮記・檀弓上》:“從母之夫,舅之妻,二夫人相爲服。” 從母:母親的姐妹。即姨母。《爾雅・釋親》:“母之姊妹爲從母。”

〔4〕娣(dì):古代姐妹共嫁一夫,長爲姒,幼爲娣。參見上條。

〔5〕從:從屬;歸屬。《莊子・漁父》:“同類相從,同聲相應,固天之理也。”列:行列;位次。此指輩份。參見11.34〔3〕。

〔6〕雖:縱使;即使。《詩・召南・行露》:“雖速我訟,亦不女從。”

〔7〕猶:仍然;還。《楚辭・離騷》:“亦余心之所善兮,雖九死其猶未悔。”以:用;使用。《楚辭・九章・涉江》:“忠不必用兮,賢不必以。”王逸注:“以,亦用也。” 名:命名;取名。《左傳・宣公三年》:“生穆公,名之曰蘭。”

11.37 姊妹互相謂夫曰“私”〔1〕,言於其夫兄弟之中,此人與己姊妹有恩私也〔2〕。

〔1〕互相:表示彼此對待的關係。《漢書・何武傳》:“於是武舉公孫祿可大司馬,而祿亦舉武。太后竟自用莽爲大司馬,莽風有司劾奏武、公孫祿互相稱舉,皆免。” 謂:稱呼。《爾雅・釋親》:“兩婿相謂爲亞。” 私:古代女子稱姊妹之夫爲私。《詩・衞風・碩人》:“邢侯之姨,譚公維私。”毛傳:“姊妹之夫曰私。”

〔2〕恩私:恩寵;寵愛。私:偏愛;寵愛。《儀禮·燕禮》:"對曰:'寡君,君之私也。'"鄭玄注:"私謂獨有恩厚也。"

11.38 舅謂姊妹之子曰"甥"〔1〕。甥亦生也,出配他男而生〔2〕,故其制字〔3〕,"男"旁作"生"也〔4〕。

〔1〕舅:舅父。即母親的兄弟。《儀禮·喪服》:"舅,傳曰:何以緦? 從服也。"鄭玄注:"(舅,)母之昆弟。" 甥:姊妹之子。《詩·大雅·韓奕》:"韓侯娶妻,汾王之甥。"鄭玄箋:"姊妹之子爲甥。"

〔2〕出配:出嫁。 他:別的,另外的。《詩·鄭風·褰裳》:"子不我思,豈無他士?"鄭玄箋:"他士,猶他人也。"

〔3〕制字:造字。參見卷三《釋長幼》10.19〔6〕。

〔4〕作:書寫。

11.39 妾謂夫人之嫡妻曰"女君"〔1〕。夫爲男君〔2〕,故名其妻曰"女君"也〔3〕。

〔1〕妾:舊時男子在妻以外娶的女子。《易·鼎》:"得妾以其子,無咎。"孔穎達疏:"妾者側媵,非正室也。" "人",黃丕烈刪去,范惟一玉雪堂刻本、施惟誠刻本、《格致叢書》本、鍾惺評本、疏證本、吳志忠校本、巾箱本無。 嫡妻:正妻。 女君:姬妾稱正妻。《儀禮·喪服》:"妾之事女君,與婦之事舅姑等。"鄭玄注:"女君,君適妻也。"按,"適(dí)妻"即"嫡妻"。

〔2〕君:妾對丈夫的尊稱。《儀禮·喪服》:"妾爲君。《傳》曰:君,至尊也。"鄭玄注:"妾謂夫爲君者,不得體之,加尊之也。雖士亦然。"賈公彥疏:"以妻得體之,得名爲夫。妾雖接見於夫,不得體敵,故加尊之,而名夫爲君。"

〔3〕名:指稱;稱名。《禮記·內則》:"父執子之右手,咳而名之。"

11.40 嫂〔1〕,叟也〔2〕;叟,老者稱也〔3〕。叟,縮也〔4〕,人及物老,皆縮小於舊也〔5〕。

〔1〕嫂:哥哥的妻子。《爾雅·釋親》:"女子謂兄之妻爲嫂。"《孟子·離婁上》:"嫂溺,則援之以手乎?"

〔2〕叟:老人。《儀禮·喪服傳》"是嫂亦可謂之母乎"鄭玄注:"嫂者,尊嚴之稱。嫂猶叟也,叟,老人稱也。"

〔3〕老者:年歲大的人。《論語・公冶長》:"老者安之,朋友信之,少者懷之。"劉寶楠正義:"老者,人年五十以上之通稱。"

〔4〕縮:收縮;卷縮。清段玉裁《説文解字注・糸部》:"《通俗文》云:物不申曰縮。"《吕氏春秋・古樂》:"筋骨瑟縮不達,故作爲舞以宣導之。"

〔5〕縮小:由大變小。

11.41　叔[1],少也[2],幼者稱也[3]。叔亦俶也[4],見嫂俶然却退也[5]。

〔1〕叔:稱丈夫的弟弟。《禮記・雜記下》:"嫂不撫叔,叔不撫嫂。"

〔2〕少(shào):年輕;年少。參見11.20。

〔3〕幼者:年歲小的人。《春秋繁露・天辨在人》:"幼者居陽之所少,老者居陽之所老;貴者居陽之所盛,賤者居陽之所衰。"

〔4〕俶:通"踧(chù)"。見注釋〔5〕"俶然"。

〔5〕俶然:王先謙疏證補引蘇輿曰:"'俶'與'踧'同,'俶然'猶云'踧然'。《一切經音義・十三》引《字林》:'踧踖,不進也。'不進即却退之義。嫂叔別嫌,故見而却退。"踧然:恭敬貌。《論語・鄉黨》:"君在,踧踖如也,與與如也。"何晏集解引馬融曰:"踧踖,恭敬之貌。"鄭玄注:"踧踖,敬恭貌。"　却退:後退;退却。《漢書・王商傳》:"商起,離席與言,單于仰視商貌,大畏之,遷延却退。"

11.42　夫之兄曰"公"[1]。公[2],君也[3];君,尊稱也[4]。[5]

〔1〕吴志忠、佚名於"公"字前增一"兄"字。吴志忠曰:"各本脱'兄'字,今補。"吴翊寅校議:"吴〔志忠〕本作'曰兄公'。案:依《爾雅》當有'兄'字,各本誤脱。"兄公:丈夫之兄。《爾雅・釋親》:"夫之兄爲兄公。"郝懿行疏:"公,君也。君,尊稱也。"

〔2〕公:對平輩的敬稱。《史記・平原君虞卿列傳》:"(毛遂)曰:'……公等録録,所謂因人成事者也。'"

〔3〕君:尊稱對方。《書・君奭序》:"周公作《君奭》。"僞孔傳:"尊之曰君。奭,名。"亦用在人姓名後表示尊敬。《史記・張儀列傳》:"舍人曰:'臣非知君,知君乃蘇君。'"

〔4〕尊稱:尊貴的稱謂或稱號;敬稱。《穀梁傳・哀公十三年》:"王,尊稱也;子,卑稱也。"

〔5〕段玉裁、黄丕烈將上下條相連，疏證本、吴志忠校本以下不另起，巾箱本此處有小字："下接'俗間曰'。"

11.43 俗間曰"兄章"〔1〕。章，灼也〔2〕，章灼敬奉之也〔3〕。又曰"兄㺌"〔4〕，是己所敬〔5〕，見之怔忡〔6〕，自肅齊也〔7〕。俗或謂舅曰"章"〔8〕，又曰"㺌"，亦如之也。

〔1〕俗間：世間。《漢書·游俠傳·陳遵》："我放意自恣，浮湛俗間；官爵功名，不減於子。" 羅振玉影印《玉篇·音部第一百一》殘卷"章"字作："《釋名》：'俗名舅曰章，婦謂夫之兄曰兄章也。'"見《原本玉篇殘卷》第58頁，第7－8行。兄章：即兄公。丈夫之兄。

〔2〕灼：驚恐；惶恐。《方言》卷一三："灼，驚也。"郭璞注："猶云恐灼也。"

〔3〕章灼：徐復補疏："章灼，借爲憚灼，灼亦作妁。《廣雅·釋詁一》：'妁，驚也。'驚懼之義。" 敬奉：恭敬地奉事。

〔4〕"㺌"，疏證本、巾箱本作"㺌"。《説文·人部》"㺌"段玉裁注："與'公'同義，其音當同。引申爲'夫兄曰兄㺌'之字，或作'妐'。"疏證本云："今本'㺌'作'㺌'，據《一切經音義》引改正。《爾雅》曰：'夫之兄爲兄公。'郭注云：'今俗呼兄鐘，語之轉。''㺌'與'鐘'同音。又：'㺌'本一作'妐'，下同。"篆字疏證本云："今本'㺌'作'㺌'，俗字也，《説文》所無。《爾雅》曰：'夫之兄爲兄公。'郭注云：'今俗呼兄鐘，語之轉。'然則止作'兄公'可也。'㺌'與'鐘'同音，作'兄㺌'亦可。"兄㺌（zhōng）：即兄公。丈夫之兄。

〔5〕盧文弨、疏證本、黄丕烈於"是"前增一"言"字。篆字疏證本曰："今本脱'言'字，據《一切經音義》引增。"疏證本於"敬"後增一"忌"字，云："今本脱'言'字、'忌'字，據《一切經音義》引增。"敬忌：謹慎而有所畏懼。《書·康誥》："汝亦罔不克敬典，乃由裕民，惟文王之敬忌。"蔡沈集傳："敬則有所不忽，忌則有所不敢。"

〔6〕"忡"，盧文弨、段玉裁、疏證本、吴志忠校作"㺌"，巾箱本作"㺌"。疏證本曰："今本作'怔忡'，據《一切經音義》引改。案《方言》作'怔㺌'，云：'皇遽也。'"吴志忠曰："'㺌'依畢校。"蘇輿校："'怔㺌'與'怔㺌'同。《廣雅·釋詁》：'怔㺌，懼也。'王褒《四子講德論》：'百姓怔㺌，無所措手足。'《潛夫論》：'乃復怔㺌如前。'並取'惶懼'之義。……此云'見之怔㺌'，言見兄㺌則心爲惶恐，起自肅齊，故上云'是己所敬忌'。以'兄㺌'字例之，此宜一律作'怔㺌'。"怔㺌（zhēngzhōng）：猶"怔忡"。驚慌貌。《廣雅·釋訓》："屏營，怔㺌

也。"王念孫疏證:"屏營、伀伀,皆驚惶失據之貌。"

〔7〕肅齊:莊重嚴肅;整治使有條理。漢陳琳《檄吳將校部曲文》:"今者枳棘翦扞,戎夏以清,萬里肅齊,六師無事。"

〔8〕舅:稱夫之父。參見11.27。 章:同"嫜(zhāng)"。丈夫的父親。漢陳琳《飲馬長城窟行》:"善事新姑嫜,時時念我故夫子。"

11.44 少婦謂長婦曰"姒"[1],言其先來,已所當法似也[2]。

〔1〕少(shào)婦:年輕的已婚女子。漢焦贛《易林・隨之姤》:"大人不顧,少婦不取,棄捐於道。"此特指姒娣間年輕的一方。 長(zhǎng)婦:年長的已婚女子。此特指姒娣間年長的一方。《爾雅・釋親》:"長婦謂稚婦爲'娣婦',娣婦謂長婦爲'姒婦'。" 姒(sì):古代姒娣間以兄妻爲姒。《爾雅・釋親》:"娣婦謂長婦爲'姒婦'。"郭璞注:"今相呼'先後',或云'妯娌'。"

〔2〕法似:仿效;類似。

11.45 長婦謂少婦曰"娣"[1]。娣,弟也,已後來也[2]。或曰"先後"[3],以來先後言之也[4]。

〔1〕長(zhǎng)婦:年長的已婚女子。即上條所説的"姒"。 少婦:年輕的已婚女子。參見上條[1]。 娣(dì):古代姒娣間以弟妻爲娣。《爾雅・釋親》:"長婦謂稚婦爲'娣婦',娣婦謂長婦爲'姒婦'。"郭璞注:"今相呼'先後',或云'妯娌'。"郝懿行義疏:"《喪服》小功章云:'娣姒婦報。'《傳》曰:'娣姒婦者,弟長也。'以'弟長'解'娣姒',知'娣'是'弟','姒'是'長'也。"

〔2〕吳志忠、佚名於此處增"次弟"二字。吳志忠曰:"各本脱'次第'二字,今補。"吳翊寅校議:"吳〔志忠〕本作'次弟已後來也'。"次弟:同"次第"。次序;順序。《詩・大雅・行葦》"序賓以賢"鄭玄箋:"謂以射中多少爲次第。""已",《古今逸史》本作"巳",郎奎金刻《逸雅》本作"以",疏證本、吳志忠校本等作"己"。按,應是"己"字,説見11.17〔2〕。 後來:遲到;後到。《楚辭・九歌・山鬼》:"余處幽篁兮終不見天,路險難兮獨後來。"

〔3〕先後:妯娌。《史記・孝武本紀》:"神君者,長陵女子,以子死悲哀,故見神於先後宛若。"裴駰集解引孟康曰:"兄弟妻相謂'先後'。"司馬貞索隱:"即今妯娌也。"

〔4〕先後:(時間)前後。

11.46 青徐人謂長婦曰"稙長"[1]，禾苗先生者曰"稙"[2]，取名於此也[3]。荆豫人謂長婦曰"熟"[4]，熟，祝也[5]；祝，始也。

〔1〕青徐：青州和徐州的並稱。青：青州。在今山東。參見卷二《釋州國》7.1。徐：徐州。大致在今淮北一帶。參見卷二《釋州國》7.2。　長（zhǎng）婦：指姒娌間的年長者，即11.44條説的"姒"。　"稙長"之"長"，吳志忠删去，曰："各本衍'長'字，今删。"佚名校："'長'字衍。"吳翊寅校議："吳云：'稙下衍長字。'"王先謙疏證補："吳〔志忠〕校'稙'下無'長'字，是。此衍。"稙長（zhízhǎng）：姒娌間的年長者，即11.44條説的"姒"。《爾雅·釋親》："長婦謂稚婦爲'娣婦'，娣婦謂長婦爲'姒婦'。"郭璞注："今相呼'先後'，或云'姒娌'。"郝懿行義疏："稚者，幼禾也。稚婦名以此。然則幼者爲稚婦，長者當爲稙婦。故《釋名》云：'青徐人謂長婦曰稙長。禾苗先生者曰稙，取名於此也。'是'稙''稚'對言。此'稚''長'對言者，互相明也。"一説，"稙長"指長嫂。

〔2〕禾苗：穀類作物或其他農作物的植株。《晏子春秋·諫下二》："不爲草木傷禽獸，不爲野草傷禾苗。"　稙：先種的穀物。《詩·魯頌·閟宫》："稙稚菽麥。"毛傳："先種曰稙，後種曰稚。"高亨注："稙，早種的穀類。"

〔3〕取名：起名；命名。漢班固《白虎通·禮樂》："何以名爲夷蠻？……夷者，僔夷無禮義。東方者，少陽易化，故取名也。"

〔4〕荆豫：荆州和豫州的並稱。荆：荆州。參見7.4〔1〕。豫：豫州。參見7.5〔1〕。　"熟"，盧文弨校作"孰"，疏證本、巾箱本作"孰"。丁山曰："《爾疋·釋詁》：'俶，始也。'……'俶'……與'孰'音近。"

〔5〕祝：開始。《國語·鄭語》："故命之曰祝融。"韋昭注："祝，始也。"

11.47 兩婿相謂曰"亞"[1]，言一人取姊[2]，一人取妹，相亞次也[3]。又並來至女氏門[4]，姊夫在前[5]，妹夫在後[6]，亦相亞而相倚[7]，共成其禮也[8]。又曰"友婿"[9]，言相親友也[10]。

〔1〕婿：女婿。女兒的丈夫。《左傳·桓公十五年》："祭仲專，鄭伯患之，使其婿雍糾殺之。"　亞：姐妹丈夫的互稱，俗稱"連襟"。後作"婭"。《詩·小雅·節南山》："瑣瑣姻亞，則無膴仕。"毛傳："兩婿相謂曰亞。"

〔2〕取：取妻。後多作"娶"。《易·咸》："咸，亨利貞，取女，吉。"

〔3〕亞次：依次排列。

〔4〕女氏：女方家。《禮記·曾子問》："壻已葬，壻之伯父致命女氏曰：'某

之子有父母之喪,不得嗣爲兄弟,使某致命。'女氏許諾而弗敢嫁,禮也。"氏:
家。《左傳·成公十七年》:"(晉厲公)游於匠麗氏,欒書、中行偃遂執公焉。"
杜預注:"匠麗,嬖大夫家。"

〔5〕疏證本校:"《詩》正義引句上有'則'字。"篆字疏證本、黃丕烈於"姊
夫"前增一"則"字,連下。篆字疏證本曰:"今本挩'則'字,據《詩》正義引增。"
姊夫:姐姐的丈夫。《漢書·霍光傳》:"獨夜設九賓溫室,延見姊夫昌邑關
內侯。"

〔6〕妹夫:妹妹的丈夫。

〔7〕相亞:相近似;相當。　相倚:相互倚傍。

〔8〕共成其禮:共同完婚。參見11.48〔3〕"成禮"。此指共同行禮。

〔9〕友婿:連襟。《漢書·嚴助傳》:"助侍燕從容,上問助居鄉里時,助對
曰:'家貧,爲友婿富人所辱。'"顏師古注:"友婿,同門之婿。"

〔10〕親友:親熱友愛。《漢書·翟方進傳》:"常知方進之宗讓己,内不自
得,其後居士大夫之間未嘗不稱述方進,遂相親友。"

11.48　婦之父曰"婚"[1],言婿親迎用昏[2],又恒以昏夜成
禮也[3]。

〔1〕婚:結婚女子的父親。《荀子·富國》:"婚姻娉内,送逆無禮。"楊倞
注:"婦之父爲婚。"疏證本校:"當云:'婦之父曰婚。婚,昏也。'《爾雅》曰:'婦
之父爲婚。'《説文》云:'婚,婦家也。'"

〔2〕親迎:古代婚禮"六禮"之一。新郎親至女家迎新娘入室,行交拜合卺
之禮。《淮南子·泰族訓》:"待媒而結言,聘納而取婦,絞紽而親迎。"用:猶
"於"。《儀禮·特牲饋食禮》:"盛兩敦,陳于西堂,藉用萑。"鄭玄注:"古文
'用'爲'于'。"　昏:天剛黑的時候;傍晚。《詩·陳風·東門之楊》:"昏以爲
期,明星煌煌。"鄭玄箋:"親迎之禮,以昏時。女留他色,不肯時行,乃至大星
煌煌然。"孔穎達疏:"男子親迎者,用昏時以爲期。今女不肯時行,至於明星
煌煌然。"《儀禮·士昏禮》賈公彥疏(解題):"鄭《目録》云:'士娶妻之禮,以昏
爲期,因而名焉。'"

〔3〕"又",吴志忠校作"女",曰:"各本'女'誤'又',今改。"佚名校:"'又'字
誤,改作'女'。"　昏夜:黑夜。《漢書·陳萬年傳》:"丞相丙吉病,中二千石上
謁問疾。遣家丞出謝,謝已皆去,萬年獨留,昏夜乃歸。"　成禮:完婚。《東觀
漢記·威宗孝桓皇帝》:"(孝桓皇帝)年十四,襲爵,始入,有殊於人,梁太后欲

以女弟妃之。本初元年四月，徵詣雒陽。既至，未及成禮，會質帝崩，無嗣。”

11.49 婿之父曰“姻”[1]。姻，因也[2]，女往因媒也[3]。

〔1〕姻：結婚男子的父親。《詩·小雅·我行其野》：“不思舊姻，求爾新特。”鄭玄箋：“婿之父曰姻。”陳奐傳疏引《白虎通·嫁娶》：“姻者，婦人因夫而成，故曰姻。《詩》云‘不惟舊姻’，謂夫也。”《爾雅·釋親》：“婿之父爲姻，婦之父爲婚……婦之父母、婿之父母相謂爲婚姻。”

〔2〕因：依託；憑藉。《孟子·離婁上》：“爲高必因丘陵，爲下必因川澤。”

〔3〕往：去。《史記·項羽本紀》：“請往謂項伯，言沛公不敢背項王也。”媒：媒人。《詩·衛風·氓》：“匪我愆期，子無良媒。”

11.50 天子之妃曰“后”[1]。后，後也[2]，言在後[3]，不敢以“副”言也[4]。

〔1〕天子：古以君權爲天神所授，故稱帝王爲天子。《公羊傳·隱公元年》：“祭伯者何？天子之大夫也。” 妃：配偶；妻。《禮記·曲禮下》：“天子之妃曰后。”孔穎達疏：“以特牲、少牢是大夫、士之禮，皆云‘某妃配某氏’，尊卑通稱也。” 后：君王的正妻；王后。《左傳·莊公二十一年》：“鄭伯之享王也，王以后之鞶鑑予之。”

〔2〕後：在空間、位置上與“前”或“上”相對的方位。《書·武成》：“前徒倒戈，攻于後以北。”《禮記·樂記》：“行成而先，事成而後。”鄭玄注：“後謂位在下也。”

〔3〕在後：處在靠後的位置。

〔4〕不敢：謂沒膽量，沒勇氣。 副：輔助。《素問·疏五過論》：“循經守數，按循醫事，爲萬民副。”楊上善注：“副，助也。”

11.51 諸侯之妃曰“夫人”[1]。夫，扶也[2]，扶助其君也[3]。

〔1〕諸侯：古代帝王所分封的各國君主。在其統轄區域內，世襲佔有封地及其居民，掌握軍政大權，但按禮要服從王命，定期向帝王朝貢述職，並有出軍賦和服役的義務。《公羊傳·桓公元年》：“有天子存，則諸侯不得專地也。”妃：配偶；妻。 夫人：諸侯之妻。《禮記·曲禮下》：“公侯有夫人，有世婦，有妻，有妾。”漢代亦稱列侯之妻。《漢書·文帝紀》：“七年冬十月，令列侯太夫

人、夫人、諸侯王子及吏二千石，無得擅徵捕。"顔師古注引如淳曰："列侯之妻
稱夫人。"

〔2〕扶：扶持；護持。《荀子·勸學》："蓬生麻中，不扶而直。"

〔3〕扶助：扶持幫助。《漢書·酷吏傳·嚴延年》："其治務在摧折豪彊，扶
助貧弱。" 君：稱諸侯。《詩·大雅·假樂》："宜君宜王。"孔穎達疏："君則諸
侯也。"

11.52 卿之妃也"内子"〔1〕。子〔2〕，女子也，在閨門之内治
家也〔3〕。

〔1〕卿：爵名。西周至戰國王室與諸侯國爵制，公以下，大夫以上爲卿，後
分上、中、下三等。戰國秦至漢代實行二十等爵，據《漢書·百官公卿表上》，
二十等爵名爲：公士、上造、簪裊、不更，以上相當於士；大夫、官大夫、公大夫、
公乘、五大夫，以上相當於大夫；左庶長、右庶長、左更、中更、右更、少上造、大
上造、駟車庶長、大庶長，以上相當於卿；關内侯、徹侯，以上相當於諸侯。又
爲官名。西周至戰國執掌軍政的高級長官，天子、諸侯皆置。秦、漢爲中央高
級官員的尊稱。如九卿、列卿、上卿。《尚書·洪範》："謀及卿士，謀及庶人。"
"卿士惟月，師尹惟日。"孔穎達《疏》引鄭玄注："卿士，六卿掌事者。" "也"，
黄丕烈、佚名校作"曰"。畢效欽刻《五雅》本、范惟一玉雪堂刻本、郎奎金刻
《逸雅》本、施惟誠刻本、《格致叢書》本、《古今逸史》本、鍾惺評本、疏證本等作
"曰"。 内子：古代稱卿大夫的嫡妻。《左傳·僖公二十四年》："（趙姬）以叔
隗爲内子，而己下之。"杜預注："卿之嫡妻爲内子。"

〔2〕子：此專指女兒。《詩·大雅·大明》："纘女維莘，長子維行。"毛傳：
"長子，長女也。"

〔3〕閨門：内室的門。借指家庭。《禮記·樂記》："在閨門之内，父子兄弟
同聽之則莫不和親。" 治家：持家；管理家事。《韓非子·解老》："治家，無用
之物不能動其計，則資有餘。"

11.53 大夫之妃曰"命婦"〔1〕。婦，服也〔2〕，服家事也〔3〕。夫受
命於朝〔4〕，妻受命於家也。

〔1〕大夫：爵名。周代官爵分公、卿、大夫、士四等，大夫又有上、中、下之
分。戰國秦至漢代實行二十等爵，大夫在卿之下、士之上。參見上條〔1〕。又

爲官名。古代在國君之下有卿、大夫、士三級,大夫爲一般任官職者之稱。
妃:配偶;妻。　命婦:古代受帝王封號的婦女。始於周代,歷代沿之。宮廷
中妃嬪等稱爲“内命婦”,宮廷外臣下之母、妻稱爲“外命婦”。命婦享有各種
儀節上的待遇。《禮記·禮器》:“卿大夫從君,命婦從夫人。”

〔2〕服:從事;致力。《詩·周頌·噫嘻》:“亦服爾耕,十千維耦。”鄭玄箋:
“服,事也。”漢班固《白虎通·嫁娶》:“婦者,服也,服於家事,事人者也。”

〔3〕家事:古代指大夫家族内部的事務,後漸漸用以泛指家庭事務。《左
傳·襄公二十七年》:“子木問於趙孟曰:‘范武子之德何如?’對曰:‘夫子之家
事治,言於晉國無隱情,其祝史陳信於鬼神無愧辭。’”

〔4〕受命:泛指接受任務、命令。特指受君主之命。《左傳·襄公二十七
年》:“石惡將會宋之盟,受命而出。”　朝:朝廷。君王聽政、辦事的地方。《孟
子·梁惠王上》:“使天下仕者皆欲立於王之朝。”

11.54　士[1]、庶人曰“妻”[2]。妻,齊也[3]。夫賤不足於尊
稱[4],故齊等言也[5]。

〔1〕士:商、西周、春秋時最低級的貴族階層。春秋時,士多爲卿大夫的家
臣,有的有食田,有的以俸禄爲生,有的也參加農業生產。春秋末年後,逐漸
成爲統治階級中知識分子的通稱。又爲官名。先秦時地方小吏亦稱“士”。
《儀禮·喪服》:“父母何筭焉?都邑之士,則知尊禰矣。”賈公彦疏:“士下對野
人,上對大夫,則此士所謂在朝之士,并在城郭士民知義禮者,總謂之爲
士也。”

〔2〕庶人:西周以後對農業生產者的稱謂。春秋時地位在士以下,工、商、
皂、隸之上。秦漢以後泛指無官爵平民。《國語·晉語四》:“公食貢,大夫食
邑,士食田,庶人食力,工商食官,皂隸食職。”《左傳·襄公九年》:“其士競於
教,其庶人力於農穡。”楊伯峻注:“庶人當爲農業生產之主要擔負者。”

〔3〕齊:平等;等齊。《禮記·曲禮下》:“庶人曰妻。”鄭玄注:“妻之言齊。”
漢班固《白虎通·嫁娶》:“妻者,齊也,與夫齊體。”

〔4〕賤:地位低下。《論語·里仁》:“貧與賤,是人之所惡也。”邢昺疏:“無
位曰賤。”　不足:不值得;不必。《史記·高祖本紀》:“章邯已破項梁軍,則以
爲楚地兵不足憂,乃渡河,北擊趙,大破之。”　尊稱:尊敬地稱呼。

〔5〕齊等:平等;同等。

11.55 天子妾有嬪[1]。嬪，賓[2]也，諸妾之中見賓敬也[3]。

〔1〕嬪(pín)：天子諸侯姬妾。《周禮·天官·九嬪》："九嬪掌婦學之法，以教九御。"

〔2〕賓：尊敬。《左傳·莊公十年》："止而見之，弗賓。"杜預注："不禮敬也。"

〔3〕諸：衆；各個。《詩·小雅·沔水》："嗟我兄弟，邦人諸友，莫肯念亂，誰無父母！"　見：被，受到。《孟子·梁惠王上》："百姓之不見保，爲不用恩焉。"　賓敬：恭敬；尊敬。

11.56 妾[1]，接也[2]，以賤見接幸也[3]。

〔1〕妾：舊時男子在妻以外娶的女子。《易·鼎》："得妾以其子，無咎。"孔穎達疏："妾者側媵，非正室也。"

〔2〕接：接見，接待。漢班固《白虎通·嫁娶》："妾者，接也，以時接見也。"《禮記·內則》："聘則爲妻，奔則爲妾。"鄭玄注："妾之言接也。聞彼有禮，走而往焉，以得接見於君子也。"

〔3〕以：因爲，由於。《左傳·僖公十五年》："鄭以救公誤之，遂失秦伯。"　賤：地位低下。接幸：接見寵幸。

疏證本校："《一切經音義》引曰：'嬖，卑賤婢妾，媚以色事人，得幸者也。'"疏證本補遺："'嬖，卑賤婢妾，媚以色事人，得幸者也。'引見《一切經音義》。"胡玉縉校："此條非《釋名》文，語氣與通體不一例。據元應書上引《謚法》曰'賤而得幸曰嬖'，即引《釋名》云云，乃是劉熙《謚法》注文，而後人誤改。《玉海》引沈約《謚法序》云：'劉熙注《謚法》，唯有七十六名。'又云'劉熙注解'，亦多引劉熙注。詳洪頤煊《讀書叢錄》。"

11.57 姪娣曰"媵"[1]。媵，承事嫡也[2]。

〔1〕此條原不另起，黃丕烈將其分開另立一條。蔡天祐刊本以下另起，文孫(仲淳)畫一連接綫，曰："宋本不另起。"施惟誠刻本、《格致叢書》本、鍾惺評本、疏證本、巾箱本另起。　姪娣：古代諸侯貴族之女出嫁，以姪女和妹妹從嫁爲媵妾者。《禮記·曲禮下》："國君不名卿老世婦，大夫不名世臣姪娣。"孔穎達疏："姪是妻之兄女，娣是妻之妹，從妻來爲妾也。"《公羊傳·莊公十九年》："媵者何？諸侯娶一國，則二國往媵之，以姪娣從。姪者何？兄之子也；

娣者何？弟也。" 媵（yìng）：古諸侯嫁女，以姪娣從嫁。《左傳·成公八年》："衛人來媵共姬，禮也。凡諸侯嫁女，同姓媵之，異姓則否。"《儀禮·士昏禮》："婦徹于房中，媵御餕，姑酳之。"鄭玄注："古者嫁女必姪娣從，謂之媵。姪，兄之子；娣，女弟也。"

〔2〕盧文弨、黃丕烈於"承"後增"也，承"二字，疏證本、吳志忠於"承"前增"承也"二字。疏證本曰："今本脱'承也'二字，據《一切經音義》引增。"吳志忠曰："補'承也'，依畢校。"丁山校："玄應《阿毗達磨俱舍論》引作：'謂承事適也。'慧琳本作：'姪娣曰媵，媵，承也，承事適他也。'按：慧本'他'即'也'之誤，衍'也'，正與本書同。"胡楚生校："慧琳《音義》兩引此條，卷七十所引，'承'上有'承也'二字。卷五十六引作：'媵，承也，謂承事適奉他也。'" 承事：受事；事奉。《國語·魯語下》："大夫有貳車，備承事也。" 胡楚生校："慧琳《音義》卷七十所引，'嫡'作'適'。卷五十六引作：'媵，承也，謂承事適奉他也。'"嫡（dí）：正妻。參見11.60〔1〕。

11.58 配[1]，輩也[2]，一人獨處[3]，一人往輩耦之也[4]。

〔1〕配：配偶。《穀梁傳·莊公二十二年》："小君，非君也。其曰君，何也？以其爲公配，可以言小君也。"盧文弨、黃丕烈於"配"旁注一"妃"字，疏證本校作"妃"，云："'配'同。"妃：配偶；妻子。《説文·女部》："妃，匹也。"段玉裁注："人之配耦亦曰匹。妃本上下通稱，後人以爲貴稱耳。"《儀禮·少牢饋食禮》："以某妃配某氏。"鄭玄注："某妃，某妻也。"

〔2〕輩：比並。

〔3〕獨處：指男女無偶獨居。《詩·唐風·葛生》："予美亡此，誰與獨處。"

〔4〕輩耦（ǒu）：結對。《詩·大雅·桑柔》"瞻彼中林，甡甡其鹿"鄭玄箋："視彼林中，其鹿相輩耦行。"孔穎達疏："鹿乃走獸，猶以其類相善，輩偶而行。以喻朝庭群臣，亦當以善相與共處官位。"耦：配偶。參見下條〔4〕。

11.59 匹[1]，辟也[2]，往相辟耦也[3]。耦[4]，遇也，二人相對遇也[5]。

〔1〕匹：伴侶；配偶。

〔2〕辟（pì）：旁側。《左傳·莊公二十一年》："鄭伯享王于闕西辟，樂備。"孔穎達疏："辟，是旁側之語也。"

〔3〕辟耦：猶上條"輩耦"。會合；配對。

〔4〕盧文弨、疏證本、吳志忠將"耦"條分開另起。耦(ǒu)：本指二人並肩而耕。《荀子·大略》："禹見耕者耦，立而式。"楊倞注："兩人共耕曰耦。"引申爲配偶。《左傳·桓公六年》："人各有耦；齊大，非吾耦也。"

〔5〕對遇：相遇；遭逢。

11.60 嫡[1]，敵也[2]，與匹相敵也[3]。

〔1〕嫡(dí)：正妻。《詩·召南·江有汜序》："勤而無怨，嫡能悔過也。"陸德明釋文："嫡，正夫人也。"孔穎達疏："嫡，謂妻也。"

〔2〕敵：對等；相當。《孫子·謀攻》："故用兵之法，十則圍之，五則攻之，倍則分之，敵則能戰之，少則能逃之。"梅堯臣注："勢力均則戰。"

〔3〕匹：伴侶；配偶。此指丈夫。　相敵：相當；相匹。

11.61 庶[1]，摭也[2]，拾摭之也[3]，謂拾摭微陋待遇之也[4]。

〔1〕庶：非正妻生的孩子；宗族的旁支。與"嫡"相對。《左傳·文公十八年》："天乎！仲爲不道，殺適立庶。"按，"適(dí)"同"嫡"。

〔2〕摭(zhí)：拾取。《禮記·禮器》："君子之於禮也，有直而行也，有順而摭也。"孔穎達疏："摭，猶拾取也。"

〔3〕拾摭：收集；采集。

〔4〕微陋：卑微鄙陋。亦指卑微鄙陋之人。《潛夫論·叙錄》："芻蕘雖微陋，先聖亦咨詢。"　待遇：對待。《史記·大宛列傳》："立宛貴人之故待遇漢使善者名昧蔡以爲宛王，與盟而罷兵。"

11.62 無妻曰"鰥"[1]。鰥，昆也；昆，明也[2]。愁悒不寐[3]，目恒鰥鰥然也[4]，故其字從"魚"[5]，魚目恒不閉者也[6]。

〔1〕鰥(guān)：成年無妻或喪妻的人。《孟子·梁惠王下》："老而無妻曰鰥。"

〔2〕昆：通"焜"。明貌。《禮記·王制》："昆蟲未蟄，不以火田。"鄭玄注："昆，明也。明蟲者，得陽而生，得陰而藏。"《文選·揚雄〈甘泉賦〉》："樵蒸昆上，配藜四施。"李善注："昆或爲焜。《字書》曰：'焜煌，火貌。'"

〔3〕愁悒(yì)：憂愁抑鬱。　不寐：睡不着。《詩·邶風·柏舟》："耿耿不寐，如有隱憂。"

〔4〕恒：經常；常常。《書·伊訓》：“敢有恒舞于宮，酣歌于室，時謂巫風。”偽孔傳：“常舞則荒淫。” 鰥鰥：憂愁難寐目不閉貌。吳志忠於“然”字後增一“明”字，曰：“各本脫‘明’字，今補。”吳翊寅校議：“吳〔志忠〕本作‘目恒鰥鰥然明也’。”王先謙疏證補：“吳〔志忠〕校‘然’下補‘明’字，是。”

〔5〕從：歸屬。《莊子·漁父》：“同類相從，同聲相應，固天之理也。”後用來指出漢字所由構成的成分。

〔6〕魚目：魚的眼珠子。《尚書大傳》卷一下：“東海：魚須、魚目。”相傳鰥魚眼睛終夜不閉，舊稱無妻曰鰥，故詩文中多以“魚目”用爲無偶獨宿或不娶之典。

11.63 無夫曰“寡”[1]。寡，踝也[2]，踝踝[3]，單獨之言也[4]。

〔1〕寡：丈夫已死的婦女。《詩·小雅·鴻雁》：“之子于征，劬勞于野。爰及矜人，哀此鰥寡。”毛傳：“老而無妻曰鰥，偏喪曰寡。”

〔2〕踝：小腿和腳底連接處左右兩旁凸起的圓骨。《説文·足部》：“踝，足踝也。”段玉裁注：“踝者，人足左右骨隆然圜者也。在外者謂之‘外踝’，在内者謂之‘内踝’。”其特點是孤立不偶。

〔3〕黄丕烈於“踝踝”後增一“然”字。篆字疏證本校“踝踝”爲“踝然”，云：“‘踝然’，今本作‘踝踝’，斯則據《王制》正義改之。”丁士涵校：“踝踝，踝然。（江〔聲〕）”許翰校：“瀚謂‘踝踝’猶‘踽踽’。《禮》疏脱一‘踝’字，此脱‘然’字也。”

〔4〕單獨：謂孤獨無親屬。《書·洪範》：“無虐煢獨而畏高明。”偽孔傳：“煢，單，無兄弟也；無子曰獨。單獨者，不侵虐之。”

11.64 無父曰“孤”[1]。孤，顧也[2]，顧望無所瞻見也[3]。

〔1〕孤：幼年喪父或父母雙亡。《孟子·梁惠王下》：“幼而無父曰孤。”

〔2〕顧：回頭看；回視。《詩·檜風·匪風》：“顧瞻周道，中心怛兮。”毛傳：“迴首曰顧。”《論語·鄉黨》：“車中不内顧，不疾言，不親指。”邢昺疏：“顧謂回視也。”

〔3〕顧望：還視；巡視。《禮記·曲禮下》：“侍於君子，不顧望而對，非禮也。” 瞻見：看見。

11.65 老而無子曰“獨”[1]。獨，隻獨也[2]，言無所依也[3]。

〔1〕獨：老而無子孫者。《周禮·秋官·大司寇》：“凡遠近惸獨老幼之欲有復於上，而其長弗達者，立於肺石。”鄭玄注：“無子孫曰獨。”賈公彦疏：“無子有孫不爲獨，故兼云無孫也。”

〔2〕隻獨：單獨。隻：單，獨。

〔3〕疏證本校：“《王制》正義引作：‘獨，鹿也；鹿鹿，言無所依也。’”吳翊寅校議：“吳〔志忠〕本作‘隻獨無所依也’。案：此當依《王制》正義引改，説見疏證。”無所依：没有什麽可以倚靠的。

劉師培書後：“又畢書末附《補遺》，甄録佚文數十則。今考《初學記》卷十八引：‘古者稱師曰先生。’疑亦《釋親屬》篇捝文。”

釋名卷第三

釋名卷第四

劉熙字成國撰

釋言語第十二　　　釋飲食第十三
釋綵帛第十四　　　釋首飾第十五

釋言語第十二〔1〕

〔1〕言語：言辭；話。《禮記·少儀》：“毋身質言語。”孔穎達疏：“凡言語有疑則稱疑，無得以身質成言語之疑者；其言既疑，若必成之，或有所誤也。”

12.1　道〔1〕，導也〔2〕，所以通導萬物也〔3〕。

〔1〕道：事理；規律。《易·説卦》：“是以立天之道曰陰與陽，立地之道曰柔與剛，立人之道曰仁與義。”

〔2〕導：帶領；指引。《管子·君臣上》：“道也者，上之所以導民也。”

〔3〕通導：通達引導。　萬物：宇宙間的一切物類。《易·乾》：“大哉乾元，萬物資始。”

12.2　德〔1〕，得也〔2〕，得事宜也〔3〕。

〔1〕德：準則；規範。《老子》：“道生之，德畜之，物形之，勢成之。是以萬物莫不尊道而貴德。”

〔2〕得：曉悟；瞭解。《禮記·樂記》：“禮得其報則樂。”鄭玄注：“得謂曉其義，知其吉凶之歸。”

〔3〕事宜:事情的道理。《漢書·兒寬傳》:"總百官之職,各稱事宜。"

12.3 文者[1],會集衆綵以成錦繡[2],會集衆字以成辭義[3],如文繡然也[4]。

〔1〕文:本指彩色交錯,亦指彩色交錯的圖形。《易·繫辭下》:"物相雜,故曰文。"韓康伯注:"剛柔交錯,玄黄錯雜。"引申爲文字、文辭、文彩、文章、錦繡織物、禮樂制度、禮節儀式、法令條文、文治、文飾、文化等諸多意義。

〔2〕會集:聚集;集合。漢趙岐《〈孟子〉題辭》:"七十子之疇,會集夫子所言,以爲《論語》。" 綵:彩色的絲織品。《晏子春秋·諫上十四》:"身服不雜綵,首服不鏤刻。" 錦繡:花紋色彩精美鮮艷的絲織品。《墨子·公輸》:"舍其錦繡,鄰有短褐,而欲竊之。"

〔3〕辭義:辭采和文義。指文章的形式和内容兩方面。又指辭章,詩文。

〔4〕文繡:刺繡華美的絲織品或衣服。《墨子·節葬下》:"文繡素練,大鞅萬領。"

12.4 武[1],舞也[2],征伐動行[3],如物鼓舞也[4]。故《樂記》曰[5]:"發揚蹈厲[6],太公之志也。[7]"

〔1〕武:舞蹈。《穀梁傳·莊公十年》:"荆敗蔡師于莘,以蔡侯獻武歸。"鍾文烝補注:"武,本亦作'舞'。《左氏》《公羊》作'舞'。《周禮》:'射有興武。'馬融云:'與舞同。'"又指軍事征伐或技擊等暴力行動,與"文"相對。《左傳·桓公六年》:"我張吾三軍而被吾甲兵,以武臨之,彼則懼而協以謀我,故難間也。"《左傳·宣公十二年》:"夫武,禁暴、戢兵、保大、定功、安民、和衆、豐財者也。"

〔2〕舞:揮動;舞動。《禮記·樂記》:"説之,故言之;言之不足,故長言之;長言之不足,故嗟歎之;嗟歎之不足,故不知手之舞之、足之蹈之也。"

〔3〕征伐:出征討伐。《論語·季氏》:"天下有道,則禮樂征伐自天子出。"動行:走動;行動。《大戴禮記·哀公問五義》:"動行不知所務,止立不知所定。"

〔4〕物:事務,事情。《逸周書·五權》:"二曰物,物以權官。"朱右曾校釋:"物,猶事也。事繁官多,事簡官省。" 鼓舞:激發;激勵。漢揚雄《法言·先知》:"鼓舞萬物者,雷風乎! 鼓舞萬民者,號令乎!"

〔5〕《樂記》:《禮記》篇名。記音樂之義。

〔6〕發揚蹈厲:舞蹈時動作、表情的威武。《禮記·樂記》:"發揚蹈厲,大(太)公之志也。"孔穎達疏:"言武樂之舞,發揚蹈厲像大公威武鷹揚之志也。"《史記·樂書》:"發揚蹈厲之已蚤,何也?"張守節正義:"發,初也。揚,舉袂也。蹈,頓足蹋地。厲,顏色勃然如戰色也。"

〔7〕太公:指呂尚。周代齊國始祖。姜姓,呂氏,名望,字尚父,一説字子牙,西周初官太師,亦稱"師尚父"。輔佐武王滅商有功,爲西周開國大臣。後封於齊,都營丘(後稱臨淄,今山東淄博東北)。《孟子·盡心上》:"太公辟紂,居東海之濱。"《史記·齊太公世家》:"周西伯獵,果遇太公於渭之陽。"

12.5 仁〔1〕,忍也〔2〕,好生惡殺〔3〕,善含忍也〔4〕。

〔1〕仁:仁愛;相親愛。《禮記·中庸》:"仁者人也,親親爲人。"《墨子·經説下》:"仁,仁愛也。"

〔2〕忍:忍耐;容忍。《書·湯誥》:"爾萬方百姓,罹其凶害,弗忍荼毒。"

〔3〕好(hào)生:愛惜生靈;不嗜殺。《書·大禹謨》:"好生之德,洽于民心。" 惡(wù)殺:厭惡殺生。

〔4〕善:擅長;善於。《禮記·學記》:"善歌者使人繼其聲,善教者使人繼其志。" 含忍:容忍。

12.6 義〔1〕,宜也〔2〕,裁制事物〔3〕,使合宜也〔4〕。

〔1〕義:合宜。謂符合正義或道德規範。《論語·爲政》:"見義不爲,無勇也。"

〔2〕宜:合適;適當;適宜。《禮記·中庸》:"義者,宜也,尊賢爲大。"又指正當的道理;適宜的事情或辦法;適當的地位。《國語·晉語四》:"守天之聚,將施於宜,宜而不施,聚必有闕。"韋昭注:"宜,義也。"《禮記·曲禮上》:"若夫坐如尸,立如齊,禮從宜,使從俗。"《文選·張衡〈東京賦〉》:"宜無嫌於往初,故蔽善而揚惡,衹吾子之不知言也。"薛綜注:"宜之言義也。"

〔3〕裁制:規劃;安排。《周髀算經》卷上"勾股方圓圖"趙君卿注:"然則,統叙群倫,宏紀衆理,貫幽入微,鉤深致遠。故曰:其裁制萬物,唯所爲之也。" 事物:事務;事情。

〔4〕合宜:合適;恰當。

12.7 禮[1]，體也[2]，得事體也[3]。

〔1〕禮：指行爲準則、道德規範和各種禮節。《禮記·曲禮上》：“夫禮者，所以定親疏，決嫌疑，別同異，明是非也。”

〔2〕體：體統；體制。《左傳·定公十五年》：“夫禮，死生存亡之體也。”洪亮吉詁：“《禮器》：‘禮也者，猶體也。’《廣雅》：‘禮，體也。’”又指取法；效法。《禮記·喪服四制》：“凡禮之大體，體天地，法四時，則陰陽，順人情，故謂之禮。”鄭玄注：“禮之言體也，故謂之禮，言本有法則而生也。”

〔3〕得：曉悟；瞭解。《韓非子·外儲説左下》：“臣昔者不知所以治鄴，今臣得矣，願請璽，復以治鄴。” 事體：體制；體統；規矩。

12.8 智[1]，知也[2]，無所不知也[3]。

〔1〕智：智慧；聰明。漢班固《白虎通·情性》：“智者，知也。獨見前聞，不惑於事，見微知著也。”又指知識。《荀子·正名》：“所以知之在人者謂之知，知有所合謂之智。”楊倞注：“知有所合，謂所知能合於物也。”

〔2〕知：曉得；瞭解。《易·乾》：“知進退存亡而不失其正者，其唯聖人乎！”又指認識；辨別。《淮南子·説林訓》：“故見其一本而萬物知。”高誘注：“知，猶別也。”

〔3〕無所不知：沒有不懂得的；什麼事情都知道。

12.9 信[1]，申也[2]，言以相申束[3]，使不相違也[4]。

〔1〕信：誠實不欺。《論語·學而》：“爲人謀而不忠乎？與朋友交而不信乎？”

〔2〕申：束；縛。《淮南子·道應訓》：“墨者有田鳩者，欲見秦惠王，約車申轅，留於秦，周年不得見。”高誘注：“申，束也。”

〔3〕疏證本校：“《太平御覽》引無‘言以’二字。”徐復補疏：“‘言’‘以’二字誤倒。《説文》：‘信，誠也。從人、言。’爲會意字。‘信’‘申’二字古通用，故以‘申束’爲釋。申束爲‘約束’義。《三國志·魏志·董昭傳》：‘又聞書命申束，足以見信。’是漢魏有此語。‘信’亦訓爲‘申’。”申束：約束。《詩·衛風·有狐》“之子無帶”鄭玄箋：“帶所以申束衣。”

〔4〕相違：彼此違背。

12. 10 孝[1]，好也[2]。愛好父母[3]，如所悦好也[4]。《孝經説》曰[5]："孝，畜也[6]；畜，養也。[7]"

〔1〕孝：順從並盡心奉養父母；善事父母。《左傳·隱公三年》："君義、臣行、父慈、子孝、兄愛、弟敬，所謂六順也。"

〔2〕好(hào)：喜愛，愛好。《易·謙》："人道惡盈而好謙。"《左傳·昭公二十五年》："喜生於好，怒生於惡。"

〔3〕愛好：喜愛，喜好。漢劉向《列女傳·晉伯宗妻》："盗憎主人，民愛其上，有愛好人者，必有憎妒人者。" 父母：父親和母親。《詩·小雅·蓼莪》："哀哀父母，生我劬勞。"

〔4〕悦好：喜悦；愛好。

〔5〕《孝經説》：漢時説解《孝經》的緯書，已亡佚。

〔6〕畜(xù)：孝順。《禮記·孔子閒居》："無服之喪，以畜萬邦。"鄭玄注："畜，孝也。使萬邦之民競爲孝也。"《禮記·祭統》："孝者，畜也。順於道，不逆於倫，是之謂畜。"又養育。《詩·邶風·日月》："父兮母兮，畜我不卒。"朱熹注："畜，養。"

〔7〕養：贍養；供養。《史記·平津侯主父列傳》："百姓靡敝，孤寡老弱不能相養。"

12. 11 慈[1]，字也[2]，字愛物也[3]。

〔1〕慈：上愛下；父母愛子女。《詩·大雅·皇矣》"克順克比"毛傳："慈和遍服曰順。"孔穎達疏引服虔曰："上愛下曰慈。"漢賈誼《新書·道術》："親愛利子謂之慈。"

〔2〕字：撫愛；愛護。《左傳·成公四年》："楚雖大，非吾族也，其肯字我乎？"杜預注："字，愛也。"

〔3〕字愛：撫愛；愛護。《書·康誥》："于父不能字厥子，乃疾厥子，是不慈。"僞孔傳："於爲人父不能字愛其子，乃疾惡其子，是不慈。" 物：人。《左傳·昭公十一年》："晉荀吴謂韓宣子曰：'不能救陳，又不能救蔡，物以無親。'"楊伯峻注引顧炎武曰："物，人也。"

12. 12 友[1]，有也[2]，相保有也[3]。

〔1〕友：親近相愛。《書·康誥》："元惡大憝，矧惟不孝不友。"孔穎達疏：

"善兄弟曰友。"《詩·周南·關雎》:"窈窕淑女,琴瑟友之。"

〔2〕有:具有;專有;擁有。《孫子·計》:"主孰有道?將孰有能?"《禮記·坊記》:"父母在,不敢有其身,不敢私其財。"鄭玄注:"有,猶專也。"又保存;保護。《韓非子·飭令》:"兵出必取,取必能有之。"《禮記·哀公問》:"古之爲政,愛人爲大,不能愛人,不能有其身。"鄭玄注:"有,猶保也。"

〔3〕保有:擁有;獲得。《詩·周頌·桓》:"桓桓武王!保有厥士,於以四方,克定厥家。"孔穎達疏:"謂天下衆事,武王能安而有之。"又保護。保:保佑;庇護。《書·召誥》:"今相有殷,天迪格保。"

12. 13 恭[1],拱也[2],自拱持也[3]。亦言自供給事人也[4]。

〔1〕恭:肅敬;恭敬。《論語·子路》:"居處恭,執事敬。"

〔2〕拱:抱拳;或兩手在胸前相合,表示敬意。《説文·手部》:"拱,斂手也。"朱駿聲通訓定聲:"拱,謂還其手,右手在内,左手在外,男之吉拜尚左,女之吉拜尚右;凶拜反是。九拜必皆拱手。"《禮記·檀弓上》:"孔子與門人立,拱而尚右,二三子亦皆尚右。子曰:'二三子之嗜學也,我則有姊之喪故也。'二三子皆尚左。"

〔3〕拱持:捧持。恭敬地捧着;環抱形地握持。《爾雅·釋詁下》:"拱,執也。"郭璞注:"兩手持爲拱。"

〔4〕供給:提供;給予。《管子·地圖》:"論功勞,行賞罰,不敢蔽賢有私,供給軍之求索。" 事人:事奉人;服侍人。《論語·先進》:"季路問事鬼神。子曰:'未能事人,焉能事鬼?'"

12. 14 悌[1],弟也[2]。[3]

〔1〕悌(tì):敬愛兄長。亦泛指敬重長上。《孟子·滕文公下》:"於此有人焉,入則孝,出則悌。"趙岐注:"出則敬長悌。悌,順也。"

〔2〕弟:次第。《説文·弟部》:"弟,韋束之次弟也。"段玉裁注:"束之不一,則有次弟也。引伸之爲凡次弟之弟,爲兄弟之弟,爲豈弟之弟。"又指兄弟之弟。

〔3〕吳志忠校:"下脱,各本同。"佚名校:"'悌,弟也'下脱,各本同。"

12. 15 敬[1],警[2]也,恒自肅警也[3]。

〔1〕敬:恭敬;尊重。引申爲警戒、警惕。《詩·大雅·常武》:"既敬既戒,

惠此南國。"鄭玄箋："敬之言警也,警戒大軍之衆。"

〔2〕警:戒備。《左傳·宣公十二年》："且雖諸侯相見,軍衛不徹,警也。"

〔3〕恒:經常;常常。《書·伊訓》："敢有恒舞於宫,酣歌於室,時謂巫風。"僞孔傳："常舞則荒淫。" 肅警:猶"警肅"。嚴密戒備。

12.16 慢[1],漫也[2],漫漫心無所限忌也[3]。

〔1〕慢:輕忽;怠惰。《書·咸有一德》："夏王弗克庸德,慢神虐民。"

〔2〕漫:放縱;散漫;不受約束。

〔3〕漫漫:無拘無束的樣子。《漢書·江都易王劉非傳》："歸以吾言謂而王,王前事漫漫,今當自謹。" 限忌:限制和禁忌。

12.17 通[1],洞也[2],無所不貫洞也[3]。

〔1〕通:通行;没有阻塞可以通過。《孫子·地形》："地形有'通'者,有'挂'者,……我可以往,彼可以來,曰通。"又通曉。《易·繫辭上》："曲成萬物而不遺,通乎晝夜之道而知。"孔穎達疏："言通曉於幽明之道,而无事不知也。"

〔2〕洞:穿透。《史記·蘇秦列傳》："韓卒超足而射,百發不暇止,遠者括蔽洞胸,近者鏑弇心。"又通曉;悉知。《論衡·實知》："先知之見,方來之事,無達視洞聽之聰明,皆案兆察跡,推原事類。"

〔3〕無所:没有什麼……。 貫洞:穿孔;穿透。又猶"貫通"。全部透徹地理解;通曉明白。

12.18 達[1],徹也[2]。[3]

〔1〕達:暢通。《荀子·君道》："然後明分職,序事業,材技官能,莫不治理,則公道達而私門塞矣,公義明而私事息矣。"又通曉;明白。《論語·鄉黨》："丘未達,不敢嘗。"

〔2〕徹:達;到。《國語·魯語上》："既其葬也,焚,煙徹于上。"韋昭注:"徹,達也。"又通達;通曉。《説文·攴部》:"徹,通也。"《國語·周語中》:"若本固而功成,施徧而民阜,乃可以長保民矣,其何不徹?"韋昭注:"徹,達也。"

〔3〕吴志忠校:"下脱,各本同。"佚名校:"'達,徹也'下脱,各本同。"

12.19 敏[1]，閔也[2]，進叙無否滯之言也[3]，故汝潁言"敏"曰"閔"也[4]。

〔1〕敏：勤勉。《禮記·中庸》："人道敏政，地道敏樹。"鄭玄注："敏，猶勉也。"

〔2〕閔(mǐn)：勉。盡力；努力。《書·君奭》："予惟用閔于天越民。"僞孔傳："閔，勉也。我惟用勉於天道加於民。"孔穎達疏："我惟用勉力自强於天道，行化於民。顧氏云：我也自用勉勸躬行於天道，加益於民人也。"

〔3〕蘇輿校："'進叙'當作'進取'，進取亦'敏勉'之意，'取''叙'形近而譌。"吳志忠校"叙"作"取"，曰："各本'取'誤'叙'，今改。"佚名校："'叙'字誤，改作'取'。"進取：求取進步。《論語·子路》："狂者進取，狷者有所不爲也。"否(pǐ)滯：停滯；阻塞。

〔4〕汝潁：汝南郡和潁川郡的合稱，東漢時屬豫州刺史部。參見7.34〔1〕、7.33〔1〕。 "潁"原作"潁"，《古今逸史》本、《逸雅》本、疏證本等作"潁"。按，"潁"是"潁"的俗寫字。《篇海類編·身體類·頁部》："'潁'，古無此字，而俗書'潁'常用'潁'。"唐杜甫《貽阮隱居昉》："足明箕潁客，榮貴如糞土。" "曰"，盧文弨、段玉裁、黃丕烈分別校作"如"，疏證本、巾箱本從之。疏證本曰："'如'，本皆作'曰'，從段校本改。"

12.20 篤[1]，築也[2]；築[3]，堅實稱也[4]。

〔1〕篤：固；堅實。《詩·唐風·椒聊》："椒聊之實，蕃衍盈匊。彼其之子，碩大且篤。"

〔2〕築：搗土使堅實。《詩·大雅·綿》："築之登登，削屢馮馮。"《儀禮·既夕禮》："甸人築坅坎，隸人涅廁。"鄭玄注："築，實土其中，堅之。"

〔3〕後"築"字，吳志忠刪去，曰："各本衍'築'字，今刪。"吳翊寅校議："吳〔志忠〕本無'築'字。"佚名校："'築'字衍。"

〔4〕堅實：堅固；牢固。

12.21 厚[1]，後也[2]，有終後也[3]，故青徐人言"厚"曰"後"也[4]。

〔1〕厚：扁平物體上下兩面之間的距離大。與"薄"相對。《詩·小雅·正月》："謂天蓋高，不敢不局；謂地蓋厚，不敢不蹐。"

〔2〕後：時間較遲或較晚，與“先”相對。《易·坤》：“君子有攸往，先迷後得主。”

〔3〕終後：最終；後來。《漢書·揚雄傳下》：“降周迄孔，成於王道，終後誕章乖離，諸子圖微。”

〔4〕青徐：青州和徐州的並稱。青：青州。在今山東。參見卷二《釋州國》7.1。徐：徐州。大致在今淮北一帶。參見卷二《釋州國》7.2。 “曰”，盧文弨、段玉裁、黄丕烈分别校作“如”，疏證本、巾箱本作“如”。疏證本曰：“‘如’，本皆作‘曰’，亦從段校本改。”

12.22 薄[1]，迫也[2]，單薄相逼迫也[3]。

〔1〕薄：厚度小。《詩·小雅·小旻》：“戰戰兢兢，如臨深淵，如履薄冰。”

〔2〕迫：逼近；接近。《韓非子·亡徵》：“恃交援而簡近鄰，怙强大之救，而侮所迫之國者，可亡也。”

〔3〕單薄：少而薄。 逼迫：催逼；迫使。

12.23 懿[1]，僾也[2]，言奥僾也[3]。

〔1〕懿（yì）：美；美德。《易·小畜》：“君子以懿文德。”孔穎達疏：“懿，美也。”

〔2〕僾（ài）：隱約；仿佛。《説文·人部》：“僾，仿佛也。从人，愛聲。《詩》曰：‘僾而不見。’”

〔3〕奥僾：同“隩僾”。蔭庇。《國語·鄭語》：“申、吕方彊，其隩愛太子，亦必可知也。”韋昭注：“隩，隱也。”

12.24 良[1]，量也[2]，量力而動[3]，不敢越限也[4]。

〔1〕良：美好；良好。《易·歸妹》：“帝乙歸妹，其君之袂不如其娣之袂良。”高亨注：“良，美也。”

〔2〕量（liáng）：衡量；估計。《論語·子張》：“人雖欲自絶，其何傷於日月乎？多見其不知量也。”

〔3〕量力：衡量人的力量和能力。《左傳·隱公十一年》：“鄭、息有違言。息侯伐鄭，鄭伯與戰於竟，息師大敗而還。君子是以知息之將亡也，不度德，不量力……其喪師也，不亦宜乎！”

〔4〕越限：超越限度。

12.25 言[1]，宣也[2]，宣彼此之意也[3]。

〔1〕言:説;説話。《書·無逸》:"(殷高宗)三年不言。"又指話;言語。《書·盤庚上》:"遲任有言曰:'人惟求舊,器非求舊,惟新。'"

〔2〕宣:宣泄;抒發。漢劉楨《贈徐幹》:"誰謂相去遠,隔此西掖垣。拘限清切禁,中情無由宣。"

〔3〕彼此:那個和這個;雙方。《墨子·經説下》:"正名者'彼此'。彼此可:'彼彼'止於彼;'此此'止於此。彼此不可:彼且此也;此亦可彼。"

12.26 語[1]，叙也[2]，叙己所欲説也[3]。

〔1〕語:談話;談論。《詩·陳風·東門之池》:"彼美淑姬,可與晤語。"《論語·鄉黨》:"食不語,寝不言。"朱熹集注:"答述曰語,自言曰言。"又指話;語言。《左傳·文公十七年》:"齊君之語偷。"

〔2〕叙:陳述;記述。《國語·晉語三》:"紀言以叙之,述意以導之。"

〔3〕欲説:想説。

12.27 説[1]，述也[2]，序述之也[3]。

〔1〕説:叙説;講述。《易·咸》:"咸其輔頰舌,滕口説也。"高亨注:"滕口説,謂翻騰其口談,即所謂'口若懸河'。"

〔2〕述:記述;叙述。《論語·憲問》:"幼而不孫弟,長而無述焉,老而不死,是爲賊。"又指闡述前人成説。《論語·述而》:"述而不作。"皇侃疏:"述者,傳於舊章也。"

〔3〕序述:叙述。

12.28 序[1]，杼也[2]，拽杼其實也[3]。

〔1〕序:叙説;叙述。漢王逸《離騷經序》:"故上述唐、虞三后之别;下序桀、紂、羿、澆之敗。"

〔2〕"杼",盧文弨、段玉裁、疏證本、黃丕烈、吳志忠校作"抒",下同。疏證本云:"今本'抒'作'杼'……,從段校本改。"吳志忠曰:"'抒'依畢校,下同。"杼,通"抒"。表達;發泄。《楚辭·九章·惜誦》:"惜誦以致愍兮,發憤以杼情。"王逸注:"杼,渫也。"洪興祖補注:"杜預云'申杼舊意',然《文選》云'抒情愫',又曰'抒下情而通諷諭',其字並從'手'。"按:此書"木—扌"旁常混,故視

"杅"作"抒"之訛寫亦可,則下文"拽抒"同義連言而均作"扌"旁,合乎習慣。

〔3〕"拽",盧文弨、段玉裁、黃丕烈校作"扡",郎奎金刻《逸雅》本作"捈",疏證本、巾箱本作"扡"。疏證本云:"今本……'扡'作'拽',從段校本改。"拽杅:亦作"杅洈"。王先謙疏證補引蘇輿曰:"'序'與'叙'同,本書《釋典藝》:'叙,抒也,抒洈其實,宜見之也。''扡抒'猶'抒洈'。"(按,參見卷六《釋典藝》20.27條。)又同"舒泄"。卷二《釋形體》8.39:"舌,泄也,舒泄所當言也。"舒泄:抒發;發泄。　　實:事實;實際情況。《戰國策·趙策三》:"秦以趙攻〔齊〕,與之齊伐趙,其實同理,必不處矣。"

12.29　　扡[1],泄也[2],發泄出之也[3]。

〔1〕"扡"原作"捈",疏證本、黃丕烈校作"扡"。按,"捈"應是"扡"字之訛,故改。一者,此書"木—扌"旁常混,"扡"合文意。二者,自12.26至12.31條,其下條之首字均出現在上條之末句,類似頂真之法。"扡"同"拽",上條末句即有"拽"字。此亦可證原文"捈"應是"扡"字之訛。扡(yè):牽引;拉。《說文·手部》:"扡,捈也。"此引申爲抒發義,即引出內心想法。

〔2〕泄:發泄;發散。《詩·大雅·民勞》:"惠此中國,俾民憂泄。"鄭玄箋:"泄猶出也,發也。"

〔3〕發泄:散發,舒發。《呂氏春秋·季春》:"生氣方盛,陽氣發泄。"高誘注:"發泄,猶布散也。"

12.30　　發[1],撥也[2],撥使開也。

〔1〕發:發布;宣告。《墨子·尚同下》:"國君亦爲發憲布令於國之衆。"

〔2〕撥:分開;撥開;發放。

12.31　　撥[1],播也[2],播使移散也[3]。

〔1〕撥:分開;撥開。《禮記·曲禮上》:"將即席,容毋怍;兩手摳衣,去齊尺;衣毋撥,足毋蹶。"孫希旦集解:"趨走則衣易撥開。"

〔2〕播:分散。《書·禹貢》:"又北播爲九河。"僞孔傳:"北分爲九河,以殺其溢。"

〔3〕移散:分離;擴散。移:離。《莊子·庚桑楚》"介者拸畫,外非譽也"陸德明釋文:"拸,本亦作移。一云,移,離也。""移"亦可通"侈"。《禮記·表記》:"容貌以文之,衣服以移之。"鄭玄注:"移,猶廣大也。"孔穎達疏:"又用衣

服以移大之，使之尊嚴也。""移散"義同"擴散"。《逸周書·大明武解》："藝因伐用，是謂强轉，應天順時，時有寒暑，風雨饑疾，民乃不處，移散不敗，農乃商賈，委以姪樂，略以美女。"

12.32 導[1]，陶也[2]，陶演己意也[3]。

〔1〕導：表達；傳達。《國語·晉語六》："夫成子導前志以佐先君。"韋昭注："導，達也。"

〔2〕陶：通"滔"。廣大；蔓延。漢應劭《風俗通·山澤·四瀆》："《詩》云：'江漢陶陶。'"王引之《經義述聞·毛詩下》："《風俗通義·山澤篇》引此詩曰'江漢陶陶'，'陶'與'滔'古字通。"

〔3〕陶演：擴展；闡發。演：推衍；闡發。參見下條〔1〕。 己意：自己的思想感情。

12.33 演[1]，延也[2]，言蔓延而廣也[3]。

〔1〕演：推衍；闡發。《文選·司馬遷〈報任少卿書〉》："蓋文王拘而演《周易》，仲尼厄而作《春秋》。"

〔2〕延：展開；蔓延。《荀子·議兵》："故仁人之兵，聚則成卒，散則成列；延則若莫邪之長刃，嬰之則斷；兌（銳）則若莫邪之利鋒，當之則潰。"

〔3〕蔓延：如蔓草滋生，連綿不斷。引申爲延伸，擴展。《新語·資質》："樹蒙籠蔓延而無間，石崔嵬嶄巖而不開。"

12.34 頌[1]，容也[2]，序説其成功之形容也[3]。

〔1〕頌：頌揚；贊美。《禮記·少儀》："頌而無諂，諫而無驕。"鄭玄注："頌謂將順其美，匡救其惡。"又爲文體的一種。以頌揚爲宗旨的詩文。

〔2〕容：事物的形狀或氣象。《淮南子·説山訓》："泰山之容，巍巍然高，去之千里，不見埵塊，遠之故也。"高誘注："容，形也。"

〔3〕序説：叙説；叙述。 成功：成就的功業；既成之功。《史記·秦始皇本紀》："今名號不更，無以稱成功，傳後世，其議帝號。" 形容：表現；體現。《詩大序》："頌者，美盛德之形容，以其成功告於神明者也。"

12.35 讚[1]，録也[2]，省録之也[3]。

〔1〕"讚"，疏證本校："此《説文》所無。古者贊美之'贊'不从'言'，《漢書》紀傳之'贊'可證。諸本加'言'傍者，蓋'讀'字之誤。此實當作'讀'，'讀'與'録'聲相近也。"王鳴盛校："'讚'疑是'讀'。（王）篆字疏證本、黃丕烈、吳志忠校"讚"作"讀"。篆字疏證本曰："今本作'言'旁著'贊'字，乃'讀'字之誤也。古'贊'字无从'言'者，《漢書》紀傳之'贊'可證。且'贊'見《釋典藝》篇，訓'纂也'，聲相近也。兹據'録也'之訓，則聲不近'贊'，'讀'則聲近'録'矣，故改。"丁士涵校："讚－讀。"吳志忠曰："'讀'依畢校。"讀：講説；宣揚。《莊子·則陽》："今計物之數，不止於萬，而期曰萬物者，以數之多者號而讀之也。"陸德明釋文："李云：'讀猶語也。'"又爲文體名。屬題跋類，猶今之讀後感。

〔2〕録：記載；登記。《公羊傳·隱公十年》："《春秋》録内而略外。"

〔3〕省（xǐng）録：省察並記憶。

12.36 銘〔1〕，名也〔2〕，記名其功也〔3〕。

〔1〕銘：記載；鏤刻。《禮記·祭統》："夫鼎有銘。銘者，自名也。"鄭玄注："銘，謂書之刻之，以識事者也。"又爲文體的一種。古代常刻銘於碑版或器物上，或以稱功德，或以申明鑒戒。

〔2〕名：形容；稱説。《論語·泰伯》："大哉，堯之爲君也！巍巍乎，唯天爲大，唯堯則之！蕩蕩乎，民無能名焉！"朱熹集注："言物之高大，莫有過於天者，而獨堯之德能與之準。故其德之廣遠，亦如天之不可以言語形容也。"《禮記·祭統》："夫鼎有銘，銘者，自名也，自名以稱揚其先祖之美而明著之後世者也。"

〔3〕記名：記載；稱説。　功：功勞；功績。《周禮·夏官·司勛》："王功曰勳，國功曰功。"

12.37 勒〔1〕，刻也〔2〕，刻識之也〔3〕。

〔1〕勒：雕刻；刻寫。《禮記·月令》："（孟冬之月）物勒工名，以考其誠。"鄭玄注："勒，刻也。"

〔2〕刻：雕鏤。《春秋·莊公二十四年》："刻桓宮桷。"杜預注："刻，鏤也。"

〔3〕刻識（zhì）：刻記；標誌。《周禮·考工記·輪人》"必矩其陰陽"鄭玄注："矩，謂刻識之也。"

12.38 紀[1]，記也[2]，紀識之也[3]。識[4]，幟也[5]，有章幟可按視也[6]。

〔1〕紀：通“記”。記載。《左傳·桓公二年》：“文物以紀之，聲明以發之。”又爲我國史書的一種體裁。專記帝王的事跡及有關大事，如《史記·秦始皇本紀》。

〔2〕記：記錄；載錄。《國語·晉語四》：“瞽史記曰：‘嗣續其祖，如穀之滋，必有晉國。’”

〔3〕紀識（zhì）：記住；記載。漢王充《論衡·正説》：“傳文紀識恐忘。”

〔4〕盧文弨、疏證本、吳志忠校本將“識”及其以下分開另起。識（zhì）：標記；標誌。《漢書·王莽傳下》：“訖無文號旌旗表識，咸怪異之。”

〔5〕幟：標誌；標記。

〔6〕章幟：標記；記號。章：標記；徽章。《商君書·畫策》：“行間之治，連以伍，辨之以章，束之以令。” 按視：查看；察看。按：查驗；考核。《韓非子·外儲説左上》：“故籍之虛辭，則能勝一國；考實按形，不能謾於一人。”

12.39 視[1]，是也[2]，察其是非也[3]。

〔1〕視：觀察；審察。《國語·晉語八》：“叔魚生，其母視之。”韋昭注：“視，相察也。”

〔2〕是：正確。參見下條。

〔3〕是非：對的和錯的；正確與錯誤。《禮記·曲禮上》：“夫禮者，所以定親疏，決嫌疑，別同異，明是非也。”

12.40 是[1]，嗜也[2]，人嗜樂之也[3]。

〔1〕是：正確。《詩·魏風·園有桃》：“彼人是哉？子曰何其。”朱熹集傳：“彼之所爲已是矣，而子之言獨何爲哉？”

〔2〕嗜：愛好；喜愛。《詩·小雅·楚茨》：“苾芬孝祀，神嗜飲食。”

〔3〕嗜樂（yào）：喜愛，樂意。

12.41 非[1]，排也[2]，人所惡[3]，排去也[4]。

〔1〕非：不對；錯誤。《易·繫辭下》：“雜物撰德，辯是與非。”

〔2〕排：排斥；推擠。《楚辭·遠游》：“命天閽其開關兮，排閶闔而望予。”

洪興祖補注：“排，推也。”

〔3〕惡(wù)：討厭，憎恨。《易·謙》：“人道惡盈而好謙。”

〔4〕排去：推走。

12.42 基[1]，據也[2]，在下，物所依據也[3]。

〔1〕基：建築物的根腳。《詩·周頌·絲衣》：“自堂徂基，自羊徂牛。”鄭玄箋：“基，門塾之基。”引申爲最下面的，事物的根本、起始等。《詩·小雅·南山有臺》：“樂只君子，邦家之基。”毛傳：“基，本也。”又事業；基業。《論衡·吉驗》：“繼體守文，因據前基，稟天光氣，驗不足言。”

〔2〕據：依靠；依據。《詩·邶風·柏舟》：“亦有兄弟，不可以據。”毛傳：“據，依也。”

〔3〕物：事；事情。《呂氏春秋·先識》：“（晉威公）去苛令三十九物，以告屠黍。”高誘注：“物，事。” 依據：依託或根據。

12.43 業[1]，捷也[2]，事捷乃有功業也[3]。

〔1〕業：基業；功業。《易·繫辭上》：“盛德大業，至矣哉！”孔穎達疏：“於行謂之德，於事謂之業。”

〔2〕捷：勝利；成功。《詩·小雅·采薇》：“豈敢定居，一月三捷。”毛傳：“捷，勝也。”

〔3〕功業：功勳事業。《易·繫辭下》：“爻象動乎內，吉凶見乎外，功業見乎變，聖人之情見乎辭。”

12.44 事[1]，偉也[2]；偉，立也，凡所立之功也。故青徐言“立”曰“偉”也[3]。

〔1〕事：事業；功業。《荀子·正名》：“正利而爲謂之事，正義而爲謂之行。”楊倞注：“爲正道之事利則謂之事業。”

〔2〕“偉”，盧文弨、疏證本、巾箱本校作“傳”，下同。疏證本曰：“案：‘傳’字，本皆作‘偉’，誤。《周禮·天官·大宰職》：‘六曰事典，以富邦國，以任百官。’注：‘任猶傳也。’陸德明云：‘傳，側吏反……猶立也。’疏云：‘東齊人物立地中爲傳。’案《史記·張耳傳》‘莫敢傳刃公之腹中’，正義云：‘東方人以物臿地中爲傳。’皆與此云‘青徐人言立’合，故定爲‘傳’字。”（按，正義誤，“東方人

221

以物畣地中爲傳”係裴駰集解引李奇語。參見《史記》中華書局 2013 年版，第 3125 頁。）王啓原校：“按《禮記·仲尼燕居》：‘雖在畎畝之中，事之聖人已。’注：‘事之謂立置於位也。’《郊特牲》：‘信事人也。’注：‘事猶立也。’此二‘事’皆‘傳’義，以‘事’爲之。《漢書·蒯通傳》：‘不敢事刃公之腹者。’李奇曰：‘東方人以物畣地中爲事。’亦祇作‘事’。《後漢書·張衡傳〈思玄賦〉》：‘丁厥子而傳刃。’則作‘傳’。蓋‘事’有數義，後人別制‘傳’字。”皮錫瑞校：“《考工記·輪人》鄭司農注：‘泰山平原所樹立物曰葘，聲如哉。’《管子·輕重》篇：‘春有以剗耕。’又：‘傳戟十萬。’是‘事、傳、剗、葘’聲近義同。管子齊人，泰山平原齊地，正與‘青徐言’合。”篆字疏證本、黃丕烈校作“葘”，下同。篆字疏證本曰：“今本‘葘’作‘偉’，誤也。鄭仲師注《考工·輪人》云：‘泰山平遰所伹立物爲葘，聲如哉；簿立梟某亦爲葘。’正合青徐人言，據改。”丁士涵校：“傳一葘。（江〔聲〕）”傳（zì）：樹立；建立。《周禮·天官·大宰》“事典以富邦國，以任百官”鄭玄注：“任，猶傳也。”陸德明釋文：“傳，猶立也。”

〔3〕青徐：青州和徐州的並稱。青：青州。在今山東。參見卷二《釋州國》7.1。徐：徐州。大致在今淮北一帶。參見卷二《釋州國》7.2。　蔡天祐刊本、施惟誠刻本、疏證本、吳志忠校本、巾箱本“青徐”後有“人”字。　“曰”，段玉裁校作“如”。

12.45 功[1]，攻也[2]，攻治之乃成也[3]。

〔1〕功：事情；事業。《詩·豳風·七月》：“嗟我農夫，我稼既同，上入執宮功。”朱熹集傳：“功，葺治之事。”

〔2〕攻：治理；加工。《周禮·考工記序》：“凡攻木之工七，攻金之工六，攻皮之工五。”

〔3〕攻治：加工；治理。

12.46 取[1]，趣也[2]。[3]

〔1〕取：捕捉；捉拿。《詩·豳風·七月》：“取彼狐狸，爲公子裘。”

〔2〕趣（qū）：趨向；歸向。《詩·大雅·棫樸》：“濟濟辟王，左右趣之。”毛傳：“趣，趨也。”朱熹集傳：“蓋德盛而人心歸附趣向之也。”

〔3〕吳志忠校：“下脱，各本同。”佚名校：“‘取，趣也’下脱，各本同。”

篆字疏證本校：“此篇前後輒兩誼對舉，以例推之，此後當有‘舍，釋也’一條,蓋誤脱也。"吳志忠校:"又下脱'舍'一條,各本同。"佚名校:"又下脱'舍'一條,各本同。"吳翊寅校議:"吳云:'下脱"舍"一條。'"

12.47 名[1],明也[2],名實事使分明也[3]。

〔1〕名:起名;命名。漢班固《白虎通·禮樂》:"夷狄質,不如中國文,但隨物名之耳,故百王不易。"又名稱;名號。《論語·陽貨》:"多識於鳥獸草木之名。"

〔2〕明:分辨;區分。《左傳·隱公五年》:"昭文章,明貴賤,辨等列,順少長,習威儀也。"

〔3〕實事:真實存在的事物或情況。《韓非子·外儲説右下》:"虚名不以借人,況實事乎!" 分明:明確;清楚。《韓非子·守道》:"法分明則賢不得奪不肖,强不得侵弱,衆不得暴寡。"

12.48 號[1],呼也[2],以其善惡呼名之也[3]。

〔1〕號:稱謂;給以稱號。《左傳·昭公四年》:"未問其名,號之曰'牛'。"又名稱;名號。《周禮·夏官·大司馬》:"讀書契,辨號名之用。"鄭玄注:"號名者,徽識所以相别也,鄉遂之屬謂之名,家之屬謂之號。"

〔2〕呼:稱謂;稱呼。《莊子·天道》:"昔者,子呼我牛也,而謂之牛;呼我馬也,而謂之馬。"

〔3〕善惡:好壞。《楚辭·離騷》:"世幽昧以眩曜兮,孰云察余之善惡。"呼名:定名;命名。

12.49 善[1],演也[2],演盡物理也[3]。

〔1〕善:善行;善事;善人。《易·坤》:"積善之家,必有餘慶。"又指擅長;善於。《書·秦誓》:"惟截截善諞言,俾君子易辭。"

〔2〕演:推演;闡發。漢班固《白虎通·五經》:"文王所以演《易》何?"

〔3〕演盡:推衍窮盡。盡:達到極限或使之達到極限。《論語·八佾》:"子謂《韶》,'盡美矣,又盡善也';謂《武》,'盡美矣,未盡善也'。" 物理:事理。《鶡冠子·王鈇》:"龐子曰:'願聞其人情物理。'"

12.50 惡[1],扼也[2],扼困物也[3]。

釋名校注

〔1〕惡：罪過；罪惡。《易·大有》："君子以遏惡揚善，順天休命。"

〔2〕扼：搤住；握住。漢班固《西都賦》："掎僄狡，扼猛噬，脱角挫脰，徒搏獨殺。"

〔3〕扼困：阻礙。　物：事；事情。《玉篇·牛部》："物，事也。"《周禮·地官·大司徒》："以鄉三物教萬民，而賓興之。"鄭玄注："物，猶事也。"

12.51　好[1]，巧也[2]，如巧者之造物[3]，無不皆善[4]，人好之也[5]。

〔1〕好(hǎo)：猶"善"。《書·洪範》："汝弗能使有好于而家，時人斯其辜。"曾運乾正讀："好，猶善也。"又女子貌美。《戰國策·趙策三》："鬼侯有子而好，故入之於紂。"

〔2〕巧：機巧；靈巧。《孫子·九地》："故爲兵之事，在於順詳敵之意，並敵一向，千里殺將，此謂巧能成事者也。"

〔3〕造物：創造萬物。《莊子·大宗師》："偉哉，夫造物者將以予爲此拘拘也。"

〔4〕無不：沒有不；全是。《禮記·中庸》："辟如天地之無不持載，無不覆幬。"

〔5〕好(hào)：喜愛；愛好。《易·謙》："人道惡盈而好謙。"《左傳·昭公二十五年》："喜生於好，怒生於惡。"

12.52　醜[1]，臭也，如臭穢也[2]。

〔1〕醜：凶；邪惡。《詩·小雅·十月之交》："十月之交，朔月辛卯，日有食之，亦孔之醜。"毛傳："醜，惡也。"又樣子難看。《楚辭·九章·橘頌》："紛緼宜修，姱而不醜兮。"

〔2〕盧文弨、疏證本、黃丕烈於"如"字後增一"物"字。疏證本曰："今本脱'物'字，據《廣韻》引增。"顧廣圻校："《御覽》三百八十二引脱'物'字。"　臭穢：不净；肮髒。

12.53　遲[1]，賴也[2]，不進之言也。

〔1〕遲：徐行；緩慢。《説文·辵部》："遲，徐行也。從辵，犀聲。《詩》曰：'行道遲遲。'"

224

〔2〕頹:委靡不振貌。《文選·司馬相如〈長門賦〉》:"無面目之可顯兮,遂頹思而就牀。"李善注:"《廣雅》曰:'頹,壞也。'言壞其思慮而就牀。"

12.54 疾[1],截也[2],有所越截也[3]。

〔1〕疾:急速。《易·繫辭上》:"唯神也,故不疾而速,不行而至。"孔穎達疏:"不須急疾,而事速成。"

〔2〕截:直渡;跨越。《文選·江賦》:"鼓帆迅越,趨漲截洞。"李善注:"截,直渡也。"

〔3〕越截:越過;超越。

12.55 緩[1],浣也,斷也[2],持之不急[3],則動搖浣斷[4],自放縱也[5]。

〔1〕緩:寬綽;舒緩。《漢書·酷吏傳·趙禹》:"吏務爲嚴峻,而禹治加緩,名爲平。"

〔2〕"浣也,斷也",疑當作"浣斷也"。

〔3〕持:握住;拿着。《戰國策·趙策四》:"媪之送燕后也,持其踵爲之泣。"又控制;約束。 急:緊。《素問·通評虛實論》:"喘鳴肩息者,脈實大也,緩則生,急則死。"王冰注:"急,謂如弦張之急。"

〔4〕動搖:搖擺晃動。 浣斷:猶"輐斷""宛轉"。回旋盤曲;隨順變化。《莊子·天下》:"椎拍輐斷,與物宛轉,舍是與非,苟可以免。"成玄英疏:"宛轉,變化也。復能打拍刑戮,而隨順時代,故能與物變化而不固執之者也。"王先謙集解:"《釋文》:'輐,圓也。'輐斷,謂雖斷而甚圓,不見決裂之跡,皆與物宛轉之意也。"

〔5〕放縱:放任而不受約束。《書·太甲中》:"欲敗度,縱敗禮。"偽孔傳:"言已放縱情欲,毀敗禮儀法度。"

12.56 急[1],及也[2],操功之[3],使相逮及也[4]。

〔1〕急:緊急;迫切。《孟子·滕文公下》:"晉國亦仕國也,未嘗聞仕如此其急。"

〔2〕及:追上;趕上。《論語·顏淵》:"子貢曰:'惜乎! 夫子之說君子也。駟不及舌。'"

〔3〕疏證本校：“《初學記》《太平御覽》引‘操切’上皆有‘言’字。”呂柟《重刊〈釋名〉後序》：“‘操功’之‘功’一字，曾疑爲‘切’字。”盧文弨、黃丕烈校“功”作“切”。王宗炎校：“宗炎案：‘功’當作‘切’。”《古今逸史》本、郎奎金刻《逸雅》本、疏證本、吳志忠校本、巾箱本作“切”。操切：脅迫；劫持。《漢書·貢禹傳》：“姦軌不勝，則取勇猛能操切百姓者，以苛暴威服下者，使居大位。”顏師古注：“操，持也；切，刻也。”

〔4〕逮及：至；達到；趕上。《孔子家語·弟子行》：“文子曰：‘若夫知賢莫不難，今吾子親遊焉，是以敢問。’子貢曰：‘夫子之門人蓋有三千就焉，賜有逮及焉，未逮及焉，故不得遍知以告也。’”

12.57 巧〔1〕，考也〔2〕，考合異類〔3〕，共成一體也〔4〕。

〔1〕巧：工巧；精緻。《書·泰誓下》：“郊社不修，宗廟不享，作奇技淫巧以悦婦人。”孔穎達疏：“淫巧，謂過度工巧。”又機巧；靈巧。《孫子·九地》：“故爲兵之事，在於順詳敵之意，並敵一向，千里殺將，此謂巧能成事者也。”梅堯臣注：“能順敵而取勝，機巧者也。”

〔2〕考：省察；研求。《易·復》：“敦復無悔，中以自考也。”李鼎祚集解引侯果曰：“能自考省，動不失中。”又指完成；製成。《逸周書·職方》：“各脩平乃守，考乃職事。”孔晁注：“考，成也。”

〔3〕考合：研究綜合。《漢書·王嘉傳》：“考合古今，明正其義，然後乃加爵土。” 異類：不同種類。《莊子·人間世》：“虎之與人異類而媚養己者，順也。”

〔4〕一體：謂關係密切或協調一致，猶如一個整體。《管子·七法》：“有一體之治，故能出號令，明憲法矣。”

12.58 拙〔1〕，屈也〔2〕，使物否屈不爲用也〔3〕。

〔1〕拙：粗劣。《管子·法法》：“雖有巧目利手，不如拙規矩之正方圜也。”又笨拙；遲鈍。《老子》：“大直若屈，大巧若拙，大辯若訥。”

〔2〕屈：穷困；困窘。《法言·先知》：“若汙人老，屈人孤，病者獨，死者逋，田畝荒，杼軸空之謂斁。”李軌注：“屈，窮。”又音 jué。竭盡；窮盡。《孫子·作戰》：“攻城則力屈。”

〔3〕否(pǐ)屈：困頓受挫。

12.59　燥[1]，燋也[2]。[3]

〔1〕燥：缺少水分；乾燥。《易·乾》：“同聲相應，同氣相求。水流濕，火就燥。”孔穎達疏：“火焚其薪，先就燥處。”又指沾濕；浸漬。

〔2〕燋（jiāo）：通“焦”。燒焦。王念孫《讀書雜志·管子九》：“燋，與焦同。”《韓詩外傳》卷三：“抱羽毛而赴烈火，入則燋也。”

〔3〕吳志忠校：“下脱，各本同。”佚名校：“‘燥，焦也’，‘濕，浥也’，‘彊，僵也’下皆脱，各本同。”

12.60　濕，浥也[1]。[2]

〔1〕浥（yì）：濕；濕潤。《詩·召南·行露》：“厭浥行露，豈不夙夜？謂行多露。”毛傳：“厭浥，濕意也。”

〔2〕吳志忠校：“下脱，各本同。”佚名校：“‘濕，浥也’下皆脱，各本同。”

12.61　彊[1]，畺也[2]。[3]

〔1〕彊（qiáng）：同“强”。健壯；有力。《墨子·非樂》：“老與遲者，耳目不聰明，股肱不畢强。”

〔2〕畺：通“强”。

〔3〕佚名校：“‘彊，僵也’下皆脱，各本同。”

12.62　弱，衄也[1]。[2]

〔1〕衄（nù）：挫折；挫傷；失敗。《尉繚子·攻權》：“將無修容，卒無常試，發攻必衄，是謂疾陵之兵。”《文選·曹植〈求自試表〉》：“流聞東軍失備，師徒小衄。”李善注：“衄，猶挫折也。”

〔2〕疏證本、黄丕烈、汪道謙分别於“也”字後增一“又”字，以連接下條。疏證本云：“本多脱‘又’字，今從胡〔文焕〕本。”篆字疏證本云：“吳琯本挩‘又’字，且誤提行，譌作‘言委也’。今从胡〔文焕〕本。”因使上下兩條合爲：“弱，衄也，又言委也。”畢效欽刻《五雅》本、施惟誠刻本、鍾惺評本有“又”，王宗炎、吳志忠校本删去。吳志忠曰：“各本‘言’上衍‘又’字……今正。”佚名校：“‘又’字衍。”

12.63　言委也[1]。[2]

〔1〕委：通"萎"。委頓；衰敗。《周禮・考工記・梓人》："爪不深，目不出，鱗之而不作，則必額爾如委矣。"

〔2〕吳志忠將此條連上，並於"委"字後增一"衄"字，曰："'委'下脱'衄'字，今正。"因使上下兩條合爲："弱，衄也，言委衄也。"吳翊寅校議："吳〔志忠〕本作'言委衄也'。"委衄：即"委衄"。挫敗。衄：同"衄"。參見上條。

12.64 能[1]，該也[2]，無物不兼該也[3]。

〔1〕能：能夠。《書・西伯戡黎》："乃罪多參在上，乃能責命于天？"

〔2〕該：包括；具備。漢蔡邕《司空袁逢碑》："信可謂兼三才而該剛柔。"

〔3〕兼該：兼備；包括各個方面。漢揚雄《交州牧箴》："大漢受命，中國兼該。"

12.65 否[1]，鄙也[2]，鄙劣不能有所堪成也[3]。

〔1〕否：不可。《左傳・昭公二十年》："君所謂可而有否焉。"杜預注："否，不可也。"又音pǐ，通"鄙"。鄙陋；卑微。《書・堯典》："岳曰：'否德忝帝位。'"《史記・五帝本紀》引作"鄙德忝帝位"。

〔2〕鄙：粗俗；低賤。《左傳・莊公十年》："肉食者鄙，未能遠謀。"

〔3〕鄙劣：淺陋低劣。　堪成：勝任；成就。

12.66 躁[1]，燥也[2]，物燥乃動而飛揚也[3]。

〔1〕躁：擾動；跳動。《文子・九守》："人受天地變化而生……八月而動，九月而躁，十月而生。"

〔2〕燥：缺少水分；乾燥。參見12.59〔1〕。

〔3〕飛揚：飄揚；飛騰。《史記・高祖本紀》："大風起兮雲飛揚。"

12.67 静[1]，整也[2]。[3]

〔1〕静：静止；不動。《易・坤》："坤至柔，而動也剛，至静而德方。"

〔2〕整：端方；端莊；嚴肅。《韓非子・六反》："嘉厚純粹，整穀之民也。"陳奇猷集釋引王先謙曰："整，正；穀，善也。"

〔3〕吳志忠校："下脱，各本同。"佚名校同。

12. 68 逆[1]，遻也[2]，不從其理[3]，則生殿遻不順也[4]。

〔1〕逆：違背；拂逆。《書·太甲下》：“有言逆于汝心，必求諸道。”

〔2〕遻(è)：抵觸。《文選·馬融〈長笛賦〉》：“掌距劫遻，又足怪也。”李善注引郭璞《穆天子傳》注曰：“遻，觸也。”

〔3〕“不從”前空缺一字。文孫(仲淳)校：“宋本空一字。”蔡天祐刊本、施惟誠刻本、《格致叢書》本、鍾惺評本、疏證本、巾箱本此處有一“遻”字。王宗炎刪去，曰：“脫一字。”邵晉涵校作“言”，曰：“從郎〔奎金〕本。”《古今逸史》本、郎奎金刻《逸雅》本、吳志忠校本作“言”。王先謙疏證補：“吳〔志忠〕校作‘言不從其理’。” 不從：不順從；不服從。 理：紋路。《易·繫辭上》：“仰以觀於天文，俯以察於地理。”孔穎達疏：“地有山川原隰，各有條理，故稱理也。”

〔4〕殿遻：四周邊緣高起貌。王先謙疏證補：“‘殿遻’二字又見本書《釋姿容》《釋宮室》篇，亦作‘殿鄂’，‘鄂’‘遻’字同。”參見卷五《釋宮室》17. 42〔2〕。不順：不順理。《詩·大雅·桑柔》：“維彼不順，自獨俾臧，自有肺腸，俾民卒狂。”朱熹集傳：“彼不順理之君則自以爲善而不考衆謀。”

12. 69 順，循也[1]，循其理也[2]。

〔1〕循：沿着，順着。《左傳·僖公四年》：“若出於東方，觀兵於東夷，循海而歸，其可也。”

〔2〕理：紋路。參見上條〔3〕。

12. 70 清[1]，青也[2]，去濁遠穢[3]，色如青也。

〔1〕清：潔净；純潔。《楚辭·漁父》：“舉世皆濁我獨清，衆人皆醉我獨醒。”王逸注：“我獨清，志潔己也。”

〔2〕青：近於綠色、藍色或黑色的顏色，如青草、青天、青絲等。參見卷四《釋綵帛》14. 1。

〔3〕去濁遠(yuàn)穢：猶言“去遠濁穢”。避去污濁；離開滓穢。去：離開。《詩·大雅·生民》：“鳥乃去矣，后稷呱矣。”遠：離去；避開。《論語·顏淵》：“舜有天下，選於衆，舉皋陶，不仁者遠矣。湯有天下，選於衆，舉伊尹，不仁者遠矣。”皇侃疏引蔡謨云：“何謂不仁者遠？遠，去也。”濁穢：亦作“濁瀎”。污濁。亦比喻醜惡、鄙陋之事物。《史記·屈原賈生列傳》：“濯淖汙泥之中，蟬蜕於濁穢，以浮游塵埃之外。”

12.71 濁[1],瀆也[2],汁滓演瀆也[3]。

〔1〕濁:骯髒;渾濁。與"清"相對。《詩·小雅·四月》:"相彼泉水,載清載濁。"

〔2〕王啓原校:"'瀆'即川瀆之'瀆'。海、瀆俱以承流惡濁爲義。前云:'海,晦也,主承穢濁。'《風俗通》云:'《尚書大傳》《禮三正記》:江河淮濟爲四瀆,瀆者,通也,所以通中國垢濁,民陵居,殖五穀也。'《白虎通》云:'四瀆,瀆者,濁也。中國垢濁,發源東注海,其功著大,故稱瀆也。'由此言之,溝瀆亦以納濁而名,故'濁'轉訓'瀆'也。"瀆:敗亂;混雜。《逸周書·文酌》:"七事:一騰咎信志,二援拔瀆謀,三聚疑沮事。"朱右曾校釋:"瀆,敗亂也。"

〔3〕汁滓:汁液與渣滓。《周禮·天官·酒正》"二曰醴齊"鄭玄注:"醴猶體也,成而汁滓相將,如今恬酒矣。"唐杜甫《孟倉曹步趾領新酒醬二物滿器見遺老夫》:"藉糟分汁滓,甕醬落提攜。"仇兆鰲注:"竹牀筭酒,分出汁滓,其清汁爲酒,濁滓則糟也。" 演瀆:漫延雜亂。

12.72 貴,歸也,物所歸仰也[1]。汝潁言"貴"[2],聲如"歸往"之"歸"也[3]。

〔1〕物:人。《左傳·昭公十一年》:"晉荀吳謂韓宣子曰:'不能救陳,又不能救蔡,物以無親。'"楊伯峻注引顧炎武曰:"物,人也。"歸仰:歸附仰仗。

〔2〕汝潁:汝南郡和潁川郡的合稱,東漢屬豫州刺史部。參見 7.34〔1〕、7.33〔1〕。

〔3〕歸往:歸附;向往。《穀梁傳·莊公三年》:"其曰王者,民之所歸往也。"

12.73 賤,踐也[1],卑下見踐履也[2]。

〔1〕踐:踩;踩踏。《莊子·馬蹄》:"馬,蹄可以踐霜雪,毛可以禦風寒。"

〔2〕卑下:低賤。《呂氏春秋·審分》:"譽以高賢,而充以卑下;贊以潔白,而隨以汙德。" 見:被,受到。《孟子·梁惠王上》:"百姓之不見保,爲不用恩焉。" 踐履:踩;踏。《詩·大雅·行葦》:"敦彼行葦,牛羊勿踐履。"

12.74 榮猶熒也[1],熒熒照明貌也[2]。

〔1〕榮:光榮;榮耀。與"辱"相對。《易·繫辭上》:"樞機之發,榮辱之主

也。" 熒(yíng):光亮。《説文・焱部》:"熒,屋下燈燭之光。"

〔2〕熒熒:光閃爍貌。漢秦嘉《贈婦詩》:"飄飄帷帳,熒熒華燭。" 照明:明亮;照亮。《楚辭・九辯》:"彼日月之照明兮,尚黯黮而有瑕。"

12.75 辱[1],衄也[2],言折衄也[3]。

〔1〕辱:耻辱。《左傳・襄公十八年》:"子殿國師,齊之辱也。"

〔2〕衄(nù):挫折;挫傷。參見 12.62〔1〕。

〔3〕折衄:挫折;挫敗。

12.76 禍,毁也,言毁滅也[1]。

〔1〕毁滅:摧毁消滅。

12.77 福,富也[1],其中多品[2],如富者也[3]。

〔1〕富:充裕;豐厚;多。《論語・顔淵》:"富哉言乎!"何晏集解引孔安國曰:"富,盛也。"

〔2〕品:物品,物件。《禮記・郊特牲》:"籩豆之薦,水土之品也。"孔穎達疏:"謂籩豆所充實之物,皆是水土所生品類,非人所常食也。"

〔3〕富者:富裕的人。《漢書・食貨志上》:"庶人之富者累鉅萬,而貧者食糟糠;有國强者兼州域,而弱者喪社稷。"

12.78 進,引也[1],引而前也[2]。

〔1〕引:引導;帶領。漢劉向《列女傳・代趙夫人》:"襲滅代王,迎取其姊,姊引義理,稱説節禮。"

〔2〕前:向前行進;前去。《莊子・盜跖》:"孔子下車而前。"

12.79 退,墜也[1]。[2]

〔1〕墜:落下。《論語・子張》:"文武之道,未墜於地。"

〔2〕吴志忠校:"下脱,各本同。"佚名校:"'退,墜也'下脱,各本同。"

12.80 羸[1],累也[2],恒累於人也[3]。

〔1〕羸(léi):衰病。《國語・魯語上》:"饑饉薦降,民羸幾卒。"韋昭注:

“羸,病也。”

〔2〕累(léi):繩索;拘繫;纏繞。《易·大壯》:“羸其角。”陸德明釋文:“馬云:羸,大索也。”孔穎達疏:“羸,拘絷纏繞也。”

〔3〕恒:長久;固定不變。《孟子·梁惠王上》:“無恒産而有恒心者,惟士爲能。”

12.81 健[1],建也,能有所建爲也[2]。

〔1〕建:建立;創立。《書·洪範》:“皇建其有極。”蔡沈集傳:“建,立也。”

〔2〕建爲:建樹;作爲。

12.82 哀[1],愛也,愛乃思念之也[2]。

〔1〕哀:悲傷;悲痛。《詩·小雅·小旻》:“潝潝訿訿,亦孔之哀。”

〔2〕思念:想念;懷念。《國語·楚語下》:“吾聞君子唯獨居思念前世之崇替者,與哀殯喪,於是有歔,其餘則否。”

12.83 樂[1],樂也[2],使人好樂之也[3]。

〔1〕樂(lè):快樂;歡樂。《詩·小雅·常棣》:“兄弟既具,和樂且孺。”孔穎達疏:“九族會聚和而甚忻樂。”

〔2〕樂(yào):喜好。《論語·雍也》:“知者樂水,仁者樂山。知者動,仁者靜。”朱熹集注:“樂,喜好也。”

〔3〕好樂(hàoyào):喜好;嗜好。《禮記·大學》:“有所好樂,則不得其正。”

12.84 委[1],萎也[2],萎蕤就之也[3]。

〔1〕委:彎曲;屈曲。漢劉向《説苑·正諫》:“螳蜋委身曲附欲取蟬,而不知黃雀在其傍也。”又順從;聽任。《説文·女部》:“委,委隨也。”段玉裁注:“隨其所如曰委。”《淮南子·本經》:“優柔委從,以養羣類。”

〔2〕萎:(植物)枯槁;凋謝。《詩·小雅·谷風》:“無草不死,無木不萎。”引申爲軟弱;虛弱;不振。《素問·六元正紀大論》:“民病寒濕發,肌肉萎,足痿不收,濡寫血溢。”

〔3〕萎蕤:柔弱貌;柔軟貌。《淮南子·天文訓》“音比蕤賓”高誘注:“蕤

賓,五月也。陰氣萎蕤在下,似主人。陽在上,似賓客。故曰蕤賓也。” 就:遷就;依從。《管子・權修》:“刑罰不審則有辟就。”郭沫若等集校:“辟謂迴避,就謂牽就。”

12.85 曲,局也[1],相近局也[2]。

〔1〕局:彎曲;委屈。《詩・小雅・正月》:“謂天蓋高,不敢不局。”毛傳:“局,曲也。”

〔2〕近局:因彎曲而接近。

12.86 蹤[1],從也[2],人形從之也[3]。

〔1〕蘇輿校:“《詩・羔羊》傳:‘委蛇,行可從跡也。’釋文:‘從’字又作‘蹤’。《漢書・張湯傳》:‘上問變事,從跡安起。’顔注:‘從讀曰蹤。’是‘蹤’‘從’字同。人性形隨,則有蹤可見。《公羊・隱八年傳》何注:‘從,隨行也。’”蹤:“從”的今字。腳印;蹤跡。《史記・蕭相國世家》:“高帝曰:‘夫獵,追殺獸兔者狗也,而發蹤指示獸處者人也。’”又指追隨;追蹤。

〔2〕從:跟從;跟隨。《詩・邶風・擊鼓》:“從孫子仲,平陳與宋。”

〔3〕人形:人的形狀、模樣。《淮南子・覽冥訓》:“直偶於人形。”高誘注:“外直偶與人同形而内有大道也。”

12.87 跡[1],積也[2],積累而前也[3]。

〔1〕跡:腳印;足跡。《左傳・昭公十二年》:“昔穆王欲肆其心,周行天下,將皆必有車轍馬跡焉。”

〔2〕蘇輿校:“《説文》:‘迹,步處也。从辵,亦聲。’或从‘足’‘責’,字作‘蹟’。‘積’,《説文》:‘聚也。从禾,責聲。’是‘蹟’‘積’並从‘責’得聲。”按,“衣”當是“禾”。

〔3〕積累:逐漸增多。

12.88 扶,傅也[1],傅近之也[2]。將[3],救護之也[4]。

〔1〕傅:迫近;靠近。《孫臏兵法・十問》:“或傅而佯北,而示之懼。”

〔2〕傅近:靠近。

〔3〕盧文弨、疏證本、吳志忠將“將”及以下分開。吳志忠曰:“‘將’分條,

依畢校。"將:扶助;扶持。《詩·周南·樛木》:"樂只君子,福履將之。"鄭玄箋:"將,猶扶助也。"吳志忠校:"下脱,各本同。"佚名校:"'將'下脱,各本同。"蘇輿校:"《詩·樛木》:'福履將之。'鄭箋:'將猶扶助也。'《廣雅·釋言》:'將,扶也。'《荀子·成相》篇:'吏請將之。'楊注:'將,持也。''扶助''扶持'並與'救護'義近。但以本書例之,'將'下疑有奪文。"吳翊寅校議:"吳云'將'下有脱文,案:'將''救'雙聲,依'扶'字例當云:'將,救也,救護之也。'"徐復補疏:"復按:'將''救'雙聲相釋。此奪'救也'二字。'救'有'扶助'義,'救''護'義同。亦引申爲衛護。《漢書·兒寬傳》:'寬爲人温良有廉,知自將。'顏師古注:'將,衛也,以智自衛也。'"

〔4〕救護:救助保護。

12.89 縛[1],薄也[2],使相薄著也[3]。

〔1〕縛:束;捆綁。《左傳·文公二年》:"晉襄公縛秦囚,使萊駒以戈斬之。"

〔2〕薄:逼近;靠近。《左傳·僖公二十三年》:"曹共公聞其駢脅,欲觀其裸。浴,薄而觀之。"孔穎達疏:"薄者,逼近之意。"

〔3〕薄著(zhuó):附着;緊貼。《靈樞經·根結》:"皮膚薄著,毛腠夭膲。"

12.90 束[1],促也[2],相促近也[3]。

〔1〕束:捆縛。《詩·小雅·白華》:"白華菅兮,白茅束兮。"

〔2〕促:靠近;迫近。《説文·人部》:"促,迫也。"

〔3〕促近:靠攏。吳翊寅校議:"'束'云'相促近也','近'當作'迫'。"促迫:嚴急;不寬容;逼迫。《漢書·五行志中之下》:"盛冬日短,寒以殺物,政促迫,故其罰常寒也。"

12.91 覆[1],孚也[2],如孚甲之在物外也[3]。

〔1〕覆:覆蓋;遮蔽。《吕氏春秋·音初》:"帝令燕往視之,鳴若謚隘,二女愛而爭搏之,覆以玉筐。"

〔2〕孚(fū):穀粒的殼。後作"稃"。

〔3〕孚甲:植物籽實的外皮。《詩·小雅·大田》"既方既皁"漢鄭玄箋:"方,房也。謂孚甲始生而未合時也,盡生房矣,盡成實矣。"孔穎達疏:"謂米外之房者,言其孚甲,米生於中,若人之房舍然也。" 物外:物體的外表;事物

本體以外。

12.92 蓋[1]，加也[2]，加物上也。

[1]蓋：遮蔽；掩蓋。《商君書·禁使》："故至治，夫妻交友不能相爲棄惡蓋非，而不害於親，民人不能相爲隱。"

[2]加：謂置此於彼之上；覆蓋。《論語·鄉黨》："加朝服，拖紳。"皇侃義疏："加，覆也。"

12.93 威[1]，畏也，可畏懼也[2]。

[1]威：尊嚴；威嚴。《老子》："民不畏威，則大威至。"高亨正詁："言民不畏威，則君之威權礙止而不通行也。"

[2]畏懼：害怕。《戰國策·秦策一》："期年之後，道不拾遺，民不妄取，兵革大強，諸侯畏懼。"

12.94 嚴[1]，儼也[2]，儼然人憚之也[3]。

[1]嚴：威嚴；威武。《詩·小雅·六月》："有嚴有翼，共武之服。"毛傳："嚴，威嚴也。"又嚴肅；端莊。《禮記·祭義》："嚴威儼恪，非所以事親也。"孔穎達疏："嚴謂嚴肅。"

[2]儼（yǎn）：莊重；恭敬。《禮記·曲禮上》："毋不敬，儼若思。"鄭玄注："儼，矜莊貌。人之坐思，貌必儼然。"

[3]儼然：嚴肅莊重的樣子。《論語·堯曰》："君子正其衣冠，尊其瞻視，儼然人望而畏之，斯不亦威而不猛乎？"憚（dàn）：畏懼；敬畏。《漢書·東方朔傳》："昔伯姬燔而諸侯憚。"顏師古注引應劭曰："憚，敬也，敬其節直也。"

12.95 政[1]，正也[2]，下所取正也[3]。

[1]政：政治；政事。《書·洪範》："八政：一曰食，二曰貨，三曰祀，四曰司空，五曰司徒，六曰司寇，七曰賓，八曰師。"孔穎達疏："曰八政者，人主施教於民有八事也。"

[2]正：直；不彎曲。《書·説命上》："惟木從繩則正。"僞孔傳："言木以繩直。"引申爲標準；準則。《商君書·開塞》："民務勝而力征，務勝則爭，力征則訟，訟而無正，則莫得其性也。"

〔3〕下：臣下；百姓。《易・泰》："天地交而萬物通也，上下交而其志同也。"孔穎達疏："下謂臣也。"疏證本校："《太平御覽》引'所'下有'以'字。"取正：用作典範。

12.96 教〔1〕，傚也〔2〕，下所法傚也〔3〕。

〔1〕教：政教；教化。《説文・攴部》："教，上所施下所效也。"《書・舜典》："帝曰：'契，百姓不親，五品不遜，汝作司徒，敬敷五教，在寬。'"僞孔傳："布五常之教務在寬。"

〔2〕傚（xiào）：效法；模仿。漢班固《白虎通・三教》："教者效也，上爲之，下效之。"

〔3〕下：臣下；百姓。參見上條。又指幼小。《吕氏春秋・論威》："義也者，萬事之紀也，君臣上下親疏之所由起也。"高誘注："下，幼。" 法傚：效法。《詩・小雅・鹿鳴》："我有嘉賓，德音孔昭。視民不恌，君子是則是傚。"毛傳："傚，言可法傚也。"

12.97 侍〔1〕，時也〔2〕，尊者不言〔3〕，常於時供所當進者也〔4〕。

〔1〕侍：陪從或伺候尊長、主人。《左傳・襄公十四年》："師曠侍於晉侯。"又指奉養；贍養。《吕氏春秋・異用》："仁人之得飴，以養疾侍老也。"高誘注："侍亦養也。"

〔2〕時：按時。《論語・學而》："學而時習之，不亦説乎？"

〔3〕尊者：稱輩分或地位高的人。《禮記・喪服小記》："養尊者必易服，養卑者否。"鄭玄注："尊謂父兄，卑謂子弟之屬。" 不言：不依靠語言。《老子》："是以聖人處無爲之事，行不言之教，萬物作焉而不辭。"

〔4〕於時：在一定的時刻；按時。 供（gòng）：侍奉；伺候。《逸周書・謚法》："敬事供上曰恭。"孔晁注："供，奉也。" 進：進奉；奉獻。《孟子・離婁上》："問有餘，曰'亡矣'，將以復進也。"

12.98 御〔1〕，語也〔2〕，尊者將有所欲〔3〕，先語之也；亦言職卑〔4〕，尊者所勒御〔5〕，如御牛馬然也〔6〕。

〔1〕御：駕馭。比喻統治、治理。《書・大禹謨》："臨下以簡，御衆以寬。"

〔2〕語（yù）：告訴。《左傳・隱公元年》："公語之故，且告之悔。"陸德明釋

文:"語,魚據反。"

〔3〕尊者:稱輩分或地位高的人。參見上條。 所欲:想要的;希望的。《左傳·襄公八年》:"而即安于楚,君之所欲也,誰敢違君?"

〔4〕盧文弨、疏證本、黃丕烈、巾箱本於"言"後增一"其"字。疏證本曰:"今本脱'其'字,據《一切經音義》引增。"胡楚生校:"慧琳《音義》卷四十六引此條,'職'上有'其'字。"盧文弨、疏證本、黃丕烈、巾箱本於"卑"後增一"下"字。疏證本曰:"今本脱'下'字,據《一切經音義》引增。"胡楚生校:"慧琳《音義》卷四十六引此條,'卑'下有'下'字。"卑下:低賤;低賤的人或職位。《吕氏春秋·審分》:"譽以高賢,而充以卑下;贊以潔白,而隨以汙德。"

〔5〕勒御:駕馭;統治。

〔6〕牛馬:牛和馬。《周禮·夏官·職方氏》:"其畜宜牛馬,其穀宜黍稷。"

12.99 雅〔1〕,雒也〔2〕,爲之難,人將爲之〔3〕,雒雒然憚之也〔4〕。

〔1〕雅:正;合乎規範、標準的。《詩序》:"言天下之事,形四方之風,謂之雅。雅者,正也。"又指高雅不俗;優美。《楚辭·大招》:"容則秀雅,稚朱顔只。"王逸注:"言美女儀容閒雅,動有法則,秀異於人。"

〔2〕雒(luò):通"詻(è)"。争辯是非曲直。《説文·言部》:"詻,論訟也。"《慧琳音義》卷四十"雒":"江東人呼'雒'爲'訝',幽州人謂'雒'爲'鄂',皆訛轉也。"蔣禮鴻《義府續貂·雒雒》:"案:雒有詻音。《漢書·佞幸·韓嫣傳》:'子增,封龍雒侯。'顔注:'雒字或作額。'額即額字。《廣韻》入聲二十陌韻,額、詻同五陌切。《禮記·玉藻》:'言容詻詻。'鄭玄注:'教令嚴也。'嚴則人憚之,《釋名》云雒雒然,即詻詻然也。"參見本條〔4〕。

〔3〕爲:做;幹。《詩·小雅·北山》:"或出入風議,或靡事不爲。"

〔4〕雒雒:猶"詻詻"。直言論争貌。《墨子·親士》:"君必有弗弗之臣,上必有詻詻之士。"孫詒讓閒詁:"案詻,洪頤煊謂與諤同,近是。"引申爲嚴肅莊重貌。《禮記·玉藻》:"戎容暨暨,言容詻詻。"鄭玄注:"教令嚴也。" 憚(dàn):畏懼;敬畏。參見12.94〔3〕。

12.100 俗〔1〕,欲也〔2〕,俗人所欲也〔3〕。

〔1〕俗:庸俗;不高雅。又通"欲"。要;想;希望。《荀子·王制》:"天下不一,諸侯俗反,則天王非其人也。"于省吾《雙劍誃諸子新證》:"俗通欲。"《荀子·解蔽》:"故由用謂之,道盡利矣;由俗謂之,道盡嗛矣。"楊倞注:"俗當爲

欲……言若從人所欲，不爲節限，則天下之道盡於快意也。”

〔2〕欲：欲望；願望。《孫子・謀攻》：“上下同欲者勝。”

〔3〕俗人：庸俗的人；鄙俗的人。《荀子・儒效》：“不學問，無正義，以富利爲隆，是俗人者也。” 所欲：想要的；希望的。《禮記・曲禮上》：“賜人者不曰來取，與人者不問其所欲。”

12.101 艱[1]，根也[2]，如物根也[3]。

〔1〕艱：土難治。引申爲困難；不容易。《説文・堇部》：“艱，土難治也。”段玉裁注：“引申之，凡難理皆曰艱。”《書・説命中》：“非知之艱，行之惟艱。”僞孔傳：“言知之易，行之難。”

〔2〕根：植物長在土中（或水中）的部分。《管子・水地》：“（水）集於草木，根得其度，華得其數，實得其量。”

〔3〕吳志忠、佚名分別於“物根”後增一“引”字。吳志忠曰：“各本脱‘引’字，今補。”吳翊寅校議：“吳〔志忠〕本作‘如物根引也’。”引：延長；延續。《詩・小雅・楚茨》：“子子孫孫，勿替引之。”僞孔傳：“引，長也。”

12.102 難[1]，憚也[2]，人所忌憚也[3]。

〔1〕難：困難；艱難。《書・皋陶謨》：“惟帝其難之。”僞孔傳：“言帝堯亦以知人安民爲難。”

〔2〕憚（dàn）：畏難；畏懼。《詩・小雅・綿蠻》：“豈敢憚行，畏不能趨。”鄭玄箋：“憚，難也。”

〔3〕忌憚：顧慮畏懼。《禮記・中庸》：“君子之中庸也，君子而時中；小人之中庸也，小人而無忌憚也。”

12.103 吉[1]，實也[2]，有善實也[3]。

〔1〕善；美。《書・盤庚上》：“汝不和吉言于百姓，惟汝自生毒。”孔穎達疏：“責公卿不能和喻善言於百官……是公卿自生毒害。”又指吉利；吉祥。與“凶”相對。《易・繫辭上》：“吉，無不利。”

〔2〕實：實惠；實利。《吕氏春秋・下賢》：“今女欲官則相位，欲禄則上卿，既受吾實，又責吾禮，無乃難乎？”陳奇猷校釋：“實，猶實利也。”又物品；物産；物資。《易・歸妹》：“女承筐無實，士刲羊無血。”

〔3〕善：吉祥；美好。《論語・八佾》：“子謂《韶》‘盡美矣，又盡善也’；謂

《武》‘盡美矣，未盡善也’。”

12.104 凶[1]，空也，就空亡也[2]。

〔1〕凶：禍殃；不吉利。與“吉”相對。《左傳·昭公三十二年》：“越得歲，而吳伐之，必受其凶。”

〔2〕就：就近；湊近。《孟子·梁惠王上》：“望之不似人君，就之而不見所畏焉。” 空亡：占卜用語。迷信者謂爲凶辰（壞日子），做事不利。亡（wú）：無；没有。《論語·子張》：“日知其所亡，月無忘其所能，可謂好學也已矣。”邢昺疏：“亡，無也。”

12.105 停，定也[1]，定於所在也[2]。

〔1〕定：穩定；固定。《論語·季氏》：“孔子曰：‘君子有三戒：少之時，血氣未定，戒之在色；及其壯也，血氣方剛，戒之在鬥；及其老也，血氣既衰，戒之在得。’”

〔2〕所在：所處或所到之地。《山海經·海内西經》：“昆侖之虛方八百里，高萬仞……面有九門，門有開明獸守之，百神之所在。”

12.106 起，啓也[1]；啓，一舉體也[2]。

〔1〕啓：跪；危坐。古人鋪席於地，兩膝着席，臀部壓在脚後跟上，謂之“坐”；聳起上身爲“危坐”，即正身而跪，表示嚴肅恭敬。

〔2〕“一舉”，吳志忠校作“舉一”，曰：“各本‘舉一’二字倒，今乙。”佚名校：“‘一舉’二字倒。”吳翊寅校：“吳〔志忠〕本作‘啓舉一體也’，案《爾雅》：‘啓，跪也。’李巡云：‘小跪也。’《詩》‘不惶啓處’，毛傳與《雅》訓同。《論語》‘啓予手，啓予足’，《説文》作‘跠’，無‘舉一體’之訓。當依原本作‘一舉體’，與‘小跪’誼合。”按，綜合本書他條，疑“一”仍應在“舉”前，爲“上”之形訛。詳見卷二《釋形體》8.107〔3〕。舉體：擡起身體。

12.107 翱[1]，敖也[2]，言敖遊也[3]。

〔1〕翱（áo）：飛翔。《詩·鄭風·女曰雞鳴》：“將翱將翔，弋鳧與雁。”漢王褒《聖主得賢臣頌》：“恩從祥風翱，德與和氣游。”

〔2〕敖：游玩；游逛。《詩·小雅·鹿鳴》：“我有旨酒，嘉賓式燕以敖。”毛

傳：“敖，遊也。”

〔3〕敖遊：嬉遊；遊逛。《莊子·列禦寇》：“巧者勞而知者憂，無能者無所求，飽食而敖遊，泛若不繫之舟，虛而敖遊者也。”

12.108 翔[1]，佯也[2]，言仿佯也[3]。

〔1〕翔：行步；翶游。《吕氏春秋·士容》：“客有見田駢者，被服中法，進退中度，趨翔閑雅，辭令遜敏。”

〔2〕佯（yáng）：倘佯。徘徊；安閑自在地步行。《文選·宋玉〈風賦〉》：“然後倘佯中庭，北上玉堂。”李善注：“倘佯，猶徘徊也。倘，音常。”

〔3〕仿（páng）佯：周游；游蕩；遨游。《楚辭·遠游》：“聊仿佯而逍遥兮，永歷年而無成。”

12.109 出，推也[1]，推而前也[2]。

〔1〕推：向外用力使物體移動。《左傳·襄公十四年》：“夫二子者，或輓之，或推之，欲無入，得乎？”

〔2〕前：向前行進；前去。《莊子·盜跖》：“孔子下車而前。”

12.110 入，納也[1]，納使還也[2]。

〔1〕納：入；使入。《書·舜典》：“納于百揆，百揆時叙；賓于四門，四門穆穆；納于大麓，烈風雷雨弗迷。”

〔2〕徐復補疏：“《漢書·武帝紀》：‘古者治兵振旅，因遭虜之方入，將吏新會，上下未輯。’顔師古注引晉灼曰：‘入，猶還也。’是‘入’有‘還’義也。”

12.111 候[1]，護也[2]，司護諸事也[3]。

〔1〕候：觀察；守望。《説文·人部》：“候，伺望也。”《國語·晉語八》：“攀輦即利而舍，候遮扞衛不行。”韋昭注：“候，候望。”

〔2〕護：監視；監督；監察。《史記·李將軍列傳》：“有白馬將出護其兵，李廣上馬與十餘騎奔射殺胡白馬將。”張守節正義：“其將乘白馬，而出監護也。”《漢書·李廣傳》：“有白馬將出護兵。廣上馬，與十餘騎奔射殺白馬將。”顔師古注：“護謂監視之。”

〔3〕司（sì）護：監察。司：同“伺”。窺察；監視。《説文·司部》“司”段玉裁

注："古別無'伺'字，'司'即'伺'字。"《周禮·地官·媒氏》："司男女之無夫家者而會之。"鄭玄注："司，猶察也。"　諸事：各樣事情。《史記·李斯列傳》："且陛下富於春秋，未必盡通諸事，今坐朝廷，譴舉有不當者，則見短於大臣，非所以示神明於天下也。"

12. 112　望[1]，惘也[2]，視遠惘惘也[3]。

〔1〕篆字疏證本校："案《釋姿頌》篇有云：'望，茫也，遠視茫茫也。'誼與此同，此似重出。"按，參見卷三《釋姿容》9.29 條。《釋姿容》之"望"在"視""聽""觀"條之後，爲"觀望"之"望"，偏重於眼目；此"望"在"候"條之後，爲"候望"之"望"，偏重於心理。望：盼望；期待。《説文·亡部》："望，出亡在外，望其還也。"《楚辭·九歌·湘君》："望夫君兮未來，吹參差兮誰思。"

〔2〕惘（wǎng）：悵然失意貌。

〔3〕視遠：看得遠；望遠。　惘惘：猶"罔罔"。心神不定；遑遽而無所適從。《楚辭·九章·悲回風》："撫珮衽以案志兮，超惘惘而遂行。"王逸注："失志偟遽。"一説同 9.29 條之"茫茫"。廣大而遼闊貌。參見 9.29〔3〕。

12. 113　狡[1]，交[2]也，與物交錯也[3]。

〔1〕狡：猜疑。《管子·形勢》："烏鳥之狡，雖善不親。"尹知章注："狡，謂猜也。"

〔2〕交：錯雜；交錯。《孟子·滕文公上》："獸蹄鳥跡之道交於中國。"

〔3〕交錯：交叉；錯雜。《史記·扁鵲倉公列傳》："太子病血氣不時，交錯而不得泄，暴發於外，則爲中害。"形容往來不斷。《漢書·王莽傳中》："冠蓋相望，交錯道路。"

12. 114　夬[1]，決也[2]，有所破壞決裂之於終始也[3]。

〔1〕夬（guài）：堅決；果斷。《易·夬》："澤上於天，夬。"王弼注："夬者，明法而決斷之象也。"

〔2〕決：決斷；決定。《易·夬》："夬，決也，剛決柔也。"

〔3〕破壞：摧毀；毀壞。《史記·匈奴列傳》："其秋，匈奴大入定襄、雲中，殺略數千人，敗數二千石而去，行破壞光禄所築城列亭鄣。"　決裂：毀壞；敗壞。《史記·范雎蔡澤列傳》："夫商君爲秦孝公明法令決裂阡陌，以静生民之業而一其俗。"　吳志忠於"決裂"後增一"也"字，曰："各本脱'也'字，今補。"

吳翊寅校議：“吳〔志忠〕云‘決裂’下脱‘也’字，案：此當別爲條，補‘也’字是。”

“之”，吳志忠於“之”前增“終，充也，充”四字，連下另分爲條，曰：“各本‘之’上脱‘終，充也，充’四字……又誤連上條，今補正。”王引之曰：“余曩讀畢尚書校本而善之，今讀吳君校本，則又有畢本所不及者。如《釋言語》‘終，充也，充之於始也’，今本脱前四字。”充：足；滿。《周禮·天官·大府》：“凡萬民之貢，以充府庫。”鄭玄注：“充，猶足。”又指終了；完畢。謂自始至終的整段時間。《小爾雅·廣詁》：“充，竟也。”《詩·大雅·瞻卬》：“鞫人忮忒，譖始竟背。”鄭玄箋：“竟，猶終也。”“於終始也”，疏證本校：“案：下四字不可曉，疑誤。下文言‘始’，則對文當言‘終’，其訓釋不可攷矣。”篆字疏證本無此校語。吳志忠校本删去“終”字，曰：“‘於’下衍‘終’字。”吳翊寅校：“吳〔志忠〕本作‘終，充也，充之於始也’，云：‘各本之上脱“終，充也，充”四字，又“於”下衍“終”字，又誤連上條，今〔補〕正。’案：畢云與‘始’對文，當言‘終’，故據誼補。《儀禮·士冠禮》‘廣終幅’，鄭注云：‘終，充也。’本書多從鄭訓。又《爾雅·釋言》：‘終，竟也。’《小爾雅·廣詁》：‘充，竟也。’則當云‘充之於終始也’，‘終’字非衍文。”（按，吳翊寅引吳志忠校語，前“又”字衍，“正”前脱“補”字。） 終始：開始和結局。《禮記·大學》：“物有本末，事有終始，知所先後，則近道矣。”

12.115 始，息也[1]，言滋息也[2]。

〔1〕息：滋息；生長。參見 12.117〔1〕。

〔2〕滋息：繁殖；增生。《孔叢子·陳士義》：“於是乃適西河，大畜牛羊于猗氏之南，十年之間，其滋息不可計。”

12.116 消[1]，削也[2]，言減削也[3]。

〔1〕消：減耗；損耗。漢蔡邕《陳太丘碑》：“元方在喪毀瘁，消形嘔血。”

〔2〕削：削除；削減。《墨子·備城門》：“寇至度必攻。主人先削城編，唯勿燒。”

〔3〕減削：降低；減少。

12.117 息[1]，塞也[2]，塞滿也[3]。

〔1〕息：滋息；生長。《荀子·大略》：“有國之君，不息牛羊；錯質之臣，不息雞豚。”

〔2〕塞：充塞；充滿。《孟子·公孫丑上》：“其爲氣也，至大至剛，以直養而

無害,則塞於天地之間。”

〔3〕吳志忠於“塞滿”前增一“言”字,曰:“各本脱‘言’字,今補。”吳翊寅校:“吳〔志忠〕本作‘言塞滿也’。” 塞滿:布滿;填滿。《孟子·公孫丑上》“塞於天地之間”趙岐注:“養之以義,不以邪事干害之,則可使滋蔓塞滿天地之間,布施德教無窮極也。”

12. 118 姦[1],奸也[2],言奸正法也[3]。

〔1〕姦:奸邪;罪惡。《書·堯典》:“克諧以孝,烝烝乂,不格姦。”

〔2〕奸:干犯;擾亂。《左傳·襄公十四年》:“君制其國,臣敢奸之。雖奸之,庸知愈乎?”杜預注:“奸,猶犯也。”

〔3〕正法:準則;法度。《商君書·更法》:“慮世事之變,討正法之本,求使民之道。”正:常例;常法;準則。《商君書·開塞》:“訟而無正,則莫得其性也。”高亨注:“正,指不偏向一方的正確標準。”

12. 119 宄[1],佹也[2],佹易常正也[3]。

〔1〕宄(guǐ):作亂或盜竊的壞人。《書·舜典》:“蠻夷猾夏,寇賊姦宄。”偽孔傳:“在外曰姦,在内曰宄。”孔穎達疏:“寇賊姦宄,皆是作亂害物之名也。”

〔2〕佹(guǐ):乖戾;背離。《周禮·考工記·輪人》:“察其菑蚤不齵。”鄭玄注:“菑與爪不相佹。”《詩·大雅·皇矣》“四方以無拂”鄭玄箋:“拂,猶佹也。言無復佹戾文王者。”

〔3〕易:改變。《易·繫辭下》:“上古穴居而野處,後世聖人易之以宫室。”佹易,疑當作“佹異”,奇異,與正常的不一樣。 常正:常規;法則。常:常規;常法。《易·繫辭下》:“初率其辭,而揆其方,既有典常。”正:常例;常法;準則。參見上條〔3〕。

12. 120 誰[1],相也[2],有相擇[3],言不能一也[4]。

〔1〕誰:什麼;哪個。《説文·言部》:“誰,何也。”《論語·微子》:“鳥獸不可與同羣,吾非斯人之徒與而誰與?”

〔2〕相(xiàng):選擇。《周禮·考工記·矢人》:“凡相笴,欲生而摶。”鄭玄注:“相,猶擇也。”“相”,盧文弨、疏證本、吳志忠、巾箱本校作“推”,下同。疏證本校:“‘推’,舊本皆作‘相’,誤。案《史記·淮陰侯列傳》:‘始爲布衣時,貧無行,不得推擇爲吏。’正與此合。今改正。”吳志忠曰:“‘推’依畢校,下同。”

篆字疏證本校："'相'字疑誤，似當爲'擇'。"擇：挑選。《儀禮·士昏禮》："吾子有命，且以備數而擇之，某不敢辭。"按，以"相"或"擇"釋"誰"，於義均可通，然於聲韵不合，校"相"爲"推"是。此書有"木一扌"混作之例，又"隹"字迹漫漶即近"目"。同篇 12.136"省"條，《太平御覽》（卷三百七十八）影宋本、鮑刻本引《釋名》作"省，瘦也，矑省約少之言也"，倪炳刻本引作"省，瘦也，矑雀約少之言也"，"省一雀"異文，可爲"隹"易譌作"目"之佐證。"誰""推"均從"隹"字得聲，以"推"釋"誰"合乎《釋名》聲訓體例，故此條二"相"字均應是"推"字之形譌。推：薦舉；推選。《禮記·儒行》："適弗逢世，上弗援，下弗推。"鄭玄注："推，猶進也，舉也。"孔穎達疏："下弗推者，下謂人民也，謂進舉也。"

〔3〕相擇：選擇。

〔4〕一：專一。《淮南子·詮言》："賈多端則貧，工多技則窮，心不一也。"

吳志忠校："下脱'何'一條，各本同。"吳翊寅校議："吳云：'下脱何一條。'"佚名校："下脱'何'條，各本同。"

12.121 往，暀也[1]，歸暀於彼也[2]。故其言之，於卬頭以指遠也[3]。

〔1〕暀（wǎng）：往；去。

〔2〕"歸暀"之"暀"，黄丕烈校作"往"，施惟誠刻本、《格致叢書》本、疏證本作"往"。歸暀：同"歸往"。歸附；向往。參見卷三《釋親屬》11.5〔5〕。

〔3〕"於"，盧文弨、段玉裁、疏證本、黄丕烈、吳志忠删去。疏證本曰："今本'卬'上有'於'字，據下條義删。"吳志忠曰："删'於'，依畢校。" 卬（yǎng）頭：即"仰頭"。擡頭。《孔雀東南飛》："仰頭相向鳴，夜夜達五更。……蘭芝仰頭答，理實如兄言。"卬："仰"的古字。向上；擡頭向上。《莊子·天地》："爲圃者卬而視之。"陸德明釋文："卬，音仰。本又作'仰'。"

12.122 來，哀也[1]，使來入己哀之[2]。故其言之，低頭以招之也[3]。

〔1〕哀：憐憫；憐愛。《吕氏春秋·報更》："人主胡可以不務哀士?"高誘注："哀，愛也。"

〔2〕入：加入。《詩·小雅·賓之初筵》："賓載手仇，室人入又。"毛傳："主

人亦入於次,又射以耦賓也。”

〔3〕低頭:垂下頭。《莊子・盜跖》:“(孔子)色若死灰,據軾低頭,不能出氣。” 招:以打手勢、點頭等動作示意人過來。《詩・王風・君子陽陽》:“君子陽陽,左執簧,右招我由房。”鄭玄箋:“左手持笙,右手招我。”《楚辭・招魂》王逸題解:“招者召也,以手曰招,以言曰召。”

12.123 麤[1],錯也[2],相遠之言也[3]。

〔1〕麤(cū):粗布。《左傳・襄公十七年》:“齊晏桓子卒,晏嬰麤縗斬。”杜預注:“麤,三升布。”孔穎達疏:“鄭玄云:布八十縷爲升,然則《傳》以三升之布,布之最粗,故謂之粗也。”楊伯峻注:“布以八十縷爲一升,布幅寬二尺二寸(周尺,約合今四十四厘米),以三升,即二百四十縷織成,比之最細之布用三十升,即二千四百縷者,當極粗疏。”泛指粗糙;粗劣;粗疏。《禮記・王制》:“布帛精麤不中數,幅廣狹不中量,不粥於市。”

〔2〕徐復補疏:“復按:‘錯’,借爲‘皵’。楊樹達先生《書黃節樂府孤兒行後》:‘手爲錯,足下無菲’之‘錯’字,謂皵皵,手之皮膚爲之皵皵也。”錯:粗糙。《樂府詩集・相和歌辭十三・孤兒行》:“手爲錯,足下無菲。”漢張仲景《金匱要略・血痹虛勞》:“肌膚甲錯,兩目黯黑。”

〔3〕相遠:間隙遠;孔隙大。

12.124 納[1],弭也[2],弭弭兩致之言也[3]。

〔1〕“納”,盧文弨、疏證本、黃丕烈、吳志忠校作“細”。疏證本曰:“本皆作‘納’,誤也。此篇皆兩兩反對,‘麤’之對當作‘細’。”篆字疏證本:“此篇前後諸條皆兩兩反對,‘麤’之對當作‘細’。此與‘麤’對,當作‘細’。”吳志忠曰:“‘細’依畢校。”按,“細”亦作“緦”,形近而訛爲“納”。

〔2〕弭(mǐ):通“彌”。縫合;補救。《易・繫辭上》:“故能彌綸天地之道。”孔穎達疏:“彌謂彌縫補合。”

〔3〕弭弭:猶“彌彌”。連續;連接。漢應劭《風俗通・怪神・城陽景王祠》:“其有犯者,便收朝廷。若私遺脱,彌彌不絕,主者髡截,嘆無反已。” 兩致:兩相重疊;兩相靠近。致:重疊。《漢書・外戚傳下・定陶丁姬》:“因故棺爲致椁作冢,祠以太牢。”顏師古注:“致,謂累也。”佚名校:“無‘言’字。”

12.125 疏[1],索也[2],獲索相遠也[3]。

〔1〕疏：稀疏；稀少。《老子》：“天網恢恢，疏而不失。”高亨注：“疏，稀疏，不密。”

〔2〕索：散；空。《書·牧誓》：“牝雞之晨，惟家之索。”孔穎達疏引鄭玄云：“索，散也。”《左傳·昭公十二年》：“是能讀三墳、五典、八索、九丘。”孔穎達疏引張平子曰：“索，空。”

〔3〕獲索：空廓。獲：恢廓；空廓。《莊子·庚桑楚》“夫外韄者不可繁而捉”陸德明釋文本作“獲”，云：“獲，崔（譔）云：‘恢廓也。’”

12.126 密[1]，蜜也[2]，如蜜所塗[3]，無不滿也[4]。

〔1〕本條起頭正逢行首，刻工忘記空一格，致使該條看似與上條相合爲一條。盧文弨、段玉裁、疏證本、邵晉涵、吳志忠分別將以下另分爲條。《古今逸史》本、《逸雅》本以下另起。密：稠密。《易·小畜》：“密雲不雨。”

〔2〕蜜：蜂蜜。蜜蜂用所采的花蜜釀成的黏稠液體。

〔3〕塗：塗抹。《書·梓材》：“若作室家，既勤垣墉，惟其塗塈茨。”

〔4〕無不：沒有不；全是。《左傳·成公十四年》：“大夫聞之，無不聳懼。”

12.127 甘，含也[1]，人所含也。

〔1〕含：置物於口中，既不咽下也不吐出。《史記·三代世表》：“有燕衘卵墮之，契母得，故含之，誤吞之，即生契。”

12.128 苦，吐也[1]，人所吐也。

〔1〕吐：使物從口中出來。《荀子·賦篇》：“冬伏而夏游，食桑而吐絲。”

12.129 安，晏也[1]，晏晏然和喜[2]，無動懼也[3]。

〔1〕晏：安定；安寧；恬適。《史記·司馬相如列傳》：“及臻厥成，天下晏如也。”

〔2〕晏晏：和悦貌。《詩·衛風·氓》：“總角之宴，言笑晏晏。”毛傳：“晏晏，和柔也。” 和喜：和洽喜悦。《史記·禮書》：“古者太平，萬民和喜。”

〔3〕動：通“慟”。悲痛。《論語·先進》：“顔淵死，子哭之慟。”

12.130 危[1]，阢也[2]，阢阢不固之言也[3]。

〔1〕本條起頭正逢行首,刻工忘記空一格,致使該條看似與上條相合爲一條。盧文弨、段玉裁將以下分開。《古今逸史》本、郎奎金刻《逸雅》本、疏證本、吳志忠校本以下另分爲條。

〔2〕阢(wù):阢陧(niè),動搖不安。形容危險。《説文・阜部》:“陧,危也。……班固説:不安也。《周書》曰‘邦之阢陧’。”段玉裁注:“今《尚書》作‘杌陧’。”《書・秦誓》:“邦之杌陧,曰由一人。”僞孔傳:“杌陧,不安,言危也。”

〔3〕阢阢:猶“兀兀”。高聳搖晃貌。　不固:不穩固;不牢固。戰國楚屈原《離騷》:“理弱而媒拙兮,恐導言之不固。”

12.131　成,盛也[1]。[2]

〔1〕盛(shèng):旺盛;興盛;茂盛。《禮記・月令》:“(季春之月)生氣方盛,陽氣發泄。”又音 chéng,通“成”。《易・説卦》:“終萬物,始萬物者,莫盛乎艮。”王引之《經義述聞・周易下》:“盛當讀成就之‘成’。‘莫盛乎艮’,言無如艮之成就者。”

〔2〕吳志忠校:“下脱,各本同。”佚名校:“‘成,盛也’,‘敗,潰也’,‘亂,渾也’三條下皆有脱字,各本同。”

12.132　敗,潰也[1]。[2]

〔1〕潰:敗逃;散亂。《左傳・僖公四年》:“齊侯以諸侯之師侵蔡,蔡潰。”

〔2〕吳志忠校:“下脱,各本同。”

12.133　亂,渾也[1]。[2]

〔1〕渾(hùn):混雜;混淆。漢荀悦《申鑒・雜言下》:“揚雄曰:‘人之性善惡渾。’”

〔2〕吳志忠校:“下脱,各本同。”

12.134　治[1],值也[2],物皆值其所也。

〔1〕治:有規矩;嚴整。《孫子・軍争》:“以治待亂,以静待譁。”引申指政治清明,社會安定。與“亂”相對。《易・繋辭下》:“君子安而不忘危,存而不忘亡,治而不忘亂。”

〔2〕值:當;對。《儀禮・喪服》“大功八升若九升”鄭玄注:“不言七升者,

主於受服,欲其文相值。"賈公彥疏:"值者,當也……初死,冠皆與小功衰相當,故云'文相值'也。"

12.135 煩[1],繁也[2],物繁則相雜撓也[3]。

〔1〕煩:眾多;繁雜。与"省"相對。《書·說命中》:"禮煩則亂,事神則難。"

〔2〕繁:多。《左傳·成公十七年》:"今眾繁而從余三年矣,無傷也。"杜預注:"繁,猶多也。"

〔3〕雜撓:混雜擾亂。撓:擾亂;阻撓。《逸周書·史記解》:"外内相間,下撓其民,民無所附,三苗以亡。"

12.136 省[1],嗇也[2],曜嗇約少之言也[3]。

〔1〕省:簡;少。《管子·八觀》:"是故明君在上位,刑省罰寡,非可刑而不刑,非可罪而不罪也。"

〔2〕"嗇",盧文弨校作"瘦",疏證本、巾箱本作"瘦",下同;吳志忠校作"瘠",曰:"各本'瘠'誤'嗇',今改,下同。"佚名校:"'嗇'字誤,改作'瘠'。"吳翊寅校議:"吳〔志忠〕本作'省,瘠也,矅瘠約少之言也。'案《御覽》作'矅雀約少之言','雀'即'省'之訛體,'省''瘠'同聲字爲訓,本書例如此。畢依《御覽》引作'省,瘦也',於誼未合,當從吳〔志忠〕本作'瘠',不得以《説文》無'瘠'疑之也。今本作'省,嗇也',淺人所改,不可從。"王仁俊集斠:"逸文《一切〔經〕音義·八·無量清净平等覺經·上卷》引:'眚,瘠也,病者瘠瘦也。'與此條近似,而《姿容》《疾病》部無之,宜爲逸文,姑坿此,後再攷。"樓黎默校:"《御覽》二百七十八作'瘦,省也',亦作'省'。"按,《太平御覽》引作"省,瘦也,矅省約少之言也",不合《釋名》體例,未可輕從。《一切經音義》引作"省,瘠也,病者瘠瘦也"合於《釋名》體例,然"瘠""嗇"二字形不近,"嗇"不應訛作"瘠"字。盧文弨《龍城札記·矅嗇》又言:"'省,瘦'亦可通,但非《釋名》本耳。《周禮·大司馬》:'馮弱犯寡,則眚之。'注:'眚,猶人眚瘦也。'古'眚''省'通用。《春秋·莊廿二年》'肆大眚'《公羊》作'肆大省'。《周禮·大司徒》'眚禮'即'省禮'。"又不贊同校"嗇"爲"瘦",而謂"省""眚"古可通用。而吳志忠、佚名校"嗇"作"瘠",然"嗇""瘠"字形不近。受《一切經音義》引文及盧、吳等之启發,疑"嗇"應是"眚"字。卷一《釋天》1.90"青,眚也,如病者眚瘦也",疑應校作"眚,眚也,如病者眚瘦也",可與此條相參看。眚(shěng):減省;消瘦。《説文·目部》:"眚,目病生翳也。"段玉裁注:"又假爲減省之'省'。《周禮》:'馮弱犯寡則眚之。'注:'眚猶

人省瘦也。四面削其地。’按：‘省瘦’亦作‘瘠瘦’，俗云‘瘦省’。”《周禮·夏官·大司馬》：“馮弱犯寡則眚之。”注：“眚，損也。四面削其地，猶人眚瘦也。”

〔3〕曜瞢：疑當爲“矅眚”。消瘦。盧文弨《龍城札記·矅眚》：“《釋名·釋言語》篇：‘煩，繁也，物繁則相雜撓也。省，眚也，矅眚約少之言也。’‘省’與‘煩’相對成文，此篇例皆如此。或因《太平御覽》移入《人事部》瘦人類中，引作‘省，瘦也，矅瘦（《御覽》本譌“雀”）約少之言也’，遂依此改舊文，不知‘矅’字本亦非誤。《周禮·地官·大司徒》注云：‘瘠，矅也。’又《廩人》注云：‘不售而在廛，久則將瘦矅腐敗。’釋文竝云‘矅’又作‘矅’，音‘稍’。疏引《考工記·梓人》云：‘大胷，矅後。’矅是細小之義，故云‘瘦矅’。是疏所據鄭注作‘矅’字也。據此，則《釋名》定當作‘矅眚’，舊本但譌‘矅’從日旁耳，不當改爲‘矅瘦’。《考工記》‘矅’作‘燿’。”　約少：簡約瘦小。

12.137　間[1]，簡也[2]，事功簡省也[3]。

〔1〕間：同“閒（xián）”“閑”。閑暇。《左傳·昭公五年》：“間而以師討焉。”杜預注：“間，暇也。”

〔2〕簡：簡省；稀少。《莊子·人間世》：“其作始也簡，其將畢也必巨。”成玄英疏：“初起簡少，後必巨大。”

〔3〕事功：事情；功夫。　簡省：節約；省略。

12.138　劇[1]，巨也，事功巨也[2]。

〔1〕劇：繁多；繁忙。《商君書·算地》：“不觀時俗，不察國本，則其法立而民亂，事劇而功寡。”

〔2〕事功：事情；功夫。　吳志忠於“巨”後增一“大”字，曰：“各本脱‘大’字，今補。”吳翊寅校議：“吳〔志忠〕本‘巨’下有‘大’字。”

12.139　貞[1]，定也，精定不動惑也[2]。

〔1〕貞：穩定；安定。多指意志或操守堅定不移。與下條“淫”相對。《易·蠱》：“九二，幹母之蠱，不可貞。”尚秉和注：“貞，定也。”

〔2〕精：精神；精力。《莊子·在宥》：“必静必清，無勞女形，無搖女精，乃可以長生。”　動惑：動搖惑亂。

12.140 淫[1]，浸也[2]，浸淫旁入之言也[3]。

〔1〕淫：放縱；恣肆。《周禮·天官·宮正》："去其淫怠與其奇衺之民。"鄭玄注："淫，放濫也。"《國語·魯語下》："夫民勞則思，思則善心生；逸則淫，淫則忘善，忘善則惡心生。"又浸淫：浸漬。《周禮·考工記·匠人》："善防者水淫之。"鄭玄注："鄭司農云：'淫讀爲廞，謂水淤泥土留著，助之爲厚。'玄謂淫讀爲淫液之淫。"

〔2〕浸（qīn）：滲入；浸漬。

〔3〕浸淫：逐漸蔓延、擴展。《漢書·食貨志下》："富者不得自保，貧者無以自存，起爲盜賊，依阻山澤。吏不能禽而覆蔽之，浸淫日廣。於是青、徐、荊、楚之地，往往萬數。"　旁入：向旁邊浸入。

12.141 沈[1]，澹也[2]，澹然安著之言也[3]。

〔1〕沈：没入水中；沉没。《詩·小雅·菁菁者莪》："泛泛楊舟，載沈載浮。"

〔2〕澹（dàn）：安定；安静。《老子》："澹兮其若海，飂兮若無止。"《淮南子·俶真訓》："蜂蠆螫指而神不能澹。"高誘注："澹，定也。"

〔3〕澹然：安定貌；安静貌。《文選·揚雄〈長楊賦〉》："使海內澹然，永忘邊城之災。"李善注："澹，安也。"　安著（zhuó）：安放；安置。

12.142 浮，孚也[1]，孚甲在上稱也[2]。

〔1〕孚（fū）：穀粒的殻。後作"稃"。

〔2〕孚甲：植物籽實的外皮。參見12.91〔3〕。

12.143 貪，探也[1]，探入他分也[2]。

〔1〕探：取；摸取。《漢書·宣帝紀》："毋得以春夏摘巢探卵，彈射飛鳥。"

〔2〕盧文弨、疏證本、黃丕烈分別於"入"前增一"取"字。疏證本曰："今本脱'取'字，據《太平御覽》引增。"蘇輿校："《説文》：'探，遠取之也。'物非己有而妄意取之，故云'探取他分也'。"　他分（fèn）：別人那一份。分：所分之物；整體中的一部分。也作"份"。《左傳·昭公十二年》："昔我先王熊繹，與吕伋、王孫牟、燮父、禽父並事康王，四國皆有分，我獨無有。"杜預注："分，珍寶之器。"孔穎達疏："《魯語》曰：'古者分同姓以珍玉，展親也；分異姓以遠方之

職貢,使無忘服也。'是言諸侯皆得天子之分器也。"

12.144 廉,斂也[1],自檢斂也[2]。

〔1〕斂:約束;節制。《逸周書·命訓》:"撫之以惠,和之以均,斂之以哀,娛之以樂。"朱右曾校釋:"哀則情欲斂。"

〔2〕檢斂:檢點約束。

12.145 潔[1],確也[2],確然不群貌也[3]。

〔1〕潔:清潔;乾淨。《左傳·定公三年》:"莊公卞急而好潔,故及是。"比喻德行操守清白。《管子·明法》:"如此,則愨愿之人失其職,而廉潔之吏失其治。"

〔2〕確:堅定;堅決。《莊子·應帝王》:"正而後行,確乎能其事者而已矣。"陸德明釋文:"確,苦學反。李云:'堅貌。'"

〔3〕確然:剛强;堅定。《易·繫辭下》:"夫乾,確然示人易矣。"韓康伯注:"確,剛貌也。" 不群:不隨俗;不合群。《楚辭·離騷》:"鷙鳥之不羣兮,自前世而固然。"王逸注:"言鷙鳥執志剛厲,特處不羣,以言忠正之士,亦執分守節,不隨俗人。"

12.146 污[1],洿也[2],如洿泥也[3]。

〔1〕污:不清潔;骯髒。比喻貪贓;不廉潔。《韓非子·奸劫弑臣》:"我不以清廉方正奉法,乃以貪污之心枉法以取私利,是猶上高陵之顛,墮峻谿之下以求生,必不幾矣。"

〔2〕洿(wū):污穢;污濁。《論衡·雷虛》:"夫人食不净之物,口不知有其洿也,如食,己知之,名曰腸洿。"

〔3〕洿泥:污泥。《淮南子·説山訓》:"琬琰之玉,在洿泥之中,雖廉者弗釋。"

12.147 公,廣也[1],可廣施也[2]。

〔1〕廣:大。指規模、範圍、程度等超過一般。《書·周官》:"功崇惟志,業廣惟勤。"

〔2〕廣施:廣泛施予。

12.148　私，恤也[1]，所恤念也[2]。

〔1〕恤（xù）：體恤；憐憫。《左傳·昭公三十年》："事大在共其時命，事小在恤其所無。"

〔2〕沈錫祚校："《韻補》：'私，息夷切，聲當近綏。《釋名》：私，恤也，有所恤念也。'必當讀'綏'方與'恤'聲相近，亦與'支'韻相諧。'有'字應據補。"恤念：體恤；顧念。

12.149　勇，踴也[1]，遇敵踴躍[2]，欲擊之也[3]。

〔1〕踴：同"踊"。向上跳；跳躍。《左傳·哀公八年》："微虎欲宵攻王舍，私屬徒七百人，三踊於幕庭。"杜預注："於帳前設格，令士試躍之。"

〔2〕踴躍：形容情緒高漲、熱烈，爭先恐後。

〔3〕擊：攻打；進攻。《易·益》："上九：莫益之，或擊之。立心勿恒。凶。"

12.150　怯，脅也[1]，見敵恐脅也[2]。

〔1〕脅：畏懼；膽怯。《方言》卷一："脅，閱，懼也。齊楚之間曰脅閱。"

〔2〕恐脅：恐懼，害怕。

12.151　斷，段也[1]，分爲異段也。

〔1〕段：分段；截斷。銀雀山漢墓竹簡《孫臏兵法·擒龐涓》："於是段齊城、高唐爲兩，直將蟻傅平陵。"

12.152　絕[1]，截也[2]，如割截也[3]。

〔1〕絕：斷；分成兩段或幾段。《荀子·修身》："其折骨絕筋，終身不可以相及也。"

〔2〕截：斷；割斷。《史記·蘇秦列傳》："韓卒之劍戟皆陸斷牛馬，水截鵠鴈。"

〔3〕割截：割斷；截斷。

12.153　罵，迫也[1]，以惡言被迫人也[2]。

〔1〕迫：逼迫；强迫。《左傳·哀公十五年》："（孔伯姬）迫孔悝於廁，强盟之。"又指困厄；窘迫。《韓非子·存韓》："夫韓嘗一背秦而國迫地侵，兵弱

至今。”

〔2〕惡言：無禮、中傷的言語。《禮記·祭義》：“是故惡言不出於口，忿言不反於身。” 被迫：强行逼迫、壓迫。被：施加。《詩·大雅·既醉》：“天被爾禄。”鄭玄箋：“天覆被女以禄位，使禄臨天下。”

12.154 詈[1]，歷也[2]，以惡言相彌歷也[3]。亦言離也，以此掛離之也[4]。

〔1〕詈（lì）：罵；責備。《書·無逸》：“小人怨汝詈汝。”

〔2〕歷：亂；紊亂。《大戴禮記·子張問入官》：“歷者獄之所由生也。”盧辯注：“歷，歷亂也。”引申爲擾亂；觸犯。漢東方朔《非有先生論》：“將儼然作矜莊之色，深言直諫，上以拂人主之邪，下以損百姓之害，則忤於邪主之心，歷於衰世之法。”

〔3〕惡言：無禮、惡毒的言語。《禮記·祭義》：“是故惡言不出於口，忿言不反於身。” 彌歷：猶“滅裂”。敗壞；毁滅。

〔4〕掛：劃分；界畫。《説文·手部》：“挂，畫也。”段玉裁注：“古本多作畫者，此等皆有分别畫出之意。”《淮南子·氾論訓》：“伯余之初作衣也，緂麻索縷，手經指挂，其成猶網羅。”“掛”，黄丕烈校作“卦”，疏證本作“挂”。王先謙疏證補：“‘挂’疑‘詿’之誤。《説文》：‘詿，誤也。’《廣雅·釋詁》：‘詿，欺也。’以惡言欺誤人而離之。”詿（guà）：貽誤；搞壞。《説文·言部》：“詿，誤也。”段玉裁注：“詿謂有所挂牽而然也。”

12.155 祝[1]，屬也[2]，以善惡之詞相屬著也[3]。

〔1〕祝（zhòu）：詛咒；發誓。《詩·大雅·蕩》：“侯作侯祝，靡屆靡究。”毛傳：“作、祝，詛也。”又音 zhù。祝禱。《公羊傳·襄公二十九年》：“諸爲君者皆輕死爲勇，飲食必祝曰：‘天苟有吴國，尚速有悔於予身。’”何休注：“祝，因祭祝也。”又指祝頌。《左傳·哀公二十五年》：“公宴於五梧，武伯爲祝。”杜預注：“祝，上壽酒。”按，“咒（呪）”與“祝（zhù）”同，一正一反，本爲一事，即向上天、神靈等寄託意願。

〔2〕屬（zhǔ）：依託；寄託。《楚辭·天問》：“日月安屬？列星安陳？”

〔3〕善惡：好壞；褒貶。《楚辭·離騷》：“世幽昧以眩曜兮，孰云察余之善惡。” 屬著（zhǔzhuó）：依託；附着。

12.156 詛[1]，阻也[2]，使人行事阻限於言也[3]。

〔1〕詛（zǔ）：詛咒；咒罵。《詩·小雅·何人斯》：“及爾如貫，諒不我知。出此三物，以詛爾斯。”陸德明釋文：“以禍福之言相要曰詛。”漢劉向《新序·雜事一》：“一人祝之，一國詛之；一祝不勝，萬詛國亡。”又指盟誓。《周禮·春官·詛祝》：“詛祝，掌盟、詛、類、造、攻、說、禬、禜之祝號。”鄭玄注：“盟、詛主於要誓，大事曰盟，小事曰詛。”賈公彦疏：“盟者，盟將來……詛者，詛往過。”

〔2〕阻：阻止；障隔。《左傳·僖公二十二年》：“勍敵之人，隘而不列，天贊我也；阻而鼓之，不亦可乎？”

〔3〕疏證本校：“《一切經音義》兩引，‘使人’上皆有‘謂’字。”丁山將畢校之“兩”改爲“三”。胡楚生校：“慧琳《音義》和希麟《音義》凡五引此條，慧琳《音義》卷二十七引作‘詛謂使人行事阻限於言’。卷五十九所引，‘使’上有‘謂’字，卷七十所引，‘使’上有‘謂’字。希麟《音義》卷三所引，‘使’上有‘謂’字。” 行事：辦事；從事。《易·乾》：“終日乾乾，行事也。” 阻限：阻隔。漢王粲《爲劉荆州與袁尚書》：“河山阻限，狼虎當路，雖遣驛使，或至或否……告而莫達。”

12.157 盟[1]，明也，告其事於神明也[2]。

〔1〕盟：古代諸侯爲釋疑取信而對神立誓締約的一種禮儀，多殺牲歃血。泛指發誓、起誓。《周禮·秋官·序官》：“司盟，下士二人，府一人，史二人，徒四人。”鄭玄注：“盟，以約辭告神，殺牲歃血，明著其信也。”

〔2〕告：上報；報告。《史記·孟嘗君列傳》：“（齊王）使人至境候秦使。秦使車適入齊境，使還馳告之。” 神明：天地間一切神靈的總稱。《易·繫辭下》：“陰陽合德，而剛柔有體，以體天地之變，以通神明之德。”孔穎達疏：“萬物變化，或生或成，是神明之德。”

12.158 誓[1]，制也[2]，以拘制之也[3]。

〔1〕誓：發誓；盟約。《詩·衛風·氓》：“言笑晏晏，信誓旦旦。”孔穎達疏：“與己爲信誓，許偕至於老者，旦旦然懇惻款誠如是。”

〔2〕制：管束；控制。《國語·晉語一》：“吾以子見天子，令子爲上卿，制晉國之政。”王仁俊集斠：“《輔行記·一》之四引首句。”

〔3〕拘制：約束；限制。

12.159　佐[1]，左也[2]，在左右也[3]。

〔1〕佐：輔助；幫助。《詩·小雅·六月》：“王於出征，以佐天子。”

〔2〕左：佐助。《墨子·雜守》：“亟收諸雜鄉金器，若銅鐵及他可以左守事者。”

〔3〕左右：原指幫助；輔佐。《易·泰》：“輔相天地之宜，以左右民。”孔穎達疏：“左右，助也，以助養其人也。”引申指左面和右面。《史記·孫子吳起列傳》：“汝知而心與左右手背乎？”

12.160　助，乍也[1]，乍往相阻[2]，非長久也[3]。

〔1〕乍：暫時；短暫。《文選·張衡〈西京賦〉》：“將乍往而未半，怵悼慄而慫兢。”李善注引《廣雅》：“乍，暫也。”

〔2〕“阻”，盧文弨、段玉裁、疏證本、吳志忠校作“助”。疏證本曰：“‘相助’，本皆作‘相阻’，今從段校本改。”吳志忠曰：“‘助’依畢校。”篆字疏證本未改，云：“‘阻’當爲‘助’，聲之誤也。”

〔3〕長久：時間很長；持久。《國語·越語下》：“其君臣上下皆知其資財之不足支長久也。”

12.161　飾[1]，拭也[2]，物穢者[3]，拭其上使明。由他物而後明[4]，猶加文於質上也[5]。

〔1〕飾：刷洗清潔；拭。《周禮·地官·封人》：“凡祭祀，飾其牛牲。”鄭玄注：“飾，謂刷治潔清之也。”

〔2〕拭：揩；擦。《儀禮·聘禮》：“賈人北面坐，拭圭。”

〔3〕穢：污濁；骯髒。《左傳·昭公二十六年》：“且天之有彗也，以除穢也。”

〔4〕他物：別的物體。　而後：然後。《論語·述而》：“子與人歌而善，必使反之，而後和之。”

〔5〕文：彩色交錯。亦指彩色交錯的圖形。《易·繫辭下》：“物相雜，故曰文。”韓康伯注：“剛柔交錯，玄黃錯雜。”　質：質地；底子。《儀禮·鄉射禮》：“凡侯，天子熊侯，白質，諸侯麋侯，赤質。”鄭玄注：“白質、赤質，皆謂采其地。”

12.162　蕩[1]，盪也[2]，排盪去穢垢也[3]。

〔1〕蕩:蕩滌;清除。《禮記·昏義》:"是故日食則天子素服,而脩六官之職,蕩天下之陽事。"鄭玄注:"蕩,蕩滌,去穢惡也。"

〔2〕盪:移動;搖動。《易·繫辭下》:"剛柔相摩,八卦相盪。"韓康伯注:"相推盪也,言運之推移。"又指洗滌;清除。《漢書·藝文志》:"聊以盪意平心,同死生之域,而無怵惕於胸中。"顏師古注:"盪,滌。"

〔3〕排盪:激蕩;沖激。　穢垢:污濁。

12. 163　啜[1],惙也[2],心有所念[3],惙然發此聲也[4]。

〔1〕啜(chuò):哭泣;抽噎。《詩·王風·中谷有蓷》:"有女仳離,啜其泣矣。"

〔2〕惙(chuò):憂愁。《逸周書·嘗麥》:"爾臨獄無頗,正刑有惙。"朱右曾校釋:"惙,憂也。"

〔3〕念:思念;懷念。參見12.167〔1〕。

〔4〕惙然:嘆氣貌。

12. 164　嗟[1],佐也[2],言之不足以盡意[3],故發此聲以自佐也[4]。

〔1〕嗟(jiē):嘆息。《易·離》:"日昃之離,不鼓缶而歌,則大耋之嗟。凶。"

〔2〕佐:輔助;幫助。《詩·小雅·六月》:"王于出征,以佐天子。"

〔3〕不足以:不夠格;不能夠。盡意:充分表達心意。《易·繫辭上》:"書不盡言,言不盡意。"孔穎達疏:"意有深邃委曲,非言可寫,是言不盡意也。"

〔4〕自佐:輔助自己。

12. 165　噫[1],憶也[2],憶念之[3],故發此聲憶之也。

〔1〕噫(yī):嘆詞。表示悲痛或嘆息。《論語·先進》:"顏淵死。子曰:'噫!天喪予!天喪予!'"何晏集解引包咸曰:"噫,痛傷之聲。"

〔2〕憶:思念;想念。參見12.168〔1〕。

〔3〕憶念:思念。

12. 166　嗚[1],舒也[2],氣憤滿[3],故發此聲以舒寫之也[4]。

〔1〕嗚(wù):哀傷。《周禮·秋官·銜枚氏》:"禁叫呼歎嗚於國中者。"鄭玄注:"嗚,吟也。"

〔2〕舒:抒發;發泄。《楚辭·九章·哀郢》:"登大墳以遠望兮,聊以舒吾憂心。"

〔3〕氣:精神狀態;情緒。《莊子·庚桑楚》:"欲靜則平氣。" 憤懣:猶"憤懣"。抑鬱煩悶。漢司馬遷《報任少卿書》:"恐卒然不可爲諱,是僕終已不得舒憤懣以曉左右。"

〔4〕舒寫(xiè):同"舒瀉"。抒發;發泄。漢蔡邕《青衣賦》:"雖得嬿婉,舒寫情懷。"

12.167 念[1],黏也[2],意相親愛[3],心黏著不能忘也[4]。

〔1〕念:思念;懷念。《詩·秦風·小戎》:"言念君子,温其在邑。"

〔2〕黏(nián):膠附;黏合。漢王褒《僮約》:"黏雀張鳥,結網捕魚。"

〔3〕意:内心;胸懷。《樂府詩集·雜曲歌辭·焦仲卿妻》:"吾意久懷忿,汝豈得自由!" 親愛:親近喜愛。《禮記·大學》:"人之其所親愛而辟焉。"

〔4〕黏著(zhuó):黏連在一起。《周禮·考工記·輪人》"雖有深泥,亦弗之溓也"鄭玄注引鄭司農曰:"溓,讀爲黏,謂泥不黏著輻也。"

《〈釋名疏證補〉補·〈釋名補遺〉補》:"懷,回也。本有去意,回來就已也。"沈錫祚校:"此字今本脱,當在'念''憶'之間,見《韻補》引。"孫祖同校:"'懷'字列《姿容》門,不應再補於此。"

12.168 憶[1],意也[2],恒在意中也[3]。

〔1〕憶:思念;想念。《樂府詩集·相和歌古辭·飲馬長城窟行》:"上言加湌飯,下言長相憶。"

〔2〕意:内心;胸懷。參見上條〔3〕。

〔3〕恒:長久;固定。《易·恒》:"《象》曰:恒,久也。" 意中:心裏。

12.169 思,司也[1],凡有所司捕[2],必静思[3]。"忖"亦然也[4]。

〔1〕司(sì):同"伺"。偵察;探察。《周禮·地官·媒氏》:"司男女之無夫家者而會之。"鄭玄注:"司,猶察也。"

〔2〕司捕:同"伺捕"。偵察並抓捕。參見卷三《釋姿容》9.5〔3〕。

〔3〕静思:沉静地思考、省察。《荀子·解蔽》:"闢耳目之欲,而遠蚊虻之聲,閑居静思則通。"

〔4〕忖:思量;揣度。漢禰衡《鸚鵡賦》:"忖陋體之腥臊,亦何勞於鼎俎。"

12. 170 克⁽¹⁾,刻也,刻物有定處⁽²⁾,人所克念有常心也⁽³⁾。

〔1〕克:通"刻"。銘記。《詩·大雅·雲漢》:"后稷不克。"鄭玄箋:"克,當作刻。刻,識也。"

〔2〕定處:固定之處。

〔3〕克念:記念;懷念。 常心:猶"恒心"。固定不變的心。

12. 171 慮,旅也⁽¹⁾;旅,衆也。《易》曰:"一致百慮⁽²⁾。"慮及衆物⁽³⁾,以一定之也⁽⁴⁾。

〔1〕旅:衆;衆多。《左傳·昭公三年》:"小人之利也,敢煩里旅。"杜預注:"旅,衆也,不敢勞衆爲己宅。"

〔2〕一致百慮:趨向雖然相同,却有各種考慮。常指慮雖百端,理歸於一。《易·繫辭下》:"天下同歸而殊塗,一致而百慮。"孔穎達疏:"一致而百慮者,所致雖一,慮必有百,言慮雖百種,必歸於一致也。"

〔3〕衆物:萬物;諸物。《史記·律書》:"明庶風居東方。明庶者,明衆物盡出也。"

〔4〕一:相同;一樣。《淮南子·説山訓》:"所行則異,所歸則一。"

《釋名集斠·釋名逸文》:"㵰猶傾也,側器傾水漿也。"許克勤校:"《字典·水部》引《釋名》如此,桂氏《説文義證》亦引之。按:《説文》:'傾,側出泉也。''泉'字當作'酒'。《玉篇》:'㵰,口泠切,出酒也。'黎刻《玉篇》:'㵰,口泠反。'引《説文》作'側酒出也'。蓋'酒出'二字互倒,而今本'出'上脱一'側'字。野王訓'側出酒',即本《説文》,義與《釋名》合。"

《〈釋名疏證補〉補·〈釋名補遺〉補》:"兑,悦也。物得備足,皆喜悦也。"沈錫祚校:"今本無此條,見《韻補》卷五'兑'引。"

丁山《〈一切經音義〉待校録》:"'搇(《釋名》作鐥),拴急持也。'玄應譯本引作:'搇,《釋名》作擒,同,巨今反。搇,拴急持匃也。'"

丁山《〈一切經音義〉待校録》:"'繆,差也。'"

釋飲食第十三[1]

〔1〕飲食：既是動詞，指吃喝。《書・酒誥》："爾乃飲食醉飽。"又是名詞，指飲料和食品。《詩・小雅・楚茨》："苾芬孝祀，神嗜飲食。"鄭玄箋："苾苾芬芬有馨香矣，女之以孝敬享祀也，神乃歆嗜女之飲食。"

13.1 飲，奄也[1]，以口奄而引咽之也[2]。

〔1〕奄：覆蓋。《説文・大部》："奄，覆也。"《淮南子・脩務訓》："萬物至衆，而知不足以奄之。"高誘注："奄，蓋之也。"

〔2〕引：收納；引進。《東觀漢記・蔡邕傳》："虹晝見御座庭前，色青赤，上引邕問之。"

13.2 食，殖也[1]，所以自生殖也[2]。

〔1〕殖：孳生；繁殖。《左傳・隱公六年》："爲國家者，見惡如農夫之務去草焉，芟夷蘊崇之，絶其本根，勿使能殖，則善者信矣。"

〔2〕生殖：孳生；生長。《左傳・昭公二十五年》："爲温慈惠和以效天之生殖長育。"

13.3 啜[1]，絶也[2]，乍啜而絶於口也[3]。

〔1〕啜(chuò)：食；飲。《墨子・節用中》："飯於土塯，啜於土形。"

〔2〕絶：斷絶；净盡。《論語・衛靈公》："在陳絶糧，從者病，莫能興。"

〔3〕乍：暫；短暫。《文選・張衡〈西京賦〉》："將乍往而未半，怵悼慄而慫兢。"李善注引《廣雅》："乍，暫也。"引申爲初；剛剛。

13.4 飡[1]，乾也[2]，乾入口也[3]。

〔1〕飡(cān)：同"餐"。吃；吞食。《楚辭・遠遊》："飡六氣而飲沆瀣兮，漱正陽而含朝霞。"

〔2〕乾(gān)：没有水分或水分很少。《詩・王風・中谷有蓷》："中谷有蓷，暵其乾矣。"

〔3〕入口:進入嘴中。指飲食。《左傳·定公四年》:"及楚昭王在隨,申包胥如秦乞師……立依於庭牆而哭,日夜不絶聲,勺飲不入口,七日。"

13.5 吮[1],循也[2],不絶口[3],稍引滋汋[4],循咽而下也[5]。

〔1〕吮(shǔn):用嘴吸。《韓非子·備内》:"醫善吮人之傷,含人之血。"

〔2〕循:沿着;順着。《左傳·僖公四年》:"若出於東方,觀兵於東夷,循海而歸,其可也。"

〔3〕絶口:閉口;住口。

〔4〕稍:表示程度輕微,相當於"稍微""略微"。《左傳·昭公十年》:"昔慶封亡,子尾多受邑而稍致諸君。" 引:收納,引進。 滋汋(zhuó):應是"滋液",指唾液。漢班固《白虎通·情性》:"口能咳嘗,舌能知味,亦能出音聲,吐滋液。"參見卷二《釋形體》8.19〔1〕。

〔5〕咽(yān):咽喉。《漢書·息夫躬傳》:"吏就問,云咽已絶,血從鼻耳出。"顔師古注:"咽,喉嚨。"

13.6 嗽[1],促也[2],用口急促也[3]。

〔1〕嗽(suō):吮吸。漢王充《論衡·驗符》:"(建初)四年,甘露下泉陵、零陵、洮陽、始安、冷道五縣……民嗽吮之,甘如飴蜜。"

〔2〕促:急速;緊迫。《莊子·庚桑楚》"夫外韄者不可繁而捉"陸德明釋文:"崔作'促',云'迫促也'。"

〔3〕疏證本校:"《一切經音義》《太平御覽》皆引作'用力急促',非。"王仁俊集斠:"《一切經音義·九·大智度論·三》引:'欶,促也,用力急促也。'"胡楚生校:"慧琳《音義》卷四十六引此條'口'作'力'。" 急促:快而短促。

13.7 含[1],合也,合口停之也[2]。"銜"亦然也[3]。

〔1〕含:置物於口中,既不咽下也不吐出。《莊子·馬蹄》:"含哺而熙,鼓腹而游。"

〔2〕合口:閉口;使嘴合攏。停:保存;保留。

〔3〕銜:含在嘴裏;用嘴咬着。《漢書·酷吏傳·義縱》:"上曰:'縱以我爲不行此道乎?'銜之。"顔師古注:"銜,含也。包含在心,以爲過也。"

13.8 咀[1]，藉也[2]，以藉齒牙也[3]。

〔1〕咀（jǔ）：嚼；嚼食。《管子·水地》：“（人）三月如咀。”尹知章注：“咀咀，口和嚼之，謂三月之胚渾初凝，類口所嚼食也。”

〔2〕藉（jiè）：以物襯墊。

〔3〕齒牙：牙齒。《漢書·東方朔傳》：“朔對曰：‘臣觀其舌齒牙，樹頰胲，吐脣吻……臣朔雖不肖，尚兼此數子者。’”

13.9 嚼[1]，削也[2]，稍削也[3]。

〔1〕嚼：上下牙齒磨碎食物。《淮南子·説林訓》：“嚼而無味者，弗能内於喉。”

〔2〕削：分；割裂。《戰國策·齊策一》：“夫齊之削地封田嬰，是其所弱也。”高誘注：“削，分也。”

〔3〕稍：漸；逐漸。《史記·項羽本紀》：“項王乃疑范增與漢有私，稍奪其權。” 吳志忠於“稍削”後增一“之”字，曰：“各本脱‘之’字，今補。”吳翊寅校議：“吳〔志忠〕本作‘稍削之也’。”

13.10 鳥曰“啄”[1]，如啄物[2]，上復下也[3]。

〔1〕啄：鳥用嘴取食。《詩·小雅·小宛》：“交交桑扈，率場啄粟。”《説文·口部》：“啄，鳥食也。”段玉裁注：“鳥味鋭，食物似啄。《吳都賦》説水鳥曰：‘彫啄蔓藻。’”

〔2〕啄：敲擊；叩擊。“啄物”之“啄”，段玉裁校作“琢”。疏證本校：“‘啄物’之‘啄’疑當作‘琢’。”吳志忠校作“琢”，曰：“‘琢’依畢校。”邵晉涵校作“椓”，曰：“以意改。”琢：雕刻加工玉石。《詩·衛風·淇奧》：“有匪君子，如切如瑳，如琢如磨。”毛傳：“治骨曰切，象曰瑳，玉曰琢，石曰磨。”

〔3〕復：又；更；再。《左傳·僖公五年》：“晉侯復假道於虞以伐虢。”

13.11 獸曰“齧”[1]。齧，齾也[2]，所臨則禿齾也[3]。

〔1〕齧（niè）：同“嚙”。咬。《禮記·曲禮上》：“侍食於長者……毋齧骨；毋反魚肉。”

〔2〕齾（yà）：缺齒。《説文·齒部》：“齾，缺齒也。”引申爲器物殘缺；挫損。

〔3〕臨：碰上；逢着。《論語·述而》：“必也臨事而懼，好謀而成也。”

13.12 餅[1]，并也[2]，溲麪使合并也[3]。

〔1〕餅：用麪粉製成的食品。《墨子·耕柱》：“見人之作餅，則還然竊之。”《説文》：“餅，麪餈也。”

〔2〕并：合併。《韓非子·有度》：“荆莊王并國二十六，開地三千里。”

〔3〕溲（sǒu）麪：和麪。溲：以液體調和粉狀物。《禮記·内則》：“去其皽爲稻粉，糔溲之以爲酏。” 合并：結合到一起。《莊子·則陽》：“丘山積卑而爲高，江河合水而爲大，大人合并而爲公。”

13.13 胡餅[1]，作之大漫沍也[2]，亦言以胡麻著上也[3]。蒸餅[4]、湯餅[5]、蝎餅[6]、髓餅[7]、金餅[8]、索餅之屬[9]，皆隨形而名之也[10]。

〔1〕胡餅：指經烘烤製成的麪餅。由西域胡人傳入，故名。《太平御覽》卷八百六十《飲食部·餅》引《續漢書》：“靈帝好胡餅，京師皆食胡餅。”

〔2〕“漫沍”，段玉裁校作“漫互”。疏證本校：“《説文》无‘漫’字，此當作‘㒼’。案鄭注《周禮·鱉人》云：‘互物，謂有甲㒼胡，龜鱉之屬。’則‘㒼胡’乃外甲兩面周圍蒙合之狀。胡餅之形似之，故取名也。”篆字疏證本校作“㒼胡”，云：“‘㒼胡’，今本作‘漫沍’，《太平御覽》引作‘漫汗’。”漫沍（hú）：囫圇模糊貌。

〔3〕胡麻：即芝麻。相傳得其種於西域胡人，故名。《神農本草經》卷一：“胡麻，一名巨勝。” 著（zhuó）：依附；附着。《國語·晉語四》：“今戾久矣，戾久將底。底著滯淫，誰能興之？”韋昭注：“著，附也。”

〔4〕蒸餅：蒸制而成的麪餅，即饅頭。

〔5〕湯餅：水煮的麪片之類的食品。

〔6〕蝎（hé）餅：一種麪食，又稱“蝎子”“截餅”。疏證本曰：“《齊民要術》云：‘截餅一名蝎子。’蓋即蝎餅也。”北魏賈思勰《齊民要術·餅法》：“環餅一名‘寒具’，截餅一名‘蝎子’，皆須以蜜調水溲麪。若無蜜，煮棗取汁。牛羊脂膏亦得，用牛羊乳亦好，令餅美脆。”

〔7〕髓餅：用骨髓油等和麪作成的餅。北魏賈思勰《齊民要術·餅法》：“髓餅法：以髓脂、蜜，合和麪；厚四五分，廣六七寸；便著胡餅鑪中，令熟。”

〔8〕金餅：外面有一層黄豆之類細粉的餅，因色黄而得名。又，經油煎炸後的麪餅色澤金黄，也可能是油煎之餅。

〔9〕索餅：即麪條，以其細長如線索而得名。漢張仲景《傷寒論·辨厥陰

症脈症並治》："（傷寒病人）食以索餅；不發熱者，知胃氣尚在，必愈。"清俞正燮《癸巳存稿·麪條子》："索餅，乃今麪條之專名。"

〔10〕疏證本校："'皆'，《一切經音義》引作'各'。"許克勤校："黎刻《玉篇》引作：'胡餅、蒸餅、湯餅、蝎餅、髓餅、金餅，各隨形而名之也。'"按：羅振玉影印《玉篇·食部第一百十三》殘卷"餅"字作："《釋名》：'胡餅、蒸餅、蝎餅、髓餅、食餅，各隨形而名之也。'"見《原本玉篇殘卷》第 81 頁，第 9－10 行。黎刻《玉篇》引亦無"湯餅"，見《原本玉篇殘卷》第 284 頁，第 1－2 行。胡楚生校："慧琳《音義》兩引此條，卷五十八引作：'烝餅、湯餅、索餅、髓餅等，各隨形以名之也。'卷六十二引作：'有餬餅、饊餅等，各隨形而名之也。'"

13.14 糝[1]，敄也[2]，相黏敄也[3]。

〔1〕糝(sǎn)：以米和羹。《禮記·內則》："和糝不蓼。糝：取牛羊豕之肉，三如一，小切之，與稻米，稻米二，肉一，合以爲餌煎之。"陳澔集説："宜以五味調和米屑爲糝，不須加蓼，故云和糝不蓼也。"

〔2〕敄(rǔ)：黏。《方言》卷三："䋻、敄，黏也。齊魯、青徐，自關而東，或曰䋻，或曰敄。"

〔3〕黏敄：黏着；黏連在一起。

疏證本補遺："'黍，敄也，相黏敄也。'引見《太平御覽》。案《説文》無'敄'字。"

13.15 餌[1]，而也[2]，相黏而也[3]。[4]

〔1〕餌(ěr)：糕餅。《周禮·天官·籩人》："羞籩之實，糗餌、粉餈。"鄭玄注："此二物皆粉稻米、黍米所爲也。合蒸曰餌，餅之曰餈。"

〔2〕"而"，段玉裁校作"濡"。疑當作"腝(ér)"。腝：亦作"濡"。"臑"的被通假字。烹煮。《左傳·宣公二年》："宰夫腝熊蹯不熟，殺之。"陸德明釋文："腝音而，煮也。"《禮記·內則》："濡豚包苦實蓼，濡雞醢醬實蓼，濡魚卵醬實蓼，濡鱉醢醬實蓼。"鄭玄注："凡濡，謂亨之以汁和也。"陸德明釋文："濡，音而。"

〔3〕黏而：同上條之"黏敄"。黏着；黏連在一起。

〔4〕盧文弨、段玉裁、邵晉涵、黃丕烈分別於此處加一連接綫，使與下條連接。疏證本、吳志忠校本以下不另起。巾箱本此處有小字："下接'兗豫曰'。"

13.16 兖[1]、豫曰“溏浹”[2]，就形名之也[3]。

〔1〕兖：兖州。漢武帝所置十三刺史部之一。轄境約當今山東西南部及河南東部一帶。參見卷二《釋州國》7.11。

〔2〕豫：豫州。漢武帝所置十三刺史部之一。轄境約當今淮河以北、伏牛山以東豫東、皖北地。參見卷二《釋州國》7.5。 “溏浹”，成蓉鏡補證：“案‘溏浹’疑即‘餹餳’之譌。《集韻》：‘餳，餌也，兖、豫謂之餹餳。’當本此。《太平御覽》八百六十引《釋名》‘兖豫曰溏浹’，注云：‘或作夷。’蓋‘餳’或省作‘弟’，而‘弟’又誤作‘夷’也。”葉德炯校：“‘溏’疑‘餹’之假借，‘浹’謂融浹。”許克勤校：“黎刻《玉篇·食部》‘餹’引作：‘兖、豫謂餌曰餹餳也。’勤按：‘浹’‘餳’古通，言餹形如浹也。又‘餳’，徒奚反。《埤蒼》：‘餹餳，餌也。’按此則‘溏浹’當作‘溏浹’，即‘餹餳’也。”按，羅振玉影印《玉篇·食部第一百十三》殘卷“餹”字條引同，見《原本玉篇殘卷》第95頁，第8行。餹餳(tí)：一種甜餅。《玉篇零卷·食部》“餳”下引《埤蒼》：“餹餳，餌也。”

〔3〕就：依從；按照。 名：命名；取名。《左傳·襄公二十六年》：“取以人，名之曰棄。”

13.17 餈[1]，漬也[2]，丞燥屑[3]，使相潤漬餅之也[4]。

〔1〕餈(cí)：同“粢”。用稻米粉、黍米的粉粒製成的糕餅。《周禮·天官·籩人》：“羞籩之實，糗餌、粉餈。”鄭玄注：“此二物皆粉稻米、黍米所爲也。合蒸曰餌，餅之曰餈。”賈公彥疏：“今之餈糕皆解之名出於此。”

〔2〕漬(zì)：浸潤；濕潤。

〔3〕“丞”，盧文弨、段玉裁、巾箱本校作“蒸”，疏證本、吳志忠校作“烝”。疏證本曰：“今本譌作‘丞’，據《太平御覽》引改。”吳志忠曰：“‘烝’依畢校。”烝：用蒸汽加熱。後作“蒸”。《詩·大雅·生民》：“釋之叟叟，烝之浮浮。”孔穎達疏：“炊之於甑䉛而烝之，其氣浮浮然……既烝熟乃以爲酒食。” “燥”，丁山校：“《御覽》引‘烝燥’作‘蒸糝’。”張步瀛校“燥”作“糝”。林海鷹《〈太平御覽〉引〈釋名·釋飲食〉考》：“糝，《說文》：‘以米和羹也。’故有粘性，以‘糝’先訛爲‘燥’，又訛爲‘燥’。”按，“燥”即“糝”，均爲“燥”之俗寫，非訛字。俗書“喿”“參”不分（參張涌泉《漢語俗字研究》，商務印書館2010年版，第154、160頁），故《釋名》此條之“燥”即“糝”，爲“糝(糝)”之形訛。糝(sǎn)：米粒；碎粒。

〔4〕潤漬：滋潤。 餅：做餅；使成餅。《周禮·天官·籩人》“糗餌、粉餈”鄭玄注：“合蒸曰餌，餅之曰餈。”

13.18 饙[1],分也,衆粒各自分也[2]。

〔1〕饙(fēn):蒸飯,米煮半熟後漉出再蒸熟。《爾雅·釋言》:"饙、餾,稔也。"邵晉涵正義:"《詩》疏引孫炎曰:'蒸之曰饙。'"

〔2〕疏證本校:"《詩·泂酌》正義引《説文》云:'饙,一烝米也。'案:米纔一烝,則未黏合,故曰'衆粒各自分'。" 各自:事物的各個自身。

13.19 飧[1],散也,投水於中解散也[2]。

〔1〕飧(sūn):同"飧"。用湯水泡飯。《禮記·玉藻》:"君未覆手,不敢飧。"孔穎達疏:"飧謂用飲澆飯於器中也。"《太平御覽》卷八五〇引《通俗文》:"水澆飯曰飧,音孫。"

〔2〕"水",盧文弨校作"飯"。疏證本校:"《太平御覽》引作'投飯於水中各散也'。" 解散:離散;分散。《書序》:"及秦始皇滅先代典籍,焚書坑儒,天下學士逃難解散。"

13.20 嘆[1],汪也[2],汁汪郎也[3]。

〔1〕"嘆",盧文弨、段玉裁、疏證本、邵晉涵、吳志忠、巾箱本、佚名分別校作"羹"。疏證本曰:"'羹',今本譌作'歎',據《初學記》《太平御覽》引改。《儀禮·士昏禮》:'有大羹,湇湇汁也。'則羹多汁者也,故曰'汁汪郎'。《廣雅》:'羹謂之湇。'"篆字疏證本校語未引《廣雅》。邵晉涵曰:"《初學記》。"吳志忠曰:"'羹'依畢校。"蘇輿校:"《釋器》:'肉謂之羹。'《御覽》十九引《爾雅》:'舊説肉有汁曰羹。'"羹:用肉類或菜蔬等製成的帶濃汁的食物。《詩·商頌·烈祖》:"亦有和羹。"孔穎達疏:"羹者,五味調和。"

〔2〕汪:池;水或其他液體停積處。《左傳·桓公十五年》:"祭仲殺雍糾,尸諸周氏之汪。"杜預注:"汪,池也。"慧琳《一切經音義》卷三十一"汪池"注引服虔《通俗文》:"渟水曰汪。"又指液體聚積。

〔3〕汪郎:猶"汪汪"。水或其他液體聚積、充盈貌。

13.21 膈[1],蒿也[2],香氣蒿蒿也[3]。

〔1〕膈(hè):肉羹。章太炎《新方言·釋器》:"《説文》:'臛,肉羹也。'字亦作'膈'。"

〔2〕蒿:通"歊(xiāo)"。氣蒸發貌。《禮記·祭義》:"其氣發揚於上爲昭

明,焄蒿悽愴。"鄭玄注:"焄謂香臭也;蒿謂氣烝出貌也。"

〔3〕香氣:芳香的氣味。 蒿蒿:氣體浮生貌。

13.22 糜[1],煮米使糜爛也[2]。

〔1〕糜(mí):稠粥。《禮記·問喪》:"水漿不入口,三日不舉火,故鄰里爲之糜粥以飲食之。"孔穎達疏:"糜厚而粥薄。"

〔2〕疏證本校:"《説文》云:'麊,爛也。'此當云:'糜,麊也,煮米使麊爛也。'"麊(mí):碎末;爛。後作"糜"。《楚辭·離騷》:"折瓊枝以爲羞兮,精瓊麊以爲粻。"《説文·火部》:"麊,爛也。" 糜爛:碎爛。漢王充《論衡·書虛》:"一子胥之身,煮湯鑊之中,骨肉糜爛,成爲羹菹,何能有害也。"

13.23 粥[1],濯於糜[2],粥粥然也[3]。

〔1〕粥:稀飯。也泛指糧食或其他東西煮成的半流質食物。《禮記·檀弓上》:"饘粥之食,自天子達。"孔穎達疏:"厚曰饘,希曰粥。"

〔2〕"濯",盧文弨、段玉裁、疏證本、巾箱本校作"濁"。疏證本曰:"今本'濁'作'濯',據《太平御覽》引改。胡玉縉校:"又《爾雅·釋言》郝疏,'濁'引作'淖',段注《説文》'糜'篆同。"濁:液體不清亮。《詩·小雅·四月》:"相彼泉水,載清載濁。"按,查《太平御覽》(卷八百五十九)影宋本、鮑刻本均引作"濯",不作"濁",疏證本所據未詳何本。《禮記·問喪》:"水漿不入口,三日不舉火,故鄰里爲之糜粥以飲食之。"孔穎達疏:"糜厚而粥薄。"《禮記·檀弓上》:"饘粥之食,自天子達。"孔穎達疏:"厚曰饘,希曰粥。"可知粥稀於糜,"濯"字非誤。濯:明淨貌。《詩·大雅·崧高》:"四牡蹻蹻,鉤膺濯濯。"毛傳:"鉤膺,樊纓也。濯濯,光明也。"此指粥稀。

〔3〕粥粥:柔弱無能貌。《禮記·儒行》:"其難進而易退也,粥粥若無能也。"孔穎達疏:"言形貌粥粥然如無所能也。"此指粥柔爛。

13.24 漿[1],將也[2],飲之寒溫多少[3],與體相將順也[4]。

〔1〕漿:古代一種微酸的飲料。《詩·小雅·大東》:"或以其酒,不以其漿。"《周禮·天官·酒正》:"辨四飲之物:一曰清,二曰醫,三曰漿,四曰酏。"鄭玄注:"漿,今之酨漿也。"孫詒讓正義:"案漿、酨同物,纍言之則曰酨漿。蓋亦釀糟爲之,但味微酢耳。"

〔2〕將:順從。《莊子·庚桑楚》:"備物以將形。"陸德明釋文:"將,順也。"

〔3〕寒温：冷熱。《晏子春秋·諫下十三》：“故魯工不知寒温之節，輕重之量，以害正生，其罪一也。” 多少：指數量的大小；若干。《管子·七法》：“剛柔也，輕重也，大小也，實虛也，遠近也，多少也，謂之計數。”

〔4〕體：身體。《禮記·大學》：“心廣體胖。” 將順：順勢；順應。《孝經·事君》：“將順其美，匡救其惡，故上下能相親也。”

13.25 湯[1]，熱湯湯也[2]。

〔1〕湯：沸水；熱水。《論語·季氏》：“見善如不及，見不善如探湯。”後指帶汁水的菜肴。

〔2〕熱湯湯：猶“熱騰騰”。清郝懿行《證俗文》卷十七：“今人謂熱曰熱湯湯。”

13.26 酪[1]，澤也[2]，乳作汁所[3]，使人肥澤也[4]。

〔1〕酪（lào）：用牛羊馬等的乳汁煉製成的食品，有乾濕二種，乾者成塊，濕者爲漿。葉德炯校：“《御覽·飲食部》引《通俗文》：‘熅羊乳曰酪。’是漢時有‘酪’字。”

〔2〕澤：光亮；潤澤。《楚辭·離騷》：“芳與澤其雜糅兮，惟昭質其猶未虧。”王逸注：“澤，質之潤也。”

〔3〕“乳作汁所”，疏證本校作“乳汁所作”，云：“‘乳汁所作’，今本誤作‘乳作汁所’，據《藝文類聚》《太平御覽》引改。”

〔4〕肥澤：肌肉豐潤。《淮南子·説山訓》：“執獄牢者無病，罪當死者肥澤，刑者多壽，心無累也。”

13.27 韲[1]，濟也[2]，與諸味相濟成也[3]。

〔1〕韲（jī）：同“齏”。用醬拌細切的菜或肉，亦泛指醬菜。《周禮·天官·醢人》“以五齊七醢七菹三臡實之”鄭玄注：“齊當爲韲……凡醢醬所和，細切爲韲。”韲，一本作齏。

〔2〕濟：救助；補益。《易·繫辭下》：“斷木爲杵，掘地爲臼，臼杵之利，萬民以濟，蓋取諸小過。”

〔3〕諸：衆；各種。 濟成：相助促成。

13.28 菹[1]，阻也[2]，生釀之[3]，遂使阻於寒溫之間[4]，不得爛也。

〔1〕菹(zū)：同"葅"。腌菜。《詩·小雅·信南山》："疆場有瓜，是剝是菹。"鄭玄箋："淹漬以爲菹。"

〔2〕阻：阻隔；障隔。《周礼·夏官·司險》："司險，掌九州之圖，以周知其山林川澤之阻，而達其道路。"鄭玄注："達道路者，山林之阻則開鑿之，川澤之阻則橋梁之。"

〔3〕釀：切割拌和；糅合。《禮記·内則》："鶉羹、雞羹、駕，釀之蓼。"鄭玄注："釀，謂切雜之也。"

〔4〕寒溫：冷熱。

13.29 醯[1]，投也[2]，味相投成也[3]。

〔1〕醯(tú)：醬名。《説文·酉部》："醯，醬醯也。"唐段成式《西陽雜俎·酒食》："醯、醢、醯、醯、醬，醬也。"

〔2〕投：合；投合。《楚辭·大招》："二八接舞，投詩賦只。"王逸注："投，合也……言與詩雅相合，且有節度也。"

〔3〕投成：合成。

13.30 醢[1]，海也[2]，冥也[3]。封塗使密[4]，冥乃成也。醢多汁者曰"醯"[5]。醢，潘也[6]，宋[7]、魯人皆謂汁爲"潘"[8]。醢有骨者曰"臡"如吮反[9]，臡，胒也[10]，骨肉相搏胒無汁也[11]。

〔1〕醢(hǎi)：肉醬。《詩·大雅·行葦》："醯醢以薦，或燔或炙。"高亨注："醢，肉醬。"

〔2〕海：通"晦"。昏暗；不明亮。《周禮·秋官·布憲》"達於四海"賈公彦疏："海之言晦，晦漫禮儀也。"《史記·張儀列傳》"利盡西海而天下不以爲貪"張守節正義："海之言晦也，西夷晦昧無知，故言海也。""海"，盧文弨、段玉裁、疏證本校作"晦"。疏證本云："'晦'，今本譌作'海'，據義改。"孫星衍校："'海也'本作'晦也'，'海'字不可解。"吳翊寅校議："吳〔志忠〕本'晦'作'海'。案：畢改'晦'是。"

〔3〕冥：昏暗。《史記·龜策列傳》："飄風日起，正晝晦冥。日月並蝕，滅息無光。"段玉裁於"冥"前增一"晦"字。晦冥：昏暗；陰沉。《史記·高祖本

紀》:"是時雷電晦冥,太公往視,則見蛟龍於其上。"

〔4〕封塗:用泥土堵塞孔穴。漢趙曄《吳越春秋·勾踐陰謀外傳》:"倉已封塗,除陳入新。"

〔5〕"醓",盧文弨、疏證本、巾箱本校作"𦞤",吳志忠校本作"醓",下同。疏證本曰:鄭注《周禮·醢人職》云:'醓,肉汁也。'今本'醓'作'醓',誤。"吳志忠曰:"'醓'依畢校,下同。"王啓原校:"《説文》:'𦞤,肉汁滓也。从肉,尤聲。'則字當作'𦞤'。'醓,血醓也。'別一義。然《詩·行葦》'醓醢以薦',《周禮·醢人》'深蒲醓醢',《儀禮·公食大夫禮》'醓醢昌本',皆假'醓'爲'𦞤'。"按,"𦞤""𦞤"皆同"醓"。醓(tǎn):肉汁。《周禮·天官·醢人》:"朝事之豆,其實韭菹、醓醢。"鄭玄注:"醓,肉汁也。"

〔6〕瀋(shěn):汁。《左傳·哀公三年》:"無備而官辦者,猶拾瀋也。"杜預注:"瀋,汁也。"

〔7〕宋:周代諸侯國名。故地在今河南商丘。參見卷二《釋州國》7.16〔1〕。

〔8〕魯:周代諸侯國名。故地在今山東兖州東南至江蘇沛縣、安徽泗縣一帶。參見卷二《釋州國》7.23〔1〕。

〔9〕臡(ní):有骨的肉醬。亦泛指肉醬。《周禮·天官·醢人》:"朝事之豆,其實韭菹、醓醢,昌本、麋臡、菁菹、鹿臡、茆菹、麇臡。"鄭玄注:"三臡亦醢也……鄭司農云:……或曰麋臡,醬也。有骨爲臡,無骨爲醢。"孫詒讓正義:"三臡亦醢也者,對文則有骨爲臡,無骨爲醢,散文則通。"

〔10〕胒(nì):粘昵。粘稠。"胒",盧文弨、段玉裁、疏證本、巾箱本校作"昵",下同。昵(nì):親近。《書·説命中》:"官不及私昵,惟其能。"又音 zhì。黏;膠合。《周禮·考工記·弓人》:"凡昵之類不能方。"鄭玄注引鄭司農云:"謂膠善戾。"

〔11〕搏胒:猶"傅胒"。黏附;膠着。搏,通"傅"。附着;加上。《禮記·月令》"脩鍵閉,慎管籥"鄭玄注:"管籥,搏鍵器也。""搏"原作"搏",蔡天祐刊本、吳志忠校本作"搏",疏證本、巾箱本作"傅"。按,"搏"即"搏"之俗寫,詳參《釋名序》第三段之注釋〔4〕。

13.31 豉[1],嗜也[2],五味調和[3],須之而成[4],乃可甘嗜也[5],故齊人謂"豉"[6],聲如"嗜"也。

〔1〕豉(chǐ):即豆豉。用煮熟的大豆發酵後製成,有鹹、淡兩種,供調味

用;淡的也可入藥。也有用小麥製成的。《漢書·貨殖傳·宣曲任氏》:"(京師富人)豉樊少翁、王孫大卿,爲天下高訾。"顏師古注:"樊少翁及王孫大卿賣豉,亦致高訾。"

〔2〕嗜(shì):愛好;喜愛。《詩·小雅·楚茨》:"苾芬孝祀,神嗜飲食。"

〔3〕五味:指酸、甜、苦、辣、鹹五種味道。《禮記·禮運》:"五味,六和,十二食,還相爲質也。"鄭玄注:"五味,酸、苦、辛、鹹、甘也。" 調和:烹調,調味。《管子·小稱》:"夫易牙以調和事公。"

〔4〕須(xū):等待。《詩·邶風·匏有苦葉》:"人涉卬否,卬須我友。"毛傳:"人皆涉,我反未至,我獨待之而不涉。"

〔5〕甘嗜:嗜好;愛好。漢王充《論衡·商蟲》:"凡含氣之類所甘嗜者,口腹不異。"甘:嗜;愛好某種食物。《莊子·齊物論》:"民食芻豢,麋鹿食薦,蝍蛆甘帶,鴟鴉耆鼠,四者孰知正味?"

〔6〕齊人:古代齊國的人。《孟子·公孫丑上》:"子誠齊人也,知管仲、晏子而已矣。"齊:周代國名。在今山東北部。參見卷二《釋州國》7.25〔1〕。

13.32 麴[1],朽也,鬱之使生衣朽敗也[2]。

〔1〕麴(qū):酒麴。釀酒用的發酵劑。《左傳·宣公十二年》:"叔展曰:'有麥麴乎?'"楊伯峻注:"麥麴即今之酒母,用以釀酒者,蓋蒸麥以爲之,故曰麥麴。"

〔2〕鬱:蘊蓄;蘊藏。《漢書·路溫舒傳》:"忠良切言,皆鬱于胸。" 衣:蒙覆在表面的東西。此指酒麴表面茂盛的菌絲。 朽敗:腐爛;朽壞。漢王充《論衡·論死》:"夫臥,精氣尚在,形體尚全,猶無所知,況死人精神消亡,形體朽敗乎?"

13.33 蘗[1],缺也[2],漬麥覆之[3],使生牙開缺也[4]。

〔1〕"蘗",《格致叢書》本、《逸雅》本作"蘖",邵晉涵校作"蘗",曰:"以意改。"疏證本作"糵",吳志忠校本作"蘖"。蘖(niè):同"糵"。酒麴。《禮記·禮運》:"故禮之於人也,猶酒之有糵也。"

〔2〕缺:破損;殘缺。《詩·豳風·破斧》:"既破我斧,又缺我斨。"

〔3〕漬:浸泡。漢王充《論衡·商蟲》:"神農、后稷藏種之方,煮馬屎以汁漬種者,令禾不蟲。" "麥",盧文弨、段玉裁、邵晉涵分別校作"麥"。邵晉涵曰:"從郎〔奎金〕本。"《古今逸史》本、郎奎金刻《逸雅》本、疏證本、吳志忠校

本、巾箱本作"麥"。丁山校:"何〔允中〕本、嘉靖本'漬麥'均作'漬夌',非。"胡楚生校:"慧琳《音義》卷五十四引此條,'夌'作'麥'。"按,慧琳《一切經音義》實引作"麦"。"夌""麦"均是"麥"之俗寫。桂馥《晚學集》卷二《説辨·説隸》:"隸趨簡易,又尚茂密,故有增減之法,如……'夌'作'麦'……減也,趨簡易也。"

〔4〕生牙:生芽。牙:草木發芽。又喻事物的發生、開始。後作"芽"。《説文·艸部》"芽,萌芽也"段玉裁注:"古多以'牙'爲'芽'。"《管子·版法》:"驟令而不行,民心乃外。外之有徒,禍乃始牙。"聞一多校:"牙讀爲芽,萌芽也。"開缺:開口;打開缺口。

13.34 鮓[1],□也[2],以鹽米釀之如菹[3],熟而食之也。

〔1〕鮓(zhǎ):用鹽、米粉腌製的魚。《金匱要略·禽獸魚蟲禁忌并治》:"鯉魚鮓不可合小豆藿食之,其子不可合豬肝食之,害人。"

〔2〕"□",此處原空缺一字,文孫(仲淳)校:"宋本空一字。"佚名於此處補一"菹"字;《古今逸史》本此處塗黑;蔡天祐刊本、瑞桃堂刻本、施惟誠刻本、《格致叢書》本作"滓",盧文弨、段玉裁、疏證本、邵晉涵分別校作"菹"。疏證本曰:"今本作'滓也',據《廣韻》《太平御覽》引改。"許克勤校:"《通鑑》釋文引:'鮓,菹也。'"郎奎金刻《逸雅》本作"菹"。菹(zū):同"菹"。腌菜。《詩·小雅·信南山》:"疆場有瓜,是剥是菹。"鄭玄箋:"淹漬以爲菹。"

〔3〕釀:切割拌和;糅合。《禮記·內則》:"鶉羹、雞羹、駕,釀之蓼。"鄭玄注:"釀,謂切雜之也。"

13.35 腊[1],乾昔也[2]。

〔1〕腊(xī):乾肉。漢應劭《風俗通·祀典·司命》:"汝南餘郡亦多有,皆祠以腊,率以春秋之月。"

〔2〕吳志忠、佚名分別於"乾"前增一"言"字。吳志忠曰:"各本脱'言'字,今補。""昔",吳志忠校作"腊",曰:"各本下'腊'誤'昔',今改。"佚名校:"'昔'字誤,改作'腊'。"乾(gān)腊:乾肉。按,"昔"即"腊"之古字,不必改字。《説文·日部》:"昔,乾肉也。腊,籕文从肉。"鈕樹玉校録:"隸書作腊。"《逸周書·器服》:"菜、膾,五昔。"

13.36 脯[1],搏也[2],乾燥相搏著也[3]。又曰"脩"[4]。脩,縮也,乾燥而縮也。

〔1〕脯(fǔ):乾肉。《詩·大雅·鳧鷖》:"爾酒既湑,爾殽伊脯。"《漢書·東方朔傳》:"生肉爲膾,乾肉爲脯。"

〔2〕"搏",篆字疏證本改作"傅",曰:"'傅',本皆作'搏',據誼改。"吳志忠校:"'搏'依畢校。"丁士涵校:"搏一傅。(江〔聲〕)"搏:通"傅"。附著;加上。參見13.30〔11〕。

〔3〕乾燥:失去水分;缺少水分。漢王充《論衡·商蟲》:"穀乾燥者,蟲不生。" 搏著(zhuó):即"傅著",猶"薄著"。附着;緊貼。參見12.89〔3〕。

〔4〕脩(xiū):乾肉。《周禮·天官·膳夫》:"凡肉脩之頒賜,皆掌之。"鄭玄注引鄭司農云:"脩,脯也。"賈公彥疏:"加薑桂鍛治者謂之脩,不加薑桂以鹽乾之者謂之脯,則脩、脯異矣。先鄭云'脩,脯'者,散文言之,脩、脯通也。"

13.37 脯[1],迫也[2],薄椓肉[3],迫著物使燥也[4]。

〔1〕脯(pò):(捶打後)晒乾的肉。《淮南子·繆稱訓》:"故同味而嗜厚脯者,必其甘之者也。"

〔2〕迫:逼近;接近。《韓非子·亡徵》:"恃交援而簡近鄰,怙强大之救,而侮所迫之國者,可亡也。"

〔3〕椓(zhuó):敲打;槌擊。《詩·小雅·斯干》:"約之閣閣,椓之橐橐。"孔穎達疏:"既投土於板,以杵椓築之,皆橐橐然用力。"

〔4〕迫著(zhuó):猶"薄著"。附着;緊貼。參見12.89〔3〕。

13.38 膾[1],會也,細切肉令散[2],分其赤白異切之[3],已乃會合和之也[4]。

〔1〕膾(kuài):細切的魚肉。《論語·鄉黨》:"食不厭精,膾不厭細。"

〔2〕令:使。《詩·大雅·韓奕》:"蹶父孔武,靡國不到,爲韓姞相攸,莫如韓樂……慶既令居,韓姞燕譽。"鄭玄箋:"蹶父既善韓之國土,使韓姞嫁焉而居之。"

〔3〕赤白:紅色與白色。

〔4〕已:完畢。《戰國策·齊策二》:"言未已,齊讓又至。" 會合:聚集;聚合。和(huò):摻合;混雜。

13.39 炙[1],炙也[2],炙於火上也。

〔1〕炙(zhì):烤熟的肉食。《詩·小雅·楚茨》:"爲俎孔碩,或燔或炙。"毛傳:"炙,炙肉也。"

〔2〕炙:烤。《詩·小雅·瓠葉》:"有兔斯首,燔之炙之。"毛傳:"炕火曰炙。"

13.40 脯炙[1],以餳密、豉汁淹之[2],脯脯然也[3]。

〔1〕脯炙:米麨加蜜糖等制作的食品。

〔2〕"密",蔡天祜刊本、畢效欽刻《五雅》本、范惟一玉雪堂刻本、施惟誠刻本、《古今逸史》本、疏證本、吳志忠校本作"蜜",邵晉涵校作"蜜",曰:"吳〔琯〕本從'虫'。"密:通"蜜"。《武威漢代醫簡》:"凡六物冶合,和丸以白密,大如嬰桃。"餳(táng)密:即"餳蜜"。蜜糖。 豉汁:淡豆豉加入椒、薑、鹽等的加工製成品。 "淹",篆字疏證本改作"腌"。丁士涵校:"淹一腌。(江〔聲〕)"顧廣圻校作"淹"。淹:同"腌"。用鹽、香料等浸漬食物以利保藏。 吳志忠、佚名於"淹"字後增"而炙"二字。吳志忠曰:"各本脫'而炙'二字,今補。"

〔3〕"脯脯",吳志忠校作"如脯",曰:"各本'如'誤'脯',今改。"佚名校:"'脯'字誤,改作'如'。"吳翊寅校議:"吳〔志忠〕本作'淹而炙之,如脯然也'。"王先謙疏證補:"'脯脯'無義。'淹之'六字,吳〔志忠〕校作'淹而炙之,如脯然也'。"徐復補疏:"脯脯然,當作哺哺然。口中含食物,示熙樂也。"脯脯然:乾巴巴的。黎錦熙《"巴"字十義及其複合詞和成語》:"'脯脯然'者,即近代語之'巴巴的'也。(詳下釋訓。按:顧千里校《釋名》,後六字改作'淹而炙之,如脯然也';王先謙曰:'脯脯,無義。'皆不明古音,不證方俗,致失審諦。)'脯'本乾肉,引申得爲'凡物之乾而腊者'之稱,北京特產有'果脯'者(即棗杏桃李之類,以餳蜜淹而乾之者),其名可謂雅訓。"(參見《黎錦熙語言學論文集》,商務印書館 2004 年版,267 頁。)

13.41 釜炙[1],於釜汁中和熟之也[2]。

〔1〕釜炙:在釜中用湯汁煮熟的肉食。

〔2〕釜:古代炊器。斂口,圜底,或有兩耳。其用如鬲,置於竈口,上置甑以蒸煮。盛行於漢代。有鐵製的,也有銅製和陶製的。《詩·召南·采蘋》:"于以湘之,維錡及釜。"毛傳:"湘,亨也。有足曰錡,無足曰釜。" "汁中",張步瀛乙作"中汁"。 和熟:摻合煮熟。

13.42 脂[1]，銜也[2]，銜炙[3]。細宓肉[4]，和以薑、椒[5]、鹽、豉[6]，已乃以肉銜裹其表而炙之也[7]。

〔1〕疏證本、吳志忠校本、佚名於"脂"前增"脂炙"二字。疏證本曰："今本無此二字，據前後諸條例并據下文釋‘脂’爲‘銜’，合增此二字。"吳志忠曰："各本脱‘脂炙’二字，今補。"脂（hàn）：燒肉使熟。

〔2〕銜：包含；藏。

〔3〕銜炙：一種烤炙鵝鴨等家禽的方法。北魏賈思勰《齊民要術·炙法》："銜炙法：取極肥子鵝一隻，净治，煮令半熟，去骨，剉之……取好白魚肉，細琢，裹作串，炙之。"

〔4〕細宓：猶"細密"。細小而密集。宓：同"密"。"宓"，蔡天祐刊本、《格致叢書》本、《古今逸史》本、巾箱本作"蜜"。邵晉涵校："郎〔奎金〕本作‘密’。"郎奎金刻《逸雅》本、施惟誠刻本、鍾惺評本作"密"。吳志忠本作"切"。

〔5〕椒：花椒。芸香科，落葉灌木或小喬木，具有香氣。果實可做調味的香料，也可供藥用。其種子亦用以和泥塗壁。《詩·唐風·椒聊》："椒聊之實，蕃衍盈升。"陸璣疏："椒樹似茱萸，有鍼刺，莖葉堅而滑澤。"

〔6〕豉（chǐ）：即豆豉。參見13.31〔1〕。

〔7〕銜裹：包裹；包含。　表：外邊；外面。《書·立政》："其克詰爾戎兵，以陟禹之跡，方行天下，至於海表。"　炙：烤。《樂府詩集·相和歌辭十二·西門行》："飲醇酒，炙肥牛。"

13.43 貊炙[1]，全體炙之[2]，各自以刀割[3]，出於胡貊之爲也[4]。

〔1〕貊（mò）炙：流行於胡人和貊人中的將整個羊或獵物在火上燒烤熟後用刀割取而吃的食品。《鹽鐵論·散不足》："今熟食遍列，殽施成市，作業墮怠，食必趣時，楊豚韭卵，狗臛馬朘，煎魚切肝，羊淹雞寒，桐馬酪酒，蹇捕胃脯，膹羔豆賜，觳膽鴈羹，臭鮑甘瓠，熟粱貊炙。"貊：古代對北方部族的蔑稱。《書·武成》："華夏蠻貊，罔不率俾。"孔穎達疏："華夏謂中國也，言蠻貊則戎夷可知也。"

〔2〕全體：指整個身體。

〔3〕各自：各人自己。《史記·孟嘗君列傳》："孟嘗君客無所擇，皆善遇之。人人各自以爲孟嘗君親己。"

〔4〕胡貊：亦作“胡貉”。古代稱北方各民族。《晏子春秋·諫下一》：“今夫胡貉戎狄之蓄狗也，多者十有餘，寡者五六，然不相害傷。”貊：古代東北方部族。《書·武成》：“華夏蠻貊，罔不率俾。”《山海經·海內西經》：“貊國在漢水東北，地近於燕，滅之。”郭璞注：“今扶餘國，即濊貊故地，在長城北，去玄菟千里，出名馬、赤玉、貂皮，大珠如酸棗也。”

13.44 膾[1]，細切猪、羊、馬肉，使如膾也[2]。

〔1〕段玉裁、疏證本於“膾”字後增“細切”二字。疏證本云：“‘膾’已見上。此則名‘膾細切’，或‘膾’字爲衍，‘細切’二字舊不重。今案當重，上舉其名，下言其法。下文云：‘一分膾，二分細切’，則‘細切’之爲名審矣。”篆字疏證本云：“‘膾’已見上，此不應重出。且云‘如膾’，則此物不單名‘膾’矣，‘膾’字上下蓋有挩字也。”丁士涵校：“江〔聲〕云：‘膾’重出。云‘如膾’，則此物不單名‘膾’矣，蓋有脫字也。”吴志忠、佚名於“膾”後增一“炙”字，連上。吴志忠曰：“各本脫‘炙’字，今補。”膾炙：炙烤並細切的肉。《禮記·曲禮》：“膾炙處外，醢醬處內。”

〔2〕膾：細切的魚肉。《論語·鄉黨》：“食不厭精，膾不厭細。”

13.45 生脠[1]，以一分膾、二分細切合和[2]，挻攪之也[3]。

〔1〕脠（shān）：生肉醬。《説文·肉部》：“脠，生肉醬也。”漢桓譚《新論·譴非》：“鄙人有得脠醬而美之。”

〔2〕細切：將生薑、橘皮、紫蘇、香蓼等切成細絲做配料。《周禮·天官·醢人》“以五齊七醢七菹三臡實之”鄭玄注：“齊當爲韲，凡醯醬所和，細切爲韲。”《齊民要術》卷八“菹肖法”：“用豬肉、羊、鹿肥者，韲葉細切，熬之，與鹽、豉汁，細切菜菹葉，細如小蟲絲，長至五寸，下肉裏。多與菹汁令酢。” 合和：摻合；混合。

〔3〕挻（shān）攪：攪和。

13.46 血䐉[1]，以血作之，增其酢[2]、豉之味[3]，使甚苦[4]，以消酒也[5]。[6]

〔1〕血䐉（xián）：即“血䐐”。血羹。《説文·血部》：“䐐，羊凝血也。从血，臽聲。”段玉裁注：“《釋名》曰：‘血䐉，以血作之。’‘䐉’即‘䐐’字也。陶氏注《本

艸》：‘宋帝時太官作血䱐，庖人削藕皮，誤落血中，遂皆散不凝。’陶所云‘血䱐’，即劉之‘血䏽’也。”

〔2〕酢（cù）：同“醋”。調味用的酸味液體。《急就篇》卷三：“酸鹹酢淡辨濁清。”顏師古注：“大酸謂之酢。”

〔3〕豉：即豆豉。參見 13.31〔1〕。

〔4〕“甚”，《古今逸史》本、《逸雅》本作“苦”，邵晉涵、顧廣圻校作“苦”。邵晉涵曰：“從郎〔奎金〕本改。”汪道謙校：“上‘苦’字作‘甚’。”

〔5〕消酒：解酒；醒酒。

〔6〕《逸雅》本此條斷句爲：“血䏽，以血作之，增其酢豉之味使苦，苦以消酒也。”

13.47　消膏而加菹其中[1]，亦以消酒也[2]。

〔1〕盧文弨、疏證本於“消”前增“膏饡”二字。疏證本云：“今本脱此二字。案下文有‘如膏饡’之語，即謂此也。今據補。”王鳴盛校：“此上有缺文，疑是‘膏饡’二字。（王）”膏饡（zàn）：油脂拌米飯。膏：脂肪；油脂。《詩·檜風·羔裘》“羔裘如膏，日出有曜。”孔穎達疏：“日出有光，照曜之時，觀其裘色，如脂膏也。”饡：以羹澆飯。《説文·食部》：“饡，以羹澆飯也。”《楚辭·王逸〈九思·傷時〉》：“時混混兮澆饡，哀當世兮莫知。”王逸注：“饡，餐也。混混，濁也。言如澆饡之亂也。”參見 13.53〔5〕。篆字疏證本、吳志忠則於“消”前增“菹消”二字。篆字疏證本曰：“今本脱此二字。《北堂書鈔》引郁氏《夏初制》云：‘以肺䐁代菹消。’然則‘菹消’，食物也。‘菹消’之名與‘消膏而加菹其中’之誼正合，據此誼增。”吳志忠曰：“補‘菹消’，依畢校。”吳翊寅校議：“吳〔志忠〕本作‘菹消’。案：膏饡亦當以米糝之，如肺䐁之法。此作‘菹消’，與‘消膏而加菹其中’誼正合，當從之。”丁士涵校：“‘菹消’，江〔聲〕云：‘脱此二字。’”菹（zū）消：用豬、羊、鹿肉煮制的食品。選用豬肉和肥美的羊、鹿肉，細切成薤葉般的肉絲，熬煮，放入鹽、豉汁，再將腌好的酸菜葉切成象小蟲樣的細絲，長約三寸，放入肉中，合煮即成。消：通“銷”。熔化。《周禮·考工記·㮚氏》“改煎金錫則不耗”鄭玄注：“消湅之精不復減也。”菹：同“葅”。腌菜。參見 13.28〔1〕。

〔2〕消酒：解酒；醒酒。

13.48　生淪葱[1]、薤曰“兑”[2]，言其柔滑[3]，兑兑然也[4]。

〔1〕瀹(yuè)：浸漬。《儀禮·既夕禮》："菅筲三，其實皆瀹。"賈公彦疏："筲用菅草，黍稷皆淹而漬之。"

〔2〕薤(xiè)：多年生草本植物。地下有圓錐形鱗莖，葉叢生，細長中空，斷面爲三角形，傘形花序，花紫色。鱗莖又叫藠頭，新鮮者可作蔬菜，乾燥者可入藥。　"兑"，孫詒讓《札迻》："《一切經音義·一》引《通俗文》云：'淹韭曰齏，淹薤曰䪢。''兑'疑即'䪢'，音近字通。"章炳麟《新方言·釋器》："《説文》：'䪢，齏也。徒對切。'字亦作兑，《釋名》：'生瀹葱薤曰兑。'今人謂蘆菔菹爲䪢蘆菔，以鹽醋生菹蝦蟹亦曰䪢蝦、䪢蟹，音如醉。"兑：通"䪢(duì)"。切碎的腌菜。《説文·韭部》："䪢，齏也。"

〔3〕柔滑：柔軟潤滑。《周禮·考工記·鮑人》："革欲其荼白，而疾澣之，則堅；欲其柔滑，而腥脂之，則需。"

〔4〕兑兑：柔滑貌。

13.49 韓羊[1]、韓兔、韓鷄，本法出韓國所爲也[2]，猶酒言"宜成醪""蒼梧清"之屬也[3]。

〔1〕韓羊：以韓國烹飪法制作的羊肉。"韓兔""韓雞"例此。一説：韓羊即寒羊。劉師培書後："'韓雞''韓羊'，《書鈔》一百四十五引'韓'皆作'寒'。(引入'寒'篇中。)"錄以備考。

〔2〕韓國：戰國七雄之一，開國君主韓景侯(名虔)是春秋晉國大夫韓武子後代，與魏、趙瓜分晉國。公元前403年被周威烈王承認爲諸侯。建都陽翟(今河南禹州)。公元前375年韓哀侯滅鄭，遷都新鄭(今屬河南)。疆域有今山西東南部和河南中部，介於魏、秦、楚三國間，爲軍事上必争之地。公元前230年爲秦所滅。或指朝鮮半島。漢朝建立後，在朝鮮半島南部出現馬韓、辰韓、弁韓，合稱"三韓"。《後漢書·東夷列傳·三韓》："韓有三種：一曰馬韓，二曰辰韓，三曰弁辰……馬韓最大，共立其種爲辰王，都目支國，盡王三韓之地。"　所爲：所做。

〔3〕宜成醪(láo)：酒名。亦稱"宜城酒"。古代襄州宜城(今湖北宜城)所產美酒。據《方輿勝覽》載，宜城縣東一里有金沙泉，造酒極美，世謂"宜城春"，又名"竹葉酒"。宜城：地名。在今湖北襄陽。秦置鄢縣，西漢改宜城縣。醪：汁渣混合的酒，又稱濁酒，也稱醪糟。又爲酒的總稱。蒼梧清：酒名。蒼梧：郡名。秦王政二十五年(前222)置，轄境約爲今湖南湘江流域。秦末廢。西漢元鼎六年(前111)復置。治廣信(今廣西梧州)。轄今廣西都龐嶺、大瑤

山以東，廣東肇慶、羅定以西，湖南江永、江華以南，廣西藤縣、廣東信宜以北。
清：濾去汁滓的甜酒。《周禮·天官·酒正》：“辨四飲之物：一曰清。”鄭玄注：
“清，謂醴之沛者。”邵晉涵曰：“曹植《酒賦》云：‘宜城醴醪，蒼梧縹清。’或曰
‘宜成’，酒名也。馬融云：‘今之宜成，會稽稻米清似宜成。’張華《輕薄篇》：
‘蒼梧竹葉清宜成，九醞酒。’（《七命注》）。”

13.50　腜[1]，奧也[2]。藏肉於奧内[3]，稍出用之也[4]。

〔1〕腜（ào）：貯藏肉類。字或作“奧”。《齊民要術》卷九“作奧肉法”：“豬肪
燃取脂。肉臠方五六寸作，令皮肉相兼，著水令相淹漬，於釜中燃之。肉熟，
水氣盡。更以向所燃肪膏煮肉。大率脂一升，酒二升，鹽三升，令脂没肉，緩
火煮半日許乃佳。漉出甕中，餘膏仍瀉肉甕中，令相淹漬。食時，水煮令熟，
而調和之如常肉法。”唐段成式《酉陽雜俎·酒食》有“腜肉法”。

〔2〕奧：室内西南隅。古時祭祀設神主或尊長居坐之處。《儀禮·士喪
禮》：“乃奠燭，升自阼階，祝執巾席從，設于奧，東面。”鄭玄注：“室中西南隅謂
之奧。”泛指室内深處。《淮南子·時則訓》：“涼風始至，蟋蟀居奧。”

〔3〕奧内：隱奧處；隱秘處。《漢書·杜鄴傳》：“所白奧内，唯深察焉。”顏
師古注：“奧内，室中隱奧之處也。”王先謙補注引王念孫曰：“奧亦内也。奧内
猶隱奧也。謂所言隱奧，唯將軍深察之，非謂室中隱奧之處也。”

〔4〕稍：漸；逐漸。《史記·項羽本紀》：“項王乃疑范增與漢有私，稍奪
其權。”

13.51　脬[1]，赴也[2]，夏月赴疾作之[3]，久則臭也。

〔1〕脬（pāo）：鼓起而鬆軟的食品，如動物膀胱、魚鰾之類。

〔2〕赴：急速。《禮記·少儀》“毋拔來，毋報往”鄭玄注：“報，讀爲赴疾之
赴，拔、赴皆疾也。同急疾也。”

〔3〕夏月：夏天。《漢書·嚴助傳》：“夏月暑時，歐泄霍亂之病，相隨屬也；
曾未施兵接刃，死傷者必衆矣。”　赴疾：急疾。參見注釋〔2〕。

13.52　分乾[1]，切豬肉以梧[2]，分乾其中而和之也[3]。

〔1〕“分”，篆字疏證本作“粉”，云：“‘粉’，今本作‘分’，據誼改，下同。”粉
乾：豬肉食品名，疑即今之粉蒸肉。

〔2〕豬肉：豬的新鮮或鹽腌的肉。　“梧”，葉德炯校：“‘梧’當讀爲‘枝梧’

之‘梧’，謂斜解也。《史記·項羽紀》：‘莫敢枝梧。’集解引臣瓚曰：‘斜柱曰梧。’”梧：支撑。

〔3〕疏證本校：“‘其中’上似有脱文。”篆字疏證本無此校語。吴志忠校：“當有誤，各本同。”

13.53 肺𦢊〔1〕，𦢊〔2〕，饡也〔3〕，以米糝之〔4〕，如膏饡也〔5〕。

〔1〕肺𦢊(sǔn)：肉類食品名。《齊民要術·羹臛法》：“肺𦢊法：羊肺一具，煮令熟，細切，别作羊肉臛，以粳米二合，生薑煮之。”

〔2〕𦢊：將熟肉切了再煮。

〔3〕饡(zàn)：用羹湯澆飯。《説文·食部》：“饡，以羹澆飯也。”段玉裁注：“謂以羹澆飯而食之也。”

〔4〕糝(sǎn)：雜；混和。《儀禮·大射》“參七十”鄭玄注：“參讀爲糝。糝，雜也。雜侯者，豹鵠而麋飾，下天子大夫也。”

〔5〕膏饡：用猪油和稻米粉制作的粥狀食品。段玉裁曰：“鄭康成《内則》注作‘膏𩞄’，《考工記》之‘餰𩞄’。”篆字疏證本校：“《禮記·内則》曰：‘取稻米，舉糔溲之，小切狼臅膏，以與稻米爲酏。’鄭注云：‘狼臅膏，臆中膏也，以煎稻米，則似今膏𩞄矣。’案：膏𩞄即膏饡也。‘𩞄’乃俗‘饡’字，鄭君必作‘膏饡’，後人妄改之尔。”𩞄(zàn)：同“饡”。

13.54 鷄纖〔1〕，細擗其腊令纖〔2〕，然後漬以酢也〔3〕。兔纖亦如之〔4〕。

〔1〕鷄纖：雞肉絲。

〔2〕擗(pǐ)：分開；剖裂；掰開。戰國楚屈原《九歌·湘夫人》：“罔薜荔兮爲帷，擗蕙櫋兮既張。” 腊(xī)：乾肉。參見13.35〔1〕。 纖(xiān)：細小；微細。《書·禹貢》：“厥篚玄纖縞。”僞孔傳：“纖，細也。”

〔3〕漬：腌漬；浸泡。《禮記·内則》：“漬取牛肉，必新殺者。” 酢(cù)：同“醋”。

〔4〕兔纖：兔肉絲。 如之：如此；像這樣。《禮記·檀弓下》：“及出，命引之，三步則止，如是者三。君退，朝亦如之，哀次亦如之。”

13.55 餳〔1〕，洋也〔2〕，煮米消爛〔3〕，洋洋然也〔4〕。

〔1〕餳(xíng)：用麥芽或穀芽熬成的飴糖。《急就篇》卷二：“棗杏瓜棣饊飴餳。”顏師古注：“以櫱消米取汁而煎之，澳弱者爲飴，言其形怡怡然也。厚强者爲餳，餳之爲言洋也，取其洋洋然也。”

〔2〕洋：盛多；充盈。《爾雅·釋詁下》：“洋，多也。”郭璞注：“洋溢，亦多貌。”郝懿行義疏：“洋者，《匡謬正俗》云：‘今山東俗謂衆爲洋。’按：以洋爲多，古今通語。故《詩·閟宫》傳：‘洋洋，衆多也。’《碩人》傳：‘洋洋，盛大也。’《衡門》傳：‘洋洋，廣大也。’《大明》傳：‘洋洋，廣也。’廣、盛、大，俱與多義近。”

〔3〕米：去皮的穀實。《周禮·地官·舍人》：“掌米粟之出入，辨其物。”賈公彦疏：“九穀之中，黍、稷、稻、粱、瓜、大豆，六者皆有米。”孫詒讓正義：“已舂者爲米，未舂者爲粟。”　消爛：糜爛。

〔4〕洋洋：充滿貌。《禮記·中庸》：“大哉聖人之道，洋洋乎發育萬物，峻極于天。”孔穎達疏：“洋洋，謂道德充滿之貌。”

13.56　飴[1]，小弱於餳[2]，形怡怡也[3]。

〔1〕飴(yí)：飴糖，即糖稀，用米、麥芽熬成的糖漿。《詩·大雅·綿》：“周原膴膴，堇荼如飴。”　蘇輿校：“此下當有‘怡也’二字。”

〔2〕小弱：弱小。《史記·刺客列傳》：“燕小弱，數困於兵。”這裏指與“餳”相比，飴較稀、軟。

〔3〕怡怡：和順貌。《論語·子路》：“切切偲偲，怡怡如也，可謂士矣。”何晏集解引馬融曰：“怡怡，和順之貌。”　疏證本於“怡怡”後有一“然”字。胡楚生校：“慧琳《音義》卷七十引此條，‘怡怡’下有‘然’字。”

13.57　哺[1]，餔也[2]，如餳而濁[3]，可餔也。

〔1〕“哺”，盧文弨、段玉裁、吳志忠校作“餔”，疏證本、巾箱本作“餔”。吳志忠曰：“乙‘餔，哺’，依畢校，下‘哺’同。”餔(bù)：用糖漬的乾果。

〔2〕“餔”，盧文弨、段玉裁、吳志忠校作“哺”，疏證本、巾箱本作“哺”，下同。哺：咀嚼。

〔3〕餳(xíng)：用麥芽或穀芽熬成的飴糖。參見 13.55〔1〕。　濁：液體渾濁。此指黏稠。

13.58　酒，酉也[1]，釀之米、麴[2]，酉澤久而味美也[3]。亦言

“踧”也[4]，能否[5]，皆彊相踧待飲之也[6]；又入口咽之[7]，皆踧其面也。

〔1〕“酉”，段玉裁、篆字疏證本校作“酋”，下同。丁士涵校：“酉一酋。（江〔聲〕）”酋（qiú）：陳酒；久釀的酒。《説文·酋部》：“酋，繹酒也。”段玉裁注：“繹之言昔也。昔，久也。……繹酒謂日久之酒，對盫爲疾孰酒、醴酪爲一宿酒言之。‘繹’俗作‘醳’。”《周禮·天官·酒正》“昔酒”鄭玄注：“昔酒，今之酋久白酒，所謂舊醳者也。”

〔2〕麴（qū）：酒麴。參見 13.32〔1〕。

〔3〕酉澤：即“酋醳”。釀造精熟的酒。澤：通“醳（yì）”。昔酒。釀造時間長的酒。《禮記·郊特牲》：“猶明清與醆酒，于舊澤之酒也。”鄭玄注：“澤，讀爲醳。舊醳之酒，謂昔酒也。”參見 13.64〔2〕。“澤”，原字右半作“睪”，左半空缺，蔡天祜刊本、施惟誠刻本、《格致叢書》本、《古今逸史》本、鍾惺評本、《逸雅》本、疏證本、吳志忠校本、巾箱本作“澤”。按，13.64“久釀酉澤”，正與此條“釀之米、麴，酉澤久而味美”參照，故“睪”本是“澤”字無疑。

〔4〕踧：通“蹙”。聚攏；皺縮。《管子·水地》：“夫玉温潤以澤，仁也……堅而不蹙，義也。”尹知章注：“蹙，屈聚也。”

〔5〕能否：能夠不能夠。

〔6〕彊（qiǎng）：勉強。《晏子春秋·内篇問上》：“任人之長，不彊其短；任人之工，不彊其拙。”“待”，盧文弨、疏證本校作“持”。疏證本曰：“‘持’，今本譌作‘待’，據《初學記》引改。”待：通“持”。執；拿着。《儀禮·公食大夫禮》：“左人待載。”鄭玄注：“古文待爲持。”

〔7〕入口：進入嘴中。指飲食。

吳志忠校：“下脱‘齊’一條，各本同。”吳翊寅校議：“吳云：‘酒’下脱‘齊’一條。”

13.59 緹齊[1]，色赤如緹也[2]。

〔1〕緹齊（tíjì）：五齊之一。古代按酒的清濁分爲五等，叫“五齊”。《周禮·天官·酒正》：“辨五齊之名：一曰泛齊，二曰醴齊，三曰盎齊，四曰緹齊，五曰沈齊。”鄭玄謂醴以上尤濁，盎以下略清。緹齊因顏色赤紅如緹而得名。《周禮·天官·酒正》：“緹者，成而紅赤，如今下酒矣。”賈公彦疏：“其色紅赤，故以緹爲名。”齊：帶糟的濁酒。《周禮·天官·酒正》孫詒讓正義：“五齊，有

滓未沛之酒也……呂飛鵬云：五齊皆酒之濁者。"

〔2〕緹：橘紅色的絲織物；一説赤色的絲織物。《説文·糸部》："緹，帛丹黃色也。"《急就篇》："絳緹絓紬絲絮綿。"顏師古注："緹，黃赤色也。"

13.60 盎齊[1]，盎，滃滃然濁色也[2]。

〔1〕盎齊(jì)：五齊之一。呈白色。《周禮·天官·酒正》"三曰盎齊"鄭玄注："'盎'猶'翁'也，成而翁翁然，葱白色，如今酇白矣。"陸德明釋文："酇白，即今之白醝酒也。"

〔2〕盧文弨、疏證本、吳志忠分別於"滃滃"前增"滃也"二字。疏證本曰："今本無'滃也'二字，據《周禮》注增。注見下。"吳志忠曰："補'滃也'，依畢校。" 滃(wěng)滃：猶"翁(wěng)翁"。形容葱白色。或猶"盎盎"。洋溢貌；充盈貌。《韓詩外傳》卷二："得堯之顙，舜之目，禹之頸，皋陶之喙，從前視之，盎盎乎似有王者。"

13.61 汎齊[1]，浮蟻在上[2]，汎汎然也[3]。

〔1〕汎齊(jì)：即泛齊。五齊之一。因酒色最濁，上有浮沫，故名。《周禮·天官·酒正》"一曰泛齊"鄭玄注："泛者，成而滓浮，泛泛然，如今宜成醪矣。"汎：同"泛"。

〔2〕浮蟻：酒面上的浮沫。漢張衡《南都賦》："醪敷徑寸，浮蟻若萍。"

〔3〕汎汎：漂浮的樣子。《文選·張衡〈思玄賦〉》："乘天潢之汎汎兮，浮雲漢之湯湯。" 樓黎默校："《南都賦》注引'然'下有'如萍之多者'五字。"丁山校："《文選·南都賦》注引：'汎汎然如有萍之多者。'又《在郡臥病呈沈尚書詩》注引：'洸洸然。'"

13.62 沉齊[1]，濁滓沉下[2]，汁清在上也。

〔1〕沉齊(jì)：即沈齊。五齊之一。指糟滓下沉的清酒。《周禮·天官·酒正》"五曰沈齊"鄭玄注："沈者，成而滓沈，如今造清矣。"沉：同"沈(chén)"。

〔2〕濁滓：渾濁的渣滓。

13.63 醴齊[1]，醴，禮也[2]，釀之一宿而成禮[3]，有酒味而已也。

〔1〕醴齊(lǐjì):五齊之一。醴酒;甜酒。《周禮·天官·酒正》"二曰醴齊"鄭玄注:"醴猶體也,成而汁滓相將,如今恬酒矣。"醴:甜酒。《吕氏春秋·重己》:"其爲飲食酏醴也,足以適味充虚而已矣。"高誘注:"醴者,以蘗與黍相體,不以麴也,濁而甜耳。"

〔2〕"禮",段玉裁校作"體",下同。疏證本校:"'禮'當皆爲'體'字之誤也。鄭注《周禮》云:'醴猶體也,成而汁滓相將,如今恬酒矣。'"邵晉涵曰:"鄭云:'成而汁滓相將,如今恬酒矣。'"《周禮·天官·酒正》"二曰醴齊"孫詒讓正義引《釋名》曰:"醴齊,醴,體也,釀之一宿而成,體有酒味而已也。"禮:通"體"。整體;總體。《儀禮·喪服》:"父子一體也,夫妻一體也,昆弟一體也。"

〔3〕一宿(xiǔ):一夜。漢王充《論衡·命義》:"聞歷陽之都一宿沉而爲湖。" 成禮:猶"成體"。指酒汁與酒糟混合,糟滓既不漂浮又不下沉的狀態。

13.64 醳酒〔1〕,久釀西澤也〔2〕。

〔1〕醳(yì)酒:醇酒。釀造時間長的酒。《説文·酉部》"酋,繹酒也"段玉裁注:"繹之言昔也。昔,久也……繹酒謂日久之酒。繹,俗作醳。"

〔2〕西澤:即"酋醳"。釀造精熟的酒。畢沅疏證:"此《禮記》所謂舊繹之酒也。'醳'當作'繹',從'糸','睪'聲;俗從'酉',非。'酉澤',從《説文》當作'酋繹'。"《禮記·郊特牲》"猶明清與醆酒于舊澤之酒也"鄭玄注:"澤讀爲醳。舊醳之酒,謂昔酒也。"

13.65 事酒〔1〕,有事而釀之酒也〔2〕。

〔1〕事酒:古三酒之一。冬釀春成的新酒。三酒,指事酒、昔酒和清酒。《周禮·天官·酒正》:"辨三酒之物,一曰事酒,二曰昔酒,三曰清酒。"鄭玄注:"鄭司農云:'事酒,有事而飲也。'玄謂:事酒,酌有事者之酒,其酒則今之醳酒也。"賈公彦疏:"事酒,冬釀春成。"孫詒讓正義:"惠士奇云:'醳酒有舊有新,舊爲昔酒,則新爲事酒也。'案:惠説是也。"

〔2〕有事:有事情。事:指天子、諸侯的國家大事,如祭祀、盟會、兵戎等。《周禮·天官·宫正》:"邦之事,蹕。"鄭玄注:"事,祭事也。"

吴志忠校:"下脱'昔酒''清酒'兩條,各本同。"按:《周禮·天官·酒正》:"辨三酒之物,一曰事酒,二曰昔酒,三曰清酒。"鄭玄注:"鄭司農云:'事酒,有事而飲也;昔酒,無事而飲也;清酒,祭祀之酒。'玄謂事酒,酌有事者之酒,其酒則今之醳酒也。昔酒,今之酋久白酒,所謂舊醳者也。清酒,今中山冬釀接夏而成。”孫詒讓正義:“三酒之中,事酒較濁,亦隨時釀之,酋繹即孰。昔酒較清,則冬釀春孰。清酒尤清,則冬釀夏孰。”

13.66　苦酒⑴,淳毒甚者⑵,酢苦也⑶。

〔1〕苦酒:苦酸味的酒。

〔2〕淳毒:同“淳篤”。濃厚;厚重。“淳”“毒”皆有厚義。《淮南子·齊俗訓》:“澆天下之淳,析天下之樸。”高誘注:“淳,厚也。”《説文》:“毒,厚也。”《書·微子》:“天毒降災荒殷邦。”清俞樾《古書疑義舉例》卷三:“《尚書·微子篇》‘天毒降災荒殷國〔邦〕’,《史記·微子世家》作‘天篤下災亡 殷 國’。篤者,厚也,言天厚降災咎以亡殷國也。篤與毒,亡與荒皆疊韻,此以疊韻字代本字之例也。”

〔3〕酢(cù):同“醋”。酸澀。《急就篇》卷三:“酸鹹酢淡辨濁清。”顏師古注:“大酸謂之酢。”疏證本校:“《太平御覽》引作‘淳毒者,酢且苦也’。”丁山校:“《御覽》引‘酢’下有‘且’字。”

13.67　寒粥⑴,末稻米投寒水中⑵,育育然也⑶。

〔1〕寒粥:寒水雜和米物製成之粥。《周禮·天官·漿人》“漿人掌共王之六飲:水、漿、醴、涼、醫、酏”鄭玄注:“涼,今寒粥,若糗飯雜水也。”糗即炒米粉,可冷食,加水成粥,故名寒粥。《後漢書·獨行列傳·范冉》:“明堂之奠,乾飯寒水。”劉善澤云:“即糗飯雜水爲之,所謂寒粥矣。”

〔2〕末:粉碎;研爲細末。　稻米:稻穀的米粒。《儀禮·士喪禮》:“稻米一豆實於筐。”　寒水:涼水。《史記·扁鵲倉公列傳》:“臣意即以寒水拊其頭,刺足陽明脈,左右各三所,病旋已。”

〔3〕育育:活潑自如貌。《管子·十問》:“《詩》有之:‘浩浩者水,育育者魚。’”

13.68　干飯⑴,飯而暴乾之也⑵。

〔1〕疏證本校:“‘干’與‘乾’音同,得相假借。《太平御覽》引即作‘乾’。”成蓉鏡補證:“司馬彪《續漢書》:‘羊陟拜河內尹,常食乾飯。’謝承《後漢書》:‘左雄爲冀州刺史,常食乾飯。’‘羊茂爲東郡太守,常食乾飯。’‘胡劭爲淮南太守,使鈴下閤外吹曝作乾飯。’竝見《御覽》八百五十。亦通作‘干飯’。《後漢

書·獨行傳》：‘明堂之奠，干飯寒水。’”干飯：即“乾飯”。用小米、大米等糧食做成的乾硬米飯。

〔2〕飯：將穀類食品煮熟。《周禮·天官·漿人》鄭玄注“水漿醴涼醫酏”孫詒讓正義：“溲水烝炊之謂之飯。” 暴（pù）：曬。《周禮·天官·染人》：“凡染，春暴練，夏纁玄。”賈公彥疏：“以春陽時陽氣燥達，故暴曬其練。”

13.69 糗[1]，齲也[2]，飯而磨之[3]，使齲碎也[4]。

〔1〕段玉裁於“糗”字上畫一分隔綫，使與上下分開。疏證本、吳志忠校本以下另分爲條。按，本條起頭正逢行首，刻工忘記空一格，致使該條看似與上條相合爲一條。今據疏證本等另分爲條。糗（qiǔ）：炒（蒸）熟的米麥麨粉。亦泛指乾糧。《書·費誓》：“峙乃糗糧，無敢不逮。”鄭玄注：“糗，擣熬穀也。謂熬米麥使熟，又擣之以爲粉。”

〔2〕齲（qǔ）：朽。

〔3〕飯：將穀類食品炒（蒸）熟。參見上條〔2〕。 磨（mò）：用磨碎物。盧文弨、疏證本於“磨”字後增一“散”字。疏證本曰：“今本脱‘散’字，據《太平御覽》引補。”

〔4〕齲碎：朽碎。

13.70 餱[1]，候也[2]，候人饑者以食之也[3]。煮麥曰“䴸”[4]。䴸亦齲也[5]，煮熟亦齲壞也[6]。

〔1〕餱（hóu）：乾糧。《左傳·宣公十一年》：“令尹蔿艾獵城沂……議遠邇，略基趾，具餱糧，度有司，事三旬而成。”杜預注：“餱，乾食也。”

〔2〕候：等候；等待。《漢書·游俠傳·陳遵》：“嘗有部刺史奏事過遵，值其方飲，刺史大窮。候遵霑醉時，突入見遵母。”

〔3〕饑：通“飢”。肚子空；飢餓。《商君書·戰法》：“民倦且饑渴。”《淮南子·説山訓》：“寧百刺以針，無一刺以刀；寧一引重，無久持輕；寧一月饑，無一旬餓。”高誘注：“饑，食不足。餓，困乏也。”

〔4〕盧文弨於“煮”前畫一分隔綫，使上下分開。疏證本、吳志忠校本以下另分爲條。“䴸”，盧文弨、段玉裁、疏證本、吳志忠校作“麨”，下同。疏證本曰：“今本‘麨’作‘䴸’，譌，據《太平御覽》引改。《説文》云：‘麨，麥甘鬻也。’與‘煮麥’義亦合。”篆字疏證本校：“今本作‘煮麥曰䴸，䴸亦㿭也’，蓋蒙上‘糗，㿭也’之訓，故云‘亦㿭’。《太平御覽》引作：‘煮麥曰麨，麨，炙㿭也。’‘炙’乃‘亦’

字之譌也。案《説文》云：‘麰，來麰，麥也。’‘麨，麥甘鬻也。’又‘麨’‘猦’聲相近，則作‘麨’爲是，據改。”（按，查《太平御覽》影宋本卷八百五十九“麨”條，“炙”字實作“灬”，爲“亦”之異體，鮑刻本即作“亦”。篆字疏證本謂“‘炙’乃‘亦’字之譌也”，應是據倪炳刻本。倪炳刻本作上“夕”下“火”之字，確爲“炙”字，《釋名》原書之“炙”即作此形。）吴志忠曰：“‘麨’依畢校。”麨（qù）：大麥粥。《荀子·富國》：“冬日則爲之饘粥，夏日則與之瓜麨。”楊倞注：“麨，煮麥飯也。”王先謙集解引郝懿行曰：“《急就篇》：‘甘麨殊美奏諸君。’是則夏日進麨，古人珍之。今登萊人煮大麥粥，云‘食之止渴，又袪暑’，必大麥者，小麥性熱，大麥味甘，又性涼也。”

〔5〕“亦”，盧文弨删去，段玉裁校作“之言”。許克勤校：“《説文繫傳·十一·麥部》‘麨’下引劉熙《釋名》曰：‘煮麥曰麨，麨之言齲也，煮熟齲壞。’勤按：‘亦’字當依所引改爲‘之言’二字。” 齲（qǔ）：朽。

〔6〕齲壞：朽爛。

13.71 柰油[1]，搗柰實[2]，和以塗繒上[3]，燥而發之[4]，形似油也。柰油亦如之[5]。

〔1〕柰（nài）：木名。與“林檎”同類。《説文·木部》：“柰，果也。”王筠句讀：“柰有青、白、赤三種。”《本草綱目·果部·柰》：“柰與林檎，一類二種也，樹實皆似林檎而大。”“柰”，段玉裁校作“棗”，曰：“據《齊民要術》。”朱彬校：“‘柰’，盧據《齊民要術》引鄭康成説作‘棗’。”參13.73〔1〕。

〔2〕搗：舂；捶。

〔3〕和（huó）：在粉狀物中加液體攪拌或揉弄，使黏在一起。 繒（zēng）：古代絲織品的總稱。《禮記·禮運》：“故先王秉蓍龜，列祭祀，瘞繒，宣祝嘏辭説，設制度。”鄭玄注：“幣帛曰繒。”

〔4〕燥：使乾燥。《易·説卦》：“燥萬物者，莫熯乎火。” “發”，段玉裁校作“乃成”。發：揭開；打開。《史記·刺客列傳》：“秦王發圖，圖窮而匕首見。”

〔5〕“柰”，盧文弨、段玉裁、疏證本、吴志忠校作“杏”。段玉裁曰：“《齊民要術》説‘杏’引《釋名》‘杏可以爲油’，然則此句‘杏油亦如之’。”疏證本曰：“今本末句‘杏油’亦作‘柰油’，誤也，據《太平御覽》引改正。案：柰實不聞可爲油，據《齊民要術》説‘柰油法’，稱鄭康成曰：‘棗油，擣棗實和以塗繒上，燥而形似油也，乃成之。’與此相似，雖非引《釋名》，亦得證此之誤。又《齊民要術》引《釋名》曰‘杏可以爲油’，蓋據此文‘杏油亦如之’之言而云。然《釋名》

實未有'杏可以爲油'之言也。"篆字疏證本校:"今本末句'杏油'亦作'柰油',
誤也,據《太平御覽》引改正。《齊民要術》説'柰油瀘',俻鄭康成曰:'棗油,擣
棗實,和以塗繒上,燥而形似油也,乃成之。'與此相似,但非引《釋名》,不可據
改,姑識于此。"吳志忠校:"'杏'依畢校。"

13.72 桃濫[1],水漬而藏之[2],其味濫濫然酢也[3]。

〔1〕濫:以乾果浸漬於水中作成的清涼飲料。《禮記·内則》:"飲或以酏
爲醴,黍酏,漿,水,醷,濫。"鄭玄注:"以諸和水也。"陸德明釋文:"以諸,乾桃
乾梅皆曰諸。"

〔2〕漬:浸泡。《論衡·商蟲》:"神農、后稷藏種之方,煮馬屎以汁漬種者,
令禾不蟲。"

〔3〕濫濫:酸澀貌。　酢(cù):酸澀。《急就篇》卷三:"酸鹹酢淡辨濁清。"
顏師古注:"大酸謂之酢。"

13.73 柰脯[1],切柰暴乾之如脯也[2]。

〔1〕"柰"字,段玉裁校作"棗",下同。盧文弨校:"《齊民要術》亦作'棗'。"
疏證本校:"《齊民要術》説'棗脯法':'切棗暴之,乾如脯也。'又説'作柰脯
法':'柰熟時中破,暴乾即成矣。'二法相仿,此似當作'棗脯',據《太平御覽》
引則實是柰脯。"參 13.71〔1〕。　脯(fǔ):乾燥脱水的瓜果。

〔2〕暴(pù):曬。《論衡·解除》:"暴穀于庭,雞雀啄之。"　"乾之",段玉
裁校作"之乾"。　脯(fǔ):乾肉。參見 13.36〔1〕。

13.74 鮑魚[1],鮑,腐也,埋藏[2],奄使腐臭也[3]。

〔1〕鮑魚:鹽漬魚;乾魚。其氣腥臭。《史記·秦始皇本紀》:"會暑,上輼
車臭,乃詔從官令車載一石鮑魚,以亂其臭。"鮑:鹽漬魚。《史記·貨殖列
傳》:"鮐鮆千斤,鯫千石,鮑千鈞。"司馬貞索隱:"(兒)〔魚〕漬云鮑。"又乾魚。
《周禮·天官·籩人》:"朝事之籩,其實麷、蕡、白、黑、形鹽、膴、鮑魚、鱐。"鄭
玄注:"鮑者,於楅室中糗乾之。"

〔2〕埋藏(cáng):掩埋隱藏。藏在泥土或其他細碎物體之中。"奄",疏證
本作"淹",顧廣圻校作"奄"。王先謙疏證補:"吳〔志忠〕校'淹'作'奄'。"吳志
忠於"奄"後增一"之"字,曰:"各本脱'之'字,今補。"吳翊寅校議:"吳〔志忠〕
本'淹'下有'之'字。"

〔3〕奄(yān)：久；停留。也作"淹"。《詩·周頌·臣工》："命我衆人，庤乃
錢鎛，奄觀銍艾。"鄭玄箋："奄，久也。" 腐臭：腐爛發臭。《墨子·尚賢下》：
"垂其股肱之力，而不相勞來也；腐臭余財，而不相分資也。"

13.75 蟹胥[1]，取蟹藏之，使骨肉解之[2]，胥胥然也[3]。

〔1〕蟹胥：蟹醬。《周禮·天官·庖人》"共祭祀之好羞"鄭玄注："若青州
之蟹胥。"陸德明釋文："《字林》曰：'胥，先於反，蟹醬也。'"

〔2〕骨肉：此指蟹的殼和肉。 解：渙散；離散。《莊子·在宥》："故君子
苟能无解其五藏，无擢其聰明。"陸德明釋文："解，如字，一音蟹，散也。"
"之"，盧文弨、疏證本、吳志忠分別刪去。疏證本曰："今本'解'下有'之'字，
據義似衍，刪之。"吳志忠曰："各本衍'之'字，今刪。"

〔3〕胥胥：鬆散貌。胥：通"疏"。疏遠。《莊子·山木》："雖飢渴隱約，猶
且胥疏於江湖之上求食焉，定也。"郭慶藩集釋："案：胥、疏二字，古通用。胥
即疏也。"

13.76 蟹胥[1]，去其匡胥[2]，熟搗之[3]，令如胥也。

〔1〕蟹胥(jī)：蟹醬。胥：同"齏"。用醬拌細切的菜或肉，亦泛指醬菜。參
見13.27〔1〕。

〔2〕匡：螃蟹的背殼。《禮記·檀弓下》："蠶則績而蟹有匡。"孔穎達疏：
"蟹背殼似匡。" "胥"，朱彬校："盧云'胥'字衍。"疏證本校："'匡'下'胥'字
衍，據《北堂書鈔》《太平御覽》引皆無。"篆字疏證本刪去"胥"字，云："今本
'匡'下衍'齏'字，據《北堂書鈔》《太平御覽》引刪。"吳志忠校"胥"作"齊"，云：
"各本'齊'誤'胥'，今改。"佚名校："'胥'字誤，改作'齊'。"吳翊寅校議："吳
〔志忠〕本作'匡齊'。案：'匡'即'筐'，'齊'即'臍'，謂蟹背腹也。畢云《御覽》
引無'胥'字。"齊：通"臍"。螃蟹的腹部。按，吳志忠校"胥"作"齊"，未若徑校
作"臍"。"臍"或作"齌"，與"胥(齏)"字形更接近。

〔3〕熟：仔細；周密。《韓非子·解老》："行端直則思慮熟，思慮熟則得事
理。"引申指程度深。《呂氏春秋·博志》："故曰：精而熟之，鬼將告之。非鬼
告之也，精而熟之也。" 搗：舂；捶。

13.77 桃諸[1]，藏桃也。諸[2]，儲也，藏以爲儲待[3]，給冬月用

之也〔4〕。

〔1〕桃諸：經過淹漬晾曬，供冬天食用的桃實。《禮記·內則》："桃諸、梅諸、卵鹽。"孔穎達疏引王肅曰："諸，菹也，謂桃菹、梅菹，即今之藏桃也、藏梅也。欲藏之時必先稍乾，故《周禮》謂之'乾藤'，鄭云'桃諸''梅諸'是也。"

〔2〕諸：乾果。《禮記·內則》"濫"鄭玄注："以諸和水也。"陸德明釋文："諸，乾桃乾梅皆曰諸。"

〔3〕儲待：猶"儲偫（zhì）"。儲備，特指存儲物資以備需用。待：供給；備用。《周禮·天官·大府》："關市之賦，以待王之膳服。"鄭玄注："待，猶給也。"孫詒讓正義："凡儲物竢其用時而給之，亦爲待。"

〔4〕冬月：指冬天。《史記·酷吏列傳》："温舒頓足歎曰：'嗟乎，令冬月益展一月，足吾事矣。'"疏證本校："'用之'疑當作'之用'。"篆字疏證本校作"之用"。丁士涵校："用之－之用。（江〔聲〕）"

13.78 瓠蓄〔1〕，皮瓠以爲脯〔2〕，蓄積以待冬月時用之也〔3〕。

〔1〕瓠（hù）蓄：以瓠瓜、葫蘆等做的乾菜。

〔2〕"皮"，清王夫之《詩經稗疏》卷一《邶風〔·谷風〕》"旨蓄"條引作"破"，曰："北方冬無蔬茹，故劙瓠宛轉爲條，若古之脯脩，冬則漬煮食之。"疏證本云："剥其皮曰'皮'。"《説文·皮部》"皮"段玉裁注："引伸凡物之表皆曰'皮'，凡去物之表亦皆曰'皮'……《釋名》言皮瓠以爲蓄，皆是。"皮：通"破"。《戰國策·韓策二》"因自皮面抉眼"范祥雍箋證："敦煌本《後語》作'破面決眼'。"（"敦煌本《後語》"即法藏敦煌西域文獻伯二五六九《春秋後語略出本》，見上海古籍出版社、法國國家圖書館：《法藏敦煌西域文獻16》，上海古籍出版社，2001年，第29頁。）涵芬樓所藏宋刊《六臣注文選》李善注《江文通〈別賦〉》引《史記》亦作"因自破面決眼"。（蕭統編，李善等注：《六臣注文選》，中華書局，2012年，第307頁）王夫之《詩經稗疏》卷一《邶風〔·谷風〕》"旨蓄"條引《釋名》"皮瓠"爲"破瓠"。　瓠：蔬類名。結實呈長條狀者稱瓠瓜，短頸大腹者稱葫蘆。《詩·小雅·南有嘉魚》："南有樛木，甘瓠纍之。"　脯（fǔ）：乾燥脱水的瓜果。

〔3〕蓄積：積聚；儲存。《荀子·榮辱》："人之情，食欲有芻豢，衣欲有文繡，行欲有輿馬，又欲夫餘財蓄積之富也。"　冬月：指冬天。《漢書·外戚傳上》："冬月且盡，蓋主爲充國入馬二十匹贖罪，乃得減死罪。"

釋綵帛第十四[1]

〔1〕綵(cǎi)帛:彩色絲綢。

14.1　青[1],生也,象物生時色也。

〔1〕青:近於綠色、藍色或黑色的顏色,如青草、青天、青絲等。《古詩十九首》之二:"青青河畔草,鬱鬱園中柳。"

14.2　赤[1],赫也[2],太陽之色也[3]。

〔1〕赤:淺朱色。《禮記·月令》:"(天子)乘朱路,駕赤騮。"孔穎達疏:"色淺曰赤,色深曰朱。"亦泛指紅色。《易·説卦》:"乾爲天,爲圜……爲大赤。"孔穎達疏:"爲大赤,取其盛陽之色也。"

〔2〕赫:紅色鮮明貌。《詩·邶風·簡兮》:"赫如渥赭,公言賜爵。"毛傳:"赫,赤貌。"又明亮。《荀子·天論》:"故日月不高,則光暉不赫。"

〔3〕吳志忠、佚名於"太陽"前增"赫赫"二字。吳志忠曰:"各本脱'赫赫'二字,今補。"　太陽:日的通稱。《漢書·元帝紀》:"是以氛邪歲增,侵犯太陽,正氣湛掩,日久奪光。"顏師古注:"太陽,日也。"

14.3　黄,晃也[1],猶晃晃[2],象日光色也[3]。

〔1〕晃(huǎng):明亮;光明閃耀。《説文·日部》:"晃,明也。"

〔2〕晃晃:明亮貌。

〔3〕日光:太陽發出的光。漢陸賈《新語·道基》:"潤之以風雨,曝之以日光。"

14.4　白,啓也[1],如氷啓時色也[2]。[3]

〔1〕啓:開;分開。《大戴禮記·夏小正》:"啓灌藍蓼。啓者,別也,陶而疏之也。"

〔2〕氷:同"冰"。

〔3〕王先謙疏證補:"'白''啓'聲不近,俟考。"李慈銘《越縵堂讀書記·釋

名》:"案《釋名》一書,皆以聲音爲訓。'白'之與'启',聲尤不類,當作:'白,判也,如冰判時色也。'《詩》'敕冰未泮',毛傳:'泮,散也。'蓋'泮'爲'判'之叚借。'白'與'判'音近,'白'有'明辨'誼。萬物至曙而始辨,五色至白而始分。'判'者,'辨'也,'分'也。故'白'之誼引伸爲'辨白'、爲'告白',如史傳所言'事得白'、'以狀白事'之類是也。雪者至白之物,故曰'昭雪'、曰'洗雪'。'雪'者,'白'誼之引也。"又《越縵堂讀書簡端記·釋名疏證》:"慈銘案,《釋名》一書,皆以同音字爲訓。'白'之與'启',聲不相近。《詩》云'迨冰未泮',毛傳:'泮,散也。'蓋'泮'爲'判'之假借。疑此當作:'白,判也,如冰判時色也。''白''判'音近,'白'有'辨析'之義。'辨'者,'判'也。萬物至曙而始辨,五色得白而始分,故'白'之義引伸爲'事得白',言事得昭析也;爲'以言白人',言以情自辨於人也。"按,疑二"启"字均當作"破","启"亦作"啟","破"亦作"𥔵",或形近而訛。

14.5 黑,晦也[1],如晦冥時色也[2]。

〔1〕晦(huì):昏暗;不明亮。《詩·鄭風·風雨》:"風雨如晦,雞鳴不已。"毛傳:"晦,昏也。"

〔2〕晦冥:昏暗;陰沉。《史記·高祖本紀》:"是時雷電晦冥,太公往視,則見蛟龍於其上。"

14.6 絳[1],工也[2],染之難得色,以得色爲工也。

〔1〕絳:深紅色。《説文·糸部》:"絳,大赤也。"段玉裁注:"'大赤'者,今俗所謂'大紅'也。上文'純赤'者,今俗所謂'朱紅'也。朱紅淡,大紅濃。大紅如日出之色,朱紅如日中之色。……赤即絳也。"

〔2〕工:巧;精。《晏子春秋·問上二四》:"任人之長,不彊其短,任人之工,不彊其拙。"

14.7 紫[1],疵也[2],非正色[3]。五色之疵瑕[4],以惑人者也[5]。

〔1〕紫:藍與紅合成的顏色。《論語·陽貨》:"惡紫之奪朱也。"何晏集解:"朱,正色;紫,間色之好者。"又指紫色的衣冠和絲帶。《文選·揚雄〈解嘲〉》:"紆青拖紫,朱丹其轂。"

〔2〕疵:小病。引申爲缺點。《易·繫辭上》:"悔吝者,言乎其小疵也。"

〔3〕正色:指青、赤、黄、白、黑五種純正的顏色,其他爲間色。《禮記·玉

藻》:"衣正色,裳閒色。"孔穎達疏引皇侃曰:"正謂青、赤、黃、白、黑五方正色
也。"《論語·陽貨》"惡紫之奪朱也"何晏集解引孔安國曰:"朱,正色;紫,閒色
之好者。"

〔4〕五色:青、赤、白、黑、黃五種顏色。古代以此五者爲正色。《書·益
稷》:"以五采彰施於五色,作服,汝明。"孫星衍疏:"五色,東方謂之青,南方謂
之赤,西方謂之白,北方謂之黑,天謂之玄,地謂之黃,玄出於黑,故六者有黃
無玄爲五也。" 疵瑕:毛病;缺點。漢王符《潛夫論·實貢》:"虛張高譽,彊蔽
疵瑕,以相詿耀。"

〔5〕惑人:迷惑人。

14.8 紅[1],絳也[2],白色之似絳者也[3]。

〔1〕紅:原指淺赤色的帛,後泛指粉紅色、桃紅色。《說文·糸部》:"紅,帛
赤白色。"段玉裁注:"按:此今人所謂粉紅、桃紅也。"《論語·鄉黨》:"紅紫不
以爲褻服。"又赤色,像鮮血一樣的顏色。《史記·司馬相如列傳》:"紅杳渺以
眩湣兮,猋風涌而雲浮。"

〔2〕絳:深紅色。參見 14.6〔1〕。

〔3〕白色:白的顏色。《管子·幼官》:"九和時節,君服白色。"

14.9 緗[1],桑也,如桑葉初生之色也[2]。

〔1〕緗:淺黃色的帛。《說文新附·糸部》:"緗,帛淺黃色也。"又指淺黃
色。《急就篇》:"鬱金半見緗白黥。"顏師古注:"緗,淺黃也。"

〔2〕桑葉:桑樹的葉子。《周禮·天官·內司服》"掌王后之六服:褘衣、揄
狄、闕狄、鞠衣、展衣、緣衣"鄭玄注:"鄭司農云:'鞠衣,黃衣也。'鞠衣,黃桑服
也。色如鞠塵,象桑葉始生。" 初生:剛剛生出。《詩·王風·大車》"毳衣如
菼"毛傳:"菼,雛也,蘆之初生者也。"

14.10 綠[1],瀏也[2],荊泉之水[3],於上視之,瀏然綠色[4],此
似之也。

〔1〕綠:像草和樹葉壯盛時的顏色。藍顏料和黃顏料配合時即呈綠色,古
時謂之青黃色。《說文·糸部》:"綠,帛青黃色也。"《廣韻·燭韻》:"綠,青黃
色。"《詩·邶風·綠衣》:"綠兮衣兮,綠衣黃裏。"毛傳:"綠,間色。"孔穎達疏:

“緑,蒼黄之間色。”

〔2〕瀏:水深而清澈貌。《説文·水部》:“瀏,流清也。”段玉裁注:“《鄭風》曰:‘溱與洧,瀏其清矣。’毛曰:‘瀏,深貌。’謂深而清也。”

〔3〕荆泉:在山東滕州城東北的後荆溝和俞寨附近。水注成潭,面積畝許。一説:荆泉即長沙郡之瀏水,源出大圍山,西流經長沙入湘。二水交匯之際,水色迥别若涇渭,瀏水清澈碧緑,湘水色白如霜,命者便可能以色分别二水。

〔4〕緑色:藍與黄合成的顔色。

14.11　縹猶漂漂[1],淺青色也。有碧縹[2],有天縹[3],有骨縹[4],各以其色所象言之也[5]。

〔1〕縹(piǎo):青白色的絹。《説文·系部》:“縹,帛青白色也。”《楚辭·九懷·通路》:“紅采兮騑衣,翠縹兮爲裳。”洪興祖補注:“縹,帛青白色。”又青白色;淺青色。漢劉向《别録》:“孫子書以殺青簡,編以縹絲繩。” 漂(piāo)漂:輕淺浮泛的色彩;淺青色。漢司馬相如《長門賦》:“廓獨潛而專精兮,天漂漂而疾風。”

〔2〕碧縹:色如碧玉的絲織品。

〔3〕天縹:色如青天的絲織品。

〔4〕骨縹:青黄色的絲織品。

〔5〕象:相似;好像。《周髀算經》卷下:“天象蓋笠。”

14.12　緇[1],滓也[2],泥之黑者曰“滓”,此色然也[3]。

〔1〕緇(zī):黑色的帛。《説文·系部》:“緇,帛黑色也。”《儀禮·士冠禮》:“緇帶素韠。”鄭玄注:“緇帶,黑繒帶。”又黑色。《論衡·程材》:“白紗入緇,不染自黑。”

〔2〕滓:渣;沉澱的雜質;污垢。此指黑泥。

〔3〕然:如此;這樣。《孟子·梁惠王上》:“河東凶亦然。”

14.13　皂[1],早也,日未出時,早起視物皆黑[2],此色如之也。

〔1〕皂:黑色。《史記·五宗世家》:“是以每相、二千石至,彭祖衣皂布衣,自行迎,除二千石舍。”

〔2〕早起:很早起牀。《韓非子·忠孝》:"某子之親,夜寢早起,强力生財,以養子孫臣妾。"

14.14 布〔1〕,布也〔2〕,布列衆縷爲經〔3〕,以緯横成之也〔4〕。又太古衣皮〔5〕,女工之始始於是施布其法〔6〕,使民盡用之也〔7〕。

〔1〕布:用纖維織成的可製衣物的材料。《論語·鄉黨》:"齊,必有明衣,布。"王夫之《四書稗疏·論語》:"古之言布者,兼絲、麻、枲、葛而言之。"

〔2〕布:展開;鋪設。《左傳·定公四年》:"句卑布裳,刭而裹之,藏其身,而以其首免。"

〔3〕布列:分布陳列;遍布。《漢書·揚雄傳上》:"鱗羅布列,攢以龍翰。"顏師古注:"言布列則如魚鱗之羅,攢聚則如龍之豪翰。" 縷(lǚ):線。《孟子·滕文公上》:"麻縷絲絮輕重同,則賈相若。" 經:織物的縱線。與"緯"相對。《禮記·間傳》"禪而纖"鄭玄注:"黑經白緯曰纖。"

〔4〕緯:織物的横線。《左傳·昭公二十四年》:"嫠不恤其緯,而憂宗周之隕,爲將及焉。"

〔5〕太古:遠古;上古。《荀子·正論》:"太古薄葬,故不扣也。" 衣(yì):穿(衣服)。《莊子·盗跖》:"不耕而食,不織而衣。"

〔6〕女工:指女子所作紡織、刺繡、縫紉等事。《淮南子·齊俗訓》:"錦繡纂組,害女工者也。" 始始:前"始"指始祖。後"始"指開始。《易·乾》:"大哉乾元,萬物資始。" 於是:當時;其時。《左傳·隱公四年》:"於是,陳、蔡方睦於衛。故宋公、陳侯、蔡侯、衛人伐鄭。"是:通"時"。當時;此時;那時。《左傳·成公六年》:"於是軍帥之欲戰者衆。" 施布:傳布;散布。

〔7〕盡:全部;都。《左傳·昭公二年》:"周禮盡在魯矣。"

14.15 疏者〔1〕,言其經緯疏也〔2〕。

〔1〕疏:指粗布。《後漢書·文苑傳下·禰衡》:"衡乃著布單衣、疏巾。"

〔2〕經緯:織物的縱線和横線。《左傳·昭公二十五年》:"禮,上下之紀,天地之經緯也。"孔穎達疏:"言禮之於天地,猶織之有經緯,得經緯相錯乃成文,如天地得禮始成就。" 疏:稀疏。《老子》:"天網恢恢,疏而不失。"高亨注:"疏,稀疏,不密。"參見卷四《釋言語》12.125〔1〕。

14.16 絹[1],紀也[2],其絲紀厚而疏也[3]。

〔1〕絹(juàn):平紋的生絲織物,似縑而疏,挺括滑爽。《墨子·辭過》:"治絲麻,梱布絹,以爲民衣。"

〔2〕"紀",段玉裁删去,曰:"《初學記》兩引。紂,古千切,古'堅'字也,當從'糸','臣'聲。《玉篇》引〔《春秋·成公四年》'鄭伯紀卒',今三傳皆作'堅'。"盧文弨、疏證本校作"紂",下同。疏證本曰:"今本'紂'皆作'紀',訛。段云:'紂',古'堅'字,當從'糸','臣'聲。《玉篇》引《成公四年》'鄭伯紀卒',今《春秋》作'鄭伯堅'。'紀'亦'紂'之譌。《玉篇》音'古千''古兩'二切,《初學記》一音'古費'切,'費'乃'賢'之譌也。"篆字疏證本改作"堅",下同,云:"今本'堅'皆作'紀',《太平御覽》引同,《初學記》引作:'絹,紀也,其絲厚而疏也。'案:'紀'乃俗譌字,《玉篇》引《成公四年》'鄭伯紀卒',今《春秋》作'鄭伯堅',然則'紀'乃'堅'字之譌也,據改。丁山校:"《御覽》引'紂'作'紀'。"紂(jiān):同"堅"。堅固;牢固。《字彙·糸部》:"紂,音'堅'。《左傳·成公四年》:'鄭伯紂卒。'今文作'堅'。"

〔3〕疏:稀疏。參見卷四《釋言語》12.125〔1〕。

14.17 縑[1],兼也[2],其絲細緻[3],數兼於布絹也[4]。細緻[5],染縑爲五色[6],細且緻[7],不漏水也。

〔1〕縑(jiān):雙絲織的淺黃色細絹。《管子·山國軌》:"春縑衣,夏單衣。"《説文·糸部》:"縑,并絲繒也。"

〔2〕兼:倍;加倍。《馬王堆漢墓帛書·稱》:"利不兼,賞不倍。"

〔3〕細緻:細密精緻。《詩·秦風·終南》"終南何有,有條有梅"孔穎達疏引郭璞曰:"似杏實酢,木理細緻於豫樟。"

〔4〕數:數量;數目。《左傳·隱公五年》:"公問羽數於衆仲。""布",盧文弨、疏證本、吳志忠删去。吳志忠曰:"'於'下删'布',依畢校。"布:用纖維織成的可製衣物的材料。參見14.14〔1〕。 絹:平紋的生絲織物,似縑而疏,挺括滑爽。參見上條〔1〕。

〔5〕吳志忠於"細緻"前增"亦曰"二字,連下,曰:"各本脱'亦曰'二字,今補。"佚名校:"'細緻'上脱'或曰'二字。" "細緻",盧文弨、疏證本删去。吳翔寅校議:"吳〔志忠〕本'染兼'上有'亦曰細緻'四字。案:畢依《御覽》引改,可從。"徐復《〈釋名〉補疏中篇》:"《釋名》原本'細緻'分列,不誤。畢沅改之,非是。《廣雅·釋器》:'緻,練也。'王念孫疏證:'緻,一名細緻。《釋名》"細

緻,染練爲五色,細緻不漏水也。"《潛夫論·浮侈篇》云:"從奴僕妾,皆服葛子升越,筩中女布,細緻綺穀,冰紈錦綉。""" 細緻:細密的繒、練等絲織品。

〔6〕五色:青、赤、白、黑、黄五種顔色。古代以此五者爲正色。參見14.7〔4〕。

〔7〕緻:密緻;精密。《詩·小雅·都人士》"綢直如髮"鄭玄箋:"其情性密緻,操行正直,如髮之本末無隆殺也。"

14.18 練[1],爛也[2],煮使委爛也[3]。

〔1〕練:作動詞是指把生絲或織品煮得柔軟潔白。《周禮·天官·染人》:"凡染,春暴練,夏纁玄。"鄭玄注:"暴練,練其素而暴之。"此作名詞,指已練製的白色熟絹。《左傳·襄公三年》:"使鄧廖帥組甲三百,被練三千,以侵吴。"

〔2〕爛:本指食物或瓜果熟透後的鬆軟狀態。《吕氏春秋·本味》:"故久而不弊,熟而不爛,甘而不噥。"高誘注:"爛,失飪也。"此指絲織品被煮後鬆軟的狀態。

〔3〕委爛:柔軟;軟爛。委:通"萎"。委頓;衰敗。《周禮·考工記·梓人》:"爪不深,目不出,鱗之而不作,則必頹爾如委矣。"

14.19 素[1],朴素也[2],已織則供用[3],不復加巧飾也[4]。又物不加飾,皆自謂之素[5],此色然也。

〔1〕素:白色生絹。《禮記·雜記下》:"純以素,紃以五采。"孔穎達疏:"素,謂生帛。"《説文·素部》:"素,白緻繒也。"段玉裁注:"以其色白也,故爲凡白之稱。以白受采也,故凡物之質曰素。"

〔2〕朴素:同"樸素"。質樸;無文飾。《莊子·天道》:"静而聖,動而王,無爲也而尊,樸素而天下莫能與之争美。"成玄英疏:"夫淳樸素質,無爲虚静者,實萬物之根本也。"

〔3〕吴志忠、佚名於"已"前增一"言"字,連下。吴志忠曰:"各本脱'言'字,今補。" 則:即;便。表示前後兩事時間相距很近。《易·繫辭下》:"寒往則暑來,暑往則寒來,寒暑相推而歲成。" 供用:供給使用。

〔4〕不復:不再。漢司馬遷《報任少卿書》:"蓋鍾子期死,伯牙終身不復鼓琴。" 巧飾:工巧裝飾。漢王符《潛夫論·務本》:"百工者,以致用爲本,以巧飾爲末。"

〔5〕自:自然;當然。《史記·田單列傳》:"即墨人從城上望見,皆涕泣,俱

欲出戰,怒自十倍。”“自”,盧文弨、段玉裁、疏證本、吳志忠校作“目”。疏證本曰:“今本‘目’誤作‘自’,據義改。”吳志忠曰:“‘目’依畢校。”巾箱本作“目”。目:視爲;看作。　“謂之”,吳志忠校作“之爲”,曰:“各本‘之爲’誤‘謂之’,今改。”佚名校:“‘謂之’誤,當作‘之爲’。”王先謙疏證補:“‘皆目謂之素’,吳〔志忠〕校作‘皆目之爲素’。”

14.20　綈[1],似蝭蟲之色[2],綠而澤也[3]。

〔1〕綈(tí):厚實平滑而有光澤的絲織物。《管子·輕重戊》:“魯梁之民俗爲綈。”尹知章注:“繒之厚者謂之綈。”

〔2〕蝭(tí):蟯(táng)蝭。一種小蟬,背青綠色,頭有花冠,喜鳴,聲清亮。

〔3〕澤:光滑;光潤;光亮。《左傳·襄公二十八年》:“(慶封)獻車於季武子,美澤可以鑑。”

14.21　錦[1],金也,作之用功重[2],於其價如金[3],故其制字[4],“帛”與“金”也[5]。

〔1〕錦:用彩色經緯絲織出各種圖案花紋的絲織品。《詩·鄭風·豐》:“衣錦褧衣,裳錦褧裳。”孔穎達疏:“言己衣則用錦爲之,其上復有襌衣矣;裳亦用錦爲之,其上復有襌裳矣。”

〔2〕用功:下功夫。《隋書·儒林傳·劉炫》:“《周禮》《禮記》《論語》孔、鄭、王、何、服、杜等注,凡十三家,雖義有精粗,並堪講授。《周易》《儀禮》《穀梁》,用功差少。”

〔3〕“於”,盧文弨、段玉裁、疏證本、吳志忠刪去。段玉裁曰:“《初學記》無‘於’字。”疏證本曰:“今本‘其’上衍‘於’字,據《廣韻》引刪。”吳志忠曰:“刪‘於’,依畢校。”

〔4〕制字:造字。

〔5〕盧文弨、段玉裁、疏證本於“帛”前增一“從”字。疏證本曰:“今本脱‘從’字,據《廣韻》引增。案《説文》云:‘錦,襄邑織文也。从帛,金聲。’是諧聲字,‘從帛與金’説爲會意,非制字之本旨矣。”篆字疏證本增字爲“从”。從:歸屬。用來指出漢字所由構成的成分。

14.22　綺[1],攲也[2],其文攲邪[3],不順經緯之縱橫也[4]。有杯文[5]，形似杯也[6]。有長命[7]，其綵色相間[8]，皆橫終幅[9]，此之謂也[10]；言"長命"者，服之使人命長[11]，本造意之意也[12]。有棋文者[13]，方文如棋也[14]。

〔1〕綺（qǐ）：平紋底起花的絲織品。《楚辭·招魂》："纂組綺縞，結琦璜些。"洪興祖補注："綺，文繒也。"

〔2〕攲（qī）：同"敧"。歪斜；傾斜。《荀子·宥坐》："吾聞宥坐之器者，虛則攲，中則正，滿則覆。"

〔3〕文：紋理；花紋。《說文·糸部》："綺，文繒也。"段玉裁注："謂繒之有文者也。文者，錯畫也。錯畫，謂这道其介畫，繒爲这道方文，謂之'文繒'。"攲邪：歪斜；傾斜。邪：傾斜；歪斜。後作"斜"。《詩·小雅·采菽》："赤芾在股，邪幅在下。"鄭玄箋："邪幅，如今行縢也，偪束其脛，自足至膝，故曰在下。"孔穎達疏："邪纏於足，謂之邪幅。"

〔4〕經緯：織物的縱線和橫線。參見 14.15〔2〕。　縱橫：縱向和橫向。《楚辭·七諫·沉江》："不開竈而難道兮，不別橫之與縱。"王逸注："緯曰橫，經曰縱。"

〔5〕杯文：杯形的花紋。此指有杯形花紋的絲織品。

〔6〕吳志忠於"形"前增一"文"字，連下，曰："各本脫下'文'字，今補。"吳翊寅校議："吳〔志忠〕本作'有杯文，文形似杯也'。"　杯：古代盛羹及注酒之器。《莊子·逍遥游》："覆杯水於坳堂之上，則芥爲之舟；置杯焉則膠，水淺而舟大也。"

〔7〕長命：寓義長壽的花紋。此指有長壽花紋的絲織品。

〔8〕綵（cǎi）色：同"彩色"。多種顏色。《文子·道原》："聽失於非譽，目淫於彩色。"　相間（jiàn）：相互隔開；一個隔着一個。

〔9〕終幅：一整匹布帛的寬度。終：整個；自始至終的。《易·乾》："君子終日乾乾，夕惕若厲。"幅：布帛的寬度。古制一幅爲二尺二寸。《儀禮·士喪禮》："亡則以緇長半幅，經末長終幅。"鄭玄注："半幅一尺，終幅二尺。"

〔10〕"此之謂也"，疏證本校："《太平御覽》引無此四字。"

〔11〕服：穿。《詩·魏風·葛屨》："要之襋之，好人服之。"

〔12〕"造意"之"意"，盧文弨、疏證本、邵晉涵、吳志忠校作"者"。疏證本曰："'造者'，今本譌作'造意'，據《太平御覽》引改。"吳志忠曰："'者'依畢校。"巾箱本作"者"。

〔13〕棋文：棋盤上的方格式花紋。此指有棋文的絲織品。　"者"，盧文

弨、疏證本、吳志忠刪去。疏證本曰："今本'綦文'下有'者'字,以'杯文''長命'二句例之,則不當有。《太平御覽》引無'者'字,據刪。"吳志忠曰："刪'者',依畢校。"

〔14〕棋:此指棋盤。

14.23 綾[1],凌也[2],其文望之[3],如冰凌之理也[4]。

〔1〕綾:一種薄而細,紋如冰凌,光如鏡面的絲織品。《漢書·高帝紀下》"賈人毋得衣錦、繡、綺、縠、絺、紵、罽"顏師古注:"綺,文繒也,即今之細綾也。"

〔2〕凌:冰;積聚的冰。《楚辭·大招》:"冥凌浹行,魂无逃只。"朱熹集注:"凌,冰凍也。"

〔3〕文:紋理;花紋。參見上條〔3〕。

〔4〕冰凌:即"冰凌"。冰。"氷"同"冰"。 理:紋路;紋理。《荀子·正名》:"形體色理,以目異。"楊倞注:"理,文理也。"

14.24 繡[1],修也[2],文修修然也[3]。

〔1〕繡:有彩色花紋的絲織品。《史記·匈奴列傳》:"繡十匹,錦三十匹。"

〔2〕修:美好。《楚辭·招魂》:"姱容修態,絙洞房些。"

〔3〕文:紋理;花紋。參見14.22〔3〕。 修修:美好貌。一説:整齊之貌。葉德炯曰:"'脩脩'即'修修'之假借。"《荀子·儒效》:"脩脩兮其用統類之行也。"楊倞注:"脩脩,整齊之貌。"

14.25 羅[1],文疏羅也[2]。纙[3],筵也[4],麤可以筵物也[5]。令辟[6],經絲貫杼中[7],一間并[8]、一間疏[9],疏者苓苓然[10],并者歷辟而密也[11]。

〔1〕羅:質地輕軟、經緯組織顯現眼紋的絲織品。《楚辭·招魂》:"蒻阿拂壁,羅幬張些。"王逸注:"羅,綺屬也。"

〔2〕文:紋理;花紋。參見14.22〔3〕。 "疏羅",盧文弨、段玉裁、疏證本校作"羅疏"。段玉裁注:"《初學記》。"疏證本曰:"今本作'文疎羅',《初學記》《藝文類聚》《太平御覽》皆引作'文羅疎',據改。審字義當爲'羅甋'。"蘇輿校:"〔疏證本〕'文羅'下當更有'羅'字,《初學記》諸書引竝脱'羅'。羅,疎貌,言文理羅羅而疎也。上文云'脩脩然',此云'文羅羅疎',正一例。本書《釋宮

室》：‘籬，離也，疎離離然也。’‘羅’‘離’聲近，‘羅羅疎’猶彼云‘疎離離’矣。《世説》：‘司馬太傅爲二王目曰：孝伯亭亭直上，阿大羅羅清疎。’足證‘羅羅’二字之義。”吳志忠於“疎羅”後增一“羅”字，曰：“各本脱下‘羅’字，今補。”佚名校：“‘羅疎也’改作‘疎羅羅也’。”吳翊寅校議：“吳〔志忠〕本作‘文疎羅羅也’。”王先謙疏證補：“吳〔志忠〕校作‘文疎羅羅也’。”按，下云：“令辟，經絲貫杼中，一間并、一間疎，疎者苓苓然，并者歷辟而密也。”又云：“紡纑絲織之曰‘疎’。疎，寥也，寥寥然也。”“疎者苓苓然”“寥寥然也”猶“疎羅羅也”，“羅”“離”“苓”“寥”並雙聲，亦可證“羅羅”一詞之義。羅羅：疎朗貌。

〔3〕段玉裁將“纚”及以下分開；疏證本、吳志忠校本以下另分爲條，顧廣圻將疏證本分開的上條與後“苓（令）”條連接。　纚（xǐ）：束髮用的帛。《儀禮・士冠禮》：“緇纚，廣終幅，長六尺。”鄭玄注：“纚一幅長六尺，足以韜髮而結之矣。”

〔4〕筬（shāi）：篩子。《急就篇》卷三：“筬箪箕帚筐篋篗。”顔師古注：“筬，所以籭去麤取細者也。今謂之篩。”

〔5〕麤（cū）：同“粗”。粗疎；不精細。漢班固《兩都賦・序》：“且夫道有夷隆，學有麤密。”楊倞注：“粗，疎略也。”　筬：將物置於篩内搖動，使粗精分開或粗細分離。

〔6〕盧文弨將“令辟”及以下另分爲條，疏證本、吳志忠校本以下另起。“令”，盧文弨、段玉裁校作“苓”，疏證本作“苓”；吳志忠校作“苓”，曰：“各本‘苓’誤‘令’，今改。”令辟：似當作“苓幦（mì）”。古代車軾上的覆蓋物。此作絲織品名。苓：通“軨”。車軾下面縱橫交結的竹木條。參見卷七《釋車》24.55〔1〕。幦：古代車軾上的覆蓋物。《公羊傳・昭公二十五年》：“既哭，以人爲菑，以幦爲席，鞍爲几，以遇禮相見。”何休注：“幦，車覆苓。”《儀禮・既夕禮》：“主人乘惡車，白狗幦，蒲蔽。”鄭玄注：“幦，覆苓也，以狗皮爲之，取其臑也。”

〔7〕經絲：編織時縱向的絲線。　杼（zhù）：織機的梭子。疑當作“柚（zhú）”，也就是筘（kòu），織機的主要部件，由薄長的鋼片（筘齒）按一定的密度排列後予以固定，形狀像梳子。經線從筘縫中依次穿過。緯線通過經線後，筘即將緯線並緊（也稱“打緯”）而成織品。《詩・小雅・大東》：“小東大東，杼柚其空。”朱熹集傳：“杼，持緯者也；柚，受經者也。”

〔8〕間（jiān）：量詞。格；片。王先謙補注引葉德炯曰：“一間并，猶言一格合并；一間疎，猶言一格稀疎。”　并：通“傍”。依傍；緊挨。《考工記・輿人》：“凡居材，大與小無并，大倚小則摧，引之則絶。”鄭玄注：“并，偏邪相就也。”

〔9〕疏:分開;分散。《淮南子・道應》:"知伯圍襄子於晉陽,襄子疏隊而擊之,大敗知伯。"高誘注:"疏,分也。"

〔10〕"苓苓",瑞桃堂刻本作"令令",盧文弨、段玉裁校作"笭笭",疏證本作"笭笭"。按,"艹""竹"俗寫常不分,"苓苓"即"笭笭"。笭笭:多孔而空疏貌。參見卷七《釋車》24.55〔1〕。

〔11〕歷辟:嚴密貌。歷:多。《書・舜典》:"虞舜側微,堯聞之聰明將使嗣位,歷試諸難。"辟:通"襞(bì)"。閉合;聚合。《莊子・田子方》:"心困焉而不能知,口辟焉而不能言。"陸德明釋文引司馬彪曰:"辟,卷不開也。"《史記・扁鵲倉公列傳》:"夫悍藥入中,則邪氣辟矣。"司馬貞索隱:"辟,猶聚也。"

14.26 紡麤絲織之曰"疏"〔1〕。疏,寥也〔2〕,寥寥然也〔3〕。

〔1〕紡:把麻、絲、綿等紡織纖維製成紗或線。《左傳・昭公十九年》:"初,莒有婦人,莒子殺其夫,已爲嫠婦。及老,託於紀鄣,紡焉,以度而去之。"楊伯峻注:"紡線或葛絲爲繩索也。" 麤(cū)絲:絮,一種粗絲綿。《說文・糸部》:"絮,敝緜也。"《急就篇》卷二:"絳緹絓紬絲絮綿。"顏師古注:"抽引精繭出緒者曰絲,漬繭擘之,精者爲綿,麤者爲絮。今則謂新者爲綿,故者爲絮。"麤:同"粗"。 "疏",許克勤校:"'疏'字亦作'絑'。逸《玉篇・糸部》:'絑,所間反。'勤按:'疏'古亦作'絑'也。"絑(shū):古代一種像苧布的稀疏的織物。疏:同"疏"。指粗布。

〔2〕寥(liáo):空虛。《莊子・知北游》:"寥已吾志,無往焉而不知其所至。"郭象注:"寥然空虛。"

〔3〕寥寥:空虛貌。《呂氏春秋・情欲》:"俗主虧情,故每動爲亡敗,耳不可贍,目不可厭,口不可滿,身盡府種,筋骨沈滯,血脈壅塞,九竅寥寥,曲失其宜。"高誘注:"極三關之欲以病其身,故九竅皆寥寥然虛。"

14.27 縠〔1〕,粟也〔2〕,其形足足而踧〔3〕,視之如粟也。又謂"沙縠"〔4〕,亦取踧踧如沙也〔5〕。

〔1〕縠(hú):縐(zhòu)紗。織出皺紋的絲織品。《戰國策・齊策四》:"王之憂國愛民,不若王愛尺縠也。"吳師道補正:"縠,縐紗。"

〔2〕粟:穀粒。未去皮殼者爲粟,已舂去糠則爲米。《書・禹貢》:"四百里粟,五百里米。"蔡沈集傳:"粟,穀也。"引申指皮膚因受冷或因恐懼而起的小疙瘩,俗稱"雞皮疙瘩"。

〔3〕"足足"，盧文弨、疏證本校作"戚戚"。疏證本曰："今本作'其形足足而蹴'，《太平御覽》引作'其形戚戚'，據改。'戚'讀如'迫促'之'促'，絲縷急戚則起縐文如粟矣。俗書'戚'字下安足，非也。"蘇輿校："《御覽·布帛三》引云：'縠，粟也，其形戚戚如也'，無以下文。"吳志忠校作"蹴蹴"，曰："各本'蹴蹴'誤'足足'，今改。"佚名校："'足足'誤，改作'其形踧踧'。"吳翊寅校議："吳〔志忠〕本'戚戚'作'蹴蹴'，'沙'下同。案：原本作'足足'，《御覽》引作'戚戚'，皆'蹙蹙'之譌，依本書例作'蹙蹙'爲是。"王先謙疏證補引吳翊寅校後二句作："可悟皆'蹙蹙'之譌，依本書例作'蹙蹙'爲是，原不必盡依《説文》也。"蹙(cù)蹙：局縮不舒展。《詩·小雅·節南山》："我瞻四方，蹙蹙靡所騁。"鄭玄箋："蹙蹙，縮小之貌。我視四方土地日見侵削於夷狄，蹙蹙然雖欲馳騁無所之也。"形容皺縮貌。　踧(cù)：通"蹙"。皺縮。

〔4〕盧文弨、段玉裁、疏證本、吳志忠於"謂"後增一"之"字。　沙縠：縐紗。《周禮·天官·内司服》"素沙"鄭玄注："素沙者，今之白縛也。六服皆袍制，以白縛爲裏，使之張顯。今世有沙縠者，名出于此。"

〔5〕踧踧：同"蹙蹙"。局縮不展的樣子。《詩·小雅·節南山》："我瞻四方，蹙蹙靡所騁。"鄭玄箋："蹙蹙，縮小之貌。"孔穎達疏："我視四方土地蹙蹙然至俠(狹)，令我無所馳騁之地。"《爾雅·釋訓》："蹙蹙，惟逑鞠也。"王引之《經義述聞》："'逑鞠'，義爲窮迫。'蹙蹙'蓋逼迫之貌。"

14.28　總〔1〕，齊人謂凉謂"惠"〔2〕，言服之輕細凉惠也〔3〕。

〔1〕總(suì)：細而稀疏的麻布。《禮記·檀弓上》："縣子曰：'綌衰總裳，非古也。'"孔穎達疏："總，布疏者。"

〔2〕盧文弨、疏證本、吳志忠於"齊人"前增"惠也"二字。疏證本曰："今本脱此二字，據《太平御覽》引補。"吳志忠曰："補'惠也'，依畢校。"　齊人：古代齊國的人。參見本卷《釋飲食》13.31〔6〕。　"謂"，盧文弨、段玉裁、邵晉涵、吳志忠分別校作"爲"。吳志忠曰："'爲'依畢校。"謂：通"爲"。相當於"是"。清王引之《經傳釋詞》卷二引王念孫曰："謂，猶'爲'也。《易·小過》上六曰：'是謂災眚。'《詩·賓之初筵》曰：'醉而不出，是謂伐德。''是謂'猶'是爲'也。莊二十二年《左傳》：'是謂觀國之光。'《史記·陳杞世家》作'是爲'，是其證也。"　"惠"，王先謙疏證補引蘇輿曰："《御覽·布帛七》引'惠'作'慧'，'惠''慧'同。"惠：通"慧"。輕爽；清爽。《素問·藏氣法時論》："肝病者，平旦慧，下晡甚，夜半静。"王冰注："木王之時，故爽慧也。"

〔3〕服:穿着。《詩·魏風·葛屨》:"要之襋之,好人服之。" 輕細:指薄而細緻。 涼惠:即"涼慧"。涼快;涼爽。

14.29 紈[1],渙也[2],細澤有光[3],渙渙然也[4]。

〔1〕紈(wán):白色細絹。《戰國策·齊策四》:"下宮糅羅紈,曳綺縠。"鮑彪注:"紈,素也。"

〔2〕"渙",盧文弨、疏證本校作"焕"。疏證本曰:"今本'焕'作'渙',《太平御覽》引作'焕',亦《說文》新附字。"篆字疏證本校作"奐",云:"今本'奐'作'渙',據《太平御覽》引改。"渙:通"焕"。光明;燦爛。《淮南子·說山訓》:"夫玉潤澤而有光,其聲舒揚,渙乎其有似也。"

〔3〕細澤:細膩而有光澤。澤:光滑;光潤;光亮。《左傳·襄公二十八年》:"車甚澤,人必瘁。"

〔4〕"渙渙",《古今逸史》、疏證本作"焕焕",篆字疏證本作"奐然"。渙渙:同"焕焕"。光亮貌。《漢武故事》:"元光元年,天星大動,光耀焕焕,竟夜乃止。"

14.30 蒸栗[1],染紺使黃[2],色如蒸栗然也。

〔1〕蒸栗:黃色的絲織品。《急就篇》卷二"烝栗絹紺縹紅繎"顏師古注:"烝栗,黃色若烝熟之栗也。"《文選·曹丕〈與鍾大理書一首〉》:"赤擬雞冠,黃侔蒸栗。"李善注引王逸《正部論》:"或問玉符曰:'赤如雞冠,黃如蒸栗,白如豬肪,黑如純漆,玉之符也。'"劉良注:"侔,類也。栗,林實,蒸之其色鮮美,言美玉有如此色也。"

〔2〕紺(gàn):微呈紅色的深青色。參見下條〔1〕。

14.31 紺[1],含也[2],青而含赤色也[3]。

〔1〕紺(gàn):微呈紅色的深青色。《說文·糸部》:"紺,帛深青而揚赤色也。"段玉裁注:"紺,《釋名》曰:'紺,含也,青而含赤色也。'按:此今之天青,亦謂之紅青。"

〔2〕含:包含;包容。《易·坤》:"含萬物而化光。"

〔3〕疏證本校:"《一切經音義》引'青'上有'謂'字。"胡楚生校:"慧琳《音義》凡三引此條,卷九、卷五十九所引,'青'上並有'謂'字。" 赤色:紅色。《管子·幼官》:"君服赤色。""也",胡楚生校:"慧琳《音義》卷二十七所引,'色'下無'也'字。"

14.32　緜猶湎湎[1]，柔而無文也[2]。

〔1〕許克勤校："黎刻《玉篇》引作：'緜絮者，緜猶緬緬，柔而無文也。'據此，則'緜''絮'二條古本相連。"按，羅振玉影印《玉篇·糸部第四百廿六》殘卷"緜"字作："《釋名》：'緜絮者，緜猶緬緬，柔而无文也。'"見《原本玉篇殘卷》第187頁，第15—16行。黎刻《玉篇》引同，見《原本玉篇殘卷》第398頁，第5—6行。緜(mián)：同"綿"。絲綿；新絮。《漢書·食貨志下》："衆民賣買五穀布帛絲緜之物，周於民用而不讐者，均官有以考檢厥實，用其本賈取之，毋令折錢。"　"湎湎"，胡吉宣《〈玉篇〉引書考異》："六朝原本'湎湎'作'緬緬'，顧氏引劉兆注《穀梁傳》云：'緬謂輕而薄也。'《説文》：'微絲也。'故成國以'緬緬'形況綿質之輕柔也。今作'湎'，訛字也。"緬緬：輕柔貌。

〔2〕文：紋理；花紋。參見14.22〔3〕。

14.33　綸[1]，倫也[2]，作之有倫理也[3]。

〔1〕綸(lún)：絲綿。《墨子·節葬下》："綸組節約，車馬藏乎壙。"孫詒讓閒詁引許慎曰："綸，絮也。"

〔2〕倫：條理；順序。《逸周書·寶典》："悌乃知序，序乃倫；倫不騰上，上乃不崩。"

〔3〕倫理：條理。《禮記·樂記》："凡音者，生於人心者也；樂者，通倫理者也。"鄭玄注："倫，猶類也。理，分也。"

14.34　絮[1]，胥也[2]，胥久故解落也[3]。

〔1〕絮：粗絲綿。《急就篇》卷二："絳緹絓紬絲絮綿。"顏師古注："漬繭擘之，精者爲綿，麤者爲絮。今則謂新者爲綿，故者爲絮。"

〔2〕胥(xū)：等待。《管子·大匡》："召忽曰：'何懼乎？吾不蚤死，將胥有所定也。'"尹知章注："胥，待。"

〔3〕"故"，畢效欽刻《五雅》本、施惟誠刻本、《格致叢書》本、疏證本、吳志忠校本、巾箱本作"能"，王宗炎、顧廣圻校作"故"。澀江全善、森立之《經籍訪古志》："諸本'故'作'能'。"故：必定。《戰國策·秦策三》："吳不亡越，越故亡吳。"　解落：解散；散落。《淮南子·時則訓》："季夏行春令，則穀實解落。"

14.35　紬[1]，抽也[2]，抽引絲端[3]，出細緒也[4]。又謂之

“絓”[5]，絓，挂也，挂於帳端[6]，振舉之也[7]。

〔1〕紬（chóu）：粗綢。用廢繭殘絲紡織成的織物。亦指絲縷。《急就篇》卷二：“絳緹絓紬絲絮綿。”顏師古注：“抽引麤繭緒紡而織之曰紬，紬之尤麤者曰絓，繭滓所抽也。”

〔2〕抽：引；引出。《莊子·天地》：“挈水若抽。”陸德明釋文：“抽，李云：引也。”

〔3〕抽引：引出。《淮南子·要略》：“夫作爲書論者，所以紀綱道德，經緯人事，上考之天，下揆之地，中通諸理，雖未能抽引玄妙之中才，繁然足以觀終始矣。”

〔4〕緒：絲頭。漢焦贛《易林·豫之同人》：“飢蠶作室，昏多亂纏，緒不可得。”

〔5〕絓（kuā）：從廢繭中抽繰出的粗絲；繰繭時弄結了的絲。《説文·系部》：“絓，繭滓絓頭也。”段玉裁注：“謂繰時繭絲成結，有所絓礙，工女蠶功畢後，別理之爲用也。”桂馥義證：“絓，繰繭絲未盡者，互相連結，抽其粗緒織爲絓紬。”

〔6〕“帳”，盧文弨、疏證本、吳志忠校作“杖”。疏證本曰：“今本‘杖’作‘帳’，據《太平御覽》引改。”吳志忠曰：“‘杖’依畢校。”杖：棍棒或棒狀物。《孔子家語·六本》：“曾子耘瓜，誤斬其根，曾晳怒，建大杖以擊其背。”

〔7〕振舉：揚起；舉起。

14.36 繭曰“幕”也[1]，貧者著衣[2]，可以幕絡絮也[3]。或謂之“牽離”[4]，煮熟爛[5]，牽引使離散[6]，如絲然也[7]。

〔1〕盧文弨、疏證本於“繭”前增一“煮”字。吳翊寅校議：“今考‘袁繭’當作‘著襺’。《玉藻》：‘纊爲繭，縕爲袍。’鄭云：‘衣有著之異名也。纊謂新綿也。’《左傳》‘重繭’疏云：‘繭謂新縣著袍。’《説文》作‘襺’，云：‘以絮曰襺。’是‘繭’即‘襺’之叚借字。又《説文》：‘絮，敝縣也。’鄭云‘新縣’，許云‘敝縣’，説雖稍異，然則襺用新縣，著其表以幕絡敝絮，則二家之誼可通矣。又‘袁繭曰幕’數句當與上‘縣’合爲條，‘袁繭’二字即‘著襺’之譌。以縣爲襺之著，故當在‘縣’下也。” 繭：絲絮的疙瘩。《説文·日部》：“㬎，衆微眇也。从日中視絲。或以爲繭；繭者，絮中往往有小繭也。” 盧文弨、疏證本於“曰”後增“莫，莫”二字。疏證本曰：“此七字，今本作‘繭幕也’三字，據《太平御覽》引增。”（按，今本實作“繭曰幕也”四字。）邵晉涵校：“《御覽》作：‘煮繭曰幕，莫，幕

也。'"莫:通"冪(mì)"。封;覆蓋。北魏賈思勰《齊民要術·插梨》:"插訖,以繇莫杜頭,封熟泥於上。"石聲漢注:"《農桑輯要》作'莫'之外,加小注'同冪';漸西村舍本便改作'冪'。冪,即'封'的意思。" 幕:覆蓋;籠罩。《易·井》:"上六,井收,勿幕。"王弼注:"幕,猶覆也。"

〔2〕貧:缺少財物;貧困。與"富"相對。《禮記·曲禮上》:"貧者不以貨財爲禮,老者不以筋力爲禮。" 著(zhù):用絮填充。《儀禮·士喪禮》:"幎目用緇,方尺二寸,經裏,著組繫。"鄭玄注:"著,充之以絮也。"

〔3〕幕絡:猶"莫落"。綴結。漢劉向《新序·雜事二》:"漸臺五重,黃金白玉,琅玕龍疏,翡翠珠璣,莫落連飾,萬民罷極,此二殆也。"《列女傳·辯通》作"翡翠珠璣,幕絡連飾"。 絮:粗絲綿。參見 14.34〔1〕。

〔4〕《説文·日部》"㬅"段玉裁注:"此'繭'不同《糸部》訓'鹽衣'之'繭'也,亦鹽衣之義之引伸也。《釋名》云:'繭者,幕也,貧者著(音褚,裝衣也)衣可以幕絡絮也。或謂之'牽離',煮熟爛,牽引使離散如繇然也。''牽離'即《糸部》之'繫縭'。繫縭一名惡絮。繫,牽奚切;縭,郎分切。與'牽離'爲一語之轉。'絓'字下亦云:'繭滓也。'一名'絓頭',一名'牽離'。按此葢繅絲之餘滓,亦可裝衣,而中有纇結,故云'絮中歷歷有小繭',繭之言結也。《釋名》則謂可以煮爛牽引幕之絮外,説無不合。"楊樹達《釋名拾遺》:"達按:《説文》十三篇上《糸部》云:'繫,繫縭也。一曰惡絮。'(大徐'古詣切',段注謂當從《周易》釋文音'口奚反',是也。)'縭,繫縭也。郎分切。'段氏云:'繫縭讀如谿黎……音轉爲縴縭……《廣韻·十二齊》《一先》皆曰:"縴縭,惡絮。"是也。'達按:段説甚核。據此,'牽離'本作'繫縭','牽離'乃音轉變字。成國據'牽離'字義爲説,似失之矣。按:《説文·糸部》:"繫,繫縭也。一曰惡絮。"《説文·糸部》:"縭,繫縭也。一曰維。"王筠釋例:"《玉篇》:'一曰絓縭也。'然則是'絓'譌作'維',而又挩'縭'字也。'一曰'猶云'一名',謂繫絓又名'絓縭'也,仍是疊韻字。'絓'下云'繭滓絓頭也',是知絓縭仍是惡絮,特呼之者不同詞耳。"縴縭(qiānlí):繫縭;疙瘩。指打結的絲;劣等絮。

〔5〕熟爛:熟透。爛:指食物煮得很熟或瓜果過分成熟後的鬆軟狀態。《易·雜卦》:"剝,爛也。"韓康伯注:"物孰則剝落也。"

〔6〕牽引:拉;拖。 離散:分離;分散。《逸周書·時訓》:"鴻雁不來,遠人背叛;玄鳥不歸,室家離散。"

〔7〕繇(mián):同"綿"。參見 14.32〔1〕。

釋首飾第十五[1]

[1]首飾:泛指頭部所用飾品。《漢書·王莽傳上》:"百歲之母,孩提之子,同時斷斬,懸頭竿杪,珠珥在耳,首飾猶存,爲計若此,豈不誖哉!"

15.1 冠[1],貫也[2],所以貫韜髮也[3]。

[1]冠(guān):帽子的總稱。《急就篇》卷三:"冠幘簪簧結髮紐。"顔師古注:"冠者,冕之總名,備首飾也。"

[2]貫:串連;連結。《楚辭·離騷》:"擥木根以結茝兮,貫薜荔之落蕊。"

[3]所以:用以;用來。《史記·孟嘗君列傳》:"若急,終無以償,上則爲君好利不愛士民,下則有離上抵負之名,非所以屬士民彰君聲也。" 韜(tāo)髮:未成年者用幘巾包扎頭髮。《儀禮·士冠禮》"緇纚廣終幅"鄭玄注:"纚一幅長六尺,足以韜髮而結之矣。"

15.2 纓[1],頸也,自上而繫於頸也[2]。

[1]纓:繫冠的帶子。以二組繫於冠,結在頷下。《禮記·玉藻》:"玄冠朱組纓,天子之冠也。"

[2]盧文弨、疏證本於"而"字後增一"下"字。疏證本曰:"今本脱'下'字,據《太平御覽》引增。" 繫:拴縛。《禮記·禮器》:"三月繫,七日戒,三日宿,慎之至也。"鄭玄注:"繫,繫牲於牢也。"

15.3 笄[1],係也[2],所以係冠,使不墜也[3]。

[1]笄(jī):簪。古時用以貫髮或固定弁、冕。《儀禮·士冠禮》:"皮弁笄,爵弁笄。"鄭玄注:"笄,今之簪。"

[2]係:束縛;捆綁。《易·坎》:"係用徽纆,置於叢棘,三歲不得。凶。"

[3]不墜:不掉落。

15.4 祭服曰"冕"[1]。冕猶俛也[2],俛,平直貌也[3]。亦言"文"也[4],玄上纁下[5],前後垂珠[6],有文飾也[7]。[8]

〔1〕服：穿戴。　冕：古代天子、諸侯、卿、大夫等行朝儀、祭禮時所戴的禮帽。《左傳・桓公二年》："袞、冕、黻、珽。"孔穎達疏："冠者，首服之大名；冕者，冠之別號……《世本》云：'黃帝作冕。'宋仲子云：'冕，冠之有旒者。'"

〔2〕俛（fǔ）：同"俯"。《左傳・成公二年》："韓厥俛，定其右。"杜預注："俛，俯也。右被射僕車中，故俛安隱之。"冕冠主要由冠圈、玉笄、冕延、冕旒、充耳等部分組成，冕延是最上面的木板，又稱冕板、延板，後面比前面高出一寸，使呈向前傾斜之勢，即有前俛之狀，象徵君王應關懷百姓。《白虎通・紼冕》："十一月之時，陽氣俛仰，黃泉之下萬物被施。前俛而後仰，故謂之冕。""也"，吳志忠、張步瀛刪去。吳志忠曰："各本'猶俛'下衍'也'字，今刪。"佚名校："'也'字衍。"

〔3〕平直：平而直；平坦不彎曲。《孟子・離婁上》："聖人既竭目力焉，繼之以規矩準繩，以爲方圓平直，不可勝用也。"

〔4〕文：彩色交錯。《易・繫辭下》："物相雜，故曰文。"韓康伯注："剛柔交錯，玄黃錯雜。"也指紋理；花紋。《禮記・樂記》："五色成文而不亂。"孔穎達疏："（五行之色）各依其行色成就文章而不錯亂。"

〔5〕玄：赤黑色。後多用以指黑色。《詩・豳風・七月》："載玄載黃，我朱孔陽。"毛傳："玄，黑而有赤也。"在此指冕板的上面用赤黑色的細布帛包裹。纁（xūn）：淺絳色。《儀禮・士冠禮》："服纁裳。"鄭玄注："纁裳，淺絳裳，凡染絳一入謂之縓，再入謂之䞓，三入謂之纁，朱則四入與。"在此指冕板的下面用淺絳色的細布帛包裹。

〔6〕前後：事物的前邊和後邊。《書・冏命》："惟予一人無良，實賴左右前後有位之士，匡其不及。"　垂珠：珠串下垂。戰國楚宋玉《諷賦》："主人之女翳承日之華，披翠雲之裘，更被白縠之單衫，垂珠步搖。"此指冕旒，冕的前後兩段垂旒，用五彩絲線穿五彩圓珠而成，象徵君王有所見有所不見。

〔7〕文飾：彩飾。《禮記・玉藻》："犬羊之裘，不裼。不文飾也不裼。"

〔8〕盧文弨於此處畫一連接綫，使與下條相連接。疏證本、吳志忠校本以下不另起。

15.5　有袞冕〔1〕，袞〔2〕，卷也，畫卷龍於衣也〔3〕。〔4〕

〔1〕袞（gǔn）冕：穿袞衣時搭配的禮帽。

〔2〕袞：袞衣。古代帝王及上公穿的繡有卷龍的禮服。《周禮・春官・司服》："享先王則袞冕。"鄭玄注引鄭司農曰："袞，卷龍衣也。"孫詒讓正義："案

卷龍者,謂畫龍於衣,其形卷曲,其字《禮記》多作卷。鄭《王制》注云:'卷俗讀也,其通則曰袞。'是袞雖取卷龍之義,字則以'袞'爲正,作'卷'者借字也。"

〔3〕畫:繪畫;作圖。《儀禮・鄉射禮》:"大夫布侯,畫以虎豹。士布侯,畫以鹿豕。"又裝飾。《淮南子・主術》:"大路不畫,越席不緣。"高誘注:"不畫,不文飾也。"此指以鍼線作圖爲飾,即繡。 卷龍:龍的軀幹作卷曲狀,首尾相接,或者呈螺旋蟠卷狀。《儀禮・玉藻》:"龍卷以祭。"鄭玄注:"畫龍於衣。"孔穎達疏:"龍卷以祭者,卷謂捲曲,畫此龍形捲曲於衣,以祭宗廟。"

〔4〕盧文弨於此處畫一連接綫,使與下條相連接。疏證本、吳志忠校本以下不另起。

15.6 有鷩冕[1],鷩[2],雉之憋惡者[3],山鷄是也[4]。鷩,憋也,性急憋[5],不可生服[6],必自殺[7],故畫其形於衣,以象人執耿介之節也[8]。[9]

〔1〕鷩(bì)冕:穿鷩衣時搭配的禮帽。鷩衣是古代帝王享先公及饗射所用之服,亦爲侯伯命服,以鷩等七章爲畫飾,故稱。《周禮・春官・司服》:"王之吉服……享先公饗射,則鷩冕。"鄭玄注:"鷩,畫以雉,謂華蟲也。其衣三章、裳四章,凡七也。"

〔2〕鷩:雉的一種。即錦鷄。《山海經・西山經》:"(小華之山)鳥多赤鷩。"郭璞注:"赤鷩,山鷄之屬,音鱉。"

〔3〕雉:通稱"野鷄""山鷄"。雄者羽色美麗,尾長,可做裝飾品。雌者尾較短,灰褐色。善走,不能遠飛。《易・旅》:"六五:射雉一矢亡。" 憋惡:兇惡。憋:惡;壞。《方言》卷一〇:"憋,惡也。"又急性貌。《玉篇・心部》:"憋,急性也。"

〔4〕山鷄:形似雉。雄者羽毛紅黃色,有黑斑,尾長;雌者黑色,微赤,尾短。古稱鷫雉,今名錦鷄。漢馬融《長笛賦》:"山鷄晨羣,野雉朝雊。" "是",盧文弨、疏證本、吳志忠刪去,顧廣圻復補出。吳志忠曰:"'鷄'下刪'是',皆依畢校。"

〔5〕急憋:着急。

〔6〕服:順從;降服。《書・舜典》:"(舜)流共工于幽州,放驩兜于崇山,竄三苗于三危,殛鯀于羽山,四罪而天下咸服。"孔穎達疏:"天下皆服從之。"

〔7〕自殺:自己殺死自己。《史記・秦始皇本紀》:"二十四年,王翦、蒙武攻荆,破荆軍,昌平君死,項燕遂自殺。"

〔8〕耿介：正直不阿；廉潔自持。《楚辭·九辯》："獨耿介而不隨兮，願慕先聖之遺教。"王逸注："執節守度，不枉傾也。"

〔9〕盧文弨將上下條連接，疏證本、吴志忠校本以下不另起。

15.7 毳冕〔1〕，毳〔2〕，芮也〔3〕，畫藻文於衣〔4〕，象水草之毳芮温暖而潔也〔5〕。〔6〕

〔1〕毳（cuì）冕：穿毳衣時搭配的禮帽。

〔2〕毳：鳥獸的細毛。在此指毳衣，是古代天子、大夫的禮服之一。用毛布製成。天子祀四望山川、子男爵及大夫朝聘天子、助祭或巡行決訟皆服之。其制上衣下裳。衣玄色，以五彩繪繡虎蜼、藻、粉米；裳纁色，上繡黼黻。《詩·王風·大車》："大車檻檻，毳衣如菼。"毛傳："毳衣，大夫之服。菼，鵻也，蘆之初生者也。天子大夫四命，其出封五命，如子男之服……服毳冕以決訟。"鄭玄箋："古者天子大夫服毳冕以巡行邦國，而決男女之訟……毳衣之屬，衣繢而裳繡，皆有五色焉，其青者如鵻。"

〔3〕芮（ruì）：草初生時柔嫩的樣子；柔軟貌。《説文·艸部》："芮，芮芮，艸生貌。"段玉裁注："'芮芮'與'茙茙'雙聲，柔細之狀。"孫詒讓《札迻》："案：'芮'疑即'䋤'之假字。《吕氏春秋·必己》篇云：'不衣芮温。'高注云：'芮，絮也。'未塙。"蔣禮鴻《義府續貂》："案：《玉篇》：'軜，奴答切，軜耎也。'《廣韻·入聲·二十七合韻》：'軜，腝皃。'芮義與軜同。"《吕氏春秋·必己》"不衣芮温"陳奇猷校釋："此'芮温'當從《釋名》之義。'不衣芮温'，謂不衣細䋤温暖之衣。"

〔4〕藻文：古代官員衣服上所繡作爲標誌用的水藻圖紋。

〔5〕水草：某些水生植物的通稱。《禮記·祭統》："水草之菹，陸産之醢。"鄭玄注："水草之菹，芹茆之屬。"　毳芮：細小柔軟貌。　温暖：猶"温軟"。柔和；柔軟。温：柔和；寬厚。《書·堯典下》"直而温，寬而栗"，《史記·五帝本紀》同文裴駰集解引馬融曰："正直而色温和，寬大而謹敬戰栗也。"暖：用同"軟"。柔軟；鬆軟。如"暖皮""暖麈"。卷五《釋衣服》16.22："襦，耎也，言温耎也。""暖"又作"煗"，"温暖（煗）"應即"温耎"，同"温軟"。　潔：清潔；乾净。《左傳·定公三年》："莊公卞急而好潔，故及是。"

〔6〕盧文弨將上下條連接，疏證本、吴志忠校本以下不另起。

15.8 黻冕〔1〕，黻〔2〕，紩也〔3〕，畫黻紩文綵於衣也〔4〕。此皆隨衣而名之也[5]，所垂前後珠轉減耳[6]。

〔1〕疏證本校："'黼冕'當爲'黹冕'。黹，紩也。"吳志忠校"黼"作"黹"，曰："各本'黹'誤'黼'，今改，下同。"佚名校："'黼'字誤，改作'黹'。下同。"黹（zhǐ）冕：古代貴族用的有繡飾的禮帽。《廣韻·上·旨》"黹"下引《周禮》："祭社稷、五祀則用黹冕也。"

〔2〕黼（fú）：當作"黹"。黹：做針線；刺繡。《爾雅·釋言》："黹，紩也。"郭璞注："今人呼縫紩衣爲黹。"邢昺疏："謂縫刺也。鄭注《司服》云：'黼黹希繡。'希，讀爲黹，謂刺繡也。"《説文·黹部》："黹，箴縷所紩衣。"段玉裁注："以鍼貫縷紩衣曰黹。"

〔3〕紩（zhì）：縫。漢王符《潛夫論·浮侈》："碎刺縫紩，作爲笥囊、裙襦、衣被。"

〔4〕段玉裁校："'畫黼'二字疑衍。"疏證本校："'畫黼'二字疑衍文。黹冕，衣刺粉米，一章；無畫，裳刺黼黻，二章。故得'黹'名。《周禮》作'希冕'，康成注云：'希刺粉米，無畫也。'又有'玄冕'，康成云：'玄者，衣無文，裳刺黼而已，是以謂玄焉。'案：此乃所謂'黼冕'。今并合二冕，無分別，似非。"吳志忠删去"畫黼"二字，曰："各本衍'畫黼'二字，今删。"篆字疏證本校語無"'畫黼'二字疑衍文"句。佚名校："'畫黼'二字衍。" "文綵"，吳志忠校作"粉米"，曰："各本'粉米'誤'文綵'，今改。"佚名校："'文綵'二字誤，改作'粉米'。"粉米：古代貴族禮服上的白色米形繡文。《書·益稷》："日、月、星辰、山、龍、華蟲，作會（繪）；宗彝、藻、火、粉米、黼、黻，絺繡。"孔穎達疏引鄭玄曰："粉米，白米也。"蔡沈集傳："粉米，白米，取其養也。"一說，粉、米爲二物。《書·益稷》僞孔傳："粉，若粟冰；米，若聚米。"文綵：艷麗而錯雜的色彩。

〔5〕此：指上述"袞冕""驚冕""毳冕""黼冕"等。它們都是根據衣服所畫或繡的圖案而得名。 名：起名字；命名。《禮記·祭法》："黃帝正名百物。"

〔6〕前後：事物的前邊和後邊。參見15.4〔6〕。 轉減：遞減；逐漸減少。轉：漸漸；更加。 耳：表示限止，相當於"而已""罷了"。《論語·陽貨》："子曰：'二三子！偃之言是也。前言戲之耳。'"

15.9 章甫[1]，殷冠名也[2]。甫[3]，丈夫也[4]，服之所以表章丈夫也[5]。

〔1〕章甫：殷代一種常用黑布禮冠，前方後圓，較高深。後亦泛指士大夫之冠。《禮記·儒行》："丘少居魯，衣逢掖之衣；長居宋，冠章甫之冠。"孫希旦

集解：“章甫，殷玄冠之名，宋人冠之，所謂脩其禮物也。孔子既長，居宋而冠。冠禮，始冠緇布冠，既冠而冠章甫，因其俗也。”

〔2〕殷：朝代名。即商朝。參見卷一《釋天》1.24〔6〕。

〔3〕甫：古代爲男子美稱，多附於表字之後。《儀禮·士冠禮》：“伯某甫，仲叔季，唯其所當。”鄭玄注：“甫是丈夫之美稱。”

〔4〕丈夫：男子。指成年男子。《穀梁傳·文公十二年》：“男子二十而冠，冠而列丈夫。”

〔5〕服：穿戴。《詩·魏風·葛屨》：“要之襋之，好人服之。” 所以：用以；用來。《莊子·天地》：“是三者，非所以養德也。” 表章：表明。《儀禮·士冠禮》：“章甫，殷道也。”鄭玄注：“章，明也。殷質，言以表明丈夫也。”

疏證本、巾箱本此處有：“冔亦殷冠名也。冔，幠也，幠之言覆，言以覆首也。疏證本曰：“本無此條。案：‘周弁、殷冔、夏收’等爾，不應有‘弁收’而無‘冔’。鄭注《士冠記》曰：‘冔名出於幠，幠，覆也，言所以自覆飾也。’今仿鄭君注義以增此條。惟是《說文》無‘冔’字，蓋後人鈔寫有脫落也。《說文·兒部》‘冕’字解說云：‘冕也。周曰冕，殷曰冔，夏曰收。’則《說文》必本有‘冔’字，‘冔’从‘冃’，‘吁’聲，當增入《冃部》。”篆字疏證本改“冔”作“詡”，云：“惟是《說文》無‘冔’字。案《白虎通·紼冕》篇云：‘謂之詡者，十二月之時，萬氣受七詡張，而後得牙，故謂之詡。’嚜則殷冠之名，古人啎‘詡’字爲之。今經典相承皆作‘冔’，非漢儒之舊本矣。”吳志忠校：“下脫‘冔’一條。”吳翊寅校議：“吳云：‘下脫冔一條。’案：依《儀禮》鄭注當云：‘冔，幠也；幠，覆也，言以自覆飾，幠幠然也。’鄭言‘冔名出於幠’，本書多從鄭誼，‘收’亦從鄭訓也。畢本補‘冔’一條，句法尚未合。”

15.10 牟追[1]，牟[2]，冒也[3]，言其形冒髮，追追然也[4]。

〔1〕牟追：古冠名。形如覆杯，前高廣，後卑銳。也寫作“毋追”。《周禮·天官·追師》“追師掌王后之首服”鄭玄注引鄭司農曰：“追，冠名。《士冠禮記》曰：‘委貌周道也，章甫殷道也，牟追夏后氏之道也。’”

〔2〕吳志忠校：“又‘牟追’條脫‘夏后氏冠名也’。”佚名校：“‘牟追’條脫‘夏后氏冠名也’。” 牟：通“鍪（móu）”。形似頭盔的帽子。《荀子·禮論》：“薦器則冠有鍪而毋縦。”楊倞注：“鍪，冠，卷如兜鍪也。”

〔3〕冒：覆蓋；籠罩。《詩·邶風·日月》：“日居月諸，下土是冒。”

〔4〕追追：堆高貌。"追"通"堆"。小丘。《儀禮·士冠禮》："毋追，夏后氏之道也。"鄭玄注："'追'猶'堆'也。夏后氏質，以其形名之。"《文選·枚乘〈七發〉》："窮曲隨限，逾岸出追。"李善注："'追'亦'堆'字。今爲'追'，古字假借之也。"

15.11 收[1]，夏后氏冠名也[2]，言收斂髮也[3]。

〔1〕收：夏代稱冠。《禮記·王制》："夏后氏收而祭，燕衣而養老。"鄭玄注："收，言所以收斂髮也。"

〔2〕夏后氏：指禹受舜禪而建立的夏王朝。亦稱"夏氏""夏后"。《論語·八佾》："夏后氏以松，殷人以柏，周人以栗，曰：使民戰栗。"

〔3〕收斂：收攏；聚斂。《墨子·尚賢中》："收斂關市山林澤梁之利，以實官府。"

15.12 委貌[1]，冠形又委貌之貌[2]，上小下大也[3]。

〔1〕委貌：古冠名。用黑色絲絹縫製而成，高四寸，長七寸，形似覆杯。《儀禮·士冠禮》："委貌，周道也。"鄭玄注："'委'猶'安'也，言所以安正容貌。"漢班固《白虎通·紼冕》："委貌者，何謂也？周朝廷理政事行道德之冠名……周統十一月爲正，萬物萌小，故爲冠飾最小，故曰委貌。委貌者，委曲有貌也。"陳立疏證："《御覽》引《三禮圖》云，元端亦曰委貌，今之進賢，則其遺像也。"《後漢書·輿服志下》："委貌冠、皮弁冠同制，長七寸，高四寸，制如覆杯，前高廣，後卑銳，所謂夏之追，殷之章甫者。委貌以皁絹爲之，皮弁以鹿皮爲之。" 吳志忠校："'委貌''弁'兩條皆脫'周冠名也'，各本同。"

〔2〕"又"，盧文弨、疏證本刪去；吳志忠校作"有"，曰："各本'有'誤'又'，今改。"又：通"有"。《馬王堆漢墓帛書·經法·國次》："功成而不止，身危又央（殃）。" "委貌"之"貌"，盧文弨、疏證本、吳志忠校作"曲"。疏證本曰："'委曲之貌'，今本作'又委貌之貌'，據《太平御覽》引改。"吳志忠曰："'曲'依畢校。"《白虎通·紼冕》："周統十一月爲正，萬物萌小，故爲冠飾最小，故曰委貌。委貌者，委曲有貌也。"委曲：彎曲。《淮南子·精神訓》："休息于無委曲之隅，而游敖于無形埒之野。"

〔3〕"上小下大"，吳志忠、佚名校作"上大下小"。吳志忠曰："各本'大小'互誤，今正。"吳翊寅校議："吳〔志忠〕本作'冠形有委曲之貌，上大下小也'，云：'各本"大小"互誤，今正。'"

15.13 弁[1]，如兩手相合拚時也[2]。以爵韋爲之[3]，謂之“爵弁”[4]；以鹿皮爲之，謂之“皮弁”[5]；以韎韋爲之也[6]。

〔1〕弁(biàn)：古代貴族的一種帽子。赤黑色的皮做的叫爵弁，是文冠；白鹿皮做的叫皮弁，是武冠。古代吉禮用冕，常禮用弁。《詩·小雅·頍弁》：“有頍者弁。”毛傳：“弁，皮弁也。” 佚名校：“‘委貌’‘弁’兩條皆脱‘周冠名也’。”

〔2〕拚：同“拚(biàn)”。鼓掌；拍手表示歡欣。《吕氏春秋·古樂》：“帝嚳乃令人拚。”高誘注：“兩手相擊曰拚。”

〔3〕爵韋：赤黑色的皮革。《禮記·雜記下》：“會去上五寸，紕以爵韋六寸，不至下五寸。”爵：通“雀”。赤黑色。《周禮·春官·巾車》：“漆車，藩蔽，豻犆，雀飾。”鄭玄注：“黑多赤少之色韋也。”韋：去毛熟治的獸皮；柔軟的皮革。《儀禮·聘禮》：“君使卿韋弁。”賈公彦疏：“有毛則曰皮，去毛熟治則曰韋。”

〔4〕爵弁：古代禮帽的一種，赤黑色，次冕一等，爲文冠。《儀禮·士冠禮》：“爵弁服：纁裳、純衣、緇帶、韎韐。”鄭玄注：“爵弁者，冕之次，其色赤而微黑，如爵頭然。或謂之緅。其布三十升。”

〔5〕皮弁：用白鹿皮製成的帽子，爲武冠。《儀禮·士冠禮》：“皮弁，服素積。”鄭玄注：“皮弁者，以白鹿皮爲冠，象上古也。”

〔6〕韎(mèi)韋：染成赤黄色的皮子，用作蔽膝護膝。《周禮·春官·司服》：“凡兵事，韋弁服。”鄭玄注：“韋弁，以韎韋爲弁。”賈公彦疏：“韎是舊染，謂赤色也，以赤色韋爲弁。” “也”，盧文弨、段玉裁、邵晉涵分別於“也”前增“謂之‘韋弁’”四字。《古今逸史》本、郎奎金刻《逸雅》本、疏證本、吴志忠校本、巾箱本有“謂之‘韋弁’”四字。韋弁：古代禮冠之一。天子、諸侯、大夫兵事服飾。用熟皮製成，淺朱色，制如皮弁。

15.14 纚[1]，以韜髮者也[2]。以纚爲之，因以爲名[3]。

〔1〕纚(xǐ)：束髮的帛。《漢書·江充傳》：“冠禪纚步搖冠，飛翮之纓。”顔師古注：“纚，織絲爲之，即今方目紗是也。”

〔2〕以：用來。 韜髮：未成年者用幘巾包扎頭髮。《急就篇》卷三：“冠幘簪簧結髮紐。”顔師古注：“幘者，韜髮之巾，所以整嫧髮也。常在冠下，或但單著之。”

〔3〕因以爲名：參見卷二《釋州國》7.8〔4〕。施惟誠刻本“爲名”之“爲”字後有一“之”字，盧文弨删去。吴志忠、佚名於“名”字後增一“也”字。吴志忠

曰：“各本脱‘也’，今補。”吴翊寅校議：“吴〔志忠〕本‘名’下有‘也’字。”王先謙
疏證補：“吴〔志忠〕校句末有‘也’字。”

15.15 總[1]，束髮也[2]，總而束之也[3]。

〔1〕總：束髮之帶。《儀禮・喪服》：“女子子在室爲父，布總、箭笄、髽，衰
三年。”鄭玄注：“總，束髮。謂之總者，既束其本，又總其末。”胡培翬正義：“案
《内則》注亦云：‘總，束髮。’孔疏：‘總，裂練繒爲之。’是吉時以繒爲總，喪則以
布爲總也。”《禮記・内則》：“子事父母，雞初鳴，咸盥漱，櫛、縰、笄、總。”鄭玄
注：“總，束髮也，垂後爲飾。”孔穎達疏：“總者，裂練繒爲之，束髮之本，垂餘於
髻後。”

〔2〕束髮：束扎髮髻。亦指束扎髮髻的頭飾。《禮記・玉藻》：“童子之節
也，緇布衣，錦緣，錦紳并紐，錦束髮。”孔穎達疏：“錦束髮者，以錦爲總而束髮
也。” 盧文弨、吴志忠於“髮”後增一“者”字。疏證本曰：“鄭注《禮記・内則》
云：‘總，束髮也。’”吴志忠曰：“各本‘束髮’下脱‘者’，今補。”吴翊寅校議：“吴
〔志忠〕本作：‘總，以束髮者也。’”

〔3〕總：聚合，匯集。《書・盤庚下》：“無總於貨寶，生生自庸。”孫星衍疏：
“總者，《説文》云：‘聚束也。’”《説文・糸部》：“總，聚束也。”段玉裁注：“謂聚
而縛之也……《禮經》之‘總’，束髮也。” 束：捆縛。《詩・鄘風・牆有茨》：
“牆有茨，不可束也。”

15.16 幘[1]，蹟也[2]，下齊員[3]，蹟然也。兑[4]，上下小大[5]，兑
兑然也[6]。或曰“耿”[7]，耿折其後也；或曰“幘”[8]，形似幘也。賤者
所著曰“兑髮”[9]，作之裁裹髮也[10]；或曰“牛心”[11]，形似之也。

〔1〕幘(zé)：包扎髮髻的巾。《急就篇》卷三：“冠幘簪簧結髮紐。”顏師古
注：“幘者，韜髮之巾，所以整嬪髮也。常在冠下，或但單著之。”漢蔡邕《獨斷》
卷下：“幘者，古之卑賤執事不冠者之所服也……元帝額有壯髮，不欲使人見，
始進幘服之，群臣皆隨焉，然尚無巾，如今半頭幘而已。”

〔2〕蹟：同“迹”。按，下文“蹟然”語義不通，知“蹟”不訓“迹”。又卷五《釋
宫室》17.41條：“柵，蹟也，以木作之，上平蹟然也。”“蹟然”分别與“下齊員”
“上平”連言，可知爲平齊、整齊之義。故疑“蹟”字爲“蹟”之形訛。“蹟”同“蹟
(zé)”。《玉篇・正部》：“蹟，助革切。正也，齊也，好也。”《康熙字典・貝部》：

"蹟,《隸釋》漢碑从'臣'之字,多有作'正'者,如'姬'作'娅'、'頤'作'顠'之類是也。"《太平御覽》卷六八七引《釋名》此條作:"幘,蹟也,下齊眉,蹟然也。"字正作"蹟"。本書卷六《釋書契》19.26:"册,蹟也,勑使整蹟,不犯之也。"王先謙疏證補埘引許克勤曰:"《説文》:'嫧,齊也。'《廣雅·釋詁一》:'嫧,善也。'謂整齊修餙,以至於善也。此以'蹟'訓'册','蹟'之正字當作'嫧'。"蹟:通"嫧(zé)"。整齊。參見19.26〔3〕。

〔3〕"員",盧文弨、疏證本、吳志忠校作"眉"。疏證本曰:"'眉',今本譌作'員',據《太平御覽》引改。"吳志忠曰:"'眉'依畢校。"巾箱本作"眉"。齊眉:與眉毛齊平。一説仍爲"齊員",指平齊而呈圓形。吳翊寅校議:"吳〔志忠〕本'員'作'冐',云:'依畢校。'案《説文》:'髮有巾曰幘。'《方言》:'覆結謂之幘巾。'《續漢書·輿服志》云:'幘者,蹟也,頭首嚴蹟也。'《急就篇》顏注:'幘者,所以整蹟髮也。'古'員'與'圓'同,'下齊員'謂'下齊而圓'也,幘以覆髻。畢改'齊眉',未聞其制,當從原本作'下齊員'爲是。"

〔4〕盧文弨、段玉裁、疏證本、巾箱本於"兑"前增"或曰"二字。疏證本曰:"今本無此二字,據義增。"吳志忠校本另分爲條。吳翊寅校議:"吳〔志忠〕本別爲條。案:畢本'兑'上有'或曰'二字,云:'據誼增。'今攷本書,'兑''幘'對文,各爲一條。下言'兑或曰幘',此不當作'幘或曰兑'也。" 兑(ruì):尖銳。後作"鋭"。《荀子·議兵》:"(故仁人之兵)兑則若莫邪之利鋒,當之者潰。"楊倞注:"《新序》作'鋭則若莫邪之利鋒'也。"此指包髮的頭巾。

〔5〕"上下小大",盧文弨、疏證本、吳志忠校作"上小下大"。吳志忠曰:"乙'小下',依畢校。"巾箱本作"上小下大"。

〔6〕兑兑:尖貌。

〔7〕耿(liè):包髮的頭巾。

〔8〕疏證本校:"此正説'幘',不應又言'或曰幘',葢'幘'字上下必有脱字,必不單名'幘'也。《方言》曰'覆結謂之幘巾',意此當作'幘巾'與?"幘巾:用來包髮的頭巾。《方言》卷四:"覆結謂之幘巾。"

〔9〕賤者:地位低下的人。《禮記·曲禮上》:"長者賜,少者、賤者不敢辭。" 著(zhuó):穿戴。《樂府詩集·雜曲歌辭·焦仲卿妻》:"著我繡裌裙,事事四五通。"

〔10〕裁:通"纔"。僅僅。《戰國策·燕策一》:"燕王曰:'寡人蠻夷僻處,雖大男子,裁如嬰兒。'"鮑彪注:"裁,僅也。"

〔11〕牛心:形似牛心臟的頭巾。

15.17 帽,冒也[1]。巾[2],謹也[3],二十成人[4],士冠[5],庶人巾[6],當自謹修於四教也[7]。

〔1〕冒:覆蓋;蒙住。指戴帽。《戰國策·韓策一》:"山東之卒被甲冒胄以會戰。" 吴志忠校:"下脱,各本同。"佚名校:"'冒也'下脱,各本同。"

〔2〕盧文弨於"巾"前畫一分隔綫,使上下分開。疏證本、吴志忠校本以下另分爲條。 巾:供擦拭、覆蓋、包裹、佩帶等用的一方布帛。古人以巾裹頭,後即演變成冠的一種,亦稱"巾"。《玉篇·巾部》:"巾,本以拭物,後人著之於頭。"漢應劭《風俗通·愆禮》:"巾所以飾首,衣所以蔽形。"

〔3〕謹:謹慎;慎重。《書·胤征》:"先王克謹天戒。"偽孔傳:"言君能慎戒。"又指謹嚴;嚴格。《荀子·王霸》:"謹畜積,脩戰備。"楊倞注:"謹嚴畜積,不妄耗費。"

〔4〕成人:成年。《儀禮·喪服》:"未嫁者,其成人而未嫁者也。"鄭玄注:"成人,謂年二十已笄醴者也。"

〔5〕士:商、西周、春秋時最低級的貴族階層。春秋末年後,逐漸成爲統治階級中知識分子的通稱。參見卷三《釋親屬》11.54〔1〕。 冠(guàn):戴帽子。《莊子·盜跖》:"冠枝木之冠,帶死牛之脅。"成玄英疏:"言尼父所戴冕浮華雕飾,華葉繁茂,有類樹枝。"古代男子到成年則舉行加冠禮,叫作冠。一般在二十歲。《禮記·曲禮上》:"男子二十冠而字。"鄭玄注:"成人矣,敬其名。"

〔6〕庶人:西周以後對農業生產者的稱謂。春秋時地位在士以下,工、商、皂、隸之上。秦漢以後泛指無官爵平民。參見卷三《釋親屬》11.54〔2〕。巾:指戴頭巾。

〔7〕謹修:同"謹脩"。謂敬慎修習、守持。《禮記·曲禮下》:"祭祀之禮,居喪之服,哭泣之位,皆如其國之故,謹脩其法而審行之。" 四教:舊時的四項教育科目。所指因教育對象而異。(1)孔子以文、行、忠、信爲教人的四要目。《論語·述而》:"子以四教:文、行、忠、信。"(2)指儒家所傳授的四門學科:詩、書、禮、樂。《禮記·王制》:"樂正崇四術,立四教,順先王詩、書、禮、樂以造士。春秋教以禮樂,冬夏教以詩書。"(3)指治家的四條準則:勤、儉、恭、恕。《文中子·關朗》:"御家以四教:勤、儉、恭、恕。"

15.18 簪[1],兂也[2],以兂連冠於髮也。又[3],枝也[4],因形名之也[5]。

〔1〕簪(zān):古人用來綰住髮髻或連冠於髮的用品。《韓非子·内儲説上》:“周主亡玉簪,令吏求之,三日不能得也。”後專指婦女插髻用的首飾。

〔2〕兓(jīn):尖鋭;鑽進。《説文·兂部》:“兓,朁朁,鋭意也。”段玉裁注:“凡俗用‘鑯’‘尖’字即‘兓’字之俗。”

〔3〕吴志忠校本“叉”及以下另分爲條。

〔4〕顧廣圻校:“當作‘叉,杈也’,另爲一條。”吴志忠校“叉,枝”作“叉,杈”,曰:“各本‘叉,杈’誤‘叉,枝’,連上爲條,今改正。”吴翊寅校議:“吴〔志忠〕本作‘叉,杈也’,云:‘各本誤連上爲條,今正。’案:‘叉’與‘又’形近,故譌。《藝文類聚》引本書‘叉,枝(當作杈)也,因形名之也’,即此條。古‘釵’字皆作‘叉’,與‘簪’對文,故係‘簪’下。畢移補‘爵釵’上,非是。各本合‘簪’爲條,亦非是。”佚名校:“‘叉,枝’誤,改作‘叉,杈’,當另立爲條。案:下有‘釵,叉也,象叉之形,因名之也’,‘爵釵,釵頭及上施爵也’之條,此‘簪’作‘枝’解。”劉師培書後:“《釋首飾》‘叉,枝也’,《類聚·七十》引‘叉’作‘叉’。(案:吴校改作:‘叉,杈也。’與上‘簪’字别爲一條,是也。畢本連上爲條,沿明本之訛。)”叉:同“釵”。婦女頭上所戴的首飾。形似叉(chā),以金玉製成。漢司馬相如《美人賦》:“玉釵挂臣冠,羅袖拂臣衣。”杈(chā):樹幹的歧枝或植物的杈枒。《説文·木部》:“杈,枝也。”參見15.34。

〔5〕因:依照;根據。《韓非子·外儲説左上》:“法者,見功而與賞,因能而授官。”

15.19 揥〔1〕,摘也〔2〕,所以摘髮也〔3〕。

〔1〕揥(tì):搔頭的簪。《詩·鄘風·君子偕老》:“玉之瑱也,象之揥也。”毛傳:“揥,所以摘髮也。”孔穎達疏:“以象骨搔首,因以爲飾,名之揥,故云‘所以摘髮’。《葛屨》云‘佩其象揥’是也。”“揥”,疏證本校:“《説文》無‘揥’字,以音求之,當从‘手’、‘啻’聲,字作‘擿’。”

〔2〕摘(tì):撥動。《廣韻·錫韻》:“摘,動也。”又剔;挑。《淮南子·齊俗》:“柱不可以摘齒,筐不可以持屋。”“摘”,疏證本校:“《詩·君子偕老》云:‘象之揥也。’毛傳云:‘揥,所以摘髮也。’《釋文》云‘摘本又作擿,又作謫’,竝非。案《説文》云:‘擿,搔也。’然則作‘擿’良是,此條兩‘摘’字皆當作‘擿’。《詩》釋文反以爲非,陸德明不知遵《説文》也。”下同。擿(zhì):搔;撓。

〔3〕摘髮:搔動頭髮。

15.20 導[1]，所以導櫟鬢髮[2]，使入巾幘之裹也[3]。或曰“櫟鬢”[4]，以事名之也[5]。

〔1〕導：引頭髮入冠幘的櫛。常以玉爲之，亦作爲首飾。

〔2〕櫟(lì)：刮擦。《史記·楚元王世家》：“嫂厭叔，叔與客來，嫂詳爲羹盡，櫟釜，賓客以故去。”司馬貞索隱：“櫟音歷。謂以杓歷釜旁，使爲聲。” 鬢髮：鬢角的頭髮。是在耳朵前面的一綹頭髮或一簇鬈髮。張衡《七辯》：“鬢髮玄髻，光可以鑒。”

〔3〕巾幘：頭巾；以幅巾製成的帽子。

〔4〕櫟鬢：梳理鬢髮的梳子。

〔5〕事：職務；職業。《國語·魯語上》：“卿大夫佐之，受事焉。”韋昭注：“事，職事也。”《漢書·樊噲傳》：“樊噲，沛人也，以屠狗爲事。”此指功能。

15.21 鏡[1]，景也[2]，言有光景也[3]。

〔1〕鏡：用來反映物體形象的器具。古代用銅、鐵等磨光製成，盤狀，正面磨光發亮，背面有紋飾。《説文·金部》：“鏡，景也。”段玉裁注：“景者，光也，金有光可照物謂之鏡。”《韓非子·觀行》：“古之人，目短於自見，故以鏡觀面。”

〔2〕景：亮光；日光。《説文·金部》：“鏡，景也。”段玉裁注：“景者，光也，金有光可照物謂之鏡，此以疊韵爲訓也。鏡亦曰鑒，雙聲字也。”一讀 yǐng，“影”的古字。影子；陰影。《詩·鄘風·二子乘舟》：“二子乘舟，泛泛其景。”孔穎達疏：“泛泛然見其影之去往而不礙。”

〔3〕疏證本校：“《初學記》《太平御覽》引皆無‘言’字。” 光景：光輝；光亮。或讀作“光影”。光和影子。

15.22 梳[1]，言其齒疏也[2]。數言“比”[3]，比於疏[4]，其齒差數也[5]。比[6]，言細相比也[7]。

〔1〕梳：梳子。《北堂書鈔》卷一三六引漢崔寔《正論》：“無賞罰，是無君，苟欲治之，是猶不畜梳而欲髮之理也。”

〔2〕疏：稀疏；稀少。《老子》：“天網恢恢，疏而不失。”高亨注：“疏，稀疏，不密。”

〔3〕數(cù)：細密；稠密。《吕氏春秋·辯土》：“慎其種，勿使數，亦無使

疏。”“言”，吳志忠校作“者曰”，云：“各本‘者曰’誤‘言’，今改。”佚名校：“‘言’字誤，改作‘者曰’二字。”吳翊寅校議：“吳〔志忠〕本作‘數者言比’。”比：篦子。用竹子製成的梳頭、潔髮用具。中間有一梁，兩側有密齒。《急就篇》卷三：“鏡籢疏比各異工。”顏師古注：“櫛之大而麤所以理鬢者謂之疏，言其齒稀疏也；小而細所以去蟣虱者謂之比，言其齒密比也。皆因其體而立名也。”

〔4〕比：緊密；細密。《詩·周頌·良耜》：“其崇如墉，其比如櫛。”“疏”，盧文弨、段玉裁、疏證本、吳志忠校作“梳”，巾箱本作“梳”。吳志忠曰：“‘梳’依畢校。”疏：同“梳”。《廣雅·釋器》“梳，櫛也”清王念孫疏證：“《急就篇》云：‘鏡籢疏比各異工。’‘疏’‘比’與‘梳’‘枇’同。”

〔5〕差(chā)：相當於“頗”“稍微”。《漢書·匈奴傳》：“從塞以南，徑深山谷，往來差難。”

〔6〕“比”，顧廣圻校：“當作‘亦’。”吳志忠、佚名校作“亦”。吳志忠曰：“各本‘亦’誤‘比’，今改。”佚名曰：“‘比’字誤，改作‘亦’。”

〔7〕張步瀛於“言”後增一“其”字。丁山校：“《御覽》引：‘比，言其相比也。’”相比：互相靠攏。比：親近；靠攏。《論語·里仁》：“君子之於天下也，無適也，無莫也，義之與比。”

15.23 刷[1]，帥也[2]，帥髮[3]，長短皆令上從也[4]。亦言“瑟”也[5]，刷髮令上瑟然也。

〔1〕刷：古代理髮用具。《文選·嵇康〈養生論〉》：“勁刷理鬢，醇醴發顏。”李善注引《通俗文》：“所以理髮，謂之刷也。”呂向注：“勁刷，謂梳也。”

〔2〕丁山校：“洪云：按‘帥’字當係‘飾’字之譌。《説文》云：‘刷，飾也。飾，刷也。’《周禮·封人》‘飾其牛牲’鄭注：‘飾謂刷治潔清之也。’《司尊彝》注：‘況酌者，挩飾勺而酌也。’《釋文》：‘飾，本或作拭。’‘飾’即‘拭’字。”飾：刷拭。《周禮·地官·封人》：“凡祭祀，飾其牛牲。”鄭玄注：“飾，謂刷治潔清之也。”

〔3〕帥：引導。《論語·顏淵》：“子帥以正，孰敢不正！”又指聚。

〔4〕長短：長的和短的。《孟子·梁惠王上》：“權然後知輕重，度然後知長短。”上從：跟着向上。從：隨行；跟隨。《論語·公冶長》：“道不行，乘桴浮于海，從我者其由與？”

〔5〕瑟：潔淨鮮明貌。《詩·大雅·旱麓》：“瑟彼玉瓚，黃流在中。”鄭玄箋：“瑟，絜鮮貌。”孔穎達疏：“以瑟爲玉之狀，故云絜鮮貌。”

15.24 鑷[1],攝也[2],攝取髮也[3]。

〔1〕鑷:拔除毛髮或夾取細小東西的鉗子。《太平御覽》卷七一四引漢服虔《通俗文》:"拔减鬚鬢謂之鑷。"

〔2〕攝:夾箝。《論語·先進》:"千乘之國,攝乎大國之間。"俞樾平議:"攝,猶籋也。《説文·竹部》:籋,箝也。徐鍇繫傳曰:今俗作鑷,然則攝之通作籋,猶籋之俗作鑷也。籋乎大國之間,猶云夾乎大國之間。"

〔3〕攝取:夾取。

15.25 綃頭[1],綃[2],鈔也[3],鈔髮使上從也[4]。或曰"陌頭"[5],言其從後橫陌而前也[6]。齊人謂之"幓"[7],言幓斂髮使上從也[8]。

〔1〕綃(xiāo)頭:古代男子束髮的巾。通稱"幧頭"。《後漢書·獨行傳·向栩》:"(向栩)恒讀《老子》,狀如學道;又似狂生,好被髮,著絳綃頭。"李賢注:"〔綃〕,此字當作'幧'。"

〔2〕綃:薄的生絲織品;輕紗。《禮記·玉藻》:"君子狐青裘豹褎,玄綃衣以裼之。"鄭玄注:"綃,綺屬也。"

〔3〕鈔:叉取。《説文·金部》:"鈔,叉取也。"段玉裁注:"叉者,手指相造也。手指突入其間而取之,是之謂鈔。"

〔4〕上從:跟着向上。參見15.23〔4〕。

〔5〕"曰",疏證本校作"謂之",云:"今本作'或曰',《太平御覽》引作'或謂之',據改。" 陌頭:古代男子束髮的頭巾。《方言》卷四:"絡頭,帞頭也……幓,幧頭也。自關以西秦晉之郊曰'絡頭',南楚江湘之間曰'帞頭',自河以北趙魏之間曰'幧頭',或謂之'帤',或謂之'幓'。"錢繹箋疏:"'貉''袙''陌''鞨''帕''帓'並與'帞'通。'冒''帞'聲之轉耳。"

〔6〕陌:通"帕(mò)"。纏裹;緊貼。義同今語之"抹(mò)"。按,疏證本曰:"《説文》無'陌'字,據'橫陌'之義,字當作'末'。《漢書·谷永傳》曰:'末殺災異。'"王先謙疏證補引孫楷曰:"《方言》:'絡頭,帞頭也。'《廣雅》云:'帞頭、絡頭,幧頭也。'《漢書·周勃傳》:'太后以冒絮提文帝。'應劭云:'帞額絮也。''帞'與'陌'同。"又引皮錫瑞曰:"'陌''貉''帕''袙'義同。"黄侃《蕲春語》:"《廣雅·釋器》:'裲襠謂之袙腹。'案《釋名·釋衣服》:'裲襠,其一當胸,其一當背,因以名之也;帕腹,橫帕其腹也;抱腹,上下有帶抱裹其腹,上無袹

者也。'據此,是三物異制。兩當,前蔽心,後蔽背,今通語之嵌肩也;帕腹,橫陌腹而上有襠親膚者,俗謂之兜肚;在衣外禦垢汙者,吾鄉謂之抹腰,'抹'即'袙''帞''陌'之音轉也;抱腹,亦橫陌腹而上無襠,婦人用之,北京語所謂主腰也。《廣雅》以袜襠爲袙腹,不如《釋名》之晰。"疏證本所引《漢書》"末殺災異"之"末",其字今即作"抹",爲減輕、抹滅之義。《左傳·昭公十四年》:"三數叔魚之惡,不爲末減。"又據孫楷、皮錫瑞、黄侃所論,可知古語"陌""帕""帞""袙"通,皆取覆蓋、纏裹爲義,即同今語之"抹(mò)"。"抹"有緊貼、緊束之義,如"抹額""抹胸"是也。參見卷一《釋道》6.14〔3〕、卷五《釋衣服》16.30〔2〕。

〔7〕齊人:古代齊國的人。《孟子·公孫丑上》:"子誠齊人也,知管仲、晏子而已矣。"齊:周代國名。在今山東北部。參見卷二《釋州國》7.25〔1〕。帵(yé):古代男子束髮的頭巾。《方言》卷四:"帵,幧頭也……自河以北趙魏之間曰'幧頭',或謂之'帤',或謂之'帵'。"《玉篇·巾部》:"帵,幧頭也。"

〔8〕"帵斂"之"帵",疏證本校删去,曰:"今本'言'下有'帵'字,係誤衍,删之。"篆字疏證本作"奄",無校語。帵斂:收斂;隱藏。帵:通"掩"。覆蓋;遮蔽。《廣雅·釋器》"帵兜,囊也"王念孫疏證:"帵、嶁、帳,皆收斂之名,帵之言掩也。"

15.26 王后首飾曰"副"〔1〕。副,覆也〔2〕,以覆首〔3〕;亦言副貳也〔4〕,兼用衆物〔5〕,成其飾也〔6〕。

〔1〕王后:天子的嫡妻。《周禮·天官·内宰》:"上春,詔王后帥六宫之人,而生穜稑之種,而獻之于王。" 首飾:戴在頭上的裝飾品。《論衡·譏日》:"且夫沐去頭垢,冠爲首飾;浴除身垢,衣衞體寒。" 副:古時王后及諸侯夫人的一種首飾。編髮作假髻,上綴以玉。《詩·鄘風·君子偕老》:"君子偕老,副笄六珈。"毛傳:"副者,后、夫人之首飾,編髮爲之。"

〔2〕覆:覆蓋;遮蔽。《莊子·德充符》:"夫天無不覆,地無不載。"

〔3〕吴志忠於"首"後增一"也"字,曰:"各本脱'也',今補。"

〔4〕副貳:輔佐;輔助。《書·周官》"貳公弘化"僞孔傳:"副貳三公,弘大道化。"

〔5〕衆物:萬物;諸物。《史記·律書》:"明庶風居東方。明庶者,明衆物盡出也。"

〔6〕成:助成;成全。《論語·顏淵》:"君子成人之美,不成人之惡。"

15. 27 編[1]，編髮爲之[2]。[3]次第髮也[4]。

〔1〕編(biàn)：辮子，結髮爲之。後作"辮"。《周禮·天官·追師》："追師掌王后之首服，爲副、編、次、追衡、笄。"鄭玄注："編，編列髮爲之，其遺象若今假紒矣。"

〔2〕編(biān)：交織；編結。《莊子·大宗師》："或編曲，或鼓琴，相和而歌。"成玄英疏："曲，薄也。或編薄織簾，或鼓琴歌咏。"盧文弨、段玉裁、疏證本、吳志忠分別於"爲之"後增一"也"字。疏證本曰："今本脱'也'字，從例增。"吳志忠曰："補'也'，依畢校。"

〔3〕吳志忠校本以下另起。

〔4〕盧文弨、段玉裁於"次"字後增一"次"字，疏證本、吳志忠於此處增一"次"字。疏證本曰："今本脱此字，據《周禮》注增。"吳志忠曰："補'次'，依畢校。"篆字疏證本所增爲"髲"字，云："今本无此字，據誼曾。""髲'，《周礼》作'次'。鄭注《追師》云：'次，次第髮長短爲之，所謂髲髢。'"次：髮飾。古時以受髡刑者或賤民的頭髮編成紒，供貴族婦女飾用。《周禮·天官·追師》："掌王后之首服，爲副、編、次。"鄭玄注："次，次第髮長短爲之，所謂髲髢也，服之以見王。" 次第：排比編次。

15. 28 髲[1]，被也[2]，髮少者得以被助其髮也[3]。[4]

〔1〕《古今逸史》本、郎奎金刻《逸雅》本"髮"前有一"髢"字。吳志忠於"髮"前增"髲髢"二字，曰："各本脱'髲髢'二字，今補。"吳翊寅校議："吳〔志忠〕本'髮'上補'髲髢'二字，合'髢'爲條。"邵晉涵曰："《少牢饋食禮》曰：'主婦髲髢。'按：'髲髢'即《追師》所謂'次'也，蓋次第髮之長短加於首上謂之'髲'，剪剃刑人、賤人之髮，未加次第，謂之'髢'。""髮"，盧文弨、段玉裁、疏證本、吳志忠校作"髲"。疏證本校："今本譌作'髢髮'，據誼改。"吳志忠校："各本'髮'誤'髲'，今改。"邵晉涵校作"髢，髲髮"，佚名校作"髲髢"。郎奎金刻《逸雅》本、巾箱本作"髲"。髲髢(bìdì)：亦作"髲髢""髲鬄"。假髻。《儀禮·少牢饋食禮》"主婦被錫衣移袂"鄭玄注："'被錫'讀爲'髲髢'，古者或剔賤者、刑者之髮，以被婦人之紒爲飾，因名髲髢焉。"髲：假髮。

〔2〕被：加上。《荀子·不苟》："國亂而治之者，非案亂而治之之謂也，去亂而被之以治。"梁啓雄釋引《廣雅·釋詁》："被，加也。"

〔3〕得以：可以；賴以。漢晁錯《論貴粟疏》："今募天下入粟縣官，得以拜爵，得以除罪。"

〔4〕盧文弨將上下條連接,疏證本以下不另起。

15.29 髢[1],剔也[2],剔刑人之髮爲之也[3]。

〔1〕“髢”,盧文弨、段玉裁、邵晉涵、吳志忠分別校作“髢”。吳志忠曰:“各本‘髢’誤‘髢’,今改。疏證本、巾箱本作“髢”。髢(dì):假髮。《莊子·天地》:“禿而施髢,病而求醫。”按,“髢”又作“髲”或“髢”,形近而訛爲“髢”。

〔2〕剔:同“剃”。用刀刮去毛髮。《韓非子·顯學》:“夫嬰兒不剔首則腹痛。”

〔3〕刑人:受刑之人。古代多以刑人充服勞役的奴隸。《周禮·地官·司市》:“國君過市,則刑人赦。”

15.30 步搖[1],上有垂珠[2],步則搖也[3]。

〔1〕步搖:古代婦女附在簪釵上的一種首飾。《後漢書·輿服志下》:“步搖以黃金爲山題,貫白珠爲桂枝相繆,一爵九華,熊、虎、赤羆、天鹿、辟邪、南山豐大特六獸,《詩》所謂‘副笄六珈’者。”王先謙集解引陳祥道曰:“漢之步搖,以金爲鳳,下有邸,前有笄,綴五采玉以垂下,行則動搖。” “搖”,邵晉涵校:“《後漢〔書〕·烏桓傳》注引《釋名》‘搖’下有‘皇后首飾’四字。”

〔2〕垂珠:懸掛的珠串。參見15.4〔6〕。

〔3〕步:行走。《書·召誥》:“王朝步自周,則至于豐。”鄭玄注:“步,行也。” 盧文弨、疏證本於“搖”後增一“動”字。疏證本曰:“‘動’字據《一切經音義》引增。”王仁俊集斠:“《事類賦》九《珠部》引首二句同,又引下二句無‘動’字。”胡楚生校:“慧琳《音義》卷七十五引此條,‘搖’下有‘動者’二字。”

15.31 幗[1],恢也[2],恢廓覆髮上也[3]。魯人曰“頍”[4],頍,傾也,著之傾近前也[5]。齊人曰“幀”[6],飾形貌也[7]。華[8],象草木華也[9]。[10]

〔1〕幗(guó):婦女覆於髮上的飾物。《後漢書·烏桓傳》:“婦人至嫁時乃養髮,分爲髻,著句決,飾以金碧,猶中國有幗步搖。”

〔2〕恢:弘大;寬廣。《荀子·非十二子》:“恢然如天地之苞萬物。”

〔3〕恢廓:寬宏;寬闊。漢鄒陽《獄中上書自明》:“今欲使天下恢廓之士……回面汙行,以事諂諛之人,而求親近於左右,則士有伏死堀穴巖藪之中

耳。” 覆:覆蓋;遮蔽。《禮記·中庸》:“天之所覆,地之所載,日月所照,霜露所隊,凡有血氣者,莫不尊親。”

〔4〕魯人:古代魯國的人。魯:周代諸侯國名。故地在今山東兖州東南至江蘇沛縣、安徽泗縣一帶。參見卷二《釋州國》7.23〔1〕。 頍(kuǐ):古代用以束髮固冠的髮飾。《後漢書·輿服志下》:“古者有冠無幘,其戴也,加首有頍,所以安物。”

〔5〕著(zhuó):戴。《禮記·曲禮上》“就屨,跪而舉之”鄭玄注:“就,猶著也。” 近前:靠近前方。

〔6〕齊人:古代齊國的人。參見15.25〔7〕。 “幌”,盧文弨、段玉裁、疏證本、吳志忠分别校作“帨”。段玉裁曰:“《廣雅》:‘篹謂之帨’,音‘兒’;《玉篇》《廣韻》皆云:‘帨,幗也。亡教切。’‘帨’‘兒’於同音求之。”疏證本曰:“今本譌作‘幌’。案《廣雅》云:‘篹謂之帨。’《玉篇》《廣韻》皆云:‘帨,篹也。莫教反。’據改。然《説文》亦無‘帨’字,當止作‘兒’,‘兒’即形貌字也。”吳志忠曰:“‘帨’依畢校。”帽(mào):古代婦女的髮飾,覆於髮上。

〔7〕形貌:外形;容貌。《墨子·大取》:“諸以形貌命者,若山丘室廟者皆是也。”

〔8〕邵晉涵於“華”前畫一分隔綫,使與下條分開。疏證本、吳志忠校本以下提行另起。盧文弨、疏證本、吳志忠於“華”前增“華勝”二字。疏證本曰:“今本脱此二字,據《太平御覽》引增。”吳志忠曰:“補‘華勝’,依畢校。”華(huā)勝:即花勝。古代婦女的一種花形首飾。《漢書·司馬相如傳下》“曶然白首戴勝而穴處兮”顔師古注:“勝,婦人首飾也;漢代謂之華勝。”華(huā):花。《易·大過》:“枯楊生華,老婦得其士夫,無咎無譽。”

〔9〕草木:指草本植物和木本植物。《易·坤》:“天地變化,草木蕃。”

〔10〕盧文弨、王宗炎分别於此處畫一連接綫,使與下條連接,巾箱本以下不另起。

15.32 勝[1],言人形容正等[2],一人著之則勝也[3]。[4]

〔1〕勝:古代婦女的一種首飾。《山海經·西山經》:“西王母……蓬髮戴勝。”郭璞注:“勝,玉勝也。”

〔2〕形容:外貌;模樣。《管子·内業》:“全心在中,不可蔽匿,和於形容,見於膚色。” 正等:相當;相同。漢董仲舒《雨雹對》:“二月八日,陰陽正等,無多少也。”

〔3〕"一人"，張步瀛删去。　著(zhuó)：戴。勝：勝過；超過。《書·五子之歌》："予視天下愚夫愚婦，一能勝予。"

〔4〕瑞桃堂刻本、疏證本以下不另起。

15.33　蔽髮前爲飾也[1]。

〔1〕此句應接上條。

15.34　爵釵[1]，**釵頭及上施爵也**[2]。

〔1〕爵釵：飾以雀形的髮釵。爵：通"雀"。

〔2〕釵頭：釵的首端。　施：設置；安放。《韓非子·外儲說左上》："趙主父令工施鉤梯而緣播吾，刻疏人迹其上，廣三尺，長五尺，而勒之曰：主父常(嘗)遊於此。"　爵：通"雀"。麻雀等小鳥。《逸周書·時訓》："寒露之日，鴻雁來賓，又五日，爵入大水化爲蛤。"此指鳥形裝飾物。

15.35　瑱[1]，**鎮也**[2]，**懸當耳旁**[3]，**不欲使人妄聽**[4]，**自鎮重也**[5]。**或曰"充耳"**[6]，**充，塞也，塞耳亦所以止聽也**[7]。**故里語曰**[8]："**不瘖不聾**[9]，**不成姑公**[10]。"

〔1〕瑱(tiàn)：古人垂在冠冕兩側用以塞耳的玉墜。《詩·鄘風·君子偕老》："鬒髮如雲，不屑髢也。玉之瑱也，象之揥也，揚且之晳也。"毛傳："瑱，塞耳也。"

〔2〕鎮：用重物壓在上面，向下加重量。漢枚乘《上書諫吳王》："馬方駭，鼓而驚之；係方絶，又重鎮之。"

〔3〕當：遮蔽；阻擋。《韓非子·内儲說上》："夫日兼燭天下，一物不能當也。"陳奇猷集釋引舊注："言一物不能蔽日之光也。"

〔4〕妄聽：亂聽；偏聽。《淮南子·主術訓》："夫目妄視則淫，耳妄聽則惑。"

〔5〕鎮重：鎮定；莊重。

〔6〕充耳：古代掛在冠冕兩旁的飾物，下垂及耳，可以塞耳避聽。《詩·衛風·淇奥》："有匪君子，充耳琇瑩。"毛傳："充耳謂之瑱；琇瑩，美石也。天子玉瑱，諸侯以石。"邵晉涵曰："瑱之制：君夫人用玉，故曰玉之'瑱'也。其下用石，故曰'充耳'，以素乎而已。"

〔7〕塞耳:堵住耳朵。謂有意不聽。漢荀悦《申鑒·雜言上》:"下不鉗口,上不塞耳,則可有聞矣。" 所以:用以;用來。《莊子·天地》:"是三者,非所以養德也。"

〔8〕里語:民間諺語。《史記·吳王濞列傳》:"里語有之,'舐糠及米'。"

〔9〕瘖(yīn):同"喑"。嗓子啞,不能出聲;失音。《墨子·尚賢下》:"此譬猶瘖者而使爲行人,聾者而使爲樂師。"

〔10〕姑公:丈夫的父母;公婆。漢焦贛《易林·家人之漸》:"居比鄰里,姑公悦喜。"

15.36 穿耳施珠曰"璫"[1],此本出於蠻夷所爲也[2]。蠻夷婦女輕淫好走[3],故以此琅璫錘之也[4]。今中國人傚之耳[5]。

〔1〕穿耳:在耳朵上穿孔,飾以珠環。《山海經·中山經》:"青要之山,……小腰而白齒,而穿耳以鑛,其鳴如鳴玉。" 施:設置;安放。參見15.34〔2〕。
璫(dāng):古代婦女的耳飾。《玉臺新詠·古詩〈爲焦仲卿妻作〉》:"腰若流紈素,耳著明月璫。"

〔2〕蠻夷:古代對四方邊遠地區少數民族的泛稱。亦專指南方少數民族。《書·舜典》:"柔遠能邇,惇德允元,而難任人,蠻夷率服。"

〔3〕輕淫:輕佻;放縱。輕:輕佻。《荀子·不苟》:"喜則輕而翾,憂則挫而攝。"楊倞注:"輕,謂輕佻失據。"淫:放縱;恣肆。《周禮·天官·宮正》:"去其淫怠與其奇衺之民。"鄭玄注:"淫,放濫也。""淫",盧文弨、疏證本校作"浮"。疏證本曰:"今本'浮'誤作'淫',據《太平御覽》引改。"輕浮:輕佻浮誇。

〔4〕琅璫(lángdāng):指鈴鐸。比喻鈴狀物。 錘:通"垂"。下垂;掛。《太玄·周》:"帶其鈎鞶,錘以玉環。"

〔5〕中國:上古時代,我國華夏族建國於黃河流域一帶,以爲居天下之中,故稱中國,而把周圍其他地區稱爲四方。後泛指中原地區。《詩·小雅·六月序》:"《小雅》盡廢,則四夷交侵,中國微矣。" 傚(xiào):效法;模仿。《詩·小雅·鹿鳴》:"我有嘉賓,德音孔昭。視民不恌,君子是則是傚。"毛傳:"傚,言可法傚也。" "耳",張步瀛校作"也"。

15.37 脂[1],砥也[2],著面柔滑[3],如砥石也[4]。

〔1〕脂:含脂的化妝品。《韓非子·顯學》:"故善毛嗇、西施之美,無益吾面;用脂澤粉黛,則倍其初。"

〔2〕砥（dǐ）：質地較細的磨刀石。《書·禹貢》：“礪砥砮丹。”僞孔傳：“砥細於礪，皆磨石也。”

〔3〕著（zhuó）：附着。《國語·晉語四》：“今戾久矣，戾久將底。底著滯淫，誰能興之？”韋昭注：“著，附也。” 柔滑：柔軟潤滑。《周禮·考工記·鮑人》：“革欲其荼白，而疾澣之，則堅；欲其柔滑，而腥脂之，則需。”

〔4〕砥石：磨石。《淮南子·説山訓》：“砥石不利，而可以利金。”

15.38 粉[1]，分也，研米使分散也[2]。[3]

〔1〕粉：化妝用的粉末。《説文·米部》：“粉，傅面者也。”徐鍇繫傳：“古傅面亦用米粉。故《齊民要術》有傅面英粉，漬粉爲之也。又紅染之爲紅粉。燒鉛爲粉，始自夏桀也。”《急就篇》卷三：“芬薰脂粉膏澤筩。”顏師古注：“粉謂鉛粉及米粉，皆以傅面，取光潔也。”戰國楚宋玉《登徒子好色賦》：“東家之子，增之一分則太長，減之一分則太短，著粉則太白，施朱則太赤。”

〔2〕研：細磨；碾爲粉末。 分散：分開；散開。《左傳·桓公五年》：“公疾病而亂作，國人分散，故再赴。”

〔3〕篆字疏證本於此處增：“經粉，經，赤也，染粉使赤，以箸頰上也。”云：“‘經粉’以下云云，今本列於篇末‘第，録也’之後，別爲一條，兹據《太平御覽》引迻以并合于此。”

15.39 胡粉[1]，胡，餬也[2]，脂和以塗面也[3]。

〔1〕胡粉：古時用來搽臉或繪畫的鉛粉。古時由西域傳入。

〔2〕餬（hú）：塗抹；黏合。後作“糊”。《左傳·昭公七年》“饘於是，鬻於是，以餬余口”孔穎達疏：“猶今人以粥向帛，黏使相著，謂之餬帛。”

〔3〕脂：油脂；脂肪。亦泛指動植物所含的油質。《詩·衛風·碩人》：“手如柔荑，膚如凝脂。” 和（huó）：在粉狀物中加液體攪拌或揉弄，使黏在一起。塗面：塗飾面部。

盧文弨、疏證本於此處增：“經粉，經，赤也，染粉使赤，以著頰上也。”（篆字疏證本增在 15.38“粉”條後。）張步瀛於第二“經”字後增一“者”字，並删去“上”字。疏證本曰：“‘經粉’以下云云，今本列於篇末‘第録也’之後，別爲一條，兹據《太平御覽》引移以并合於此。‘經’‘頳’同，《御覽》引‘敕真’切。”丁山校：“《御覽》引無‘上’字。”參見 15.45。

15.40 黛[1]，代也，滅眉毛去之[2]，以此畫代其處也[3]。

〔1〕黛：青黑色的顏料。古時女子用以畫眉。《韓非子・顯學》："故善毛嗇、西施之美，無益吾面；用脂澤粉黛，則倍其初。"

〔2〕"滅眉毛去之"，篆字疏證本校作"滅去眉毛"，云："今本作'滅眉毛去之'，據《太平御覽》引改。" 滅：除盡；使不存在。《易・剝》："剝牀以足，以滅下也。" 眉毛：眼眶上緣的毛。

〔3〕蘇輿校："《御覽・服用二十一》引作：'滅去眉毛，以此代其處也。'"

15.41 屑脂[1]，以丹作之[2]，象屑赤也。

〔1〕屑脂：用以塗屑的化妝品。

〔2〕丹：丹砂等赤色的礦石，可以製成顏料。《書・禹貢》："杶幹栝柏，礪砥砮丹。"孔穎達疏："丹者，丹砂。"

15.42 香澤者[1]，人髮恒枯悴[2]，以此濡澤之也[3]。

〔1〕香澤：指髮油一類的化妝品。漢桓寬《鹽鐵論・殊路》："毛嬙，天下之姣人也，待香澤脂粉而後容。"

〔2〕"者""人"二字，吳志忠校作"香入"，曰："各本'香入'誤'者人'，今改。"佚名校："'者人'二字誤，改作'香入'。"吳翊寅校議："吳〔志忠〕本作：'香澤，香入髮，恒枯悴。'" 恒：經常；常常。《易・需》"利用恒"孔穎達疏："恒，常也。" 枯悴：枯萎。

〔3〕濡澤：沾潤。

15.43 彊[1]，其性凝強[2]，以制服亂髮也[3]。

〔1〕彊（qiáng）：同"强"。古代婦女刷髮的髮膠。

〔2〕凝强：凝固性强。

〔3〕制服：用强力使之馴服。漢趙曄《吳越春秋・勾踐陰謀外傳》："當是之時，諸侯相伐，兵刃交錯，弓矢之威不能制服。"

15.44 以丹注面曰"勺"[1]。勺，灼也[2]。此本天子[3]、諸侯群妾當以次進御[4]，其有月事者[5]，止而不御[6]，重以口說[7]，故注此於面，灼然爲識[8]。女史見之[9]，則不書其名於第錄也[10]。

〔1〕丹：用丹砂等赤色礦石製成的顏料。参見 15.41〔2〕。　注：塗抹。"勺"，盧文弨、疏證本校作"旳"，下同。疏證本曰："今本作'勺'，《北堂書鈔》《太平御覽》皆引作'旳'，據改，下同。"勺(dì)：通"旳(dì)"。古代婦女的面飾。王先謙疏證補："旳，本婦人飾容之具。"

〔2〕灼：明白；明亮；鮮明。《書·立政》："我其克灼知厥若。"蔡沈集傳："當能明知其所順。"

〔3〕天子：古以君權爲天神所授，故稱帝王爲天子。《詩·大雅·江漢》："明明天子，令聞不已。"

〔4〕諸侯：古代帝王所分封的各國君主。在其統轄區域内，世襲佔有封地及其居民，掌握軍政大權，但按禮要服從王命，定期向帝王朝貢述職，並有出軍賦和服役的義務。《史記·五帝本紀》："於是軒轅乃習用干戈，以征不享，諸侯咸來賓從。"　妾：舊時男子在妻以外娶的女子。《吕氏春秋·慎勢》："妻妾不分則家室亂。"　以次：依次。《史記·刺客列傳》："諸樊知季子札賢而不立太子，以次傳三弟，欲卒致國於季子札。"　進御：指爲君王所御幸。《詩·召南·小星序》："小星，惠及下人也。夫人無妒忌之行，惠及賤妾，進御於君，知其命有貴賤，能盡其心矣。"

〔5〕月事：月經。《素問·上古天真論》："女子七歲，腎氣盛，齒更髮長，二七而天癸至，月事以時下，故有子。"王冰注："所以謂之月事者，平和之氣，常以三旬而一見也。"

〔6〕御：與女子交合。《禮記·月令》："乃禮天子所御。"鄭玄注："天子所御謂今有娠者。"孔穎達疏："乃禮接天子所御幸有娠之人。"

〔7〕重(zhòng)：難；不輕易。《漢書·孔光傳》："上重違大臣正議，又内迫傅太后，猗違者連歲。"顏師古注："重，難也。"　口説：口頭説明。

〔8〕灼然：明顯貌。漢徐幹《中論·審大臣》："文王之識也，灼然若披雲而見日，霍然若開霧而觀天。"　識(zhì)：標記。

〔9〕女史：古代職官名。以知書婦女充任，佐助内宰掌管有關王后禮儀之典籍。《周禮·天官·女史》："女史掌王后之禮職，掌内治之貳，以詔后治内政。"賈公彦疏："案上《叙官》鄭注云：'女史，女奴曉書者。'是以掌王后禮之職事。"

〔10〕書：書寫；記載。《左傳·隱公四年》："冬，十二月，宣公即位。書曰：衛人立晉。"　第録：編次名録。第：次序；次第。《左傳·哀公十六年》："楚國第，我死，令尹司馬，非勝而誰?"杜預注："第，用士之次第。"録：簿籍。《周

禮・天官・職幣》："皆辨其物而奠其録。"鄭玄注："定其録籍。"孫詒讓正義：
"凡財物之名數，具於簿籍，故通謂之録。"

15.45　䞓粉[1]，䞓，赤也，染粉使赤，以著頰上也[2]。[3]

〔1〕"䞓"，鍾惺評本、疏證本作"赬"，段玉裁校作"䞓"，下同。沈錫祚校："原
本《北堂書鈔》一百三十五引作'赭粉，赤也'。"劉師培書後："'赬粉，赬，赤也'
（吳〔志忠〕本'赬'作'䞓'），《書鈔》一百三十五引作：'赭粉，赤粉也。'"赭
（zhě）：赤紅如赭土的顔料。古人用以塗面。《詩・邶風・簡兮》："赫如渥
赭。"鄭玄箋："赫然如厚傅丹。"按，"䞓"應爲"䞓"之形訛。本書卷七《釋喪制》
27.38"䞓，實也"，27.48"弁䞓"，"䞓"字均應是"䞀"字，蓋"䞀"字或作"䞓"
"䞓"，與"䞓"形近致訛，可與此互證。赬：同䞓（chēng）。淺紅色。《儀禮・
士喪禮》："幎目用緇，方尺二寸，䞓裏。"鄭玄注："䞓，赤也。"

〔2〕著（zhuó）：塗抹。　頰：臉的兩側從眼到下頷的部分。《易・咸》："上
六：咸其輔、頰、舌。"

〔3〕疏證本將此條移至15.39"胡粉"條之後，篆字疏證本移在15.38"粉"
條之後。

釋名卷第四

釋名卷第五

劉熙字成國撰

釋衣服第十六　　釋宮室第十七

釋衣服第十六[1]

〔1〕衣服：衣裳，服飾。《詩・小雅・大東》：“西人之子，粲粲衣服。”

16.1　凡服[1]，上曰“衣”[2]。衣，依也[3]，人所依以芘寒暑也[4]。[5]

〔1〕服：衣服；服裝。《詩・曹風・候人》：“彼其之子，不稱其服。”

〔2〕衣：上衣。《詩・邶風・綠衣》：“綠衣黃裳。”毛傳：“上曰衣，下曰裳。”

〔3〕依：倚仗；仰賴。《國語・晉語二》：“隱悼播越，託在草莽，未有所依。”

〔4〕芘（bì）：通“庇”。蔭蔽；庇護。《莊子・人間世》：“南伯子綦遊乎商之丘，見大木焉有異，結駟千乘，隱將芘其所藾。”陸德明釋文：“‘將芘’，本亦作‘庇’。”　寒暑：冷和熱；寒氣和暑氣。《左傳・襄公十七年》：“吾儕小人皆有闔廬以避燥濕寒暑。”

〔5〕盧文弨於此處畫一連接綫，使上下條連接。疏證本以下不另起。

16.2　下曰“裳”[1]。裳，障也[2]，所以自障蔽也[3]。

〔1〕裳（cháng）：古代稱下身穿的衣裙，男女皆服。漢揚雄《法言・修身》：“惜乎衣未成而轉爲裳也。”

〔2〕障:遮擋;遮蔽。《孫子·行軍》:"衆草多障者,疑也。"

〔3〕"所",張步瀛删去。丁山校:"《御覽》引無'所'字。" 所以:用以;用來。《史記·孟嘗君列傳》:"若急,終無以償,上則爲君好利不愛士民,下則有離上抵負之名,非所以屬士民彰君聲也。" 障蔽:遮蔽;遮蓋。漢王符《潛夫論·考績》:"功誠考則治亂暴而明,善惡信則真賢不得見障蔽,而佞巧不得竄其姦矣。"

16.3 領〔1〕,頸也〔2〕,以壅頸也〔3〕。亦言總領衣體〔4〕,爲端首也〔5〕。

〔1〕領:衣領。《荀子·勸學》:"若挈裘領,詘五指而頓之,順者不可勝數也。"

〔2〕頸:頸項。頭部與軀幹連接的部分。又稱脖子。《史記·樂書》:"延頸而鳴,舒翼而舞。"

〔3〕壅(yōng):障蔽;遮蓋。《晏子春秋·問上九》:"左右爲社鼠,用事者爲猛狗,主安得無壅,國安得無患乎?"

〔4〕總領:統領;統管。漢楊惲《報孫會宗書》:"總領從官,與聞政事。"體:整體;總體。《儀禮·喪服》:"父子一體也,夫妻一體也,昆弟一體也。"

〔5〕端首:高位;首要。漢蔡邕《太尉喬公碑》:"歷端首則義可行,處爪牙而威以布。"

16.4 襟〔1〕,禁也〔2〕,交於前〔3〕,所以禁禦風寒也〔4〕。

〔1〕襟:古指衣的交領,後指衣的前幅。《莊子·應帝王》:"列子入,泣涕沾襟以告壺子。"

〔2〕禁:禁止;制止。《禮記·王制》:"林麓川澤以時入而不禁。"孔穎達疏:"禁謂防遏。"

〔3〕交:交叉;交錯。《詩·秦風·小戎》:"虎韔鏤膺,交韔二弓。"毛傳:"交韔,交二弓於韔中也。"

〔4〕禁禦:禁止;防止。《左傳·昭公六年》:"昔先王議事以制,不爲刑辟,懼民之有争心也,猶不可禁禦。"此指抵擋。 風寒:冷風寒氣。《墨子·節用上》:"其爲宮室何?以爲冬以圉風寒,夏以圉暑雨。"

16.5 袂[1],掣也[2];掣,開也,開張之[3],以受臂屈伸也[4]。

〔1〕袂(mèi):衣袖。《易·歸妹》:"帝乙歸妹,其君之袂,不如其娣之袂良。"王弼注:"袂,衣袖,所以爲禮容者也。"

〔2〕掣(chè):牽引;牽動。《吕氏春秋·具備》:"吏方將書,宓子賤從旁時掣搖其肘。吏書之不善,則宓子賤爲之怒。"

〔3〕開張:張開;舒展。

〔4〕屈伸:屈曲與伸舒。《禮記·樂記》:"屈伸俯仰,綴兆舒疾,樂之文也。"

16.6 祛[1],虛也[2]。[3]

〔1〕祛(qū):袖口。亦泛指衣袖。《詩·鄭風·遵大路》:"遵大路兮,摻執子之祛兮。"毛傳:"祛,袂也。"孔穎達疏:"《喪服》云:'袂屬幅,祛尺二寸。'則袂是祛之本,祛爲袂之末。《唐風·羔裘》傳云:'祛,袂末。'則袂、祛不同。此云'祛,袂'者,以祛、袂俱是衣袖,本末別耳。"

〔2〕虛:空無所有;空虛。與"實"相對。《易·歸妹》:"上六無實,承虛筐也。"

〔3〕吳志忠校:"下脱,各本同。"

16.7 袖,由也[1],手所由出入也[2]。亦言"受"也[3],以受手也。

〔1〕由:途徑;經過。《論語·爲政》:"視其所以,觀其所由。"

〔2〕出入:出外與入内。《左傳·僖公二十八年》:"受策以出,出入三覲。"

〔3〕受:盛;容納。《易·咸》:"君子以虛受人。"

16.8 衿亦禁也[1],禁使不得解散也[2]。

〔1〕衿(qìn):衣上代紐扣的帶子。《儀禮·士昏禮》:"母施衿結帨曰:'勉之敬之,夙夜無違宮事。'"胡培翬正義:"衿,衣小帶。" 禁:牽制;約束。《戰國策·秦策四》:"齊、魏得地葆利,而詳事下吏,一年之後,爲帝若未能,於以禁王之爲帝有餘。"

〔2〕不得:不能;不可。《穀梁傳·襄公二十九年》:"閽,門者也,寺人也,不稱姓名。閽不得齊於人。" 解散:離散;分散。《書序》:"及秦始皇滅先代

典籍，焚書坑儒，天下學士逃難解散。"

16.9 帶[1]，蒂也[2]，著於衣[3]，如物之繫蒂也[4]。

〔1〕帶：約束衣服用的腰帶。《詩·衛風·有狐》："心之憂矣，之子無帶。"毛傳："帶，所以申束衣也。"

〔2〕蒂：本指花或瓜果與枝莖相連的部分。

〔3〕著(zhuó)：放置；安放。漢劉向《説苑·正諫》："必樹吾墓上以梓，令可以爲器；而抉吾眼著之吳東門，以觀越寇滅吳也。"

〔4〕繫(xì)：聯綴。《周禮·天官·大宰》："以九兩繫邦國之民。"鄭玄注："繫，聯綴也。"

16.10 系[1]，繫也[2]，相連繫也[3]。

〔1〕系：繫東西的帶子。《韓非子·外儲説左下》："文王伐崇，至鳳凰虚，襪系解，因自結。"

〔2〕繫(xì)：拴；繫結。《國語·周語下》："鑄之金，磨之石，繫之絲木。"韋昭注："繫絲木以爲琴瑟也。"

〔3〕連繫：連接；聯結。《爾雅·釋器》"繸，綬也"郭璞注："即佩玉之組，所以連繫瑞玉者，因通謂之繸。"

16.11 衽[1]，襜也[2]，在旁襜襜然也[3]。

〔1〕衽(rèn)：衣襟。指上衣兩旁形如燕尾的掩裳際(下裳與上衣接合)處。《説文·衣部》："衽，衿衽也。"段玉裁注："《玉藻》：'衽當旁。'鄭曰：'謂裳幅所交裂也。'江氏永曰：'以布四幅正裁爲八幅……此四幅連屬於裳之兩旁。所謂衽當旁也。'玉裁按：此注所謂或殺而上屬裳，則縫之以合前後者也，此二者皆謂之衽。凡言衽者，皆謂裳之兩旁。"

〔2〕襜(chān)：見下"襜襜"。

〔3〕襜襜：張開、寬大貌。參見 16.20〔9〕、16.26〔6〕。

16.12 裾[1]，倨也[2]，倨倨然直[3]。亦言在後，常見踞也[4]。

〔1〕裾(jū)：衣服的後襟。《爾雅·釋器》："袥謂之裾。"郭璞注："衣後襟也。"《漢書·鄒陽傳》："飾固陋之心，則何王之門不可曳長裾乎？"

〔2〕倨（jù）：直。《周禮·考工記·冶氏》：“已倨則不入，已句則不決。”鄭玄注：“已倨，謂胡微直而邪多也。”

〔3〕倨：直貌。

〔4〕見：被；受到。《孟子·梁惠王上》：“百姓之不見保，爲不用恩焉。”踞（jù）：坐；蹲。《左傳·襄公二十四年》：“既免，復踞轉而鼓琴。”孔穎達疏：“踞，謂坐其上也。”

16.13 玄端[1]，其袖下正直端方[2]，與要接也[3]。

〔1〕玄端：古代的一種黑色禮服，亦作爲燕居時的便服，自天子至諸侯、大夫、士皆服之。《周禮·春官·司服》：“其齊服有玄端、素端。”孫詒讓正義引金鶚云：“玄端、素端是服名，非冠名，蓋自天子下達至於士通用爲齊服，而冠則尊卑所用互異。”

〔2〕“其”字前，顧廣圻校：“當補‘元衣也’三字。”（按，“元”即“玄”字，避諱作“元”。）吳志忠、佚名於“其”前增“玄衣也”三字。吳志忠曰：“各本脫‘玄衣也’三字，今補。”王先謙校：“吳〔志忠〕校‘玄端’下補‘玄衣也’三字。”吳翊寅校議：“吳〔志忠〕本作‘玄端，玄衣也’。案《説文》：‘褍，衣正幅。’是玄端爲玄衣也。”玄：赤黑色。《詩·豳風·七月》：“載玄載黃，我朱孔陽。”毛傳：“玄，黑而有赤也。”又泛指黑色。《史記·司馬相如列傳》：“瑊玏玄厲。”裴駰集解引《漢書音義》曰：“玄厲，黑石可用磨者。”　“袖”，吳志忠校作“幅”，曰：“各本‘幅’誤‘袖’，今改。”佚名校：“‘袖’字誤，改作‘幅’。”王先謙校：“吳〔志忠〕校‘袖’作‘幅’。”吳翊寅校議：“吳〔志忠〕本作‘其幅下正直端方’。案：‘幅’‘袖’形近，故譌。”幅：布帛。　正直：不偏斜；不彎曲。　端方：端莊方正。

〔3〕要（yāo）：“腰”的古字。《墨子·兼愛中》：“昔者，楚靈王好士細要。”接：連接。《管子·八觀》：“食穀水，巷鑿井；場圃接，樹木茂。”

16.14 素積[1]，素裳也[2]，辟積其要中使踧[3]，因以名之也[4]。

〔1〕素積：腰間有褶襉的禮服。《禮記·郊特牲》：“三王共皮弁素積。”孫希旦集解：“素積，以素繒爲裳而襞積之也。素言其色，積言其制。”

〔2〕素裳（cháng）：白色的下衣。素：白色。《詩·召南·羔羊》：“羔羊之皮，素絲五紽。”毛傳：“素，白也。”裳：古代稱下身穿的衣裙，男女皆服。參見16.2〔1〕。

〔3〕辟積：衣服上的褶子。辟：通“襞（bì）”。《漢書·司馬相如傳上》：“襞

積襃緆。"顏師古注:"襞積,即今之帬襇,古所謂皮弁素積者,即謂之積也。"在此用爲動詞,指在衣服上做褶襇。　要(yāo):"腰"的古字。《楚辭·離騷》:"户服艾以盈要兮,謂幽蘭其不可佩。"　踧(cù):通"蹙"。皺縮。

〔4〕因以:參見卷二《釋州國》7.8〔4〕。　名:命名;取名。《楚辭·離騷》:"名余曰正則兮,字余曰靈均。"

16.15　王后之上服曰"褘衣"[1],畫翬雉之文於衣也[2]。伊洛而南[3],雉青質五色備曰"翬"[4][5]。鷂翟[6],畫鷂雉之文於衣也[7]。江淮而南[8],雉素質五采皆備成章曰"鷂"[9]

〔1〕王后:天子的嫡妻。漢班固《白虎通·嫁娶》:"天子之妃謂之后何?后者君也。天子妃至尊,故謂之后也……天子尊之,故繫王言之,曰王后也。"上服:上衣。漢司馬相如《美人賦》:"女乃弛其上服,表其褻衣,皓體呈露,弱骨豐肌。""上",吳志忠、失名校作"六"。吳志忠曰:"各本'六'誤'上',今改。"邵晉涵用墨筆批:"'上服'用《明堂位》注。"又用紅筆批:"'上'當作'六'。"六服:周代王后的六種服色。即褘衣、揄狄、闕狄、鞠衣、展衣、緣衣。按,16.1"凡服,上曰'衣'",16.37"婦人上服曰'袿'",與此正相呼應,可知"上"字應不誤。　"曰",吳志忠、失名校作"有"。吳志忠曰:"各本'有'誤'曰',今改。"吳翊寅校議:"吳〔志忠〕本作'王后之六服有褘衣'。"王先謙疏證補校同。　褘(huī)衣:繪有野雞圖紋的王后祭服。《周禮·天官·内司服》:"掌王后之六服:褘衣、揄狄、闕狄、鞠衣、展衣、緣衣。"鄭玄注:"鄭司農云:'褘衣,畫衣也。'……褘衣,畫翬者。"

〔2〕畫:繪畫;作圖。此指以鍼線作圖爲飾,即繡。參見卷四《釋首飾》15.5〔3〕。　翬(huī)雉:五彩山雞。《左傳·昭公十七年》:"五雉爲五工正。"杜預注:"五雉,雉有五種……伊洛之南曰'翬雉'。"　文:花紋。《史記·平準書》:"故白金三品,其一曰重八兩,圜之,其文龍。"

〔3〕伊洛:伊水與洛水。兩水匯流,多連稱。亦指伊洛流域。《國語·周語上》:"昔伊洛竭而夏亡,河竭而商亡。"韋昭注:"伊出熊耳,洛出冢嶺。禹都陽城,伊洛所近。"

〔4〕雉:通稱"野雞""山雞"。雄者羽色美麗,尾長,可做裝飾品。雌者尾較短,灰褐色。善走,不能遠飛。《論衡·異虛》:"雉伏於野草之中,草覆野鳥之形。""青",邵晉涵於旁注一"素"字,盧文弨、疏證本、吳志忠校作"素"。疏證本曰:"'素',今本與下'青'字互譌,據《爾雅》及《周禮·内司服》注改。"

篆字疏證本曰："'素',今本譌作'青',據《爾疋》改。"吳志忠曰："'素'依畢校。"張步瀛校疏證本"素"爲"青"。素質:白色底子。《逸周書·克殷》:"及期,百夫荷素質之旗于王前。"《爾雅·釋鳥》:"伊洛而南,素質五采皆備成章曰翬;江淮而南,青質五采皆備成章曰鷂。"質:底子。《儀禮·鄉射禮》:"天子熊侯,白質;諸侯麋侯,赤質。"鄭玄注:"白質、赤質,皆謂采其地。" 五色:青、赤、白、黑、黃五種顏色。《書·益稷》:"以五采彰施於五色,作服,汝明。" 盧文弨、疏證本、吳志忠於"備"前增一"皆"字。疏證本曰:"正本又脱'皆'字,案下文有之,此亦當有,亦據二書補之。"吳志忠曰:"補'皆',依畢校。"巾箱本有"皆"字。 備:完備;齊備。《詩·小雅·楚茨》:"禮儀既備,鍾鼓既戒。" 盧文弨、疏證本、吳志忠於"備"後增"成章"二字。疏證本曰:"正本又脱'成章'字,案下文有之,此亦當有,亦據二書補之。"篆字疏證本未補。吳志忠曰:"補'成章',依畢校。"張步瀛删去疏證本"成章"二字。篆字疏證本無"成章"二字,顧廣圻補出。 翬:五彩山雉。《詩·小雅·斯干》:"如鳥斯革,如翬斯飛。"鄭玄箋:"伊洛而南,素質五色皆備成章曰翬。翬者,鳥之奇異者也。"

〔5〕邵晉涵將以下分開使另起。

〔6〕鷂翟(yáodí):即"揄(yáo)狄",亦作"揄翟"。采畫雉形爲飾之服。古代王后從王祭先公之服。《周禮·天官·内司服》:"掌王后之六服:褘衣、揄狄、闕狄……"鄭玄注:"狄當爲翟。翟,雉名……王后之服,刻繒爲之形而采畫之,綴於衣以爲文章。褘衣畫翬者,揄翟畫揺者,闕翟刻而不畫,此三者皆祭服,從王祭先王則服褘衣,祭先公則服揄翟,祭群小祀則服闕翟。"又爲古代三夫人及上公妻之命服。《禮記·玉藻》:"王后褘衣,夫人揄狄。"鄭玄注:"夫人,三夫人,亦侯伯之夫人也。"陸德明釋文:"揄音揺,羊消反。《爾雅》云:'……江淮而南,青質五色皆備成章曰鷂。'鷂音揺,謂刻畫此雉形以爲后、夫人服也。"

〔7〕鷂雉:青質五彩的野雞。《爾雅·釋鳥》:"鷂雉,江淮而南,青質五采皆備成章曰鷂。"郭璞注:"即鷂雉也。"

〔8〕江淮:長江和淮河。《左傳·哀公九年》:"秋,吳城邗,溝通江淮。"泛指長江與淮河之間的地區。

〔9〕"素",邵晉涵於旁注一"青"字,盧文弨、疏證本、吳志忠校作"青"。篆字疏證本曰："'青',今本譌作'素',據《爾疋》改。"吳志忠曰："'青'依畢校。"張步瀛校疏證本"素"作"青"。青質:青色底子。《爾雅·釋鳥》:"江淮而南,青質五采皆備成章曰鷂。"郭璞注:"即鷂雉也。" 五采:同"五色"。指青、黃、

赤、白、黑五種顏色。荀子《賦》：“五采備而成文。” 成：成爲；變成。《史記·李將軍列傳》：“桃李不言，下自成蹊。” 章：花紋；文彩。《詩·小雅·六月》：“織文鳥章，白斾央央。”鄭玄箋：“鳥章，鳥隼之文章。”

16.16 闕翟[1]，翦闕繒爲翟雉形[2]，以綴衣也[3]。

〔1〕闕（què）翟：亦作“闕狄”。古代王后的祭服。《周禮·天官·內司服》：“內司服，掌王后之六服：褘衣、揄狄、闕狄、鞠衣、展衣、緣衣。”鄭玄注：“狄當爲翟。翟，雉名……王后之服，刻繒爲之形而采畫之，綴於衣以爲文章。褘衣畫翬者，揄翟畫搖者，闕翟刻而不畫，此三者皆祭服。”

〔2〕翦：同“剪”。用剪刀鉸。《儀禮·士虞禮》：“沐浴櫛搔翦。” 闕（quē）：削減。《漢書·谷永傳》：“闕更減賦，盡休力役。”此指修剪。 繒（zēng）：古代絲織品的總稱。《漢書·灌嬰傳》：“灌嬰，睢陽販繒者也。”顏師古注：“繒者，帛之總名。” 翟雉：長尾山雉。

〔3〕綴：裝飾；點綴。《韓非子·外儲説左上》：“楚人有賣其珠於鄭者，爲木蘭之櫃，薰以桂椒，綴以珠玉，飾以玫瑰，輯以翡翠。”

16.17 鞠衣[1]，黃如菊花色也[2]。

〔1〕鞠（qū）衣：古代王后六服之一，黃色。九嬪及卿妻亦服之。《周禮·天官·內司服》：“掌王后之六服：褘衣、揄狄、闕狄、鞠衣、展衣、緣衣。”鄭玄注：“鄭司農云：‘鞠衣，黃衣也。’鞠衣，黃桑服也。色如鞠塵，象桑葉始生。”鞠：通“麴（麴）”。酵母。《集韻·屋韻》：“麴，《説文》：‘酒母也。’或作鞠、麯、麴。”因指曲黴色，即淡黃色。

〔2〕菊花：多年生草本植物。秋季開花。

16.18 襢衣[1]，襢[2]，坦也[3]，坦然正白[4]，無文采也[5]。

〔1〕襢（zhàn）衣：古代王后六服之一。白色。亦爲世婦和卿大夫妻的禮服。《禮記·玉藻》：“一命襢衣。”孔穎達疏：“襢，展也。子男大夫一命，其妻服展衣也。”邵晉涵曰：“襢衣，《周官》作‘展衣’。鄭云：‘展衣，以后禮見王及賓客之服。’”王仁俊集斠：“《事類賦》十二《衣部》引：‘展衣，展，坦也，坦然正白，無文采也。’‘展’或作‘襢’。”

〔2〕襢：素雅；無文彩。

〔3〕坦：顯明；坦露。《禮記·祭法》“燔柴於泰壇”鄭玄注：“壇之言坦也，

坦,明貌也。”

〔4〕正白:純白。漢應劭《風俗通·怪神》:“夜半後,見東壁正白,如開門明。”

〔5〕文采:艷麗而錯雜的色彩。《墨子·辭過》:“刻鏤文采,不知喜也。”“文采”,張步瀛乙作“采文”。采文:猶文飾。《韓非子·解老》:“飾巧詐則知采文,知采文之謂服文采。”陳奇猷集釋:“此文之義,蓋謂飾巧詐則知用錦繡文采以欺詐他人。”

16.19 褖衣〔1〕,褖然黑色也〔2〕。

〔1〕褖(tuàn)衣:王后燕居或進御時所穿的有紅色邊緣的黑衣服。《周禮·天官·內司服》“掌王后之六服:褘衣、揄狄、闕狄、鞠衣、展衣、緣衣。”鄭玄注:“此緣衣者,實作褖衣也。褖衣,御于王之服,亦以燕居。男子之褖衣黑,則是亦黑也。”阮元校勘記:“唐石經諸本同。《釋文》:‘緣衣,或作褖,同,土亂反。’”

〔2〕褖:飾有邊沿的衣服。《儀禮·士喪禮》:“爵弁服純衣,皮弁服,褖衣,緇帶,韎韐,竹笏。”鄭玄注:“黑衣裳赤緣謂之褖,褖之言緣也,所以表袍者也。” 黑色:像煤或墨一樣深暗的顏色。

16.20 韠〔1〕,蔽也〔2〕,所以蔽膝前也。婦人蔽膝亦如之〔3〕,齊人謂之“巨巾”〔4〕。田家婦女出自田野〔5〕,以覆其頭〔6〕,故因以爲名也〔7〕。又曰“跪襜”〔8〕,跪時襜襜然張也〔9〕。

〔1〕韠(bì):皮製的蔽膝。古代朝覲或祭祀用以遮蔽在衣裳前。《詩·檜風·素冠》:“庶見素韠兮,我心蘊結兮,聊與子如一兮。”朱熹集傳:“韠,蔽膝也,以韋爲之。冕服謂之韍,其餘曰韠。韠從裳色,素衣素裳,則素韠矣。”《廣雅·釋器》:“韍謂之韠。”王念孫疏證:“‘韠’即‘蔽膝’之合聲。”

〔2〕蔽:遮擋;障蔽。《禮記·內則》:“女子出門,必擁蔽其面。”

〔3〕婦人:成年女子的通稱。多指已婚者。《左傳·昭公四年》:“初,穆子去叔孫氏,及庚宗,遇婦人,使私爲食而宿焉。” 蔽膝:圍於衣服前面蔽護膝蓋的大巾。《漢書·王莽傳上》:“母病,公卿列侯遣夫人問疾,莽妻迎之,衣不曳地,布蔽膝。”

〔4〕齊人:古代齊國的人。《孟子·公孫丑上》:“子誠齊人也,知管仲、晏子而已矣。”齊:周代國名。在今山東北部。參見卷二《釋州國》7.25〔1〕。

巨巾:大巾。用以蔽膝或蓋頭。

〔5〕田家:農家。漢楊惲《報孫會宗書》:"田家作苦,歲時伏臘,烹羊炮羔,斗酒自勞。" 自:在;於。《易·小畜》:"密雲不雨,自我西郊。""自",盧文弨、疏證本、邵晉涵校作"至"。疏證本曰:"'至',今本作'自',據《太平御覽》引改。"邵晉涵曰:"'至'從《御覽》。"巾箱本作"至"。 田野:田地。《管子·八觀》:"行其田野,視其耕芸,計其農事,而飢飽之國可以知也。"

〔6〕覆:覆蓋;遮蔽。《吕氏春秋·音初》:"帝令燕往視之,鳴若謚隘,二女愛而爭搏之,覆以玉筐。"

〔7〕因以爲名:參見卷二《釋州國》7.8〔4〕。

〔8〕襜(chān):繫在衣服前面的圍裙。《詩·小雅·采綠》:"終朝采藍,不盈一襜。"毛傳:"衣蔽前謂之襜。"陸德明釋文:"襜,尺占反。衣蔽前謂之襜,郭璞云:'今之蔽膝。'"

〔9〕襜襜:張開、寬大貌。參見16.11〔3〕、16.26〔6〕。 張:張開;展開。《莊子·天運》:"予口張而不能嗋。"成玄英疏:"心懼不定,口開不合。"

16.21 佩[1],倍也[2],言其非一物,有倍貳也[3]:有珠、有玉、有容刀[4]、有帨巾[5]、有觿之屬也[6]。

〔1〕佩:古代繫於衣帶的裝飾品,常指珠玉、容刀、帨巾、觿之類。《左傳·定公三年》:"蔡昭侯爲兩佩與兩裘,以如楚,獻一佩一裘於昭王。"杜預注:"佩,佩玉也。"

〔2〕倍:同"陪"。伴隨。《穆天子傳》卷六:"喪主即位,周室父兄子孫倍之。"郭璞注:"倍,倍列位也。倍,古陪字。"

〔3〕倍貳:猶"陪貳"。副手;助手。《左傳·昭公三十二年》:"物生有兩、有三、有五、有陪貳。故天有三辰,地有五行,體有左右,各有妃耦。王有公,諸侯有卿,皆有貳也。"

〔4〕容刀:作裝飾品用的佩刀。《詩·大雅·公劉》:"維玉及瑶,鞞琫容刀。"鄭玄箋:"進玉瑶容刀之佩。"朱熹集傳:"容刀,容飾之刀也。"

〔5〕帨(shuì)巾:佩巾。用以擦拭不潔。古代女子出嫁時,母親所授。在家時掛在門右,外出時繫在身左。《詩·召南·野有死麕》:"無感我帨兮,無使尨也吠。"毛傳:"帨,佩巾也。"

〔6〕觿(xī):用獸骨製成的錐子。可解開繩結,亦可作爲佩飾。《禮記·内則》:"左佩紛帨、刀、礪、小觿、金燧。"鄭玄注:"觿,貌如錐,以象骨爲之。"

屬:種類。《易·説卦》:"艮爲山……爲黔喙之屬。"

16.22 襦[1],輭也[2],言温輭也[3]。

〔1〕襦(rú):短衣;短襖。襦有單、複,單襦則近乎衫,複襦則近襖。《莊子·外物》:"未解裙襦,口中有珠。"

〔2〕輭(ruǎn):同"軟"。柔軟。

〔3〕温輭:柔和;柔軟。温:柔和;寬厚。參見卷四《釋首飾》15.7〔5〕。

16.23 袴[1],跨也[2],兩股各跨別也[3]。

〔1〕袴(kù):左右各一,分裹兩脛的套褲。《禮記·内則》:"衣不帛襦袴。"孫希旦集解:"袴,下衣。"

〔2〕跨:兩腿分開坐或立。

〔3〕股:大腿。《詩·小雅·采菽》:"赤芾在股,邪幅在下。" 別:分開。《雲夢秦墓竹簡·封診式》:"甲與丙相捽……里人公士丁救,別丙、甲。"

16.24 褶[1],襲也[2],覆上之言也[3]。

〔1〕褶(xí):褲褶服(上身着褶,下身着褲)中的上衣。始爲左衽騎服,後亦改爲右衽,用作常服、朝服。

〔2〕襲:穿衣加服。亦專指古代盛禮時掩上敞開的外服。《禮記·曲禮下》:"執玉,其有藉者則裼;無藉者則襲。"孔穎達疏:"凡衣,近體有袍襗之屬;其外有裘,夏月則衣葛;其上有裼衣;裼衣上有襲衣;襲衣之上有常著之服,則皮弁之屬也。掩而不開則謂之襲。"

〔3〕覆上:遮蓋上身。覆:覆蓋;遮蔽。《吕氏春秋·音初》:"帝令燕往視之,鳴若謐隘,二女愛而争搏之,覆以玉筐。"

16.25 襌衣[1],言無裹也[2]。

〔1〕"襌",原作"禪",盧文弨校作"襌",疏證本、吳志忠校本作"襌"。疏證本曰:"《説文》:'襌,衣不重也。'"張步瀛校作"單",丁山校:"'襌',《御覽》引作'單'。"襌(dān)衣:單層的衣服。《漢書·蓋寬饒傳》:"寬饒初拜爲司馬,未出殿門,斷其襌衣,令短離地。"王先謙補注引沈欽韓曰:"《方言》:襌衣,江淮、南楚之間謂之褋。古謂之深衣。"

〔2〕裏:衣服的内層。《詩·邶風·緑衣》:"緑兮衣兮,緑衣黄裏。"參見16.35。

16.26 襡[1],衣裳上下相連屬也[2]。荆州謂禪衣曰"布襡"[3],亦是[4]。[5]襜襦[6],言其襜襜弘裕也[7]。

〔1〕襡(shǔ):同"襡"。長襦;連腰衣。《廣雅·釋器》:"襡,長襦也。"王念孫疏證:"《説文》:'襦,短衣也。'其似襦而長者,則特别之曰長襦。"

〔2〕衣裳(cháng):古時上衣稱衣,下裙稱裳,合稱爲"衣裳"。《詩·齊風·東方未明》:"東方未明,顛倒衣裳。"毛傳:"上曰衣,下曰裳。" 連屬(zhǔ):連接;連續。《莊子·馬蹄》:"當是時也,山無蹊隧,澤無舟梁,萬物群生,連屬其鄉。"成玄英疏:"夫混茫之世,淳和淡漠。故無情萬物連接而共里閭,有識群生係屬而同鄉縣。"

〔3〕荆州:古九州之一。又漢武帝所置十三刺史部之一。轄境約當今湖北、湖南兩省及河南、貴州、廣東、廣西的一部。參見卷二《釋州國》7.4〔1〕。禪衣:單層的衣服。參見上條注〔1〕。

〔4〕"是",盧文弨、段玉裁、疏證本校作"曰"。疏證本曰:"'亦曰',今本誤作'亦是',據義改。"吳志忠於"亦是"後增一"也"字,曰:"各本脱'也'字,誤連下爲條,今補正。"吳翊寅校議:"吳〔志忠〕本作'亦是也'。案:畢改'亦是'作'亦曰',與下'襜襦'連爲條。今攷《玉篇》:'襡,長襦也,連腰衣也。'《廣雅》:'襡,長襦也。'《晉書音義》:'襡,連腰衣也。'《説文》:'襡,裋(各本作短,誤)襦也。'又'裋'下云:'豎使布長襦。'是長襦名'裋',亦謂之'襡',或作'襡',與'裋'同。畢以'襡'爲俗,加'衣'旁,蓋失攷。至謂布襡亦曰'襜襦',恐非。"王先謙校:"吳〔志忠〕校'亦曰'作'亦是也',以'襜襦'字下屬,别爲一條,當從之。"

〔5〕吳志忠校本以下另起。

〔6〕襜襦(chānrú):内衣;汗衣。《方言》卷四:"汗襦,陳、魏、宋、楚之間謂之襜襦,或謂之禪襦。"郭璞注:"今或呼衫爲禪襦。""襦",盧文弨、疏證本、巾箱本校作"褕"。段玉裁校:"'襦',顏注《急就章》引作'褕'。"疏證本云:"'褕',今本作'襦',據顏師古《急就篇》注引改。"吳翊寅校議:"吳依原本作'襜褕',别爲條。案《説文》:'直裾謂之襜褕。'《字林》同,《方言》:'江淮、南楚謂之裕,自關而西謂之襜褕。'《小爾雅》:'襜褕謂之童容。'《廣雅》:'裕,襜褕也。'《急就篇》顏注:'襜褕,直裾襜衣也。'謂之襜褕者,取其襜襜而寬裕也。'

又《玉篇》：‘襜襜，搖動皃。’是襜褕爲直裾衣，襴爲連腰衣，形制不同，別爲條是。《漢書》‘襜褕’屢見，注皆不云即‘襴’也。畢連上爲條，誤。”襜褕（chānyú）：古代一種較長的單衣。有直裾和曲裾二式，爲男女通用的非正朝之服，因其寬大而長作襜襜狀，故名。《史記・魏其武安侯列傳》：“元朔三年，武安侯坐衣襜褕入宮，不敬。”司馬貞索隱：“襜，尺占反。褕音踰。謂非正朝衣，若婦人服也。”

〔7〕襜襜：張開、寬大貌。參見 16.11〔3〕、16.20〔9〕。 弘裕：寬闊；宏大。漢蔡邕《荆州刺史庾侯碑》：“温温然弘裕虚引，落落然高風起世。”

16.27 褠[1]，禪衣之無胡者也[2]，言袖夾直[3]，形如溝也[4]。

〔1〕褠（gōu）：袖子狹窄而直如溝的單衣。

〔2〕丁山校：“《一切經音義》引‘禪’作‘單’。”胡楚生校：“慧琳《音義》卷八十七引此條，‘禪’作‘單’。”禪衣：單層的衣服。參見 16.25〔1〕。 胡：下垂的部分。《禮記・深衣》“袂圜以應規”鄭玄注：“謂胡下也。”陸德明釋文：“胡下，下垂曰胡。”本條王先謙疏證補：“葢胡是頸咽皮肉下垂之義，因引伸爲衣物下垂者之稱……今袖緊而直無垂下者，故云無胡也。”

〔3〕夾（xiá）：通“狹”。狹窄。《管子・霸言》：“夫上夾而下苴，國小而都大者弒。”

〔4〕溝：田間水道。《史記・夏本紀》：“（禹）卑宮室，致費於溝淢。”裴駰集解引包氏曰：“方里爲井，井間有溝，溝廣深四尺。”

16.28 中衣[1]，言在小衣之外[2]、大衣之中也[3]。

〔1〕中衣：古時穿在祭服、朝服内的裏衣。《禮記・郊特牲》：“繡黼丹朱中衣。”孔穎達疏：“中衣，謂以素爲冕服之裏衣。”

〔2〕小衣：内衣。多指褲子；褻衣。《急就篇》卷二：“禪衣蔽膝布母縛。”宋王應麟補注：“黄氏曰：‘江東謂鸐鷚爲布母。’布母縛，縛，小衣也，猶犢鼻耳。”

〔3〕大衣：長衣；禮服。

16.29 裲襠[1]，其一當胸[2]，其一當背也[3]。

〔1〕“裲”，段玉裁、篆字疏證本校作“兩”，盧文弨、邵晉涵校作“裲”。邵晉涵曰：“以意改。”疏證本、吳志忠校本、巾箱本作“裲”。裲襠（liǎngdāng）：古代的一種長度僅至腰而不及於下，且衹蔽胸背的上衣。形似今之背心。軍士穿

的稱"裲襠甲"，一般人穿的稱"裲襠衫"。

〔2〕當：遮蔽；阻擋。《左傳·昭公二十年》："使祝鼃實戈於車薪以當門。"

〔3〕疏證本校："《一切經音義》引'也'上有'因以名之'四字。"吳志忠補出，曰："補'因以名之'，依畢校。"胡楚生校："慧琳《音義》卷五十八引此條'背'下無'也'字，句末有'因以爲名之也'六字。"

16.30 帕腹[1]，橫帕其腹也[2]。

〔1〕帕(mò)腹：即抹胸，俗名兜肚。《黃侃論學雜著·蘄春語》："帕腹，橫陌腹而上有襠親膚者，俗謂之兜肚。"

〔2〕帕：纏裹。參見卷四《釋首飾》15.25〔6〕。

16.31 抱腹[1]，上下有帶[2]，抱裹其腹上，無襠者也[3]。

〔1〕抱腹：掛束在胸腹間的貼身小衣。《黃侃論學雜著·蘄春語》："抱腹，亦橫陌腹而上無襠，婦人用之，北京語所謂主腰也。"主腰，即抹胸。"抱"，篆字疏證本作"包"，下同；顧廣圻校疏證本"抱"作"包"。

〔2〕上下：高處和低處；上面和下面。《書·舜典》："帝(舜)曰：'疇若予上下草木鳥獸？'"

〔3〕襠(dāng)：此指背襠，裲襠當背的那片。慧琳《音義》卷三十七"榙襠"注引《古今正字》："襠，即背襠也。"又作"當"。《儀禮·鄉射禮》："楅長如笴，博三寸，厚寸有半，龍首，其中蛇交，韋當。"鄭玄注："直心背之衣曰當，以丹韋爲之。"胡培翬正義："鄭以'當'爲'襠'者，蓋古人字少，得相假借。"

16.32 心衣[1]，抱腹而施鉤肩[2]，鉤肩之間施一襠，以奄心也[3]。

〔1〕心衣：上掩胸下掩腹的貼身小衣。

〔2〕施：設置；安放。《韓非子·外儲説左上》："趙主父令工施鉤梯而緣播吾，刻疏人迹其上，廣三尺，長五尺，而勒之曰：主父常(嘗)遊於此。" 鉤肩：勾連肩部的兩條背帶。

〔3〕奄(yǎn)：覆蓋；遮蔽。《詩·魯頌·閟宮》："奄有下國，俾民稼穡。"鄭玄箋："奄猶覆也。"

16.33 衫[1]，芟也[2]，衫末無袖端也[3]。

〔1〕衫：古代指無袖頭的開衩上衣。畢沅疏證："蓋短袖無袪之衣。"《方言》卷四"或謂之襌襦"郭璞注："今或呼衫爲襌襦。"

〔2〕芟(shān)：刈除；除去。漢張衡《東京賦》："其遇民也，若薙氏之芟草，既蘊崇之，又行火焉。"

〔3〕"衫"，段玉裁、疏證本、吳志忠校作"芟"，巾箱本作"芟"。疏證本云："蓋短袖無袪之衣，故曰'芟末無袖端'。"吳志忠曰："下'芟'依畢校。" 袖端：袖子的末端。

16.34 有裏曰"複"[1]。[2]

〔1〕裏：衣服的内層。《詩·邶風·綠衣》："綠兮衣兮，綠衣黃裏。" 複：夾衣。《説文·衣部》："複，重衣也。"朱駿聲通訓："《釋名》：'有裏曰複'，謂即袷也。"

〔2〕盧文弨於此處畫一連接綫，使上下條連接；吳志忠校本以下不另起。

16.35 無裏曰"單"[1]。[2]

〔1〕裏：衣服的内層。《禮記·内則》："褻衣衾不見裏。" 單：單層無裏子的衣服。《管子·山國軌》："春縑衣，夏單衣。"

〔2〕吳志忠校："各本誤分此二句，皆另爲條，今正。"吳翊寅校議："吳〔志忠〕本與'衫'合爲條。案：此二句當在前'襌衣'條下。衣襦皆有襌複，不專言衫也。畢依原本各爲條，亦誤。"

16.36 反閉[1]，襦之小者也[2]，却向著之[3]，領反於背後閉其襟也[4]。

〔1〕反閉：在背後合襟的短衣。

〔2〕襦(rú)：短衣；短襖。《急就篇》："袍襦表裏曲領裙。"顏師古注："長衣曰袍，下至足跗；短衣爲襦，自膝以上。"

〔3〕却向：反向；向後。 著(zhuó)：穿。《禮記·曲禮上》"就屨，跪而舉之"鄭玄注："就，猶著也。"

〔4〕盧文弨、疏證本、邵晉涵分別於"領"後增"含於項"三字。疏證本曰："今本脱'含於項'三字，據《太平御覽》引補。"邵晉涵曰："從《御覽》。"巾箱本

有此三字。　背後:身後;身體的後面。　襟:古指衣的交領,後指衣的前幅。《莊子·應帝王》:"列子入,泣涕沾襟以告壺子。"

16.37 婦人上服曰"袿"[1],其下垂者上廣下狹[2],如刀圭也[3]。

〔1〕婦人:成年女子的通稱。多指已婚者。《管子·小稱》:"有一婦人,遂從竇入,得至公所。"　上服:上衣。漢司馬相如《美人賦》:"女乃弛其上服,表其褻衣,皓體呈露,弱骨豐肌。"　袿(guī):長襦;較長的短衣。戰國楚宋玉《神女賦》:"振繡衣,被袿裳。"

〔2〕下垂:謂向下垂掛。　廣:面積大。《詩·小雅·六月》:"四牡脩廣,其大有顒。"毛傳:"廣,大也。"

〔3〕刀圭:古時量取藥末的用具。形狀像刀頭的圭角,端尖銳,中低窪。一刀圭爲一方寸匕的十分之一。晉葛洪《抱樸子·金丹》:"服之三刀圭,三尸九蟲皆即消壞,百病皆愈也。"王明校釋:"刀圭,量藥具。武威漢墓出土醫藥木簡中有刀圭之稱。"

16.38 襈[1],撰也[2],青絳爲之緣也[3]。

〔1〕襈(zhuàn):衣服的緣飾;衣裳的邊飾。

〔2〕撰:編定;編纂。

〔3〕吳志忠於"青絳"前增一"撰"字,連下爲句,曰:"各本脱下'撰',今補。"　青絳:青紅色。　緣(yuàn):衣服邊上的鑲綯。《禮記·玉藻》:"緣廣寸半。"

16.39 裙[1],下群也[2],連接裾幅也[3]。[4]

〔1〕裙:古謂下裳,男女同用。今專指婦女的裙子。《莊子·外物》:"小儒曰:'未解裙襦,口中有珠。'"

〔2〕盧文弨、疏證本於"下"後增"裳也;裙"三字。丁山校:"《御覽》六九六引作:'裙,下裳也,連接裳幅也。'"胡楚生校:"希麟《音義》卷六引此條作'上曰帬,下曰裳也。'"　群:衆;許多。《書·舜典》:"覲四岳群牧,班瑞于群后。"

〔3〕"裾",盧文弨、疏證本、吳志忠校作"羣"。疏證本曰:"今本作:'裙,下羣也,連接裾幅也。'文有脱誤,據《太平御覽》及《廣韻》參訂補正之。""文有脱

誤",篆字疏證本作"是有挩誤矣"。吳志忠曰:"下'羣'依畢校。"　幅:衣裳的緣飾。《儀禮·喪服》:"凡衰外削幅,裳內削幅。"賈公彥疏:"云'衰外削幅'者,謂縫之邊幅向外,'裳內削幅'者,亦謂縫之邊幅向內。"

〔4〕盧文弨將上下條連接,疏證本以下不另起。

16.40　緝下[1],橫縫緝其下也[2]。

〔1〕緝(qī):縫衣邊;一針連一針密密地縫合。《儀禮·喪服》:"斬者何?不緝也。"

〔2〕橫:橫的方向。從左到右或從右到左。《禮記·坊記》引《詩》:"蓺麻如之何,橫縱其畝。"　縫緝:縫紉。

16.41　緣裙[1],裙施緣也[2]。

〔1〕緣(yuàn)裙:鑲邊的裙子。

〔2〕施緣(yuàn):鑲邊;在衣物邊緣縫上帶狀物。

疏證本補遺:"'帬,裏衣也。古服帬不居外,皆有衣籠也。'《太平御覽·服章部十三》引《釋名》曰:'帬,下常也'云云,後乃承之以'又曰'而引此條。今本'帬,下常也'云云,見於第五卷《衣服》篇,而此文無有,竊有疑焉,姑以附補于此。"丁山《〈御覽〉待校錄》:"696:又曰:'帬,裏衣也。古服帬不居外,皆有衣籠也。'"按,參見16.41"緣裙"條。張步瀛校:"《御覽》六百九十六引此條後又曰:'裙,裏衣也。古服裙不居外,皆有衣籠之。'"

16.42　緣襦[1],襦施緣也[2]。

〔1〕緣襦(yuànshǔ):鑲邊的連腰衣。

〔2〕襦:同"襸"。長襦;連腰衣。參見16.26〔1〕。

16.43　帔[1],披也[2],披之肩背[3],不及下也[4]。

〔1〕帔(pèi):古代婦女披在肩上的衣飾。

〔2〕披:覆蓋或搭於肩上。漢王褒《九懷·昭世》:"襲英衣兮緹縐,披華裳兮芳芬。"

〔3〕肩背:肩與背。《孟子·告子上》:"養其一指,而失其肩背而不知也,

則爲狼疾人也。”

〔4〕不及:不到。《左傳·隱公元年》:“遂寘姜氏於城潁,而誓之曰:‘不及黃泉,無相見也!’既而悔之。”

16.44 直領[1],邪直而交下[2],亦如丈夫服袍方也[3]。

〔1〕直領:也作“直衿”“直衿”。古代外衣領式之一。制爲長條,下連衣襟,從頸後沿左右繞到胸前,平行地直垂下來,有別於圓領,多用於禮服。漢桓寬《鹽鐵論·散不足》:“古者庶人耆老而後衣絲,其餘則麻枲而已,故命曰布衣。及其後,則絲裏枲表,直領無褘,袍合不緣。”

〔2〕吳志忠於“邪直”前增一“領”字,連下爲句,曰:“各本脱下‘領’,今補。”吳翊寅校議:“吳〔志忠〕校‘邪直’上有‘領’字。” 交:接觸;會合。《楚辭·九章·思美人》:“解萹薄與雜菜兮,備以爲交佩。”王逸注:“交,合也。言已解折萹蓄,雜以香菜,合而佩之。”

〔3〕丈夫:指成年男子。《穀梁傳·文公十二年》:“男子二十而冠,冠而列丈夫。” 服:穿着。《詩·魏風·葛屨》:“要之襋之,好人服之。” 袍:長衣。參見16.51〔1〕。 方:方法;辦法。《史記·周本紀》:“褒姒不好笑,幽王欲其笑萬方,故不笑。”

16.45 交領[1],就形名之也[2]。

〔1〕交領:交疊於胸前的衣領。左襟掩于右襟之上,其領口兩襟相交。《禮記·深衣》“曲袷如矩以應方”鄭玄注:“袷,交領也。古者方領,如今小兒衣領。”

〔2〕就:依從;按照。 名:命名;取名。《左傳·定公八年》:“苫越生子,將待事而名之。陽州之役獲焉,名之曰陽州。”

16.46 曲領[1],在内以中襟領上横壅頸[2],其狀曲也。

〔1〕曲領:圓領。《急就篇》卷二:“袍襦表裏曲領帬。”顔師古注:“著曲領者,所以禁中衣之領,恐其上擁頸也。其狀闊大而曲,因以名云。”

〔2〕盧文弨、疏證本於“以”字前增一“所”字。巾箱本從之。 段玉裁、疏證本、吳志忠於“中”前增一“禁”字,巾箱本從之。吳志忠曰:“‘禁中’依畢校。” “襟”,盧文弨、段玉裁、疏證本校作“衣”。段玉裁曰:“師古注《急就篇》:‘曲領者,所以禁中衣之領,恐其上擁頸也。’此似有譌。”疏證本曰:“‘禁

中衣'，今本作‘中襟'，誤也。顏師古注《急就篇》云：‘曲領者，所以禁中衣之領，恐其上壅頸也。'蓋本諸此，兹據以改正。"吳翊寅校議："吳〔志忠〕本‘禁中'下無‘衣'字。案：畢據《急就篇》顏注補正，當從之。"中衣：古時穿在祭服、朝服内的裏衣。《禮記·郊特牲》："繡黼丹朱中衣。"孔穎達疏："中衣，謂以素爲冕服之裏衣。" 壅：障蔽；遮蓋。《晏子春秋·問上九》："左右爲社鼠，用事者爲猛狗，主安得無壅，國安得無患乎？"

16.47 單襦[1]，如襦而無絮也[2]。

〔1〕單襦(rú)：單層短衣。

〔2〕襦：短衣；短襖。襦有單、複，單襦則近乎衫，複襦則近襖。《左傳·昭公二十五年》："鸜鵒跦跦，公在乾侯，徵褰與襦。" 絮：粗絲綿。參見卷四《釋綵帛》14.34〔1〕。

16.48 要襦[1]，形如襦[2]，其要上翹，下齊要也[3]。

〔1〕要(yāo)襦：齊腰的短衣短襖。要：人體胯上脅下部分。後作"腰"。《墨子·兼愛中》："昔者楚靈王好士細要，故靈王之臣皆以一飯爲節。"畢沅校："舊作腰，俗寫。"

〔2〕襦：短衣；短襖。漢辛延年《羽林郎》詩："長裾連理帶，廣袖合歡襦。"

〔3〕齊要：高度與腰齊。

16.49 半袖[1]，其袂半襦而施袖也[2]。

〔1〕半袖：短袖衣。

〔2〕袂(mèi)：衣袖。《左傳·宣公十四年》："楚子聞之，投袂而起。" 襦：短衣；短襖。漢樂府《孔雀東南飛》："妾有繡腰襦，葳蕤自生光。" 施：設置；安放。《韓非子·外儲説左上》："趙主父令工施鉤梯而緣播吾，刻疏人迹其上，廣三尺，長五尺，而勒之曰：主父常(嘗)遊於此。"

16.50 留幕[1]，冀州所名"大褶"[2]，下至膝者也。留，牢也[3]；幕，絡也[4]，言牢絡在衣表也[5]。

〔1〕留幕：長夾衣，下可至膝。

〔2〕冀州：古九州之一。又漢武帝所置十三刺史部之一。轄境相當於今

河北中南部、山東西端及河南北端。參見卷二《釋州國》7.10〔1〕。 名:叫名;稱名。《戰國策·魏策三》:"宋人有學者,三年反而名其母。" 大褶(dié):短於袍而長於襦的夾衣。褶:夾衣。《禮記·玉藻》:"禪爲絅,帛爲褶。"鄭玄注:"有表裏,而無著。"陸德明釋文:"褶音牒,袷也。"

〔3〕牢:牢籠;籠絡。《荀子·王霸》:"罩牢天下而制之,若制子孫。"楊倞注:"言盡牢籠天下也。"

〔4〕絡:包羅;籠罩。《文子·精誠》:"智絡天地,察分秋毫。"

〔5〕牢絡:籠罩;覆蓋。

16.51 袍〔1〕,丈夫著〔2〕,下至跗者也〔3〕。袍,苞也〔4〕,苞内衣也〔5〕。婦人以絳作衣裳〔6〕,上下連,四起施緣〔7〕,亦曰"袍",義亦然也〔8〕〔9〕。齊人謂如衫而小袖曰"侯頭"〔10〕,"侯頭"猶言"解瀆"〔11〕,臂直通之言也〔12〕。

〔1〕袍:長衣。《急就篇》卷二:"袍襦表裏曲領裙。"顏師古注:"長衣曰袍,下至足跗。"

〔2〕丈夫:男子。指成年男子。《管子·地數》:"凡食鹽之數,一月:丈夫五升少半,婦人三升少半,嬰兒二升少半。" 著(zhuó):穿。《玉臺新詠·古詩〈爲焦仲卿妻作〉》:"著我繡袷裙,事事四五通。"

〔3〕跗(fū):腳背。《儀禮·士喪禮》:"乃屨,綦結于跗。"鄭玄注:"跗,足上也。"賈公彥疏:"謂足背也。"

〔4〕苞:通"包"。裹。《莊子·天運》:"充滿天地,苞裹六極。"陸德明釋文:"本或作包。"

〔5〕内衣:指襯衣、褲衩、襯衫等貼身穿的衣服。

〔6〕婦人:成年女子的通稱。多指已婚者。《墨子·非攻下》:"農夫不暇稼穡,婦人不暇紡績織紝。" 絳:一種絲織品。 衣裳:古時衣指上衣,裳指下裙。後亦泛指衣服。《詩·唐風·山有樞》:"子有衣裳,弗曳弗婁。"

〔7〕四起:四方;四圍。 施緣:鑲邊;在衣物邊緣縫上帶狀物。

〔8〕亦然:也是如此。《孟子·梁惠王上》:"寡人之於國也,盡心焉耳矣。河内凶,則移其民於河東,移其粟於河内;河東凶亦然。"

〔9〕盧文弨、邵晉涵於此處畫一分隔綫,使以下分開另起。范惟一玉雪堂刻本、疏證本、吳志忠校本以下另起。

〔10〕齊人：古代齊國的人。《孟子・公孫丑上》：“子誠齊人也，知管仲、晏子而已矣。”齊：周代國名。在今山東北部。參見卷二《釋州國》7.25〔1〕。侯頭：一種近身穿的小袖衫。後作“裱褕”。《集韻・下平聲・十九侯》：“褕，裱褕，短袖襦。徒侯切。”

〔11〕猶言：好比説；等於説。　疏證本曰：“‘解’，‘奚買’反。‘侯’與‘解’，‘頭’與‘瀆’皆聲之轉。”吳騫曰：“周云：‘侯’與‘解’，‘頭’與‘瀆’是近，非轉。”丁山校：“洪云：按《史記・萬石君列傳》‘取親中裙廁腧，身自洗滌’集解：‘晉灼云：今世謂反閉小袖衫侯裔。’‘侯頭’‘後腧’‘解毒’皆聲之轉。”

〔12〕直通：縱貫；直接通到某處。

16.52　被[1]，被也[2]，被覆人也[3]。

〔1〕被：被子。睡眠時用以覆體。《楚辭・招魂》：“翡翠珠被，爛齊光些。”王逸注：“被，衾也。”

〔2〕被：覆蓋。《楚辭・招魂》：“皋蘭被徑兮斯路漸。”王逸注：“被，覆也。”

〔3〕盧文弨、疏證本於“被覆”前增“所以”二字。疏證本曰：“今本脱‘所以’二字，據《北堂書鈔》《太平御覽》引增。”巾箱本從之。　被覆：覆蓋；掩蔽。

16.53　衾[1]，广也[2]，其下廣大[3]，如广受人也[4]。

〔1〕衾（qīn）：被子；特指大被。《詩・召南・小星》：“肅肅宵征，抱衾與裯，寔命不猶。”毛傳：“衾，被也。”

〔2〕广（yǎn）：依山崖建造的房屋。《説文・广部》：“广，因广爲屋，象對刺高屋之形。”徐灝注箋：“因广爲屋，猶言傍巖架屋。此上古初有宫室之爲也。”

〔3〕廣大：寬廣；寬闊。《禮記・曲禮上》：“地廣大，荒而不治，此亦士之辱也。”

〔4〕受人：容納人。《易・咸》：“君子以虛受人。”

16.54　汗衣[1]，近身受汗垢之衣也[2]。《詩》謂之“澤”[3]，受汗澤也[4]。或曰“鄙袒”[5]，或曰“羞袒”[6]，作之用六尺，裁足覆胸背[7]，言羞鄙於袒而衣此耳[8]。

〔1〕汗衣：汗衫；襯衣。

〔2〕汗垢：混合污垢的汗。漢王褒《責髯奴文》：“汗垢流離，污穢泥土。”

〔3〕澤:汗衣;内衣。後作"襗(zé)"。《詩·秦風·無衣》:"豈曰無衣? 與子同澤。"朱熹集傳:"澤,裏衣也。以其親膚,近於垢澤,故謂之澤。"

〔4〕汗澤:汗水;汗液。

〔5〕鄙袒:指汗衫背心。《黃侃論學雜著·蘄春語》:"吾鄉有衣曰背褡,裁足覆胸背,左右齊肩胛而止。質之《釋名》,正'鄙袒'之音轉耳。"

〔6〕羞袒:貼身背心。清方以智《通雅·衣服》:"羞袒即今貼身小背心。"

〔7〕裁足:僅夠。《漢書·馬援傳》:"士生一世,但取衣食裁足。"裁:通"纔"。《戰國策·燕策一》:"燕王曰:'寡人蠻夷僻處,雖大男子,裁如嬰兒。'"胸背:胸與背。漢蔡邕《諫伐鮮卑議》:"邊郵之患,手足之疥搔也;中國之困,胸背之癰疽也。"

〔8〕羞鄙:以爲恥辱;以爲羞恥。《孟子·公孫丑上》:"柳下惠不羞汙君,不卑小官。"《楚辭·懷沙》:"易初本迪兮,君子所鄙。"王逸注:"鄙,恥也。"袒:脱衣露出上身。《禮記·曲禮上》:"冠毋免,勞毋袒,暑毋褰裳。"陸德明釋文:"袒,露也。"孔穎達疏:"雖有疲勞之事厭患其衣,而不得袒露身體。" 衣(yì):穿着。《莊子·盜跖》:"不耕而食,不織而衣。"

16.55 褌[1],貫也[2],貫兩脚,上繫要中也[3]。

〔1〕此條原與上條相連,盧文弨、邵晉涵於此處畫一分隔綫,使以下分開另起。范惟一玉雪堂刻本、《古今逸史》本、郎奎金刻《逸雅》本、疏證本、吳志忠校本、巾箱本另起。褌(kūn):滿襠褲。以別於無襠褲而言。《急就篇》卷二:"襜褕袷複褶褲褌。"顏師古注:"合襠謂之褌,最親身者也。"

〔2〕貫:通;貫通。《戰國策·楚策四》:"禍與福相貫,生與亡爲鄰。"鮑彪注:"貫,猶通。"

〔3〕繫:拴縛。《國語·周語下》:"鑄之金,磨之石,繫之絲木。" "要",鍾惺評本作"腰"。要中:腰上。

16.56 偪[1],[2]所以自逼束[3]。今謂之"行滕"[4],[5]言以裹脚[6],可以跳騰輕便也[7]。

〔1〕"偪",段玉裁、疏證本、吳志忠校作"幅"。疏證本曰:"'幅',今本作'偪',譌。案《詩·采菽》云:'邪幅在下。'毛傳云:'幅,偪也,以自偪束也。'據此改。"吳志忠校:"'幅'依畢本。"丁山校:"'偪',何〔允中〕本、嘉靖本並作'逼'。"篆字疏證本未改,云:"《詩·采菽》云:'邪幅在下。'毛傳云:'幅,偪也,

所以自偪束也。’”偪（bī）：綁腿的布帛帶。《禮·内則》：“偪，屨，着綦。”鄭玄注：“偪，行縢。”陸德明釋文：“本又作幅。彼力反。”又作“幅（bī）”。斜纏於脛的布帛，自足至膝，似今之綁腿布。《詩·小雅·采菽》：“赤芾在股，邪幅在下。”

〔2〕王先謙校：“以本書例推之，上文‘幅’下當有‘偪也’二字。”偪：同“逼”。逼迫；威脅。《國語·晉語四》：“於是吕甥、冀芮畏偪，悔納文公，謀作亂。”韋昭注：“畏見偪害，故謀作亂。”

〔3〕逼束：逼迫約束。　吳志忠於“束”後增一“也”字，曰：“各本脱‘也’字，今補。”吳翊寅校議：“吳〔志忠〕本作：‘幅，所以自偪束也。’”王先謙校：“吳〔志忠〕校句末有‘也’字。”

〔4〕行縢：綁腿布。《詩·小雅·采菽》“邪幅在下”鄭玄箋：“邪幅，如今行縢也。偪束其脛，自足至膝，故曰在下。”

〔5〕王先謙校：“以本書例推之，此處亦當有‘縢，騰也’三字。”

〔6〕裹脚：纏裹小腿。脚：腿的下端；小腿。《墨子·明鬼下》：“羊起而觸之，折其脚。”　吳志忠於“脚”後增一“行”字，曰：“各本脱‘行’字，今補。”吳翊寅校議：“吳〔志忠〕本‘脚’下有‘行’字。”

〔7〕跳騰：跳躍升騰。　輕便：輕健；輕捷。

16.57　襪〔1〕，末也〔2〕，在脚末也〔3〕。

〔1〕襪：襪子；鞋内足衣。《韓非子·外儲説左下》：“文王伐崇，至鳳黄虚，韈繫解，因自結。”

〔2〕末：物的端、尾。《周禮·考工記·弓人》：“角欲青白而豐末。”孫詒讓正義：“末，謂角尚。”

〔3〕脚末：腿的末端。楊樹達《釋韈》：“古人謂四肢爲末，‘蔑’‘末’古音同。兩足爲末，故足衣謂之韈。”

16.58　履〔1〕，禮也〔2〕，飾足所以爲禮也〔3〕。

〔1〕履：鞋。《莊子·山木》：“莊子衣大布而補之，正縻係履而過魏王。”《事物紀原》：“古今注曰：烏以木置履下，乾臘不畏泥濕。履，乃屨之不帶者。蓋祭服謂之烏，朝服謂之履，燕服謂之屨也。”

〔2〕禮：禮節；禮貌。《説文·示部》：“禮，履也。所以事神致福也。”《左傳·僖公三十年》：“以其無禮於晉，且貳於楚也。”

〔3〕飾:覆蓋。《禮記·曲禮上》:"飾羔鴈者以繢。"孔穎達疏:"飾,覆也。"所以:用以;用來。《史記·孟嘗君列傳》:"若急,終無以償,上則爲君好利不愛士民,下則有離上抵負之名,非所以厲士民彰君聲也。"

16.59 複其下曰"舄"〔1〕。舄,腊也〔2〕,行禮久立〔3〕,地或泥濕〔4〕,故複其末下〔5〕,使乾腊也〔6〕。

〔1〕複:重複;重疊。漢張衡《東京賦》:"複廟重屋,八達九房。" 舄(xì):以木爲複底的鞋。《左傳·桓公二年》:"帶、裳、幅、舄昭其度也。"杜預注:"舄,複履。"晉崔豹《古今注·輿服》:"舄,以木置履下,乾腊不畏泥濕也。"

〔2〕腊(xī):保持乾燥。《莊子·外物》:"任公子得若魚,離而腊之。"

〔3〕行禮:按一定的儀式或姿勢致敬。《禮記·曲禮下》:"君子行禮,不求變俗。"

〔4〕或:常常。《論語·子路》:"不恒其德,或承之羞。"皇侃義疏:"或,常也,言羞辱常承之也。" 泥濕:泥濘潮濕。

〔5〕"末",盧文弨、疏證本、巾箱本刪去。疏證本曰:"今本作'故複其末下',據《太平御覽》引刪'末'字。"吳志忠校作"木",移於"複"前,曰:"今本'木'誤'末',倒在'其'下,今乙改。"吳翊寅校議:"吳〔志忠〕本'複'上有'木'字。"吳志忠校本此句作"故木複其下"。

〔6〕乾腊:乾燥。

16.60 屨〔1〕,拘也〔2〕,所以拘足也〔3〕。

〔1〕屨(jù):單底鞋。後亦泛指鞋。《周禮·天官·屨人》:"掌王及后之服屨。"鄭玄注:"複下曰舄,禪下曰屨。"

〔2〕拘(gōu):遮蔽。《禮記·曲禮上》:"凡爲長者糞之禮,必加帚於箕上,以袂拘而退,其塵不及長者。"孔穎達疏:"以一手捉帚,又舉一手衣袂以拘障於帚前,且埽且遷,故云'拘而退'。"

〔3〕所以:用以;用來。《莊子·天地》:"是三者,非所以養德也。"

16.61 齊人謂韋屨曰"扉"〔1〕。扉,皮也〔2〕,以皮作之〔3〕。〔4〕不借〔5〕,言賤易有〔6〕,宜各自蓄之〔7〕,不假借人也〔8〕。〔9〕

〔1〕齊人:古代齊國的人。《孟子·公孫丑上》:"子誠齊人也,知管仲、晏

子而已矣。"齊:周代國名。在今山東北部。參見卷二《釋州國》7.25〔1〕。

韋屨:熟牛皮鞋。韋:去毛熟治的獸皮;柔軟的皮革。《儀禮·聘禮》:"君使卿韋弁。"鄭玄注:"皮、韋同類,取相近耳。"賈公彥疏:"有毛則曰皮,去毛熟治則曰韋。本是一物,有毛無毛爲異,故云取相近耳。" 扉(fèi):用皮革做的鞋。《左傳·僖公四年》:"若出於陳、鄭之間,共其資糧扉屨,其可也。"吳翊寅校議:"扉當爲革屨。《左傳》杜注'扉,草屨',亦'革屨'之誤。"

〔2〕皮:獸皮。帶毛叫皮,去毛叫革。《左傳·僖公十四年》:"皮之不存,毛將安傅?"

〔3〕吳志忠於"之"後增一"也"字,曰:"今本脱'也'字,誤連下爲條,今補正。"吳翊寅校議:"吳〔志忠〕本'之'下有'也'字,不連下爲條。"

〔4〕盧文弨、疏證本、邵晉涵於此處增"或曰"二字。疏證本曰:"又今本無下'或曰'字,無則上下文不屬,故以義增之。"邵晉涵曰:"從《廣韻》增。《儀禮》注:'繩菲,今時不借也。'"吳志忠將以下分開,另立爲條。吳翊寅校議:"吳〔志忠〕本無'或曰'字,別爲條。"

〔5〕不借:麻鞋。《急就篇》卷二:"裳韋不借爲牧人。"顏師古注:"不借者,小屨也,以麻爲之,其賤易得,人各自有,不須假借,因爲名也。"

〔6〕賤:價格低。《左傳·昭公三年》:"國之諸市,屨賤踊貴。"

〔7〕宜:應當、應該。 蓄:積聚;儲藏。《詩·邶風·谷風》:"我有旨蓄,亦以禦冬。"

〔8〕假借:借。《莊子·至樂》:"生者假借也,假之而生。"

〔9〕盧文弨、段玉裁、邵晉涵分別於此畫一連接綫,以連接下條;疏證本、吳志忠校本以下不另起。疏證本曰:"今本'齊人'又提行別起,亦據《太平御覽》引併合。"

16.62 齊人云"搏臘"〔1〕,"搏臘"猶"把鮓"〔2〕,麤貌也〔3〕。荆州人曰"麤"〔4〕,麻〔5〕、韋〔6〕、草皆同名也〔7〕。麤,措也〔8〕,言所以安措足也〔9〕。

〔1〕搏臘(xī):麻鞋。《方言》卷四:"麻作之者謂之不借。"錢繹箋疏:"家君曰:'不借、搏臘、不惜,並字異義同。'王氏懷祖曰:'《釋名》以搏臘爲麤貌,是也。搏臘叠韻字,轉之則爲不借,非不假借於人之謂也。'……繹案:凡雙聲叠韵之字原不必以義相求,而此則於義亦合。《廣雅》:'薄,履也。'舃亦履也。'薄'與'搏'聲近,'舃'與'臘'同聲。'薄舃'猶'搏臘'。分言之曰'薄',曰

‘舄’，連言之曰‘搏腊’，轉言之則曰‘不借’、曰‘不惜’，義並同也。”

〔2〕把鮓（zhǎ）：即‘搏腊’‘不借’。麻鞋。疏證本校：“案：‘搏腊’猶言‘不借’，聲少異爾，恐非‘把作’之義。一本作‘把鮓’，當亦音之轉。”

〔3〕麤（cū）：粗糙；粗劣。《禮記·王制》：“布帛精麤不中數，幅廣狹不中量，不粥於市。”

〔4〕荆州：古九州之一。又漢武帝所置十三刺史部之一。轄境約當今湖北、湖南兩省及河南、貴州、廣東、廣西的一部。參見卷二《釋州國》7.4〔1〕。麤：草鞋、麻鞋之類。漢王褒《僮約》：“織履作麤。”

〔5〕麻：古代專指大麻，俗稱“火麻”。桑科，一年生草本，雌雄異株，莖部韌皮纖維長而堅韌，可供紡織。《詩·陳風·東門之池》：“東門之池，可以漚麻。”

〔6〕韋：去毛加工製成的柔軟獸皮。《楚辭·卜居》：“將突梯滑稽，如脂如韋，以潔楹乎？”

〔7〕同名：謂名稱、名字或名聲相同。《墨子·大取》：“同類之同。同名之同。”

〔8〕措：安放。《論語·子路》：“刑罰不中，則民無所措手足。”

〔9〕安措：安置。

16.63 屩[1]，蹻也[2]，出行著之[3]，蹻蹻輕便[4]，因以爲名也[5]。

〔1〕屩（juē）：草鞋。《史記·平準書》：“式乃拜爲郎，布衣屩而牧羊。”

〔2〕蹻（jiǎo）：舉足輕捷。《説文·足部》：“蹻，舉足行高也。”段玉裁注：“晉灼注《漢書·高帝紀》作‘小高’。玄應引文穎曰：‘蹻猶翹也。’”《文選·曹植〈七啓〉》：“蹻捷若飛。”吕向注：“蹻，輕也。”

〔3〕出行：出外行遠。《史記·天官書》：“其出行十八舍二百四十日而入。” 著（zhuó）：穿。

〔4〕蹻蹻：壯健勇武、舉足輕捷貌。《詩·大雅·崧高》：“四牡蹻蹻，鉤膺濯濯。”毛傳：“蹻蹻，壯貌。”《詩·周頌·酌》：“我龍受之，蹻蹻王之造。”毛傳：“蹻蹻，武貌。” 輕便：輕健；輕捷。

〔5〕因以爲名：參見卷二《釋州國》7.8〔4〕。

16.64 屐[1]，搘也[2]，爲兩足搘[3]，以踐泥也[4]。

〔1〕屐（jī）：木製的鞋，底有齒，以行泥地。《説文·履部》：“屐，屩也。”桂

馥義證："顏注《急就篇》：'屐者，以木爲之而施兩齒，所以踐泥。'《宋書》：'謝靈運常著木屐，上山則去前齒，下山則去後齒。'"

〔2〕搘（zhī）：支撐；支持。

〔3〕爲（wèi）：介詞，相當於"替""給"。《論語・學而》："吾日三省吾身：爲人謀而不忠乎？與朋友交而不信乎？傳不習乎？"

〔4〕踐：踩；踩踏。《莊子・馬蹄》："馬，蹄可以踐霜雪，毛可以禦風寒。"

16.65　鞾[1]，跨也[2]，兩足各以一跨騎也[3]。

〔1〕鞾（xuē）：同"靴"。靴子；高到踝骨以上的長筒鞋。漢曹操《與太尉楊彪書》："並遺足下貴室綵錯羅穀裘一領，織成鞾一量。有心青衣二人，長奉左右。"

〔2〕跨：兩腿分開坐或立。

〔3〕跨騎：跨坐；乘騎。

16.66　鞮鞻[1]，鞾之缺前雍者[2]，胡中所名也[3]。"鞮鞻"猶"速獨"[4]，足直前之言也。

〔1〕鞮鞻（suǒduó）：古代少數民族的一種鞋頭不加護套的靴子。《急就篇》卷二："旃裘鞮鞻蠻夷氏。"顏師古注："鞮鞻，胡履之缺前雍者也。"

〔2〕鞾（xuē）：同"靴"。靴子；高到踝骨以上的長筒鞋。參見上條〔1〕。雍（yōng）：障蔽；遮蓋。《韓非子・難四》："人君兼照一國，一人不能雍也。"

〔3〕胡：古代對北方和西方的民族如匈奴等的稱呼。《周禮・考工記序》："粵無鎛，燕無函，秦無廬，胡無弓車。"鄭玄注引鄭司農曰："胡，今匈奴。"名：命名；取名。《左傳・宣公三年》："生穆公，名之曰蘭。"

〔4〕速獨：猶"束躅"。踏。疏證本校："《逸周書・太子晉》篇云：'師曠束躅其足。'孔注：'束躅，踏也。'（'束'，今本誤'東'，據《北堂書鈔・政術》《御覽・人事部》校正。）此'速獨'當即'束躅'，足踏向前，故云'足直前之言'。王念孫《讀書雜誌・逸周書四》"束躅"："束躅，疊韻字，謂數以足踏地而稱善也。"

16.67　鞋[1]，解也[2]，著時縮其上如履然[3]，解其上則舒解也[4]。

〔1〕鞵:脚上的低筒穿着物。《説文·履部》:"履,足所依也。"段玉裁注:"'履''依'疊韵。古曰'屨',今曰'履';古曰'履',今曰'鞵(鞋)'。名之隨時不同者也。"

〔2〕解:鬆開;鬆脱。《墨子·公輸》:"子墨子解帶爲城。"

〔3〕著(zhuó):穿。《禮記·曲禮上》"就屨,跪而舉之"鄭玄注:"就,猶著也。" 履:鞋。參見 16.58〔1〕。

〔4〕舒解:舒展;解散。

16.68 帛屧[1],以帛作之[2],如屩者[3]。不曰"帛屩"者,屩不可踐泥也也[4]。踐泥者也[5]。此亦可以步泥而浣之[6],故謂之"屧"也。

〔1〕帛屧:用帛製的鞋。

〔2〕帛:絲織物的通稱。《左傳·閔公二年》:"衛文公大布之衣,大帛之冠。" 丁山校:"《一切經音義》引作:'帛屧,以帛爲之。'"胡楚生校:"慧琳《音義》卷五十九引此條,'作'字作'爲'。""之",張步瀛校作"屧"。丁山校:"'之',《御覽》作'屧'。"

〔3〕屩(juē):草鞋。參見 16.63〔1〕。 "者",盧文弨校作"也",疏證本作"也"。丁山校:"〔《御覽》〕'也'上有'者'字。"

〔4〕踐:踩;踩踏。《詩·大雅·行葦》:"敦彼行葦,牛羊勿踐履。"毛傳:"敦敦然道傍之葦,牧牛羊者毋使躐履折傷之。" 前"也"字,張步瀛删去,瑞桃堂刻本、施惟誠刻本、鍾惺評本、吳志忠校本作"者",龔文照校:"吳〔琯〕本無'者'字。" 後"也"字,范惟一玉雪堂刻本、施惟誠刻本、鍾惺評本無;盧文弨校作"屧可以",段玉裁在旁寫一"屧"字,佚名寫"屧可"二字,《古今逸史》本、郎奎金刻《逸雅》本、疏證本作"屧",巾箱本此處有一"屧"字,均連下爲句。

〔5〕"踐泥者也"四字,吳志忠删去,曰:"各本衍'踐泥者也'四字,今删。"吳翊寅校議:"吳〔志忠〕本作'屩不可踐泥者也',無下句。"

〔6〕步:步行;用脚走。《書·召誥》:"王朝步自周,則至于豐。"鄭玄注:"步,行也。" 浣:洗滌。《公羊傳·莊公三十一年》:"築臺于郎。何以書?譏。何譏爾?臨民之所漱浣也。"何休注:"無垢加工曰漱,去垢曰浣,齊人語也。"

16.69 晚下如舄[1],其下晚晚而危[2],婦人短者著之[3],可以拜也[4]。

〔1〕“晚下”，疏證本校：“當作‘鞔下’，《方言》云：‘自關而東謂之複履，其下單者謂之鞔下。’”“鞔”，篆字疏證本作“鞔”。鞔（mán）：底部微凹的鞋子。《呂氏春秋·召類》：“南家，工人也，爲鞔者也。”高誘注：“鞔，履也。”又作“鞔”。《方言》卷四：“自關而東謂之複履，其庳者謂之鞔下。”錢繹箋疏：“《玉篇》：‘鞔，於院切，履也。’” 舄（xì）：以木爲複底的鞋。參見16.59〔1〕。

〔2〕“晚晚”，段玉裁校作“宛宛”。疏證本曰：“當作‘宛宛’。”吳翊寅校議：“畢校‘晚下’作‘鞔下’，‘晚晚’作‘宛宛’，似亦可從。”宛宛：屈曲貌。《文選·司馬相如〈封禪文〉》：“宛宛黃龍，興德而升。” 危：高；高聳。《國語·晉語八》：“拱木不生危，松柏不生埤。”高誘注：“危，高險也。”

〔3〕短：矮小。《晏子春秋·雜下九》：“晏子使楚，以晏子短，楚人爲小門于大門之側而延晏子。” 著（zhuó）：穿。

〔4〕拜：表示恭敬的一種禮節。行禮時下跪，低頭與腰平，兩手至地。後用爲行禮的通稱。《荀子·大略》：“平衡曰拜。”楊倞注：“謂馨折頭與腰如衡之平。”

16.70 靸[1]，韋履深頭者之名也[2]。靸，襲也[3]，以其深襲覆足也。

〔1〕靸（sǎ）：前幫深而覆腳，無後幫的鞋子。後亦指形制與之類似的拖鞋。

〔2〕韋履：皮鞋。韋：去毛熟治的獸皮；柔軟的皮革。《儀禮·聘禮》：“君使卿韋弁。”賈公彥疏：“有毛則曰皮，去毛熟治則曰韋。”

〔3〕襲：遮蓋；掩藏。《禮記·少儀》：“劍則啓櫝，蓋襲之。”鄭玄注：“櫝謂劍函也。襲，卻合之。”

16.71 仰角[1]，屐上施履之名也[2]。[3]行不得蹶[4]，當仰履角，舉足乃行也[5]。

〔1〕仰角：指鞋底有齒的木屐，字亦作“印角”“鞧角”。《急就篇》卷二：“靸鞮卬角褐襪巾。”顏師古注：“卬角，屐上施也。形若今之木屐而下有齒焉。欲其下不蹶，當卬其角，舉足乃行，因爲名也。”明胡應麟《少室山房筆叢·丹鉛新錄八·履考》：“《方言》云：‘履謂之不借，朝鮮、洌水之上，謂之印角……徐

土、邵沇之間,謂之𦠏角。’”《方言》卷四:“大麤謂之䩐角。”郭璞注:“今漆履有齒者。”

〔2〕屐(jī):木製的鞋,底有齒,以行泥地。參見16.64〔1〕。 施:設置;安放。 履:鞋。參見16.58〔1〕。

〔3〕篆字疏證本校:“于此當有‘䩕,仰也’句。”

〔4〕蹶(jué):顛仆;跌倒。《孟子·公孫丑上》:“今夫蹶者、趨者,是氣也,而反動其心。”朱熹集注:“如人顛躓趨走,則氣專在是而反動其心焉。”

〔5〕舉足:提腳;跨步。《禮記·曲禮下》:“執主器,操幣圭璧,則尚左手,行不舉足,車輪曳踵。”

釋宮室第十七[1]

〔1〕宮室:房屋的通稱。《易·繫辭下》:“上古穴居而野處,後世聖人易之以宮室,上棟下宇,以待風雨。”

17.1 宮[1],穹也[2],屋見於垣上[3],穹隆然也[4]。

〔1〕宮:古代通稱房屋、居室。《易·困》:“入于其宮,不見其妻,不祥也。”

〔2〕穹(qióng):物體中間隆起四周下垂的樣子。《周禮·考工記·韗人》:“韗人爲皋陶……穹者三之一。”鄭玄注引鄭司農曰:“謂鼓木腹穹隆者,居鼓三之一也。”

〔3〕疏證本校:“《初學記》、《爾雅》疏引作‘言屋見於垣上,穹崇然也。’”有“言”字。 屋:指屋頂。《穀梁傳·文公十三年》:“大室屋壞者,有壞道也。”范甯注:“屋者,主於覆蓋。” 見(xiàn):“現”的古字。顯現;顯露。《漢書·元帝紀》:“天見大異。”顏師古注:“見,顯示。” 垣(yuán):牆。參見17.38〔1〕。

〔4〕穹隆:中間隆起,四周下垂貌。漢揚雄《太玄·玄告》:“天穹隆而周乎下。”

17.2 室[1],實也[2],人物實滿其中也[3]。

〔1〕室:堂後之正室。《論語·先進》:“由也升堂矣,未入於室也。”王國維《觀堂集林·明堂廟寢通考》:“故室者,宮室之始也。後世彌文,而擴其外而爲堂,擴其旁而爲房,或更擴堂之左右而爲箱,爲夾,爲個。然堂後及左右房

間之正室,必名之曰室,此名之不可易者也。故通言之,則宮謂之室,室謂之宮。析言之,則所謂室者,必指堂後之正室,而堂也、房也、箱也,均不得蒙此名也。”

〔2〕實:充實;充滿。《楚辭·招魂》:“瑤漿蜜勺,實羽觴些。”王逸注:“實,滿也。”

〔3〕人物:人與物。《莊子·庚桑楚》:“夫至人者,相與交食乎地而交樂乎天,不以人物利害相攖,不相與爲怪,不相與爲謀,不相與爲事,翛然而往,侗然而來。” 實滿:充實。《墨子·辭過》:“府庫實滿,足以待不然。”

17.3 室中西南隅曰“奧”[1],不見户明[2],所在秘奧也[3]。[4]

〔1〕西南:西和南之間的方向,即八卦坤所指的方向。《國語·周語下》“行之以遂八風”韋昭注:“西南曰坤。” 隅:角;角落。《詩·邶風·靜女》:“靜女其姝,俟我於城隅。” 奧:室内西南角落。《爾雅·釋宮》:“西南隅謂之奧。”郭璞注:“室中隱奧之處。”邢昺疏:“奧者,孫炎云:‘室中隱奧之處也。’古者爲室,户不當中而近東,則西南隅最爲深隱,故謂之奧。而祭祀及尊者常處焉。”

〔2〕户:單扇門。參見 17.63〔1〕。 明:光明;光亮。《易·繫辭下》:“日往則月來,月往則日來,日月相推而明生焉。”

〔3〕秘奧:猶“奧秘”。隱密;秘密深奧。

〔4〕盧文弨於此處畫一連接綫,以連接下條。疏證本以下不另起。吳翊寅校議:“吳〔志忠〕本四隅、中央各爲條。”

17.4 西北隅曰“屋漏”[1]。禮[2]:每有親死者[3],輒撤屋之西北隅薪[4],以爨竈煮沐[5],供諸喪用[6]。時若值雨則漏[7],遂以名之也。必取是隅者[8],禮:既祭[9],改設饌于西北隅[10],令撤毀之[11],示不復用也[12]。[13]

〔1〕屋漏:古代室内西北隅施設小帳,安藏神主,爲人所不見的地方。《詩·大雅·抑》:“相在爾室,尚不愧於屋漏。”毛傳:“西北隅謂之屋漏。”鄭玄箋:“屋,小帳也。漏,隱也。”一說爲光所漏入。《爾雅·釋宮》:“西北隅謂之屋漏。”邢昺疏引孫炎:“屋漏者,當室之白日光所漏入。”後即用以泛指屋之深暗處。

〔2〕禮：禮文；禮書。《周禮》《儀禮》《禮記》皆古言禮之書，合稱"三禮"。《孟子·公孫丑下》："《禮》曰：'父召，無諾；君命召，不俟駕。'"

〔3〕親：父母。亦偏指父或母。《孟子·盡心上》："孩提之童無不知愛其親者。"孫奭疏："襁褓之童子無有不知愛其父母。"

〔4〕輒：立即；就。《史記·季布欒布列傳》："有敢收視者，輒捕之。" 撤：抽取。《廣雅·釋詁一》："撤，取也。" 薪：草。《孟子·離婁下》："毀傷其薪木。"趙岐注："恐其傷我薪草樹木也。"

〔5〕爨(cuàn)：燒火煮飯。《禮記·喪大記》："甸人取所徹廟之西北厞薪，用爨之。"孔穎達疏："爨，然也。甸人爲竈竟，又取復魄人所徹正寢西北厞以然竈，煮沐汁也。" 沐：米汁。古人常用以洗頭。《禮記·喪大記》："甸人爲垼于西牆下，陶人出重鬲，管人受沐，乃煮之……管人授御者沐，乃沐；沐用瓦盤，抵用巾，如它日。"

〔6〕諸：代詞"之"和介詞"於"的合音。《禮記·檀弓上》："兄弟，吾哭諸廟。"

〔7〕值：遇到；碰上。《莊子·知北游》："明見無值。"成玄英疏："值，會遇也。"

〔8〕是：此；這。《詩·大雅·崧高》："因是謝人，以作爾庸。"

〔9〕既：完了；結束。又指已經。《書·堯典》："克明俊德，以親九族，九族既睦，平章百姓。"僞孔傳："既，已也。"

〔10〕設饌(zhuàn)：在牌位前供設酒肴。爲祭祀習俗。饌：食物；菜肴。《論語·鄉黨》："有盛饌，必變色而作。"

〔11〕"令"，段玉裁校作"今"，疏證本、吳志忠校本作"今"。 撤毀：拆毀。

〔12〕示：表示；顯現。《禮記·禮運》："刑仁講讓，示民有常。" 不復：不再。漢司馬遷《報任少卿書》："蓋鍾子期死，伯牙終身不復鼓琴。"

〔13〕此條以下明嘉靖翻宋本、《古今逸史》本、《逸雅》本、疏證本不另起，畢效欽刻《五雅》本、范惟一玉雪堂刻本、施惟誠刻本、《格致叢書》本、鍾惺評本另起，盧文弨畫一連接綫，使上下連接。

17.5 東南隅曰"窔"〔1〕，窔，幽也〔2〕，亦取幽冥也〔3〕。〔4〕

〔1〕"窔"，段玉裁、邵晉涵分別校作"窔"，《逸雅》本、疏證本、吳志忠校本作"窔"，下同。疏證本校："案：東南隅乃室中出入所由，其南即堂也，明爽之處，不得云'幽冥'。《說文》云：'官，戶樞聲，室之東南隅也。'則當作'官'。《爾雅》

曰：‘東南隅謂之窔。’郭注云：‘窔亦隱闇。’蓋今之《爾雅》出於郭璞，頗多紕繆，此襲《釋名》之謬而又誤‘窔’爲‘窔’也。《爾雅》釋文云：‘窔，本或作窅。’‘窅’乃‘官’字之誤爾。據此可知，古之《爾雅》實作‘官’，《説文》之所本也。”篆字疏證本作“官”。下同。按，“窔”“窔”“官”皆同，原文“窔”應是“窔”或“窔”之形訛。窔（yào）：室中東南隅。《儀禮·既夕禮》：“比奠，舉席埽室，聚諸窔，布席如初。”鄭玄注：“室東南隅謂之窔。”

〔2〕幽：暗；暗淡。《禮記·樂記》：“明則有禮樂，幽則有鬼神，如此則四海之内合敬同愛矣。”

〔3〕取：選取。　幽冥：幽暗；黑暗。漢王符《潛夫論·明忠》：“夫術之爲道也，精微而神；言之不足，而行有餘；有餘，故能兼四海，而照幽冥。”

〔4〕盧文弨將上下條連接，疏證本以下不另起。

17.6　東北隅曰“宧”[1]，宧，養也[2]。東北陽氣始出[3]，布養物也[4]。

〔1〕宧（yí）：室内的東北角。《爾雅·釋宫》：“東北隅謂之宧。”

〔2〕養：撫育；養育。《禮記·大學》：“未有學養子，而後嫁者也。”

〔3〕陽氣：暖氣；生長之氣。《管子·形勢解》：“春者，陽氣始上，故萬物生。”

〔4〕布：布施；施與。《莊子·列禦寇》：“施於人而不忘，非天布也。”王先謙集解：“施於人則欲勿忘，有心見德，非上天布施之大道。”

17.7　中央曰“中霤”[1]。古者寝穴[2]，後室之[3]，霤當令之棟[4]，下直室之中[5]，古者霤下之處也。

〔1〕中霤（liù）：室的中央。上古人居於洞穴，在頂上開洞取明，雨水從洞口滴下，故謂之“霤”。後因稱房室中央取明處爲“中霤”。《公羊傳·哀公六年》：“於是使力士舉巨囊，而至於中霤。”徐彦疏引庾蔚曰：“複地上纍土，穴則穿地也。複、穴皆開其上取明，故雨霤之，是以因名中霤爲中霤也。”

〔2〕“寝”，段玉裁、疏證本、吳志忠校作“寝”。段玉裁曰：“鄭氏《月令》注云：‘中霤猶中室也，古者複穴。是以名室爲霤。’”疏證本曰：“‘寝穴’，今本作‘寝穴’，訛。案鄭注《禮記·月令》云：‘中霤猶中室也。土主中央而神在室，古者複穴，是以名室爲霤。’今據改。”吳志忠曰：“‘寝’依畢校。”《古今逸史》本、

郎奎金刻《逸雅》本作"寑",篆字疏證本作"寢",巾箱本作"寙"。窬穴：猶"複穴"。謂穴居。亦指穴居的土窟。平地曰複，高地曰穴。《禮記·月令》"（季夏之月）其祀中霤"孔穎達疏："複穴者，謂窟居也。古者窟居，隨地而造，若平地則不鑿，但纍土爲之，謂之爲複，言於地上重複爲之也；若高地則鑿爲坎，謂之爲穴。其形皆如陶竈。"

〔3〕後：時間較遲或較晚；後來。　室：建房；築室。

〔4〕霤(liù)：屋檐下滴水處。《説文·雨部》："霤，屋水流也。"　當：對着；向着。《左傳·文公四年》："則天子當陽，諸侯用命也。"俞樾平議："當，猶對也。南方爲陽，天子南面而立，故當陽也。"　"令"，畢效欽刻《五雅》本、施惟誠刻本、《格致叢書》本、《古今逸史》本、郎奎金刻《逸雅》本、疏證本、吳志忠校本、巾箱本作"今"。　棟：屋的正梁。《儀禮·鄉射禮》："序則物當棟。"鄭玄注："是制五架之屋也，正中曰棟，次曰楣，前曰庪。"

〔5〕直：當；對着。《史記·樗里子甘茂列傳》："至漢興，長樂宮在其東，未央宮在其西，武庫正直其墓。"司馬貞索隱："直猶當也。"　中：中間；當中。《書·召誥》："王來紹上帝，自服於土中。"僞孔傳："言王今來居洛邑……於地勢正中。"

17.8 宅[1]，擇也[2]，擇吉處而營之也[3]。

〔1〕宅：住宅；住所。《詩·大雅·崧高》："于邑于謝，南國是式。王命召伯，定申伯之宅。"

〔2〕擇：挑選。《書·洪範》："稽疑，擇建立卜筮人。"僞孔傳："當選擇知卜筮人而建立之。"

〔3〕疏證本校："《初學記》《太平御覽》引'擇吉'上有'言'字。"　營：建造；建設。《左傳·隱公十一年》："使營菟裘，吾將老焉。"

17.9 舍[1]，於中舍息也[2]。

〔1〕舍(shè)：房屋；居室。《禮記·曲禮上》："將適舍，求毋固。"孔穎達疏："舍，主人家也。"

〔2〕舍息：居住；休息。

17.10 宇[1]，羽也[2]，如鳥羽翼[3]，自覆蔽也[4]。

〔1〕宇：屋檐。《易·繫辭下》："上古穴居而野處，後世聖人易之以宮室，

上棟下宇,以待風雨。"

〔2〕羽:鳥毛。特指鳥的長毛。《左傳·僖公二十三年》:"羽、毛、齒、革,則君地生焉。"

〔3〕羽翼:禽鳥的翅膀。《管子·霸形》:"寡人之有仲父也,猶飛鴻之有羽翼也。"

〔4〕覆蔽:掩蔽;覆蓋。

17. 11 屋亦奧也[1],其中温奧也[2]。

〔1〕屋:房舍;房屋。《易·豐》:"象曰:'豐其屋,天際翔也。'" 奧(yù):後作"燠"。暖。《詩·小雅·小明》:"昔我往矣,日月方奧。"朱熹集傳:"奧,於六反。煖。"

〔2〕温奧(yù):温暖。《漢書·五行志中之下》:"温奧生蟲,故有嬴蟲之孽。"

17. 12 廟[1],貌也[2],先祖形貌所在也[3]。

〔1〕廟:舊時供祀先祖神位的屋舍。《詩·周頌·清廟序》:"清廟,祀文王也"鄭玄箋:"廟之言貌也。死者精神不可得而見,但以生時之居立宫室,象貌爲之耳。"

〔2〕貌:面容;容顔。《左傳·哀公二年》:"彼見吾貌,必有懼心。"

〔3〕先祖:祖先。《書·多士》:"乃命爾先祖成湯革夏,俊民甸四方。" 形貌:外形,容貌。《墨子·大取》:"諸以形貌命者,若山丘室廟者皆是也。" 所在:所處之地;存在的地方。戰國楚屈原《離騷》:"昔三后之純粹兮,固衆芳之所在。"

17. 13 寢[1],寢也[2],所寢息也[3]。

〔1〕寢:寢宫;卧室。《爾雅·釋宫》:"室有東西箱曰廟,無東西箱有室曰寢。"

〔2〕寢:睡;卧。《詩·小雅·斯干》:"乃寢乃興,乃占我夢。"

〔3〕吴志忠於"所"字後增一"以"字,曰:"各本脱'以'字,今補。"吴翊寅校議:"吴〔志忠〕本'所'下有'以'字。" 寢息:睡卧休息。

17.14 城[1]，盛也[2]，盛受國都也[3]。

〔1〕城：都邑四周的牆垣。圍繞某一區域以供防守的大圍牆。《詩·大雅·文王有聲》："築城伊淢，作豐伊匹。"

〔2〕盛(chéng)：容納；承受。《急就篇》卷四："漢地廣大，無不容盛。"顏師古注："容盛，猶言覆載也。"《説文·土部》："城，以盛民也。"

〔3〕國都：一國最高政權機關所在地。《戰國策·燕策一》："度呼沱，涉易水，不至四五日，而距國都矣。"

17.15 郭[1]，廓也[2]，廓落在城外也[3]。

〔1〕郭：外城，在城的外圍加築的一道城牆。《禮記·禮運》："城郭溝池以爲固。"

〔2〕廓：廣大；空闊。《詩·大雅·皇矣》："上帝耆之，憎其式廓。"毛傳："廓，大也。"

〔3〕廓落：廣大遼闊的樣子。《爾雅·釋詁上》："弘、廓、宏、溥，大也。"郭璞注："廓落宇宙，穹隆至極，亦爲大也。"

17.16 城上垣曰"睥睨"[1]，言於其孔中睥睨非常也[2]。亦曰"陴"[3]，陴，裨也[4]，言裨助城之高也[5]。亦曰"女牆"[6]，言其卑小[7]，比之於城，若女子之於丈夫也[8]。

〔1〕垣(yuán)：矮牆。《書·梓材》："若作室家，既勤垣墉，惟其塗塈茨。"陸德明釋文："馬云：卑曰垣，高曰墉。" 睥睨(pìnì)：城牆上鋸齒形的短牆。

〔2〕睥睨：窺視；偵伺。 非常：突如其來的事變。《史記·項羽本紀》："吾入關，秋豪不敢有所近……所以遣將守關者，備他盜之出入與非常也。"

〔3〕陴(pí)：城上的矮牆。俗稱"城垛子"。《左傳·宣公十二年》："國人大臨，守陴者皆哭。"杜預注："陴，城上俾倪。"孔穎達疏："陴，城上小牆；俾倪者，看視之名。"

〔4〕裨(bì)：增添；補助。《國語·鄭語》："若以同裨同，盡乃棄矣。"韋昭注："裨，益也。同者，謂若以水益水，水盡乃棄之，無所成也。"

〔5〕裨助：增益；補益。漢馬融《長笛賦》："況笛生乎大漢，而學者不識，其可以裨助盛美。"

〔6〕女牆：城牆上呈凹凸形的小牆。

〔7〕卑小:矮小。《史記・孝武本紀》:"天子既令設祠具,至東泰山,東泰山卑小,不稱其聲,乃令祠官禮之,而不封禪焉。"

〔8〕女子:泛指女性。《詩・鄘風・載馳》:"女子善懷,亦各有行。" 丈夫:男子。指成年男子。《穀梁傳・文公十二年》:"男子二十而冠,冠而列丈夫。"

17.17 寺〔1〕,嗣也〔2〕,治事者嗣續於其內也〔3〕。

〔1〕寺:衙署;官舍。《漢書・元帝紀》:"壞敗豲道縣城郭官寺及民室屋,壓殺人衆。"顏師古注:"凡府庭所在皆謂之寺。"

〔2〕嗣:繼承;接續。《詩・大雅・思齊》:"太姒嗣徽音,則百斯男。"鄭箋:"嗣太任之美音,謂續行其善教令。"《後漢書・孝和孝殤帝紀》李賢等注引《風俗通》:"寺,嗣也,理事之吏嗣續於其中。"

〔3〕治事:管理政事;處理事務。 盧文弨、疏證本於"者"後增一"相"字。疏證本曰:"今本脫'相'字,據《一切經音義》《廣韻》引增。"王仁俊集斠:"《華嚴〔經音義〕・下・入法界品・二十九》引:'寺,嗣也,治事者相繼嗣於內也。'"(按,"二十九"爲"之九"之誤。)胡楚生校:"慧琳《音義》凡四引此條,卷二十三所引,'者'下有'相繼'二字。……卷二十七所引,'者'下有'相'字。……卷五十九所引,'者'下有'相'字。……卷六十五所引,'者'下有'相'字。" 嗣續:繼續;接續。《國語・晉語四》:"嗣續其祖,如穀之滋。"韋昭注:"言子孫將繼續其先祖,如穀之蕃滋。"

邵晉涵補:"《左・隱七年》疏:'自漢以來,九卿所居謂之寺,三公所居謂之府。'"

17.18 廷〔1〕,停也,人所集之處也〔2〕。

〔1〕廷:朝廷;官舍;公堂。《莊子・漁父》:"廷無忠臣,國家昏亂。"《墨子・號令》:"諸城門若亭,謹候視往來行者符,符傳疑若無符,皆詣縣廷言請。"

〔2〕盧文弨、疏證本、邵晉涵、吳志忠於"集"前增一"停"字。疏證本曰:"今本脫下'停'字,據《廣韻》引增。'停'即當用'亭',説見前。"邵晉涵曰:"從《廣韻》。"吳志忠曰:"補'停',依畢校。"巾箱本從之。參見17.20條。

17.19 獄，确也[1]，實确人之情僞也[2]。又謂之“牢”[3]，言所在堅牢也[4]。又謂之“圜土”[5]，築其表牆[6]，其形圜也[7]。又謂之“囹圄”[8]。囹，領也[9]；圄，御也[10]。領録囚徒禁御之也[11]。

〔1〕确：真實；準確。

〔2〕盧文弨、疏證本於“實”前增一“言”字。疏證本曰：“今本無‘言’字，據《初學記》引增。” 實确：確定；使其確切信實。 情僞：真假；真誠與虛僞。《易・繫辭上》：“聖人立象以盡意，設卦以盡情僞。”

〔3〕牢：監獄。《漢書・司馬遷傳》：“故士有畫地爲牢勢不入，削木爲吏議不對，定計於鮮也。”

〔4〕所在：處所；地方。 堅牢：牢固；堅固牢靠。漢王符《潛夫論・務本》：“物以任用爲要，以堅牢爲資。”

〔5〕圜（yuán）土：牢獄。《周禮・地官・比長》：“若無授無節，則唯圜土内之。”鄭玄注：“圜土者，獄城也。”

〔6〕表牆：外圍牆壁。

〔7〕圜（yuán）：同“圓”。圓形。《楚辭・離騷》：“何方圜之能周兮，夫孰異道而相安？”朱熹集注：“圜，一作‘圓’。”

〔8〕囹圄（língyǔ）：監獄。《禮記・月令》：“（仲春之月）命有司，省囹圄，去桎梏。”鄭玄注：“囹圄，所以禁守繫者，若今别獄矣。”孔穎達疏：“囹，牢也；圄，止也。所以止出入，皆罪人所舍也。”

〔9〕領：統率；管領。《漢書・魏相傳》：“宣帝始親萬機，厲精爲治，練群臣，核名實，而相總領衆職，甚稱上意。”

〔10〕御：通“禦”。制止；阻止。《左傳・襄公四年》：“匠慶用蒲圃之檟，季孫不御。”杜預注：“御，止也。”

〔11〕領録：總領；全面掌管。 囚徒：囚犯。《史記・大宛列傳》：“赦囚徒材官。” 禁御：禁止；制止。《淮南子・氾論訓》：“爲鷙禽猛獸之害傷人而無以禁御也，而作爲之鑄金鍛鐵以爲兵刃，猛獸不能爲害。”

17.20 亭[1]，停也，亦人所停集也[2]。

〔1〕亭：供旅客宿食的處所，後指驛亭。《漢書・高帝紀上》：“及壯，試吏，爲泗上亭長。”顔師古注：“亭謂停留行旅宿食之館。”

〔2〕停集：停留聚集。

17.21 傳[1]，傳也[2]，人所止息而去[3]，後人復來[4]，轉相傳[5]，無常主也[6]。

〔1〕傳（zhuàn）：驛站；客舍。《戰國策·齊策五》：“昔者趙氏襲衛，車舍人不休傳。”

〔2〕傳（chuán）：延續；繼承。《莊子·養生主》：“指窮於爲薪，火傳也，不知其盡也。”陸德明釋文：“傳者，相傳繼續也。崔云：傳，延也。”

〔3〕止息：休息；住宿。《楚辭·離騷》：“步余馬於蘭皋兮，馳椒丘且焉止息。” 去：離開。《漢書·何武傳》：“去後常見思。”

〔4〕後人：後面的人；後繼的人。《韓非子·内儲説上》：“夫竈一人煬焉，則後人無從見矣。”陳奇猷集釋：“舊注：一人煬則蔽竈之光，故後人不見之。”

〔5〕盧文弨、疏證本、吳志忠於“轉”後增一“轉”字。疏證本曰：“今本‘轉’字不重，據《廣韻》引增。”吳志忠曰：“補下‘轉’，依畢校。”

〔6〕常主：固定的主人。《書·咸有一德》：“善無常主，協于克一。”“主”，段玉裁校作“人”，注：“《廣韻》引。”疏證本校：“主，《廣韻》《太平御覽》皆引作‘人’，不從。”

17.22 瓦[1]，踝也[2]；踝，确堅貌也[3]。亦言腂也[4]，在外腂見也[5]。

〔1〕瓦：鋪屋頂以遮蔽風雨的建築材料。《莊子·達生》：“雖有忮心者，不怨飄瓦。”成玄英疏：“飄落之瓦，偶爾傷人，雖忮逆褊心之夫終不怨恨。”

〔2〕踝（huái）：小腿與脚交接處左右兩側突起的部分。也指脚跟。《禮記·深衣》：“負繩及踝以應直。”鄭玄注：“踝，跟也。”

〔3〕确堅：猶“堅确”。堅硬。

〔4〕“腂”，段玉裁注：“同‘裸’。”疏證本校：“‘腂’字《説文》所無，據‘外見’之義，字當作‘裸袒’之‘裸’。”篆字疏證本改作“裸”，下同，云：“今本‘裸’作‘腂’，《説文》所无，據‘外見’之誼，字當作‘裸袒’之‘裸’，故改。”裸（luǒ）：露出。

〔5〕腂見（xiàn）：猶“裸見”。沒有遮蔽；顯露於外。《吕氏春秋·觀表》“地爲大矣，而水泉草木毛羽裸鱗未嘗息也”高誘注：“裸蟲，麒麟麇鹿牛羊之屬也。蹄角裸見，皆爲裸蟲。”

17.23 梁[1]，彊梁也[2]。

〔1〕梁：木結構屋架中架在柱上支撐屋頂的橫木。《商君書·兵守》："客至，而作土以爲險阻及耕格阱，發梁撤屋……使客無得以助攻備。"

〔2〕彊梁：同"强梁"。强勁有力。《老子》："强梁者不得其死。"魏源本義："焦氏竑曰：'木絕水曰梁，負棟曰梁，皆取其力之强。'"

17.24 柱[1]，住也[2]。

〔1〕柱：支撐房屋的柱子。《莊子·人間世》："散木也……以爲柱則蠹，是不材之木也。"

〔2〕住：立。《説文·立部》："立，住也。"《玉篇·人部》："住，立也。"

17.25 檼[1]，隱也[2]，所以隱桷也[3]。或謂之"望"[4]，言高可望也。或謂之"棟"[5]，棟，中也，居屋之中也。

〔1〕檼（yìn）：脊檼。架在木結構屋架上面最高的一根橫木。《廣韵·儓韵》："檼，屋脊，又棟也。"

〔2〕隱：安；定。也作"穩"。《楚辭·九章·抽思》："超回志度，行隱進兮。"洪興祖補注引《説文》："隱，安也。"

〔3〕所以：用以；用來。《莊子·天地》："是三者，非所以養德也。" 桷（jué）：方形的椽子。《詩·魯頌·閟宫》："松桷有舄，路寢孔碩。"高亨注："桷，方的椽子。"

〔4〕望：通"宋（máng）"。屋的大梁。《爾雅·釋宫》："棟謂之桴。"郝懿行義疏："《釋名》：'檼或謂之望，或謂之棟。'是棟一名'望'，'望''宋'聲同，'望'即'宋'矣。"

〔5〕棟：房屋的正梁。《易·繫辭下》："上古穴居而野處，後世聖人易之以宫室，上棟下宇，以待風雨。"《儀禮·鄉射禮》："序則物當棟。"鄭玄注："是制五架之屋也；正中曰棟，次曰楣，前曰庪。"

17.26 桷[1]，确也[2]，其形細而疏确也[3]。或謂之"椽"[4]，椽，傳也[5]，相傳次而布列也[6]。或謂之"榱"[7]，在檼旁下列[8]，衰衰然垂也[9]。

〔1〕桷（jué）：方形的椽子。《説文·木部》："桷，榱也。椽方曰桷。"段玉裁

注:"桷之言棱角也。椽方曰桷,則知桷圜曰椽矣。"

〔2〕确:堅硬。

〔3〕疏确:粗糙而堅硬。

〔4〕椽(chuán):椽子;放在檁上架着屋頂的木條。《左傳·桓公十四年》:"宋人以諸侯伐鄭……以大宮之椽歸爲盧門之椽。"陸德明釋文:"椽,榱也。圓曰椽,方曰桷。"

〔5〕傳(chuán):延續;繼承。《史記·秦始皇本紀》:"人人自安樂,無戰之患,傳之萬世。"

〔6〕傳次:依次延續。　布列:分布陳列;遍布。《漢書·揚雄傳上》:"鱗羅布列,攢以龍翰。"顏師古注:"言布列則如魚鱗之羅,攢聚則如龍之豪翰。"

〔7〕榱(cuī):屋椽。《説文·木部》:"榱,秦名屋椽也。"段玉裁注:"榱之言差次也。自高而下層次排列如有等衰也。"

〔8〕列:排列。《禮記·樂記》:"列籩豆。"

〔9〕衰(suī)衰:猶"蓑蓑"。下垂貌。《文選·張衡〈南都賦〉》:"布綠葉之萋萋,敷華藥之蓑蓑。"李善注:"蓑蓑,下垂貌。"

17.27 梠〔1〕,旅也〔2〕,連旅旅也〔3〕。或謂之"櫋"〔4〕,櫋,緜也〔5〕,緜連榱頭〔6〕,使齊平也〔7〕。上入曰"爵頭"〔8〕,形似爵頭也。

〔1〕梠(lǔ):安裝在屋檐上的橫木,用以連接屋椽,使之齊平。《方言》卷一三:"屋梠謂之梠。"郭璞注:"雀梠,即屋檐也。"

〔2〕旅:次序。《儀禮·燕禮》:"賓以旅酬於西階上。"鄭玄注:"旅,序也。以次序勸卿大夫飲酒。"

〔3〕旅旅:次序嚴整貌。《淮南子·天文訓》:"帝張四維,運之以斗,月徙一辰,復反其所。正月指寅,十二月指丑……指丑,丑者,紐也,律受大呂。大呂者,旅旅而去也。"

〔4〕"櫋",盧文弨、疏證本校作"楣",下同。疏證本曰:"今本作'楣',誤也,據《太平御覽》引改。"孫詒讓《札迻》:"舊竝作'楣',畢校改。"巾箱本亦作"楣"。按,"曼"俗字又作"罗",故"楣"與"櫋"形近致訛。櫋(mián):屋檐的橫板。《説文·木部》:"櫋,屋櫋聯也。"《楚辭·九歌·湘夫人》:"罔薜荔兮爲帷,擗蕙櫋兮既張。"

〔5〕緜(mián):同"綿"。延續;連續。《穀梁傳·成公十四年》:"長轂五百乘,綿地千里。"范甯注:"綿猶彌漫。"

〔6〕縣連：猶“連縣”。接連不斷。《淮南子‧本經訓》：“夏屋宮駕，縣聯房植。”王念孫《讀書雜志‧淮南內篇八》：“縣皆當爲縣，字之誤也。”“縣聯”爲“縣聯”之誤。　榱（cuī）頭：屋椽的下端。《國語‧魯語上》：“莊公丹桓宮之楹，而刻其桷。”韋昭注：“唐云：‘桷，榱頭也。’昭謂：桷一名榱，今北土云亦然。《爾雅》曰：‘桷謂之榱。’”

〔7〕齊平：整齊；平正。漢張衡《西京賦》：“廛里端直，甍宇齊平。”

〔8〕爵頭：似指飛檐，向上翹起的屋檐。丁山校：“《御覽》引上‘爵’字作‘雀’。”爵：通“雀”。鳥的一種。《逸周書‧時訓》：“寒露之日，鴻雁來賓，又五日，爵入大水化爲蛤。”

17.28　楣[1]，眉也[2]，近前[3]，若面之有眉也[4]。

〔1〕楣：房屋的次檁，即二檁。《儀禮‧鄉射禮》：“序則物當棟，堂則物當楣。”鄭玄注：“是制五架之屋也；正中曰棟，次曰楣。”

〔2〕眉：眉毛。人的前額與上眼瞼連接處橫形生有細毛的部分。《穀梁傳‧文公十一年》：“叔孫得臣，最善射者也。射其目，身橫九畝，斷其首而載之，眉見於軾。”

〔3〕盧文弨、疏證本於“近前”後增“各兩”二字。段玉裁校：“一本‘近前’之下有‘各兩’二字。”疏證本曰：“今本脫‘各兩’二字，據《廣韻》引增。”許克勤校：“《通鑑釋文》十八引作‘楣，近前各兩，若面之有眉’。然則古本似有‘各兩’二字。”

〔4〕面：臉部；頭的前部。《墨子‧非攻中》：“君子不鏡於水而鏡於人。鏡於水，見面之容；鏡於人，則知吉與凶。”

17.29　棳儒也[1]，梁上短柱也[2]。棳儒猶侏儒[3]，短[4]，故以名之也。

〔1〕棳（zhuō）儒：在長梁上面支撐短梁或人字架的短柱。“儒”，吳志忠校作“橋”，曰：“各本‘橋’誤‘儒’，今改，下同。”吳翊寅校議：“吳〔志忠〕本作‘棳橋’。案：‘棳’與‘梲’同，‘橋’與‘栭’同。《廣韻》：‘栭，梁上柱，或作橋。’《論語》‘藻梲’，包注：‘梲者，梁上楹也。’皇疏：‘梁上楹即是栭，栭即侏儒柱也。’是‘棳橋’爲一物。各本‘橋’作‘儒’，誤。”　“也”，盧文弨、段玉裁、邵晉涵、吳志忠分別删去。段玉裁曰：“《爾疋》：‘杗廇謂之梁，其上楹謂之棳。’郭注：‘侏儒柱也。’《釋文》曰：‘棳，本或作梲。’”邵晉涵曰：“從吳〔琯〕本、郎〔奎金〕本。”

疏證本、巾箱本無"也"字。吳志忠曰："删'也',依畢校。"

〔2〕梁：木結構屋架中架在柱上支撐屋頂的橫木。梁上短柱：中國古代建築通常採用叠梁式結構，是在石礎上立長柱，柱上架長梁（俗稱"大梁"），再在長梁上重叠數層矮柱和短梁，構成木排架。在長梁上支撐短梁的矮柱，即梁上柱（梁上楹）。

〔3〕侏儒：身材異常短小者；矮子。《禮記・王制》："瘖聾、跛躄、斷者、侏儒、百工，各以其器食之。"鄭玄注："侏儒，短人也。"

〔4〕吳志忠於"短"前增"侏儒"二字，連下爲句，曰："各本脱下'侏儒'，今補。"吳翊寅校議："吳〔志忠〕本作：'棳儒猶侏儒，侏儒短，故以名之也。'案：各本'短'上脱'侏儒'二字。"

17.30 牾[1]，在梁上兩頭[2]，相觸牾也[3]。

〔1〕"牾"，盧文弨、段玉裁、疏證本、吳志忠校作"梧"，巾箱本作"梧"。疏證本曰："今本'梧''牾'皆从'牛'旁，譌也。"吳志忠曰："'梧'依畢校。"梧（wú）：屋梁上的斜柱。《文選・司馬相如〈長門賦〉》："羅丰茸之遊樹兮，離樓梧而相撑。"李善注引臣瓚曰："邪柱爲梧。"盧文弨曰："下當有'牾也'二字。"疏證本校："'梧'下當有'牾也'二字。"牾（wǔ）：違逆；抵觸。漢焦贛《易林・訟之巽》："行觸大忌，與司命牾。"

〔2〕兩頭：兩端。

〔3〕觸牾：抵觸；違逆。

17.31 欒[1]，攣也[2]，其體上曲，攣拳然也[3]。

〔1〕欒（luán）：建築物立柱和橫梁間成弓形的承重結構。《文選・張衡〈西京賦〉》："跱遊極於浮柱，結重欒以相承。"薛綜注："欒，柱上曲木，兩頭受櫨者。"

〔2〕攣（luán）：蜷曲不能伸展。《史記・范雎蔡澤列傳》："先生曷鼻，巨肩，魋顔，蹙齃，膝攣。"

〔3〕攣拳：蜷曲。

17.32 盧[1]，在柱端[2]，都盧負屋之重也[3]。

〔1〕"盧"，盧文弨、段玉裁、疏證本、吳志忠校作"櫨"。疏證本曰："《説文》云：'櫨，柱上枅也。'都盧善緣高者，見《漢書》，故以相況。"篆字疏證本校語無

"都盧善緣高者,見《漢書》,故以相況"。吳志忠曰:"'櫨'依畢校。"胡楚生校:"慧琳《音義》兩引此條,卷五十二引作'櫨言都盧負屋也';卷五十九所引,句首'盧'作'櫨'。"櫨(lú):斗栱;架在柱上以支撐屋梁的木構件。《淮南子·主術訓》:"脩者以爲櫚榱,短者以爲朱儒枅櫨。"

〔2〕柱:支撐房屋的柱子。《莊子·人間世》:"散木也⋯⋯以爲柱則蠹,是不材之木也。"

〔3〕都盧:猶今語之"嘟嚕"。形容連成一簇的東西。　負:承受;擔負。《莊子·逍遥游》:"風之積也不厚,則其負大翼也無力。"

17.33 斗[1],在欒兩頭如斗也[2]。斗負上員檼也[3]。

〔1〕斗:墊於拱與拱之間的方形木塊。

〔2〕欒(luán):柱子上承托斗拱的曲木。參見17.31〔1〕。　兩頭:兩端。

〔3〕負:承受;擔負。《書·大禹謨》:"負罪引慝。"　員:同"圓"。圓形。《孟子·離婁上》:"離婁之明,公輸子之巧,不以規矩,不能成方員。"　檼(yìn):脊檁。

17.34 笮[1],迮也[2],編竹相連迫迮也[3]。

〔1〕笮(zé):鋪在瓦下椽上的箔席。《説文·竹部》:"笮,迫也,在瓦之下棼上。"段注:"棼,複屋棟也⋯⋯按:笮在上椽之下、下椽之上,迫居其間,故曰笮。"

〔2〕迮(zé):壓迫;逼迫。

〔3〕編竹:用細竹竿或竹片編織。　相連:互相連接;彼此關聯。漢王充《論衡·詰術》:"民間之宅,與鄉亭比屋相屬,接界相連。"　迫迮:密聚、緊靠貌。《詩·唐風·鴇羽》"集于苞栩"毛傳"苞,稹栩杼也"鄭玄箋:"稹者,根相迫迮梱致也。"孔穎達疏:"亦謂叢生也。"

17.35 屋脊曰"甍"[1]。甍,蒙也[2],在上覆蒙屋也[3]。

〔1〕甍(méng):屋脊;屋棟。《左傳·襄公二十八年》:"猶援廟桷,動於甍。"杜預注:"甍,屋棟。"孔穎達疏:"此是屋上之長材,椽所以馮依者也。今俗謂之屋脊。"

〔2〕蒙:覆蓋;遮蔽。《詩·鄘風·君子偕老》:"蒙彼縐絺,是紲袢也。"毛傳:"蒙,覆也。"

〔3〕覆蒙:覆蓋;遮蓋。

17.36 壁[1],辟也[2],辟禦風寒也[3]。

〔1〕壁:牆垣。《儀禮·特牲饋食禮》:"饎爨在西壁。"鄭玄注:"西壁,堂之西牆下。"

〔2〕辟:避免;防止。《墨子·辭過》:"室高足以辟潤濕,邊足以圉風寒。"

〔3〕盧文弨、疏證本"辟禦"前增"所以"二字,連下爲句。疏證本曰:"今本脱'所以'二字,據《太平御覽》引增。"邵晉涵校:"《御覽》作'所以辟禦風寒也'。" 辟禦:躲避、抵禦。 風寒:冷風寒氣。《莊子·馬蹄》:"馬,蹄可以踐霜雪,毛可以禦風寒。"

17.37 牆[1],障也[2],所以自障蔽也[3]。

〔1〕牆:作間隔或屏障用的四圍建築。《詩·鄭風·將仲子》:"將仲子兮,無踰我牆,無折我樹桑。"毛傳:"牆,垣也。"

〔2〕障:遮擋;遮蔽。《孫子·行軍》:"衆草多障者,疑也。"

〔3〕所以:用以;用來。《莊子·天地》:"是三者,非所以養德也。" 障蔽:遮蔽;遮擋。漢王符《潛夫論·考績》:"功誠考則治亂暴而明,善惡信則真賢不得見障蔽,而佞巧不得竄其姦矣。"

17.38 垣[1],援也[2],人所依阻[3],以爲援衛也[4]。

〔1〕垣:牆。《墨子·備城門》:"百步一亭,高垣丈四尺,厚四尺。"

〔2〕援:幫助;救助。《國語·魯語上》:"爲四鄰之援,結諸侯之信。"

〔3〕依阻:憑藉;仗恃。《漢書·王莽傳下》:"荆揚之民率依阻山澤,以漁采爲業。"

〔4〕援衛:救援;保衛。

17.39 墉[1],容也[2],所以蔽隱形容也[3]。

〔1〕墉(yōng):牆垣。《詩·召南·行露》:"誰謂鼠無牙? 何以穿我墉?"毛傳:"墉,牆也。"

〔2〕容:儀容;相貌。《詩·周頌·振鷺》:"振鷺于飛,于彼西雝。我客戾止,亦有斯容。"朱熹集傳:"言鷺飛于西雝之水,而我客來助祭者,其容貌脩

整,亦如鷺之潔白也。”

〔3〕蔽隱:隱藏;遮掩。 形容:形體容貌。《管子·内業》:“全心在中,不可蔽匿,和於形容,見於膚色。”

17.40 籬[1],離也[2],以柴竹作之[3],疏離離也[4]。青徐曰“椐”[5],椐,居也[6],居於中也。

〔1〕籬:籬笆。《楚辭·招魂》:“蘭薄户樹,瓊木籬些。”王逸注:“柴落爲籬。”

〔2〕離:分别;分開。《吕氏春秋·大客》:“渾渾沌沌,離則復合,合則復離,是謂天常。”

〔3〕柴竹:木柴、竹子。

〔4〕離離:空疏貌。 盧文弨、疏證本於“離離”後增一“然”字。疏證本曰:“今本無‘然’字,據《一切經音義》引增。”胡楚生校:“〔慧琳《音義》卷五十九所引〕下‘離’字作‘然’。卷六十五兩引此條,‘離離’下並有‘然’字。”

〔5〕青徐:青州和徐州的並稱。青:青州。在今山東。參見卷二《釋州國》7.1〔1〕。徐:徐州。大致在今淮北一帶。參見卷二《釋州國》7.2〔2〕。 椐(jū):藩籬。《墨子·備城門》“治椐諸”孫詒讓閒詁:“椐亦即藩柂、羅落之名。”

〔6〕居:居住。《易·繫辭上》:“君子居其室。”

17.41 栅[1],蹟也[2],以木作之,上平蹟然也[3]。又謂之“撤”[4],撤,緊也,詵詵然緊也[5]。

〔1〕栅(zhà):栅欄。用竹、木、鐵條等圍成的阻攔物。《莊子·天地》:“内支盈於柴栅。”

〔2〕蹟(jì):疑當作“蹟”。整齊。詳見卷四《釋首飾》15.16〔2〕。

〔3〕蹟然:疑當作“蹟然”。整齊貌。詳見卷四《釋首飾》15.16〔2〕。

〔4〕“撤”,盧文弨、疏證本校作“徹”,下同。疏證本云:“今本‘徹’從‘手’旁,俗也。古通用‘徹’。”王先謙曰:“《士冠禮》注:‘徹,斂也。’《素問·氣交變大論》:‘其化緊斂。’注:‘緊,縮也。’凡物緊密則似縮斂,故名爲‘徹’,而釋以‘緊’。”徹:列;排列。《方言》卷三:“班、徹,列也。北燕曰班,東齊曰徹。”謂栅列整齊而縮斂緊密。

〔5〕詵(shēn)詵:衆多貌;緊密貌。《詩·周南·螽斯》:“螽斯羽,詵詵兮;

宜爾子孫,振振兮。"毛傳:"詵詵,衆多也。"鄭玄箋:"凡物有陰陽情慾者,無不
妒忌。維蚣蝑不耳,各得受氣而生子,故能詵詵然衆多。"

17.42 殿[1],有殿鄂也[2]。[3] 陛[4],卑也[5],有高卑也[6]。天子
殿謂之"納陛"[7],言所以納人言之階陛也[8]。

〔1〕殿:高大的房屋。《初學記》卷二四引《蒼頡篇》:"殿,大堂也。"《漢
書·霍光傳》:"鴞數鳴殿前樹上。"顏師古注:"古者室屋高大,則通呼爲殿耳,
非止天子宮中。"

〔2〕王先謙校:"'殿鄂'蓋不平之貌,亦見《釋形體》《釋言語》篇,'鄂'作
'遻'。"殿鄂:四周邊緣高起貌。《説文·土部》:"堂,殿也。"段玉裁注:"《釋宮
室》曰:'殿,有殿鄂也。''殿鄂'即《禮記注》之'沂鄂'。沂,《説文》作'垠'、作
'圻'。《釋名·釋形體》亦曰:'臀,殿也,高厚有殿鄂也。'堂之所以偁'殿'者,
正謂前有陛四緣皆高起,沂鄂嶪然,故名之殿。"參卷二《釋形體》8.93〔3〕、卷
四《釋言語》12.68〔4〕。

〔3〕疏證本,吳志忠校本以下另起。

〔4〕陛:臺階;階梯。《墨子·備城門》:"陛高二尺五,廣長各三尺,遠廣各
六尺。"

〔5〕卑:低。與高相對。《易·繫辭上》:"卑高以陳,貴賤位矣。"

〔6〕高卑:高低。

〔7〕納陛:登殿時特鑿的陛級,使登升者不露身,猶貴賓專用通道。一説,
是階高較矮的木階梯,使登階別太陡。《韓詩外傳》卷八:"諸侯之有德,天子
錫之,一錫車馬……五錫納陛。"

〔8〕納:引進;接受。《孟子·滕文公下》:"段干木踰垣而辟之,泄柳閉門
而不納。" 階陛:宮殿的臺階。《史記·刺客列傳》:"王僚使兵陳自宮至光之
家,門户階陛左右,皆王僚之親戚也。"

17.43 階[1],梯也[2],如梯之有等差也[3]。

〔1〕階:臺階。用磚、石等砌成的梯形建築物。《書·大禹謨》:"帝乃誕敷
文德,舞干羽于兩階。"

〔2〕梯:梯子。供上、下的用具或設備。《孫子·九地》:"帥與之期,如登
高而去其梯。"

〔3〕等差:等級次序;等級差別。《禮記·燕義》:"俎豆、牲體、薦羞皆有等

差,所以明貴賤也。"

17.44 陳[1],堂塗也[2],言賓主相迎陳列之處也[3]。

〔1〕陳:堂下到院門的通道。《詩·小雅·何人斯》:"彼何人斯,胡逝我陳。"鄭玄注:"陳,堂塗也。"

〔2〕堂塗:堂下至院門的道路。《詩·陳風·防有鵲巢》"中唐有甓"毛傳:"中,中庭也。唐,堂塗也。"

〔3〕賓主:賓客與主人。《禮記·鄉飲酒義》:"鄉人,士君子,尊於房中之間,賓主共之也。" 陳列:排列。

17.45 屏[1],自障屏也[2]。

〔1〕屏(píng):照壁。對着門的小牆。《荀子·大略》:"天子外屏,諸侯内屏。外屏,不欲見外也;内屏,不欲見内也。"楊倞注:"屏謂之樹,鄭康成云,若今之浮思也。"

〔2〕障屏(bǐng):遮蔽。障:遮擋;遮蔽。《孫子·行軍》:"衆草多障者,疑也。"賈林注:"結草多爲障蔽者,欲使我疑之。"屏:掩蔽;隱藏。《左傳·昭公二十七年》:"屏王之耳目,使不聰明。"

17.46 蕭廧[1],在門内。蕭,蕭也[2],將入[3],於此自肅敬之處也[4]。

〔1〕蕭廧(qiáng):即"蕭牆"。古代宮室内作爲屏障的矮牆。《論語·季氏》:"吾恐季孫之憂,不在顓臾,而在蕭牆之内也。"何晏集解引鄭曰:"蕭之言肅也;牆謂屏也。君臣相見之禮,至屏而加肅敬焉,是以謂之蕭牆。"廧:同"牆"。牆垣。《墨子·經説上》:"廧外之利害,未可知也。"孫詒讓閒詁:"畢云:'廧'字,'牆'俗寫。"

〔2〕"蕭也"之"蕭",汪道謙校:"此'蕭'疑作'肅'。"疏證本、邵晉涵、吳志忠校作"肅"。疏證本曰:"今本'肅也'譌作'蕭也',據《太平御覽》引改。"吳志忠校:"'肅'依畢校。"肅:恭敬。《書·洪範》:"恭作肅,從作乂,明作晢,聰作謀,睿作聖。"僞孔傳:"心敬。"

〔3〕盧文弨、疏證本、吳志忠於"將入"前增一"臣"字,連下爲句。疏證本曰:"今本又脱'臣'字,據《太平御覽》引增。"吳志忠曰:"補'臣',依畢校。"巾

箱本有"臣"字。邵晉涵校:"《後漢書》注:'蕭,肅也,謂屏牆也。言人臣至屏無不肅敬也。'(《方術傳》)"

〔4〕肅敬:恭敬。《禮記·樂記》:"廉直勁正莊誠之音作,而民肅敬。"

17.47 宁[1],佇也[2],將見君,所佇立定氣之處也[3]。

〔1〕宁(zhù):古代宮室門屏之間。《禮記·曲禮下》:"天子當宁而立,諸公東面,諸侯西面,曰朝。"鄭玄注:"宁,門屏之間。"

〔2〕佇(zhù):久立。

〔3〕佇立:久立。《詩·邶風·燕燕》:"瞻望弗及,佇立以泣。" 定氣:平定心氣;穩定情緒。

17.48 序[1],次序也[2]。

〔1〕序:堂的東、西牆。《禮記·喪服大記》:"大夫殯以幬,欑置于西序。"孔穎達疏:"欑置于西序者,屋堂西頭壁也。"又指堂兩旁東西廂房。《書·顧命》:"西序東向。"偽孔傳:"東西廂謂之序。"

〔2〕"次",吳志忠於此前增一"有"字,曰:"各本脫'有'字,今補。"吳翊寅校議:"吳〔志忠〕本作:'序,叙也,有次叙也。'"按,《小學彙函》本、《龍谿精舍叢書·經部》本俱作:"序,有次序也。"次序:順序;次第。《荀子·禮論》:"于是其中焉,方皇周挾,曲得其次序,是聖人也。"

17.49 夾室[1],在堂兩頭[2],故曰"夾"也[3]。

〔1〕夾室:堂東西廂的後部。《禮記·雜記下》:"成廟則釁之門、夾室皆用雞。"孔穎達疏:"夾室,東西廂也。"

〔2〕堂:建於高臺基之上的廳房。參見17.50〔1〕。 兩頭:兩端。

〔3〕夾:從兩端相持或相對。《墨子·雜守》:"守大門者二人,夾門而立。"

疏證本補遺:"'明堂猶堂堂,高顯皃也。'《御覽》五百三十三卷《禮儀部十二》引《釋名》此條,其百七十六卷《居處部四》又引《釋名》曰:'堂猶堂堂,高顯皃也。'《初學記》十三卷《禮部》亦引《釋名》曰:'明堂者,猶堂堂,高明皃也。'其二十四卷《居處部》亦引《釋名》:'堂謂堂堂,高明皃也。'據此二書所引,則'堂'與'明堂'自是兩條。今本第五卷《宮室》篇止有'堂'而無'明堂',蓋人以其訓釋同而疑其重,遂誤删其一,今姑補録於此。"胡玉縉校:"《御覽》五百三

十三引首'堂'字上有'明'字。按:引在《明堂類》,當非衍文。"丁山校:"《御
覽》一引作'明堂'。《類聚》一引作'明堂高顯貌也'。"吳翊寅校議:"案:畢《補
遺》云:《御覽》引作'明堂猶堂堂'。此與'夾室'對文,作'明堂'是。"

17.50　堂猶堂堂[1]**,高顯貌也**[2]**。**

〔1〕堂:建於高臺基之上的廳房。古時,整幢房子建築在一個高出地面的
臺基上。前面是堂,通常是行吉凶大禮的地方,不住人;堂後面是室,住人。
《論語·先進》:"由也升堂矣,未入於室也。" "猶",吳志忠校作"謂",
曰:"'謂'依畢校。"吳翊寅校議:"吳〔志忠〕本作'堂謂堂堂',云:'依畢校。'" 堂
堂:形容盛大。《晏子春秋·外篇上二》:"(齊景公)曰:'寡人將去此堂堂國者
而死乎!'"

〔2〕高顯:宏大顯敞。

17.51　房[1]**,旁也,在堂兩旁也**[2]**。**

〔1〕房:古代指正室兩旁的房間。《説文·户部》:"房,室在旁也。"段玉裁
注:"凡堂之内,中爲正室,左右爲房,所謂東房、西房也。"桂馥義證:"古者宮
室之制,前堂後室,前堂之兩頭有夾室,後室之兩旁有東西房。"

〔2〕"在堂"二字,盧文弨、疏證本、邵晉涵校作"室之"。疏證本曰:"今本
作'在堂兩旁也'。案:古者宮室之制,前堂後室,堂之兩旁曰'夾室',室之兩
旁乃謂之'房',房不在堂兩旁也。《太平御覽》引作'室之兩旁也',據改。"邵
晉涵曰:"《御覽》作'室之兩旁也'。"巾箱本作"室之"。吳志忠校"堂"爲"室",
曰:"'室'依畢校。"吳翊寅校議:"吳〔志忠〕本作'在室兩旁也'。"《格致叢書》
本於"堂"後有"室之"二字。室:堂後之正室。《禮記·問喪》:"入門而弗見
也,上堂又弗見也,入室又弗見也。"參見17.2〔1〕。 兩旁:左右兩邊;兩側。
《六韜·動靜》:"武王曰:'敵之地勢不可以伏其兩旁,車騎又無以越其前後,
敵知我慮,先施其備……爲之奈何?'"

17.52　楹[1]**,亭也**[2]**,亭亭然孤立**[3]**,旁無所依也**[4]**。齊魯讀
曰"輕"**[5]**。輕,勝也**[6]**,孤立獨處**[7]**,能勝任上重也**[8]**。**[9]

〔1〕楹:廳堂的前柱。《詩·小雅·斯干》:"殖殖其庭,有覺其楹。"孔穎達
疏:"有覺然高大者,其宮寢之楹柱也。"

〔2〕亭：直；直立貌。

〔3〕亭亭：直立貌；獨立貌。漢劉楨《贈從弟》詩之二："亭亭山上松，瑟瑟谷中風。" 孤立：獨立；無所依傍或聯繫。《漢書·張湯傳》："禹奉公孤立。"

〔4〕無所依：沒有什麼可以倚靠的。

〔5〕齊魯：春秋戰國時期，以泰山爲界分爲齊國和魯國。山北稱爲齊，山南則稱爲魯。在今山東境内。參見卷二《釋州國》7.25〔1〕、7.23〔1〕。 "讀曰"，吳志忠校作"謂楹"，曰："各本'謂'誤'讀'，脱'楹'字，今改補。"吳翊寅校議："吳〔志忠〕本作'齊魯謂楹曰輕'。案：此與'齊魯謂光爲桄''齊人謂涼爲凉''齊魯謂庫曰舍'同例，當從之。"

〔6〕勝：能夠承受；禁得起。《韓非子·揚權》："枝大本小，將不勝春風。"

〔7〕獨處：不與衆人共處。戰國楚宋玉《對楚王問》："夫聖人瑰意琦行，超然獨處。"

〔8〕勝任：足以承受或擔任。《莊子·秋水》："且夫知不知是非之竟，而猶欲觀於莊子之言，是猶使蚊負山，商蚷馳河也，必不勝任矣。"

〔9〕張步瀛校："《御覽》一百八十七引'楹'條在前'柱'條下。"

17.53 簷[1]，檐也[2]，接檐屋前後也[3]。

〔1〕簷（yán）：屋檐；屋瓦邊滴水的部分。

〔2〕檐（dān）：同"擔"。舉；負荷。《管子·七法》："不明於則，而欲出號令，猶立朝夕於運均之上，檐竿而欲定其末。"尹知章注："檐，舉也。"

〔3〕接檐：即"接擔"。承擔；負荷。接：托住；承受。《禮記·曲禮上》："由客之左，接下承弣。"鄭玄注："接下，接客手下也。"孔穎達疏："接客左手之下而取弓。" 前後：事物的前邊和後邊。《左傳·隱公九年》："戎人之前遇覆者奔，祝聃逐之。衷戎師，前後擊之，盡殪。"

17.54 霤[1]，流也，水從屋上流下也。

〔1〕霤（liù）：屋檐下接水的長槽。《禮記·檀弓上》："池視重霤。"鄭玄注："如堂之有承霤也。承霤以木爲之，用行水。"孔穎達疏："以木爲之，承於屋霤，入此木中，又從木中而霤於地。"

17.55 闕[1]，在門兩旁[2]，中央闕然爲道也[3]。

〔1〕闕（què）：宮門、城門兩側的高臺，臺上起樓觀。《詩·鄭風·子衿》：

"挑兮達兮,在城闕兮。"高亨注:"闕,城門兩邊的高臺。"

〔2〕兩旁:左右兩邊;兩側。《史記·天官書》:"大角者,天王帝廷。其兩旁各有三星,鼎足句之,曰攝提。"

〔3〕闕然:空缺貌。《荀子·禮論》:"其於禮節者闕然不具。"

17.56 罘罳[1],在門外[2]。罘,復也[3];罳,思也。臣將入請事[4],於此復重思之也[5]。[6]

〔1〕罘罳(fúsī):設在門外或城角上的網狀建築,用以守望和防禦。《漢書·文帝紀》:"未央宫東闕罘罳災。"顏師古注:"罘罳,謂連闕曲閣也,以覆重刻垣墉之處,其形罘罳然,一曰屏也。"

〔2〕門外:門的外面。《史記·陳丞相世家》:"家乃負郭窮巷,以弊席爲門,然門外多有長者車轍。"

〔3〕復:又;更;再。《左傳·僖公五年》:"晉侯復假道於虞以伐虢。"

〔4〕請事:請示;述職。《史記·秦始皇本紀》:"夏,章邯等戰數卻,二世使人讓邯,邯恐,使長史欣請事。"

〔5〕復重:重複。《漢書·郊祀志下》:"其餘四百七十五所不應禮,或復重,請皆罷。"

〔6〕張步瀛校:"《御覽》一百八十五引此條接前'蕭牆'條下。"

17.57 觀[1],觀也[2],於上觀望也[3]。

〔1〕觀(guàn):樓臺。《左傳·哀公元年》:"昔闔廬食不二味,居不重席,室不崇壇,器不彤鏤,宮室不觀,舟車不飾,衣服財用,擇不取費。"杜預注:"觀,臺榭。"

〔2〕觀(guān):觀看;觀覽。《詩·小雅·庭燎》:"君子至止,言觀其旂。"

〔3〕觀望:眺望;觀看;張望。《呂氏春秋·重己》:"昔先聖王之爲苑囿園池也,足以觀望勞形而已矣。"

17.58 樓[1],謂牖户之間有射孔[2],樓樓然也[3]。

〔1〕樓:城牆或土臺上的建築物。《爾雅·釋宮》:"四方而高曰臺,陜而脩曲曰樓。"邢昺疏:"凡臺上有屋狹長而屈曲者曰樓。"

〔2〕牖户:窗與門。《詩·豳風·鴟鴞》:"迨天之未陰雨,徹彼桑土,綢繆

牖戶。"朱熹集傳："牖,巢之通氣處。戶,其出入處也。" "之間有"三字,盧文
弨、疏證本校作"諸"。巾箱本作"之間諸"。 射孔:射箭用的孔洞。

〔3〕樓樓:稀疏貌。《急就篇》卷三："筐箪箕帚筐筬篝。"顏師古注："篝者,
疏目之籠,亦言其孔樓樓然也。"亦作"婁婁"。疏;空。《管子·地員》："五殖
之次曰五穀,五穀之狀婁婁然,不忍水旱。"尹知章注:"婁婁,疏也。"盧文弨、
疏證本校"樓樓"作"婁婁"。疏證本所校結果爲"樓,言牖戶諸射孔婁婁然
也",云:"今本作:'樓,謂牖戶之間有射孔,樓樓然也。'《太平御覽》引作:'樓,
有戶牖,諸孔婁婁然也。'兹從《初學記》所引。《初學記》'婁'字加'心'旁,譌
也,不可從。《説文》云:'婁,空也。'作'婁'爲是。"巾箱本作"婁婁"。段玉裁
注:"《初學記》。"邵晉涵校:"《御覽》作'有尺牖,諸孔婁婁然也'。"

17.59 臺[1],持也[2],築土堅高[3],能自勝持也[4]。

〔1〕臺:高而上平的方形建築物,供觀察眺望用。《國語·楚語上》:"故先
王之爲臺榭也,榭不過講軍實,臺不過望氛祥。故榭度於大卒之居,臺度於臨
觀之高。"韋昭注:"積土爲臺。"

〔2〕持:支撑。《莊子·漁父》:"有漁父者左手據膝,右手持頤以聽。"

〔3〕疏證本校:"《初學記》《太平御覽》引'築土'上有'言'字。"堅高:堅固,
高聳。

〔4〕勝持:承受;支撑。

17.60 櫓[1],露也[2],露上無屋覆也[3]。

〔1〕櫓:城上供防禦而沒有頂蓋的望樓。《文選·司馬相如〈上林賦〉》:
"河江爲陡,泰山爲櫓。"郭璞注:"櫓,望樓。"

〔2〕露:顯露;暴露。《禮記·孔子閑居》:"地載神氣,神氣風霆,風霆流
形,庶物露生。"孔穎達疏:"言衆物感此神氣風霆之形,露見而生。"

〔3〕"屋覆",張步瀛乙作"覆屋"。邵晉涵校:"《廣韻》引作'無覆屋也'。"
按,《廣韻·上聲·十姥》:"櫓,城上守禦望樓。《釋名》曰:'櫓,露也,露上無
覆屋也。'"顧廣圻校:"《御覽》一百九十三引作'覆屋也'。"丁山校:"《御覽》
《類聚》並引'屋覆'作'覆屋'。"許克勤校:"史炤《通鑑釋文》七'樓櫓'云:'櫓
即櫓字,城上守禦望樓。'《説文》《釋名》曰:'櫓,露也,上無覆屋。'勤按:此引
蓋脱'露'字,而'屋覆'本作'覆屋',宋本與元應所見同。又十四卷引同,又十
七卷引同。今本不脱'露'字,而仍作'覆屋'。今作'屋覆',蓋誤倒。又按《後

漢〔書〕·公孫瓚傳》:'樓櫓千里。'注云:'櫓即櫓字,見《説文》。《釋名》曰:'櫓,露也,上無覆屋。'據此,則'屋覆'誤倒明矣。"沈錫祚校:"《後漢〔書〕·袁紹傳》李賢注引亦作'覆屋'。"胡楚生校:"慧琳《音義》凡三引此條,卷二十引作:'櫓,露也,上無覆屋……'卷二十五引作:'櫓,露也,上無覆也。'卷六十七引作:'櫓者,上露無覆屋也。'"覆屋:遮蔽風雨的房屋。覆:覆蓋;遮蔽。《吕氏春秋·音初》:"帝令燕往視之,鳴若謚隘,二女愛而争搏之,覆以玉筐。"《漢書·京房傳》:"此上大夫覆陽而上意疑也。"

17.61 門,捫也[1],在外爲人所捫摸也[2]。

〔1〕捫(mén):撫摸。《東觀漢記·和熹鄧皇后傳》:"(后)嘗夢捫天體,蕩蕩正青滑,有若鍾乳。"

〔2〕疏證本校:"《初學記》引'在外'上有'言'字。" 捫摸:觸摸。《説文·手部》:"門,捫也,在外爲人所捫摸也。"

17.62 障[1],衛也[2]。

〔1〕障:步障。用來遮隔視線的布帷或屏風。 "障",《逸雅》本於此斷句,讀爲:"障,衛也。"吴志忠於"障"前增"闈,衛也,在内以自"七字,曰:"各本脱'闈,衛也,在内以自'七字,今補。"將此條校補爲:"闈,衛也,在内以自障衛也。"吴翊寅校議:"吴〔志忠〕本作:'闈,衛也,在内以自障衛也。'云:'各本脱上七字。'案:'障'當在'屏'與'蕭牆'之間,列此不類,'障''衛'聲亦不近,故據誼補。'闈'與'門'對文,此至當不易之説,畢校未及補正。"闈(wéi):古代宮室、宗廟的旁側小門。《周禮·地官·保氏》:"使其屬守王闈。"鄭玄注:"闈,宮中之巷門。"孫詒讓正義:"此保氏守王闈,亦即王宮之側門……而凡側門之内,必别有巷以達於内宮,故側門亦得稱巷門也。"

〔2〕衛:守衛;防護。《易·大畜》:"曰閑輿衛。"王弼注:"衛,護也。"

17.63 户[1],護也[2],所以謹護閉塞也[3]。

〔1〕户:單扇門。《論語·雍也》:"誰能出不由户?"劉寶楠正義引《一切經音義》:"一扇曰户,兩扇曰門。"

〔2〕護:遮蔽;掩藏。

〔3〕所以:用以;用來。《莊子·天地》:"是三者,非所以養德也。" 謹護:守護;遮蔽。謹:嚴守;嚴禁。《詩·大雅·民勞》:"毋縱詭隨,以謹無良。"

閉塞：堵塞；掩蔽；阻隔。《禮記·月令》：“（孟冬之月）天氣上騰，地氣下降，天地不通，閉塞而成冬。”

17.64 窗，聰也[1]，於内窺外[2]，爲聰明也[3]。

〔1〕聰：聽覺靈敏。《禮記·雜記下》：“視不明，聽不聰，行不正，不知哀，君子病之。”

〔2〕窺：從孔隙中或隱僻處偷看。《莊子·秋水》：“是直用管窺天，用錐指地也，不亦小乎？”泛指觀看。漢王充《論衡·別通》：“開户内光，坐高堂之上，眇升樓臺，窺四鄰之廷，人之所願也。”

〔3〕聰明：視聽靈敏。《易·鼎》：“巽而耳目聰明。”

17.65 屋以草蓋曰“茨”[1]。茨，次也[2]，次比草爲之也[3]。

〔1〕茨（cí）：用茅草、蘆葦等蓋屋。《書·梓材》：“若作室家，既勤垣墉，惟其塗墍茨。”孔穎達疏：“茨，謂蓋覆也。”

〔2〕次：比並。《文選·張衡〈東京賦〉》：“次和樹表，司鐸授鉦。”薛綜注：“次，比也。”

〔3〕次比：編次排列。

17.66 寄上曰“廬”[1]。廬，慮也[2]，取自覆慮也[3]。

〔1〕“上”，疏證本、邵晉涵、吴志忠、巾箱本校作“止”。疏證本曰：“‘止’，今本譌作‘上’，據《一切經音義》引改。”吴志忠曰：“‘止’依畢校。”胡楚生校：“慧琳《音義》兩引此條，卷九引作‘寄止曰廬’。卷四十六所引，‘上’作‘止’。”顧廣圻校：“《御覽》一百八十一引作‘寄此爲廬’。”丁山校：“《御覽》引‘止’作‘此’。”邵晉涵校：“《御覽》‘上’作‘此’，當作‘止’。”寄止：寄住；寄居。《周禮·地官·遺人》“野鄙之委積，以待羈旅”鄭玄注：“羈旅，過行寄止者。” 廬：臨時寄居或休憩所用的簡易房舍。《詩·小雅·信南山》：“中田有廬，疆場有瓜。”鄭玄注：“中田，田中也。農人作廬焉，以便其田事。”

〔2〕慮：通“露”。庇覆。《詩·小雅·白華》：“英英白雲，露彼菅茅。”毛傳：“露亦有雲，言天地之氣，無微不著，無不覆養。”

〔3〕疏證本校：“《一切經音義》引作‘取其止息覆慮也’。”王仁俊集斠：“《一切經音義·九卷·大智度論·二十六》引三句同。”胡楚生校：“〔慧琳《音義》卷四十六所引‘覆’上有‘止息’二字。”覆慮：猶“覆露”。蔭庇；庇覆。《國

語·晉語六》：“智子之道善矣，是先主覆露子也。”王引之《經義述聞》卷二十一：“‘露’與‘覆’同義，‘覆露’之言‘覆廬’也，包絡也。”

17.67 草圓屋曰“蒲”[1]。蒲，敷也[2]，總其上而敷下也[3]。又謂之“庵”[4]，庵，奄也[5]，所以自覆奄也[6]。

　　[1]圓屋：圓頂棚屋。　蒲：草蓋的圓屋。“蒲”，段玉裁校作“庯”。章太炎《成均圖》：“魚部轉泰者，如《釋名》稱‘草圓屋曰蒲’，即草舍之‘庬’字。”庬(bá)：草舍；茅屋。《説文·广部》：“庬，舍也。”段玉裁注：“《詩·召南·甘棠》曰：‘召伯所茇。’傳曰：‘茇，草舍也。’”

　　[2]敷：鋪開。《穆天子傳》卷六：“敷筵席，設几。”郭璞注：“敷猶鋪也。”

　　[3]總：結；繫。《楚辭·離騷》：“飲余馬於咸池兮，總余轡乎扶桑。”王逸注：“總，結也。”

　　[4]庵：用草蓋的圓形屋。

　　[5]奄(yǎn)：覆蓋。《詩·魯頌·閟宮》：“奄有下國，俾民稼穡。”鄭玄箋：“奄猶覆也。”

　　[6]覆奄：猶“覆掩”。遮蓋掩飾。《慎子·民雜》：“皆稱所知以自覆掩，有過則臣反責君，逆亂之道也。”

17.68 大屋曰“廡”[1]。廡，幠也[2]；幠，覆也[3]。并[4]、冀人謂之“庌”[5]。庌[6]，正也[7]，屋之正大者也[8]。

　　[1]大屋：高大的屋宇。　廡(wǔ)：大屋。《管子·國蓄》：“夫以室廡籍，謂之毀成。”尹知章注：“小曰室，大曰廡。”

　　[2]幠(hū)：覆蓋。《儀禮·士喪禮》：“死於適室，幠用斂衾。”鄭玄注：“幠，覆也。”

　　[3]覆：覆蓋；遮蔽。《吕氏春秋·音初》：“帝令燕往視之，鳴若謚隘，二女愛而争搏之，覆以玉筐。”

　　[4]并(bīng)：并州。古九州之一。其地約當今河北保定和山西太原、大同一帶地區。又漢武帝所置十三刺史部之一，約當今山西大部和内蒙古、河北的一部。東漢治晉陽(今山西太原西南)，轄境擴大，包有今陝西北部與河套地區。參見卷二《釋州國》7.8[1]。　“并”，段玉裁校作“幽”，注：“《玉篇》。”疏證本校：“‘并冀’，《一切經音義》引作‘幽冀’，《玉篇》同。”篆字疏證本

校語無"《玉篇》同"。許克勤校："黎刻《玉篇·广部》引：'大屋曰廡，幽、冀人謂之序也。'據此，'并'字古本作'幽'，與元應所見本同。"按，參《原本玉篇殘卷》(中華書局 1985 年版)第 448 頁，第 6 行，而《玉篇》殘卷引《釋名》"曰"字原作"口"。胡楚生校："慧琳《音義》兩引此條，卷三十二、卷四十三所引，'并'並作'幽'。"幽州：古九州之一。又漢武帝置十三刺史部之一。東漢治薊縣(今北京城西南隅)。轄今北京、河北北部、山西小部、遼寧大部、天津海河以北及朝鮮大同江流域。參見卷二《釋州國》7.9〔1〕。 "并、冀人"三字，張步瀛校作"亦"。邵晉涵校："《御覽》作：'亦謂之序，序，政也，屋之正大者也。'"顧廣圻校同，並説明爲《御覽》卷一百八十一。丁山校："《御覽》一六一引：'亦謂之序，序，正也，屋之正大者。'"

〔5〕冀：冀州。古九州之一。又漢武帝所置十三刺史部之一。轄境相當於今河北中南部、山東西端及河南北端。參見卷二《釋州國》7.10〔1〕。 序(yǎ)：大屋；廳堂；客堂。《太平御覽》卷一八一引《通俗文》："客堂曰序。"黃侃《蘄春語》："《御覽》百八十一引《通俗文》：客堂曰序，五下反。今北京酒肆設座以待客，曰雅座，即此序字。"

〔6〕吳志忠於此處增"雅也，雅"三字，曰："各本脱'雅也，雅'三字，今補。"吳翊寅校議："吳〔志忠〕本作：'序，雅也；雅，正也。'案：此據'廡，撫也；撫，覆也'例補，當從之。"王先謙校："'序，正也'，吳〔志忠〕校作'序，雅也；雅，正也'，是。"

〔7〕"正"，疑爲"疋"之形訛。吳志忠校補"雅也，雅"三字，以"雅"訓"序"甚是，然亦迂曲。"正""疋"形近易訛，"疋"同"雅"，原文恐即"序，疋也，屋之疋大者也"，合乎《釋名》聲訓之例，不必增字。疋(雅)：正；合乎規範的。《論語·述而》："子所雅言，《詩》、《書》、執禮，皆雅言也。"何晏集解引孔安國曰："雅言，正言也。"皇侃義疏："雅，正也。"

〔8〕正大：即"疋大"。雅正宏大。

17.69 井[1]，清也[2]，泉之清潔者也[3]。井一有水一無水曰"𤄗洌"[4]。𤄗，竭也[5]；洌[6]，有水，聲"洌洌"也。

〔1〕井：水井。《易·井》："改邑不改井。"孔穎達疏："古者穿地取水，以瓶引汲，謂之爲井。"

〔2〕清：水純净透明。《詩·魏風·伐檀》："河水清且漣猗。"

〔3〕泉：地下水。《左傳·隱公元年》："若闕地及泉，隧而相見，其誰曰不

然?" 清潔:潔净。

〔4〕一:相當於"或"。《莊子‧應帝王》:"一以己爲馬,一以己爲牛。"成玄英疏:"或馬或牛,隨人呼召。" "闕",盧文弨校、疏證本、吳志忠校本作"灟",下同。灟汋(jìzhuó):井一時有水一時枯竭。《爾雅‧釋水》:"井一有水一無水爲灟汋。"郭璞注:"《山海經》曰:'天井夏有水冬無水。'即此類也。"郝懿行義疏:"井一有水一無水曰灟汋。灟,竭也;汋,有水,聲汋汋也。"

〔5〕竭:乾涸。《詩‧大雅‧召旻》:"池之竭矣,不云自頻;泉之竭矣,不云自中。"

〔6〕汋:水自然涌出。《莊子‧田子方》:"夫水之於汋也,無爲而才自然矣。"王先謙集解:"汋乃水之自然涌出。"

17.70 竈[1],造也[2],造創食物也[3]。爨[4],銓也[5],銓度甘辛調和之處也[6]。

〔1〕竈:用來生火烹飪的設備。《左傳‧成公十六年》:"塞井夷竈,陳於軍中,而疏行首。"

〔2〕造:製作;製造。《禮記‧玉藻》:"大夫不得造車馬。"鄭玄注:"造謂作新也。"又通"竈"。生火製作食物處。《管子‧禁藏》:"當春三月,萩室熯造。"戴望校正:"'造'即'竈'字也。《周官‧膳夫》曰:'王日一舉,以樂侑食,卒食,以樂徹于造。'《淮南‧主術》篇曰:'伐暓而食,奏雍而徹,已飯而祭竈。'《淮南》之祭竈,即《周官》之徹于造,蓋徹饌而設之於竈,若祭然也。《周官‧大祝》'二曰造',故書'造'作'竈'。《史記‧秦本紀》'客卿竈',《秦策》'竈'作'造'。"

〔3〕"造創",疏證本校作"創造",云:"'創造',今本作'造創',《藝文類聚》引作'創造',兹據以更之。'創'字義與此異,當作'剏',俗以音同而誤通也。"篆字疏證本改作"剏",云:"'剏造',今本作'造剏',《藝文類聚》引作'創造',兹據以更之,且改正其'創'字。""剏"同"創"。吳翊寅校議:"吳〔志忠〕依原本作'造創食物也'。案:依'爨'例,'造'當在'創'上。《周禮》鄭注:'造謂造作食物之處',故云'造,創也'。畢本乙之,非是。"造創:創造。 食物:吃的東西。

〔4〕盧文弨於"爨"前畫一分隔綫,使以下分開另起。疏證本、吳志忠校本以下另起。 爨(cuàn):竈。《墨子‧備城門》:"二舍共一井爨。"

〔5〕銓(quán):度;衡量。《國語‧吳語》:"不智,則不知民之極,無以銓度天下之衆寡。"韋昭注:"銓,稱也。"

〔6〕銓度（duó）：衡量測度。《孫子·謀攻》“不知三軍之權而同三軍之任”杜牧注：“謂將無權智，不能銓度軍士，各任所長。” 甘辛：甜和辣。 調和：烹調；調味。《管子·小稱》：“夫易牙以調和事公，公曰：‘惟烝嬰兒之未嘗。’於是烝其首子而獻之公。”

17.71 倉〔1〕，藏也〔2〕，藏穀物也〔3〕。

〔1〕倉：貯藏糧食的場所。《詩·小雅·甫田》：“乃求千斯倉，乃求萬斯箱。”後泛指屯聚物品的建築物。

〔2〕藏：收藏；儲藏。《荀子·王制》：“春耕，夏耘，秋收，冬藏。”

〔3〕穀物：五穀之類糧食。《周禮·天官·大宰》“九曰幣餘之賦”鄭玄注：“自邦中以至幣餘，各入其所有穀物，以當賦泉之數。”也可指穀與物。《管子·國蓄》：“人君御穀物之秩相勝，而操事於其不平之間。”尹知章注：“秩，積也。食爲人天，故五穀之要，可與萬物爲敵，其價常不俱平，所以人君視兩事之委積，可彼此相勝輕重於其間，則國利不散也。”

17.72 庫〔1〕，舍也〔2〕，物所在之舍也〔3〕，故齊魯謂庫曰“舍”也〔4〕。

〔1〕庫：儲藏戰車兵甲等物的屋舍。《禮記·曲禮下》：“君命，大夫與士肄，在官言官，在府言府，在庫言庫，在朝言朝。”鄭玄注：“庫謂車馬兵甲之處也。”蔡邕《月令章句》：“審五庫之量，一曰車庫，二曰兵庫，三曰祭器庫，四曰樂庫，五曰宴器庫。”

〔2〕舍（shè）：房屋。《周禮·天官·敘官》：“掌舍。”鄭玄注：“舍，行所解止之處。”

〔3〕物：物品；物體。《易·繫辭上》：“方以類聚，物以羣分。”

〔4〕齊魯：春秋戰國時期，以泰山爲界分爲齊國和魯國。山北稱爲齊，山南則稱爲魯。在今山東境內。參見卷二《釋州國》7.25〔1〕、7.23〔1〕。

17.73 廄〔1〕，勼也〔2〕；勼，聚也，牛馬之所聚也〔3〕。

〔1〕廄（jiù）：馬舍；牲口棚。《論語·鄉黨》：“廄焚。子退朝，曰：‘傷人乎？’不問馬。”

〔2〕勼（jiū）：聚集。《説文·勹部》：“勼，聚也。从勹，九聲，讀若鳩。”段玉

裁注:"《釋詁》曰:'鳩,聚也。'《左傳》作'鳩',《古文尚書》作'逑'……《莊子》作'九'。今字則'鳩'行而'勼'廢矣。"

〔3〕王啟原校:"《説文》:'廐,馬舍也。'牛舍古書無云'廐'者,'牛'當作'生'。顏師古注《急就篇》云:'廐,生馬所聚也。'全用本書文,是其證。"

17.74 廩[1],矜也[2],寶物可矜惜者投之其中也[3]。

〔1〕廩(lǐn):糧倉。也指收藏寶物的倉庫。《詩·周頌·豐年》:"亦有高廩,萬億及秭。"

〔2〕矜(jīn):惜;惋惜。《書·旅獒》:"不矜細行,終累大德。"孔穎達疏:"矜是憐惜之意,故以不惜細行爲輕忽小物。"

〔3〕寶物:寶貴物品。 矜惜:珍惜。 盧文弨於"之"字後增一"於"字,疏證本有"於"字,篆字疏證本作"于"。 投:置放。《孫子·九地》:"投之亡地然後存,陷之死地然後生。"

17.75 囷[1],綣也[2],藏物繾綣束縛之也[3]。

〔1〕囷(qūn):圓形穀倉。《周禮·考工記·匠人》:"囷窌倉城。"鄭玄注:"囷,圜倉。"賈公彥疏:"方曰倉,圜曰囷。"

〔2〕綣:收縮;屈曲。《靈樞經·五味論》:"膀胱之胞,薄以懦,得酸則縮綣。"

〔3〕繾綣(qiǎnquǎn):糾纏縈繞;固結不解。《詩·大雅·民勞》:"無縱詭隨,以謹繾綣。"馬瑞辰通釋:"繾綣即緊絭之別體。"高亨注:"繾綣,固結不解之意。" 束縛:纏繞捆綁。《國語·齊語》:"於是莊公使束縛以予齊使,齊使受之而退。"

17.76 庾[1],裕也[2],言盈裕也[3],露積之言也[4]。盈裕不可稱受[5],所以露積之也[6]。

〔1〕庾(yǔ):露天的穀堆。指無頂的糧倉。《説文·广部》:"庾,一曰倉無屋者。"段玉裁注:"無屋,無上覆者也。"《史記·孝文本紀》:"發倉庾以振貧民,民得賣爵。"司馬貞索隱引郭璞注《三倉》:"庾,倉無屋也。"

〔2〕裕:充足;充裕。《詩·小雅·角弓》:"此令兄弟,綽綽有裕。"毛傳:"裕,饒也。"

〔3〕盈裕:充裕。

〔4〕露積:露天堆積。《詩·小雅·楚茨》"我庾維億"毛傳:"露積曰庾。"孔穎達疏:"露積言露地積聚之。"

〔5〕稱(chēng)受:承受。稱:托舉。《詩·豳風·七月》:"躋彼公堂,稱彼兕觥。"朱熹集傳:"稱,舉也⋯⋯舉酒而祝其壽也。"受:盛;容納。《易·咸》:"君子以虚受人。"

〔6〕所以:用以;用來。《史記·孟嘗君列傳》:"若急,終無以償,上則爲君好利不愛士民,下則有離上抵負之名,非所以屬士民彰君聲也。"

17.77 囤[1],屯也[2],屯聚之也[3]。

〔1〕囤(dùn):用竹篾、荊條、稻草等編成的貯糧器具。

〔2〕屯:聚集;積聚。《莊子·寓言》:"火與日,吾屯也。"成玄英疏:"屯,聚也。"

〔3〕屯聚:囤積;聚積。

17.78 圌[1],以草作之,團團然也[2]。

〔1〕圌(chuán):用竹篾或草製成的存放穀物的圓囤。王啟原校:"本書言'以草作之',與《説文》異,故《倉頡篇》亦作'圌',云:'圓倉也。'漢人則多以竹,《淮南子·精神》篇、《急就章》俱言'篅、筦'。《齊民要術·種稻法》:'浄淘種子,漬經三宿,漉出内草篅裏。'明言草作而字作'篅'。"

〔2〕團團:圓貌。漢班婕妤《怨歌行》:"裁爲合歡扇,團團似明月。"

17.79 廁[1],言人雜在上非一也[2]。或曰"溷"[3],言溷濁也[4]。或曰"圊"[5],至穢之處[6],宜常修治[7],使潔清也[8]。或曰"軒"[9],前有伏[10],似殿軒也[11]。

〔1〕廁:便所。《左傳·成公十年》:"(晉侯)將食,張,如廁,陷而卒。"又間雜;插置。《廣雅·釋言》:"廁,間也。"《玉篇·广部》:"廁,雜也,次也。"《史記·樂毅列傳》:"先王過舉,廁之賓客之中,立之群臣之上。"

〔2〕盧文弨、疏證本、邵晉涵於"言"前補出"雜也"二字。疏證本曰:"今本脱'雜也'二字,據《廣韻》引增。"邵晉涵曰:"從《廣韻》。"丁山校:"《御覽》引脱'雜也'二字。"盧文弨、疏證本於"雜"字後增一"廁"字。疏證本曰:"今本脱

‘廁’字，據《一切經音義》《太平御覽》引增。《廣韻》引作‘言人雜廁其上也’。”篆字疏證本校語無“《一切經音義》”。顧廣圻校：“《御覽》一百八十六引：‘廁，言人雜廁在上非一也。’”胡楚生校：“慧琳《音義》凡五引此條。卷五十八引作：‘廁者，人雜廁在上非一也。’卷七十四所引，‘雜’下有‘廁’字。”雜廁：混雜；錯雜；夾雜。漢揚雄《太玄·玄圖》：“陰陽雜廁，有男有女。” 非一：不止一人。

〔3〕溷（hùn）：廁所。

〔4〕溷濁：混亂污濁。《鶡冠子·備知》：“申徒狄以爲世溷濁不可居，故負石自投于河。”

〔5〕圊（qīng）：廁所。《廣雅·釋宮》：“圊，廁也。”或曰“圊”古本作“清”。盧文弨、段玉裁、篆字疏證本校“圊”作“清”。篆字疏證本曰：“‘清’，今本作‘口’中安‘青’，俗字也，據《一切經音誼》《太平御覽》引改。《說文》云：‘廁，清也。’清，‘夕耆’反，下同。”許克勤校：“《〔說文〕繫傳》十一云：‘按《釋名》，清即糞槽謂之清者，言其穢汙，當常清除也。’勤按：小徐所引則古本，‘圊’自作‘清’。”顧廣圻校：“《御覽》一百八十六引：‘或曰清，至穢之處，宜常脩治，使清潔。’”胡楚生校：“慧琳《音義》卷五十八引作：‘或曰清。’卷七十四所引，‘圊’作‘清’。”

〔6〕盧文弨於“至”前增一“言”字，連下爲句；疏證本、巾箱本有“言”字。丁山校：“〔《御覽》引〕‘清’下復脱‘言’字。”胡楚生校：“慧琳《音義》凡五引此條。卷五十八引作：‘或曰清，言至穢處，宜常修治，使清潔也。’卷六十四兩引此條，一作‘言至穢處，修治使潔清也’。卷七十四所引，‘至’上有‘言’字。”至穢：極爲污穢。

〔7〕胡楚生校：“慧琳《音義》卷七十四所引，‘常’作‘當’。” 修治：修理整治。《漢書·宣帝紀》：“郡國宮館，勿復修治。”

〔8〕潔清：清潔。《晏子春秋·問上九》：“人有酤酒者，爲器甚潔清，置表甚長，而酒酸不售。”

〔9〕軒：廁所。

〔10〕伏：車軾，即車前橫木。《史記·酷吏列傳》：“與汲黯俱爲忮，司馬安之文惡，俱在二千石列，同車未嘗敢均茵伏。”司馬貞索隱：“伏，車軾也。”此泛指橫木。

〔11〕殿軒：宮殿的欄檻。

17.80 泥[1]，邇也[2]；邇，近也。以水沃土[3]，使相黏近也[4]。

〔1〕泥：和着水的土；水和土的混合物。《易·需》："需于泥，致寇至。"

〔2〕邇(ěr)：近。《詩·鄭風·東門之墠》："其室則邇，其人甚遠。"

〔3〕沃：澆；淹；浸泡。《素問·痹論》："胞痹者少腹膀胱，按之內痛，若沃以湯。"王冰注："沃，猶灌也。"

〔4〕黏近：黏合。

17.81 塗[1]，杜也[2]，杜塞孔穴也[3]。

〔1〕塗：泥。《易·睽》："睽孤見豕負塗，載鬼一車。"高亨注："塗，泥也。負塗，背上有泥。"又指用泥等塗抹。《書·梓材》："若作室家，既勤垣墉，惟其塗墍茨。"

〔2〕杜：堵塞；封閉。《周禮·夏官·大司馬》："犯令陵政則杜之。"鄭玄注："杜之者，杜塞使不能與鄰國交通。"

〔3〕杜塞：堵塞。《漢書·劉歆傳》："今則不然，深閉固距，而不肯試，猥以不誦絕之，欲以杜塞餘道，絕滅微學。" 孔穴：孔洞；洞穴。漢班固《白虎通·情性》："山亦有金石纍積，亦有孔穴出雲布雨，以潤天下。"

17.82 堊[1]，亞也[2]，次也[3]。先泥之[4]，次以白灰飾之也[5]。

〔1〕堊(è)：白色泥土。《莊子·徐無鬼》："郢人堊慢其鼻端，若蠅翼，使匠石斵之。匠石運斤成風，聽而斵之，盡堊而鼻不傷。"又指用白色塗料粉刷。《管子·輕重丁》："皆堊白其門，而高其閭。"

〔2〕亞：次；次於。表示時間的先後。《儀禮·士虞禮》："俎入，設於豆東，魚亞之。"鄭玄注："亞，次也。"

〔3〕段玉裁、篆字疏證本、吳志忠於"次也"前增一"亞"字，連下爲句。吳志忠曰："補'亞'，依畢校。"吳翊寅校議："吳〔志忠〕本作：'堊，亞也；亞，次也。'案：此轉訓例，與'泥'同。'堊'無'次'誼，各本脫'亞'字，當補。"王先謙校："吳〔志忠〕校'次也'上有'亞'字，是。"丁山校："當云：'堊，亞也；亞，次也。'此於'次'上當據補'亞'字。"次：第二；其次。敘事時後項對前項之稱。《孫子·謀攻》："故上兵伐謀，其次伐交，其次伐兵，其下攻城。"

〔4〕泥(nì)：用稀泥或如稀泥一樣的東西塗抹或封固。

〔5〕白灰：白色泥土。

17.83 堅猶焆[1]。焆，細澤貌也[2]。

〔1〕墍(jì):以泥塗屋頂。《書・梓材》:"若作室家,既勤垣墉,惟其塗墍茨。" 煟(wèi):光澤貌。漢賈誼《旱雲賦》:"隆盛暑而無聊兮,煎砂石而爛煟。"

〔2〕細澤:細膩而有光澤。參見卷四《釋綵帛》14.29〔3〕。

邵晉涵於此補:"《初學記》引《釋名》:'橋,水梁也。'"

疏證本補遺:"'城下謂之壕。壕,翱也,言都邑之内所翱翔也,祖駕處也。'(《太平御覽》一百九十三卷引。)"篆字疏證本無此條。許克勤校:"此條已見卷一《釋道》,補之於此非也。"

《〈釋名疏證補〉補・〈釋名補遺〉補》:"坊,別屋名。"沈錫祚校:"'坊'見《文選・景福殿賦》李善注引。"

釋名卷第五

釋名卷第六

劉熙字成國撰

釋牀帳第十八　　釋書契第十九　　釋典藝第二十

釋牀帳第十八[1]

〔1〕牀帳：牀鋪及帳子。泛指家具。

18.1　人所坐臥曰“牀”[1]。牀，裝也，所以自裝載也[2]。[3]長狹而卑曰“榻”[4]，言其鵠榻然近地也[5]。

〔1〕牀：供人坐臥的器具。《詩·小雅·斯干》：“乃生男子，載寢之牀。”鄭玄箋：“男子生而臥於牀，尊之也。”

〔2〕裝載：盛放；承載。《詩·小雅·出車》：“召彼僕夫，謂之載矣。”鄭玄箋：“王命召己，己即召御夫，使裝載物而往。”

〔3〕吳志忠校本以下另起。

〔4〕胡楚生校：“慧琳《音義》引用此條，凡十二見，卷一、卷十五引作‘牀愜而長曰榻’。卷四、卷十六引作‘牀狹而長曰榻’。卷十七引作‘牀狹而長曰榻也’。卷五十三引作‘榻牀狹而長車曰榻’。卷七十七引作‘牀狹而長者謂之榻’。卷八十一兩引此條，一作‘牀愜而長者謂之榻’，一作‘榻即牀狹而長曰榻也’，卷九十二引作‘榻即牀之愜長者也，榻即今牀也’。卷九十四引作‘榻即愜長牀也’。”丁山校：“按《一切經音義》凡數引，云‘榻即牀狹而長曰榻也’，云‘榻即牀之狹長者也，榻即今牀也’，云‘牀狹而長曰榻’，似於‘長狹’上，當

397 ·

增‘牀’字。” 長狹:細長;窄而長。《爾雅·釋山》“巒,山墮”郭璞注:“謂山形
長狹者,荆州謂之巒。” 卑:低,與高相對。《易·繫辭上》:“卑高以陳,貴賤
位矣。” 榻:狹長而矮的坐卧用具。

〔5〕“鶴”,盧文弨、疏證本删去。疏證本曰:“今本‘其’下衍‘鶴’字,據《北
堂書鈔》引删。”丁山校:“《御覽》引‘榻’上無‘鶴’字,當據删。”吳志忠校作
“體”,曰:“各本‘體’誤‘鶴’,今改。” 榻然:低矮貌。

18.2 小者曰“獨坐”〔1〕,主人無二〔2〕,獨所坐也。

〔1〕獨坐:榻之小者。僅供一個人坐,故名。

〔2〕主人:財物的支配者。《易·明夷》:“君子於行,三日不食,有攸往,主
人有言。” 無二:没有與之並立的人。二:並列。《史記·淮陰侯列傳》:“(足
下)誅成安君,徇趙,脅燕,定齊,南摧楚人之兵二十萬,東殺龍且,西鄉以報,
此所謂功無二於天下,而略不世出者也。”

18.3 枰〔1〕,平也〔2〕,以板作〔3〕,其體平正也〔4〕。

〔1〕枰(píng):獨坐的板牀。《初學記》卷二五引漢服虔《通俗文》:“牀三尺
五曰榻板,獨坐曰枰,八尺曰牀。”一本作“秤”。

〔2〕平:平坦。《孟子·離婁上》:“聖人既竭目力焉,繼之以規矩準繩,以
爲方員平直,不可勝任也。”

〔3〕板:木板;片狀木材。《禮記·内則》“大夫七十而有閣”鄭玄注:“閣,
以板爲之,庋食物也。” 盧文弨、疏證本,吳志忠於“作”後增一“之”字。疏證
本曰:“今本脱‘之’字,據《一切經音義》引增。”王仁俊集斠:“《一切〔經〕音
義·九·大智度論·二十九》引。”吳志忠曰:“補‘之’,依畢校。”胡楚生校:
“慧琳《音義》兩引此條,卷四十三、卷四十六所引,‘作’下並有‘之’字。”

〔4〕平正:端正;平整。

18.4 几〔1〕,庪也〔2〕,所以庪物也。

〔1〕几(jī):古人坐時憑依或擱置物件的小桌。《書·顧命》:“相被冕服,
憑玉几。”

〔2〕“庪”,蔡天祐刊本作“庋”,疏證本、吳志忠校作“庪”,下同。疏證本曰:
“‘庪’,‘九委’反。‘庪’之言‘閣’也。今本作‘庋’,因形近而譌。《太平御覽》
引作‘庋’,‘庪’與‘庋’皆《説文》所無。鄭注《攷工記·玉人職》曰:‘祈沈以

馬。'釋文引《小爾雅》:'祭山川曰祈沈。'又引《爾雅》:'祭山曰庪縣,祭川曰浮沈。'而音'祈'爲'九委'反。然則古當借'祈'爲'庪'字與?"篆字疏證本改作"祈",下同,云:"'祈','九委'反。今本作'庪',蓋原書作'庪',因'庪'而譌爲'庪'也。《説文》無'庪'字,《太平御覽》引作'庋','庋'亦《説文》所無。鄭注《攷工記·玉人職》曰:'祈沈以馬。'釋文引《小爾疋》:'祭山川曰祈沈。'又據《爾疋》:'祭山曰庪縣,祭川曰浮沈。'而音'祈'爲'九委'反。然則古嘗'祈'爲'庪'字,《爾疋》'庪縣'當作'祈縣'。'祈'之言'閣',此云'所以祈物',謂閣物也。"吳志忠曰:"'庪'依畢校,下同。"丁山《〈御覽〉待校録》:"710:'几,庋也,所以庋物也。'"按,"庋"即"庋"的訛字。庋(guǐ):置放;收藏。《禮記·內則》"大夫七十而有閣"鄭玄注:"閣,以板爲之,庋食物也。"又音 guì,擎起。"庪"字疑即"庪"的訛字。庪:同"庋"。《禮記·雜記》"甕甒筲衡"鄭玄注:"衡當爲桁,所以庪甕甒之屬。"陸德明釋文:"'庪',字亦作'庋'。"

18.5 筵[1],衍也[2],舒而平之[3],衍衍然也[4]。

〔1〕筵(yán):古時席地而坐時所鋪的席子。《詩·大雅·行葦》:"或肆之筵,或授之几。"

〔2〕衍:廣大。《漢書·揚雄傳下》:"辭之衍者,不可齊於庸人之聽。"顏師古注:"衍,旁廣也。"又指擴展;擴充。

〔3〕舒:伸展。《素問·氣交變大論》:"其化生榮,其政舒啓。"王冰注:"舒,展也。"

〔4〕衍衍:大而平貌。

18.6 席[1],釋也[2],可卷可釋也。

〔1〕席:坐臥鋪墊用具。由竹篾、葦篾或草編織成的平片狀物。《詩·邶風·柏舟》:"我心匪席,不可卷也。"

〔2〕釋:解開;鬆開。《詩·鄭風·大叔於田》:"抑釋掤忌,抑鬯弓忌。"朱熹集傳:"釋,解也。"

18.7 簟[1],簟也[2],布之簟簟然平正也[3]。

〔1〕簟(diàn):供坐臥鋪墊用的葦席或竹席。《詩·小雅·斯干》:"下莞上簟,乃安斯寢。"鄭玄箋:"竹葦曰簟。"

〔2〕"簟也"之"簟",盧文弨、段玉裁、疏證本、吳志忠校作"覃",巾箱本從

之。葉德炯曰："《説文》：'衍，長行也。''覃，長味也。''簟'之訓'覃'，與'筵'之訓'衍'，皆取長義。"覃(tán)：蔓延；延及。《詩·周南·葛覃》："葛之覃兮，施于中谷。"毛傳："覃，延也。"孔穎達疏："言葛之漸長，稍稍延蔓兮而移於谷中。"

〔3〕布：展開；鋪開。《左傳·定公四年》："句卑布裳，到而裹之，藏其身，而以其首免。" "簟簟"，段玉裁、疏證本、吳志忠校作"覃覃"。吳志忠曰："'覃'依畢校，下同。"覃覃：綿密廣布貌。 平正：平整端正。

18.8 薦[1]，所以自薦籍也[2]。

〔1〕薦：墊席；墊褥。《韓非子·存韓》："韓事秦三十餘年，出則爲扞蔽，入則爲蓆薦。"

〔2〕所以：用以；用來。《莊子·天地》："是三者，非所以養德也。" 薦籍：襯墊。薦：藉；墊。漢賈誼《弔屈原文》："章甫薦履，漸不可久兮。"籍：通"藉(jiè)"。墊着。《鹽鐵論·殊路》："重懷古道，枕籍《詩》《書》，危不能安，亂不能治。"

18.9 蒲草也[1]，以蒲作之[2]，其體平也。

〔1〕"草"，段玉裁校作"苹"，曰："鄭康成注《間傳》曰：'苄，今之蒲苹也。'"《説文·艸部》："蒻，蒲子，可以爲平席。"段玉裁注："苹者，席安隱(穩)之偁。此用蒲之少者爲之，較蒲席爲細。"盧文弨、疏證本校作"平"。疏證本曰："今本作'蒲，草也'，誤，據《太平御覽》引改。《説文》云：'蒻，蒲子，可以爲平席。'鄭注《禮記·間傳》云：'苄，今之蒲苹也。'鄭又注《周禮·車僕》云：'故書"苹"作"平"。'則'平''苹'古今字。此作'蒲平'極是。"吳志忠曰："改'平'，依畢校。蒲平：嫩蒲草編成的細柔而平整的席子。漢桓寬《鹽鐵論·散不足》："及其後，大夫士復薦草緣，蒲平單莞。"又作"蒲萍""蒲苹"。《禮記·間傳》："父母之喪，既虞卒哭……苄翦不納。期而小祥，居堊室，寢有席。"鄭玄注："苄，今之蒲萍也。"孔穎達疏："苄爲蒲苹，爲席，翦頭爲之，不編納其頭而藏於內也。" "也"，盧文弨、段玉裁、吳志忠删去，疏證本、巾箱本無。吳志忠曰："删'也'，依畢校。"

〔2〕蒲：植物名。香蒲。《詩·大雅·韓奕》："其蔌維何？維筍及蒲。"

18.10 氈[1]，旃也[2]，毛相著[3]，旃旃然也[4]。

〔1〕氊(zhān)：用羊毛等壓製成的像厚呢子或粗毯子似的東西，多爲片狀。即"氊子"。《周禮·天官·掌皮》："共其毳毛爲氊，以待邦事。"

〔2〕旃(zhān)：通"氊"。毛織品。《史記·匈奴列傳》："自君王以下，咸食畜肉，衣其皮革，被旃裘。"

〔3〕著(zhuó)：依附；附着。《國語·晉語四》："今戾久矣，戾久將底。底著滯淫，誰能興之？"韋昭注："著，附也。"

〔4〕旃旃：密實貌。

18.11　褥[1]，辱也[2]，人所坐褻辱也[3]。

〔1〕褥：坐卧時鋪在身體下面的墊子。

〔2〕辱：玷辱；玷污。《論語·子路》："使於四方，不辱君命。"

〔3〕褻辱：玷污；弄髒。褻：污穢；骯髒。《禮記·内則》："不有敬事，不敢袒裼，不涉不撅，褻衣衾，不見裏。"鄭玄注："爲其可穢。"此作動詞用。

18.12　毺㲣猶屢數[1]，毛相離之言也[2]。

〔1〕毺㲣(sōu)：氍毹(qúsōu)。有花紋的毛織品，可用作地毯、壁毯、牀毯、簾幕等。《太平御覽》卷七〇八《服用部·氍毹》條引《通俗文》："織毛褥謂之氍毹。"又作"氍毹"等形。《樂府詩集·相和歌辭十二·隴西行》："請客北堂上，坐客氊氍毹。"　屢數：猶"寠(jù)數"。聚集貌；緊縮貌。按，18.10"氊"條"毛相著"，此條"毛相離"，均取毛織品中毛相附着、緊縮之義。本書卷三《釋姿容》9.75："寠數猶局縮，皆小意也。""局縮"爲狹小、蜷縮義。又《文選·何晏〈景福殿賦〉》："於是蘭栭積重，寠數矩設。"李周翰注："寠數，衆木攢貌。矩，規矩也。言衆木相攢皆中規矩而安設之。"則"寠數"亦有聚集義。而狹小、蜷縮與聚集實爲一義，"屢數""寠數"古音又相近，故"屢數"應即"寠數"。

〔2〕相離：相附；附攏。《楚辭·離騷》："飄風屯其相離兮，帥雲霓而來御。"王夫之通釋："離，麗也，附也。"

18.13　榻登[1]，施大牀之前[2]、小榻之上，所以登牀也[3]。[4]

〔1〕盧文弨曰："《一切經音義》引作：'毾㲪，施之大牀前、小榻上……'"疏證本校同，云："案：'毾㲪'亦《説文》新附字。"篆字疏證本"榻"作"搨"。許克勤校："《後漢〔書〕·西域傳》：'天竺國有細布好毾㲪。'注：'毾音它闔反，㲪音登。《埤倉》曰：毛席也。《釋名》失之云云。'"成蓉鏡校："《御覽》七百八引《通俗

文》：‘氍毹細者謂之毾㲪。名毾㲪者，施大牀之前、小榻之上，所以登而上牀也。’”王啓原校：“榻登之物，緣榻以登而名，故《説文》無‘毾㲪’字。然成國之前，已有作‘毾㲪’者，如成〔蓉鏡〕所引服虔《通俗文》是也。《東觀漢記》：‘景丹率衆至廣阿，光武出城外下馬，坐毾㲪上，設酒肉。’班固《與弟書》：‘月支毾㲪，大小相雜，但細好而已。’皆在成國前。毾㲪以毛爲之，故制字從‘毛’也。”胡楚生校：“慧琳《音義》凡三引此條，卷八十九所引，‘榻登’作‘毾㲪’。”毾㲪(tà dēng)：有彩紋的細毛毯。唐玄應《一切經音義》卷一四引《通俗文》曰：“織毛蓐曰氀㲪，細者謂毾㲪。”

〔2〕施：設置；安放。《韓非子·外儲説左上》：“趙主父令工施鉤梯而緣播吾，刻疏人迹其上，廣三尺，長五尺，而勒之曰：主父常（嘗）遊於此。” 盧文弨、段玉裁、疏證本、邵晉涵分別於“施”後增“之承”二字。巾箱本有此二字。

〔3〕所以：用以；用來。《莊子·天地》：“是三者，非所以養德也。”

〔4〕疏證本校此條作：“榻登，施之承大牀前、小牀上，登以上牀也。”

18.14　貂席，連貂皮以爲席也[1]。

〔1〕“連”，篆字疏證本作“聯”。 貂皮：貂的毛皮。

18.15　枕，檢也[1]，所以檢項也[2]。

〔1〕檢：約束。《書·伊訓》：“與人不求備，檢身若不及。”

〔2〕項：頸的後部。亦泛指頸。《左傳·成公十六年》：“王召養由基，與之兩矢，使射吕錡，中項，伏弢。”

18.16　帷[1]，圍也[2]，所以自障圍也[3]。

〔1〕帷：以布帛製作的環繞四周的帳幕。《周禮·天官·幕人》：“掌帷、幕、幄、帟、綬之事。”鄭玄注：“在旁曰帷，在上曰幕；幕或在地，展陳于上。 帷、幕皆以布爲之。四合象宮室曰幄，王所居之帷也。”

〔2〕圍：從四周攔擋、包攏。《左傳·隱公五年》：“宋人伐鄭，圍長葛。”

〔3〕障圍：遮蔽圍裏。

18.17　幕[1]，幕絡也[2]，在表之稱也[3]。

〔1〕幕：覆蓋在上面的布幔。《周禮·天官·幕人》：“掌帷、幕、幄、帟、綬

之事。"鄭玄注:"在旁曰帷,在上曰幕。"

〔2〕幕絡:籠罩蒙覆貌。

〔3〕表:外表。《莊子·天下》:"以濡弱謙下爲表,以空虛不毀萬物爲實。"

18.18 小幕曰"帟"[1],張在人上[2],帟帟然也[3]。

〔1〕帟(yì):張蓋在上方用以遮擋塵埃的平幕。《周禮·天官·幕人》:"掌帷、幕、幄、帟、綬之事。"鄭玄注:"鄭司農曰:'帟,平帳。'玄謂:帟,主在幕,若幄中坐上承塵。"

〔2〕張:張設;張掛。《楚辭·招魂》:"翡阿拂壁,羅幬張些。"王逸注:"張,施也。""人",張步瀛删去。施惟誠刻本、篆字疏證本無,盧文弨補出。葉德炯校:"《北堂書鈔·儀飾部二》引無'人'字。"丁山於葉德炯校語"《北堂書鈔·儀飾部二》"後增《御覽》引並"四字。

〔3〕帟帟:舒張貌。

18.19 幔[1],漫也[2],漫漫相連綴之言也[3]。

〔1〕幔:覆蓋或遮擋用的大塊幕布。《説文·巾部》:"幔,幕。"段玉裁注:"凡以物冢其上曰幔。"

〔2〕漫:遮掩;覆蓋。

〔3〕漫漫:遍布貌。《太平御覽》卷八引《尚書大傳》:"舜歌曰:'卿雲爛兮,糺漫漫。'"今本《尚書大傳》作"縵縵"。　連綴:連接;聯結。

18.20 帳[1],張也[2],張施於牀上也[3]。小帳曰"斗"[4],形如覆斗也[5]。

〔1〕帳:張掛或支架起來作爲遮蔽用的布幕、帷幕。《文選·班固〈東都賦〉》:"供帳置乎雲龍之庭。"李善注引張晏曰:"帳,帷幔也。"

〔2〕張:張設;張掛。《楚辭·招魂》:"翡阿拂壁,羅幬張些。"王逸注:"張,施也。"

〔3〕張施:張設。

〔4〕吳志忠校本"小帳"以下提行別起,另成一條。吳翊寅校議:"吳別爲條。案:此與'小幕曰帟'同例,別爲條是。"　盧文弨、疏證本、邵晉涵於"斗"後增一"帳"字。疏證本曰:"今本脱'斗'下'帳'字,據《廣韻》引增。"巾箱本有

“帳”字。斗帳：形如覆斗的小帳。《玉臺新詠·古詩〈爲焦仲卿妻作〉》：“紅羅複斗帳，四角垂香囊。”

〔5〕覆斗：倒扣的量斗。斗：量器。容量爲一斗。《莊子·胠篋》：“掊斗折衡，而民不爭。”

邵晉涵曰：“鄭箋：‘襧，牀帳也。’又《鄭志·答張逸》云：‘今人名帳爲襧。’”

18. 21 慊[1]，廉也[2]，自障蔽爲廉恥也[3]。

〔1〕慊(lián)：帷幔；門簾。《説文·巾部》：“慊，帷也。”段玉裁注：“户慊，施之於户外也。按與竹部簾異物。慊以布爲之，簾以竹爲之。”《新序·雜事》：“隆冬烈寒，士短褐不完，四體不蔽。而君之臺觀，帷慊錦繡，隨風飄飄而弊。”

〔2〕廉：棱角。比喻人的稟性方正、剛直。《論語·陽貨》：“古之矜也廉，今之矜也忿戾。”朱熹集注：“廉，謂稜角峭厲。”

〔3〕障蔽：遮蔽；遮擋；遮蓋。漢王符《潛夫論·考績》：“功誠考則治亂暴而明，善惡信則真賢不得見障蔽，而佞巧不得竄其姦矣。” 廉恥：廉潔知恥。《荀子·修身》：“偷儒憚事，無廉恥而嗜乎飲食，則可謂惡少者矣。”

18. 22 幢容也[1]，施之車蓋[2]，童童然[3]，以隱蔽形容也[4]。

〔1〕“幢”，畢效欽刻《五雅》本、施惟誠刻本、《古今逸史》本、郎奎金刻《逸雅》本、疏證本作“幢”。疏證本云：“今本作‘幢容也’。案：‘童容’加‘巾’旁，俗字也。”篆字疏證本改作“童”。幢(zhuàng)容：車帷。《周禮·春官·巾車》“王后之五路……皆有容蓋”鄭玄注引鄭司農曰：“‘容’謂幨車，山東謂之裳幃，或曰幢容。”又作“童容”，即幨裳。古代女用車輛的裝飾性帷簾。《詩·衛風·氓》“漸車帷裳”鄭玄注：“幨裳，童容也。”孔穎達疏：“以幨障車之傍如裳，以爲容飾，故或謂之幨裳，或謂之童容。其上有蓋，四傍垂而下，謂之襜……此唯婦人之車飾爲然。” 盧文弨、疏證本於“也”前增“幢，童”二字。疏證本曰：“章懷注《後漢書·班超傳》引：‘幢，童也，其貌童童然。’則此‘也’字上本有‘幢，童’二字，今據補。鄭仲師注《周禮·巾車》云：‘容謂襜車，山東謂之常幃，或曰童容。’鄭康成箋《氓》詩云：‘帷裳，童容也。’” “也”，段玉裁、篆字疏證本、吳志忠刪去。篆字疏證本曰：“‘容’下有‘也’，衍字也。”吳志忠曰：“刪‘也’，依畢校。”

〔2〕車蓋：古代車上遮雨蔽日的篷。狀如傘，有柄。

〔3〕童童：重疊貌；團簇籠覆貌。

〔4〕隱蔽：遮掩；隱藏。《吕氏春秋·決勝》："諸搏攫柢噬之獸，其用齒角爪牙也，必託於卑微隱蔽，此所以成勝。"高誘注："若狐之搏雉，俯伏弭毛以喜説之，雉見而信之，不驚憚遠飛，故得禽之。" 形容：外貌；模樣。《管子·内業》："全心在中，不可蔽匿，和於形容，見於膚色。"

18.23 户嶚[1]，施於户外也[2]。

〔1〕户嶚（lián）：掛於門上的簾子。嶚：帷幔；門簾。參見18.21〔1〕。

〔2〕施：設置；安放。盧文弨於"施"後增一"之"字。畢效欽刻《五雅》本、施惟誠刻本、《格致叢書》本、疏證本、吴志忠校本有此"之"字。 户外：門外。户：單扇門。參見17.63〔1〕。外：外表；外層。《易·兑》："剛中而柔外，説以利貞。"

18.24 牀前帷曰"帖"[1]，言帖帖而垂也[2]。

〔1〕帷：以布帛製作的環繞四周的帳幕。參見18.16〔1〕。 "帖"，篆字疏證本、吴志忠校作"襜"，下同。疏證本校："三'帖'字，《太平御覽》引皆作'襜'。"篆字疏證本俱改作"襜"。吴志忠曰："'襜'依畢校，下同。"吴翊寅校議："吴〔志忠〕本'帖'作'襜'，云：依畢校，下'帖帖'同。"丁山校："《御覽》六九九引：'牀前帷曰襜，襜，垂也。'"葉德炯校："《説文》無'襜'字，故借'帖'爲之。《御覽》引作'襜'，從俗也。又引《通俗文》云：'幛牀曰襜。'字亦作'襜'。"襜（chān）：牀帳。《太平御覽》卷六九九引《通俗文》："障牀曰襜。"

〔2〕帖帖：猶"襜襜"。下垂貌。

18.25 幄[1]，屋也，以帛衣板施之[2]，形如屋也。

〔1〕幄：篷帳。《周禮·天官·幕人》："掌帷、幕、幄、帟、綬之事。"鄭玄注："四合象宫室曰幄，王所居之帷也。"

〔2〕帛：絲織物的通稱。《左傳·閔公二年》："衛文公大布之衣，大帛之冠。" 衣（yì）：覆蓋；包裹。《易·繫辭下》："古之葬者，厚衣之以薪。"《漢書·劉向傳》引此文，顏師古注："厚衣之以薪，言積薪以覆之也。'衣'音於既反。"

施：設置；安放。《韓非子·外儲説左上》："趙主父令工施鈎梯而緣播吾，刻疏人迹其上，廣三尺，長五尺，而勒之曰：主父常（嘗）遊於此。"

18.26 承塵[1]，施於上[2]，承塵土也[3]。[4] 搏辟[5]，以席搏著壁也[6]。

〔1〕承塵：承受塵土。亦以稱承接塵土的小帳幕。《禮記·檀弓上》"君於士有賜帟"鄭玄注："帟，幕之小者，可以承塵。"

〔2〕施：設置；安放。

〔3〕盧文弨、疏證本於"承"前增一"以"字。疏證本校："今本無'以'字，據《太平御覽》引增。" 塵土：細小的灰土。

〔4〕盧文弨、段玉裁、邵晉涵分別於此處畫一分隔綫，使與上條分開。《古今逸史》本、郎奎金刻《逸雅》本、疏證本、吳志忠校本另起爲一條。

〔5〕"辟"，盧文弨、段玉裁、疏證本校作"壁"。疏證本校："《楚詞》：'薜荔拍兮蕙綢。'王逸注云：'拍，搏壁也。'"篆字疏證本無校語。吳志忠校本、巾箱本作"壁"。搏辟：疑爲裝裱席子的牆壁或裝裱牆壁的席子。搏：通"傅"。附著。《禮記·月令》"脩鍵閉，慎管籥"鄭玄注："管籥，搏鍵器也。"辟：通"壁"。牆壁。《逸周書·時訓》："小暑之日，溫風至，又五日，蟋蟀居辟。"朱右曾校釋："蟋蟀生土中，有翼而未能飛，但居壁上。辟、壁同。"

〔6〕搏著(zhuó)：即"傅著"，又作"薄著""迫著"。附著；緊貼。《靈樞經·根結》："皮膚薄著，毛腠夭膲。"參見卷四《釋言語》12.89〔3〕、《釋飲食》13.36〔3〕、13.37〔4〕。"搏著"之"搏"，段玉裁校作"傅"，曰："《九歌》'薜荔拍兮蕙綢'，王逸注云：'拍，傅壁也。'"

18.27 扆[1]，倚也[2]，在後所依倚也[3]。

〔1〕扆(yǐ)：置於門窗之間的屏風。《書·顧命》："狄設黼扆綴衣。"僞孔傳："扆，屏風，畫爲斧文，置戶牖間。"《論衡·書虛》："户牖之間曰扆，南面之坐位也。負扆南向坐，扆在後也。"

〔2〕倚：憑靠。《論語·衛靈公》："立則見其參於前也，在輿則見其倚於衡也。"

〔3〕依倚：倚靠；依傍。漢王充《論衡·論死》："秋氣爲呻鳴之變，自有所爲。依倚死骨之側，人則謂之骨尚有知，呻鳴於野。"

18.28 屏風[1]，言可以屏障風也[2]。

〔1〕屏(píng)風：陳設於室內用以擋風或遮蔽的器具。《史記·孟嘗君列

傳》："孟嘗君待客坐語,而屏風後常有侍史,主記君所與客語,問親戚居處。"

〔2〕可以:表示有某種用途。《詩·小雅·鶴鳴》:"它山之石,可以爲錯。"孔穎達疏:"它山遠國之石,取而得之,可以爲錯物之用。" 屏(bǐng)障:遮蔽;阻擋。又作"障屏",參見卷五《釋宮室》17.45〔2〕。

釋書契第十九〔1〕

〔1〕書契:文字。《書序》:"古者伏羲氏之王天下也,始畫八卦,造書契,以代結繩之政,由是文籍生焉。"又指契約之類的文書憑證。《周禮·天官·小宰》:"六曰聽取予以書契。"孫詒讓正義:"凡以文書爲要約,或書於符券,或載於簿書,並謂之書契。"

19.1 筆,述也〔1〕,述事而書之也〔2〕。

〔1〕述:記述;叙述。《論語·憲問》:"幼而不孫弟,長而無述焉,老而不死,是謂賊。"又指闡述前人成説。《論語·述而》:"述而不作。"皇侃疏:"述者,傳於舊章也。"

〔2〕胡玉縉校:"《初學記》二十一引'述事'上有'謂'字。"劉師培書後:"《釋書契》:'述事而書之也',《初學記》三十一引上有'謂'字。"任按:"三十一"爲"二十一"之誤。 述事:陳述往事;叙事。《史記·太史公自序》:"故述往事,思來者。"裴駰集解引張晏曰:"武帝獲麟,遷以爲述事之端。" 書:書寫;記載。《禮記·玉藻》:"動則左史書之,言則右史書之。"

19.2 硯〔1〕,研也〔2〕,研墨使和濡也〔3〕。

〔1〕硯:磨墨的文具。通稱硯臺。

〔2〕研:研磨;細磨使粉碎。

〔3〕疏證本校:"《初學記》引'研墨'上有'可'字。"篆字疏證本無校語。劉師培書後:"'研墨使和濡',《初學記》同上引上有'可'字。"按:"同上"指卷二十一。 研墨:磨墨。 和濡:和適滋潤。

19.3 墨〔1〕,痗也〔2〕,似物痗墨也〔3〕。

〔1〕墨:用於書寫、繪畫的黑色顏料。《莊子·田子方》:"宋元君將畫圖,

衆史皆至,受揖而立,舐筆和墨,在外者半。"

〔2〕"痗",盧文弨、疏證本校作"晦",下同。疏證本曰:"今本'晦'作《詩》'悠悠我里,亦孔之痗'之'痗'字,譌,據《初學記》《太平御覽》引改。案:《説文》云:'黴,中久雨青黑。从黑,微省聲。'斯乃黴黑之義,疑當用'黴'字。"篆字疏證本改作"黴",云:"今本'黴'作'疒'旁箸'每',俗字也。《初學記》引作'晦',亦非。《説文》云:'黴,中久雨青黑。从黑,微省聲。'斯乃黴黑之誼,據改。"黴(méi):物受潮變成青黑色。《説文·黑部》:"黴,中久雨青黑。"段玉裁注:"《楚辭·九歌》:'顏黴黎以沮敗。'《淮南·説山訓》曰:'晉文公棄荏席,後黴黑。'"

〔3〕疏證本於"似"前增一"言"字,連下爲句,云:"又'言'字今本無,亦據增。"篆字疏證本校:"'言'字據《初學記》引曾,今本無。"樓黎默校:"《墨賦》引'似'上有'言'字。" 墨:黑。《孟子·滕文公上》:"面深墨。"趙岐注:"墨,黑也。""墨",疏證本作"黑"。樓黎默校:"《墨賦》引……'墨'作'默'。"

19.4 紙[1],砥也[2],謂平滑如砥石也[3]。

〔1〕紙:以絲絮或植物纖維爲主要原料製作的可供書寫、繪畫、印刷、包裝之用的製成品。《後漢書·宦者傳·蔡倫》:"自古書契多編以竹簡,其用縑帛者謂之爲紙。縑貴而簡重,並不便於人。倫乃造意,用樹膚、麻頭及敝布、魚網以爲紙。"

〔2〕砥(dǐ):質地較細的磨刀石。《書·禹貢》:"礪砥砮丹。"僞孔傳:"砥細於礪,皆磨石也。"

〔3〕平滑:平而光滑。 砥石:磨石。《淮南子·説山訓》:"砥石不利,而可以利金。"

19.5 板[1],般也[2],般般平廣也[3]。

〔1〕板:同"版"。古代書寫用的木片。《管子·宙合》:"退身不舍端,修業不息版。"尹知章注:"版,牘也。"

〔2〕般(pán):大。《孟子·公孫丑上》"般樂怠敖"趙岐注:"般,大也。"一説當作"昄"。盧文弨、疏證本校"般"作"昄",下同。巾箱本從之。疏證本曰:"'昄',今本皆譌作'般',據《太平御覽》引作'昄',音半旱切,今改正。《説文》:'昄,大也。'與'平廣'義亦相合。"張步瀛注:"'昄',半旱切。"篆字疏證本未改校。吳翊寅校議:"吳〔志忠〕依原本'昄'作'般'。案:畢依《御覽》引作

‘眅’,是。”

〔3〕般般:大而平貌。“般般”,疏證本作“眅眅”。　吳志忠於“般般”後增一“然”字,曰:“各本脱‘然’字,今補。”吳翊寅校議:“〔吳志忠校〕又‘平廣’上有‘然’字。”　平廣:平坦廣大。

19.6　奏[1],鄒也[2];鄒[3],狹小之言也[4]。

〔1〕奏:臣子上帝王的文書。漢蔡邕《獨斷》卷上:“凡群臣上書於天子者,有四名:一曰章,二曰奏,三曰表,四曰駁議……奏者亦需頭。其京師官,但言‘稽首’,下言‘稽首以聞’。”此指書以陳事的簡牘。

〔2〕鄒:狹小。疏證本曰:“段〔玉裁〕云:‘鄒’即《史記》《漢書》之所云‘鯫生’,鯫者淺,‘鯫’即狹小也。”楊樹達《積微居小學金石論叢・長沙方言續考・鄒鯫》:“《思益堂日札》卷九云:‘吾鄉謂有村氣不冠冕者曰鄒……知此字不始吾鄉,且不始今日。’樹達按:《史記・項羽本紀》云:‘鯫生説我。’《集解》引服虔曰:‘鯫,音淺鯫。小人貌也。’周説鄒,當作此字。”

〔3〕此“鄒”字,吳志忠删去,曰:“各本衍‘鄒’字,今删。”吳翊寅校議:“吳〔志忠〕本‘狹小’上無‘鄒’字。”

〔4〕狹小:狹隘窄小。《淮南子・俶真訓》:“牛蹄之涔,無尺之鯉;塊阜之山,無丈之材……皆其營宇狹小,而不能容巨大也。”

19.7　札[1],櫛也[2],編之如櫛,齒相比也[3]。

〔1〕札(zhá):古代書寫用的小而薄的木片。《史記・司馬相如列傳》:“相如曰:‘……請爲天子游獵賦,賦成奏之。’上許,令尚書給筆札。”

〔2〕櫛(zhì):梳子、篦子等梳髮用具。《詩・周頌・良耜》:“其崇如墉,其比如櫛。”朱熹集傳:“櫛,理髮器。言密也。”

〔3〕相比:互相聯合;編在一起。《吳子・治兵》:“鄉里相比,什伍相保。”比:並列;排列。《書・牧誓》:“稱爾戈,比爾干,立爾矛,予其誓。”孫星衍疏:“比者,《説文》云,相次比也。”

19.8　簡[1],間也[2],編之簡簡有間也[3]。

〔1〕簡:古代用以寫字的狹長竹片。亦指功用與簡相同的書寫用品。《太平御覽》卷六百六引漢應劭《風俗通》:“劉向《别録》:殺青者,直治竹作簡書之耳。新竹有汁,善折蠹,凡作簡者,皆於火上炙乾之,陳、楚間謂之汗。汗者,

去其汁也。”

〔2〕間（jiàn）：同“閒（jiàn）”。空隙；縫隙。《墨子·經上》：“有閒，中也。”畢沅校注：“閒隙，是二者之中。”一本作“間”。

〔3〕篇：竹簡；簡册。古代文章寫在竹簡上，爲保持前後完整，用繩子或皮條編集在一起稱爲“篇”。《漢書·武帝紀》：“詔賢良曰：‘……賢良明於古今王事之體，受策察問，咸以書對，著之於篇，朕親覽焉。’”顏師古注：“篇，謂竹簡也。”以後文章有首有尾的就稱爲“篇”。

19.9 簿[1]，言可以簿疏密也[2]。

〔1〕簿（bù）：朝笏；手板。《周禮·天官·冢宰》“司書”鄭玄注：“司書主計會之簿書。”賈公彦疏：“言簿書者，古有簡策以記事，若在君前，以笏記事，後代用簿。簿，今手版。”

〔2〕簿疏：記錄；登録；登記。簿：登録；記入册籍。《魏書·太祖紀》：“簿其珍寶畜産，名馬三十餘萬匹，牛羊四百餘萬頭。”疏：分條記錄或分條陳述。《漢書·杜周傳》：“前主所是著爲律，後主所是疏爲令。”顏師古注：“疏謂分條也。”“密”，盧文弨、段玉裁、疏證本、吳志忠校作“物”。篆字疏證本曰：“‘物’，今本作‘密’，亦據《御覽》引改。”吳志忠曰：“‘物’依畢校。”巾箱本作“物”。按，蓋“密”“物”音近而致訛。

19.10 笏[1]，忽也[2]，君有教命[3]，及所啓白[4]，則書其上[5]，備忽忘也[6]。

〔1〕笏（hù）：古代臣朝見君時所執的狹長板子，用玉、象牙、竹木製成。也叫手板。《禮記·玉藻》：“凡有指畫於君前，用笏；造受命於君前，則書於笏。”

〔2〕忽：忽略；疏忽。不留心；不注意。《書·周官》：“蓄疑敗謀，怠忽荒政。”僞孔傳：“怠惰忽略，必亂其政。”

〔3〕教命：上對下的告諭。

〔4〕啓白：陳述；禀告。

〔5〕書：書寫；記載。參見19.1〔2〕。

〔6〕忽忘：忘記。漢王符《潛夫論·叙録》：“中心時有感，援筆紀數文，字以綴愚情，財令不忽忘。”

19.11　槧[1]，板之長三尺者也[2]。槧，漸也[3]，言其漸漸然長也[4]。[5]

〔1〕槧(qiàn)：書版；素牘。古時用以記事寫字但尚未書寫的木板。漢揚雄《答劉歆書》："雄常把三寸弱翰，齎油素四尺，以問其異語，歸即以鉛摘次之於槧，二十七歲於今矣。"

〔2〕板：同"版"。古代書寫用的木片。參見19.5〔2〕。　疏證本校："案《廣韻》《太平御覽》引無'板'下'之'字。"篆字疏證本刪去"之"字，曰："今本'版'下有'之'字……據《廣韻》《太平御覽》引刪。"邵晉涵校："《廣韻》引無'之'字。"

〔3〕漸：通"巉(chán)"。高峻。《詩·小雅·漸漸之石》："漸漸之石，維其高矣。"毛傳："漸漸，山石高峻。"

〔4〕漸漸：即"巉巉"。高貌；長貌。

〔5〕孫祖同校："《蘇氏衍義》云：《論衡》曰：'斷木爲槧。'《釋名》曰：'槧者，漸也，板長三尺者也，可以書紀其事。漸者，言當書漸漸而長也。'(按，此與今本《釋名》稍異。)"

19.12　牘[1]，睦也[2]，手執之以進見[3]，所以爲恭睦也[4]。

〔1〕牘(dú)：古代寫字用的木板。漢董仲舒《春秋繁露·玉杯》："今趙盾弒君，四年之後，別牘復見，非《春秋》之常辭也。"凌曙注："牘，書板也，蓋長一尺，因取名焉。"

〔2〕睦：服從；順從。《左傳·僖公二十二年》："吾兄弟之不協，焉能怨諸侯之不睦？"

〔3〕執：拿；持。《詩·邶風·簡兮》："左手執籥，右手秉翟。"　進見：上前會見尊長者。《漢書·五行志上》："後堪希得進見，因顯言事，事決顯口。"

〔4〕恭睦：恭順；和順。

19.13　籍[1]，籍也[2]，所以籍疏人名[3]、戶口也[4]。

〔1〕籍：人名簿。《史記·蒙恬列傳》："高有大罪，秦王令蒙毅法治之。毅不敢阿法，當高罪死，除其宦籍。"

〔2〕籍：記錄；登記；登錄。《左傳·成公二年》："非禮也，勿籍。"杜預注："籍，書也。"

〔3〕籍疏：登記；記錄。《左傳·襄公二十五年》："量入脩賦，賦車，籍馬。"

杜預注："籍疏其毛色歲齒，以備軍用。" 人名：人的姓名、名號。 葉德炯校："《史記·貨殖傳》'程鄭卓氏，曹邴氏，刁間，橋姚，田嗇，田蘭，雍樂成'，《游俠傳》'魯朱家，楚田仲，濟南瞷氏，雒陽劇孟，符離王孟，長安樊仲子，西河郭公仲，太原鹵公孺，臨淮兒長卿'，皆鄉里細民，其名字箸於版籍，故史公得知其詳。後世考試之冊亦然，如宋紹興題名錄，寶佑登科記，諸書尚可得其梗概也。"蘇輿校："《古今注》：'牛亨問：籍者何云？答曰：籍者，一尺二寸竹牒，記人之年、名字、物色，懸之官門，案省相應，乃得人也。'又《御覽》六百六引《晉令》云：'郡國諸戶口黃籍，籍皆用一尺二寸札，已在官役者載名。'此亦籍書人名之證。"

〔4〕戶口：住戶和人口的總稱。計家爲戶，計人爲口。《史記·蕭相國世家》："漢王所以具知天下厄塞，戶口多少，彊弱之處，民所疾苦者，以何具得秦圖書也。"

19.14 檄[1]，激也[2]，下官所以激迎其上之書文也[3]。[4]

〔1〕檄（xí）：古代官方用以徵召、曉喻、聲討的文書。《史記·張耳陳餘列傳》："誠聽臣之計，可不攻而降城，不戰而略地，傳檄而千里定，可乎？"

〔2〕激：遏制；阻止。

〔3〕下官：小官；下屬官吏。《逸周書·史記》："昔有共工自賢，自以無臣，久空大官，下官交亂，民無所附。"朱右曾校釋："下官，小臣也。" 激迎：逆反；違逆。迎：逆；反向。《韓非子·外儲說右上》："民之從公也，爲慎產也。公因而迎殺之，失所以爲從公矣。"王先謙集解引孫詒讓曰："迎殺者言戰爲逆而殺之。" 上：指尊長或在上位的人。《論語·學而》："其爲人也孝悌，而好犯上者鮮矣。"何晏注："上，謂凡在己上者。"此即指上司；長官。 書文：文書。

〔4〕邵晉涵曰："顏師古曰：'檄者，以木簡爲書，長尺二寸，用徵召也。其有急事，則加以鳥羽插之，示速疾也。'"丁山校："《一切經音義》引更多'木簡長二尺，有所徵召，書上以傳行之'。"胡楚生校："慧琳《音義》卷二十所引，句末有'木簡長二尺，有所徵召，書上以傳行之'十五字。"

19.15 檢[1]，禁也[2]，禁閉諸物[3]，使不得開露也[4]。

〔1〕檢：封緘。古書以竹木簡爲之，書成，穿以皮條或絲繩，於繩結處封泥，在泥上鈐印，謂之檢。《急就篇》卷三："簡札檢署槧牘家。"顏師古注："檢之言禁也，削木施於物上，所以禁閉之，使不得輒開露也。"

〔2〕禁:牽制;約束。《禮記·緇衣》:"君子道人以言,而禁人以行。"鄭玄注:"禁猶謹也。"孔穎達疏:"言禁約謹慎人以行,使行顧言也。"

〔3〕禁閉:閉關;閉鎖。

〔4〕不得:不能;不可。《穀梁傳·襄公二十九年》:"閽,門者也,寺人也,不稱姓名。閽不得齊於人。" 開露:打開;暴露。

19.16 璽[1],徙也[2],封物使可轉徙而不可發也[3]。

〔1〕璽(xǐ):印信。《韓非子·外儲說左下》:"豹對曰:'往年臣爲君治鄴,而君奪臣璽;今臣爲左右治鄴,而君拜臣,臣不能治矣。'遂納璽而去。"

〔2〕徙:遷移。《周禮·地官·比長》:"徙于國中及郊,則從而授之。"鄭玄注:"徙,謂不便其居也。或國中之民出徙郊,或郊民入徙國中,皆從而付所處之吏,明無罪惡。"

〔3〕轉(zhuǎn)徙:移動;遷移。漢晁錯《守邊勸農疏》:"往來轉徙,時至時去,此胡人之生業。"轉:移動;遷徙。《詩·小雅·祈父》:"胡轉予於恤,靡所止居。"鄭玄箋:"轉,移也。" 發:開啓;打開。《莊子·胠篋》:"將爲胠篋探囊發匱之盜而爲守備。"

19.17 印[1],信也[2],所以封物爲信驗也[3]。亦言"因"也[4],封物相因付也[5]。

〔1〕印:印章;圖章。《墨子·號令》:"守還授其印,尊寵官之。"

〔2〕信:符契;憑證。《周禮·地官》"掌節上士二人"鄭玄注:"節猶信也,行者所執之信。"

〔3〕信驗:證據;憑證。《漢書·淮陽憲王劉欽傳》:"博常欲誆耀淮陽王,即具記房諸所説灾異及召見密語,持予淮陽王以爲信驗。"

〔4〕因:沿襲;承襲。《論語·爲政》:"殷因于夏禮,所損益可知也。"

〔5〕付:給與;交給。《書·梓材》:"皇天既付中國民越厥疆土於先王,肆王惟德用,和懌先後迷民,用懌先王受命。"

19.18 謁[1],詣也[2];詣,告也[3],書其姓名於上[4],以告所至詣者也。

〔1〕謁(yè):名刺。猶名片。《史記·高祖本紀》:"高祖爲亭長,素易諸

吏,乃紿爲謁曰'賀錢萬',實不持一錢。"司馬貞索隱:"謁,謂以札書姓名,若
今之通刺,而兼載錢穀也。"

〔2〕詣(yì):晉謁;拜訪。《晏子春秋・雜下十》:"晏子至,楚王賜晏子酒。
酒酣,吏二縛一人詣王。"

〔3〕告:報告;上報。《詩・大雅・江漢》:"經營四方,告成于王。"孔穎達
疏:"告其成功於宣王。"

〔4〕書:書寫。《史記・陳涉世家》:"乃丹書帛,曰'陳勝王'。" 姓名:姓
氏和名字。《孫子・用間》:"必先知其守將、左右、謁者、門者、舍人之姓名,今
吾間必索知之。"

19.19 符[1],付也[2],書所勅命於上[3],付使傳行之也[4]。

〔1〕符:古代憑證符券、符節、符傳等信物的總稱。《戰國策・秦策三》:
"穰侯使者,操王之重,決裂諸侯,剖符於天下,征敵伐國,莫敢不聽。"鮑彪注:
"符,信也,謂軍符。漢制,以竹,長六寸,分而相合。《漢文紀》云:'郡國守相
爲銅虎符、竹使符。'《索隱》云:'《漢舊儀》,銅虎符發兵,竹使符出入徵發。'"

〔2〕付:給與;交給。《漢書・游俠傳・原涉傳》:"具記衣被棺木,下至飯
含之物,分付諸客。"使:使者。《左傳・成公九年》:"兵交,使在其間可也。"

〔3〕勅(chì)命:皇帝頒示的詔令。勅:同"敕"。訓誡;告誡。《廣雅・釋詁
一》:"勅,順也。"王念孫疏證:"卷二云:'敕,理也。'理亦順也。'勅'與'敕'
通。"《集韻・職韻》:"敕,或作勅。"《易・噬嗑》:"先王以明罰勅法。"陸德明釋
文:"勅,恥力切。此俗字也,《字林》作'敕'。"《書・益稷》:"勅天之命,惟時惟
幾。"蔡沈集傳:"勅,戒勅也。"《史記・樂書》:"余每讀《虞書》,至於君臣相敕,
維是幾安,而股肱不良,萬事墮壞,未嘗不流涕也。"

〔4〕傳行:頒行。

19.20 節[1],赴也[2],執以赴君命也[3]。

〔1〕節:古代使臣持以作憑證的符節。《左傳・文公八年》:"司馬握節以
死,故書以官。"杜預注:"節,國之符信也。握之以死,示不廢命。"

〔2〕赴:投身;參與。

〔3〕執:拿;持。《詩・邶風・簡兮》:"左手執籥,右手秉翟。" 君命:君王
的命令;君王的使命。《左傳・莊公三十二年》:"成季使以君命命僖叔,待于
鍼巫氏,使鍼季酖之。"

19. 21 傳[1]，轉也[2]，轉移所在[3]，執以爲信也[4]。

〔1〕傳（zhuàn）：古代過關津、宿驛站和使用驛站車馬的憑證。《韓非子·說林上》：“田成子去齊，走而之燕，鴟夷子皮負傳而從。”陳奇猷注引門無子曰：“傳，信也。以繒帛爲之，出入關合信。”蘇輿曰：“《中華古今注》：‘程雅問：傳者何云？答曰：傳者，以木爲之，長一尺五寸，書符信於其上，又一板封以御史印章，所以爲期信，即如今之過所詣，言經過所在爲證也。’”

〔2〕轉：移動。《詩·小雅·祈父》：“胡轉予于恤？靡所止居。”鄭玄箋：“轉，移也。”

〔3〕轉移：移動；遷移。《史記·匈奴列傳》：“唐虞以上有山戎、獫狁、葷粥，居于北蠻，隨畜牧而轉移。” 所在：所處或所到之地。《山海經·海內西經》：“昆侖之虛方八百里，高萬仞……面有九門，門有開明獸守之，百神之所在。”

〔4〕執：拿；持。《詩·邶風·簡兮》：“左手執籥，右手秉翟。” 信：符契；憑證。《墨子·號令》：“大將使人行守，操信符。信不合，及號不相應者，伯長以上輒止之。”

19. 22 券[1]，綣也[2]，相約束繾綣以爲限也[3]。

〔1〕券：古代用於買賣或債務的契據。書於簡牘，常分爲兩半，雙方各執其一，以爲憑證。後用紙帛書寫。《戰國策·齊策四》：“驅而之薛，使吏召諸民當償者，悉來合券。券遍合。”鮑彪注：“凡券，取者、與者各收一。”“券”，原作“券”，段玉裁校作“券”，《古今逸史》本、疏證本作“券”，吳志忠校本作“卷”。吳翊寅校議：“吳〔志忠〕本‘券’作‘卷’。案：‘券’從‘刀’，各本作‘券’，誤；作‘卷’亦誤。”按，“券（juàn）”，《說文·力部》：“券，勞也。”《集韻·綫韻》：“券，止也。”意義均與此條無涉，明顯是“券”字之訛寫，故改。

〔2〕綣（quǎn）：繾綣。謂相結牢固；不離散。參見注〔3〕。

〔3〕約束：限制；管束。《史記·六國年表序》：“矯稱蜂出，誓盟不信，雖置質剖符猶不能約束也。” 繾（qiǎn）綣：糾纏縈繞；固結不解。《詩·大雅·民勞》：“無縱詭隨，以謹繾綣。”馬瑞辰通釋：“繾綣即緊䋆之別體。”高亨注：“繾綣，固結不解之意。” 以爲：猶“而爲”，而成。以，而，連詞。漢揚雄《長楊賦》：“椓嶻嶭而爲弋，紆南山以爲罝。” 限：限制；限定。《荀子·彊國》：“夫義者，所以限禁人之爲惡與姦者也。”

19.23 莂[1]，別也[2]，大書中央[3]，中破別之也[4]。

〔1〕莂(bié)：古代把寫在簡帛上的契約從中剖開，雙方各執一半，以作憑證。又指契約，合同。字也作"莂""别"。《管子·大匡》："客與有司爲别契。"尹知章注："别契，謂分别其契以知真偽也。"《周禮·天官·小宰》："四曰聽稱責以傅别。"鄭玄注："傅别，謂券書也……傅，傅著約束於文書；别，别爲兩，兩家各得一也。"孫詒讓正義："傅別則爲手書大字，中字而别其札，使各執其半字……傅别札字半别。"葉德炯校："晉太康五年，《楊紹買冢地莂》云：'大男楊紹從土公買冢地一丘，東極闌澤，西極黄滕，南極山背，北極於湖，直錢四百萬，即日交畢，日月爲證，四時爲任。太康五年九月二十九日，對共破莂。'民有私約如律令，此古莂文之僅存者，石刻在浙江山陰。"按，長沙走馬樓三國吳簡中"莂"字多見。

〔2〕别：分開；離析。《淮南子·齊俗訓》："宰庖之切割分别也。"

〔3〕大書：書寫大字。　中央：中間。《禮記·王制》："道路，男子由右，婦人由左，車從中央。"

〔4〕中破：從中間剖開。

19.24 契[1]，刻也，刻識其數也[2]。

〔1〕契：符節、憑證、字據等信物。契約。《老子》："是以聖人執左契而不責於人，故有德司契，無德司徹。"

〔2〕刻識(zhì)：刻記；標誌。《周禮·考工記·輪人》"必矩其陰陽"鄭玄注："矩，謂刻識之也。"

19.25 策[1]，書教令於上[2]，所以驅策諸下也[3]。

〔1〕策：古代君主對臣下封土、授爵、免官或發布其他教令的文件。《左傳·昭公三年》："夏四月，鄭伯如晉，公孫段相，甚敬而卑，禮無違者，晉侯嘉焉，授之以策。"杜預注："策，賜命之書。"

〔2〕書：書寫；記載。參見19.1〔2〕。　教令：教誡；命令。《晏子春秋·問上十八》："景公問晏子曰：'明王之教民何若？'晏子對曰：'明其教令。'"

〔3〕驅策：驅使；差遣。　諸下：衆部下。《國語·晉語五》："寡君使克也，不腆弊邑之禮，爲君之辱，敢歸諸下執政，以整御人。"

19.26 漢制[1]:約勑、封侯曰"册"[2]。册，賾也[3]，勑使整賾[4]，不犯之也[5]。

〔1〕漢制:漢代的制度。《漢書·外戚傳下·孝成許皇后》:"諸侯拘迫漢制,牧相執持之也。"

〔2〕約勑(chì):猶"約敕""約飭"。約束誡飭。《漢書·游俠傳·原涉》:"子獨不見家人寡婦邪?始自約敕之時,意乃慕宋伯姬及陳孝婦。"勑:同"敕"。訓誡;告誡。參見 19.19〔3〕。"勑",盧文弨校作"敕",《古今逸史》本、鍾惺評本、《逸雅》本、疏證本、吳志忠校本作"敕",下同。張步瀛校作"勒",下同。按,"勑""敕""勒"均同。 封侯:封拜侯爵。《戰國策·趙策二》:"貴戚父兄皆可以受封侯。"册:古代帝王用於册立、封贈的詔書。《書·顧命》:"太史秉書,由賓階隮,御王册命。"孔穎達疏引鄭玄注:"太史東面,於殯西南而讀策書,以命王嗣位之事。"

〔3〕"賾",許克勤校:"《説文》:'嘖,齊也。'《廣雅·釋詁一》:'嘖,善也。'謂整齊修飭,以至於善也。此以'賾'訓'册','賾'之正字當作'嘖'。朱氏駿聲云以'嘖'爲訓,是也。《説文》有'嘖'無'賾','賾'俗字,'册''嘖'疊韻。"任按:"嘖應爲嘖"。嘖(zé):整齊。《説文·女部》:"嘖,齊也。"段玉裁注:"謂整齊也。"朱駿聲通訓定聲:"蓋整齊脩飭之義。"

〔4〕勑:同"敕"。整飭。整治使有條理。《易·噬嗑》:"雷電噬嗑,先王以明罰勑法。" 整賾:猶"整嘖"。整齊。

〔5〕犯:違背;違反。《周禮·夏官·大司馬》:"賊殺其親則正之,放弑其君則殘之,犯令陵政則杜之。"

19.27 示[1],示也[2],過所至關津[3],以示之也。

〔1〕示:公文;告示。

〔2〕示:給人看。《書·武成》:"歸馬於華山之陽,放牛於桃林之野,示天下弗服。"

〔3〕關津:水陸要道的關卡。《漢書·王莽傳中》:"吏民出入,持布錢以副符傳,不持者,廚傳勿舍,關津苛留。"

19.28 詣[1],啓也[2],以君語官司所至詣也[3]。

〔1〕詣:晉謁;造訪。《晏子春秋·雜下十》:"晏子至,楚王賜晏子酒。酒

酣,吏二縛一人詣王。"按,此在《釋書契》篇,疑指一種文書。

〔2〕啓:公文;書函。《太平御覽》卷五九五引漢服虔《通俗文》:"官信曰啓。""詣,啓也",盧文弨、疏證本校作"啓,詣也",巾箱本從之。疏證本曰:"今本作'詣,啓也',係誤到。"篆字疏證本未改,亦無此語。吳志忠校作"啓亦詣也",曰:"各本'啓亦詣'三字誤'詣,啓'二字,今補正。"吳翊寅校議:"吳〔志忠〕本作'啓亦詣也'。案:'謁'云'詣也',故補'亦'字。"一說當作"棨"。棨(qǐ):以木頭刻成的形狀像戟的通行憑證。疏證本曰:"又疑'啓'當作'棨'。《說文》:'棨,傳信也。'《漢書·文帝紀》注:'李奇曰:傳,棨也。'則當與'符''傳'相連,俟攷。"澀江全善、森立之《經籍訪古志》:"當作'棨,詣也',畢校未及此。"漢李尤《印銘》:"赤紱在報,非印不明;棨、傳、符、節,非印不行。"

〔3〕"君",段玉裁、疏證本校作"啓",巾箱本作"啓"。疏證本曰:"今本又下'啓'字誤作'君',今竝據文義改正。"吳志忠校作"告",曰:"各本'告'誤'君',今改。" 語(yù):告訴。《左傳·隱公元年》:"公語之故,且告之悔。"陸德明釋文:"語,魚據反。" 官司:官府。多指政府的主管部門。 所至詣:相當於"來謁見的目的"。

19.29 書〔1〕,庶也〔2〕,紀庶物也〔3〕。亦言著之簡紙〔4〕,永不滅也〔5〕。

〔1〕書:書籍;裝訂成册的著作。《論語·先進》:"子路曰:有民人焉,有社稷焉,何必讀書,然後爲學。"

〔2〕庶:衆多。《詩·小雅·小明》:"念我獨兮,我事孔庶。"鄭玄箋:"庶,衆也。"

〔3〕紀:通"記"。記載;記錄。《左傳·桓公二年》:"文、物以紀之,聲、明以發之。" 庶物:衆物;萬物。《易·乾》:"保合大和,乃利貞。首出庶物,萬國咸寧。"

〔4〕盧文弨、疏證本、吳志忠、邵晉涵於"亦言"後增"著也"二字。疏證本曰:"今本脫'著也'二字,據《廣韻》引增。《尚書》正義引作:'書者,庶也,以紀庶物。又爲著,言事得彰著。'"吳志忠校:"補'著也',依畢校。"邵晉涵曰:"從吳〔琯〕本增。" 著:記載。《墨子·明鬼》:"周人從者莫不見,遠者莫不聞,著在周之《春秋》。" 簡紙:竹簡和紙。

〔5〕不滅:不消失。《文選·古詩十九首·孟冬寒氣至》:"置書懷袖中,三歲字不滅。"

19.30 畫[1]，挂也[2]，以五色挂物上也[3]。

〔1〕畫：圖畫。《漢書·霍光傳》：“後元二年春，上遊五柞宮，病篤，光涕泣問曰：‘如有不諱，誰當嗣者？’上曰：‘君未諭前畫意邪？立少子，君行周公之事。’”

〔2〕挂：塗畫；塗抹。

〔3〕五色：青、赤、白、黑、黄五種顔色。《禮記·禮運》：“五色，六章，十二衣，還相爲質也。”孔穎達疏：“五色，謂青、赤、黄、白、黑，據五方也。”亦泛指各種顔色。《荀子·勸學》：“目好之五色。” 胡楚生校：“希麟《音義》卷八引此條，‘物’上有‘於’字。”

19.31 書稱“刺”[1]，書以筆刺紙簡之上也[2]；又曰“寫”[3]，倒寫此文也[4]。書姓字於奏上曰“書刺”[5]，作“再拜”“起居”字[6]，皆達其體[7]；使書盡邊[8]，徐引筆書之[9]，如畫者也。下官刺曰“長刺”[10]，長書中央一行而下之也[11]。又曰“爵里刺”[12]，書其官爵及郡縣鄉里也[13]。

〔1〕書：寫字；書寫。《史記·秦始皇本紀》：“書同文字。” 刺：採録；書寫。《史記·封禪書》：“（文帝）使博士諸生刺六經中作《王制》。”司馬貞索隱引顔師古曰：“刺，謂采取之也。”漢高誘《〈淮南子〉叙》：“典農中郎將弁揖借八卷刺之。”

〔2〕刺：用鋭利之物戳入或穿透。《孟子·梁惠王上》：“是何異於刺人而殺之。” 紙簡：猶“簡紙”。紙和竹簡。參見19.29〔4〕。

〔3〕寫（xiě）：書寫；謄録。

〔4〕“倒”，盧文弨、疏證本校作“到”。疏證本曰：“今本‘到’字加‘人’旁，《説文》新附字也。‘到寫’猶以此器之物傳寫於他器也。鄭注《周禮·鄉大夫職》云：‘内史副寫其書。’又注《御史職》云：‘爲書寫其治之法令。’”篆字疏證本校語未引《御史職》。倒寫（xiě）：猶“倒瀉”。傾瀉；疏泄。

〔5〕“書”，盧文弨、疏證本、吳志忠校作“畫”。疏證本曰：“‘畫’，今本皆作‘書’，據《太平御覽》引改。”篆字疏證本未校。吳志忠曰：“‘畫’依畢校。”巾箱本作“畫”。畫：簽署；簽押。 姓字：姓氏和名字，猶姓名。《墨子·經説上》：“聲出口，俱有名，若姓字。” 奏：指書以陳事的簡牘。參見19.6〔1〕。 書刺：寫名刺。《後漢書·王符傳》：“後度遼將軍皇甫規解官歸安定，鄉人有以

貨得雁門太守者,亦去職還家,書刺謁規。"按,名刺猶名片。"畫刺"亦可解,即在書簡上署名。

〔6〕再拜:敬詞。舊時用於書信的開頭或末尾。漢司馬遷《報任少卿書》:"太史公牛馬走司馬遷再拜言……略陳固陋,謹再拜。" 起居:問安;問好。按,長沙走馬樓三國吳簡中有"弟子黃朝再拜問起居"內容,可印証本條之説。

〔7〕達:具備。《禮記・樂記》:"執亨而祀,非達禮也。"鄭玄注:"達,具也。"孔穎達疏:"今以上世爲具禮,下世爲不具禮者,禮之所具在於德。上代禮文雖署,德備也;下代禮文雖煩,德不具也。" 體:準則;法式。《管子・君臣上》:"君明,相信,五官肅,士廉,農愚,商工愿,則上下體。"尹知章注:"上下各得其體也。"

〔8〕盡:盡竭;完。《易・繫辭上》:"書不盡言,言不盡意。"

〔9〕徐:緩慢。《莊子・天道》:"斫輪徐則甘而不固,疾則苦而不入,不徐不疾,得之於手而應於心。" 引筆:運筆。運腕用筆。

〔10〕下官:下僚;下屬官吏。《漢書・賈誼傳》:"坐罷軟不勝任者,不謂罷軟,曰'下官不職'。" 長刺:中間一行寫得特長的名刺。

〔11〕中央:中間。《漢書・西域傳序》:"南北有大山,中央有河。"

〔12〕爵里刺:書有官爵和鄉里的名片。《三國志・魏志・夏侯淵傳》"惠弟和,河南尹"裴松之注引晉郭頒《世語》:"人一奏刺,悉書其鄉邑名氏,世所謂爵里刺也。"

〔13〕官爵:官職和爵位。《管子・七法》:"官爵不審,則姦吏勝。" 郡縣:郡和縣的並稱。《史記・秦始皇本紀》:"今陛下興義兵,誅殘賊,平定天下,海內爲郡縣。" 鄉里:家鄉;故里。《管子・立政》:"勸勉百姓,使力作毋偷,懷樂家室,重去鄉里,鄉師之事也。"

19.32 書稱"題"[1]。題,諦也[2],審諦其名號也[3]。亦言"第"[4],因其第次也[5]。

〔1〕書:書寫;題寫。 吳志忠於"書"後增一"牘"字,曰:"各本脱'牘'字,今補。"吳翊寅校議:"吳〔志忠〕本作'書牘稱題'。" 題:書寫;題署。

〔2〕諦(dì):注意;細察。漢劉向《説苑・權謀》:"聖王之舉事,必先諦之於謀慮,而後考之於蓍龜。"

〔3〕審諦:仔細考察或觀察。 名號:名稱;名目。《荀子・賦》:"名號不美,與暴爲鄰。"

〔4〕第：等級；次第。漢班固《白虎通・爵》：“侯者百里之正爵，上可有次，下可有第，中央故無二，五十里有兩爵者，所以加勉進人也。”又指品第；評定。《管子・度地》：“凡一年之事畢矣，舉有功，賞賢，罰有罪，遷有司之吏而第之。” 吳志忠於“第”後增一“也”字，曰：“各本脱‘也’字，今補。”吳翊寅校議：“吳〔志忠〕本‘第’下有‘也’字。”

〔5〕因：順隨；順着。《莊子・齊物論》：“和之以天倪，因之以蔓衍，所以窮年也。”成玄英疏：“因，任也。” 第次：等級；次第。《史記・儒林列傳》：“（兒寬）以試第次，補廷尉史。”

19.33 書文[1]、書檢曰“署”[2]。署，予也[3]，題所予者官號也[4]。

〔1〕書：書寫；題寫。

〔2〕檢：書函；書簽。《説文・木部》：“檢，書署也。”段玉裁注：“書署，謂表署書函也。” 署：簽名；題字。《墨子・號令》：“民室材木瓦若蘭石，數署長短大小，當舉不舉，吏有罪。”

〔3〕予：給與。《史記・廉頗藺相如列傳》：“秦亦不以城予趙，趙亦終不予秦璧。”

〔4〕題：書寫；題署。參見上條〔1〕。 官號：官職的名稱。《史記・匈奴列傳》：“然至冒頓而匈奴最彊大，盡服從北夷，而南與中國爲敵國，其世傳國官號，乃可得而記云。”

19.34 上勅下曰“告”[1]。告，覺也[2]，使覺悟知己意也[3]。

〔1〕勅（chì）：同“敕”。訓誡；告誡。參見19.19〔3〕。 告：諭告；告示。後作“誥”。

〔2〕覺：啓發；使人覺悟。《孟子・萬章上》：“予將以斯道覺斯民也，非予覺之而誰也！”

〔3〕覺悟：領悟；知曉。《荀子・成相》：“不覺悟，不知苦，迷惑失指易上下。”

19.35 下言上曰“表”[1]。思之於内，表施於外也[2]。又曰“上”[3]，示之於上也[4]。又曰“言”[5]，言其意也。

〔1〕言:陳述;叙述。《韓非子·初見秦》:"臣願悉言所聞,唯大王裁其罪。" 表:古代奏章的一種,多用於陳請謝賀。漢蔡邕《獨斷》卷上:"凡群臣上書於天子者有四名,一曰章,二曰奏,三曰表,四曰駮議……表者不需頭,上言'臣某言',下言'臣某誠惶誠恐,頓首頓首,死罪死罪',左方下附曰'某官臣甲上'。文多用編兩行,文少以五行。"

〔2〕表施:表白;顯揚。表:顯揚;表彰。《禮記·檀弓下》:"君子表微。"鄭玄注:"表,猶明也。"施:顯揚;表白。《禮記·祭統》:"對揚以辟之,勤大命,施于烝彝鼎。"鄭玄注:"施,猶著也,言我將行君之命,又刻著於烝祭之彝鼎彝尊也。"

〔3〕上:進呈;奉獻。《莊子·説劍》:"宰人上食。"此指上奏。

〔4〕示:告訴;告知。《楚辭·九章·懷沙》:"懷瑾握瑜兮,窮不知所示。"王逸注:"示,語也。"

〔5〕言:臣對君的呈文。

19.36 約[1],約束之也[2]。勅[3],飾也[4],使自警飾[5],不敢廢慢也[6]。[7]

〔1〕約:以語言或文字訂立共同應遵守的條件。《荀子·正名》:"名無固宜,約之以命。"

〔2〕約束:限制;管束。參見 19.22〔3〕。

〔3〕盧文弨於"勅"前畫一分隔綫,使與下條分開。明萬曆中周履清刻《夷門廣牘》本、疏證本、吳志忠校本以下提行別起,另成一條。 勅(chì):同"敕"。訓誡;告誡。參見 19.19〔3〕。

〔4〕飾:通"飭"。端正;謹慎。《吕氏春秋·舉難》:"自責以義則難爲非,難爲非則行飾。"陳奇猷校釋:"飾、飭通。"

〔5〕警飾:猶"警飭"。警惕;戒備。

〔6〕廢慢:廢弛輕忽。

〔7〕胡玉縉校:"《〔孟子·〕公孫丑》:'好臣其所教。'趙注:'好臣其所教敕役使之才可驕者耳。'焦氏正義引此文而申之曰:'教敕之,使不敢慢,是我所使役之才也。'"

19.37 謂猶謂也[1],猶得勅不自安[2],謂謂然也[3]。

〔1〕謂(之一):使令;命令。《詩·小雅·出車》:"自天子所,謂我來矣。"

馬瑞辰通釋：“《廣雅》：‘謂，使也。’謂我來，即使我來也。”高亨注：“謂，猶命，口頭命令。”“謂也，猶”三字，吳志忠校作“喟喟”，曰：“各本‘喟喟’二字誤‘謂也猶’三字，今删改。”王先謙疏證補：“吳〔志忠〕校‘謂猶謂也’作‘謂猶喟喟’。”喟(kuì)：嘆息。《楚辭·離騷》：“依前聖以節中兮，喟憑心而歷兹。”王逸注：“喟，歎也。” 一説“謂(之二)”通“畏”。《詩·召南·行露》：“厭浥行露，豈不夙夜？謂行多露。”馬瑞辰通釋：“謂，疑‘畏’之假借。凡《詩》上言‘豈不’‘豈敢’者，下句多言‘畏’。《大車》詩：‘豈不爾思？畏子不敢……豈不爾思，畏子不奔。’《出車》詩：‘豈不懷歸？畏此譴怒……豈不懷歸？畏此反覆。’僖二十年《左傳》引此詩，杜注：‘言豈不欲早暮而行，懼多露之濡己。’以懼釋‘謂’，似亦訓謂爲‘畏’。”

〔2〕勑(chì)：同“敕”。訓誡；告誡。參見19.19〔3〕。 自安：自安其心；自以爲安定。《荀子·王霸》：“故人主天下之利埶也，然而不能自安也，安之者，必將道也。”

〔3〕“謂謂”，吳志忠校作“喟喟”，曰：“各本‘喟喟’誤‘謂謂’，今改。”吳翊寅校議：“吳〔志忠〕本作：‘謂猶喟喟，得敕不自安，喟喟然也。’案：此條疑有脱文，畢云‘不甚明曉’，是也。”王先謙疏證補：“吳〔志忠〕校‘謂謂’作‘喟喟’。”喟喟：嘆息聲。《楚辭·九嘆·愍命》：“行吟累欷，聲喟喟兮。”一説：“謂謂”猶“畏威”。謂畏懼。畏，通“威”。《書·微子》：“天毒降災荒殷邦，方興沉酗於酒，乃罔畏畏，咈其耉長，舊有位人。”孫星衍疏：“畏畏，當爲畏威。”一説爲“敬”。《廣雅·釋訓》：‘畏畏，敬也。’王念孫疏證：‘《微子》云：“乃罔畏畏。”’

釋典藝第二十〔1〕

〔1〕典藝：經典。漢應劭《風俗通·皇霸序》：“蓋天地剖分，萬物萌毓，非有典藝之文，堅基可據……乃欲審其事而建其論，董其是非而綜其詳略，言也實爲難哉！”泛指古昔相傳的典籍和技藝。

20.1 《三墳》〔1〕，墳，分也，論三才之分〔2〕，天、地、人之治〔3〕，其體有三也〔4〕。

〔1〕三墳：傳説中的上古時代書籍。《左傳·昭公十二年》：“是能讀《三墳》《五典》《八索》《九丘》。”杜預注：“皆古書名。”孔穎達疏引孔安國《書經

序》:“伏羲、神農、黃帝之書,謂之《三墳》,言大道也。”

〔2〕三才:天、地、人。《易·説卦》:“是以立天之道曰陰與陽,立地之道曰柔與剛,立人之道曰仁與義。兼三才而兩之,故《易》六畫而成卦。”又指天道、地道、人道。

〔3〕“治”,盧文弨、疏證本校作“始”,巾箱本從之。疏證本曰:“今本‘始’又誤爲‘治’,據《北堂書鈔》《藝文類聚》引改。”治:通“始”。開始。《爾雅·釋詁下》:“治,故也。”郝懿行義疏:“‘治’,通作‘始’。”

〔4〕體:分;區分。《墨子·經上》:“體,分於兼也。”孫詒讓閒詁:“《周禮·天官·叙官》鄭注云:‘體,猶分也。’《説文·秝部》云:‘兼,并也。’蓋并衆體則爲兼,分之則爲體。”

20.2 《五典》〔1〕,典,鎮也〔2〕,制法所以鎮定上下〔3〕,其等有五也〔4〕。

〔1〕五典:傳説中的上古五部典籍。《左傳·昭公十二年》:“是能讀《三墳》《五典》《八索》《九丘》。”杜預注:“皆古書名。”孔穎達疏引漢孔安國《書經序》:“少昊、顓頊、高辛、唐、虞之書,謂之《五典》,言常道也。”

〔2〕鎮:安撫;安定。《國語·晉語七》:“柔惠小物,而鎮定大事。”韋昭注:“鎮,安也。”

〔3〕制法:制定法度。 所以:用以;用來。《莊子·天地》:“是三者,非所以養德也。” 鎮定:安定;穩定。《國語·晉語七》:“柔惠小物,而鎮定大事。”韋昭注:“鎮,安也。言智思能安定也。”

〔4〕等:類。《易·繫辭下》:“道有變動,故曰爻;爻有等,故曰物。”韓康伯注:“等,類也。”

20.3 《八索》〔1〕,索,素也〔2〕,著素王之法〔3〕,若孔子者〔4〕,聖而不王〔5〕,制此法者有八也〔6〕。

〔1〕八索:古書名。後代多以指稱古代典籍或八卦。《左傳·昭公十二年》:“是能讀《三墳》《五典》《八索》《九丘》。”杜預注:“皆古書名。”孔穎達疏引孔安國《尚書序》:“八卦之説,謂之《八索》,求其義也。”

〔2〕素:空;無權位。《史記·貨殖列傳》:“今有無秩禄之奉,爵邑之入,而樂與之比者,命曰‘素封’。”張守節正義:“言不仕之人自有田園收養之給,其

利比於封君,故曰'素封'也。"參見注〔4〕。

〔3〕著:明示。《漢書·陸賈傳》:"高帝不懌,有慚色,謂賈曰:'試爲我著秦所以失天下,吾所以得之者,及古成敗之國。'"顔師古注:"著,明也,謂作書明言之。" 素王:具有帝王之德而未居帝王之位者。《莊子·天道》:"以此處下,玄聖、素王之道也。"郭象注:"有其道爲天下所歸,而無其爵者,所謂素王自貴也。"

〔4〕孔子(前551—前479):春秋末期思想家、政治家、教育家,儒家的創始者。名丘,字仲尼。魯國陬邑(今山東曲阜東南)人。杜預《春秋左氏傳序》:"説者以爲仲尼自衛反魯,脩《春秋》,立素王,丘明爲素臣。"孔穎達疏:"説《左氏》者,言孔子自衛反魯,則便撰述《春秋》,三年文成,乃致得麟。孔子既作此書,麟則爲書來,應言麟爲孔子至也。麟是帝王之瑞,故有素王之説。言孔子自以身爲素王,故作《春秋》,立素王之法;丘明自以身爲素臣,故爲素王作左氏之傳。漢、魏諸儒,皆爲此説。董仲舒對策云:'孔子作《春秋》,先正王而繫以萬事,是素王之文焉。'賈逵《春秋序》云:'孔子覽史記,就是非之説,立素王之法。'鄭玄《六藝論》云:'孔子既西狩獲麟,自號素王,爲後世受命之君,制明王之法。'盧欽《公羊序》云:'孔子自因魯史記而脩《春秋》,制素王之道。'是先儒皆言孔子立素王也。《孔子家語》稱齊太史子餘歎美孔子言曰:'天其素王之乎!'素,空也,言無位而空王之也。彼子餘美孔子之深,原上天之意,故爲此言耳,非是孔子自號爲素王,先儒蓋因此而謬,遂言《春秋》立素王之法。"

〔5〕聖:聰明睿智。《禮記·經解》:"其在朝廷則道仁聖禮義之序。"俞樾《群經平議·禮記四》:"凡以聖與仁義禮並言者,聖即知也。" 王(wàng):統治;稱王。《詩·大雅·皇矣》:"王此大邦,克順克比。"

〔6〕制:制定。《易·節》:"《象》曰:澤上有水,節,君子以制數度,議德行。"

20.4 《九丘》[1],丘,區也[2],區別九州土氣[3],教化所宜施者也[4]。此皆三王以前[5]、上古羲皇時書也[6]。今皆亡[7],惟《堯典》存也[8]。

〔1〕九丘:傳説中的古書名。《左傳·昭公十二年》:"楚左史倚相趨過,王曰:'是良史也,子善視之,是能讀《三墳》《五典》《八索》《九丘》。'"杜預注:"皆古書名。"漢孔安國《尚書序》:"九州之志,謂之《九丘》,丘,聚也。言九州所有,土地所生,風氣所宜,皆聚此書也。"

〔2〕區:區別;劃分。《論語·子張》:"譬諸草木,區以別矣。"

〔3〕區別:區分;辨別。《論語·子張》:"譬諸草木,區以別矣。"《東觀漢記·宗資傳》:"汝南太守宗資任用善士,朱紫區別。" 九州:古代分中國爲九州,説法不一:《書·禹貢》作冀、兗、青、徐、揚、荊、豫、梁、雍;《爾雅·釋地》有幽、營州而無青、梁州;《周禮·夏官·職方》有幽、并州而無徐、梁州。後以泛指天下,全中國。《楚辭·離騷》:"思九州之博大兮,豈惟是其有女?" 土氣:當地的習俗。漢王充《論衡·譴告》:"趙他之性,習越土氣,畔冠帶之制。"

〔4〕教化:政教風化。《詩·周南·關雎序》:"美教化,移風俗。" 宜:合適;適當;適宜。《禮記·中庸》:"義者,宜也,尊賢爲大。" 施:施行;施展。《國語·吳語》:"勾踐恐懼而改其謀,舍其愆令,輕其徵賦,施民所善,去民所惡。"

〔5〕三王:夏、商、周三代開國君王。《孟子·告子下》:"五霸者,三王之罪人也。"趙岐注:"三王,夏禹、商湯、周文王是也。"

〔6〕上古:遠古時代。古人以書契時代以前爲上古,今多以洪荒至秦、漢以前爲上古。《易·繫辭下》:"上古結繩而治,後世聖人易之以書契。" 羲皇:即伏羲氏。《文選·揚雄〈劇秦美新〉》:"厥有云者,上罔顯於羲皇。"李善注:"伏羲爲三皇,故曰羲皇。"

〔7〕亡:丟失;喪失。《莊子·駢拇》:"臧與穀二人相與牧羊,而俱亡其羊。"

〔8〕堯典:《尚書》篇名。記唐堯時的言論與人事。

20.5 經〔1〕,徑也〔2〕,如徑路無所不通〔3〕,可常用也〔4〕。

〔1〕經:歷來被尊爲典範的著作。《荀子·勸學》:"其數則始乎誦經,終乎讀禮。"楊倞注:"經,謂《詩》《書》。"

〔2〕徑:小路。《周禮·地官·遂人》:"夫間有遂,遂上有徑。"鄭玄注:"徑容牛馬。"

〔3〕盧文弨、疏證本於"如"前增"常典也"三字。疏證本曰:"今本脱此三字,據《太平御覽》引補。《北堂書鈔》《初學記》引作'典常也',非。"胡玉縉校:"《廣雅·釋詁》:'經,徑也。'王氏疏證引此文亦有'常典也'三字。"邵晉涵於此處增"典常也"三字,曰:"從《初學記》添一句。"王先慎校:"《初學記》二十一引'如'上有'典'字。"按,據疏證本,疑此條本爲兩條:"經,徑也,如徑路無所不通也。""典,常也,可常用也。""典,常也"的文獻用例如:《詩·周頌·我將》:"儀式刑文王之典,日靖四方。"毛傳:"典,常。"《爾雅·釋詁》:"典,常也。"《周禮·天官·大宰》:"大宰之職,掌建邦之六典,以佐王治邦國。"鄭玄注:"典,

常也。"《儀禮·士昏禮》:"對曰:吾子順先典,貺某重禮,某不敢辭,敢不承命。"鄭玄注:"典,常也,法也。"《禮記·文王世子》:"《兑命》曰:念終始,典于學。"鄭玄注:"典,常也。"《左傳·文公六年》:"宣子於是乎始爲國政,制事典。"杜預注:"典,常也。"《文選·揚雄〈劇秦美新〉》:"增封泰山,禪梁父,斯受命者之典業也。"李善注:"典,常也,言封禪之事,王者常業也。" 徑路:小路。《易·説卦傳》:"艮爲山,爲徑路。"孔穎達疏:"爲徑路,取其山雖高,有澗道也。" 通:到達;通到。《國語·晉語二》:"道遠難通,望大難走。"韋昭注:"通,至也。"

〔4〕常用:經常使用;日常應用。《墨子·小取》:"是故辟(譬)侔援推之辭……不可不審也,不可常用也。"

20.6 緯[1],圍也,反覆圍繞[2],以成經也[3]。

〔1〕緯:緯書的省稱。漢代依託儒家經義宣揚符籙瑞應占驗之書。相對於經書,故稱。《易》《書》《詩》《禮》《樂》《春秋》及《孝經》均有緯書,稱"七緯"。

〔2〕反覆:來回;往返。 圍繞:圍攏;環繞。《東觀漢記·周嘉傳》:"嘉從太守何敞討賊,敞爲流矢所中,賊圍繞數十重。"

〔3〕成:固定;確定。《國語·晉語四》:"晉無寧歲,民無成君。"韋昭注:"成,定也。"又《吳語》:"夫一人善射,百夫決拾,勝未可成也。"韋昭注:"成,猶必也。"一説,指成全,助之使成功。《論語·顔淵》:"君子成人之美,不成人之惡。"

20.7 圖[1],度也[2],盡其品度也[3]。

〔1〕圖:指河圖。儒家關於《周易》卦形來源的傳説。《易·繫辭上》:"河出圖,洛出書。"《書·顧命》:"大玉、夷玉、天球、河圖,在東序。"僞孔傳:"伏犧王天下,龍馬出河,遂則其文以畫八卦,謂之'河圖'。"

〔2〕度:法度;規範。《左傳·昭公三年》:"公室無度。"

〔3〕盡:努力完成。《荀子·榮辱》:"故仁人在上,則農以力盡田。" 品度:標準;法度。品:法式;法則。《管子·宙合》:"鄉有俗,國有法……品有所成,故曰人不一事。"度:法制;法度。《書·太甲中》:"欲敗度,縱敗禮。"孔穎達疏:"準法謂之度。"

20.8 讖[1],纖也[2],其義纖微也[3]。

〔1〕讖（chèn）：預言吉凶的文字、圖籙。《文選·賈誼〈鵩鳥賦〉》：“發書占之兮，讖言其度。”李善注：“《說文》：讖，驗也。有徵驗之書，河洛所出書曰讖。”

〔2〕纖（xiān）：細小；微細。《書·禹貢》：“厥篚玄纖縞。”僞孔傳：“纖，細也。”

〔3〕纖微：細微。《韓詩外傳》卷九：“患生於忿怒，禍起於纖微。” 盧文弨、疏證本於“纖微”後增“而有效驗”四字，巾箱本從之。疏證本曰：“今本無‘而有效驗’四字，據《一切經音義》引增。”王仁俊集斠：“見《〔一切經音義·二·〕大般涅槃經·二十一》引，‘效’作‘効’。”

20.9 《易》[1]，易也[2]，言變易也[3]。

〔1〕易：書名。古代卜筮之書。《周禮·春官·大卜》：“掌三《易》之法，一曰《連山》，二曰《歸藏》，三曰《周易》。”今僅存《周易》，簡稱《易》。

〔2〕易：改變。《易·繫辭下》：“上古穴居而野處，後世聖人易之以宮室。”

〔3〕變易：變換；變化。《管子·四稱》：“（無道之臣）不修先故，變易國常，擅創爲令，迷或其君。”

20.10 《禮》[1]，體也[2]，得其事體也[3]。[4]

〔1〕禮：儒家經典名。《周禮》《儀禮》《禮記》通稱“三禮”。《莊子·天地》：“孔子謂老聃曰：丘治《詩》《書》《禮》《樂》《易》《春秋》六經。”

〔2〕體：體統；體制。《左傳·定公十五年》：“夫禮，死生存亡之體也。”洪亮吉詁：“《禮器》：‘禮也者，猶體也。’《廣雅》：‘禮，體也。’”

〔3〕得：曉悟；瞭解。《韓非子·外儲說左下》：“臣昔者不知所以治鄴，今臣得矣，願請璽，復以治鄴。”《禮記·樂記》：“禮得其報則樂。”鄭玄注：“得謂曉其義，知其吉凶之歸。” 事體：體制；體統；規矩。

〔4〕疏證本校：“已見《釋言語》篇。”葉德炯校：“此《禮經》之‘禮’，與前《言語》篇同訓而異實。《漢書·藝文志》：‘《禮》，古經五十六卷，經七十篇。’即此。《禮記》疏引鄭元《禮序》云：‘《禮》者，體也。’與此義合，明此是釋六經之《禮》。”蘇輿校：“《御覽》又引《春秋說題辭》云：‘《禮》者，體也。人情有哀樂，五行有興滅，故立鄉飲之禮。始終之哀，婚姻之宜，朝聘之表，尊卑有序，上下有體。’是以《禮經》之‘禮’爲‘體’，其說已舊。”參見卷四《釋言語》12.7條。

20.11 儀[1]，宜也[2]，得事宜也[3]。

〔1〕儀：法度；準則。《墨子·天志》：“置此以爲法，立此以爲儀，將以量度天下之王公大人、卿大夫之仁與不仁，譬之猶分黑白也。”

〔2〕宜：正當的道理。《國語·晉語四》：“守天之聚，將施於宜，宜而不施，聚必有闕。”韋昭注：“宜，義也。”

〔3〕事宜：事情的道理。《漢書·兒寬傳》：“總百官之職，各稱事宜。”

20.12 傳[1]，傳也[2]，以傳示後人也[3]。

〔1〕傳（zhuàn）：書傳；著作。《孟子·梁惠王下》：“齊宣王問曰：‘文王之囿方七十里，有諸？’孟子對曰：‘於傳有之。’”晉張華《博物志》卷六曰：“賢者著述曰傳。”

〔2〕傳（chuán）：傳揚；流傳。《禮記·祭統》：“有善而弗知，不明也。知而弗傳，不仁也。”

〔3〕傳示：傳播示知；傳達告知。　後人：後世的人。《書·君奭》：“告君乃猷裕，我不以後人迷。”孔穎達疏：“我不用使後世人迷惑，故欲教之也。”

20.13 記[1]，紀也[2]，紀識之也[3]。

〔1〕記：典籍。《公羊傳·僖公二年》：“記曰：‘脣亡則齒寒。’”何休注：“記，史記也。”

〔2〕紀：通“記”。記載；記錄。《左傳·桓公二年》：“文、物以紀之，聲、明以發之。”

〔3〕紀識（zhì）：即“記識”。記下；記住；記得。《書·武成序》“識其政事，作《武成》”僞孔傳：“記識殷家政教善事以爲法。”

20.14 《詩》[1]，之也[2]，志之所之也[3]。興物而作謂之“興”[4]，敷布其義謂之“賦”[5]，事類相似謂之“比”[6]，[7]言王政事謂之“雅”[8]，稱頌成功謂之“頌”[9]，隨作者之志而別名之也[10]。

〔1〕詩：指《詩經》。中國最早的詩歌總集。本祇稱《詩》，儒家列爲經典之一，故稱《詩經》。編成於春秋時代，共三百零五篇。分爲“風”“雅”“頌”三大類。大抵是周初至春秋中葉的作品，產生於今陝西、山西、河南、山東、湖北等地。詩篇形式以四言爲主，運用賦、比、興的手法。《論語·爲政》：“《詩》三

百,一言以蔽之,曰:'思無邪。'"

〔2〕之:生出;滋長。《説文·之部》:"之,出也。"《禮記·祭義》:"如語焉而未之然。"徐灝注箋:"之之言滋也,艸木滋長也。"俞樾平議:"此之字乃其本義。未之者,未出也;如語焉而未之者,如語焉而未出也。"

〔3〕志:意志;感情。《書·舜典》:"詩言志,歌永言。" 所之:所去的地方。《詩·大序》:"詩者,志之所之也。在心爲志,發言爲詩。"

〔4〕興(xìng)物:以物起興。 作:創作;撰寫。《論語·述而》:"述而不作,信而好古。" 興(xìng):《詩》六義之一。乃先言他物以引起所詠之詞的一種寫作手法。《詩·大序》:"故《詩》有六義焉:一曰風,二曰賦,三曰比,四曰興,五曰雅,六曰頌。"孔穎達疏:"(鄭)司農又云:'興者,托事於物。'則興者,起也,取譬引類,起發己心。"《文心雕龍·比興》:"起情,故興體以立。"

〔5〕疏證本校:"案《北堂書鈔》《藝文類聚》《太平御覽》引此句上有'賦,敷也'三字,句法不與上下文相類。彼自就文士之賦言,此處不可增。"張步瀛將疏證本校語所引"敷也"之"也"删去。篆字疏證本於"敷布"前增"賦,敷也"三字,云:"今本無此三字,《北堂書鈔》《藝文類聚》《文選·三都賦·叙》注、《太平御覽》引皆有之,據曾。"丁山校:"《文〔選〕·皇甫士安〈三都賦序〉》注引:'賦,敷也'。" 敷布:鋪叙;陳述。 賦:《詩》六義之一。是一種直陳其事的表現手法。《周禮·春官·大師》:"教六詩:曰風、曰賦、曰比、曰興、曰雅、曰頌。"鄭玄注:"賦之言鋪,直鋪陳今之政教善惡。"南朝梁鍾嶸《詩品·序》:"直書其事,寓言寫物,賦也。"《文心雕龍·詮賦》:"賦者,鋪也,鋪采摛文,體物寫志也。"

〔6〕事類:事物的外形。類:形貌;形象。《楚辭·九章·橘頌》:"精色内白,類可任兮。"王逸注:"類,猶貌也。" 相似:相類;相像。《易·繫辭上》:"與天地相似,故不違。" 比:《詩》六義之一。即比喻的手法。《詩·大序》:"故《詩》有六義焉:一曰風,二曰賦,三曰比,四曰興,五曰雅,六曰頌。"《文心雕龍·比興》:"詩人比興,觸物圓覽。"《梁書·文學傳上·鍾嶸》:"因物喻志,比也。"

〔7〕吳志忠校:"下脱'謂之風'句,各本同。"吳翊寅校議:"吳云:'下脱謂之風句。'"

〔8〕政事:政務。《書·皋陶謨》:"政事懋哉!懋哉!" 雅:《詩》六義之一。於天子諸侯朝會宴饗時歌誦。有《大雅》《小雅》之分。《詩·大序》:"雅者,正也。言王政之所由廢興也。政有小大,故有小雅焉,有大雅焉。"宋鄭樵

《〈通志〉總序》：“風土之音曰‘風’，朝廷之音曰‘雅’，宗廟之音曰‘頌’。”

〔9〕稱頌：稱贊頌揚。 成功：成就的功業；既成之功。《史記·秦始皇本紀》：“今名號不更，無以稱成功，傳後世，其議帝號。” 頌：《詩》六義之一。《詩》中的一類，包括《周頌》《魯頌》《商頌》，均爲廟堂祭祀時用的舞曲歌辭。《詩·大序》：“頌者，美盛德之形容，以其成功，告於神明者也。”宋朱熹《詩集傳·頌四》：“頌者，宗廟之樂歌，《大序》所謂‘美盛德之形容，以其成功，告於神明者也’。”清阮元《釋頌》：“《詩》分風、雅、頌，頌之訓爲美盛德者，餘義也；頌之訓爲形容者，本義也。且‘頌’字即‘容’字也……風、雅，但弦歌笙間，賓主及歌者皆不必因此而爲舞容。惟三《頌》各章，皆是舞容，故稱爲頌。”

〔10〕隨：依據；按照。《商君書·禁使》：“賞隨功，罰隨罪。” 作者：創始之人。《禮記·樂記》：“作者之謂聖，述者之謂明。”此指創作的人。 別名：區別命名。別：區分；辨別。《書·畢命》：“旌別淑慝。”

20.15 《尚書》[1]，尚，上也[2]，以堯爲上[3]，始而書其時事也[4]。

〔1〕尚書：亦稱《書》《書經》。儒家經典。“尚”即“上”，上代以來之書，故名。中國上古關於堯、舜和夏、商、周至秦穆公的歷史檔和部分追述古代事蹟著作的彙編。

〔2〕上：古；久遠。《吕氏春秋·蕩兵》：“兵之所自來者上矣。”高誘注：“上，古。”

〔3〕堯：傳説中的古帝陶唐氏之號。《易·繫辭下》：“神農氏没，黄帝、堯、舜氏作。”《史記·五帝本紀》：“帝嚳崩，而摯代立。帝摯立不善，而弟放勳立，是爲帝堯。”

〔4〕書：書寫；記載。《禮記·玉藻》：“動則左史書之，言則右史書之。”時事：當時的史實；當時的情況。《史記·六國年表序》：“余於是因《秦記》，踵《春秋》之後，起周元王，表六國時事，訖二世。”

20.16 春秋[1]，春[2]、秋、冬、夏，終而成歲[3]。《春秋》書人事[4]，卒歲而究備[5]。春、秋温涼中[6]，象政和也[7]，故舉以爲名也[8]。

〔1〕春秋：泛指四時。《詩·魯頌·閟宮》：“春秋匪解，享祀不忒。”鄭玄

箋:"春秋猶言四時也。"

〔2〕盧文弨於第二"春"字前增"之言"二字,巾箱本從之;疏證本增一"言"字,云:"今本脱'言'字,據《初學記》《太平御覽》引補。"

〔3〕終:盡,結束。《墨子·節用上》:"久者終年,速者數月。" 成歲:成爲一年。《書·堯典》:"期三百有六旬有六日,以閏月定四時,成歲。" 盧文弨、疏證本、邵晉涵於"成歲"後增"舉春、秋而冬、夏可知也"九字。疏證本曰:"今本脱'舉'以下九字,據《初學記》《太平御覽》引補。"巾箱本增"舉春、秋則冬、夏可知也"。

〔4〕春秋:編年體史書名。相傳孔子據魯史修訂而成。所記起於魯隱公元年,止於魯哀公十四年,凡二百四十二年。叙事極簡,用字寓褒貶。《孟子·滕文公下》:"世衰道微,邪説暴行有作,臣弑其君者有之,子弑其父者有之。孔子懼,作《春秋》。" 書:書寫;記載。 人事:人和事。

〔5〕卒歲:終年;整年。《管子·大匡》:"行此卒歲,始可以罰矣。" 究備:窮盡,完備。

〔6〕温凉:氣候暖和冷。 中(zhòng):得當;恰當。《論語·子路》:"刑罰不中,則民無所錯手足。"

〔7〕象:象徵。《荀子·正論》:"治古無肉刑而有象刑。"楊倞注:"象刑,異章服耻辱其形象,故謂之象刑也。" 政和:政治清明;政通人和。

〔8〕舉:提出;列舉。《論語·述而》:"舉一隅不以三隅反,則不復也。"

20.17 《國語》[1],記諸國君臣相與言語[2]、謀議之得失也[3]。又曰《外傳》[4],《春秋》以魯爲內[5],以諸國爲外,外國所傳之事也[6]。

〔1〕國語:中國最早的一部國別體著作。記録範圍爲上起周穆王十二年(前990)西征犬戎,下至智伯被滅(前453),包括各國貴族間朝聘、宴饗、諷諫、辯説、應對之辭以及部分歷史事件與傳説,可與《左傳》相參證,故有《春秋外傳》之稱。傳爲春秋時左丘明著。

〔2〕相與:互相;交相。《韓非子·五蠹》:"毁譽賞罰之所加者,相與悖繆也,故法禁壞而民愈亂。" 言語:説話;説。《易·頤》:"《象》曰:山下有雷,頤。君子以慎言語,節飲食。"

〔3〕謀議:謀劃;計議。《史記·封禪書》:"而使博士諸生刺六經中作《王制》,謀議巡狩封禪事。" 得失:得與失。猶成敗。《管子·七臣七主》:"故一

人之治亂在其心,一國之存亡在其主,天下得失,道一人出。"尹知章注:"明主得,闇主失。"

〔4〕外傳(zhuàn):古代經學家稱廣引事語、推演本義的書爲"外傳",與專主解釋經義的"内傳"相對。如《春秋左傳》爲内傳,《國語》爲外傳。漢王充《論衡·案書》:"《國語》,《左氏》之外傳也。《左氏》傳經,辭語尚略,故復選録《國語》之辭以實。"

〔5〕魯:周代諸侯國名。故地在今山東兖州東南至江蘇沛縣、安徽泗縣一帶。參見卷二《釋州國》7.23〔1〕。

〔6〕外國:古代指中央政府以外的政權。後以指本國以外的國家。《史記·大宛列傳》:"然張騫鑿空,其後使往者皆稱博望侯,以爲質於外國,外國由此信之。" 傳(chuán):傳説;傳聞。《荀子·非相》:"其所見焉,猶可欺也,而況於千世之傳也。"楊倞注:"傳,傳聞也。"《史記·樂書》:"有司失其傳也。如非有司失其傳,則武王之志荒矣。"裴駰集解引鄭玄曰:"有司,典樂者。傳,猶説也。"

20.18 《爾雅》[1],爾[2],昵也[3];昵,近也。雅[4],義也[5];義,正也。五方之言不同[6],皆以近正爲主也[7]。

〔1〕爾雅:我國最早解釋詞義的專著。由漢初學者綴輯周、漢諸書舊文,遞相增益而成。爲考證上古詞義和古代名物的重要資料。後世經學家常用以解説儒家經義,至唐宋時遂爲"十三經"之一。

〔2〕爾:通"邇"。近。《詩·大雅·行葦》:"戚戚兄弟,莫遠具爾。"朱熹集傳:"爾,與邇同。"《周禮·地官·肆長》:"實相近者相爾也。"孫詒讓正義:"爾即邇之借字。"

〔3〕昵(nì):親近;親昵。《逸周書·官人》:"昵之以觀其不狎。"

〔4〕雅:正;合乎規範、標準的。《詩序》:"言天下之事,形四方之風,謂之雅。雅者,正也。"

〔5〕義:謂符合正義或道德規範。《論語·述而》:"不義而富且貴,於我如浮雲。"

〔6〕五方:東、南、西、北和中央。亦泛指各方。《禮記·王制》:"五方之民,言語不通,嗜欲不同。"孔穎達疏:"五方之民者,謂中國與四夷也。"

〔7〕近正:接近正確;接近標準。 爲主:作爲主要的。

20.19 《論語》[1]，紀孔子與諸弟子所語之言也[2]。

〔1〕論(lún)語：由孔門後學記錄孔丘及其弟子言行而成的書。約成書在戰國初年。原有《魯論》《齊論》《古論》三種，《齊論》《古論》久亡，今《論語》即《魯論》，凡二十篇。《漢書·藝文志》：“《論語》者，孔子應答弟子、時人及弟子相與言而接聞於夫子之語也。當時弟子各有所記，夫子既卒，門人相與輯而論纂，故謂之《論語》。”

〔2〕紀：通“記”。記載；記録。《左傳·桓公二年》：“文、物以紀之，聲、明以發之。” 弟子：學生。《論語·雍也》：“哀公問曰：‘弟子孰爲好學？’” 吳志忠於“弟子”後增“所論”二字，曰：“各本脱‘所論’二字，今補。”吳翊寅校議：“吳〔志忠〕本‘所語’上有‘所論’二字。” 語(yǔ)：議論；談論；辯論。《説文·言部》：“語，論也。”《詩·大雅·公劉》：“于時言言，于時語語。”毛傳：“直言曰言，論難曰語。”《論語·述而》：“子不語怪力亂神。”

20.20 法[1]，逼也[2]，莫不欲從其志[3]，逼正使有所限也[4]。

〔1〕法：刑法。亦泛指法律。《易·噬嗑》：“先王以明罰敕法。”引申指規章；制度。《周禮·天官·大宰》：“以八灋治官府。”陸德明釋文：“灋，古法字。”孫詒讓正義：“法本爲刑法，引申之，凡典禮文制通謂之法。”

〔2〕逼：迫近；接近。《尉繚子·攻權》：“男女數重，各逼地形而攻要塞。”又指逼迫。《韓非子·揚權》：“木枝外拒，將逼主處。”一説“逼”當作“弼”。疏證本校：“‘逼’乃《説文》新附字，以音義求之，似應作‘弼’。下文言‘逼正’，亦不如‘弼正’之言爲安。但《太平御覽》已引作‘逼’，如孟子言‘驅而之善’，亦‘不以文害辭’，故仍之。”篆字疏證本改作“弼”，云：“‘弼’，今本作‘逼’，乃《説文》新附字，且以音誼求之，‘弼’近‘法’而‘逼’不近。又據下文言‘逼正’，亦不如‘弼正’之言爲安，故改。”葉德炯校：“《漢書·藝文志》：‘法家者流，蓋出於理官，信賞必罰，以輔禮制。《易》曰“先王以明罰飭法”，此其所長也。’按：此即弼教明法之義。畢謂‘偪’字應作‘弼’字，似爲得之。”

〔3〕盧文弨、疏證本於“莫不”前增一“人”字，連下爲句，巾箱本從之。疏證本曰：“今本脱‘人’字，據《太平御覽》引增。” 莫不：無不；沒有一個不。《詩·周頌·時邁》：“薄言震之，莫不震疊。” 從(zòng)：“縱”的古字。放縱。《禮記·曲禮上》：“敖不可長，欲不可從，志不可滿，樂不可極。”陸德明釋文：“從，放縱也。” 志：意志；感情。《左傳·昭公二十五年》：“是故審則宜類，以制六志。”杜預注：“爲禮以制好惡喜怒哀樂六志，使不過節。”孔穎達疏：“此六

志,《禮記》謂之六情。在己爲情,情動爲志,情志一也。”

〔4〕逼正:逼迫制止。正:止;停止。《詩·邶風·終風序》:“見侮慢而不能正也。”鄭玄箋:“正,猶止也。”

20.21 律[1],累也[2],累人心[3],使不得放肆也[4]。

〔1〕律:法紀;法令;規則。《易·師》:“師出以律,否臧凶。”孔穎達疏:“律,法也。”

〔2〕疏證本校:“《太平御覽》引作:‘律,纍也,纍人心。’音‘累’。《説文》但有‘纍’字,無‘累’‘纍’字。《一切經音義》引‘累’作‘纍’。《類篇》:‘纍,魯水切。法也。或作纍。’”纍字疏證本改作“纍”,下同,但無此校語。丁山校:“玄應《一切經音義》引作:‘律者,纍也,纍囚人心使不得放肆也。’慧琳本同。”胡楚生校:“慧琳《音義》卷五十九引此條,‘累也’作‘纍也’。”累(léi):拘繫;捆綁。《禮記·儒行》:“不累長上。”鄭玄注:“累,猶係也。”

〔3〕疏證本校:“《一切經音義》引又‘人心’上有‘囚’字。”纍字疏證本校:“《一切經音義》引‘人心’上有‘囚’字。”丁山校:“玄應《一切經音義》引作:‘纍囚人心使不得放肆也。’” 人心:指人們的意願、感情等。《易·咸》:“聖人感人心,而天下和平。”

〔4〕放肆:放縱;不加約束。

20.22 令[1],領也[2],理領之[3],使不得相犯也[4]。

〔1〕令:命令;法令。《書·冏命》:“出入起居,罔有不欽;發號施令,罔有不臧。下民祇若,萬邦咸休。”

〔2〕領:治理。《禮記·樂記》:“領父子君臣之節。”鄭玄注:“領,猶理治也。”

〔3〕理領:猶“領理”。治理;管理。《文子·上禮》:“其作書也,以領理百事,愚者以不忘,智者以記事。”

〔4〕不得:不能;不可。《穀梁傳·襄公二十九年》:“閽,門者也,寺人也,不稱姓名。閽不得齊於人。” 相犯:違犯。相:表示一方對另一方有所動作。《史記·魯仲連鄒陽列傳》:“臣聞明月之珠,夜光之璧,以闇投人於道路,人無不按劍相眄者。”犯:違反;違背。《周禮·夏官·大司馬》:“犯令陵政,則杜之。”鄭玄注:“犯令者,違命也。”

20. 23 科[1]，課也[2]，課其不如法者[3]，罪責之也[4]。

〔1〕科：律令；法規。《戰國策·秦策一》：“科條既備，民多僞態。”

〔2〕課：考核；考試。《説文·言部》：“課，試也。”《管子·七法》：“成器不課不用，不試不藏。”

〔3〕如法：按法律或方法辦理。《史記·淮南衡山列傳》：“長當棄市，臣請論如法。”

〔4〕罪責：罪罰；處罰。

20. 24 詔書[1]，詔[2]，昭也[3]，人暗不見事宜[4]，則有所犯[5]，以此示之[6]，使昭然知所由也[7]。

〔1〕詔書：皇帝頒發的命令。《史記·儒林列傳》：“臣謹案詔書律令下者，明天人分際，通古今之義，文章爾雅，訓辭深厚，恩施甚美。”

〔2〕詔：皇帝下達命令。漢高誘《〈淮南子注〉叙》：“孝文皇帝甚重之，詔使爲《離騷》賦。”

〔3〕“昭”，盧文弨、疏證本校作“照”。疏證本曰：“今本‘照也’作‘昭也’，據《北堂書鈔》《一切經音義》《太平御覽》引改增。”邵晉涵校：“《廣韻》引《釋名》云：‘詔，照也。’”丁山校：“慧琳本《一切經音義》引作：‘詔，照也。’”胡楚生校：“慧琳《音義》卷二十七引此條，‘昭’並作‘照’。”吳翊寅校議：“吳〔志忠〕本作‘詔，照也，昭也’。案：‘照’‘昭’二字，漢以前皆通用。《禮記·中庸》‘昭昭之多’，釋文：‘昭，本亦作炤。’又‘亦孔之昭’，釋文同。《穀梁傳》‘齊侯昭卒’，釋文並同。《譙敏碑》‘盛德炤明’，《劉熊碑》‘誕生照明’，《孫叔敖碑》‘處幽曙而照明’，皆以‘照’爲‘昭’，不當分爲二誼。據‘論，倫’例，止有一訓，疑‘詔書’二字衍文。”昭：日明；光明。《詩·大雅·既醉》：“君子萬年，介爾昭明。”鄭玄箋：“昭，光也。”引申指明白；清楚。《楚辭·九章·惜往日》：“卒没身而絶名兮，惜壅君之不昭。”

〔4〕暗：光線不足；不明亮。《論衡·説日》：“日中光明，故小；其出入時光暗，故大。”引申指昏亂；愚昧；不明白。《荀子·天論》：“上暗而政險，則是雖無一至者，無益也。” 事宜：事情的道理。《漢書·兒寬傳》：“總百官之職，各稱事宜。”

〔5〕犯：違背；違反。《周禮·夏官·大司馬》：“賊殺其親則正之，放弑其君則殘之，犯令陵政則杜之。”

〔6〕示：告訴；告知。《戰國策·秦策二》：“醫扁鵲見秦武王，武王示之

病。”高誘注：“示，語也。”

〔7〕昭然：明白貌。《禮記·仲尼燕居》：“三子者，既得聞此言也，於夫子，昭然若發矇矣。” 所由：所經歷的道路。此指所做的事情。《論語·爲政》：“子曰：‘視其所以，觀其所由，察其所安。人焉廋哉？人焉廋哉？’”楊樹達疏證：“由，行也。所由謂其所由行之徑路。”按，“行徑”一詞兼“道路”“行爲”二義，可證“所由”由所走的道路而引申指人的行爲。

20.25 論〔1〕，倫也〔2〕，有倫理也〔3〕。

〔1〕論：文體的一種。即議論文。三國魏曹丕《典論·論文》：“夫文本同而末異，蓋奏議宜雅，書論宜理。”《文心雕龍·論說》：“論也者，彌綸羣言，而研精一理者也。”

〔2〕倫：條理；順序。《書·舜典》：“八音克諧，無相奪倫。”

〔3〕倫理：事物的條理。《禮記·樂記》：“凡音者，生於人心者也；樂者，通倫理者也。”鄭玄注：“倫，猶類也。理，分也。”

20.26 稱人之美曰“讚”〔1〕。讚，纂也〔2〕，纂集其美而叙之也〔3〕。

〔1〕稱：稱讚；頌揚。《論語·憲問》：“驥不稱其力，稱其德也。” 美：指好的品德或表現。《楚辭·離騷》：“委厥美以從俗兮，苟得列乎衆芳。” 讚（zàn）：文體名。以頌揚人物爲主旨。

〔2〕纂（zuǎn）：匯集；編輯；編撰。《荀子·君道》：“纂論公察則民不疑。”

〔3〕纂集：編撰匯集。 叙：陳述；記述。《國語·晉語三》：“紀言以叙之，述意以導之。”韋昭注：“叙，述也。”

20.27 叙〔1〕，杼也〔2〕，杼泄其實〔3〕，宣見之也〔4〕。

〔1〕叙：序；序言。文體之一種。漢許慎《〈説文解字〉序》：“叙曰：此十四篇，五百四十部，九千三百五十三文，重一千一百六十三，解説凡十三萬三千四百四十一字。”

〔2〕“杼”，纂字疏證本、吳志忠、汪道謙校作“抒”，下同。吳志忠曰：“‘抒’依畢校，下同。”吳翊寅校議：“吳〔志忠〕本‘杼’作‘抒’，云：‘依畢校。’案《説文》：‘抒，挹也。’‘挹，抒也。从手。’又取水亦稱‘杼’，故‘杼漢’字作‘杼’，从

‘木’。《説文》：‘浚，杼也。’又：‘斜，杼也。’皆其誼。畢以爲‘抒’爲‘杼渫’字，失之。”杼：通“抒”。表達；發洩。按，又或即“抒”之訛字。參見卷四《釋言語》12.28〔2〕。

〔3〕杼渫：同“舒泄”，又作“拽杼”。抒發；發泄。參見卷四《釋言語》12.28〔3〕。　其實：實際情況。《孟子·滕文公上》：“夏后氏五十而貢，殷人七十而助，周人百畝而徹，其實皆什一也。”　“洩”，盧文弨、段玉裁、疏證本校作“泄”。疏證本云：“‘渫’字皆从‘木’，《説文》从‘手’。‘泄’，今本作‘洩’，唐人避諱後所改。”篆字疏證本改作“渫”，無校語。吳翔寅校議：“‘泄’亦當作‘渫’。吳依原本作‘洩’，非是。”胡玉縉校：“‘泄’，邵《爾雅》一引作‘叙’。”按，“洩”同“泄”。

〔4〕宣見(xiàn)：顯示；顯現。宣：顯示；顯露。《左傳·宣公九年》：“公卿宣淫，民無效焉。”杜預注：“宣，示也。”見：“現”的古字。顯示；顯露；出現；實現。《易·乾》：“九二，見龍在田。”《漢書·元帝紀》：“天見大異。”顏師古注：“見，顯示。”

20.28　銘[1]，名也[2]，述其功美[3]，使可稱名也[4]。[5]

〔1〕銘：古代常刻銘於碑版或器物，或以稱功德，或以申明鑒戒，後成爲一種文體。三國魏曹丕《典論·論文》：“夫文本同而末異，蓋奏議宜雅，書論宜理，銘誄尚實，詩賦欲麗。”明徐師曾《文體明辨序説·銘》：“考諸夏、商鼎彝尊卣盤匜之屬，莫不有銘，而文多殘缺，獨《湯盤》見於《大學》，而《大戴禮》備載武王諸銘，使後人有所取法。是以其後作者寖繁，凡山川、宮室、門、井之類，皆有銘詞，蓋不但施之器物而已。然要其體不過有二：一曰警戒，二曰祝頌。”

〔2〕名：形容；稱説。《論語·泰伯》：“大哉，堯之爲君也！巍巍乎，唯天爲大，唯堯則之！蕩蕩乎，民無能名焉！”朱熹集注：“言物之高大，莫有過於天者，而獨堯之德能與之準。故其德之廣遠，亦如天之不可以言語形容也。”

〔3〕功美：功勞美德。《莊子·漁父》：“功美不有，爵祿不持，大夫之憂也。”

〔4〕稱名：揚名。稱：顯揚；顯名。《論語·衛靈公》：“君子疾没世而名不稱焉。”

〔5〕疏證本校：“已見《釋言語》篇。”葉德炯校：“此如‘碑銘’‘墓志銘’之‘銘’，故次於‘誄’‘諡’之前，與前《言語》篇之‘銘’微別。”按，參見卷四《釋言語》12.36條。

20.29 誄[1]，累也[2]，累列其事而稱之也[3]。

〔1〕誄(lěi)：文體名。悼念死者的文章。列述死者德行，表示哀悼並以之定謚(多用於上對下)。《周禮·春官·大祝》：“作六辭以通上下親疏遠近，一曰祠，二曰命，三曰誥，四曰會，五曰禱，六曰誄。”

〔2〕累(lěi)：堆集；重疊。《楚辭·招魂》：“層臺累榭，臨高山些。”王逸注：“層、累，皆重也。”

〔3〕累列：羅列。《禮記·曾子問》：“賤不誄貴，幼不誄長，禮也。”鄭玄注：“誄，累也。累列生時行跡，讀之以作謚，謚當由尊者成。” 事：事業；功業。《荀子·正名》：“正利而爲謂之事，正義而爲謂之行。”楊倞注：“爲正道之事利則謂之事業。” 稱：稱道；稱揚。《管子·大匡》：“凡於父兄無過，州里稱之，吏進之，君用之。”

20.30 謚[1]，曳也[2]，物在後爲曳[3]，言名之於人亦然也[4]。

〔1〕謚(shì)：古代帝王、貴族、大臣等死後依其一生所行事跡給予的稱號。《禮記·檀弓下》：“公叔文子卒，其子戍請謚於君曰：‘日月有時，將葬矣。請所以易其名者。’”鄭玄注：“謚者，行之跡。”

〔2〕曳：當作“申”，下同。王仁俊集斠：“《衆經音義》十三《佛大僧大經》引：‘謚，申也，物在後爲申，言名之於人也。’竊謂‘曳’乃‘申’之譌文。‘申’，依《說文》當作‘电’，故形近而譌‘曳’。”丁山校：“《一切經音義》引‘曳’均作‘申’。按：‘申’‘謚’雙聲，各本作‘曳’非也。”胡楚生校：“慧琳《音義》卷五十七引此條，‘曳’並作‘申’。”按，羅振玉影印原本《玉篇》殘卷“謚”下引：“《謚法》：‘謚者，行之迹也。’劉熙曰：‘謚，申也，申理述見於後也。’”見《原本玉篇殘卷》第 32 頁，第 1—2 行。黎庶昌刻原本《玉篇》殘卷同，見《原本玉篇殘卷》第 232 頁，第 5—6 行，可證王仁俊之説。申：伸展；延長。《晏子春秋·雜上二四》：“士者詘乎不知己，而申乎知己。”吳則虞集釋：“曹植《贈徐幹詩》注引‘申’作‘伸’。”

〔3〕物：辨識；選擇。《左傳·昭公七年》：“度厚薄，仞溝洫，物土方。”杜預注：“物，相也。”

〔4〕名：謚號。《逸周書·謚法》：“是以大行受大名，細行受細名。”孔晁注：“名，謂號謚。”疏證本校：“《太平御覽》五百六十二卷此下有云：‘古者諸侯薨，天子論行以賜謚，惟王者無上，故於南郊稱天以謚之。當春秋時，周室卑微，臣、子謚其君、父，故諸侯之謚多不以實也。’共五十字。案：劉珍後漢人，

亦有《釋名》；韋昭有《辨釋名》，《御覽》所引閒亦脱‘辨’字，故難即據以補此。”篆字疏證本補出此五十字，云：“‘古者’以下，今本闕，據《太平御覽》五百六十二卷引補。”

20.31 譜[1]，布也[2]，布列見其事也[3]。

〔1〕譜：按照事物的類別或系統編排記録。《史記・三代世表》：“自殷以前諸侯不可得而譜，周以來乃頗可著。”張守節正義：“譜，布也，列其事也。”又指按照事物類別或系統編成的表册、書籍。

〔2〕布：展開；鋪開。《左傳・定公四年》：“句卑布裳，到而裹之，藏其身，而以其首免。”

〔3〕布列：分布陳列；遍布。《漢書・揚雄傳上》：“鱗羅布列，攢以龍翰。”顔師古注：“言布列則如魚鱗之羅，攢聚則如龍之豪翰。” 見(xiàn)：“現”的古字。顯現；顯露。參見 20.27〔4〕。

20.32 統[1]，緒也[2]，主緒人世類[3]，相繼如統緒也[4]。

〔1〕統：本指絲的頭緒。《淮南子・泰族》：“繭之性爲絲，然非得工女煮以熱湯而抽其統紀，則不能成絲。”引申指一脈相承的系統、傳統。《書・微子之命》：“統承三王，修其禮物。”按，此在《釋典藝》篇，次於“譜”之後，又言“主緒人世類”，應是指某種記録譜系的文書。

〔2〕緒：本指絲頭。《説文・糸部》：“緒，絲耑也。”段玉裁注：“抽絲者得緒而可引。”漢張衡《南都賦》：“坐南歌兮起鄭舞，白鶴飛兮繭曳緒。”引申指統系；世系。《文選・張衡〈東京賦〉》：“漢初弗之宅，故宗緒中圮。”薛綜注：“緒，統也。”

〔3〕主：主宰；主持；掌管。《墨子・尚賢中》：“今王公大人之君人民，主社稷，治國家，欲脩保而勿失。” 緒：尋繹；整理。《漢書・張蒼傳》：“蒼爲計相時，緒正律曆。”顔師古注引文穎曰：“緒，尋也，謂本其統緒而正之。” 世類：家世品類；出身。《漢書・樊酈滕灌等傳贊》：“仲尼稱‘犁牛之子騂且角，雖欲勿用，山川其舍諸？’言士不繫於世類也。”

〔4〕相繼：一個跟着一個；連續不斷。《左傳・襄公二十九年》：“魯之于晉也，職貢不乏，玩好時至，公卿大夫相繼于朝，史不絶書，府無虚月。” “如”，吳志忠校作“知”，曰：“各本‘知’誤‘如’，今改。”吳翊寅校議：“吳〔志忠〕本作‘主叙人世類相繼，知統緒也’。案：‘緒’‘叙’聲近，‘如’‘知’形近，故譌。”

統緒：絲的頭緒。

20.33 碑[1]，被也[2]。此本王莽時所設也[3]，施其轆轤[4]，以繩被其上，以引棺也[5]。臣、子追述君[6]、父之功美[7]，以書其上[8]。後人因焉[9]，無故建於道陌之頭[10]、顯見之處[11]，名其文[12]，就謂之"碑"也。

〔1〕碑：豎石。古代用以引棺木入墓穴的木柱，後專用石。《禮記·檀弓下》："公室視豐碑。"鄭玄注："豐碑，斲大木爲之，形如石碑。於椁前後四角樹之，穿中於間爲鹿盧，下棺以綍繞。天子六綍四碑，前後各重鹿盧也。"又指書刻圖案或文字，記死者生平功德，作爲紀念物或標記的石頭。秦稱刻石，漢以後稱碑。漢蔡邕《郭有道碑》："於是樹碑表墓，昭銘景行。"又指碑文，文體的一種。《文心雕龍·誄碑》："夫屬碑之體，資乎史才，其序則傳，其文則銘，標序盛德，必見清風之華，昭紀鴻懿，必見峻偉之烈，此碑之制也。"

〔2〕被：加上。《荀子·不苟》："國亂而治之者，非案亂而治之之謂也，去亂而被之以治。"梁啓雄釋引《廣雅·釋詁》："被，加也。"

〔3〕王莽：即王莽（前45—後23）。新王朝建立者，公元8—23年在位。字巨君，魏郡元城（今河北大名東）人，原籍東平陵（今山東章丘西）。 "莽"同"莽"。"王"，盧文弨、疏證本、邵晉涵刪去。吳翊寅校議："吳〔志忠〕本'莽'上有'王'字。案：原本作'王莽時所設'，畢改'莽'爲'莽'，刪'王'字，是也。吳〔志忠〕依畢校而不刪'王'字，失之。""莽"，盧文弨、疏證本、邵晉涵、吳志忠校作"莽"。疏證本曰："今本'莽'誤作'莽'，又於上加'王'字，繆甚。"篆字疏證本曰："案：'公室視豐碑'見于《礼記·檀弓》，'用綍去碑'見于《喪大記》，豈始於王莽時乎？葢'莽'字譌爲'莽'，後人因而加'王'字尒。據《廣韻》《太平御覽》《類篇》《入韻》引删改。"邵晉涵曰："《通鑒注》一百七十九作'莽時'。"吳志忠曰："'莽'依畢校。"巾箱本作"莽"。丁山校："何〔允中〕本、嘉靖本'莽'均誤作'莽'，又於'莽'上加'王'字。又下作'施其轆轤，以繩被其上，以引棺也'。"胡楚生校："慧琳《音義》兩引此條，卷八十三引作'追述君父之功，以書其上'。卷八十九引作'碑，述君父之功美德，以書其上。漢惠帝爲四皓立碑'。又希麟《音義》卷十引此條作'碑，本莽時所樹，臣子追述君父之功，書其上也'。按：此上三條所引，詞多舛異，然《聘禮》鄭注云：'宮必有碑，所以識曰景。'（按，"曰"字似爲"日"字之誤。）又《檀弓》云：'公室視豐碑。'則古碑之用凡三，

識日景也，以麗牲也，以引棺也，漢興始以鐫志先人之美，又慧琳《音義》卷八十九所引，謂‘漢惠帝爲四皓立碑’，當係繫以文辭者，則碑述先人之美，及用之引棺，不起於王莽明矣。‘莽’與‘葬’形近，當係沿斯而譌，又因是誤衍‘王’字於其上，故希麟《音義》所引不誤。”

〔4〕施：設置；安放。《韓非子·外儲説左上》：“趙主父令工施鉤梯而緣播吾，刻疎人迹其上，廣三尺，長五尺，而勒之曰：主父常（嘗）遊於此。” 轆轤：利用輪軸原理製成的起重裝置；絞盤。《六韜·軍用》：“渡溝塹，飛橋一間，廣一丈五尺，長二丈以上，著轉關轆轤八具，以環利通索張之。”

〔5〕“以引”，盧文弨、疏證本校作“引以下”，巾箱本從之。疏證本曰：“《禮·喪大記》曰：‘凡封，用綍去碑負引。’鄭注云：‘封，《周禮》作窆。窆，下棺也。凡柩車及壙，説載除飾而屬紼于柩之緘，又樹碑于壙之前後，以紼繞碑閒之鹿盧，輓棺而下之。此時棺下窆，使輓者皆繫紼而繞要，負引舒縱之，備失脱也。用紼去碑者，謂縱下之時也。’今本又下作‘施其轆轤，以繩被其上，以引棺也’，俱據《廣韻》《太平御覽》《類篇》《集韻》引删改。”

〔6〕追述：追溯往事並加以記載。《漢書·高惠高后文功臣表·序》：“追述先父之志，録遺老之策。”

〔7〕功美：功勞美德。《莊子·漁父》：“功美不有，爵禄不持，大夫之憂也。”

〔8〕書：書寫；記載。《左傳·隱公四年》：“冬，十二月，宣公即位。書曰：衛人立晉。”

〔9〕因：沿襲；承襲。《論語·爲政》：“殷因于夏禮，所損益可知也。” 張步瀛於“因”後增一“爲”字。蘇輿校：“‘後人因焉’，《御覽·文部九》作‘後人因爲焉’。”丁山校：“《御覽》引‘因’下有‘爲’字。”沈錫祚校：“《北堂書鈔》原本注引‘後人因以爲名焉’，應據增。”劉師培書後：“《釋典藝》‘後人因焉’，《書鈔》一百零二引作‘後人因以爲名焉’。”丁山校：“〔《北堂書鈔》引〕‘後人因焉’作‘後人以爲名焉’。”

〔10〕“無故”，《古今逸史》本、郎奎金刻《逸雅》本作“故無”。疏證本校：“‘無故’即‘物故’，一本到作‘故無’，誤也。《北堂書鈔》引作‘乃’字，此必校書者疑‘無故’二字爲誤，妄改之耳。”邵晉涵校：“郎〔奎金〕本作‘故無’。”顧廣圻校：“‘無’當作‘兼’。”汪道謙據鍾惺本校作“無故”，曰：“〔顧〕亭林《金石文字記》第一卷引此‘故無建’作‘故建’，於義爲長。想傳寫者誤衍一‘無’字耳。”許克勤校：“黎刻《玉篇》引作：‘石碑，本莽時所設，以下棺。臣、子追述

君、父之功美,以書其上。後人因旡故建之道陌之頭,銘吉文,就謂之碑也。野王案《三輔舊事》:漢惠帝爲四皓作碑,在其隱處是。'勤按:'莽'當作'葬',顧氏引漢惠帝事以証明'旡故'之誼,則'旡故'謂非葬事也。江叔澐以爲'物故'者非。"吳志忠校作"故兼",曰:"各本'兼'誤'無',今改。"吳翊寅校議:"吳〔志忠〕本作'故兼建於道陌之頭'。案:原本'無故'一作'故無',吳以'無'爲'兼'之譌,甚塙。古樹碑於壙以下棺,後人又建於道陌,故云'兼建',若今神道碑是矣。畢云'無故即物故',此本高堂隆説,然與上下文語氣不合,當從吳〔志忠〕校爲是。"丁山校:"〔《御覽》引〕'建'下無'於'字。兼:俱;同時。《荀子·解蔽》:"萬物可兼知也。" 無故:《禮記·王制》:"諸侯無故不殺牛,大夫無故不殺羊,士無故不殺犬豕,庶人無故不食珍。"此指不知原因。 建:豎起;樹立。《詩·小雅·出車》:"設此旐矣,建彼旄矣。"孔穎達疏:"乃建立彼旄於戎車之上矣。" 道陌:道路。

〔11〕顯見:可以明顯地看到。《管子·明法》:"明主之道,卑賤不待尊貴而見,大臣不因左右而進。百官條通,群臣顯見。"

〔12〕名:同"銘"。記載;鏤刻。

20.34 詞[1],嗣也[2],令撰善言[3],相續嗣也[4]。

〔1〕詞:文體名。古代樂府詩體的一種。唐元稹《樂府古題序》:"是後,詩之流爲二十四名:賦、頌、銘、贊、文、誄、箴、詩、行、詠、吟、題、怨、歎、章、篇、操、引、謠、謳、歌、曲、詞、調,皆詩人六義之餘,而作者之旨。"宋嚴羽《滄浪詩話·詩體》:"曰詞,《選》有漢武《秋風詞》,《樂府》有《木蘭詞》。"

〔2〕嗣:繼承;接續。《詩·大雅·思齊》:"太姒嗣徽音,則百斯男。"毛傳:"嗣太任之美音,謂續行其善教令。"

〔3〕令:使。《詩·大雅·韓奕》:"蹶父孔武,靡國不到,爲韓姞相攸,莫如韓樂……慶既令居,韓姞燕譽。"鄭玄箋:"蹶父既善韓之國土,使韓姞嫁焉而居之。" 撰:編定;編纂。 善言:有益之言;好話。《孟子·離婁下》:"禹惡旨酒,而好善言。"

〔4〕續嗣:繼承;接續。

釋名卷第六

釋名卷第七

劉熙字成國撰

釋用器第二十一　　釋樂器第二十二

釋兵第二十三　　釋車第二十四

釋船第二十五

釋用器第二十一[1]

〔1〕用器：器物；器具。《禮記·王制》：“用器不中度，不粥於市。”鄭玄注：“用器，弓矢、耒耜、飲食器也。”

21.1 斧[1]，甫也[2]；甫，始也。凡將制器[3]，始用斧伐木[4]，已乃制之也[5]。

〔1〕斧：斧子。砍物的工具，有柄。《詩·齊風·南山》：“析薪如之何？匪斧不克。”

〔2〕甫：開始。《周禮·春官·小宗伯》：“卜葬兆，甫竁，亦如之。”鄭玄注：“甫，始也。”

〔3〕制器：製造器物；製作器具。《易·繫辭上》：“《易》有聖人之道四焉：以言者尚其辭，以動者尚其變，以制器者尚其象，以卜筮者尚其佔。”

〔4〕“伐”，原作“代”，明顯是訛字，蔡天祐刊本、施惟誠刻本、《古今逸史》本、鍾惺評本、郎奎金刻《逸雅》本、疏證本、巾箱本作“伐”，據改。伐木：砍伐木材。《詩·小雅·伐木》：“伐木丁丁，鳥鳴嚶嚶。”

〔5〕已乃:旋即;不久。

21.2 鐮[1],廉也[2],體廉薄也[3]。其所刈[4],稍稍取之[5],又似廉者也[6]。

〔1〕鐮:鐮刀。《管子·乘馬》:"藪,鐮纏得入焉,九而當一。"漢劉向《説苑·敬慎》:"(丘吾子)擁鐮帶索而哭。"

〔2〕廉:狹窄。《説文·广部》:"廉,仄也。"段玉裁注:"此與廣爲對文,謂偪仄也。廉之言斂也。"引申指少。漢荀悦《漢紀·武帝紀五》:"(李陵)臨財廉取,與義嘗思。"

〔3〕胡楚生校:"希麟《音義》卷三引此條'體'作'取其'。" 廉薄:窄而薄。

〔4〕刈(yì):割取。《詩·周南·葛覃》:"葛之覃兮,施於中谷,維葉莫莫,是刈是濩。"孔穎達疏:"葛既成就,已可采用,后妃於是刈取之。"

〔5〕稍稍:約略;稍微。

〔6〕廉者:廉潔的人。

21.3 斨[1],戕也[2],所伐皆戕毀也[3]。

〔1〕斨(qiāng):方孔的斧頭。《詩·豳風·破斧》:"既破我斧,又缺我斨。"毛亨傳:"隋(橢)銎曰斧,方銎曰斨,征伐之用也。"

〔2〕戕(qiāng):毀壞;損傷。《左傳·襄公二十八年》:"陳無宇濟水而戕舟發梁。"杜預注:"戕,殘壞也。"

〔3〕伐:砍斫。《詩·召南·甘棠》:"蔽芾甘棠,勿翦勿伐。" 戕毀:損壞;毀壞。

21.4 仇矛[1],讎也[2],所伐則平[3],如討仇讎也[4]。

〔1〕"仇",顧廣圻校:"據此,'仇'即《豳詩》'又缺我錡'之'錡',《釋文》引《韓詩》云'鑿屬。一解云:今之獨頭斧',故於《用器》釋之。"吳翊寅校議:"案:此與'斨'對文,'仇'當作'錡'。《詩·破斧》:'又缺我錡。'傳云:'木屬曰錡。'釋文:'錡,《韓詩》云:鑿屬。一解云:今之獨頭斧。'《玉篇》:'錡,斨也。又鑿屬。'《廣韻》:'錡,鑿屬。'本書當云:'錡,讎也,所伐則平,如討仇讎也。'錡、斨同類,亦得云'伐'。又'仇矛',《詩》作'厹',《説文》作'叴',可與'仇'相通借,至'錡'字不當借'仇'。此云'讎也',不言何物,亦誤。王氏引之以此校爲是,

豈'仇'即'銶'之叚借字耶？蓋皆失攷，當改'銶，仇也'爲是。"銶（qiú）：古代一種鑿子。一說獨頭斧。《詩·豳風·破斧》："既破我斧，又缺我銶。"陸德明釋文：《韓詩》云：'銶，鑿屬也。'一解云：'今之獨頭斧。'"一說："銶"當作"球"。徐復《〈釋名〉補疏下篇》："章（太炎）先生曰：《詩傳》云'三隅矛'，疑其當爲球，借球爲玉磬，磬折爲一矩有半，正三隅也。劉熙說謂'所伐則平，如討伊讐'者，是固於聲訓附會耳。而畢沅謂此與《釋兵》雜出，殊昧彼兵器，故言可討仇敵，此用器，乃當玉磬，其爲物較然美。""矛"，顧廣圻校："當衍'矛'字。"吳志忠刪去"矛"字，曰："各本衍'矛'字，今刪。"王引之曰："余曩讀畢尚書校本而善之，今讀吳君校本，則又有畢本所不及者。如《釋用器》'仇，讐也'，今本衍'矛'字。"

〔2〕讐（chóu）：仇敵。《書·泰誓下》："誕以爾衆士，殄殲乃讐。"

〔3〕伐：砍斫。《莊子·山木》："直木先伐，甘井先竭。"引申爲開鑿。《禮記·大學》："伐冰之家，不畜牛羊。"孔穎達疏："伐擊其冰，以供喪祭。"

〔4〕討：討伐；誅殺。《書·臯陶謨》："天討有罪，五刑五用哉。" 仇讐：仇恨；仇敵。《左傳·莊公元年》："仇讐之人，非所以接婚姻也。"

21.5 錐[1]，利也[2]。

〔1〕錐：錐子。鑽孔的工具。《管子·海王》："行服連軺輂者，必有一斤一鋸一錐一鑿，若其事立。"

〔2〕利：鋒利。《易·繫辭上》："二人同心，其利斷金。"孔穎達疏："二人若同齊其心，其纖〔鐵〕利能斷截於金。"吳志忠校："當有誤，各本同。又下脫，各本同。"徐復《〈釋名〉補疏下篇》："'錐''利'非聲訓，又無解釋語。《說文》：'錐，銳也。''錐''銳'疊韻爲釋。"疑當作："錐，銳也，言銳利也。"

疏證本補遺："'磑，礛也。'引見《太平御覽·器物部》。"丁山校："'磑，磨也。'據《御覽》七六三引補。"疑當爲："錐，銳也，言銳利也。"

21.6 椎[1]，推也[2]。[3]枚[4]，亦椎也[5]。[6]

〔1〕椎（chuí）：敲打、捶擊的工具。《墨子·備城門》："門者皆無得挾斧、斤、鑿、鋸、椎。"

〔2〕推：向外用力使物體移動。《說文·手部》："推，排也。"唐玄應《一切經音義》卷六引《蒼頡篇》云："推，前也。"《左傳·襄公十四年》："夫二子者，或

軏之,或推之,欲無入得乎?"

〔3〕吳志忠校:"下脱,各本同。"段玉裁於此畫一分隔綫,使與下條分開。吳志忠校本以下提行別起,另成一條。

〔4〕耒(lěi):木製的翻土農具。《管子·海王》:"耕者必有一耒一耜一銚,若其事立。"

〔5〕盧文弨、疏證本於"亦"前增"來也"二字,巾箱本從之。疏證本曰:"今本作'耒,亦推也',以承'椎,推也'之下。《太平御覽》引作'耒,來也',據改,且區別别爲一條,與'耜'相比近。"篆字疏證本校語無"與'耜'相比近",後接:"案:當云:'耒,來也,亦推也。'""椎",段玉裁、疏證本、吳志忠、汪道謙分別校作"推"。吳志忠曰:"'推'依畢校。下脱,各本同。"吳翊寅校議:"吳〔志忠〕本作'耒亦推也',云:'下脱。'"按,此書"木一扌"旁常混作,此條次"椎"字疑是"推"之形訛。

〔6〕徐芳敏《釋名研究》:"《釋名》原文可能作'耒亦椎也;耒,來也'。"

21.7　鑿[1],有所穿鑿也[2]。

〔1〕鑿:鑿子。打孔、挖槽的工具。《莊子·天道》:"桓公讀書於堂上,輪扁斲輪於堂下,釋椎、鑿而上。"

〔2〕穿鑿:開鑿;挖掘。漢焦贛《易林·井之歸妹》:"穿鑿道路,爲君除舍。"

21.8　鐫[1],鐏也[2],有所鐏入也。

〔1〕鐫(juān):用以破木、雕鑿的器具。《墨子·備梯》:"機、衝、棧、城,廣與隊等,雜其間以鐫、劍。"孫詒讓閒詁:"《説文》:'鐫,破木鐫也。'所以斫破敵之梯者。"

〔2〕鐏(zūn):戈柄下端圓錐形的金屬套,可以插入地中。矛戟柄末的金屬套也通稱鐏。此指插;刺。《禮記·曲禮上》:"進戈者前其鐏,後其刃。進矛戟者前其鐓。"鄭玄注:"鋭底曰鐏,取其鐏地;平底曰鐓,取其鐓地。'"

21.9　耜[1],似也[2],似齒之斷物也。

〔1〕耜(sì):耒下鏟土的部件,初以木製,後以金屬製作,可拆卸置換。一説,耒、耜爲獨立的兩種翻土農具。《易·繫辭下》:"神農氏作,斲木爲耜,揉木爲耒。"

〔2〕“似”，盧文弨、疏證本、吳志忠校作“齒”，巾箱本從之。疏證本曰：“今本作‘似也’，據《太平御覽》引改。”吳志忠曰：“‘齒’依畢校。”葉德炯校：“《易·繫辭》：‘斲木爲耜。’釋文引京房注：‘耜，末下釳也。’又引虞注：‘耜止所蹈，因名曰耜。’《考工記·匠人》：‘耜廣五寸。’注：‘今之耜，岐頭，兩金，象古之耦也。’據諸説所云，則末之有齒者也。漢武梁祠石室畫像，前第一石題字‘神農氏’，因宜教田辟土種穀，其圖神農手持之器，柄曲而下翹，頭岐而二，則此耜也。今南人始耕時用之。”齒：門牙。《詩·衛風·碩人》：“領如蝤蠐，齒如瓠犀。”

21.10 犁[1]，利也[2]，利則發土絶草根也[3]。

〔1〕犁：耕翻土地的農具。我國春秋時期已用牛耕，出現了木犁。後用鐵犁。疏證本校：“‘犁’，《説文》作‘犂’，云：‘耕也。从牛，黎聲。’”篆字疏證本改作“犂”。

〔2〕利：鋒利；鋭利。《荀子·勸學》：“金就礪則利。”

〔3〕發：開墾。《詩·周頌·噫嘻》：“駿發爾私，終三十里。”鄭玄箋：“發，伐也。”孔穎達疏：“伐，發地。” 絶：斷絶；凈盡。《論語·衛靈公》：“在陳絶糧，從者病，莫能興。” 草根：草本植物的根。

21.11 檀[1]，垣也[2]，摩之使垣然平也[3]。

〔1〕檀：段玉裁曰：“‘檀’葢即‘欏’。”疏證本曰：“檀之爲器，未詳其用。案《説文》：‘欏，摩田器。’據云‘摩之使坦然平’，竊疑檀即欏也。”徐復補疏：“檀，畢沅疑爲‘欏’字，誤考。《淮南子·氾論訓》：‘後世爲之末耜欏鉏。’高誘注：‘欏，梜塊椎也。三輔謂之儓，所以覆種也。’疑‘檀’即‘儓’之聲轉，此爲借用。”儓(tái)：欏。農具名，狀如槌，用以擊碎土塊，平整土地和覆種。《淮南子·氾論訓》：“後世爲之末耜欏鉏，斧柯而樵，桔皋而汲，民逸而利多焉。”高誘注：“欏，梜塊椎也，三輔謂之儓，所以覆種也。”

〔2〕“垣”，盧文弨、段玉裁、疏證本、邵晉涵分別校作“坦”，下同。疏證本曰：“‘坦’，今本或譌作‘垣’，據《太平御覽》引改。”邵晉涵曰：“從郎〔奎金〕本改。”郎奎金刻《逸雅》本、巾箱本作“坦”，下同。坦：平。《易·履》：“履道坦坦，幽人貞吉。”王弼注：“履道坦坦，無險厄也。”孔穎達疏：“坦坦，平易之貌。”參見卷一《釋天》1.1〔8〕。

〔3〕摩：把物體磨平滑；整土使平。《周禮·考工記·輪人》：“既摩，革色

青白,謂之糳之善。”鄭玄注:“以石摩平之。”

21.12 鋤[1],助也,去穢助苗長也[2]。齊人謂其柄曰“橿”[3],橿然正直也[4];頭曰“鶴”,似鶴頭也。

〔1〕鋤:鬆土和除草用的農具。《尚書大傳》卷五:“穫鋤已藏,祈樂已入,歲事已畢,餘子皆入學。”

〔2〕穢:雜草。漢桓寬《鹽鐵論·禁耕》:“彊養弱抑,則齊民消,若衆穢之盛而害五穀。”

〔3〕齊人:古代齊國的人。《孟子·公孫丑上》:“子誠齊人也,知管仲、晏子而已矣。”齊:周代國名。在今山東北部。參見卷二《釋州國》7.25〔1〕。橿(jiāng):鋤柄。漢桓寬《鹽鐵論·論勇》:“然陳勝無士民之資,甲兵之用,鉏穫棘橿,以破衝隆。”

〔4〕蘇輿校:“本書《釋姿容》:‘僵,正直置然也。’字正作‘置’。”吳志忠改“橿”作“僵”,曰:“各本‘僵’誤‘橿’,今改。” 正直:不偏斜;不彎曲。

21.13 枷[1],加也,加杖於柄頭[2],以撾穗而出其穀也[3]。或曰“羅枷”[4],三杖而用之也[5]。或曰“丫丫”[6],杖轉於頭,故以名之也。

〔1〕枷:連枷。由一個長柄和一組平排的竹條或木條構成的農具,用來拍打穀物使脫粒。《國語·齊語》:“權節其用,耒、耜、枷、芟。”一本作“耞”。

〔2〕杖:棍棒或棒狀物。《孔子家語·六本》:“舜之事瞽瞍,小棰則待過,大杖則逃走。”

〔3〕撾(zhuā):擊;敲打。

〔4〕羅枷:即連枷。《方言》卷五:“佥,宋魏之間謂之橿攺。”郭璞注:“今連枷,所以打穀者。”錢繹箋疏:“今人猶連竹爲之,謂之連枷,羅、連亦聲之轉。此佥之名所由立也。”《說文·木部》:“柫,擊禾連枷也。”段玉裁注引戴震云:“‘羅’‘連’語之轉。”

〔5〕“三”,疏證本校:“未詳。《太平御覽》引作‘三丈五用之’,‘丈’即‘杖’之誤,‘五’疑是‘互’。”葉德炯校:“‘三杖’必爲‘互杖’之譌。”互:交錯。《周禮·天官·司會》:“以參互攷日成。”賈公彦疏:“相參交互攷一日之成。”

〔6〕丫丫:象聲詞。一說指枥權。葉德炯校:“此當作‘丫’,以‘或曰丫’爲

句，‘丫’，以杖轉於頭’爲句。‘丫’字《說文》所無，本字作‘枒’。《木部》‘枒，木也’，是也。古‘丫’叉’字本作‘枒枒’。《文選·魯靈光〔殿〕賦》：‘枝掌枒枒而斜據。’即此‘丫’字。‘枒’‘加’‘羅’‘丫’皆取疊均，‘丫’與‘羅’皆象枒中枝格之形而取名也。”或曰“丫丫”當作“了了”或“了乛”。盧文弨、疏證本校“丫丫”作“了了”。疏證本曰：“‘了’，今本譌作‘丫’。案：‘了了’正言用時柄頭旋轉之形，當作‘了了’爲是。……《太平御覽》引作‘或曰以杖轉於頭’，無‘了了’二字。案：俱當有，今據增改。”篆字疏證本刪去“丫丫”二字，云：“今本作‘或曰丫丫，杖轉于頭’，據《太平御覽》引改。”鍾惺評本、巾箱本作“了了”。吳翊寅校議：“吳〔志忠〕本作‘或曰丫丫，杖轉於頭’。案《玉篇》：‘了，挂也。’又：‘乛，懸物兒也。’《廣韻》：‘乛，懸兒。’連枷之制，三杖駢連，束之以韋，故亦名‘栿’。字從‘弗’者，謂以韋束枉戾，又象弗形也。橫木爲樞，曲柄頭以笐之，樞轉於柄，舉以打穀，倏起倏落。據誼當作‘了乛’，謂以連枷懸挂柄頭，顛倒旋轉，了乛不休也。《廣韻》‘丫’象物開之形，連枷不開，無丫丫之狀。各本作‘丫’者，譌體。畢云‘當作了了’，蓋得其意。據《篇》《韻》誼，以作‘了乛’爲正。《玉篇》‘乛’音丁了切，《廣韻》‘乛’音都了切，讀與‘鳥’同。後人以‘了乛’字僻，故改‘了了’，又誤作‘丫丫’也。《一切經音義》卷十三引郭璞《方言》注云：‘了乛，懸兒也。’可證本書之誼矣。”乛（diǎo）：懸掛貌。唐玄應《一切經音義》卷一三引《方言》：“乛，懸也。趙魏之間曰‘乛’。”今本《方言》作“佻（diāo）”。《方言》第七：“佻，縣也。趙魏之間曰佻……燕趙之郊縣物於臺之上謂之佻。”郭璞注：“了佻，縣物貌。”章炳麟《新方言·釋言》：“縣也，此即今人所謂佻者。”《黃侃論學雜著·蘄春語》：“《方言》七：‘佻，縣也。’……案今吾鄉亦有此語。字作‘弔’‘釣’者多，音多嘯切。”

21.14 銛[1]，插也[2]，插地起土也[3]。或曰“銷”[4]，銷，削也[5]，能有所穿削也[6]。或曰“鏵”[7]，鏵，刳也[8]，刳地爲坎也[9]。其板曰“葉”，象木葉也[10]。

〔1〕疏證本校：“當作‘舌’，加‘金’旁別也。”篆字疏證本改作“舌”，云：“今本作‘銛’，別也。”銛（chā）：鍬。挖土的工具。《漢書·王莽傳上》：“父子兄弟負籠荷銛，馳之南陽。”

〔2〕插：刺入；穿入。《呂氏春秋·貴卒》：“（吳起）拔矢而走，伏尸插矢而疾言曰：‘群臣亂王。’”陳奇猷校釋：“吳起拔人所射之矢以插王尸。”

〔3〕起土：挖土；掘土。起：翻動；疏鬆。

〔4〕銷：掘土削木用具。《淮南子·齊俗訓》：“故剞劂銷鋸陳，非良工不能以制木。”

〔5〕削（xuē）：斜切；斜着鑱；用刀斜着去掉物體的表層。（今口語讀xiāo）。《詩·大雅·綿》：“築之登登，削屢馮馮。”毛傳：“削牆鍛屢之聲馮馮然。”

〔6〕穿：挖掘；開鑿。《禮記·月令》：“（仲秋之月）可以築城郭，建都邑，穿竇窖，脩囷倉。”

〔7〕鏵（huá）：即錇，今稱犁鏵。耕地的農具。《太平御覽》卷七六四引《淮南子·齊俗訓》：“故伊尹之興土功也，脩脚者使之蹻鏵。”高誘注：“長脚者蹻得土多，錇入土深也。”

〔8〕刳（kū）：挖；挖空。《易·繫辭下》：“刳木爲舟，剡木爲楫。”

〔9〕坎：坑。《禮記·喪大記》：“小臣爪足，浴餘水棄於坎。”

〔10〕木葉：樹葉。《楚辭·九歌·湘夫人》：“嫋嫋兮秋風，洞庭波兮木葉下。”

21.15 杷[1]，播也[2]，所以播除物也。[3]

〔1〕“杷”，原作“把”，盧文弨、疏證本、吳志忠校作“杷”，巾箱本從之。疏證本曰：“‘杷’，各本‘手’旁作，誤，今改正。”篆字疏證本無此校語。吳志忠曰：“‘杷’依畢校。”按，此書“木—扌”常混作，“把”應是“杷”字之形訛，故改。杷（pá）：一端有柄，一端有齒，用以聚攏、杷梳穀物或整地等的農具。《急就篇》卷三：“捃穫秉把捆捌杷。”顏師古注：“無齒爲捌，有齒爲杷，皆所以推引聚禾穀也。”漢王褒《僮約》：“屈竹作杷，削治鹿盧。”

〔2〕播：分散。《周禮·考工記·桃氏》：“鍾已厚則石，已薄則播。”鄭玄注：“大厚則聲不發，大薄則聲散。”

〔3〕吳志忠校本以下不另起，校語見下條〔1〕。

21.16 拂[1]，撥也[2]，撥使聚也。

〔1〕“拂”，吳志忠校作“亦言”，曰：“各本‘亦言’誤‘拂’，另分爲條，今改正。”蘇輿校：“此當屬‘杷’爲義，文有脫誤。吳〔志忠〕本無‘柫’字，作‘亦言撥也’，連上爲一條，似是。《急就篇》：‘捃穫秉把插捌杷。’顏注：‘捌、把皆所以推別以聚禾穀也。把、杷同義。’又《漢書·貢禹傳》：‘捽中杷土。’顏注：‘杷，手掊之也。音蒲巴反。’‘掊’亦聚也，是‘杷’有撥聚之義明矣。‘杷’‘撥’雙

聲。”吴翊寅校議:“吴〔志忠〕本作‘亦言撥也’,與‘杷’合爲條。案《説文》:‘杷,收麥器。’《玉篇》同。本書言‘撥使聚也’,‘聚’與‘收’同意。‘拂’即連枷之異名,所以打穀,不當云‘撥使聚’。”拂:農具名,即連枷。也作“㭲”。《漢書・王莽傳中》:“予之北巡,必躬載拂。”顔師古注:“拂,所以擊治禾者也,今謂之連枷。”按,連枷功用與此條不合,疑“拂”當是作“朳”(bā),無齒杷。《方言》卷五“杷”晉郭璞注:“有齒曰杷,無齒爲朳。”元王禎《農書》卷一四:“朳,無齒杷也。所以平土壤,聚穀實。”

〔2〕撥:分開;撥動。《史記・扁鵲倉公列傳》:“醫有俞跗,治病不以湯液醴灑,鑱石撟引,案抏〔抌〕毒熨,一撥見病之應。”

21. 17 耨[1],以鋤[2],嫗耨禾也[3]。

〔1〕耨(nòu):小手鋤。除草、間苗的農具。《吕氏春秋・任地》:“耨柄尺,此其度也。其耨六寸,所以間稼也。”高誘注:“耨所以耘苗也,刃廣六寸,所以入苗間也。”

〔2〕以:通“似”。《莊子・馬蹄》:“夫赫胥氏之時,民居不知所爲,行不知所之,含哺而熙,鼓腹而遊,民能以此也。”成玄英疏:“此至淳之世,民能如此也。”“以”,疏證本、吴志忠校作“似”。吴志忠校:“‘似’依畢校。”巾箱本作“似”。

〔3〕嫗:徐復《〈釋名〉補疏下篇》:“‘嫗’,通作‘傴’。《説文》:‘傴,僂也。’謂曲背。”傴(yǔ):曲背;彎腰。《左傳・昭公七年》:“一命而僂,再命而傴,三命而俯,循牆而走,亦莫余敢侮。” 耨:用耨除草。《逸周書・大開武》:“若農之服田,務耕而不耨,維草其宅之。”

21. 18 鎛[1],亦鋤類也。鎛,迫也[2]。[3]

〔1〕“鎛”,盧文弨、段玉裁、疏證本校作“鎛”,下同。疏證本曰:“‘鎛’本皆作‘鎛’,非。《毛詩・臣工》云:‘庤乃錢鎛。’傳云:‘鎛,鎒。’‘鎒’‘耨’同,字或從‘金’。”鎛(bó):除草的一種短柄鋤。一説爲闊口鋤。《詩・周頌・臣工》:“命我衆人,庤乃錢鎛,奄觀銍艾。”馬瑞辰通釋:“今按古耨以薅艸,然有傴薅、立薅之分。《釋名》:‘耨似鋤,傴薅木也。鎛亦鋤田器也。鎛,迫也,迫地去艸也。’是則鎛、鎒一物,皆傴薅所用,其柄短。”

〔2〕迫:逼近;接近。《韓非子・亡徵》:“恃交援而簡近鄰,怙強大之救,而侮所迫之國者,可亡也。”

〔3〕盧文弨、疏證本、吳志忠、巾箱本於此處增"迫地去草也"。疏證本曰："今本脱此五字,據《太平御覽》引補。"吳志忠曰："補此五字,依畢校。"

21. 19 鎨[1],溝也,既割去壠上草[2],又辟其土以壅苗根[3],使壠下爲溝,受水潦也[4]。

〔1〕鎨(gōu):同"鉤"。鐮刀。《集韻・侯韻》:"鎨,居侯切,同鉤。"《淮南子・氾論訓》:"木鉤而樵,抱甀而汲。"高誘注:"鉤,鐮也。"

〔2〕壠:田埂。田間稍稍高起的小路。《史記・陳涉世家》:"輟耕之壠上。"

〔3〕辟(pì):打開。《儀禮・士喪禮》:"主人即位,辟門。"鄭玄注:"辟,開也。" 壅(yōng):在植物根部培土或施肥。《管子・輕重甲》:"次日大雨且至,趣芸壅培。"

〔4〕受:盛;容納。《易・咸》:"君子以虛受人。" 水潦(lǎo):因雨水過多而積在田地裏的水或流於地面的水。《荀子・王制》:"修隄梁,通溝澮,行水潦,安水藏。"

21. 20 鉵[1],殺也[2],言殺草也[3]。

〔1〕鉵(dì):同"鈦"。葉德炯曰:"'鉵'即'鈦'字也。'世''大'古字通。《説文》:'鈦,鐵鉗也。''鉗,以鐵有所劫束也。'二字蒙田器諸字,是殺草亦用鉗矣。""鉵",盧文弨、疏證本校作"鏺",巾箱本從之。疏證本云:《説文》:'鏺,兩刃,有木柄,可以刈艸。从金,發聲,讀若撥。'案:'發'聲近'殺','可以刈艸'正合'殺草'之言。今本作'金'旁'世',徧檢字書,皆無有,故改作'鏺'。"按,又疑"鉵"或是"劗(zhá)"字。劗:鋤草刀。《玉篇・刀部》:"劗,劗草刀。"《集韻・鎋韻》:"劗,斷艸刀也。"清桂馥《札樸・鄉里舊聞・鄉言正字》:"斷葦曰劗。"

〔2〕殺:滅;除去。《莊子・大宗師》:"殺生者不死,生生者不生。"成玄英疏:"殺,滅也。"

〔3〕殺草:除草。《禮記・月令》:"(季夏之月)是月也,土潤溽暑,大雨時行,燒薙行水,利以殺草,如以熱湯。"

21. 21 銍[1],穫黍鐵也[2]。銍銍[3],斷黍穗聲也[4]。

〔1〕銍(zhì)：短鐮刀。《管子·輕重乙》：“一農之事，必有一耜、一銚、一鐮、一鐯、一椎、一銍，然後成爲農。”

〔2〕黍：植物名。古代專指一種子實稱黍子的一年生草本作物。子實淡黃色者，去皮後北方通稱黃米，性黏。宜於大暑時植於旱田。《詩·小雅·楚茨》：“自昔何爲？我蓺黍稷。我黍與與，我稷翼翼。” 鐵：同“鐵”，鐵製的器物。指農具。《孟子·滕文公上》：“許子以釜甑爨，以鐵耕乎？”趙岐注：“以鐵爲犁，用之耕否邪？”楊伯峻注：“鐵，此指農具，古人有以器物的質料代其器物之名的修辭條例。”

〔3〕銍銍：又寫作“挃挃”。象聲詞，收割禾穀的聲音。《爾雅·釋訓》：“挃挃，穫也。”郭璞注：“刈禾聲。”郝懿行義疏：“挃，通作‘銍’。以聲言則曰‘挃’，以器言則言‘銍’矣。段玉裁注：“《詩》：‘穫之銍銍。’”

〔4〕斷：截斷。《易·繫辭下》：“斷木爲杵。” 黍穗：黍的穗子。

疏證本補遺：“‘鑯，平削也。’引見《太平御覽》。”丁山校：“‘鑯，平削也。’據《御覽》七六四引補。”

21. 22 鐑[1]，謹也[2]；板廣不可得制削[3]，又有節[4]，則用此鐑之[5]，所以詳謹[6]，令平滅斧跡也[7]。

〔1〕鐑(yín)：錛(bēn)。平木器，削平木料的平頭斧。《改併四聲篇海·金部》引《餘文》：“錛，平木器。”張慎儀《蜀方言》：“劈木器曰錛。”唐蘭《中國青銅器的起源與發展》：“古代的‘兵’字是兩個手捧一個斤，斤就是錛，既可以作兵器，也可以作農具或工具。”

〔2〕謹：謹嚴；嚴格。《荀子·王霸》：“謹畜積，脩戰備。”楊倞注：“謹嚴畜積，不妄耗費。”

〔3〕制：裁斷；切割。《韓非子·難二》：“管仲善制割，賓須無善削縫，隰朋善純緣，衣成，君舉而服之。”“制”，盧文弨、疏證本、巾箱本刪去。疏證本曰：“今本‘削’上有‘制’字，據《一切經音義》《太平御覽》引刪。”胡楚生校：“慧琳《音義》卷五十九引此條‘削’上無‘制’字。” 削(xuē)：斜切；斜着鑯；用刀斜着去掉物體的表層。(今口語讀 xiāo)。參見 21.14〔5〕。

〔4〕節：樹木條幹間堅實結節的部分。《易·說卦》：“艮爲山……其於木也，爲堅多節。”

〔5〕鐑：砍削；刨錛。《說文·金部》：“鐑，劑斷也。”段玉裁注：“劑者，

齊也。"

〔6〕詳謹:審慎,謹慎。詳:審慎。《書·蔡仲之命》:"詳乃視聽,罔以側言改厥度。"僞孔傳:"詳審汝視聽,非禮義勿視聽。"蔡沈集傳:"詳,審也。"

〔7〕平滅:削平,消滅。　斧跡:斧頭砍削以後留下的高低不平的痕跡。

21.23　鐁[1],鐁彌也[2],釿有高下之跡[3],以此鐁彌其上而平之也[4]。

〔1〕鐁(sī):平木器。能使凸起之木質分離,故名。其形類似於刮刀,後演變爲刨。

〔2〕鐁彌:猶"礣磨"。磨削;磨擦。一説:"鐁彌"爲"斯"之析音。吳翊寅校議:"案《玉篇》:'錔,息咨切,平木器。'又:'鐁,同上。'是'鐁'爲'錔'之或體。《詩·墓門》'斧以斯之',傳云:'斯,析也。'《爾雅·釋言》:'斯,離也。'孫炎注:'斯,析之。''離'與'斯'異訓。畢云'鐁當作斯',非是。吳〔志忠〕以'斯'訓'鐁',亦與'彌其上而平'之誼不相應,當云:'鐁,斯也',下'鐁'字衍文。"
"《方言》:'彌,合也。'《廣雅》同。《文選·西京賦》薛注:'彌猶覆也。'鐁之爲器,覆而合於木上,以平其高下之迹,故以'彌'爲訓。'鐁'與'斯'亦相近也。"
葉德炯曰:"《集韵》:'鐁,相支切,音斯。平木器。'……平木器葢正本作'斯',後轉寫加'金'作'鐁'。……《説文》:'斯,析也。从斤,其聲。'此爲平木之器,亦取義於'析'。'鐁彌'葢'斯'之合音。"

〔3〕釿:砍削;刨鏟。參見上條〔5〕。　跡:痕跡。《韓非子·主道》:"掩其跡,匿其端。"

〔4〕平:使之平。《韓非子·外儲説右下》:"椎鍛者,所以平不夷也;榜檠者,所以矯不直也。"

21.24　鋸[1],倨也[2],其體直,所截應倨句之平也[3]。

〔1〕鋸:具有許多尖齒用以剖開木料等的工具。《墨子·備城門》:"門者,皆無得挾斧斤鑿鋸椎。"

〔2〕倨(jù):直。《大戴禮記·勸學》:"夫水者,君子比德焉……其流行痺下倨句,皆循其理。"王聘珍解詁:"倨,直也。"

〔3〕截:斷;割斷。《史記·蘇秦列傳》:"韓卒之劍戟……皆陸斷牛馬,水截鵠鴈。"　應(yìng):符合;適應;順應。《莊子·馬蹄》:"曲者中鉤,直者應繩。"　倨句(gōu):物體外表直曲的程度。《管子·弟子職》:"倨句如矩,謂正

方。"《淮南子·繆稱訓》:"容貌顔色,理誳傴佝,知情僞矣。"王念孫《讀書雜志》按:"傴句,猶曲直也。" 疏證本校:"'平',《太平御覽》引作'正'。"平:舊時的一種衡量標準。《淮南子·主術》:"衡之於左右,無私輕重,故可以爲平。"

21.25 钃[1],誅也[2],主以誅除物根株也[3]。

〔1〕钃(zhú):亦作"欘"。钃鋤之類的農具。《管子·小匡》:"美金以鑄戈劍矛戟,試諸狗馬;惡金以鑄斤斧鉏夷鋸欘,試諸木土。"尹知章注:"鋸欘,钃類也。"

〔2〕誅:除去;芟除。《國語·晉語六》:"故以惠誅怨,以忍去過。"韋昭注:"誅,除也。"

〔3〕主:主宰;主持;掌管。《墨子·尚賢中》:"今王公大人之君人民,主社稷,治國家,欲脩保而勿失。" 誅除:誅滅;滅除。 根株:植物的根和主幹部分。漢王充《論衡·超奇》:"有根株於下,有榮葉於上,有實核於内,有皮殼於外。"

楊樹達拾遺:"樹達按:《襄公六年·左傳》疏引《釋名》云:'械者,戒也,戒止人使不得遊行也。'今本《釋名》未見,畢補亦失之。"

釋樂器第二十二[1]

〔1〕樂器:能發樂音、供演奏音樂使用的器具。《周禮·春官·典同》:"凡爲樂器,以十有二律爲之數度,以十有二聲爲之齊量。"

22.1 鍾[1],空也,内空受氣多[2],故聲大也。

〔1〕鍾:即鐘。古代樂器。用銅或鐵製成,中空,懸掛於架上,以棒叩擊發音。《集韻·用韻》:"鍾,樂器。"《正字通·金部》:"鍾,《漢志》黃鐘,《周禮》作鍾,《詩》鍾鼓,亦作鐘。古二字通用。"《詩·小雅·白華》:"鼓鍾于宫,聲聞于外。""鍾",張步瀛校作"鐘",篆字疏證本、吳志忠校本作"鐘"。沈錫祚校:"《説文》:'鍾,酒器。''鐘,樂器。'此釋樂器,應作'鐘'。今從'重'作'鍾',乃承畢刻之誤,吳氏校本不誤。"孫祖同校:"《周禮》'鍾'皆作'鐘',古字通用。"

〔2〕受氣:納受空氣。

22.2 磬⁽¹⁾，罄也⁽²⁾，其聲磬磬然堅緻也⁽³⁾。

〔1〕磬（qìng）：古代打擊樂器。用玉、石或金屬製成，狀如曲尺。懸掛於架上，擊之而鳴。《詩·商頌·那》：「既和且平，依我磬聲。」

〔2〕「罄」，施惟誠刻本、《格致叢書》本、篆字疏證本、吳志忠校本作「磬」。徐復《〈釋名〉補疏下篇》：「罄，《説文》作硻，云：『餘堅也。』段玉裁注：『《釋名》磬磬，當作硻硻然。』桂馥《札樸》説同。俞樾《湖樓筆談·説文經字》：『硻即「鏗爾舍瑟」之鏗。』宋文蔚疏證俞書云：『許書無鏗字，《玉篇》：「鏗，口耕切，鏗鏗，金石聲也。」鏗，硻之後出字也。嘉定錢氏、金壇段氏皆云：「硻即《論語》鏗爾之正字。」《論語》又借硍爲之，硍乃磬之古文。《釋名》磬磬然堅緻，即硻硻然也。』宋説詳明可從。」硻（kēng）：形容聲音由鏗鏘有力漸趨微弱。漢董仲舒《春秋繁露·執贄》：「君子比之玉堅而不硻，過而不濡。」《説文·石部》：「硻，餘堅也。」段玉裁注：「『硻』下當云：『餘堅聲。』……《論語》曰『鄙哉硜硜乎』，又云『硜硜然小人哉』，其字皆當作『硻硻』，段借古文『磬』字耳。『硜』者，古文『磬』字也。『鏗爾舍琴』亦當爲『硻爾』。又《樂記》『石聲磬』，『磬』當爲『硻』。《釋名》：『磬者，罄也，其聲磬磬然堅緻』，當作『硻硻然堅緻』。」罄：通「磬」。清朱駿聲《説文通訓定聲·鼎部》：「罄，叚借爲磬。」《左傳·僖公二十六年》：「室如縣罄，野無青草，何恃而不恐？」陸德明釋文：「罄，亦作磬。」

〔3〕「磬磬」，施惟誠刻本、《格致叢書》本、鍾惺評本、篆字疏證本、吳志忠校本作「磬磬」。邵晉涵校：「『磬』似讀『硜』。《左傳》『室如縣罄』，《釋文》：『一作磬。』《國語》作『磬』。《樂記》『石聲磬』，注：『磬當爲罄。』《樂書》作『硜』（口鼎反）。《樂記》『磬』依注音『硻』（《釋文》）。」磬磬：猶「磬磬」。鐘鳴聲。　堅緻：堅固細密。《淮南子·時則訓》：「工師效功，陳祭器，案度程，堅緻爲上。」

22.3 鼓，郭也⁽¹⁾，張皮以冒之⁽²⁾，其中空也⁽³⁾。

〔1〕郭：通「廓」。寬；大。《説文·壴部》：「鼓，郭也，春分之音，萬物郭皮甲而出，故謂之鼓。」段注：「凡外障内曰郭，自内盛滿出外亦曰郭。『郭』『廓』正俗字。『鼓』『郭』疊韵。」《史記·司馬穰苴列傳》：「閭廓深遠。」又指空虛；空寂。《楚辭·九辯》：「悲憂窮戚兮獨處廓。」「郭」，邵晉涵、吳志忠校作「廓」。邵晉涵曰：「《月令》正義作『廓也』。」吳志忠曰：「各本『廓』誤『郭』，今改。」吳翊寅校議：「吳〔志忠〕本『郭』作『廓』。案《説文》無『廓』字，皆借『郭』。《釋宮室》云：『郭，廓也。』是本書作『廓』矣。參見卷五《釋宮室》17.15條。

〔2〕張：張開；伸展。《老子》：「將欲歙之，必固張之。」　冒：蒙住。《周

禮·考工記·韗人》：“凡冒鼓，必以啓蟄之日。”鄭玄注：“冒，蒙鼓以革。”

〔3〕吳志忠於“空”字後增一“廓”字，曰：“各本脱‘廓’字，今補。”吳翊寅校議：“吳〔志忠〕本作‘其中空廓也’。”邵晉涵校：“末作‘其中空廓’，從吳〔志忠〕本增。”

22.4 鞀[1]，導也[2]，所以導樂作也[3]。

〔1〕鞀(táo)：鞀鼓，有柄的小鼓。《詩·周頌·有瞽》：“應田縣鼓，鞀、磬、柷、圉。”孔穎達疏：“鞀者，《春官·小師》注云‘鞀如鼓而小，持其柄而搖之，傍耳還自擊’是也。”

〔2〕導：引導。《國語·周語中》：“敵國賓至，關尹以告，行理以節逆之，候人爲導。”韋昭注：“導賓至於朝。”

〔3〕所以：用以；用來。《莊子·天地》：“是三者，非所以養德也。” 作：發出音響；演奏。《論語·八佾》：“樂其可知也，始作，翕如也；從之，純如也。”

22.5 鼙[1]，裨也[2]，裨助鼓節也[3]。[4]

〔1〕鼙(pí)：古代樂隊用的小鼓。《儀禮·大射》：“應鼙在其東。”鄭玄注：“鼙，小鼓也。”清戴震《樂器考》：“鼙者，小鼓，與大鼓爲節。魯鼓、薛鼓之圖，圜者擊鼙，方者擊鼓。後世不別設鼙，以擊鼓側當之。”

〔2〕裨(bì)：同“裨”。增加；增補；補益。《國語·鄭語》：“若以同裨同，盡乃棄矣。”韋昭注：“裨，益也。”按，此書“礻—衤”旁常混作，“裨”徑視作“裨”字亦可。下同。

〔3〕裨助：即“裨助”。增益；補益。漢馬融《長笛賦》：“況笛生乎大漢，而學者不識，其可以裨助盛美。” 鼓節：擊鼓以爲節奏。

〔4〕段玉裁於此畫一連接綫，以連接下條。疏證本、吳志忠校本以下不另起。

22.6 聲在前曰“朔”[1]，朔[2]，始也。在後曰“應”[3]，應大鼓也[4]。

〔1〕“聲”，盧文弨、巾箱本於“聲”前增一“鼙”字，連下爲句。疏證本“聲”字作“鼙”，與上條連接。 朔：一種小鼓。《周禮·春官·小師》“下管擊應鼓”漢鄭玄注：“應，鼙也。應與棟及朔皆小鼓也。”

〔2〕朔:初;始。《禮記·禮運》:"後聖有作,然後脩火之利,范金合土……皆從其朔。"鄭玄注:"朔,亦初也。"

〔3〕應(yìng):一種小鼓。《詩·周頌·有瞽》:"應田縣鼓,鞉、磬、柷、圉。"毛傳:"應,小鞞也;田,大鼓也。"清戴震《樂器考》:"《儀禮》有朔鼙、應鼙。作堂下之樂,先擊朔鼙,應鼙應之。"

〔4〕應:應聲;應答。《莊子·列禦寇》:"或聘於莊子。莊子應其使曰:'子見夫犧牛乎?'"

22.7 所以懸鼓者[1],橫曰"簨"[2],簨,峻也[3],在上高峻也[4]。從曰"虡"[5],虡,舉也,在旁舉簨也。簨上之板曰"業"[6],刻爲牙,捷業如鋸齒也[7]。

〔1〕盧文弨、疏證本、吳志忠、巾箱本於"懸"字後增一"鐘"字。疏證本曰:"今本脫'鐘'字,據《北堂書鈔》《藝文類聚》《太平御覽》引增。"吳志忠曰:"補'鐘',依畢校。"

〔2〕簨(sǔn):古代懸掛鐘、磬、鼓的架子上的橫梁。《禮記·明堂位》:"夏后氏之龍簨虡。"

〔3〕峻:高;陡峭。《國語·晉語九》:"高山峻原,不生草木。"

〔4〕高峻:原指雄偉峭拔的山嶺。漢禰衡《鸚鵡賦》:"故其嬉遊高峻,棲跱幽深。"泛指高聳峭拔。

〔5〕從(zòng):"縱"的古字。竪向的。《荀子·賦》:"有物於此……日夜合離,以成文章。以能合從,又善連衡。"楊倞注:"從,竪也。" 虡(jù):古時懸鐘鼓木架的兩側立柱。《詩·周頌·有瞽》:"設業設虡,崇牙樹羽。"

〔6〕業:覆在懸掛鐘、鼓等樂器架橫木上的裝飾版,刻如鋸齒形,塗以白色。《詩·周頌·有瞽》:"有瞽有瞽,在周之庭。設業設虡,崇牙樹羽。"毛傳:"業,大板也,所以飾栒爲縣也……植者爲虡,衡者爲栒。"

〔7〕捷業:參差貌。《詩·周頌·有瞽》"設業設虡"毛傳:"業,大板也,所以飾栒爲縣也,捷業如鋸齒。"孔穎達疏:"其形刻之捷業然如鋸齒,故謂之業。" 鋸齒:鋸條上的尖齒。

22.8 瑟[1],施弦張之[2],瑟瑟然也[3]。

〔1〕瑟:撥弦樂器。形似古琴,每弦一柱,但無徽位。《詩·小雅·鼓鍾》:

"鼓鍾欽欽,鼓瑟鼓琴,笙磬同音。"

〔2〕施:設置;安放。《韓非子·外儲説左上》:"趙主父令工施鉤梯而緣播吾,刻疎人迹其上,廣三尺,長五尺,而勒之曰:主父常(嘗)遊於此。" 弦:樂器上用以發聲的線。一般用絲線、銅絲或鋼絲製成。《禮記·樂記》:"昔者舜作五弦之琴以歌《南風》。" 張:樂器上弦。《禮記·檀弓上》:"琴瑟張而不平。"又彈弄(琴弦)、演奏。《莊子·天運》:"帝張《咸池》之樂於洞庭之野。"

〔3〕瑟瑟:象聲詞。漢劉楨《贈從弟》詩之二:"亭亭山上松,瑟瑟谷中風。"

邵晉涵校:"《月令》正義:'琴者,劉熙《釋名》云:施弦張之。'"吳志忠校:"此下脱'琴'一條,各本同。"

22.9　箏[1],施弦高急[2],箏箏然也[3]。

〔1〕箏:撥弦樂器。形似瑟,其弦數歷代由五弦增至十二弦、十三弦、十六弦等。漢應劭《風俗通·聲音·箏》:"箏,謹按《禮·樂記》:'箏,五絃筑身也。'今并涼二州箏形如瑟,不知誰所改作也。或曰秦蒙恬所造。"

〔2〕丁山校:"《類聚》無'急'字。"

〔3〕箏箏:象聲詞。

22.10　筑[1],以竹鼓之[2],筑柲之也[3]。[4]

〔1〕筑:擊奏弦鳴樂器。琴體狹長,木質,張五根弦,用竹棒擊奏。《史記·刺客列傳》:"高漸離擊筑,荆軻和而歌於市中。"

〔2〕鼓:敲擊或彈奏(樂器)。《詩·小雅·鼓鍾》:"鼓鍾欽欽,鼓瑟鼓琴。"孔穎達疏:"以鼓瑟鼓琴類之,故鼓鍾爲擊鍾也。"

〔3〕"筑",盧文弨、段玉裁、疏證本校作"巩"。疏證本曰:"《説文》云:'筑,以竹曲五弦之樂也。從竹、巩。巩,持之也。竹亦聲。'《北堂書鈔》《太平御覽》引皆無'巩柲之'三字,誤脱也。今本'巩'亦作'筑',誤。"篆字疏證本校語無"今本'巩'亦作'筑',誤"句。吳翊寅校議:"案《説文》:'巩,褢也。''筑'下云:'巩,小持之也。''巩'從'工'、從'卂',謂工以手卂持之也。《樂書》言筑之鼓法:'以左手扼之,右手以竹尺擊之。'《一切經音義》云:'筑形如箏,刻其頸而握之,以頭築之,故謂之筑。字從巩,巩者,握持之也。'畢校作'巩柲之'者,謂褢持而柲擊之。"巩:又作"巩"。抱。 "柲",段玉裁校作"拂"。按,此書有"木—扌"混作之例,"柲"應即"拂"字。拂(bì):椎擊。《方言》卷一〇:"拂,椎

也。南楚凡相椎搏曰抳。"《文選·張衡〈西京賦〉》："叉簇之所攙捔,徒搏之所撞抳。"吕延濟注："撞抳,謂撞而抳倒。"

〔4〕疏證本校："《太平御覽》引有'如箏,細項'四字,文不類,各本皆無。"篆字疏證本於此補出"如箏,細項"四字,云:"今本無此句,據《太平御覽》引曾。"丁山校:"《御覽》五七五引:'筑,以竹鼓之,如箏,細項。'"

22.11 箜篌[1],此師延所作[2],靡靡之樂也[3]。後出於桑間濮上之地[4],蓋空國之侯所存也[5]。師涓爲晉平公鼓焉[6],鄭衛分其地而有之[7],遂號"鄭衛之音"[8],謂之"淫樂"也[9]。

〔1〕箜篌:亦作"空侯""坎侯"。撥奏弦鳴樂器。古代有卧箜篌、豎箜篌、鳳首箜篌。弦數因樂器大小而不同。卧箜篌面板設品柱。以撥彈弦發聲,按弦於品取音。豎箜篌形似豎琴,南北朝時經西域傳入中原。鳳首箜篌,因琴首飾鳳首得名,由南方絲綢之路傳入中原。《史記·孝武本紀》:"禱祠泰一、后土,始用樂舞,益召歌兒,作二十五弦及箜篌、瑟自此起。"裴駰集解引徐廣曰:"應劭云:武帝令樂人侯調始造箜篌。"

〔2〕師延:商紂時的宮廷樂師。周武王滅紂時投濮水自殺。

〔3〕靡靡:柔弱;頹靡。《韓非子·十過》:"此師延之所作,與紂爲靡靡之樂也……先聞此聲者,其國必削。" 樂:樂器。《韓非子·解老》:"竽也者,五聲之長者也,故竽先則鐘瑟皆隨,竽唱則諸樂皆和。"

〔4〕丁山校:"《一切經音義》引'出'下無'於'字。《北堂書鈔》引'出'下亦無'於'字。" 桑間濮上:桑間在濮水之岸,古代衛國之地。《禮記·樂記》:"桑間濮上之音,亡國之音也。其政散,其民流,誣上行私而不可止也。"鄭玄注:"濮水之上,地有桑間者,亡國之音於此之水出也。昔殷紂使師延作靡靡之樂,已而自沈於濮水。後師涓過焉,夜聞而寫之,爲晉平公鼓之。" 沈錫祚校:"'箜篌',據慧琳《一切經音義》卷四引作'桑間濮上之空地'。按:'地'上有'空'字是。"丁山校:"《一切經音義》引又'濮上之地'作'濮上之空地'。"胡楚生校:"慧琳《音義》卷四所引'濮上之地'作'濮上之空地'。希麟《音義》卷一所引'濮上之地'作'漢上之空地也'。"

〔5〕空國:謂無國君主政或賢臣輔政之國。 侯:古爵位名。爲五等爵的第二等。《禮記·王制》:"王者之制禄爵,公、侯、伯、子、男,凡五等。" "存",邵晉涵校作"好",注:"《初學〔記〕》。"又曰:"段安節《樂府録》:'以其亡國之聲,故好空國之侯,亦曰坎侯。'"疏證本校:"'存',《初學記》引作'好'。" 沈

錫祚校:"'箜篌',據慧琳《一切經音義》卷四引又'存也'下有'故名箜篌'四字。"丁山校:"〔《一切經音義》引〕'所存也'下,有'故名箜篌'句。"胡楚生校:"慧琳《音義》卷四所引'師涓'上有'故名箜篌'四字。"

〔6〕師涓:春秋時期衛國著名音樂家。《呂氏春秋·長見》:"至於師涓,而果知鐘之不調也。" 晉平公:姬姓,名彪,晉悼公之子,春秋時期晉國國君,前557年—前532年在位。 鼓:敲擊或彈奏(樂器)。參見22.10〔2〕。

〔7〕鄭衛:春秋戰國時鄭國與衛國的並稱。《楚辭·招魂》:"鄭衛妖玩,來雜陳些。"鄭:周朝國名。姬姓。開國君主爲周宣王弟鄭桓公(名友)。原在今陝西華縣西北。周平王東遷,鄭徙于溱、洧之上,是爲新鄭,即今河南新鄭。參見卷二《釋州國》7.17〔1〕。衛:周朝國名。姬姓。始封之君爲周武王之弟康叔。轄地大致在今黄河以北的河南鶴壁、安陽、濮陽,河北邯鄲和邢臺一部分,山東聊城西部、菏澤北部一帶。參見卷二《釋州國》7.24〔1〕。 丁山校:"〔《一切經音義》引〕'而有之'作'而有也'。"胡楚生校:"慧琳《音義》卷四所引'有之'作'有也'。卷二十六引'分其地'下無'而有之'三字,而有'遂亡其國'四字。"

〔8〕號:稱謂;給以稱號。《左傳·昭公四年》:"未問其名,號之曰'牛'。"鄭衛之音:春秋戰國時鄭、衛兩國的民間音樂。因不同於雅樂,曾被儒家斥爲"亂世之音"。《禮記·樂記》:"鄭衛之音,亂世之音也。"泛指淫靡的音樂。

〔9〕淫樂:靡靡之音。舊指不同於正統雅樂的俗樂。《禮記·樂記》:"凡姦聲感人,而逆氣應之;逆氣成象,而淫樂興焉。"

22.12 枇杷[1],本出於胡中[2],馬上所鼓也[3]。推手前曰"枇"[4],引手却曰"杷"[5],象其鼓時,因以爲名也[6]。

〔1〕"枇杷",段玉裁、吳志忠、汪道謙分別校作"批把"。吳志忠曰:"各本'批把'誤'枇杷',今改,下同。"吳翊寅校議:"吳〔志忠〕本作'批把',下同。"《格致叢書》本作"琵琶",邵晉涵校作"枇杷",曰:"《風俗通》作'批把'。《説文》新附字云'琵琶'。"疏證本校:"《説文》新附有'琵''琶'二字。解云:'樂器。'義當作'枇杷'。"王仁俊集斠:"唐段安節《琵琶録》引《釋名》:'琵琶,本胡中馬上所鼓,推手前曰琵,引曰琶,因以爲名。'又《示兒編》十六:'推手向前曰琵,卻手向後曰琶。'注:'《釋名》。'據此,是孫奕所見本作'琵琶'。"許克勤校:"《通鑑釋文》二十九'琵琶'云:'上頻脂切,下蒲巴切。《釋名》:'琵琶,樂名,胡中馬上所鼓,推手前曰琵,却手後曰琶,因以爲名。'勤按:'樂'下疑脱'器'

字。"《釋名疏證補坿》引許克勤校後句作:'按:據此,枇杷本亦作琵琶。'"按,此書"木一扌"旁常混作,據後文"推手前曰'枇',引手却曰'杷'",可知"枇杷"應即"批把"二字。下同。批把(pípá):即琵琶。撥奏弦鳴樂器。歷史上主要形制有兩種:一、曲項琵琶。魏晉南北朝時傳入中原。音箱爲梨形,設四弦四柱,用撥子彈奏,盛行於隋唐,爲現代琵琶的前身。二、直項琵琶。相傳秦漢時已出現,音箱爲圓形,設四弦十二柱。南北朝時又有五弦琵琶傳入。

〔2〕胡:古代對北方和西方的民族如匈奴等的稱呼。《周禮・考工記序》:"粵無鎛,燕無函,秦無廬,胡無弓車。"鄭玄注引鄭司農曰:"胡,今匈奴。"

〔3〕馬上:馬背上。《史記・酈生陸賈列傳》:"陸生時時前説稱《詩》《書》,高帝罵之曰:'迺公居馬上而得之,安事《詩》《書》?'陸生曰:'居馬上得之,寧可以馬上治之乎?'" 鼓:敲擊或彈奏(樂器)。參見22.10〔2〕。

〔4〕推手:推出手。 前:向前。指向前左方彈出。 "枇",吳志忠、汪道謙校作"批";施惟誠刻本、鍾惺評本作"批";篆字疏證本校作"揙"。王筠校:"《説文》:'揙,反手擊也。'《文選・琴賦》注引作'批,反手擊也',知'批'爲'揙'之俗字。"按,"枇"即"批"字。參見注〔1〕。批(pī):用手背反擊;擊。《左傳・莊公十二年》:"(宋萬)遇仇牧于門,批而殺之。"

〔5〕引手:拉回手。 却:退。指向後撥彈。 "杷",篆字疏證本校作"祀",吳志忠、汪道謙校作"把"。按,"杷"即"把"字。參見注〔1〕。把(pá):同"爬"。搔。

〔6〕因以爲名:參見卷二《釋州國》7.8〔4〕。

22.13 塤[1],喧也[2],聲濁喧喧然也[3]。

〔1〕疏證本校:"《説文》作'壎',云:'樂器也。以土爲之,六孔。从土,熏聲。'今作'塤',俗。"篆字疏證本改作"壎",無校語。塤(xūn):同"壎"。古代一種吹奏樂器。大如鵝蛋或雞蛋,頂部稍尖,底平,中空,有球形、橢圓形等多種。《周禮・春官・小師》:"小師掌教鼓、鼗、柷、敔、塤、簫、管、弦、歌。"鄭玄注:"塤,燒土爲之,大如鴈卵。"孫詒讓正義引聶崇義曰:"大如鴈卵謂之雅塤;小者如雞子謂之頌塤。凡六孔:上一,前三,後二。"

〔2〕喧:聲音大而嘈雜。漢王褒《洞簫賦》:"惟詳察其素體分,宜清静而弗喧。"

〔3〕濁:音質厚重低沉。《韓非子・姦劫弑臣》:"若以道化行正理不趨富貴事上而求安,是猶聾而欲審清濁之聲也,愈不幾矣。" 喧喧:形容聲音喧鬧。

22.14 箎[1]，啼也[2]，聲從孔出，如嬰兒啼聲也[3]。

〔1〕箎(chí)：古代竹製的管樂器之一。像笛，有八孔，橫吹。唯其開孔數及尺寸古書記載不一。《爾雅·釋樂》：“大箎謂之沂。”郭璞注：“箎，以竹爲之。長尺四寸，圍三寸。一孔上出一寸三分，名翹。橫吹之。小者尺二寸。《廣雅》云八孔。”

〔2〕啼：號哭。《穀梁傳·僖公十八年》：“麗姬下堂而啼。”

〔3〕嬰兒：初生幼兒。《老子》：“我獨泊兮其未兆，如嬰兒之未孩。” 啼聲：幼兒的哭聲。

22.15 簫[1]，肅也[2]，其聲肅肅而清也[3]。

〔1〕簫：一種竹製管樂器。古代的簫用許多竹管依音階高低排列而成，有底，亦稱爲“排簫”。後代專稱單管竪吹的樂器，也叫“洞簫”。

〔2〕肅：莊嚴；寧靜。《禮記·玉藻》：“言容詻詻，色容厲肅。”

〔3〕肅肅：象聲詞。 清：清越；清脆悠揚。《禮記·聘義》：“叩之，其聲清越以長。”

22.16 笙[1]，生也[2]，象物貫地而生也[3]。[4]

〔1〕笙：一種簧管樂器。用十三至十七根裝有簧片的竹管和一根吹氣管，裝在一個圓形、方形等多種形制的底座上製成。《說文·竹部》：“笙，十三簧，象鳳之身也。笙，正月之音，物生故謂之笙。”《儀禮·大射》：“樂人宿縣于阼階東，笙磬西面。”鄭玄注：“笙猶生也。東爲陽，中萬物以生。”

〔2〕生：出生；長出；生長。《詩·大雅·卷阿》：“梧桐生矣，于彼朝陽。”盧文弨將下條“竹之貫匏”四字鈎乙到“生也”之後，疏證本、巾箱本從之。疏證本曰：“今本‘竹之貫匏’在‘而生也’之下，據誼易置之。《藝文類聚》《初學記》《太平御覽》引皆無‘竹之貫匏’句。”

〔3〕貫：穿通。《左傳·成公二年》：“矢貫余手及肘。”

〔4〕疏證本、吳志忠校本將此條與下條合爲一條。

22.17 竹之貫匏[1]，以瓠爲之[2]，故曰“匏”也[3]。竽亦是也[4]，其中汙空[5]，以受簧也[6]。[7]

〔1〕盧文弨將“竹之貫匏”四字鈎乙到上條“生也”之後，疏證本、巾箱本從

之。　貫：穿通。　匏（páo）：葫蘆的一種。一年生草本植物，葉子掌狀分裂，莖上有捲鬚。果實比葫蘆大。曬乾後可做涉水的工具，也可做容器，對半剖開可做水瓢。《詩‧邶風‧匏有苦葉》：“匏有苦葉，濟有深涉。”毛傳：“匏謂之瓠。”

〔2〕瓠（hù）：蔬類名，一年生草本。莖蔓生，葉莖有茸毛。葉心臟形，葉腋生捲鬚。花白，結實呈長條狀者稱瓠瓜；短頸大腹者稱壺盧，今作“葫蘆”。《説文‧瓠部》：“瓠，匏也。”王筠句讀：“今人以細長者爲瓠，圓而大者爲壺盧。古無此別也。”《詩‧小雅‧南有嘉魚》：“南有樛木，甘瓠纍之。”

〔3〕匏：笙竽一類的樂器，爲八音之一。古以匏（瓠）爲座，上設簧管，故亦以稱此類樂器。《國語‧周語下》：“匏以宣之，瓦以贊之。”韋昭注：“匏，笙也。”

〔4〕竽（yú）：自由簧氣鳴樂器。“八音”屬“匏”。發音原理與笙同，形似笙而較大，管數亦較多。戰國時已在民間廣泛流傳，在宮廷中亦有龐大的演奏規模。漢代前其音管多爲三十六簧，後逐漸減爲二十三、二十二簧。《史記‧蘇秦列傳》：“臨菑甚富而實，其民無不吹竽鼓瑟，彈琴擊筑。”

〔5〕汙（wū）：低窪；凹陷。《莊子‧齊物論》：“大木百圍之竅穴，似鼻，似口，似耳，似枅，似圈，似臼，似窪者，似污者。”宣穎解：“污，窊也。”

〔6〕受：盛；容納。《易‧咸》：“君子以虛受人。”　簧：樂器裏有彈性的薄片，用竹箬或銅片製成，作爲發聲的振動體。参見下條注〔1〕。

〔7〕畢效欽刻《五雅》本、施惟誠刻本、鍾惺評本、疏證本、巾箱本以下不另起。

22.18　簧[1]，橫也，於管頭橫施於中也[2]，以竹、鐵作[3]。於口橫鼓之亦是也[4]。

〔1〕簧：樂器裏有彈性的薄片，用竹箬或銅片製成，作爲發聲的振動體。《詩‧小雅‧鹿鳴》：“吹笙鼓簧，承筐是將。”孔穎達疏：“吹笙之時，鼓其笙中之簧以樂之。”

〔2〕施：設置；安放。《韓非子‧外儲説左上》：“趙主父令工施鉤梯而緣播吾，刻疎人迹其上，廣三尺，長五尺，而勒之曰：主父常（嘗）遊於此。”

〔3〕作：建造；製作。《書‧康誥》：“周公初基，作新大邑于東國洛。”

〔4〕鼓：敲擊或彈奏（樂器）。《詩‧小雅‧鹿鳴之什》：“吹笙鼓簧，承筐是將。”按，簧片可橫置於人口，以手撥彈奏樂，故謂“於口橫鼓之”。　是：對；正確。《吕氏春秋‧察傳》：“辭多類非而是，多類是而非，是非之經，不可不分。”

22.19 搏拊也[1]，以韋盛糠[2]，形如鼓，以手附拍之也[3]。

〔1〕搏拊（fǔ）：古樂器。又名"拊搏"，簡稱"拊"。用糠塞滿皮囊製成的特殊膜鳴樂器。形如鼓，用手拍擊發聲。漢代宮廷音樂中用手拍表示節奏，稱"抃"，後用"拊"代替。《書·益稷》："戛擊鳴球、搏拊、琴瑟以詠。"僞孔傳："搏拊以韋爲之，實之以糠，擊之以節樂。"《周禮·春官·小師》："大祭祀，登歌擊拊。"《禮記·明堂位》："拊搏、玉磬、揩擊、大琴、大瑟、中琴、小瑟，四代之樂器也。"鄭玄注："拊搏，以韋爲之，充之以糠，形如小鼓，所以節樂。""搏拊"：吳志忠校作"拊搏"，曰："各本二字倒，今乙。"吳翊寅校議："吳〔志忠〕本作'拊搏'。案《書·皋陶謨》'搏拊琴瑟以詠'，不作'拊搏'，此依《禮記》改。""也"，盧文弨、疏證本、吳志忠删去。疏證本曰："今本下有'也'字，衍，今删。"篆字疏證本無此校語。吳志忠曰："删'也'，依畢校。"

〔2〕韋：去毛熟治的獸皮；柔軟的皮革。《儀禮·聘禮》："君使卿韋弁。"鄭玄注："皮、韋同類，取相近耳。"賈公彥疏："有毛則曰皮，去毛熟治則曰韋。本是一物，有毛無毛爲異，故云'取相近耳'。"

〔3〕附：通"拊"。撫；拍。《詩·大雅·皇矣》："是致是附。"馬瑞辰通釋："附當讀如拊循之拊，亦通作撫，隱十一年《左傳》曰'吾子其奉許叔以撫柔此民也'，即此詩'是附'也。"又或通"搏"。搏鬥。漢王符《潛夫論·邊議》："羌始反時，計謀未善，黨與未成，人衆未合，兵器未備，或持竹木枝，或空手相附。"汪繼培箋："王先生云：'附'疑'搏'。"

22.20 柷[1]，狀如伏虎[2]，如見柷柷然也[3]，故訓爲"始"[4]，以作樂也[5]。[6]

〔1〕柷（zhù）：古樂器名。木製，形如方斗。奏樂開始時擊之。從周代起，歷代宮廷禮儀音樂都設柷、敔兩器。《爾雅·釋樂》："所以鼓柷謂之止。"郭璞注："柷如漆桶，方二尺四寸，深一尺八寸，中有椎柄，連底桐之，令左右擊。止者，其椎名。"

〔2〕盧文弨於"狀如"前增"敔，柷"二字，連上爲句，又於"狀如"後增"桼桶；敔狀如"五字。段玉裁、疏證本、巾箱本於"狀如"前增"敔，柷，狀如桼桶；敔"七字。疏證本曰："今本作'柷，狀如伏虎'，是有脱誤也。《尚書·皋陶謨》曰：'合止敔柷。'鄭君注云：'合樂用柷，柷狀如漆桶，中有椎。合之者，投椎其中而撞之，所以節樂。敔狀如伏虎，背有刻，以物擽之，所以止樂。'今據以補正此文。" 伏虎：蹲伏着的老虎。《荀子·解蔽》："冥冥而行者，見寢石以爲

伏虎也。”

〔3〕疏證本於“如見”前增一“柷”字，連下爲句。盧文弨、疏證本於“如”字後增“物始”二字。疏證本曰：“今本作‘如見柷柷然也’，據《北堂書鈔》《太平御覽》引補正。”柷柷：同“祝祝”，象聲詞。《説文·吅部》：“喌，呼雞重言之。……讀若‘祝’。”段玉裁注：“謂‘喌喌’讀若‘祝祝’也。《左傳》‘州吁’，《穀梁》作‘祝吁’。《博物志》云：‘祝雞翁善養雞，故呼祝祝。’”

〔4〕盧文弨、疏證本於“故”前增“祝，始也”三字，云：“今本無‘祝，始也’，據《北堂書鈔》引補。案：韋昭注《國語》亦云：‘祝，始也。’”吳翊寅校議：“此三字，畢據《北堂書鈔》引補，依誼當云：‘柷，祝也；祝，始也。故訓柷爲始，以作樂也。’《釋親屬》亦云：‘祝，始也。’是其證。‘柷’與‘敔’對文，‘敔’用轉訓，‘柷’當與同例。《國語·鄭語》‘命之曰祝融’韋昭注：‘祝，始也。’” 訓：解説；解釋。 盧文弨、段玉裁、疏證本於“訓”字後增一“柷”字。疏證本曰：“今本無‘柷’字，據《北堂書鈔》引補。”吳翊寅校議：“依誼當云：‘故訓柷爲始，以作樂也。’”

〔5〕作樂：開始奏樂。

〔6〕盧文弨於此處畫一連接綫，以連接下條。疏證本以下不另起。

22.21 敔[1]，衙也[2]；衙，止也，所以止樂也[3]。

〔1〕敔（yǔ）：古樂器名。形如伏虎。雅樂將終時擊以止樂。從周代起，歷代宮廷禮儀音樂都設柷、敔兩器。《書·益稷》：“合止柷敔。”孔穎達疏：“樂之初，擊柷以作之；樂之將末，戞敔以止之。”

〔2〕衙：通“御”。遏止；阻攔。《周禮·夏官·田僕》“設驅逆之車”鄭玄注：“逆衙還之，使不出圍。”

〔3〕所以：用以；用來。《莊子·天地》：“是三者，非所以養德也。” 止樂：終止奏樂。

22.22 舂[1]，撞也[2]；牘，筑也[3]，以舂築地爲節也[4]。

〔1〕疏證本、吳志忠於“舂”前增“舂牘”二字。疏證本曰：“今本脱此二字，據下義增。”吳志忠曰：“補‘舂牘’，依畢校。”舂牘：古撞擊樂器。亦稱“頓相”。取大竹筒，鑿通，兩頭開孔，筒身繪彩畫。演奏時，雙手持頓地以擊節，如使舂杵。《周禮·春官·笙師》：“掌教吹竽、笙、塤、籥、簫、篪、篴、管、舂牘、應、雅，以教祴樂。”鄭玄注：“鄭司農云：‘舂牘，以竹，大五六寸，長七尺，短者一二尺，

其端有兩空(孔),髤畫。以兩手築地。'玄謂牘、應、雅,教其舂者,謂以築地,笙師教之,則三器在庭可知矣。賓醉而出,奏祴夏,以此三器築地,爲之行節,明不失禮。” 舂:用杵臼搗去穀物皮殼。《詩・大雅・生民》:“或舂或揄,或簸或蹂。”

〔2〕撞:撞擊;敲擊。《墨子・非樂上》:“然則當爲之撞巨鐘,擊鳴鼓,彈瑟琴,吹笙竽而揚干戚。”

〔3〕筑:同“築”。搗擊。《詩・大雅・綿》:“築之登登,削屢馮馮。”《儀禮・既夕禮》:“甸人築坅坎,隸人涅厠。”鄭玄注:“築,實土其中,堅之。”

〔4〕節:節奏;節拍。《楚辭・九歌・東君》:“展詩兮會舞,應律兮合節。”

22.23 籥[1],躍也[2],氣躍出也。

〔1〕籥(yuè):古管樂器。甲骨文作“龠”,像編管之形,似爲排簫之前身。有吹籥、舞籥兩種。吹籥似笛而短小,三孔;舞籥長而六孔,可執作舞具。《詩・邶風・簡兮》:“左手執籥,右手秉翟。”孔穎達疏:“籥雖吹器,舞時與羽并執,故得舞名。”

〔2〕躍:迅疾。《說文・足部》:“躍,迅也。”段玉裁注:“迅,疾也。”

22.24 篴[1],滌也[2],其聲滌滌然也[3]。

〔1〕疏證本校:“《說文》:‘笛,七孔筩也。’《周禮》有‘篴’字,《玉篇》:‘笛,同篴。”篆字疏證本、張步瀛校作“笛”。篴(dí):“笛”的古字。管樂器名。《周禮・春官・笙師》:“笙師掌教吹竽、塤、籥、簫、篪、篴、管、舂牘、應、雅。”鄭玄注引鄭司農曰:“今時所吹五空竹篴。”

〔2〕滌(dí):指音樂節奏疾速。《禮記・樂記》:“寬裕、肉好、順成、和動之音作,而民慈愛;流辟、邪散、狄成、滌濫之音作,而民淫亂。”鄭玄注:“狄、滌,往來疾貌也。”孔穎達疏:“狄成、滌濫,皆謂往來速疾,謂樂之曲折,速疾而成,疾速而止。”

〔3〕滌滌:象聲詞。

22.25 鐃[1],聲鐃鐃也[2]。[3]

〔1〕鐃(náo):用以止鼓的樂器。青銅製,體短而闊,原無舌,以槌擊之而鳴。《周禮・地官・鼓人》:“以金鐃止鼓。”鄭玄注:“鐃,如鈴,無舌,有秉,執而鳴之,以止擊鼓。”

〔2〕“鐃鐃”，孫詒讓《札迻》：“案《通典·樂四》引作‘聲譊譊也’，是，當據正。”譊(náo)譊：爭辯；論辯。引申爲喧鬧嘈雜。《莊子·至樂》：“彼唯人言之惡聞，奚以夫譊譊爲乎！”成玄英疏：“譊譊，喧聒也。”鐃鐃：猶“撓撓”“譊譊”。鐃：通“撓”。嘈雜；不静。也作“鬧”。

〔3〕疏證本校：“《太平御覽》引此下有‘宫縣用之，飾以流蘇’八字。”篆字疏證本補出此八字，云：“今本無‘宫縣’以下八字，據《太平御覽》引曾。”

22.26 人聲曰“歌”〔1〕。歌，柯也〔2〕，所歌之言是其質也〔3〕，以聲吟詠有上下〔4〕，如草木之有柯葉也〔5〕。故兖〔6〕、冀言“歌”〔7〕，聲如“柯”也。

〔1〕聲：唱；吟詠。

〔2〕柯：草木的枝莖。《禮記·禮器》：“如竹箭之有筠也，如松柏之有心也……故貫四時而不改柯易葉。”

〔3〕歌：歌唱。《易·中孚》：“或鼓或罷，或泣或歌。” 言：歌辭；歌詞。質：主；主體。《莊子·庚桑楚》：“果有名實，因以己爲質。”郭象注：“質，主也。”

〔4〕吟詠：歌唱。《詩·周南·關雎序》：“吟詠情性，以風其上。” 上下：升降。《楚辭·卜居》：“將氾氾若水中之鳧乎？與波上下偷以全吾軀乎？”王逸注：“隨衆卑高。”

〔5〕草木：指草本植物和木本植物。《易·坤》：“天地變化，草木蕃。” 柯葉：枝葉。漢班固《幽通賦》：“形氣發於根柢兮，柯葉彙而靈茂。”

〔6〕兖(yǎn)：兖州。古九州之一。又漢武帝所置十三刺史部之一。轄境約當今山東西南部及河南東部。參見卷二《釋州國》7.11〔1〕。

〔7〕冀：冀州。古九州之一。又漢武帝所置十三刺史部之一。轄境相當於今河北中南部、山東西端及河南北端。參見卷二《釋州國》7.10〔1〕。

22.27 竹曰“吹”〔1〕。吹，推也，以氣推發其聲也〔2〕。

〔1〕竹：古樂八音之一。指竹製管樂器，簫管笙笛之類。《漢書·律曆志上》：“八音：土曰塤，匏曰笙，皮曰鼓，竹曰管，絲曰絃，石曰磬，金曰鐘，木曰祝。”

〔2〕推發：推送發出。

22.28 吟[1]，嚴也[2]，其聲本出於憂愁[3]，故其聲嚴肅[4]，使人聽之悽嘆也[5]。

〔1〕吟：吟詠。《莊子·德充符》：“倚樹而吟。”成玄英疏：“行則倚樹而吟詠。”又指嘆息；呻吟。《戰國策·楚策一》：“（梦冒勃蘇）雀立不轉，晝吟宵哭。”《山海經·南山經》：“有獸焉其音如吟。”郭璞注：“如人呻吟聲。”

〔2〕嚴：肅穆；端莊。《詩·小雅·六月》：“有嚴有翼，共武之服。”

〔3〕憂愁：憂慮愁苦。《史記·屈原賈生列傳》：“屈平疾王聽之不聰也，讒諂之蔽明也，邪曲之害公也，方正之不容也，故憂愁幽思而作《離騷》。”

〔4〕嚴肅：莊敬；莊重。《呂氏春秋·尊師》：“和顏色，審辭令；疾趨翔，必嚴肅。”

〔5〕悽嘆：悲傷嘆息。

疏證本補遺：“‘擊壤，野老之戲也。’引見《太平御覽·工藝部》。”丁山校：“‘擊壤，野老之戲也。’據《御覽》七五五引補。”

釋兵第二十三[1]

〔1〕兵：與軍事或戰爭有關事物的統稱，包括兵器、兵卒（軍隊）、軍事（戰爭）、軍需等。

23.1 弓[1]，穹也[2]，張之穹隆然也[3]。其末曰“簫”[4]，言簫梢也[5]。又謂之“弭”[6]，以骨爲之，滑弭弭也[7]。中央曰“弣”[8]，弣，撫也[9]，人所持撫也[10]。簫弣之間曰“淵”[11]，淵，宛也[12]，言曲宛也[13]。

〔1〕弓：由彎成弧形的木條繫上絲繩製成用以發射箭矢或彈丸的器具。《詩·小雅·吉日》：“既張我弓，既挾我矢。”

〔2〕穹：物體中間隆起而周邊下垂。《周禮·考工記·韗人》：“韗人爲皋陶穹者三分之一。”鄭玄注引鄭司農曰：“謂鼓木腹穹隆者，居鼓三分之一也。”

〔3〕張：開弓；拉弓弦。《詩·小雅·吉日》：“既張我弓，既挾我矢。” 穹隆：中間隆起而周邊下垂貌。漢揚雄《太玄·玄告》：“天穹隆而周乎下。”

〔4〕簫:弓的末端。《儀禮・鄉射禮》:"右執簫,南揚弓,命去侯。"鄭玄注:"簫,弓末也。"

〔5〕蕭梢:邪出貌。《廣雅・釋詁二》:"蕭,衰也。"王念孫疏證:"簫之言蕭梢,衰出之貌也。《曲禮》:'凡遺人弓者……右手執簫。'鄭注云:'簫,弣頭也。謂之簫,簫,邪也。'正義曰:'弓頭稍剡,差邪似簫,故謂爲簫也。'是凡言簫者,皆衰之義也。"

〔6〕弭(mǐ):無綵繳纏飾,飾以角、骨的弓末端。《爾雅・釋器》:"有緣者謂之弓,無緣者謂之弭。"郭璞注:"今之角弓也。《左傳》曰:'左執鞭弭。'"孫炎注:"緣謂繳束而漆之,弭謂不以繳束,骨飾兩頭者也。"

〔7〕滑弭弭:猶今言"滑溜溜""滑膩膩"。弭弭:猶"彌彌"。有光澤貌。

〔8〕弣(fǔ):弓把中部。《禮記・曲禮上》:"凡遺人弓者,張弓尚筋,弛弓尚角,右手執簫,左手承弣。"鄭玄注:"弣,把中。""弣",葉德炯校:"'弣'即'柎'也。《考工記・弓人》:'於挺臂中有柎焉,故剽。'鄭注:'柎,側骨,按挺臂弓之正中。'正義所云'弓把處',蓋人所撫持物也。"按,"柎"同"弣"。弓把中部。《周禮・考工記・弓人》:"凡爲弓,方其峻而高其柎。"賈公彥疏:"柎,把中。"

〔9〕撫:握持。《楚辭・九歌・東皇太一》:"撫長劍兮玉珥,璆鏘鳴兮琳琅。"王逸注:"撫,持也。"

〔10〕持撫:執持;握持。

〔11〕淵:弣和簫之間的弓臂。後作"彌"。

〔12〕宛:曲折;彎曲。《莊子・知北游》:"紛乎宛乎,魂魄將往。"成玄英疏:"紛綸宛轉,並適散之貌也。"

〔13〕曲宛:猶"宛曲"。彎曲;曲折。

23.2 弩[1],怒也[2],有勢怒也[3]。其柄曰"臂"[4],似人臂也。鉤絃者曰"牙"[5],似齒牙也[6]。牙外曰"郭"[7],爲牙之規郭也[8]。下曰"懸刀"[9],其形然也。合名之曰"機"[10],言如機之巧也[11],亦言如門戶之樞機[12],開闔有節也[13]。

〔1〕弩(nǔ):用機械發箭的弓。《周禮・夏官・司弓矢》:"司弓矢掌六弓四弩八矢之法,辨其名物,而掌其守藏,與其出入。"

〔2〕怒:威怒;威武貌。《孫子・作戰》:"故殺敵者,怒也。"李筌注:"怒者,軍威也。"

〔3〕勢怒：威武的氣勢。勢：力量；威勢。《集韻·祭韻》：“勢，威力也。”《字彙·力部》：“勢，勢力，威勢。”《孫子·勢》：“勢如彍弩，節如發機。”成蓉鏡校：“案《御覽》三百四十八引《大百陰經·發弩圖》篇曰：‘弩者，怒也，其聲勢威嚮如怒，故以名其弩也。’”沈錫祚校：“‘弩，怒也，有怒勢也’，見《通鑑》二百零二注。”此作“怒勢”。

〔4〕臂：弩柄；弓把。《周禮·考工記·弓人》：“於挺臂中有柎焉。”《墨子·備高臨》：“弩臂前後與筐齊。”

〔5〕絃：弓上發箭的繩索。同“弦”。《戰國策·秦策一》：“未絕一絃，未折一矢。” 牙：弩牙。弩機鉤弦的部件。《書·太甲上》“若虞機張”偽孔傳：“機，弩牙也。”

〔6〕齒牙：牙齒。《漢書·東方朔傳》：“朔對曰：‘臣觀其舌齒牙，樹頰胲，吐脣吻……臣朔雖不肖，尚兼此數子者。’”

〔7〕郭：物體的外框或外殼。《史記·平準書》：“有司言：三銖錢輕，易姦詐，乃更請諸郡國鑄五銖錢，周郭其下，令不可磨取鉛焉。”

〔8〕規郭：即機郭。弩上機牙的外殼。《墨子·備高臨》：“連弩機郭同銅，一石三十斤。”孫詒讓閒詁：“‘同’當爲‘用’。”

〔9〕懸刀：弩牙下部如刀形的零件。

〔10〕合名：合稱。一說：“合名”當作“含括”。盧文弨、疏證本校“合名之”作“含括之口”，巾箱本從之。疏證本曰：“今本作‘合名之曰機’，據《藝文類聚》引改。” 機：古代弩箭上的發動機關。《書·太甲上》：“若虞機張，往省括于度，則釋。”偽孔傳：“機，弩牙也。”

〔11〕巧：工巧；精緻。《書·泰誓下》：“郊社不修，宗廟不享，作奇技淫巧以悅婦人。”孔穎達疏：“淫巧，謂過度工巧。”

〔12〕門户：門。户：單扇門。《論語·雍也》：“誰能出不由户？”劉寶楠正義引《一切經音義》：“一扇曰户，兩扇曰門。” 樞機：樞與機。比喻事物的關鍵部分。《易·繫辭上》：“言行，君子之樞機，樞機之發，榮辱之主也。”王弼注：“樞機，制動之主。”孔穎達疏：“樞謂户樞，機謂弩牙。”樞：户樞。舊式門的轉軸或承軸曰。《莊子·讓王》：“蓬户不完，桑以爲樞。”陸德明釋文：“司馬云：屈桑條爲户樞也。”機：門限。《吕氏春秋·本生》：“命之曰招蹷之機。”高誘注：“蹷機，門内之位也。”

〔13〕開闔(hé)：開啓與閉合。《老子》：“天門開闔，能爲雌？” 節：控制；限制。《易·未濟》：“飲酒濡首，亦不知節也。”孔穎達疏：“亦不知節者，釋飲

酒所以致濡首之難,以其不知止節故也。”

23.3 矢[1],指也,言其有所指向迅疾也[2]。又謂之“箭”,前進也[3]。其本曰“足”[4],矢形似木,木以下爲本,本以根爲足也。又謂之“鏑”[5]。鏑,敵也,可以禦敵也[6]。齊人謂之“鏃”[7],鏃,族也[8],言其所中皆族滅也[9]。關西曰“釭”[10]。釭,鉸也[11],言有交刃也[12]。其體曰“幹”[13],言梃幹也[14]。其旁曰“羽”[15],如鳥羽也。鳥須羽而飛[16],矢須羽而前也。齊人曰“衛”[17],所以導衛矢也[18]。其末曰“栝”[19]。栝,會也,與弦會也[20]。栝旁曰“叉”[21],形似叉也。其受之器[22],以皮曰“箙”[23],謂柔服用之也[24];織竹曰“笮”[25],相迫笮之名也[26]。步叉[27],人所帶[28],以箭叉其中也[29]。馬上曰“鞬”[30]。鞬,建也,弓、矢並建立其中也[31]。

〔1〕“矢”原作“天”,盧文弨校作“矢”,蔡天祐刊本、《古今逸史》本、郎奎金刻《逸雅》本、疏證本、吳志忠校本等作“矢”。按,“天”明顯是“矢”之誤,故改。本條後文作“矢”不誤。矢:箭。以木或竹製成。《易·繫辭下》:“弦木爲弧,剡木爲矢。”

〔2〕指向:對着;朝着。 迅疾:猶迅速。漢劉向《九嘆·惜賢》:“挑揄揚汰,盪迅疾兮。”

〔3〕前進:上前;向前行進。《史記·張釋之馮唐列傳》:“釋之前進曰:‘使其中有可欲者,雖錮南山,猶有郤;使其中無可欲者,雖無石槨,又何戚焉!’”“前”,盧文弨、段玉裁、疏證本校作“箭”,巾箱本作“箭”。疏證本曰:“今本作‘前進也’,《初學記》同,皆誤,據《藝文類聚》《太平御覽》引改。”丁山將畢校的“今本”改作“何〔允中〕本、嘉靖本及《初學記》”。胡楚生校:“慧琳《音義》卷七十三引此條,‘進’上無‘前’字。”

〔4〕本:某些杆狀或狹長物體的根端或粗的一段。《墨子·經説下》:“衡加重於其一旁,必捶。權重相若也,相衡則本短標長。”譚戒甫校釋:“(秤)二臂一大一小;大者爲本,小者爲標。”此指箭頭。

〔5〕鏑(dí):箭頭。《史記·秦楚之際月表》:“墮壞名城,銷鋒鏑,鉏豪傑,維萬世之安。”

〔6〕禦敵:防禦敵人。《孔叢子·儒服》:“命勇謀之將以禦敵,先使之迎于敵所從來之方,爲壇祈克乎五帝。”

〔7〕齊人：古代齊國的人。《孟子·公孫丑上》：“子誠齊人也，知管仲、晏子而已矣。”齊：古國名，在今山東泰山以北黃河流域和膠東半島地區。　鏃（zú）：箭頭。《管子·參患》：“射而不能中，與無矢者同實；中而不能入，與無鏃者同實。”

〔8〕族：誅滅；誅殺。

〔9〕中（zhòng）：箭射着目標。《左傳·桓公五年》：“祝聃射王，中肩。”族滅：誅滅。

〔10〕關西：指函谷關或潼關以西的地區。《漢書·蕭何傳》：“關中搖足，則關西非陛下有也。”　釭（gāng）：箭鏃尾部用以裝箭杆的孔。此代指箭頭。參見下引孫詒讓《札迻》。

〔11〕銚：通“骹（qiāo）”。用以裝矛柄的口。《方言》卷九：“骹謂之銎。”郭璞注：“即矛刃下口。”在此指箭鏃尾部用以裝箭杆的孔。孫詒讓《札迻》：“竊謂此矢鏃名‘釭’，當即豐本而別爲骹以冒槀者，與古矢鏃爲薄匕不同。（詳前《方言》。）此云‘釭，銚也’，‘銚’當爲‘骹’之誤。‘交刃’，《初學記》作‘銚刃’，亦當爲‘骹刃’，言刃之本爲骹，別於薄匕之本爲鋌也。骹中空以納槀，猶車釭之含軸，故謂之‘釭’，與《釋車》之‘釭，空’之義正同。（李林甫《唐六典》注引《通俗文》云：‘鳴箭曰骹。’彼‘骹’爲‘嚆矢’之借字，與此異。詳後《新序》。）”

〔12〕交刃：當爲“骹刃”。骹與刃。箭鏃尾部用以裝箭杆的孔與箭鏃頭部的尖刃。

〔13〕體：指草木的莖幹。《詩·邶風·谷風》：“采葑采菲，無以下體。”毛傳：“下體，根莖也。”　幹（gàn）：草木的莖。比喻器物、事物的主幹。此指箭的主體部分，即箭杆。《禮記·月令》：“（季春之月）命工師令百工審五庫之量，金鐵、皮革筋、角齒、羽箭幹，脂膠丹漆，毋或不良。”此指箭杆。

〔14〕梃（tǐng）幹：草木的莖幹。梃：幹；莖。

〔15〕羽：箭杆上的羽毛。《呂氏春秋·精通》：“養由基射兕中石，矢乃飲羽。”高誘注：“飲矢至羽。”

〔16〕須：依靠。《漢書·循吏傳·朱邑》：“昔陳平雖賢，須魏倩而後進；韓信雖奇，賴蕭公而後信。”

〔17〕衛：箭杆上的羽毛。《儀禮·既夕禮》：“骹矢一乘，骨鏃，短衛。”李如圭集釋：“衛，謂羽也。羽以防衛矢，使之調，故名羽爲衛。”

〔18〕導衛：引導并護衛。

〔19〕栝（kuò）：箭末扣弦處。《國語·魯語下》：“故銘其栝曰：‘肅慎氏之

貢矢。'"韋昭注:"栝,箭羽閒也。"

〔20〕弦:弓弦。弓兩端之間的繩狀物。用牛筋等製成,有彈性,能發箭。《儀禮·鄉射禮》:"有司左執弣,右執弦而授弓。"

〔21〕"叉",原作"义",盧文弨、段玉裁校作"叉",疏證本、吳志忠校本作"叉",下同。按,此書"叉"字均作"义"。參見卷三《釋姿容》9.39〔2〕。叉:一端有分歧的器物。

〔22〕盧文弨、邵晉涵於"其受"前畫一分隔綫,使上下分開。疏證本以下另起。 受:盛;容納。《易·咸》:"君子以虛受人。" 盧文弨、段玉裁、疏證本於"受"字後增一"矢"字。疏證本曰:"今本無'矢'字,據《初學記》引增。"

〔23〕箙(fú):盛弓箭的袋子。《周禮·夏官·司弓矢》:"中秋獻矢箙。"鄭玄注:"箙,盛矢器也,以獸皮爲之。"孫詒讓正義:"此經之箙,則弓弩矢所通用,散文不別也。"

〔24〕柔服:柔軟順服。《左傳·昭公三十年》:"若好吳邊疆,使柔服焉,猶懼其至。"又指使之柔軟順服。

〔25〕笮(zé):盛箭的竹器。

〔26〕迫笮:逼近;迫促;急促。笮:壓迫;壓榨。《周禮·春官·典同》"侈聲笮"鄭玄注:"侈謂中央約也。侈則聲迫笮,出去疾也。"

〔27〕疏證本曰:"當云'亦曰步叉'。《通俗文》曰:'箭箙謂之步叉。'"邵晉涵曰:"《通俗文》:'箭箙謂之步叉。'(《後漢志》)""叉"本作"义",段玉裁校作"叉",疏證本、吳志忠校本作"叉",下同。丁山校:"《一切經音義》引'叉'均作'靫'。"胡楚生校:"慧琳《音義》卷五十八引此條,'义'並作'靫'。按:《玉篇》:'靫,箭室也。'作'靫'是。"步叉:同"韛靫"。盛箭器,即箭箙、箭袋。《廣雅·釋器》:"韛靫,矢藏也。"王念孫疏證:"《集韻》引《埤倉》云:'韛靫,箭室也。'《續漢書·輿服志》注引《通俗文》云:'箭箙謂之步叉。'各本韛靫訛作靫韛,今訂正。"

〔28〕吳志忠於"人"後增一"步"字,曰:"各本脫下'步'字,今補。"吳翊寅校議:"吳〔志忠〕本作:'步叉,人步所帶。'" 帶:掛;佩帶。《禮記·少儀》:"僕者右帶劍。"孔穎達疏:"右帶劍者,帶之於腰右邊也。"

〔29〕又:插。

〔30〕馬上:馬背上。《史記·酈生陸賈列傳》:"陸生時時前說稱《詩》《書》,高帝罵之曰:'迺公居馬上而得之,安事《詩》《書》?'陸生曰:'居馬上得之,寧可以馬上治之乎?'" 鞬(jiān):馬上盛弓矢的器具。《左傳·僖公二十三年》:

"其左執鞭弭,右屬橐鞬,以與君周旋。"杜預注:"橐以受箭,鞬以受弓。"

〔31〕建:豎起;樹立。《尚書大傳》卷三:"九十杖而朝,見君建杖。"鄭玄注:"建,樹也。"

疏證本校:"《史記·信陵君列傳》云:'平原君負韊矢。'案《説文》云:'簫,所以盛弩矢,人所負也。從竹,闌聲。'兹備舉盛矢器之名,而不言'簫',豈其有闕逸與?""原",篆字疏證本作"邍";"韊",篆字疏證本作"簫"。

23.4 刀,到也,以斬伐[1],到其所,刀擊之也。其末曰"鋒"[2],言若鋒刺之毒利也[3]。其本曰"環"[4],形似環也。其室曰"削"[5]。削,峭也[6],其形峭殺[7],裹刀體也。室口之飾曰"琫"[8]。琫,捧也[9],捧束口也[10]。下末之飾曰"琕"[11]。琕,卑也[12],在下之言也。短刀曰"拍髀"[13],帶時拍髀旁也[14]。又曰"露拍"[15],言露見也[16]。

〔1〕斬伐:征伐。《詩·小雅·雨無正》:"降喪饑饉,斬伐四國。"又指誅殺、砍伐。

〔2〕鋒:刀、劍等有刃的兵器的尖端或鋭利部分。《書·費誓》:"鍛乃戈矛,礪乃鋒刃。"

〔3〕"鋒刺"之"鋒",盧文弨、段玉裁、邵晉涵、吳志忠分別校作"蠭"。段玉裁注:"《初學記》。"邵晉涵曰:"以意改。"吳志忠曰:"'蠭'依畢校。"疏證本作"蠭",云:"'蠭刺',今本譌作'鋒刺',蓋俗'蠭'作'蜂',故又轉相誤也。"丁山校:"《御覽》引'蠭'作'蜂'。"巾箱本作"蜂"。 毒利:極其鋒利。

〔4〕本:根基部位或根端。《儀禮·鄉飲酒禮》:"右手取肺卻,左手執本。"

〔5〕室:刀劍的鞘。 削(qiào):鞘。刀劍的套。《方言》卷九:"劍削,自河而北、燕趙之間謂之室。自關而東,或謂之剹,或謂之削。"

〔6〕峭(qiào):陡直;高峻。《楚辭·九章·悲回風》:"上高巖之峭岸兮,處雌蜺之標顛。"

〔7〕峭殺:指末端漸小,稍稍收殺。一説:"殺"表示程度之深。《古詩十九首·去者日以疏》:"白楊多悲風,蕭蕭愁殺人。"

〔8〕琫(běng):佩刀鞘上近口處的飾物。《詩·小雅·瞻彼洛矣》:"君子至止,鞸琫有珌。"毛傳:"鞸,容刀鞞也;琫,上飾;珌,下飾也。"陸德明釋文:"琫,佩刀削上飾。"

〔9〕捧(pěng)：承托。《莊子·達生》：“(委蛇)其爲物也,惡聞雷車之聲,則捧其首而立。”

〔10〕捧束：承托並收束。

〔11〕琕(bǐng)：刀鞘下端末尾的裝飾。又指整個刀鞘。《詩·小雅·瞻彼洛矣》“鞞琫有珌”唐陸德明釋文：“鞞字或作琕,補頂反。《説文》云：刀室也。”

〔12〕卑：低。與高相對。《易·繫辭上》：“卑高以陳,貴賤位矣。”

〔13〕拍髀(bì)：佩刀名。

〔14〕帶：掛；佩帶。參見23.3〔28〕。 髀：大腿骨。《禮記·祭統》：“凡爲俎者,以骨爲主。骨有貴賤,殷人貴髀,周人貴肩。”

〔15〕露拍：即“露陌”。寶刀名。

〔16〕露見(xiàn)：顯現；顯露。《漢書·王嘉傳》：“臣謹封上詔書,不敢露見。”

23.5 佩刀[1],在佩旁之刀也[2]。或曰“容刀”[3],有刀形而無刃,備儀容而已[4]。

〔1〕佩刀：佩在腰間的刀。古代男子服飾之一,佩之以示威武。《漢書·王尊傳》：“願觀相君佩刀。”

〔2〕佩：玉佩。古人佩帶的飾物。《墨子·辭過》：“鑄金以爲鉤,珠玉以爲佩。”

〔3〕容刀：作裝飾品用的佩刀。《詩·大雅·公劉》：“維玉及瑶,鞞琫容刀。”鄭玄箋：“進玉瑶容刀之佩。”朱熹集傳：“容刀,容飾之刀也。”

〔4〕備：裝備。《國語·吳語》：“審備則可以戰乎？”韋昭注：“備,守禦之備。”一説指美好。《荀子·解蔽》：“目視備色,耳聽備聲,口食備味,形居備宮,名受備號。”也指使之美好。 儀容：儀表；容貌。《東觀漢記·明帝紀》：“臣望顏色儀容,類似先帝。”

23.6 剪刀[1],剪,進也,所剪稍進前也[2]。

〔1〕剪刀：兩刃交錯,可以開合,用來鉸斷布、紙、繩等東西的金屬工具。

〔2〕稍：漸；逐漸。《史記·項羽本紀》：“項王乃疑范增與漢有私,稍奪其權。” 進前：猶“前進”。向前。《韓非子·外儲説右下》：“麑逸出於竇中,馬退而卻,策不能進前也。”

23.7 書刀[1]，給書簡扎[2]，有所刊削之刀也[3]。

〔1〕書刀：在竹木簡上刻字或削改的刀。《隸釋·漢國三老袁良碑》："今特賜錢十萬，雜繒卅匹，玉具、劍佩、書刀、繡文印衣、無極手巾各一。"

〔2〕給(jǐ)：供事；服役。《史記·絳侯周勃世家》："（勃）常爲人吹簫給喪事。" 書：書寫；記載。《禮記·玉藻》："動則左史書之，言則右史書之。""扎"，蔡天祐刊本、施惟誠刻本、《古今逸史》本、郞奎金刻《逸雅》本、疏證本、吳志忠校本作"札"。按，"扎"同"札"。《玉篇·手部》："'扎'，俗'札'字。"宋米芾《魯公仙跡記》："即扎書付之。"又此書有"木—扌"混作之例，徑視"扎"爲"札"字亦可。 簡札：用以書寫的竹簡木札。亦指功用與簡札相同的書寫用品。漢王充《論衡·自紀》："其隱乎猶吾文未集於簡札之上。"

〔3〕刊削：削除。邵晉涵曰："賈公彥曰：'古者未有紙筆，則以削刻字。至漢雖有紙筆，仍有書刀，是古之遺法也。'"

23.8 封刀[1]、鉸刀[2]、削刀[3]，皆隨時名之也[4]。

〔1〕封刀：不詳。

〔2〕鉸刀：剪刀。王啓原校："'鉸刀'本爲'交刀'。《世説》：'爰綜於石下得翦刀，主簿曰：今得交刀，當爲交州。''翦''交'竝言。又《初學記》引《東宮舊事》：'太子納妃，有龍頭金縷交刀四。'亦作'交刀'。翦刀兩刀相交，故名'交刀'耳，'隨時用作名'，自無妨重見。"

〔3〕削刀：用以刊削的刀。

〔4〕隨：依據；根據。《韓非子·安危》："安術：一曰賞罰隨是非，二曰禍福隨善惡，三曰死生隨法度。" 時：時機；時運。《論語·陽貨》："好從事而亟失時，可謂智乎？" 名：命名；取名。《書·呂刑》："禹平水土，主名山川。"僞孔傳："禹治洪水，山川無名者主名之。"

23.9 戟[1]，格也[2]，旁有枝格也[3]。

〔1〕戟(jǐ)：合戈、矛爲一體，兼有戈之橫擊、矛之直刺兩種作用的兵器。《詩·秦風·無衣》："王于興師，脩我矛戟。"

〔2〕格：樹的長枝條。漢司馬相如《上林賦》："夭蟜枝格，偃蹇杪顚。"

〔3〕枝格：長枝條。《文選·司馬相如〈上林賦〉》："蛭蝛蠼猱，獑胡轂蛫……夭蟜枝格，偃蹇杪顚。"李善注："郭璞曰：皆獼猴在樹暴戲姿態也。《埤蒼》曰：格，木長貌也。"

23.10 戈[1]，句矛戟也[2]。戈，過也[3]，所刺擣則決過[4]，所鉤引則制之[5]，弗得過也[6]。

〔1〕戈：上下皆刃，用以橫擊和鉤殺的兵器。《書·牧誓》："稱爾戈，比爾干，立爾矛，予其誓。"

〔2〕句矛戟：應爲"句子戟"。戈的別名。《周禮·考工記·冶氏》"戈廣二寸"鄭玄注："戈，今句子戟也。或謂之雞鳴，或謂之擁頸。"句（gōu）："勾"的古字。彎曲。《周禮·考工記·冶氏》："戈廣二寸，内倍之，胡三之，援四之。已倨則不入，已句則不決。"鄭玄注："戈，句兵也……已句謂胡曲多也。以啄人則創不決。""矛"，盧文弨、段玉裁、疏證本、邵晉涵、吳志忠分別校作"子"。疏證本曰："'子'，今本謁作'矛'，據《太平御覽》引改。鄭據《周禮·叙官·司戈盾》云：'戈，今時句子戟。'又注《攷工記·冶氏職》云：'戈，今句子戟也。或謂之雞鳴，或謂之擁頸。'"吳志忠曰："'子'依畢校。"子：戟。古代的一種兵器。《左傳·莊公四年》："楚武王荆尸，授師子焉，以伐隨。"杜預註："尸，陳也。荆亦楚也，更爲楚陳兵之法。揚雄《方言》：'子者，戟也。'然則楚始於此参用戟爲陳。"

〔3〕過：超過；超越。《論語·公冶長》："子曰：由也好勇過我，無所取材。"

〔4〕刺擣：戳刺；衝撞。　決過：穿過；穿通。決：穿通。漢陳琳《爲曹洪與魏文帝書》："而我軍過之，若駭鯨之決細網，奔兕之觸魯縞。"

〔5〕鉤引：鉤住且拉引。　制：管束；阻止。《淮南子·脩務訓》："夫馬之爲草駒之時，跳躍揚蹄翹尾而走，人不能制。"

〔6〕弗：不。顧廣圻校："《御覽》三百五十二引作：'不得過也。'"丁山校："《御覽》引：'不得過也。'"《書·堯典》："九載績用弗成。"

23.11　車戟曰"常"[1]，長丈六尺[2]，車上所持也[3]。八尺曰"尋"[4]，倍尋曰"常"[5]，故稱"常"也。

〔1〕車戟：戰車上插置的戟。《周禮·考工記序》："車戟常，崇于殳四尺，謂之五等。"車：特指戰車。又稱兵車。《楚辭·屈原〈國殤〉》："操吳戈兮被犀甲，車錯轂兮短兵接。"

〔2〕丈：舊長度單位，十尺爲丈。《國語·周語下》："其察色也，不過墨丈尋常之間。"韋昭注："五尺爲墨，倍墨爲丈。"　尺：古代長度單位。各代制度不一。《説文·尺部》："尺，十寸也。人手卻十分動脈爲寸口。十寸爲尺。"

《論語·泰伯》:"可以託六尺之孤,可以寄百里之命,臨大節而不可奪也。"

〔3〕持:拿着;握住。《禮記·射義》:"持弓矢審固,然後可以言中。"

〔4〕尋:古代長度單位。一般爲八尺。《周禮·考工記·廬人》:"廬人爲廬器,戈柲六尺有六寸,殳長尋有四尺,車戟常,酋矛常有四尺,夷矛三尋。"鄭玄注:"八尺曰尋,倍尋曰常。"

〔5〕倍:照原數等加。《墨子·經上》:"倍,爲二也。"孫詒讓閒詁引楊保彝云:"即加一倍算法。" 常:古代長度單位名。尋的兩倍。《周禮·考工記·廬人》:"廬人爲廬器,戈柲六尺有六寸,殳長尋有四尺,車戟常,酋矛常有四尺,夷矛三尋。"鄭玄注:"八尺曰尋,倍尋曰常。"

23.12 手戟[1],手所持摘之戟也[2]。

〔1〕手戟:手持的小戟。成蓉鏡校:"手戟別一物,《魏志》:'董卓以呂布自衛,嘗失意,拔手戟擲布。'《吳志》:'太史慈、劉繇使偵騎,卒遇孫策,刺慈馬而擥慈項上手戟。'《御覽》三百五十二引張勃《吳錄》曰:'嚴白虎使弟與詣長沙,桓王以手戟投之,立死。'又引張協《手戟銘》曰:'鋭鋭雄戟,清金煉鋼。'又引孫盛《異同難語》曰:'大祖嘗私入中常侍張讓室,讓覺之,乃舞手戟於庭前。'成國時有此物,故釋之。"

〔2〕摘:通"擿(zhì)"。投擲。《莊子·胠篋》:"摘玉毁珠,小盜不起。"陸德明釋文:"摘,持赤反,義與'擲'字同。"

23.13 矛[1],冒也[2],刃下冒矜也[3]。下頭曰"鐏"[4],鐏入地也[5]。松櫍[6],長三尺[7],其矜宜輕,以松作之也。櫍,速櫍也[8],前刺之言也[9]。

〔1〕矛:在長柄上裝以矛頭,用於刺殺的兵器。《書·牧誓》:"稱爾戈,比爾干,立爾矛。"

〔2〕冒:覆蓋;籠罩。《詩·邶風·日月》:"日居月諸,下土是冒。"

〔3〕矜(qín):矛柄。《淮南子·兵略訓》:"伐棘棗而爲矜,周錐鑿而爲刃。"高誘注:"矜,矛柄。"

〔4〕下頭:下面;下邊。 鐏(zūn):戈柄下端圓球形金屬套。《禮記·曲禮上》:"進戈者前其鐏,後其刃。"孔穎達疏:"鐏在尾而鈍,鈍向人爲敬,所以前鐏後刃也。"

〔5〕鑽:插;刺。參見本卷《釋用器》21.8〔2〕。入地:扎入地下。

〔6〕段玉裁於"松檛"前畫一分隔綫,使與下條分開。　松檛:矛類古兵器。

〔7〕葉德炯校:"《御覽》'三丈'葢'二丈'之譌,《詩·無衣》:'修我戈戟。'毛傳:'矛長二丈。'《說文》:'矛,酋矛也,建於兵車,長二丈。'明此'三'字是'二'字之誤。"

〔8〕速檛:猶"速獨""束躅"。頻頻踏足前進。"檛也"二字,吳志忠校作"獨",曰:"各本'獨'誤'檛',下衍'也'字,今改删。"吳翊寅校議:"吳〔志忠〕本作:'檛,速獨。'"孫詒讓《札迻》:"'速檛',吳校本改作'速獨',與上文'鞉釋'釋同,是也。彼爲'足直前之言',與此'前刺之言'義可兩通。"

〔9〕前刺:向前衝刺。

23.14　矛長丈八尺曰"矟"[1],馬上所持[2],言其矟矟便殺也[3]。又曰"激矛"。激[4],截也[5],可以激截敵陣之矛也[6]。

〔1〕矟(shuò):長矛;槊。頭部或細長或寬大。既可用於騎兵持槊衝鋒,又可舞槊橫掃。唐玄應《一切經音義》卷二一引"矛矟"條:"《說文》:'矛長二丈,矟長一丈八尺。'"《廣韻·入聲·覺韻》:"矟,矛屬。《通俗文》曰:'矛丈八者謂之矟。'"

〔2〕馬上:馬背上。

〔3〕"矟矟",段玉裁校作"稍稍"。按,疑當作"梢梢"。梢梢:細貌;勁挺貌。　便:有利。《墨子·辭過》:"是故聖王作爲宮室,便於生,不以爲觀樂也。"又指適合;適宜。《戰國策·趙策四》:"衣服使之便於體,膳啗使之嗛於口。"

〔4〕激:遏制;阻止。

〔5〕截:攔阻;阻擋。《穆天子傳》卷四:"截春山以北。"郭璞注:"截,猶阻也。"

〔6〕激截:攔阻。　敵陣:敵方的陣地。

23.15　仇矛[1],頭有三叉,言可以討仇敵之矛也[2]。

〔1〕仇矛:有三棱鋒刃的長矛。亦作"厹矛"。畢沅疏證:"《小戎》詩云:'厹矛鋈錞。'毛傳云:'厹,三隅矛也。'案:'厹'乃假借字,當以'仇'爲正。"《詩·秦風·小戎》:"厹矛鋈錞"孔穎達疏:"厹矛,三隅矛,刃有三角。"

〔2〕吳翊寅校議:"吳〔志忠〕本《釋用器》篇'仇,讎也'即此脫文。案:畢引《詩》'叴矛鋈錞'云:'叴,假借字,當以仇爲正。'今攷《説文》引《詩》亦作'叴矛'。《國策》'叴由',《史記》作'仇猶',古'叴''仇'可通用。此下脫'仇,讎也'三字,與'激,截也''夷,常也'同例,當據補。今錯簡在《釋用器》篇。"參見21.4〔1〕吳翊寅校議。　仇敵:有舊仇積恨的敵人。《左傳‧昭公五年》:"晉,吾仇敵也。"

23.16 夷矛[1],夷[2],常也[3],其矜長丈六尺[4]。不言"常"而曰"夷"者,言其可夷滅敵[5],亦車上所持也[6]。

〔1〕夷矛:古代車戰和守城用的一種長矛。《周禮‧考工記‧廬人》:"夷矛三尋。"鄭玄注:"八尺曰尋。"孫詒讓正義:"《墨子‧備蛾傳》有二丈四矛,即此夷矛。"

〔2〕夷:經常。《詩‧大雅‧瞻卬》:"蟊賊蟊疾,靡有夷屆。"毛傳:"夷,常也。"鄭玄箋:"天下騷擾……於民如蟊賊之害禾稼然,爲之無常,亦無止息。"

〔3〕常:經常;常常。《莊子‧天地》:"三患莫至,身常無殃,則何辱之有。"又指車戟。同篇23.11:"車戟曰'常',長丈六尺,車上所持也。"即與下文"其矜長丈六尺""亦車上所持也"相應。

〔4〕矜(qín):矛柄。《淮南子‧兵略訓》:"伐棘棗而爲矜,周錐鑿而爲刃。"高誘注:"矜,矛柄。"

〔5〕夷滅:誅殺;消滅。《史記‧呂太后本紀》:"今皆已夷滅諸呂,而置所立,即長用事,吾屬無類矣。"

〔6〕車:特指戰車。又稱兵車。參見23.11〔1〕。　持:拿着;握住。參見23.11〔3〕。

23.17 矟徐本作"殳"矛[1],長九尺者也。矟,霍也[2],所中霍然即破裂也[3]。

〔1〕矟(xù)矛:矛類兵器。矟,同"矛"。

〔2〕霍:象聲詞。

〔3〕中(zhòng):擊中。　霍然:象聲詞。又指突然;忽然。漢司馬相如《大人賦》:"焕然霧除,霍然雲消。"　破裂:開裂;破損裂開。

23.18 殳矛[1]，殳，殊也[2]，長丈二尺而無刃[3]，有所撞挃[4]，於車上使殊離也[5]。

〔1〕殳(shū)矛：杖類兵器。以竹或木製成，八棱，頂端裝有圓筒形金屬，無刃。亦有裝金屬刺球，頂端帶矛的。《詩·衛風·伯兮》："伯也執殳，爲王前驅。"毛傳："殳，長丈二而無刃。"《説文·殳部》："殳，以杖殊人也。"《禮》：'殳以積竹，八觚，長丈二尺，建於兵車，旅賁以先驅。'"

〔2〕殊：死亡。《管子·入國》："不耐自生者，上收而養之疾，官而衣食之，殊身而後止。"王念孫《讀書雜志·管子九》："《説文》：'殊，死也。'猶言歾身而後止也。"又斷絶。《左傳·昭公二十三年》："斷其後之木而弗殊。"陸德明釋文："殊，一曰斷也。"楊伯峻注："此謂砍伐樹木而不使斷絶。"

〔3〕刃：刀鋒；刀口。《書·費誓》："礪乃鋒刃。"

〔4〕挃(zhì)：搗；撞擊。《淮南子·兵略訓》："夫五指之更彈，不若捲手之一挃。"高誘注："挃，擣也。"又指刺。《廣雅·釋詁一》："挃，刺也。"

〔5〕殊離：斷絶。此指死傷。離：斷絶。《禮記·學記》："比年入學，中年考校，一年視離經辨志，三年視敬業樂羣。"鄭玄注："離經，斷句，絶也。"孔穎達疏："離經，謂離析經理，使章句斷絶也。"

23.19 盾[1]，遯也[2]，跪其後[3]，避以隱遯也[4]。大而平者曰"吳魁"[5]，本出於吳[6]，爲魁帥者所持也[7]。隆者曰"須盾"[8]，本出於蜀[9]、須所持也[10]。或曰"羌盾"[11]，言出於羌也。約脅而鄒者曰"陷虜"[12]，言可以陷破虜敵也[13]，今謂之曰"露見"是也[14]。狹而長者曰"步盾"[15]，步兵所持[16]，與刀相配者也。狹而短者曰"子盾"[17]，車上所持者也[18]。子[19]，小稱也。以縫編板謂之"木絡"[20]，以犀皮作之曰"犀盾"[21]，以木作之曰"木盾"，皆因所用爲名也[22]。

〔1〕盾：古代作戰時用來抵禦敵人刀箭等的兵器。《詩·秦風·小戎》："龍盾之合，鋈以觼軜。"

〔2〕遯(dùn)：同"遁"。隱匿；隱避。《易·遯》"遯，亨小利貞"孔穎達疏："遯者，隱退逃避之名。"

〔3〕跪：屈膝，雙膝或單膝着地，臀部擡起。參見卷三《釋姿容》9.30〔1〕。

〔4〕盧文弨、疏證本、吳志忠於"避"後增一"刃"字。疏證本曰："今本無

'刃'字,據《北堂書鈔》《太平御覽》引增。"吳志忠曰:"補'刃',依畢校。"
"以",吳志忠校作"似",曰:"各本'似'誤'以',今改。"王先謙校:"吳校'以'作
'似'。" 隱遯:同"隱遁"。隱匿;隱避。

〔5〕吳魁:大而平的盾。

〔6〕吳:古國名。也稱爲"勾吳""攻吳"。姬姓。參見卷二《釋州國》7.26
〔1〕。又指大。《方言》卷一三:"吳,大也。"段玉裁注:"《方言》曰:'吳,大也。'
吳魁因大而平爲名,非出於吳也。"《廣雅·釋器》:"吳魁、干盾也。"王念孫疏
證:"吳者,大也,魁亦盾名也。吳魁猶言大盾,不必出於吳,亦不必爲魁帥所
持也。"《楚辭·九章·涉江》:"乘舲船余上沅兮,齊吳榜以擊汰。"王逸注:"士
卒齊舉大櫂而擊水波。"

〔7〕魁帥:主將;首領。魁:主帥。《書·胤征》:"殲厥渠魁,脅從罔治。"僞
孔傳:"魁,帥也。"引申指爲首的。《禮記·檀弓上》:"(子夏)曰:'請問居從父
昆弟之仇,如之何?'曰:'不爲魁。主人能則執兵而陪其後。'鄭玄注:"魁,猶
首也。"

〔8〕隆:高;突起。《易·大過》:"棟隆,吉。" "須盾"之"須",盧文弨、疏
證本校作"滇"。疏證本曰:"今本'滇'皆作'須',據《太平御覽》引改。"滇:古
族名、國名。在今雲南東部滇池附近地區。戰國時,楚將莊蹻(亦作"莊豪")
至其地稱滇王。西漢元狩年間,滇王曾協助漢使求探通往今印度的道路。元
封二年(前109),漢於此置益州郡。《史記·西南夷列傳》:"西南夷君長以什
數,夜郎最大;其西靡莫之屬以什數,滇最大。"

〔9〕蜀:古族名兼國名。分佈在今四川中部偏西。周武王時曾參加伐紂。
西周中期後首領蠶叢,始稱蜀王。春秋中期,由杜宇氏統治,建立蜀國,都於
郫(今成都郫都)。後禪位開明氏。遷都今成都,傳十二世。周慎靚王五年
(前316)爲秦所滅,置蜀郡。《書·牧誓》:"及庸、蜀、羌、髳、微、盧、彭、濮人。"
僞孔傳:"八國皆蠻、夷、戎、狄屬文王者國名。"

〔10〕"須所持"之"須",疏證本校作"蜀滇"二字,云:"今本'蜀'字不重,據
《太平御覽》引增。"注:"'蜀滇所持',謂蜀滇人所用。"

〔11〕羌(qiāng):古族名。主要分佈在今甘、青、川一帶。最早見於甲骨卜
辭。殷周時,部分居中原。秦漢時,部落衆多,有先零、燒當、婼、廣漢、武都、
越巂等。部落分散,以遊牧爲主。《書·牧誓》:"及庸、蜀、羌、髳、微、盧、彭、
濮人。"

〔12〕約:屈折。《楚辭·招魂》:"土伯九約。"王逸注:"約,曲也。" 脅:通

“翕”。收縮。《漢書‧王莽傳中》：“動靜辟脅，萬物生焉。”顏師古注：“辟音闢，闢，開也。脅，收斂也。” 郰（zōu）：狹小。段玉裁注：“《釋書契》曰：‘郰，狹小之言也。’”

〔13〕陷破：攻陷。 虜敵：猶“敵虜”。對敵人的蔑稱。 一說：“陷破虜敵”當作“陷虜破敵”。沈錫祚校：“《北堂書鈔》一百二十一‘陷虜破敵’注引作：‘言可陷虜破敵，今謂之露見是也。’‘破虜’二字當乙正。”劉師培書後：“‘言可以陷破虜敵也’，《北堂書鈔》一百二十一引作‘言可以陷虜破敵’。”

〔14〕露見（xiàn）：顯現；顯露。《漢書‧王嘉傳》：“臣謹封上詔書，不敢露見。”疑當作“虜陷”，爲“陷虜”之倒語。

〔15〕步盾：步兵手持護身之盾牌。

〔16〕步兵：徒步作戰的士兵。《六韜‧戰步》：“步兵與車騎戰，奈何？”

〔17〕孑（jié）盾：兵車上的小盾。

〔18〕車：特指戰車。又稱兵車。《左傳‧隱公元年》：“命子封帥車二百乘以伐京。”

〔19〕孑：短；小。

〔20〕“縫”，吳志忠校作“絡”，曰：“各本‘絡’誤‘縫’，今改。”吳翊寅校議：“吳〔志忠〕本‘縫’作‘絡’。”絡：繩索。《方言》卷五：“繘，自關而東，周、洛、韓、魏之間，謂之綆，或謂之絡。” 木絡：用繩索綁扎的木板。張步瀛於“木絡”後增一“盾”字。蘇輿校：“《御覽》引‘木絡’下有‘盾’字。”

〔21〕犀皮：犀牛皮。《書‧禹貢》“齒革羽毛”僞孔傳：“齒，象牙；革，犀皮。” 犀盾：以犀牛皮製作的盾牌。又作“犀楯”。《韓非子‧難二》：“趙簡子圍衛之郛郭，犀楯、犀櫓立於矢石之所不及，鼓之而士不起……簡子乃去楯、櫓，立矢石之所及，鼓之而士乘之，戰大勝。”王先慎集解：“犀，堅也。”

〔22〕所用：使用的物品。 爲名：作爲名稱。

23.20 彭排[1]，彭[2]，旁也，在旁排敵禦攻也[3]。

〔1〕彭排：盾的別稱。又稱“旁排”。似盾牌，置於車上，進攻中以防敵之箭矢。《太平御覽》卷三五七引三國蜀諸葛亮《軍令》：“帳下及右陣各持彭排。”

〔2〕彭：通“旁”。旁側。《易‧大有》：“九四，匪其彭，無咎。”王弼注：“匪其旁，則無咎矣。”孔穎達疏：“匪，非也；彭，旁也。謂九三在九四之旁……能棄三歸五，故得無咎也。”

〔3〕排：推擋；推擠。《楚辭·遠游》：“命天閽其開關兮，排閶闔而望予。”洪興祖補注：“排，推也。” 禦攻：防禦與進攻。

23. 21 鎧猶塏也〔1〕，塏，堅重之言也〔2〕。或謂之“甲”〔3〕，似物孚甲〔4〕，以自禦也〔5〕。

〔1〕鎧（kǎi）：古代作戰時護身的金屬或皮甲服裝。《管子·地數》：“葛盧之山發而出水，金從之，蚩尤受而制以爲劍鎧矛戟。”《周禮·夏官·司甲》：“司甲下大夫二人。”鄭玄注：“甲，今時鎧也。”陸德明釋文：“古用皮謂之甲，今用金謂之鎧。” 塏：通“磑（ái）”。堅硬。《文選·張衡〈思玄賦〉》：“行積冰之磑磑兮，清泉沍而不流。”李善注引《方言》曰：“磑磑，堅也。”

〔2〕堅重：又硬又厚。重：厚。《説文·重部》：“重，厚也。”《易·繫辭上》：“夫茅之爲物薄，而用可重也。”

〔3〕甲：用皮革、金屬等製成的護身服。《周禮·考工記·函人》：“函人爲甲，犀甲七屬，兕甲六屬，合甲五屬。”

〔4〕孚甲：植物籽實的外皮。《禮記·月令》“其日甲乙”鄭玄注：“時萬物皆解孚甲，自抽軋而出，因以爲日名焉。”

〔5〕自禦：自我防禦；自己保護自己。

23. 22 劍，檢也〔1〕，所以防檢非常也〔2〕；又其在身〔3〕，拱時斂在臂内也〔4〕。其旁鼻曰“鐔”〔5〕，鐔，尋也〔6〕，帶所貫尋也〔7〕。其末曰“鋒”〔8〕，鋒，末之言也。

〔1〕檢：約束；限制。《字彙·木部》：“檢，檢束也。”《書·伊訓》：“與人不求備，檢身若不及。”孔穎達疏：“檢，謂自攝斂也。”

〔2〕防檢：防範和檢束。 非常：突如其來的事變。《史記·項羽本紀》：“吾入關，秋豪不敢有所近……所以遣將守關者，備他盜之出入與非常也。”

〔3〕盧文弨、疏證本於“又”字後增“斂也，以”三字。疏證本曰：“今本脱‘斂也，以’三字，據《藝文類聚》《太平御覽》引增。”吳志忠增“言斂也”三字，曰：“各本脱‘言’字，今補；補‘斂也’，依畢校。”吳翊寅校議：“吳〔志忠〕本作‘又言斂也’。”

〔4〕拱：抱拳；或兩手在胸前相合，表示敬意。《書·武成》：“垂拱而天下治。”孔穎達疏：“謂所任得人，人皆稱職，手無所營，下垂其拱。” 斂：收藏；隱

藏。《周禮·夏官·繕人》:"既射則斂之。"鄭玄注:"斂,藏之也。"

〔5〕鼻:器物的隆起或突出部分。 鐔(xín):劍柄上端與劍身連接處兩旁突出部分。也稱"劍口""劍首""劍環""劍珥"。《莊子·説劍》:"天子之劍,以燕谿、石城爲鋒,齊、岱爲鍔,晉、魏爲脊,周、宋爲鐔,韓、魏爲夾。"

〔6〕尋:依附;依循。

〔7〕帶:繫物的帶子。 "所",顧廣圻校:"《御覽》三百四十一引作'帶所以貫尋也'。"張步瀛補出"以"字。丁山校:"《御覽》引'所'下有'以'字。"貫:連接;串連;連結。《荀子·王霸》:"若夫貫日而治詳。"

〔8〕末:泛指物的端、梢。《周禮·考工記·弓人》:"角欲青白而豐末。"孫詒讓正義:"末,謂角嵩。" 鋒:劍等有刃的兵器的尖端部分。《漢書·蕭望之傳》:"底屬鋒鍔,奉萬分之一。"顔師古注:"鋒,刃端也。"

23.23 鋋[1],延也[2],達也[3],去此至彼之言也[4]。

〔1〕鋋(chán):鐵柄小矛。《史記·匈奴列傳》:"其長兵則弓矢,短兵則刀鋋。"裴駰集解引韋昭曰:"鋋形似矛,鐵柄。"

〔2〕延:達到;及於。《文選·揚雄〈羽獵賦〉》:"廼詔虞人典澤,東延昆鄰,西馳閶闔。"李善注引孔安國《尚書傳》:"延,及也。"

〔3〕顧廣圻校:"當補'延'字。"吳志忠於"達也"前增一"延"字,曰:"各本脱'延'字,今補。"吳翊寅校議:"吳〔志忠〕本作:'鋋,延也;延,達也。'案:依轉訓例,當有'延'字。"

〔4〕去:離開。《書·胤征》:"伊尹去亳適夏。"

23.24 鉤鑲[1],兩頭曰"鉤",中央曰"鑲"[2],或推鑲[3],或鉤引[4],用之之宜也[5]。

〔1〕鉤鑲:鉤、盾結合之複合兵器。盾以推擋,鉤以鉤束。常與刀、劍等兵器配合使用:左手持之擋、鉤,右手持刀、劍砍殺。

〔2〕鑲:一物體嵌入另一物體内。指把手。

〔3〕張步瀛於"或"字後增"鉤推"二字。顧廣圻校:"《御覽》三百五十四下作'或拊鉤推鑲'。"丁山校:"'推鑲'上,《御覽》引有'推鉤'二字。""鑲",孫詒讓《札迻》:"案:'推鑲','鑲'當作'攘'。《急就篇》注云:'鑲,亦刀劍之類,其刃欲偃而外利,所以推攘而害人也。'即本此。"攘(rǎng):推;抵禦。《説文》:"攘,推也。"《國語·魯語下》:"彼無亦置其同類,以服東夷,而大攘諸夏。"韋

昭注:"攘,卻也。"按,"推""攘"同義連用。

〔4〕鉤引:鉤住且拉引。

〔5〕宜:合適;適當;適宜。《禮記・中庸》:"義者,宜也,尊賢爲大。"

23.25 九旗之名[1],日月爲"常"[2],畫日月於其端[3],天子所建[4],言常明也。[5]

〔1〕九旗:以不同徽號表示不同等級和用途的常、旟、旐、物、旗、旐、旂、旞、旌等九種旗幟。《周禮・春官・司常》:"司常掌九旗之物名,各有屬以待國事。日月爲常,交龍爲旂,通帛爲旃,雜帛爲物,熊虎爲旗,鳥隼爲旟,龜蛇爲旐,全羽爲旞,析羽爲旌。"

〔2〕日月:太陽和月亮。《易・離》:"日月麗乎天,百穀草木麗乎土。"常:古代九旗之一。《國語・吳語》:"十旌一將軍,載常建鼓,挾經秉枹。"韋昭注:"日月爲常。"

〔3〕端:頂部;鋒尖;末梢。《禮記・檀弓下》:"柏椁以端,長六尺。"孔穎達疏:"端,猶頭也。積柏材作椁,並葺材頭也,故云以端。"

〔4〕天子:古以君權爲天神所授,故稱帝王爲天子。《史記・五帝本紀》:"於是帝堯老,命舜攝行天子之政,以觀天命。" 建:豎起;樹立。《詩・小雅・出車》:"我出我車,于彼郊矣。設此旐矣,建彼旄矣。"朱熹集傳:"言出車在郊,建設旗幟。"

〔5〕《格致叢書》本上下條相連,邵晉涵於此處畫一分隔綫,使與下條分開。疏證本以下不另起。

23.26 交龍爲旂[1],旂,倚也[2],畫作兩龍相依倚也[3]。通以赤色爲之[4],無文采[5],諸侯所建也[6]。通帛爲旃[7],旃,戰也[8],戰戰恭己而已也[9]。三孤所建[10],象無事也[11]。[12]

〔1〕交龍:兩龍蟠結的圖案。《周禮・春官・司常》:"日月爲常,交龍爲旂。" 旂(qí):古代畫有兩龍並在竿頭懸鈴的旗。《周禮・考工記》:"輈人,龍旂九斿。"鄭玄注:"交龍爲旂,諸侯之所建也。"

〔2〕倚:偎依;貼近。《呂氏春秋・先識》:"中山之俗,以晝爲夜,以夜繼日,男女切倚,固無休息。"高誘注:"切,磨;倚,近也。"

〔3〕依倚:依傍;倚靠。漢王充《論衡・論死》:"秋氣爲呻鳴之變,自有所

爲。依倚死骨之側，人則謂之骨尚有知，呻鳴於野。”

〔4〕通：整個；全部。《孟子·告子上》：“弈秋，通國之善弈者也。” 赤色：紅色。《管子·幼官》：“君服赤色。”疏證本曰：“‘色’疑當作‘帛’。”

〔5〕文采：艷麗而錯雜的色彩。《墨子·辭過》：“刻鏤文采，不知喜也。”

〔6〕諸侯：古代帝王所分封的各國君主。在其統轄區域內，世襲佔有封地及其居民，掌握軍政大權，但按禮要服從王命，定期向帝王朝貢述職，並有出軍賦和服役的義務。《論語·先進》：“宗廟會同，非諸侯而何？”

〔7〕通帛：用純赤色絲帛製作的旗幟。《周禮·春官·司常》：“日月爲常，交龍爲旂，通帛爲旃，雜帛爲物。”鄭玄注：“通帛爲大赤，從周正色，無飾。”孫詒讓正義：“通帛者，謂緣旒通以一色之帛爲之。” 旃（zhān）：赤色、無飾、曲柄的旗。《儀禮·聘禮》：“使者載旃，帥以受命于朝。”鄭玄注：“旃，旌旗屬也。載之者所以表識其事也。”

〔8〕戰：畏懼；發抖。《呂氏春秋·審應》：“公子沓相周，申向説之而戰。”高誘注：“戰，懼也。”

〔9〕戰戰：戒慎貌；畏懼貌。《逸周書·大匡》：“在昔文考戰戰，惟時祇祇。”

〔10〕三孤：指少師、少傅、少保。《書·周官》：“少師、少傅、少保曰三孤。”僞孔傳：“此三官名曰三孤。孤，特也。言卑於公，尊於卿，特置此三者。”蔡沈集傳：“三孤雖三公之貳而非其屬官……公論道，孤弘化；公變理陰陽，孤寅亮天地；公論於前，孤弼於後。公、孤之分如是。”

〔11〕無事：沒有變故。多指沒有戰事、災異等。《禮記·王制》：“天子無事，與諸侯相見，曰朝。”鄭玄注：“事謂征伐。”

〔12〕段玉裁校：“徐鍇引此（“通以赤色爲之，無文采”）九字當在‘三孤’之上。”疏證本、吳志忠將“通以赤色爲之，無文采”移至下文“通帛爲旃，旃，戰也，戰戰恭己而已也”之下。疏證本曰：“《司常職》云：‘通帛爲旃。’鄭注云：‘通帛謂大赤，從周正色，無飾。’又云：‘孤卿建旃。’鄭注云：‘孤卿不畫，言奉王之政教而已。’今本‘通以赤色爲之，無文采’九字在‘諸侯所建’之上，誤也，據《司常》文更正之。”吳志忠曰：“移‘通以赤色爲之，無文采’入下，依畢校。”張步瀛校：“《御覽》六百八十又引：‘通以一赤色爲之，無文采，諸侯所建也。’與三百四十所引異。”丁山校：“又《〔御覽〕》680引‘兩龍相依’之下有：‘通以赤色爲之，無文采。’”

23.27 熊虎爲旗[1]，軍將所建[2]，象其猛如虎，與衆期其下也[3]。[4]

〔1〕熊虎:指熊與虎的圖案,古代旗幟上的徽識。因以借指旗幟。《周禮·春官·司常》:"熊虎爲旗,鳥隼爲旟。"

〔2〕疏證本、邵晉涵於"軍將"前增"旗,期也"三字。疏證本曰:"今本脱'旗,期也'三字,據《初學記》引改。邵晉涵曰:"從《初學記》增入。"吴翊寅校議:"吴〔志忠〕依原本,無'旗,期也'三字。案:畢補是。"張步瀛删去疏證本"旗""也"二字。顧廣圻校:"《御覽》三百四十引:'熊虎爲旗,期將軍所建。'"丁山校:"《御覽》三册引:'熊虎爲旗,期也。'" 軍將:軍中的主將。《周禮·夏官·序官》:"凡制軍,萬有二千五百人爲軍。王六軍,大國三軍,次國二軍,小國一軍。軍將皆命卿。"

〔3〕衆:兵;軍隊。《左傳·昭公元年》:"既聘,將以衆逆,子産患之。"杜預注:"以兵入逆婦。" 期:會;會合。《國語·周語中》:"火之初見,期於司里。"韋昭注:"期,會也。"

〔4〕盧文弨於此處畫一連接綫,使上下條相合。疏證本以下不另起。

23.28 鳥隼爲旟[1]，旟，譽也[2]，軍吏所建[3]，急疾趨事[4]，則有稱譽也[5]。[6]

〔1〕隼(sǔn):鷹類中最小者。上嘴鈎曲,翅窄而尖。性敏鋭,飛速極快,善襲擊其他鳥類。獵人多飼養以助捕獵。又名"鶻(hú)"。《易·解》:"公用射隼于高墉之上,獲之,無不利。"孔穎達疏:"隼者,貪殘之鳥,鸇鷂之屬。"旟(yú):古代畫有鳥隼圖像的軍旗。《周禮·春官·司常》:"鳥隼爲旟……州里建旟。"《詩·大雅·江漢》:"既出我車,既設我旟,匪安匪舒,淮夷來鋪。"鄭玄箋:"鳥隼曰旟。"

〔2〕譽:稱贊;贊美。《論語·衛靈公》:"吾之於人也,誰毀誰譽?如有所譽者,其有所試矣。"

〔3〕軍吏:軍中的將帥官佐。《周禮·夏官·大司馬》:"諸侯載旂,軍吏載旗。"鄭玄注:"軍吏,諸軍帥也。"賈公彦疏:"亦謂從軍將至下伍長皆是軍吏也。"

〔4〕急疾:快速;急切。《吕氏春秋·論威》:"凡兵欲急疾捷先……急疾捷先,此所以決義兵之勝也。" 趨事:辦事。《漢書·朱博傳》:"夜寢早起,妻希

見其面……其趨事待士如是。”

〔5〕稱譽:稱揚贊美。《韓詩外傳》卷八:“人之所以好富貴安榮,爲人所稱譽者,爲身也。”

〔6〕盧文弨於此處畫一連接綫,使上下條相合。鍾惺評本、疏證本、巾箱本以下不另起。

23. 29 雜帛爲斾[1],以雜色綴其邊爲翅尾也[2],將帥所建[3],象物雜也[4]。

〔1〕雜帛:古代旗幟上雜色的裝飾物。《周禮·春官·司常》:“司常掌九旗之物,名各有屬,以待國事。日月爲常,交龍爲旂,通帛爲旃,雜帛爲物,熊虎爲旗。”孫詒讓正義:“雜帛者,緣斿異色,猶《士冠禮》之雜裳,皆取不專屬一色之義。” “斾”,段玉裁校作“旐”。旐(wù):古代九旗之一。《説文·勿部》:“勿,州里所建旗。象其柄,有三游。雜帛,幅半異。所以趣民,故‘遽’稱‘勿勿’。”段玉裁注:“九旗之一也。‘州里’當作‘大夫士’。”《説文》又云:“旐,勿或從於。”後寫作“物”。《周禮·春官·司常》:“通帛爲旃,雜帛爲物。”鄭玄注:“通帛謂大赤,從周正色,無飾;雜帛者,以帛素飾其側。”盧文弨、疏證本、吳志忠校作“物”。疏證本曰:“《説文》:‘勿,州里所建旗。象其柄,有三游。雜帛,幅半異。所以趣民,故遽稱勿勿。’或从‘於’作‘旐’。《司常職》曰:‘雜帛爲物。’‘物’假借字。今本作‘雜帛爲斾’,《初學記》亦云:‘一作斾。’則異本之誤也。《太平御覽》兩引,《儀式部》引作‘斾’,《兵部》引作‘物’。今當依《説文》作‘勿’或‘旐’爲正。”“則異本之誤……《儀式部》引作‘斾’”,篆字疏證本作“則異本之誤也……《儀式部》誤引作‘斾’”。吳志忠曰:“‘物’依畢校。”

〔2〕雜色:正色以外的顔色。　綴:縫合;連綴。《禮記·內則》:“衣裳綻裂,紉箴請補綴。” “翅”,盧文弨、疏證本校作“燕”。疏證本曰:“‘燕’,今本誤作‘翅’,據《初學記》引改。”邵晉涵校作“鳶”。燕尾:像燕子的尾羽那樣末端分叉的東西。

〔3〕將帥:將領。《禮記·樂記》:“君子聽鼓鼙之聲,則思將帥之臣。”

〔4〕盧文弨、疏證本於“雜”字後增一“色”字。疏證本曰:“今本脱‘色’字,據《太平御覽》引補。”

23. 30 龜蛇爲旐[1],旐,兆也[2],龜知氣兆之吉凶[3],建之於後,察度事宜之形兆也[4]。

〔1〕龜蛇:龜和蛇。古人常將此二物繪於旗上,以爲能消灾避害。《周禮·春官·司常》:"龜蛇爲旐。"鄭玄注:"龜蛇象其扦難辟害也。"賈公彦疏:"龜有甲能扦難,蛇無甲,見人避之,是避害也。" 旐(zhào):古代畫有龜蛇圖像的旗。《周禮·春官·司常》:"縣鄙建旐。"《詩·小雅·出車》:"設此旐矣,建彼旄矣。"毛傳:"龜蛇曰旐。"

〔2〕兆:徵兆。《荀子·王制》:"相陰陽,占祲兆。"楊倞注:"兆,萌兆。謂望其雲物,知歲之吉凶也。"

〔3〕段玉裁、吳志忠於"龜"下增一"蛇"字。吳志忠曰:"各本脱'蛇'字,今補。"吳翊寅校議:"吳〔志忠〕本'龜'下有'蛇'字。"王先謙校:"吳校'龜'下有'蛇'字。" 氣兆:兆氣。卜兆所呈現的氣色。《周禮·春官·占人》:"凡卜筮,君占體,大夫占色,史占墨,卜人占坼。"鄭玄注:"色,兆氣也。"賈公彦疏:"云'色,兆氣也'者,就兆中視其色氣,似有雨及雨止之等,是兆色也。" 吉凶:猶禍福。《易·乾》:"與鬼神合其吉凶。"

〔4〕察度(duó):審察測度。《大戴禮記·文王官人》:"太師慎維深思,内觀民務,察度情僞。" 事宜:事情;情況。 形兆:徵兆;形跡。漢王充《論衡·明雩》:"況雨無形兆,深藏高山,人君雩祭,安得耐之?"

23. 31 金羽爲旞[1],旞猶滑也[2],順滑之貌也[3]。[4]

〔1〕"金",盧文弨、段玉裁、邵晉涵分別校作"全"。邵晉涵曰:"'全'以意改。"疏證本、吳志忠校本作"全"。全羽:完整的彩色鳥羽。《周禮·春官·司常》:"全羽爲旞,析羽爲旌。"鄭玄注:"全羽、析羽皆五采,繫之於旞旌之上,所謂注旄於干首也。" 旞(suì):插在導車上裝飾有完整五彩鳥羽的旗。《説文·㫃部》:"旞,導車所以載,全羽以爲允。允,進也。从㫃,遂聲。旞,旞或从遺。"

〔2〕滑:柔和。《韓非子·難言》:"所以難言者:言順比滑澤,洋洋纚纚然,則見以爲華而不實。"

〔3〕順滑:柔順;柔和。

〔4〕盧文弨於此處畫一連接綫,使上下條相合。疏證本以下不另起。

23. 32 析羽爲旌[1],旌,精也[2],有精光也[3]。

〔1〕析羽:原指裝飾於旌旗、旄節等物的散開的羽毛。《周禮·春官·司

常》：“全羽爲旞，析羽爲旌。”鄭玄注：“全羽、析羽皆五采，繫之於旞旌之上。”
旌：古代用旄牛尾或兼五采羽毛飾竿頭的旗子。《説文·㫃部》：“旌，游車載
旌，析羽注旄首，所以精進士卒。”

〔2〕精：清朗；光明。《史記·天官書》：“天精而見景星。”司馬貞索隱引韋
昭曰：“精謂清朗。”《漢書·李尋傳》：“日月光精，時雨氣應。”顔師古注：“精，
謂光明也。”

〔3〕精光：光輝。漢司馬相如《長門賦》：“衆雞鳴而愁予兮，起視月之
精光。”

23.33 綏[1]，有虞氏之旌也[2]，注旄竿首[3]，其形㮊㮊然也[4]。

〔1〕綏(ruí)：用牦牛尾或鳥羽飾於竿首的旌旗。《禮記·王制》：“天子殺
則下大綏，諸侯殺則下小綏。”鄭玄注：“綏當爲緌。緌，有虞氏之旌旗也。”《禮
記·雜記上》：“諸侯行而死於館。則其復如於其國。如於道，則升其乘車之
左轂，以其綏復。”鄭玄注：“綏當爲緌……緌，謂旌旗之旄也，去其旒而用之，
異於生也。”

〔2〕有虞氏：古部落名。傳説其首領舜受堯禪，都蒲阪。故址在今山西永
濟東南。有：詞頭。《周禮·考工記序》：“有虞氏上陶，夏后氏上匠，殷人上
梓。” 旌：古代用牦牛尾或兼五采羽毛飾竿頭的旗子。《周禮·春官·司
常》：“全羽爲旞，析羽爲旌。”

〔3〕注：置；安放。漢劉向《列女傳·阿谷處女》：“有絺綌五兩，非敢以當
子之身也，願注之水旁。” 旄：用牦牛尾做竿飾的旗子。《詩·鄘風·干旄》：
“孑孑干旄，在浚之郊。”毛傳：“孑孑，干旄之貌。注旄於干首，大夫之旃也。”

〔4〕㮊(ruǐ)㮊：垂落貌。

23.34 緌[1]，夏后氏之旌也[2]，其形衰衰也[3]。

〔1〕緌(ruí)：通“綏”。古代旌旗的一種。《周禮·天官·夏采》：“夏采掌
大喪，以冕服復於大祖，以乘車建綏，復於四郊。”《包山楚簡》270：“纓組
之緌。”

〔2〕夏后氏：指禹受舜禪而建立的夏王朝。亦稱“夏氏”“夏后”。《論語·
八佾》：“夏后氏以松，殷人以柏，周人以栗，曰，使民戰栗。” 旌：古代用牦牛
尾或兼五采羽毛飾竿頭的旗子。《禮記·曲禮上》：“武車綏旌，德車結旌。”

〔3〕衰衰：下垂貌；紛披貌。

23.35 白斾[1]，殷旌也[2]，以帛繼旐末也[3]。[4]

〔1〕白斾（pèi）：旗末狀如燕尾的綢製垂旒。白，通“帛”。《詩·小雅·六月》：“織文鳥章，白斾央央。”孔穎達疏：“言白斾者，謂絳帛。”陳奐傳疏：“白斾，《正義》本作‘帛茷’。”疏證本校：“《明堂位》曰：‘殷之大白，周之大赤。’《爾雅》曰：‘繼旐曰斾。’此當云：‘大白，殷旌也；大赤，周旌也。帛斾，以帛繼旐末也。’孫炎注《爾雅》引《詩》：‘帛斾英英。’”吳志忠校“白”作“帛”，曰：“各本‘帛’誤‘白’，今改。”吳翊寅校議：“吳〔志忠〕本‘白’作‘帛’，云：‘依畢校。’”

〔2〕殷：朝代名。商王盤庚遷都殷（今河南安陽小屯村），後世因稱。整個商代亦稱爲商殷或殷商。《詩·大雅·大明》：“自彼殷商，來嫁於周。”

〔3〕帛：絲織物的通稱。《左傳·閔公二年》：“衞文公大布之衣，大帛之冠。” 繼：繫結。《爾雅·釋詁上》：“係，繼也。”郝懿行義疏：“繼之言繫也，繫繼音又同也。” 旐（zhào）：古代畫有龜蛇圖像的旗。《周禮·春官·司常》：“縣鄙建旐。”《詩·小雅·出車》：“設此旐矣，建彼旄矣。”毛傳：“龜蛇曰旐。”

吳志忠於“旐末”後增“斾斾”二字，曰：“各本脱‘斾斾’二字，今補。”吳翊寅校議：“吳〔志忠〕本‘旐末’下補‘斾斾’二字。”斾斾即旆旆。旆旆：下垂貌。《詩·小雅·出車》：“彼旟旐斯，胡不旆旆。”毛傳：“旆旆，旒垂貌。”一說，飛揚貌。朱熹集傳：“旆旆，飛揚之貌。”

〔4〕段玉裁曰：“當云‘大白，殷旌也；大赤，周旌也。斾以帛繼旐末’，乃合《明堂位》《爾疋》《毛詩》。”

23.36 翿[1]，陶也[2]，其貌陶陶下垂也[3]。

〔1〕翿（dào）：頂上以羽毛爲飾的旗。古稱“葆幢”“羽葆幢”。舞者執之以舞，送葬引柩者執之以指麾。字又作“纛”。《周禮·地官·鄉師》“及葬，執纛”鄭玄注引鄭司農云：“翿，羽葆幢也。”賈公彥疏：“纛謂葆幢也。”

〔2〕陶：羽毛或毛絨所製之衣。《左傳·昭公十二年》：“雨雪，王皮冠，秦復陶，翠被，豹舃，執鞭以出。”杜預注：“復陶，秦所遺羽衣也。”楊伯峻注：“疑復陶乃以禽獸毛絨爲之，衣以禦寒者。”

〔3〕陶陶：下垂貌。

23.37 幢[1]，童也[2]，其貌童童也[3]。

〔1〕幢（chuáng）：一種垂筒形旌旗。飾有羽毛、錦繡。古代常在軍事指揮、儀仗行列、舞蹈表演中使用。《韓非子·大體》：“車馬不疲弊於遠路，旌旗

不亂於大澤,萬民不失命於寇戎,雄駿不創壽於旗幢。”

〔2〕童:通“重(chóng)”。《馬王堆漢墓帛書·春秋事語》:“君子不擊不成之列,不童傷,不禽二毛。”《左傳·僖公二十二年》作“不重傷”。

〔3〕童童:即“重重”。重疊貌。 盧文弨、疏證本、吳志忠於“童童”後增一“然”字。疏證本曰:“今本脫‘然’字,據《後漢書·班超傳》注、《廣韻》《太平御覽》引補。”吳志忠曰:“補‘然’,依畢校。”

23.38 旛⁽¹⁾,幡也⁽²⁾,其貌幡幡也⁽³⁾。

〔1〕旛(fān):長幅下垂的旗。亦泛指旌旗。後作“幡”。漢王粲《務本論》:“末世之吏,負青旛而布春令,有勸農之名,無賞罰之實。”

〔2〕幡(fān):旗幟。《史記·司馬相如列傳》:“垂絳幡之素蜺兮,載雲氣而上浮。”又通“翻”。變動;反覆。《漢書·禮樂志二》:“幡比翅回集,貳雙飛常羊。”

〔3〕幡幡:翻動貌。《詩·小雅·瓠葉》:“幡幡瓠葉,采之亨之。” 盧文弨、疏證本、吳志忠於“幡幡”後增一“然”字。疏證本曰:“今本脫‘然’字,據《太平御覽》引補。”吳志忠曰:“補‘然’,依畢校。”

23.39 校⁽¹⁾,號也⁽²⁾,將帥號令之所在也⁽³⁾。

〔1〕校:古代軍隊的一種建制。亦指軍營。《逸周書·允文》:“官校屬職,因其百吏。”朱右曾校釋:“校,軍營。在官在軍之百吏因而不改。”《文選·司馬相如〈上林賦〉》:“前皮軒,後道遊,孫叔奉轡,衛公參乘,扈從橫行,出乎四校之中。”李善注引文穎曰:“凡五校,今言四者,中一校隨天子乘輿也。”又指軍職級別。《墨子·迎敵祠》:“蓬矢射之,茅參發,弓弩繼之,校自門左,先以揮,木石繼之。”孫詒讓閒詁:“校,蓋軍部曲吏。”

〔2〕號:號召;號令。《書·囧命》:“發號施令,罔有不臧,下民祇若,萬邦咸休。”

〔3〕號令:號召;發布命令。《國語·越語上》:“越王句踐棲於會稽之上,乃號令於三軍。” 所在:謂居其位,也指居其位者。《國語·晉語一》:“辭曰:成聞之:‘民生於三,事之如一。’父生之,師教之,君食之。非父不生,非食不長,非教不知生之族也,故壹事之。唯其所在,則致死焉。”韋昭注:“在君父爲君父,在師爲師。”

23.40 節[1]，爲號令賞罰之節也[2]。[3]

〔1〕節：使臣所持以作憑證的符節。《周禮·地官·司救》：“凡歲時有天患民病，則以節巡國中及郊野。”鄭玄注：“節，旌節也。”

〔2〕號令：號召；發布命令。《詩·齊風·東方未明序》：“朝廷興居無節，號令不時。” 賞罰：獎賞和懲罰。《書·康王之誥》：“惟新陟王，畢協賞罰，戡定厥功，用敷遺後人休。” 節：證驗；驗證。《荀子·性惡》：“故善言古者必有節於今，善言天者必有徵於人。”王先謙集解引王引之曰：“節亦驗也。”

〔3〕疏證本校：“案《史記·高祖本紀》索隱引此下有‘又節毛上下相重，取像竹節’十一字。”邵晉涵曰：“‘又節毛上下相重，取像竹節。’（見《史記索隱》。）韋昭《漢書》注：‘節，使者所擁也。’”

23.41 鐸[1]，度也[2]，號令之限度也[3]。

〔1〕鐸（duó）：大鈴的一種。古代宣布政教法令或遇戰事時用之。青銅製品，形如鉦而有舌。其舌有木製和金屬製兩種，故又有木鐸和金鐸之分。《書·胤征》：“遒人以木鐸徇于路。”僞孔傳：“木鐸，金鈴木舌，所以振文教。”

〔2〕度：程度；限度。《國語·周語下》：“用物過度，妨於財。”

〔3〕限度：一定的範圍；規定的最高或最低的數量或程度。《史記·平準書》：“宗室有土公卿大夫以下，爭于奢侈，室廬輿服僭于上，無限度。”

23.42 金鼓[1]，金[2]，禁也[3]，爲進退之禁也[4]。

〔1〕金鼓：泛指金屬製樂器和鼓。《左傳·僖公二十二年》：“三軍以利用也，金鼓以聲氣也。”楊伯峻注：“莊十年《傳》云‘夫戰，勇氣也’，此氣即勇氣；又云‘一鼓作氣’，足見金鼓所以勵勇節氣者。金鼓以聲爲用而制其氣，故曰聲氣。”

〔2〕金：用金屬製的打擊樂器，如鑼等。特指軍中作撤退信號用的樂器鉦。《墨子·兼愛中》：“越王擊金而退之。”

〔3〕禁：牽制；約束。《韓非子·外儲説右下》：“馬欲進則鉤飾禁之，欲退則錯錣貫之，馬因旁出。”

〔4〕進退：前進與後退。《易·繫辭上》：“變化者，進退之象也。”

23.43 戚[1]，慼也[2]，斧以斬斷[3]，見者皆慼懼也[4]。

〔1〕戚:斧的一種。《詩·大雅·公劉》:"弓矢斯張,干戈戚揚。"

〔2〕慼(qī):憂傷。《左傳·僖公二十四年》:"《詩》曰:'自詒伊慼。'其子臧之謂矣。"杜預注:"慼,憂也。"

〔3〕以:可以;能够。《詩·齊風·猗嗟》:"四矢反兮,以禦亂兮。"鄭玄箋:"必四矢者,象其能禦四方之亂也。" 斬斷:砍斷;切斷。《荀子·正論》:"捶笞臏脚,斬斷枯磔。"

〔4〕慼懼:憂傷畏懼。

23.44 鉞[1],豁也[2],所向莫敢當前[3],豁然破散也[4]。

〔1〕鉞(yuè):古兵器。圓刃,青銅製。形似斧而較大。《書·顧命》:"一人冕,執鉞,立于西堂。"

〔2〕豁:象聲詞。漢劉勝《文木賦》:"乃命班爾,載斧伐斯。隱若天開,豁如地裂。花葉分披,條枝摧折。"

〔3〕所向:所指向的地方。漢蔡琰《悲憤詩》:"獵野圍城邑,所向悉破亡。"莫:沒有誰;沒有什麼人。《易·益》:"莫益之,或擊之。" 當前:在面前。《史記·李斯列傳》:"快意當前,適觀而已矣。"

〔4〕豁然:象聲詞。 破散:破裂四散。

釋車第二十四

24.1 車,古者曰"車"[1],聲如"居"[2],言行所以居人也[3]。今曰"車",車,舍也[4],行者所處[5],若車舍也[6]。

〔1〕"古",原作"右",畢效欽刻《五雅》本、范惟一玉雪堂刻本、施惟誠刻本、疏證本、吳志忠校本作"古"。丁山校:"'古',嘉靖本誤作'右'。"胡楚生校:"慧琳《音義》卷十三引此條,'右'作'古',是也。"按,"右"明顯是"古"之形訛,故改。

〔2〕邵晉涵曰:"韋昭《辨釋名》曰:'古皆尺遮反,從漢始有音居。'(《牧誓》釋文,又見《詩·何彼襛矣》釋文。)韋昭誤。"沈錫祚校:"'車'字按《書·牧誓》釋文引韋昭《辨釋名》:'古皆尺遮反,從漢始有音居。'所據江山劉氏景宋刻殘本。"

〔3〕行:行駛。《莊子·天運》:"夫水行莫如用舟,而陸行莫如用車。" 所

以：用以；用來。《莊子·天地》：“是三者，非所以養德也。” 居人：住人。

〔4〕舍(shè)：房屋；居室。《禮記·曲禮上》：“將適舍，求毋固。”孔穎達疏：“舍，主人家也。”又指旅館；客舍。《逸周書·大聚》：“二十里有舍。”朱右曾校釋：“舍，廬舍，可以止宿，便行旅也。”

〔5〕行者：出行的人。《左傳·僖公二十四年》：“行者甚衆，豈唯刑臣！”

〔6〕“車舍”之“車”，盧文弨、段玉裁、疏證本校作“居”。段玉裁曰：“《考工記》‘車人爲輿’鄭注：‘車，輿也。’案：軾較内謂之‘輿’，人所居也，故得‘車’稱。”疏證本曰：“‘居’，今本誤作‘車’，據《藝文類聚》引改。”丁山校：“《御覽》引：‘今曰車，車，舍也，行者所處，若居舍也。’”居舍：住宅。

24.2 天子所乘曰“玉輅”[1]，以玉飾車也[2]。輅亦車也[3]，謂之“輅”者，言行於道路也[4]。象輅[5]、金輅[6]、木輅[7]，各隨所以爲飾名之也[8]。

〔1〕天子：古以君權爲天神所授，故稱帝王爲天子。《左傳·閔公元年》：“天子曰兆民，諸侯曰萬民。” 玉輅(lù)：古代帝王所乘玉飾的車子。《淮南子·俶真訓》：“目觀玉輅琬象之狀，耳聽白雪清角之聲，不能以亂其神。”高誘注：“玉輅，王者所乘，有琬琰象牙之飾。”

〔2〕飾：修飾；裝飾。《國語·越語上》：“越人飾美女八人，納之太宰嚭。”

〔3〕輅：大車。多指帝王所乘的車子。《書·顧命》：“大輅在賓階面，綴輅在阼階面，先輅在左塾之前，次輅在右塾之前。”

〔4〕道路：地面上供人或車馬通行的途徑。《周禮·夏官·司險》：“司險掌九州之圖，以周知其山林川澤之阻，而達其道路。”

〔5〕象輅：又作“象路”。帝王所乘以象牙爲飾的車子。《周禮·春官·巾車》：“象路，朱樊纓，七就，建大赤，以朝，異姓以封。”鄭玄注：“象路，以象飾諸末。”

〔6〕金輅：又作“金路”。古代帝王家乘用的飾金之車。《周禮·春官·巾車》：“金路，鉤樊纓，九就，建大旂，以賓，同姓以封。”鄭玄注：“金路，以金飾諸末。”

〔7〕疏證本此條所校結果爲：“天子所乘曰路，路亦車也。謂之‘路’者，言行於道路也。金路、玉路，以金、玉飾車也。象路、革路、木路，各隨所以爲飾名也。”云：“今本作‘天子所乘曰玉輅，以玉飾車也’，在‘輅亦車也’之上，其‘金輅’以次於‘象輅’之下，易去‘革路’，據《太平御覽》引改，唯末句從今本。”

吴志忠於“木輅”前補“革輅”二字，曰：“補‘革輅’，依畢校。” 木輅：又作“木路”。古代帝王所乘的一種車，無金、玉、革、象牙之飾。《周禮·春官·巾車》：“木路，前樊鵠纓。”鄭玄注：“木路，不鞔以革，漆之而已。”

〔8〕所以：用以；用來。《莊子·天地》：“是三者，非所以養德也。” 名：命名；取名。《楚辭·離騷》：“名余曰正則兮。”

24.3 鉤車〔1〕，以行爲陣〔2〕，鉤股曲直有正〔3〕，夏所制也〔4〕。

〔1〕鉤車：古夏后氏祀天時所乘之車。車前欄彎曲如鉤，故稱。《禮記·明堂位》：“鉤車，夏后氏之路也。”鄭玄注：“鉤，有曲輿者也。”孔穎達疏：“鉤，曲也。輿則車牀。曲輿，謂曲前闌也。”又指古兵車之一種。上設鉤梯，用於偵察。《太平御覽》卷三三四引《司馬法·天子之義》：“戎車：夏曰鉤車，先正也；殷曰寅車，先疾也；周曰元戎，先良也。”注：“鉤，設準望遠近，計車量地以立壘。”

〔2〕行(háng)：軍隊的行列。《詩·大雅·常武》：“左右陳行，戒我師旅。”陸德明釋文：“行，列也。” 陣：軍伍行列；戰鬥隊形。《論語·衛靈公》：“衛靈公問陳於孔子。”朱熹集注：“陳謂軍師行伍之列。”

〔3〕葉德炯校：“夏后爲車正，則鉤車爲車制之祖矣。‘鉤’讀如‘句股’之‘句’。制車必用測算，《攷工記》所載‘厚博長短尺寸’是也。‘句般曲直’當爲‘句股曲直’。《爾雅》九河‘鉤盤’釋文引李巡本作‘句股’，云：‘水曲如鉤，折如人股。’此‘鉤般’爲‘句股’之證。《攷工記·輪人》‘規之欲其圜也，萬之欲其匡也’，以下皆所謂‘句股曲直’也。此鉤車必取‘鉤股’之義無疑。《明堂位》鄭注：‘鉤，有曲輿者也。’正義：‘輿則車牀。曲輿，謂曲前闌也。’以‘鉤’爲‘曲闌’，義實不憭。夫車制多矣，安有以一曲闌遂名全車爲‘鉤車’之理？鄭注自據所見曲闌者而言，非鉤車最初之名義也。《御覽·兵部六十五》引《司馬瀍》云：‘夏后氏曰鉤車，先正也。’宋衷注：‘鉤，設浦車遠近，計車量也，以立壘。正者，什伍之例也。’按：‘量也’爲‘量地’之誤，量地即推步之法。但宋注就用時立算，與此有别，然其取於‘句股’義一也。”鉤股：即勾股。直角三角形夾直角的兩邊，短邊爲“勾”，長邊爲“股”。 曲直：彎曲和平直。《書·洪範》：“木曰曲直，金曰從革。” 正：標準；準則。《商君書·開塞》：“民務勝而力征，務勝則争，力征則訟，訟而無正，則莫得其性也。”

〔4〕夏：指禹受舜禪而建立的夏王朝。亦稱“夏后氏”“夏氏”“夏后”。建都陽翟(今河南禹州)等地。傳到桀，爲商湯所滅。約當公元前 21 世紀到前

17 世紀。《白虎通・號》："夏、殷、周者,有天下之大號也。"《論語・八佾》："夏后氏以松,殷人以柏,周人以栗,曰,使民戰栗。"

吳志忠校："下脱'余車''寅車'兩條,各本同。"失名校："下脱'余車''寅車'兩條。"

24.4 胡車[1],車胡以罪没入爲官奴者引之[2],殷所制也[3]。
〔1〕盧文弨、段玉裁、疏證本、吳志忠於"胡"字後增一"奴"字。疏證本曰:"今本脱'胡奴'之'奴','東胡'譌作'車胡',據誼增改。鄭君注《周禮・鄉師職》引《司馬灋》曰:'夏后氏謂輦曰余車,殷曰胡奴車,周曰輜輦。'案《毛詩・六月》傳云:'夏后氏曰鉤車,殷曰寅車,周曰元戎。'《詩》正義以爲《司馬灋》文,而與《周禮》注所引異者,據本書,'鉤車''寅車''元戎'皆戎車,乃駕馬之車;'余車''胡奴車''輜輦'(《太平御覽》引作'輜車'),皆人輓行之輦,本不同也。"篆字疏證本作"葢'鉤車''寅車''元戎'皆駕馬之車;'余車''胡奴車''輜輦'"。吳志忠曰:"'奴'依畢校。"胡奴車:古代一種人拉的車。《周禮・地官・鄉師》"與其輂輦"鄭玄注:"《司馬法》曰:夏后氏謂輦曰余車,殷曰胡奴車,周曰輜輦。"
〔2〕"車胡",盧文弨、疏證本校作"東胡"。疏證本曰:"今本'東胡'譌作'車胡',據誼改。"巾箱本作"東胡"。東胡:我國古代的少數民族。因居於匈奴之東,故名。　以:因爲;由於。《左傳・僖公十五年》:"鄭以救公誤之,遂失秦伯。"　没入:謂没收財物、人口等入官。《史記・平準書》:"敢私鑄鐵器、煮鹽者,釱左趾,没入其器物。"　官奴:没入官府的奴隸。《史記・淮南衡山列傳》:"於是王乃令官奴入宫,作皇帝璽。"
〔3〕殷:朝代名。商王盤庚遷都於殷(今河南安陽小屯村),後世因稱。整個商代亦稱爲商殷或殷商。

24.5 元戎車[1],在軍前啓突敵陣[2],周所制也[3]。
〔1〕元戎:大型戰車。又稱"大戎"。專門用於攻陷敵軍戰陣。《詩・小雅・六月》:"元戎十乘,以先啓行。"毛傳:"元,大;先,良。"孔穎達疏:"言大車之善者。"朱熹集傳:"元,大也。戎,戎車也。"
〔2〕吳志忠於"在"前增"元戎"二字,曰:"各本脱下'元戎'二字,今補。"吳翊寅校議:"吳〔志忠〕本'車'下補'元戎'二字。"王先謙校:"吳校'在'上補'元

戎’二字。” 軍前：戰場；前沿陣地。 啓：先鋒。《周禮·地官·鄉師》“巡其前後之屯”賈公彥疏：“軍在前曰啓，在後曰殿。” 突：衝撞。漢班固《西都賦》：“窮虎奔突，狂兕觸蹙。” 敵陣：敵方的陣地。

〔3〕周：朝代名。姬姓。公元前11世紀武王滅商建周，都城鎬京（今陝西西安），史稱西周。公元前772年周平王東遷洛邑（今河南洛陽），史稱東周。《楚辭·離騷》：“湯禹儼而祇敬兮，周論道而莫差。”

24.6 輦車[1]，人所輦也[2]。

〔1〕輦（niǎn）車：古代宮中用人拉的一種便車。《周禮·春官·巾車》：“輦車組輓，有翣羽蓋。”

〔2〕輦：輓車；拉車。《詩·小雅·黍苗》：“我任我輦，我車我牛。”鄭玄箋：“有負任者，有輓輦者。”朱熹集傳：“輦，人輓車也。”

24.7 柏車[1]，柏[2]，伯也[3]，大也[4]，丁夫服任之小車也[5]。

〔1〕柏車：行於山地的大車。《周禮·考工記·車人》：“柏車，轂長一柯，其圍二柯，其輻一柯，其渠二柯者三，五分其輪崇，以其一爲之牙圍。”鄭玄注：“柏車，山車。”

〔2〕柏：通“伯”。大。《説文·木部》“柏，鞠也”段玉裁注：“柏，古多假借爲伯仲之‘伯’。”

〔3〕伯：兄弟行輩中排行最大的；老大。漢班固《白虎通·姓名》：“以時長幼，號曰伯仲叔季也。伯者，子最長，迫近父也。仲者，中也。叔者，少也。季者，幼也。”

〔4〕吳志忠於“大也”前增一“伯”字，曰：“各本脱下‘伯’，今補。”

〔5〕丁夫：壯健的男子。漢王符《潛夫論·浮侈》：“或丁夫世不傳犁鋤，懷丸挾彈，攜手遨遊。” 服任（rèn）：服役；役使。 “小”，盧文弨、段玉裁、疏證本校作“大”，巾箱本作“大”。疏證本曰：“‘大車’，今本誤作‘小車’。案：服任之車實是大車，且釋‘柏’爲‘大’誼，安得又云‘小車’？據改。《攷工記·車人職》曰：‘柏車，轂長一柯，其圍二柯，其輻一柯，其渠二柯者三，五分其輪崇，以其一爲之牙圍。’鄭注云：‘輪高六尺，牙圍尺二寸。’《記》又曰：‘柏車二柯。’注云：‘較六尺也。’”葉德炯校：“《論語》：‘大車無輗，小車無軏。’唐武后《臣軌》注引鄭注云：‘大車，柏車；小車，羊車。’集解引包咸注：‘大車，牛車；小車，駟馬車。’按《考工記·輈人》‘是故大車平地既節軒摯之任，及其登阤，不伏其

輈,必縶其牛'云云,則大車是牛車矣。車人爲車,分柏車、大車、羊車,則大車非柏車矣。包注《論語》葢本《考工》,鄭及成國所云則漢制也。"邵晉涵曰:"鄭注《考工記》云:'柏車,山車。'"吳志忠校"小"爲"牛",曰:"各本'牛'誤'小',今改。"吳翊寅校議:"吳〔志忠〕本作'柏,伯也;伯,大也,丁夫服任之牛車也'。案:當依吳〔志忠〕本補'伯'字,改'牛'字。"牛車:用牛拉的車。雙輈,輈直,車箱較大,主要用於載物。《韓非子‧内儲説上》:"市南門之外甚衆牛車,僅可以行耳。"

24.8 羊車[1],羊[2],祥也[3];祥,善也[4],善飾之車,今犢車是也[5]。[6]

〔1〕羊車:古代一種裝飾精美的車子。《周禮‧冬官‧車人》:"羊車二柯,有參分柯之一。"鄭玄注:"鄭司農云:羊車,謂車羊門也。玄謂:羊,善也。善車,若今定張車,較長七尺。"

〔2〕羊:通"祥"。吉祥。《漢元嘉刀銘》:"宜侯王,大吉羊。"漢董仲舒《春秋繁露‧執贄》:"羊之爲言猶祥與?"

〔3〕祥:善;吉利。《書‧伊訓》:"作善,降之百祥;作不善,降之百殃。"僞孔傳:"祥,善也。"

〔4〕善:妥善;好好地。《左傳‧成公二年》:"無德以及遠方,莫如惠恤其民而善用之。"

〔5〕犢車:載人之牛車,車箱高大,陳設講究。《漢書‧蔡義傳》:"(蔡義)家貧,常步行,資禮不逮衆門下,好事者相合爲義買犢車,令乘之。"《宋書‧禮志五》:"犢車,軿車之流也。漢諸侯貧者乃乘之,其後轉見貴。孫權云'車中八牛',即犢車也。江左御出,又載儲偫之物。"

〔6〕丁山校:"《御覽》七七五引:'祥車,詳,善也,善飾之車也,犢車是也。'無'羊,祥也'文。竊疑此當直云'祥車',庶與下'羊車'條不相複。如以'祥車'爲羊車,當將下'以羊所駕名之也'句,移此'羊車'之下方妥。"祥車:亦稱"魂車"。死者生前所乘之車。古代喪禮用以招魂,將葬行祖廟祭時亦陳列之。《禮記‧曲禮上》:"祥車曠左;乘君之乘車,不敢曠左。"鄭玄注:"曠左,空神位也。祥車,葬之乘車。不曠左,君存,惡空其位。"孔穎達疏:"祥猶吉也。吉車爲平生所乘,死葬時,因爲魂車,鬼神尚吉,故葬魂乘吉車也。曠,空也。車上貴左,故僕在右,空左以擬神也。"

24.9　墨車[1]，漆之正黑[2]，無文飾[3]，大夫所乘也[4]。

〔1〕墨車：不加文飾的黑色車乘。《周禮·春官·巾車》：“大夫乘墨車。”鄭玄注：“墨車，不畫也。”

〔2〕正黑：純黑色。　吳志忠於“黑”後增“如墨”二字，曰：“各本脫‘如墨’二字，今補。”吳翊寅校議：“吳〔志忠〕本‘黑’下有‘如墨’二字。”

〔3〕文飾：彩飾。《禮記·玉藻》：“犬羊之裘，不裼。不文飾也不裼。”

〔4〕大夫：古職官名。周代在國君之下有卿、大夫、士三等；各等中又分上、中、下三級。後因以大夫爲任官職者之稱。又爲爵位名。

24.10　重較[1]，其較重[2]，卿所乘也[3]。

〔1〕重較(chóngjué)：古代卿士所乘的車子，車箱兩旁置有供依憑的曲木。邵晉涵校：“鄭康成《輿人》注：‘較，兩輢上出軾者。’《詩》正義曰：‘謂車兩傍也。’范處義曰：‘較高五尺五寸，式高三尺三寸，較出於式上，故曰重較。’”《詩·衛風·淇奧》：“寬兮綽兮，猗重較兮。”毛傳：“綽，緩也。重較，卿士之車也。”

〔2〕較(jué)：車箱兩旁板上的橫木。《論語·鄉黨》皇疏：“古人乘路車，皆於車中倚立，倚立難久，故於車箱上安一橫木，以手隱憑之，謂之爲‘較’。”《後漢書·輿服志上》：“鳥旟七斿，五仞齊較，以象鶉火。”劉昭注：“鄭玄曰：‘較者，車高檻木也。’”

〔3〕卿：古代高級長官或爵位的稱謂。秦漢三公以下有九卿。《漢書·百官公卿表》：“又立三少爲之副，少師、少傅、少保，是爲孤卿，與六卿爲九焉。”

24.11　役車[1]，給役之車也[2]。

〔1〕役車：供役之車。《周禮·春官·巾車》：“服車五乘：孤乘夏篆，卿乘夏縵，大夫乘墨車，士乘棧車，庶人乘役車。”鄭玄注：“役車，方箱，可載任器以共役。”賈公彥疏：“庶人以力役爲事，故名車爲役車。”

〔2〕給(jǐ)役：使役；服役。給：供事；服役。《漢書·張湯傳》：“(安世)用善書給事尚書，精力於職，休沐未嘗出。”顏師古注：“於尚書中給事也。給，供也。”

24.12　棧車[1]，棧[2]，靖也[3]，麻靖物之車也[4]，皆庶人所乘也[5]。

〔1〕疏證本曰:"今本'棧車'云云,提行别起,據云'皆庶人所乘',言'皆',則兼承'役車''棧車',當合爲一。《周禮·巾車職》曰:'士乘棧車,庶人乘役車。'兹曰'皆庶人所乘'者,《説文》云:'竹木之車曰棧。'竹木之車微賤,庶人亦得乘之也。鄭注《巾車》云:'棧車不革鞔而漆之,役車方箱,可載任器以供役。'邵晉涵曰:"《巾車》曰:'士乘棧車,庶人乘役車。'賈公彦曰:'役車亦名棧車,以其同無革鞔故也。'是以《何草不黃》詩云:'有棧之車,行彼周道。'注云:'役車,棧車是也。'"棧車:一種以竹木縱横編之,車箱不鞔皮革的馬車。可以卧息。《周禮·考工記·輿人》:"棧車欲弇。"鄭玄注:"爲其無革鞔,不堅易圻壞也。"

〔2〕棧:竹木編成的車子。《説文·木部》:"棧,棚也。竹木之車曰棧。"段玉裁注:"竹木之車者,謂以竹若木散材編之爲箱,如柵然,是曰棧車。"

〔3〕靖:安定;止息。《國語·晉語六》:"考訊其阜以出,則怨靖。"韋昭注:"靖,安也。言内且謀相親愛,乃考問百姓,知其虚實,然後出軍用師,則怨惡自安息。"

〔4〕"麻",疏證本、吴志忠校本作"庥"。庥(xiū):同"休"。止息。 庥靖:休息;止息。 物:人;衆人。《左傳·昭公十一年》:"晉荀吴謂韓宣子曰:'不能救陳,又不能救蔡,物以無親。'"楊伯峻注引顧炎武曰:"物,人也。"

〔5〕庶人:對農業生産者的稱謂。《左傳·襄公九年》:"其士競於教,其庶人力於農穑。"楊伯峻注:"庶人當爲農業生産之主要擔負者。"

24.13 輴車[1],戎者所乘也[2]。

〔1〕輴(tún)車:古代兵車名。《左傳·宣公十二年》:"晉人懼二子之怒楚師也,使輴車逆之。"杜預注:"輴車,兵車名。"孔穎達疏引服虔曰:"輴車,屯守之車。" 吴志忠校:"下脱,各本同。"疑下脱文字爲"輴,屯也"。

〔2〕戎:軍隊;士兵。《易·同人》:"伏戎于莽。"

24.14 容車[1],婦人所載小車也[2]。其蓋施帷[3],所以隱蔽其形容也[4]。

〔1〕容車:古代婦女乘坐之小車。上施帷裳以遮蔽容顔,故稱。

〔2〕婦人:成年女子的通稱。多指已婚者。《韓非子·説林下》:"漁者持

鱣,婦人拾蠶,利之所在,皆爲賁、諸。" 載:乘坐。《説文·車部》:"載,乘
也。"《史記·河渠書》:"陸行載車,水行載舟。" 小車:馬拉的輕車。其車較
牛拉之大車小,故稱。《漢書·車千秋傳》:"初,千秋年老,上優之,朝見,得乘
小車入宮殿中,故因號曰'車丞相'。"

〔3〕蓋:遮陽障雨的用具。在此指車篷。漢鄒陽《獄中上梁王書》:"語曰:
'白頭如新,傾蓋如故。'" 施:設置;安放。《韓非子·外儲説左上》:"趙主父
令工施鉤梯而緣播吾,刻疎人迹其上,廣三尺,長五尺,而勒之曰:主父常(嘗)
遊於此。" 帷:以布帛製作的環繞四周的遮蔽物。《周禮·天官·幕人》:"掌
帷、幕、幄、帟、綬之事。"鄭玄注:"在旁曰帷,在上曰幕;幕或在地,展陳于上。
帷、幕皆以布爲之。四合象宮室曰幄,王所居之帷也。"

〔4〕隱蔽:遮掩;隱藏。《吕氏春秋·決勝》:"諸搏攫抵噬之獸,其用齒角
爪牙也,必託於卑微隱蔽,此所以成勝。"高誘注:"若狐之搏雉,俯伏弭毛以喜
説之,雉見而信之,不驚憚遠飛,故得禽之。" 形容:外貌;模樣。《管子·内
業》:"全心在中,不可蔽匿,和於形容,見於膚色。"

24.15 衣車[1],前户[2],所以載衣服之車也[3]。

〔1〕衣車:古代婦女所乘的一種前面開門後面用帷幕遮蔽的車子。可卧
息,亦兼載衣服。《漢書·霍光傳》:"(昌邑王)略女子,載之衣車。"

〔2〕户:單扇門。《詩·唐風·綢繆》:"綢繆束楚,三星在户。"

〔3〕所以:用以;用來。《莊子·天地》:"是三者,非所以養德也。" 衣服:
衣裳;服飾。《詩·小雅·大東》:"西人之子,粲粲衣服。"

24.16 獵車[1],所乘以畋獵也[2]。

〔1〕獵車:出獵時所乘之車。《後漢書·輿服志上》:"獵車,其飾皆如之。
重輞縵輪,繆龍繞之。"邵晉涵曰:"文穎《漢書》注:'小車前有曲輿不衣也,近
世謂之軨獵車。'"軨(líng)獵車:輕便小車。《漢書·宣帝紀》:"太僕以軨獵車
奉迎曾孫,就齊宗正府。"顏師古注:"文穎曰:'軨獵,小車,前有曲輿不衣也,
近世謂之軨獵車也。'孟康曰:'今之載獵車也。前有曲軨,特高大,獵時立其
中格射禽獸。'李奇曰:'蘭輿輕車也。'文、李二説皆是。時未備天子車駕,故
且取其輕便耳,非藉高大也。孟説失之。"

〔2〕畋(tián)獵:打獵。《老子》:"五味令人口爽,馳騁畋獵令人心發狂。"

24.17 小車[1],駕馬輕小之車也[2]。駕馬宜輕[3],使之局小也[4]。

〔1〕小車:馬拉的輕車。與牛拉的"大車"對言。《論語·爲政》:"大車無輗,小車無軏,其何以行之哉?"何晏集解引包咸曰:"小車,駟馬車也。"皇侃義疏:"馬所載輕,故曰小車也。四馬共牽一車,即今龍旂車是也。"

〔2〕駕:把車套在馬身上。《詩·小雅·采薇》:"戎車既駕,四牡業業。"輕小:輕盈小巧;輕便小巧。

〔3〕宜:應當;應該。《詩·邶風·谷風》:"黽勉同心,不宜有怒。"

〔4〕使:讓;致使。《詩·鄭風·狡童》:"維子之故,使我不能餐兮。" 局小:局促狹小。

24.18 高車[1],其蓋高[2],立載之車也[3]。

〔1〕高車:古代車篷高、供立乘的車。亦稱"立車""高蓋車"。同安車相對。《漢書·于定國傳》:"少高大閭門,令容駟馬高蓋車。我治獄多陰德,未嘗有所冤,子孫必有興者。"

〔2〕蓋:遮陽障雨的用具。在此指車篷。《大戴禮記·保傅》:"古之路車也,蓋圓以象天,二十八橑以象列星。"

〔3〕盧文弨於"立"字後增一"乘"字,疏證本有"乘"字,云:"《攷工記》曰:'輪人爲蓋,達常圍三寸,桯圍倍之,六寸。部長二尺,桯長倍之,四尺者二。'鄭司農云:'達常蓋斗柄,下入杠中也。''桯蓋杠也。''部蓋斗也。'又云:'杠長八尺,謂達常以下也。加達常二尺,則蓋高一丈,立乘也。'"王啓原校:"'立乘載之車也',呂〔柟〕本無'乘'字。"蘇輿校:"《晉志》:'車坐乘者謂之安車,倚乘者謂之立車,亦謂之高車。'"按,"載"即有"乘"義。參見24.14〔2〕。

24.19 安車[1],蓋卑,坐乘[2],今吏之乘[3],小車也[4]。

〔1〕安車:古代可以坐乘的小車。《周禮·春官·巾車》:"安車,彫面鷖總,皆有容蓋。"鄭玄注:"安車,坐乘車。凡婦人車皆坐乘。"《禮記·曲禮上》:"大夫七十而致事,若不得謝,則必賜之几杖,行役以婦人,適四方,乘安車。"鄭玄注:"安車,坐乘,若今小車也。"孔穎達疏:"古者乘四馬之車,立乘。此臣既老,故乘一馬小車,坐乘。"

〔2〕坐乘:坐着乘車。相對於"立乘"。《周禮·春官·巾車》:"王后之五

路，……安車，彫面鷖總。"鄭玄注："安車，坐乘車。凡婦女車皆坐乘。"

〔3〕吏：古代對官員的通稱。《國語•周語上》："王乃使司徒咸戒公卿、百吏、庶民。"韋昭注："百吏，百官。""之乘"，吳志忠校作"乘之"，曰："各本'乘之'二字倒，今乙。"

〔4〕小車：馬拉的輕車。

24.20 臝車[1]、羔車[2]，各以所駕名之也[3]。

〔1〕臝（luó）車：即"騾車"。騾拉的車。臝：同"騾"。《説文•馬部》："臝，驢父馬母者也。"朱駿聲通訓定聲："臝，俗字作騾。"漢劉向《九嘆•憂苦》："同駕臝與桀騄兮，雜班駁與闒茸。"

〔2〕羔，盧文弨、疏證本校作"羊"，巾箱本從之。疏證本曰："《太平御覽》引曰：'羊車，以羊所駕名車也。'蓋節引此條，非別有一條也。前文雖已有'羊車'，前文以'祥善'爲誼，此則以'駕羊'爲稱，名同而實不同也。""今本作'羔'，誤。"吳翊寅校議："吳〔志忠〕依原本'羊'作'羔'。案：此'羊車'與《攷工記》'羊車'不同。晉武帝至後宮乘羊車，衛玠入市乘羊車，皆以羊駕車也。畢依《御覽》引作'羊'不誤，原本作'羔'非是。"羊車：用羊牽引的小車。

〔3〕駕：把車套在牲口身上。《墨子•耕柱》："駕驥與羊，子將誰敺。"孫詒讓閒詁引王念孫云："羊不可與馬竝駕，羊當爲牛。" 名：命名；取名。《書•吕刑》："禹平水土，主名山川。"僞孔傳："禹治洪水，山川無名者主名之。"

24.21 檻車[1]，上施欄檻[2]，以格猛獸之車也[3]。

〔1〕檻（jiàn）車：用柵欄封閉的車。用於囚禁犯人或裝載猛獸。《史記•陳丞相世家》："嚮受詔，即反接載檻車，傳詣長安。"

〔2〕欄檻：欄杆。

〔3〕格：拘執。《墨子•天志下》："而況有踰於人之牆垣，扭格人之子女者乎？"孫詒讓閒詁引俞樾曰："格人之子女，謂拘執人之子女。" 猛獸：指體碩大而性凶猛的獸類。《周禮•夏官•服不氏》："掌養猛獸而教擾之。"鄭玄注："猛獸，虎豹熊羆之屬者。" 盧文弨、段玉裁、疏證本、吳志忠於"獸"字後增"亦囚禁罪人"五字。段玉裁曰："《文選•長林賦》注引多五字。"疏證本曰："今本脱'亦囚禁罪人'五字，據《文選•長楊賦》注引補。"吳志忠曰："補'亦囚禁罪人'五字，依畢校。"巾箱本有此五字。

24.22 軺車[1]，軺，遥也[2]，遠也[3]，四向遠望之車也[4]。

〔1〕軺（yáo）車：輕便小車。一般是單馬獨轅，有蓋，四面空敞可遠望。《史記·季布欒布列傳》：“朱家迺乘軺車之洛陽，見汝陰侯滕公。”司馬貞索隱：“謂輕車，一馬車也。”

〔2〕遥：指距離遠。《禮記·王制》：“自江至於衡山，千里而遥。”

〔3〕盧文弨、段玉裁、吳志忠於“遠”字前增一“遥”字，疏證本、巾箱本有此“遥”字。吳志忠曰：“補‘遥’，依畢校。”丁山校：“《御覽》引：‘軺，遥遠也。’”

〔4〕四向：四周；四方。　遠望：向遠處看。《楚辭·九歌·湘夫人》：“荒忽兮遠望，觀流水兮潺湲。”

24.23 輜車[1]，載輜重[2]、臥息其中之車也[3]。輜[4]，厠也[5]，所載衣物雜厠其中也[6]。[7]

〔1〕輜（zī）車：古代有帷蓋的車子。既可載物，又可作臥車。《史記·穰侯列傳》：“穰侯出關，輜車千乘有餘。”

〔2〕輜重：外出時携載的物資。《老子》：“是以聖人終日行，不離輜重。”

〔3〕臥息：躺臥。

〔4〕輜：古代有帷蓋的載重車。《管子·問》：“鄉師車輜造修之具，其繕何若？”尹知章注：“輜，謂車之有防蔽，可以重載者。”

〔5〕厠：同“廁”。錯雜。《漢書·禮樂志》：“被華文，厠霧縠，曳阿錫，佩珠玉。”

〔6〕衣物：衣服與日用器物。《東觀漢記·東平憲王蒼傳》：“饗衛士于南宮，皇太后因過按行閱視舊時衣物。惟王孝友之德，今以光烈皇后假髻帛巾各一、衣一篋遺王，可時瞻視，以慰《凱風》寒泉之思。”　雜厠：混雜；夾雜。

〔7〕顧廣圻校：“《御覽》三百三十四引云：‘輜，厠也，謂軍糧什物雜厠載之，以其累重，故稱輜重。’”張步瀛校：“《御覽》三百三十四引‘厠也’下作：‘謂軍糧什物雜厠載之，以其累重，故稱輜重。’”丁山校：“《御覽》三三四引：‘輜，厠也，謂軍糧什物雜厠載之，以其累重，故稱輜重。’”許克勤校：“《通鑑釋文》九引：‘輜，厠也，謂軍糧什物雜厠載之，以其累重，故稱輜重。’《史記·韓長孺傳》正義引：‘輜，厠也，至其中。’”《疏證補坿》引許克勤校末句作：“輜，厠也，所載衣物雜厠其中。’”鍾惺評本、疏證本、吳志忠校本、巾箱本以下不另起。

24.24 軿車[1]，軿[2]，屏也[3]，四面屏蔽[4]，婦人所乘牛馬也[5]。輻軿之形同[6]，有邸曰"輻"[7]，無邸曰"軿"。

〔1〕"軿"，盧文弨、段玉裁、疏證本、吳志忠分別校作"軿"，下同。疏證本曰："今本'軿'作'軿'，據《續漢書·輿服志》劉昭注引改。"吳志忠曰："'軿'依畢校，下同。"軿車：當作"軿(píng)車"。四周有車帷屏蔽的車子。《後漢書·袁紹傳》："士無貴賤，與之抗禮，輻軿紫轂，填接街陌。"李賢注："《説文》曰：'軿車，衣車也。'鄭玄注《周禮》曰：'軿猶屏也，取其自蔽隱。'"

〔2〕軿：當作"軿"。有帷蓋的車子。《列女傳·貞順齊孝孟姬傳》："妾聞妃後踰閾，必乘安車輻軿，下堂必從傅母保阿……今立車無軿，非所敢受命也。"

〔3〕屏(bǐng)：蒙蔽；隱蔽。《左傳·昭公二十七年》："屏王之耳目，使不聰明。"

〔4〕四面：四周圍。 屏(bǐng)蔽：遮擋；衛護。《漢書·樊噲傳》："亞父謀欲殺沛公，令項莊拔劍舞坐中，欲擊沛公，項伯常屏蔽之。"

〔5〕婦人：成年女子的通稱。多指已婚者。《靈樞經·五音五味》："黃帝曰：婦人無須者，無血氣乎？" "馬"，盧文弨、疏證本、邵晉涵、吳志忠校作"車"。疏證本曰："今本'牛車'作'牛馬'，據《續漢書·輿服志》劉昭注引改。"邵晉涵曰："從《輿服志》改正。"吳志忠曰："'車'依畢校。"牛車：用牛拉的車。《韓非子·內儲説上》："市南門之外甚衆牛車，僅可以行耳。"

〔6〕輻軿：當作"輻軿"。輻車和軿車的並稱。後泛指有屏蔽的車子。《漢書·張敞傳》："禮，君母出門則乘輻軿。"顏師古注："輻軿，衣車也。"

〔7〕孫詒讓《札迻》："案《説文》：'軧，大車後也。''邸'即'軧'之借字。《攷工記·輈人》亦云：'不援其邸，必緪其牛。'後邸即所謂後轅。凡輻車，後開户，故有後轅；軿車四面屏蔽，則無後轅。劉説與《字林》可互證也。"軧(dǐ)：大車的後部。《詩·小雅·采芑》："約軧錯衡，八鸞瑲瑲。"毛傳："軧，長轂之軧也，朱而約之。" 輻：古代有帷蓋的載重車。《管子·問》："鄉師車輻造修之具，其繕何若？"尹知章注："輻，謂車之有防蔽，可以重載者。"

24.25 輈[1]，句也[2]，轅上句也[3]。

〔1〕此條原與上條相連，盧文弨、龔文照、邵晉涵分別於此畫一分隔綫，使與上條分開。《古今逸史》本、郎奎金刻《逸雅》本、疏證本、吳志忠校本、巾箱本提行別起。段玉裁校："'軿車'一條，一本連上條直下。" 輈(zhōu)：彎曲

的獨木車輈。《周禮·考工記·輈人》:"輈人爲輈,輈有三度……國馬之輈,深四尺有七寸;田馬之輈,深四尺;駑馬之輈,深三尺有三寸。"鄭衆注:"深……謂輈曲中。"孫詒讓正義:"小車曲輈,此輈人所爲者是也;大車直轅,車人所爲者是也。散文則輈、轅亦通稱。"《説文·車部》:"輈,轅也。"朱駿聲通訓定聲:"大車左右兩木直而平者謂之轅,小車居中一木,曲而上者謂之輈。"

〔2〕句(gōu):"勾"的古字。彎曲。《詩·秦風·小戎》:"五㠾梁輈。"毛傳:"梁輈,輈上句衡也。"孔穎達疏:"輈從軫以前,稍曲而上,至衡則向下句之。"

〔3〕轅:車前用來套駕牲畜的兩根獨木,左右各一。《墨子·公孟》:"應孰辭而稱議,是猶荷轅而擊蛾也。"張純一集解:"轅,駕車木也。"　上句:向上彎曲。

24.26　衡[1],橫也,橫馬頸上也。

〔1〕此條原與上條相連,龔文照、邵晉涵分別於此畫一分隔綫,使與上條分開。《古今逸史》本、郎奎金刻《逸雅》本、疏證本、吳志忠校本、巾箱本提行別起。　　衡:車輈前端的橫木。漢焦贛《易林·歸妹之益》:"三驪負衡,南取芷香,秋蘭芬馥,盈滿神匱。"

24.27　游環[1],在服馬背上[2],驂馬之外彎貫之[3],游移前却[4],無常處也[5]。

〔1〕游環:滑動在四駕馬車的當中兩匹馬背上的活動圈,中穿旁邊兩匹驂馬的轡繩,以防止驂馬外逸。《詩·秦風·小戎》:"游環脅驅,陰靷鋈續。"毛傳:"游環,靷環也,游在背上,所以禦出也。"

〔2〕服馬:四匹馬並排拉車時中間夾輈的兩匹馬。

〔3〕驂(cān)馬:駕車時位於兩邊的馬。《戰國策·宋衛策》:"拊驂無笞服。"高誘注:"兩旁曰驂,轅中曰服。"　彎(pèi):駕馭馬的轡繩。《詩·邶風·簡兮》:"有力如虎,執彎如組。"朱熹集傳:"彎,今之轡也。"　貫:穿過;貫穿。《左傳·成公二年》:"矢貫余手及肘。"

〔4〕游移:移動。　前却:進退。《吳子·治兵》:"前却有節,左右應麾。"

〔5〕常處:固定的地點。《詩·秦風·小戎》:"游環脅驅,陰靷鋈續。"鄭玄箋:"游環在背上,無常處,貫驂之外彎,以禁其出。"

24.28 脅驅[1]，在服馬外脅也[2]。

〔1〕脅(xié)驅：一種置於服馬上防止驂馬内靠的鞁具。《詩·秦風·小戎》："游環脅驅，陰靷鋈續。"毛傳："脅驅，慎駕具，所以止入也。"孔穎達疏："脅驅者以一條皮上繫於衡，後繫於軫，當服馬之脅，愛慎乘駕之具也。驂馬欲入，則此皮約之，所以止入也。"

〔2〕"外"，段玉裁删去。盧文弨校："《小戎》正義引作'當服馬脅也'。"疏證本校："《詩·小戎》正義引作'當服馬脅也'。《小戎》傳云：'脅驅，慎駕具，所以止入也。'箋云：'脅驅者，著服馬之外脅，以止驂之人。'"邵晉涵校："《正義》引此少'外'字。"　脅：旁邊；邊側。《漢書·五行志上》："石長丈三尺，廣厚略等，旁著岸脅，去地二百餘丈，民俗名曰石鼓。"

24.29 陰[1]，蔭也[2]，横側車前，以陰笭也[3]。

〔1〕陰：車軾前覆車軓的横板。《詩·秦風·小戎》："陰靷鋈續。"毛傳："陰，揜軓也。"朱熹集傳："軓在軾前而以板横側揜之，以其陰映此軓，故謂之陰。"

〔2〕蔭(yìn)：遮蓋；隱蔽。《楚辭·九歌·山鬼》："山中人兮芳杜若，飲石泉兮蔭松柏。"

〔3〕盧文弨、疏證本於"以"前增一"所"字，連下爲句。疏證本曰："今本脱'所'字，誤也。"　"陰"，疏證本、吴志忠校作"蔭"。疏證本曰："今本'蔭笭'作'陰笭'，誤也。"吴志忠曰："'蔭'依畢校。"按，"陰"亦通"蔭"。清朱駿聲《説文通訓定聲·臨部》："陰，叚借爲蔭。"覆蔭。《詩·大雅·桑柔》："既之陰女，反予來赫。"陸德明釋文："陰，鄭音蔭，覆蔭也。"　"笭"，盧文弨校作"苓"，曰："《小戎》正義引作'所以蔭莖也'。"疏證本作"笭"，云："今本'蔭笭'作'陰笭'，誤也。《詩·小戎》正義引作'所以蔭莖也'，'莖'字亦誤。後文有云：'笭，横在車前，織竹作之，孔笭笭也。'然則陰、笭同在一處而陰在笭上，所以蔭之，據是誼改。"笭(líng)：通"軨"。横在車前後兩旁禦風塵的車欄。《説文·竹部》："笭，車笭也。"桂馥義證："'車笭也'者，顏注《急就篇》：'笭，車前曲闌也。'《釋名》：'笭，横在車前，織竹爲之，孔笭笭也。'"朱駿聲通訓定聲："笭，車笭也。按車前後兩旁，禦風塵者。"徐灝注箋："蓋横木於輈間，又織竹以障之，故謂之'笭'。笭猶欄也。"參見24.55〔1〕。

24.30 靷[1]，所以引車也[2]。鋈[3]，金塗沃也[4]，冶白金以沃灌靷環也〔5〕。續〔6〕，續靷端也〔7〕。

〔1〕靷（yǐn）：拉車前行的皮帶。《左傳·哀公二年》：“郵良曰：‘我兩靷將絕，吾能止之。’”孔穎達疏：“古之駕四馬者，服馬夾轅，其頸負軶，兩驂在旁，挽靷助之。”

〔2〕所以：用以；用來。《莊子·天地》：“是三者，非所以養德也。” 引車：拉車行駛。《楚辭·招魂》：“引車右還。”

〔3〕鋈（wù）：白銅。以鎳爲主要添加元素的銅基合金，呈銀白色，有金屬光澤。《説文·金部》：“鋈，白金也。”也指鍍上白銅。《詩·秦風·小戎》：“龍盾之合，鋈以觼軜。”朱熹集傳：“消沃白金以爲飾也。”

〔4〕“金塗”二字，盧文弨、段玉裁、疏證本、吳志忠、巾箱本删去。疏證本曰：“今本‘沃也’上衍‘金塗’二字，據《詩·小戎》正義引删。”吳志忠曰：“删‘金塗’，依華校。” 沃：澆；灌。《左傳·僖公二十三年》：“奉匜沃盥。”孔穎達疏：“沃，謂澆水也。”《素問·痹論》：“胞痹者少腹膀胱，按之內痛，若沃以湯。”王冰注：“沃，猶灌也。”

〔5〕冶（yě）：冶煉金屬。《逸周書·大聚》：“乃召昆吾冶而銘之金版，藏府而朔之。” 白金：古指銀子。《管子·揆度》：“燕之紫山白金，一筴也。” 沃灌：澆灌。 靷環：即游環。服馬背上的環。《詩·秦風·小戎》“游環脅驅”毛傳：“游環，靷環也。游在背上，所以禦出也。”

〔6〕段玉裁於“續”前畫一分隔綫，使與下條分開。吳志忠校本以下另起。續：繫靷的環。《詩·秦鳳·小戎》：“游環脅驅，陰靷鋈續。”清鳳韶《鳳氏經説·車制》：“（車）前軫樹式者曰軹，以版橫側掩之曰陰，陰上有環係驂馬頸之靷者曰續。”高亨《詩經今注》説“續”借爲“鐲”，鈴也。

〔7〕續：連屬；連接。《禮記·深衣》：“續衽鉤邊，要縫半下。”鄭玄注：“續，猶屬也。” 端：頂部；鋒尖；末梢。《禮記·檀弓下》：“柏椁以端，長六尺。”孔穎達疏：“端，猶頭也。積柏材作椁，並茸材頭，故云以端。”

24.31 文鞇〔1〕，車中所坐者也〔2〕。用虎皮〔3〕，有文采〔4〕，因與下鞪相連著也〔5〕。

〔1〕疏證本校：“‘鞇’，《一切經音義》引作‘茵’。《説文》云：‘茵，車重席。從艸，因聲。鞇，司馬相如説：茵從革。’則‘鞇’‘茵’異文同字。”許克勤校：“《詩·小戎》疏引劉熙《釋名》，‘鞇’作‘茵’。”張步瀛校疏證本“鞇”作“茵”。文鞇：同“文茵”。車中的虎皮坐褥。《詩·秦風·小戎》：“文茵暢轂，駕我騏

鞪。"毛傳:"文茵,虎皮也。"孔穎達疏:"茵者,車上之褥,用皮爲之,言文茵則皮有文采,故知虎皮也。"

〔2〕"者",張步瀛删去。王仁俊集斠:"《衆經音義・六卷・經一・法蓮妙華經・二》引無'者'字。"(任按:"法蓮妙華經"爲"妙法蓮華經"之誤。)許克勤校:"《詩・小戎》疏引劉熙《釋名》無'者'字。"丁山校:"《御覽》引:'鞪,車中所坐也。'"

〔3〕虎皮:老虎的皮。《左傳・僖公二十八年》:"胥臣蒙馬以虎皮,先犯陳蔡。" 盧文弨、疏證本於"虎皮"後增"爲之"二字,巾箱本從之。疏證本曰:"今本脱'爲之'二字,據《一切經音義》引補。"許克勤校:"《詩・小戎》疏引劉熙《釋名》無'者''爲之'三字。"胡楚生校:"慧琳《音義》卷九所引,'虎皮'下有'爲之'二字。卷二十八所引,'虎皮'下有'爲之'二字。"

〔4〕文采:艷麗而錯雜的色彩。《墨子・辭過》:"刻鏤文采,不知喜也。"

〔5〕盧文弨、疏證本、吳志忠於"因輿"前增"茵,因也"三字,巾箱本從之。疏證本曰:"今本無此三字,據此書體例增。"吳志忠曰:"補'茵,因也'三字,依畢校。"許克勤校:"《説文繫傳・艸部》'茵'引劉熙《釋名》:'茵,因也,因與下相連也。'勤按:畢增三字,與小徐所引合。"鞪:墊褥。《韓詩外傳》卷六:"齊君重鞪而坐,吾君單鞪而坐。" 因:連接。《逸周書・作雒》:"乃作大邑成周于土中,南繫于洛水,北因于郟山。"孔晁注:"繫、因皆連接也。" "轝",盧文弨、疏證本校作"輿"。王仁俊集斠:"〔《衆經音義》〕六卷'轝'作'輿'。"胡楚生校:"〔慧琳《音義》卷九所引〕'轝'作'輿'。〔卷二十八所引〕'轝'作'輿'。"轝(yú):同"輿"。車箱。《論語・衛靈公》:"立則見其參於前也,在輿則見其倚於衡也,夫然後行。" 連著(zhuó):連接;依附。

24.32 鞍[1],伏也[2],在前,人所伏也。

〔1〕疏證本校:"'鞍',《説文》所無。《玉篇》云:'亦作絥。'《説文》云:'絥,車絥也。从糸,伏聲。'則'絥'乃本字。"篆字疏證本改作"絥",云:"'絥',今本作'鞍'。《説文》云:'絥,車絥也。从糸,伏聲。'據改。"無"《玉篇》云'亦作絥'"及"則'絥'乃本字"二句。鞍(fú):車軾上覆蓋的布帛或皮革。乘者憑撫其上較爲舒適。亦作"伏""絥"等。《説文・糸部》:"絥,車絥也。"段玉裁注:"駕車之飾,此所謂絥也。被馬之飾,革部所謂鞁也。"朱駿聲通訓定聲:"絥者,軾上覆也。"一説:猶靠枕,一種有軟物墊充的革囊,供人在車中憑依。《急就篇》卷三:"鞇鞍鞆鞇鞍鑣鐊。"顏師古注:"鞍,韋囊,在車中,人所憑伏也。今謂之

隱囊。"

〔2〕伏:身子前傾靠在物體上。《莊子·漁父》:"孔子伏軾而歎曰:'甚矣,由之難化也!'"

24.33 軾[1],式也[2],所伏以式敬者也[3]。

〔1〕軾:古代設在車箱前供立乘者憑扶的橫木。有的車三面皆有,成半框形。《淮南子·修務訓》:"魏文侯過其閭而軾之。"高誘注:"軾,伏軾敬有德。"

〔2〕式:同"軾"。立乘車上俯身撫軾,表示敬意。《書·武成》:"式商容閭。"孔穎達疏:"式者,車上之橫木,男子立乘有所敬則俯而憑式,遂以式爲敬名。"

〔3〕伏:身子前傾靠在物體上。《莊子·漁父》:"孔子伏軾而歎曰:'甚矣,由之難化也!'" 疏證本校:"《太平御覽》引作'式所敬者'。案:當云'伏以式所敬者也'。"按,"式"與"敬"同義連文,原文可通。《書·盤庚下》"式敷民德"蔡沈集傳:"式,敬也。" 敬:尊重;尊敬。《周禮·天官·大宰》:"二曰敬故。"鄭玄注:"不慢舊也。"

24.34 鞑鞯[1],車中重薦也[2]。輕鞑鞯[3],小貂也[4]。

〔1〕鞑鞯(dùbó):猶"鞑鞯"。車褥;座墊。《廣雅·釋器》:"鞑鞯謂之鞇。"王念孫疏證:"《説文》:'鞇,車中重席也。鞇,司馬相如説,茵从革。'"《急就篇》卷三:"鞇鞖鞑鞯鞍鑣鐊。" "鞑"原作"靴",盧文弨、段玉裁、邵晉涵分別校作"鞑",下同。邵晉涵曰:"'鞑'字係錢獻之所改。"疏證本、吳志忠校本作"鞑",云:"二字《説文》所無。"據改,下同。

〔2〕重(chóng):重疊;重複。《易·坎》:"習坎,重險也。"孔穎達疏:"兩坎相重,謂之重險。" 薦(jiàn):墊席;墊褥。《韓非子·存韓》:"韓事秦三十餘年,出則爲扞蔽,入則爲蓆薦。"

〔3〕輕:小。

〔4〕貂:指貂皮。漢張衡《四愁詩》:"美人贈我貂襜褕,何以報之明月珠。"

24.35 轂[1],埆也[2],體堅埆也[3]。

〔1〕轂(gǔ):車輪的中心部位,周圍與車輻的一端相接,中有圓孔,用以插軸。《詩·秦風·小戎》:"文茵暢轂,駕我騏駵。"朱熹集傳:"轂者,車輪之中,外持輻内受軸者也。"

〔2〕埆(què):通"确"。堅剛貌。《廣雅·釋詁一》:"确,堅也。"王念孫疏證:"《說文》:'礭,堅不可拔也。'《繫辭傳》:'确然示人易矣。'馬融注云:'确,剛貌。''确'與'埆'同。"

〔3〕堅埆:猶"堅确"。堅硬;剛硬。

24.36 轅[1],援也[2],車之大援也[3]。

〔1〕轅:車前用來套駕牲畜的兩根獨木,左右各一。《說文·車部》:"轅,輈也。"段玉裁注:"《考工記》:'輈人爲輈,車人爲大車之轅。'是輈與轅別也。許渾言之者,通稱則一也。轅之言如攀援而上也。"王筠句讀:"鄭注《考工記》曰:輈,車轅也。《廣雅》:轅謂之輈。皆以用之同而通其名也。然轅直而輈曲,轅兩而輈一,轅施之在大車以駕牛,輈施之小車以駕馬,固不同也。"

〔2〕援:牽拉;牽引。《左傳·襄公二十三年》:"右撫劍,左援帶,命驅之出。"

〔3〕大援:有力的援助。《左傳·桓公十一年》:"君多內寵,子無大援,將不立。"

24.37 枕[1],橫在前,如卧牀之有枕也[2]。枕,橫也,橫在下也。

〔1〕"枕",吳志忠校作"桄",下同,曰:"'桄'用段氏説改。各本誤'枕',下同。"王筠校:"《廣雅·釋水》:'艙謂之桄。'疏證曰:《眾經音義》卷十四云:'桄,《聲類》作軦,車下橫木也。'今車牀及梯樂下橫木皆曰桄。《釋名·釋車》篇云:'桄,橫在前,如卧牀之有桄也。桄,橫也,橫在下也。'義與《聲類》同。今本《釋名》'桄'字譌作'枕',而校是書者,輒證以《方言》'軫謂之枕',且刪去'橫在下也'四字,弗思甚矣。筠按:證以《方言》'軫謂之枕',正與本書同。惟本書'橫,橫在下也',是刪'桄也'二字,非刪'橫在下也'四字,不知懷祖先生所駁,是誰氏本也?"蘇輿校:"'枕'當作'桄'。(引者按:下引《廣雅疏證》節略)輿案:'桄''橫'古同聲,'光'與'尤'旁又易亂。卧牀之有'桄',亦謂'牀下橫木',此例正合,王説殆得之。"吳翊寅校議:"吳〔志忠〕本作:'桄,橫在前,如卧牀之有桄也。桄,橫也,橫在下也。'云:'桄用段氏説改。'案《一切經音義》云:'桄音光。古文橫、黌二形,《聲類》作軦,今車牀及梯樂下橫木是也。'《玉篇》作'軦',云:'車橫木。'畢據誤本作'枕',引《方言》'軫謂之枕'爲證。今攷《説文》:'軫,車後橫木也。'軫在車後,不得云'枕橫在前'矣。'枕'與'桄'形近而

譌,‘桄’‘横’同聲,‘枕’‘横’聲亦不近。段以‘枕’爲‘桄’,甚塙。《御覽》引作‘横,横在前’,上‘横’字即‘桄’之借,與段説合。畢乙改皆誤。”丁山校:“嘉靖本云:‘枕,横在前。枕,横也,横在下也。’吴校‘枕’作‘桄’,云:‘桄用段先生説,各本誤枕。’”桄(guàng):車、船等物上的横木。《廣雅·釋地》“輪謂之桄”王念孫疏證:“此謂船前横木,桄之言横也。”

〔2〕卧牀:睡覺的牀鋪。

24.38 薦板在上[1],如薦席也[2]。齊人謂車枕以前曰“縮”[3],言局縮也[4]。兖[5]、冀曰“育”[6],御者坐中執御[7],育育然也[8]。

〔1〕吴志忠校本此條不另起,曰:“各本另分爲條,今正。”吴翊寅校議:“吴〔志忠〕本與‘桄’合爲條。案:‘薦版在上’對‘横在下也’言之,畢本别爲條,非是。” 薦板:墊板。

〔2〕薦席:草編墊席。以其藉以自薦,故名。《晏子春秋·雜篇》:“布薦席,陳簠簋。”單稱“薦”。《楚辭·九嘆·逢紛》:“薜荔飾而陸離薦兮,魚鱗衣而白蜺裳。”王逸注:“薦,卧席也。”

〔3〕邵晉涵於“齊人”前畫一分隔綫,使與下條分開。 車枕:即“車軫”。車後横木。《周禮·考工記序》:“車有六等之數,車軫四尺,謂之一等。”鄭玄注:“軫,輿後横木。”賈公彦疏:“軫,輿後横木者,即今之車枕一也。”孫詒讓《札迻》:“案《西京雜記》下云:‘月之旦爲朔,車之軓亦謂之朔。’此云‘車枕以前’,即當軓之處,疑‘縮’即‘朔’音近通稱。”

〔4〕局縮:狹小。

〔5〕兖(yǎn):兖州。古九州之一。又漢武帝所置十三刺史部之一。轄境約當今山東西南部及河南東部。參見卷二《釋州國》7.11〔1〕。

〔6〕冀:冀州。古九州之一。又漢武帝所置十三刺史部之一。轄境相當於今河北中南部、山東西端及河南北端。參見卷二《釋州國》7.10〔1〕。 孫詒讓《札迻》:“‘車育’,他書亦未見,《玉篇·車部》有‘輶’字,云:‘弋足切。車枕前也。’(《廣韻·三燭》同。)《集韻·三燭》云:‘車枕謂之輶,或作輶。’‘育’‘輶’音亦相近,疑即因兖冀語而增制‘輶’‘輶’二字矣。”

〔7〕御者:駕御車馬的人。《儀禮·既夕禮》:“御者執策,立于馬後。” 執御:駕車。《論語·子罕》:“子聞之,謂門弟子曰:‘吾何執?執御乎?執射乎?吾執御矣。’”

〔8〕育育:快樂自得的樣子。《管子·十問》:“《詩》有之:‘浩浩者水,育育

者魚。'"尹知章注:"魚育育然,相與而遊其中。"

24.39 較[1],在箱上[2],爲辜較也[3]。

〔1〕較(jué):車箱上的栅欄。《後漢書·輿服志上》:"鳥旟七斿,五仞齊較,以象鶉火。"劉昭注:"鄭玄曰:'較者,車高檻木也。'"亦指車箱。《後漢書·輿服志上》:"金薄繆龍,爲輿倚較。"劉昭注引《通俗文》:"車箱爲較。"

〔2〕箱:指車箱。《詩·小雅·甫田》:"乃求千斯倉,乃求萬斯箱。"

〔3〕段玉裁注:"'辜較'即《廣疋》之'辜榷'。"辜榷:搜括;聚斂。《漢書·陳咸傳》:"少府多寶物,屬官咸皆鉤校,發其姦臧,没入辜榷財物。"王念孫《讀書雜志·漢書十六》:"今案辜榷雙聲字也。《廣雅》曰:'嫥榷,都凡也。'故總括財利謂之辜榷。"

24.40 立人[1],象人立也。[2]

〔1〕立人:車前的擋板。《周禮·考工記·車人》:"羊車二柯,有參分柯之一。"孫詒讓正義:"注'鄭司農云:羊車謂車羊門也'者,《釋名·釋車》云:'立人,象人立也。或曰陽門,在前曰陽,兩旁似門也。'《廣雅·釋器》云:'陽門、算篿、雀目,蔽簹也。'屏星、陽門皆即車前屏蔽之物。"

〔2〕盧文弨、段玉裁、邵晉涵分別於此處畫一連接綫,使與下條相連。疏證本、吳志忠校本、巾箱本以下不另起。

24.41 或曰"陽門"[1],在前曰"陽",兩旁似門也。

〔1〕段玉裁注:"'陽門'見《廣疋》。"陽門:車簹;車的擋板。

24.42 楅[1],柅也[2],所以扼牛頸也[3]。馬曰"烏啄"[4],下向又馬頸[5],似烏開口向下啄物時也[6]。

〔1〕楅(gé):大車的輗。在車衡兩端扼住牛、馬等頸背上的曲木。《説文·木部》:"楅,大車柅也。"段玉裁注:"'柅'當作'輗',繇省作'輗'。《車部》曰:'輗、轅前也。'……通曰'輗'。大車之輗曰'楅'。《釋名》曰:'楅,扼也,所以扼牛頸也。馬曰烏啄,下向又馬頸,似烏開口向下啄物時也。'"

〔2〕"柅",盧文弨校作"扼",疏證本作"扼"。王仁俊集斠:"《一切經音義·二·大般涅槃經·一》引:'楅,輗也。'"胡楚生校:"慧琳《音義》卷二十五

引此條，‘柅也’作‘車軶也’。”丁山校：“《一切經音義》引云：‘車軌，所以軶牛頸也。’”按，此書“木－扌”旁常混作，此字徑視作“扼”字亦可。後文“扼牛頸”即作“扼”，不作“柅”。扼：掐住；握住。謂用軶駕在牛馬頸上。

〔3〕所以：用以；用來。《莊子・天地》：“是三者，非所以養德也。”

〔4〕烏啄：即軶。牛馬等運物時架在脖子上的器具。《小爾雅・廣器》：“衡，軶也。軶上者謂之烏啄。”王煦疏：“軶上爲烏啄，猶轅上爲龍，皆取其象也。”

〔5〕“又”，盧文弨校作“叉”，疏證本、吳志忠校本、巾箱本作“叉”。叉（chá）：卡住；擋住。

〔6〕烏：烏鴉。又稱“老鴰”“老鴉”。羽毛通體或大部分黑色。《詩・邶風・北風》：“莫赤匪狐，莫黑匪烏。”朱熹集傳：“烏，鴉。黑色。” 開口：張嘴。

24.43 隆强[1]，言體隆而强也[2]。或曰“車弓”[3]，似弓曲也[4]。其上竹曰“郎”[5]，疏相遠[6]，晶晶然也[7]。

〔1〕隆强：車蓋弓。古代車上支撐車蓋的弓形骨架。又作“隆屈”。《方言》卷九：“車軶簍，宋魏陳楚之間謂之筱，或謂之簟籠……秦晉之間自關而西謂之枸簍，西隴謂之楇。南楚之外謂之篷，或謂之隆屈。”郭璞注：“即車弓也。”

〔2〕隆：高；突起。《易・大過》：“棟隆，吉。” 强：堅硬。《論衡・狀留》：“後彼春榮之木，其材强勁，車以爲軸。”

〔3〕車弓：古代車上支撐傘蓋的骨架，傘弓子。

〔4〕弓：由彎成弧形的木條繫上絲繩製成用以發射箭矢或彈丸的器具。《周禮・夏官・司弓矢》：“掌六弓、四弩、八矢之灋。”

〔5〕郎：通“筤（láng）”。《説文・竹部》：“筤，籃也。”段玉裁注：“《廣韵》曰：‘筤，車籃。’車籃即古代車蓋的竹骨架。

〔6〕“疏相”，吳志忠校作“相疏”，曰：“各本‘相疏’二字倒，今乙。”

〔7〕晶晶：明亮透光貌。 吳志忠於“然”後增一“朗”字，曰：“各本‘然’下脱‘朗’字，今補。”吳翊寅校議：“吳〔志忠〕本作‘相疏遠，晶晶然朗也’。”朗：明亮。《詩・大雅・既醉》：“昭明有融，高朗令終。”毛傳：“朗，明也。”

24.44 轠[1]，複也[2]，重複非一言之也[3]。

〔1〕“轠”，顧廣圻校：“當作‘轐’。”吳志忠校作“輻”，曰：“各本‘輻’誤‘轠’，今改。”王引之曰：“余曩讀畢尚書校本而善之，今讀吳君校本，則又有畢本所

不及者。如《釋車》‘輻，輹也’，今本‘輻’誤‘輮’，皆據本書之例更正之，誠至當不易之説也。”按：“輹”，吳校依原本作“複”。吳翊寅校議：“吳〔志忠〕本作：‘輻，複也。’案：原本作‘輮，複也’……《老子》曰‘三十輻共一轂’，與‘重複非一’之誼正合。又，此條與‘輪’對文，輻湊於轂而成輪，是‘輻’當在‘輪’前矣。”王先謙校：“吳校‘桼’作‘輹’。”陳邦懷校：“吳校作‘輹’是。邦懷按：輹，複也，以疊韻爲訓。段玉裁注《説文解字》‘輹’字曰：‘《釋名》：輮，複也。輮當爲輹，轉寫誤耳。’段氏訂正‘輮’爲‘輹’之誤字，與吳校冥合。”按：《小學彙函》本、《龍谿精舍叢書》本皆作“輻”。輻（fú）：輻條。車輪中湊集於中心轂上的直木。《詩·魏風·伐檀》：“坎坎伐輻兮，寘之河之側兮。”朱熹集傳：“輻，車輻也。伐木以爲輻也。”

〔2〕複：重複；重疊。《文選·張衡〈東京賦〉》：“複廟重屋，八達九房。”

〔3〕重複：亦作“重復”。謂相同的事物再次出現。《漢書·藝文志》：“至元始中，徵天下通小學者以百數，各令記字於庭中。揚雄取其有用者以作《訓纂篇》，順續《蒼頡》，又易《蒼頡》中重復之字，凡八十九章。” 非一：不止一個。“言之”，盧文弨、段玉裁、吳志忠校作“之言”，疏證本亦作“之言”。吳志忠曰：“乙‘之言’，依畢校。”

24.45 輞[1]，罔也[2]，罔羅周倫之外也[3]。關西曰“輮”[4]，言曲輮也[5]。或曰“輗”[6]，輗，緜也[7]，緜連其外也[8]。

〔1〕輞（wǎng）：車輪的外框。漢代以前叫“牙”。《周禮·考工記·輪人》“牙也者以爲固抱也”孫詒讓正義：“輞則輪外匡之總名……阮元云：‘輞非一木，其木須揉，其合抱處必有牡齒以相交固，爲其象牙，故謂之牙。’……總舉其大圓則曰輞，輞與牙微異，漢時俗語通稱牙爲輞。”

〔2〕罔：編結。《楚辭·九歌·湘夫人》：“罔薜荔兮爲帷，擗蕙櫋兮既張。”王逸注：“罔，結也；結薜荔爲帷帳。”

〔3〕罔羅：即“網羅”。包羅；籠罩。《史記·太史公自序》：“罔羅天下放失舊聞，王跡所興，原始察終，見盛觀衰。” 周：周匝環繞。《左傳·成公二年》：“齊師敗績，逐之，三周華不注。” 倫：通“輪”。車輪。《易·説卦》“爲弓輪”陸德明釋文：“姚作倫。” “倫”，盧文弨、段玉裁、吳志忠校作“輪”，疏證本、巾箱本作“輪”。吳志忠曰：“‘輪’依畢校。”

〔4〕關西：指函谷關或潼關以西的地區。《漢書·蕭何傳》：“關中搖足，則關西非陛下有也。” 輮（róu）：車輪的外框。《周禮·考工記·車人》“行澤者

反輮,行山者仄輮。"《周禮·考工記·輪人》"牙也者,以爲固抱也"鄭玄注引鄭司農曰:"牙,讀如'跂者訝跂者'之'訝',謂輪輮也。世間或謂之'罔',書或作'輮'。"

〔5〕"曲輮"之"輮",段玉裁、吳志忠校作"揉"。吳志忠曰:"各本'揉'誤'輮',脱'之'字,今改補。"吳翊寅校議:"吳〔志忠〕本作'言曲揉之也'。"輮:通"煣"。用火烤木材使彎曲。《易·説卦》:"坎爲水,爲矯輮,爲弓輪。"孔穎達疏:"使曲者直爲矯,使直者曲爲輮。"

〔6〕輀(mín):車輪外圈。

〔7〕緜(mián):同"綿"。延續;連續。《文選·張衡〈思玄賦〉》:"潛服膺以永靖兮,綿日月而不衰。"舊注:"綿,連也。"

〔8〕緜連:延續不斷。漢王褒《洞簫賦》:"翩緜連以牢落兮,漂乍棄而爲他。"

24.46 輪,綸也[1],言彌綸也[2],周匝之言也[3]。

〔1〕綸:經綸牽引。《易·繫辭上》:"《易》與天地準,故能彌綸天地之道。"孔穎達疏:"綸謂經綸牽引。"

〔2〕彌綸:統攝;籠蓋。《易·繫辭上》:"《易》與天地準,故能彌綸天地之道。"高亨注:"《釋文》引京云:'準,等也。彌,遍也。'《集解》引虞翻曰:'綸,絡也。'彌綸即普遍包絡。" "也",吳志忠删去,曰:"各本下衍'也'字,今删。"吳翊寅校議:"吳〔志忠〕本作:'輪,綸也,彌綸周匝之言也。'"王先謙校:"'言彌綸也',吳校無'言'字、'也'字。"

〔3〕周匝:環繞。

24.47 輋[1],言輻輋入轂中也[2]。

〔1〕"輋",疏證本作"輈"。吳翊寅校議:"案:'輋'當作'輟'。《玉篇》:'輋'音'恩',云:'車聲。'又:'輟,輪輟也。'與畢引《方言》合。此當云:'輟,總也。'原本譌脱。'輈'承'輪'言,'輟'承'輻'言,别爲條亦是。"輋(zǒng):車輪。或作"輟"。《方言》卷九:"輪,韓楚之間謂之軑,或謂之輀。關西謂之輟。"

〔2〕輻:輻條。車輪中連接車轂和輪圈的直木。《老子》:"三十輻共一轂,當其無,有車之用。" "輋",盧文弨、疏證本校作"總"。疏證本曰:"《説文》無'輋'字,據言'輻總入轂中',則字當作'總'。老子《道德經》曰:'三十輻共一轂。'是言輻總入轂中也。"吳志忠曰:"'總'依畢校。"總:聚合;匯集。《書·盤

庚下》：“無總于貨寶，生生自庸。”孫星衍疏：“總者，《説文》云：‘聚束也。’”

轂（gǔ）：車輪的中心部位，周圍與車輻的一端相接，中有圓孔，用以插軸。《淮南子·説林訓》：“轂立三十輻，各盡其力，不得相害。使一輻獨入，衆輻皆棄，豈能致千里哉！”

24.48 輿[1]，舉也[2]。[3]

〔1〕輿：車箱。《論語·衛靈公》：“立則見其參於前也，在輿則見其倚於衡也，夫然後行。”

〔2〕舉：托起；擡起。《孟子·梁惠王上》：“吾力足以舉百鈞，而不足以舉一羽。”

〔3〕吳志忠校：“下脱，各本同。”

24.49 軸[1]，抽也，入轂中可抽出也[2]。

〔1〕軸：貫於轂中持輪旋轉的圓柱形長杆。《説文·車部》：“軸，持輪也。從車，由聲。”張舜徽約注：“軸在輿下貫兩轂，而兩端皆出轂外，以直木爲之，隨輪之行而轉動不已。顏注《急就篇》云：‘軸所以穿轂而轉也。’是其義已。故軸之得名，實取義於轉動。持輪之木常轉動者謂之軸，猶動謂之妯，行步謂之妯妯耳。湖湘稱門户一邊有直木可主開闔者曰門軸，亦取其能轉動也。推之舟柂謂之舳，語原並同。”

〔2〕轂：車輪中心有圓孔可以插軸的部分。《説文·車部》：“轂，輻所湊也。”張舜徽約注：“輻所湊謂之‘轂’，猶水注溪謂之‘谷’耳。‘轂’之聲義實受於‘谷’。”

24.50 釭[1]，空也，其中空也。

〔1〕釭（gāng，gōng）：車轂内外口用以穿軸的鐵圈。《管子·輕重乙》：“一車必有一斤、一鋸、一釭、一鑽、一鑿、一銶、一軻，然後成爲車。”趙守正注：“釭：車輪上承受車軸的鐵器。《説文》：‘釭，車轂中鐵也。’”

24.51 鐧[1]，間也[2]，間釭、軸之間，使不相摩也[3]。

〔1〕鐧（jiàn）：裹在車軸上保護木軸并減少摩擦的金屬圈。《説文·金部》：“鐧，車軸鐵也。”王筠句讀：“軸之週帀皆鑿寸長小方槽，納方銕於中，以

與釭相敵也。《釋名》：'錭，間也。間釭軸之間，使不相摩也。'此説最明了。
脂車即脂此錭。"

〔2〕間（jiàn）：亦作"閒"。阻隔；間隔。《穆天子傳》卷三："道里悠遠，山川
閒之。"

〔3〕相摩：互相摩擦。《文選·宋玉〈高唐賦〉》："礫磥磥而相摩兮，嶄震天
之磕磕。"李善注："相摩，言水急石流，自相摩礪，聲動徹天。"

24.52 轄[1]，害也[2]，車之禁害也[3]。

〔1〕轄（xiá）：車軸兩頭的金屬鍵，用以擋住車輪不使脱落。《左傳·哀公
三年》："校人乘馬，巾車脂轄。"

〔2〕害：通"遏（è）"。阻止。清朱駿聲《説文通訓定聲·泰部》："害，段借
爲遏。"《管子·七法》："莫當其前，莫害其後。"于省吾新證："害、遏古字通。"

〔3〕禁害：即"禁遏"。禁止；遏止。

24.53 輠[1]，裹也[2]，裹軹頭也[3]。

〔1〕輠（guǒ）：古代車上貯盛脂膏的器具。《史記·孟子荀卿列傳》"炙轂
過髡"裴駰集解："《別録》曰：'過'字作'輠'，輠者，車之盛膏器也。"

〔2〕裹：包羅；囊括。《吕氏春秋·本生》："其於物無不受也，無不裹也，若
天地然。"

〔3〕軹（zhǐ）：車軸的末端。參見下條注〔1〕。

24.54 軹[1]，指也，如指而見於轂頭也[2]。

〔1〕軹（zhǐ）：車軸的末端。《周禮·考工記·序官》："六尺有六寸之輪，軹
崇三尺有三寸也。"

〔2〕見（xiàn）："現"的古字。顯現；顯露。《易·乾》："九二：見龍在田。"陸
德明釋文："見，賢遍反。"高亨注："是即今之現字，出現也，對上文潛字而言。"
轂：車輪中心穿軸承輻的部分。《戰國策·齊策》："臨淄之途，車轂擊，人
肩摩。"

24.55 笭[1]，橫在車前，織竹作之[2]，孔笭笭也[3]。

〔1〕"笭"，疏證本、吴志忠校本作"笒"，下同。疏證本曰："《説文》云：'笒，

車笒也。从竹,令聲。’”笒(líng):通“軨”。横在車前後兩旁禦風塵的車欄。《説文·竹部》:“笒,車笒也。”桂馥義證:“‘車笒也’者,顔注《急就篇》:‘笒,車前曲闌也。’《釋名》:‘笒,横在車前,織竹爲之,孔笒笒也。’”朱駿聲通訓定聲:“笒,車笒也。按:車前後兩旁,禦風塵者。”徐灝注箋:“蓋横木於輢間,又織竹以障之,故謂之‘笒’。笒猶欄也。”

〔2〕織:編織。《戰國策·齊策六》:“將軍之在即墨,坐而織蕢,立則丈插。”

〔3〕“笒笒”,盧文弨校作“笒笒”。笒笒:空疏貌。

24.56 蓋[1],在上覆蓋人也[2]。

〔1〕蓋:遮陽障雨的用具。在此指車篷。《周禮·考工記·輪人》:“輪人爲蓋。”鄭玄注:“蓋者主爲雨設也。”

〔2〕覆蓋:遮蓋。《玉臺新詠·古詩〈爲焦仲卿妻作〉》:“枝枝相覆蓋,葉葉相交通。”

24.57 軬[1],藩也[2],蔽水雨也[3]。

〔1〕軬(fàn):車篷。

〔2〕藩(fān):遮蔽;遮掩。《荀子·榮辱》:“以相持養,以相藩飾。”

〔3〕疏證本校:“‘蔽’上疑脱一‘藩’字。”吳志忠補出“藩”字,曰:“補‘藩’,依畢校。”藩蔽:遮蔽;屏障。《漢書·王莽傳上》:“羌豪良願等種,人口可萬二千人,願爲内臣,獻鮮水海、允谷鹽池,平地美草皆予漢民,自居險阻處爲藩蔽。” 水雨:雨。

24.58 橑[1],蓋叉也[2],如屋構橑也[3]。

〔1〕橑(lǎo):車篷骨架。《説文·車部》:“橑,車蓋弓也。”段玉裁注:“輪人爲蓋,蓋弓二十有八,以象恒星也。鄭注曰:‘弓者,蓋橑也。’蓋弓曰橑,亦曰橑。橑者,椽也,形略相似也。”

〔2〕“叉”,原作“义”,疏證本、吳志忠校本作“叉”。疏證本校:“《太平御覽》引作‘橑似弓曲也’,據《説文》云‘橑,蓋弓也’,則此云‘似弓曲’,當不誤。蓋蓋弓與蓋叉相爲冓橑以張蓋,皆得謂之橑,顧前有‘隆彊’一條,既言‘或曰車弓,似弓曲也’,則此橑當專謂蓋叉,蓋叉所以樘蓋弓者也。”皮錫瑞校:“《急就篇》:‘蓋橑俾倪柭縛棠。’顔注:‘蓋,車上蓋也。橑,蓋弓之施爪者也。’《説

文》：‘瑵，車蓋玉瑵。’《漢書・王莽傳》：‘造華蓋九重，高八丈一尺，金瑵。’師古曰：‘瑵讀曰爪，謂蓋弓頭爲爪形。’蔡邕《獨斷》：‘凡乘輿車，皆羽蓋金華爪，施橑末二十有八枚，即蓋弓也。’《五經文字》：‘橑音老，車蓋之弓。’此云‘蓋叉’，‘叉’即‘爪’字，作‘叉’誤。”蓋叉：車棚架上的爪狀支撐物。《急就篇》卷三：“蓋橑俾倪枙縛棠。”顏師古注：“橑，蓋弓之施爪者也。謂之橑者，言若屋之橑橑（按：當爲橑）也。”

〔3〕構：架木（造屋）。《書・大誥》：“厥子乃弗肯堂，矧肯構？”蔡沈集傳：“其子不肯爲之堂基，況肯爲之造屋乎？” 橑：屋橑，架在屋頂檁上托起蓋瓦的木條。《大戴禮記・保傅》：“二十八橑以象列星。”孔廣森補注：“屋上橑謂之橑。”

24.59 杠[1]，公也[2]，衆叉所公共也[3]。

〔1〕杠（gāng）：車蓋柄的下部較粗的一段。又名“桯”。《周禮・考工記・輪人》：“輪人爲蓋，達常圍三寸，桯圍倍之，六寸。部長二尺，桯長倍之，四尺者二。”鄭玄注引鄭司農云：“達常，蓋斗柄，下入杠中也。桯，蓋杠也。”賈公彥疏：“蓋柄有兩節，此達常是上節，下入杠中也。”“（桯）此蓋柄下節，麤大常一倍。向上含達常也。”

〔2〕公：公共；共同。《禮記・禮運》：“大道之行也，天下爲公。”鄭玄注：“公，猶共也。”

〔3〕公共：公有的；公用的。參見卷一《釋水》4.3〔4〕。

24.60 鞞棿猶祕齧也[1]，在車軸上[2]，正輪之祕齒前却也[3]。

〔1〕“棿”，盧文弨、邵晉涵校作“輗”。邵晉涵曰：“郎〔奎金〕本作‘輗’。”《古今逸史》本、《逸雅》本等作“輗”。鞞輗（pìní）：猶“俾倪”。車軾中用以括約固定蓋杠的環或環形構件。孫詒讓《札迻》：“案：慧苑《華嚴經音義》引《聲類》云：‘俾倪，軾中環持蓋杠者也。’……此‘鞞輗’即《急就篇》及《聲類》之‘俾倪’。”《急就篇》卷三：“蓋橑俾倪枙縛棠。”顏師古注：“俾倪，持蓋之杠，在軾中央，環爲之，所以止蓋弓之前却也。” 祕齧：猶“俾倪”。傾側不正。《玄應音義》卷八引《字林》：“俾倪，傾側不正也。”蓋杠不是筆直豎立而表現爲略微的曲斜角度，故名。

〔2〕孫詒讓《札迻》：“此云‘在車軸上’，‘軸’當爲‘軾’。”軾：古代設在車箱前供立乘者憑扶的橫木。有的車三面皆有，成半框形。參見24.33〔1〕。

〔3〕孫詒讓《札迻》：“‘正輪之祕齧前卻’，‘輪’當作‘轑’，‘轑’與‘橑’同。《考工記》鄭注云：‘弓，蓋橑也。’《急就篇》‘橑’亦作‘轑’，故此譌爲‘輪’。畢氏不瘳，乃謂‘䡱’即《考工》注之‘輪箄’，其誤甚矣。”轑（lǎo）：車篷骨架。參見24.58〔1〕。 “齧”，盧文弨校作“齧”，疏證本、吳志忠校本作“齧”。 前卻：進退。《吳子·治兵》：“前卻有節，左右應麾。”

24.61 屐[1]，似人屐也[2]。又曰“伏兔”[3]，在軸上似之也。又曰“輹”[4]，輹，伏也[5]，伏於軸上也[6]。

〔1〕“屐”，蘇輿校：“《御覽·車部五》引作‘輹似人屐’。注云：‘輹音劇。’”輹（jī）：車軸伏兔。使車箱與軸相鉤連而不致脫離的木製構件。

〔2〕屐（jī）：木製的鞋，底有齒，以行泥地。參見卷五《釋衣服》16.64〔1〕。

〔3〕伏兔：古代車上的部件，勾連車箱底板和車軸，以其形如蹲伏之兔，故名。《周禮·考工記·輈人》：“良輈環灂，自伏兔不至軓七寸。”賈公彥疏：“伏兔銜車軸，在輿下，短不至軓。”

〔4〕輹（fù）：車箱底板伏兔。古代車子上鉤連車箱底板與車軸的部件。《左傳·僖公十五年》：“車說其輹。”楊伯峻注：“輹與輹異名而同實，俱在輿底軫下，爲半規形，與軸同銜，狀似伏兔，又與屐齒相類，亦謂之鉤心。”又，盧文弨、疏證本校“輹”作“輹”，巾箱本從之，下同。疏證本曰：“‘輹’，今本及《易》釋文引皆作‘輹’。《說文》云：‘輹，車軸縛也。從車，复聲。《易》曰：輿脫輹。’‘輹，車伏兔也。從車，業聲。《周禮》曰：加軫與輹焉。’然則‘輹’非是也，當爲‘輹’。《說文》引《周禮》者，《攷工記》文也。鄭仲師注《攷工》亦以‘輹’爲伏兔。”輹（bú）：車伏兔。古代車箱下面鉤住車軸的木頭，其形如伏兔。《周禮·考工記序》：“軹崇三尺又三寸，加軫與輹焉，四尺也。人長八尺，登下以爲節。”鄭玄注引鄭司農曰：“輹讀爲旆僕之僕，謂伏兔也。”賈公彥疏：“云謂伏兔也者，漢時名，今人謂之車屐是也。”孫詒讓正義引阮元曰：“輹在輿底而銜於軸上，其居軸上之高，當與軹圓徑同。至其兩旁則作半規形，與軸相合。而更有二長足，少鐁其軸而夾鉤之，使軸不轉鉤，軸後又有革以固之。輿底有輹則不至與軸脫離矣……《廣雅·釋器》云：輹、輹，伏兔也。是輹、輹同爲伏兔之名。”

〔5〕伏：面向下，背朝上俯臥着。《禮記·曲禮上》：“寢毋伏。”孔穎達疏：“寢，臥也。伏，覆也。臥當或側或仰而不覆也。”

〔6〕軸：貫於轂中持輪旋轉的圓柱形長杆。《詩·衛風·考槃》：“考槃在

陸，碩人之軸。”姚際恒《詩經通論》：“軸，車軸也。軸以運車，取義盤旋於其中
也。”《管子·輕重丁》：“上斲輪軸，下采杍栗，田獵而爲食。”

24.62 鉤心[1]，從輿心下鉤軸也[2]。

〔1〕鉤心：設於車箱底部中心之木，上鉤輿版，下銜車軸。《周禮·考工
記·車人》“以鐅其鉤”鄭玄注引鄭司農曰：“鉤，鉤心。”《易·大畜》：“九二，輿
脱腹（輹）。”李鼎祚集解引盧氏曰：“輹，車之鉤心，夾軸之物。”《易·小畜》“君
子征凶，有所疑也”孔穎達疏引鄭玄注：“謂輿下縛木與軸相連，鉤心之木
是也。”

〔2〕輿：車箱。漢王符《潛夫論·相列》：“曲者宜爲輪，直者宜爲輿。”

24.63 縛[1]，在車下，與輿相連縛也[2]。

〔1〕縛：套在車箱下面的繩索。《急就篇》卷三：“蓋轑俾倪枙縛棠。”顏師
古注：“縛，在車下，主縛軸，令與與（輿）相連，即今所謂‘鉤心’也。”《左傳·僖
公十五年》：“車説其輹，火焚其旗，不利行師。”孔穎達疏：“子夏《易傳》云：
‘輹，車下伏兔也。’今人謂之車屐，形如伏兔，以繩縛於軸，因名縛也。”《廣
雅·釋器》：“輹，伏兔也。”王念孫疏證引《釋名》曰：“屐，似人屐也，又曰伏
兔……鉤心，從輿心下鉤軸也。縛，在車下，與輿相連縛也。’” 一説：“縛”字
當作“轉”字。盧文弨、疏證本於“縛”前增一“轉”字。轉（bó）：套在車箱下面的
繩索。《説文·革部》：“轉，車下索也。”段玉裁注：“《釋名》：‘縛在車下，與輿相
連縛也’，當作‘轉在車下。’”如依此解，則本條當作：“轉，縛也，在車下，與輿相
連縛也。”如此“縛”爲動詞，義爲“束；捆綁”。《左傳·文公二年》：“晉襄公縛
秦囚，使萊駒以戈斬之。”盧文弨、疏證本於“縛”字後增一“也”字。疏證本曰：
“此三字，今本止作一‘縛’字。案《説文》云：‘轉，車下索也。從革，専聲。’則此
當作‘轉’，‘縛’乃其訓誼也。此書之例，每舉一字，輒先訓釋之，乃後申其訓
誼。據是例增改。”吴翊寅校議：“吴〔志忠〕依原本作‘縛在車下’。案：畢據
《説文》改‘轉’，馬、鄭皆云‘縛在車下’，見《易·釋文》及《左傳》疏引。本書從
鄭，多與許異，可不改。”

〔2〕輿：車箱。《論語·衛靈公》：“立則見其參於前也，在輿則見其倚於衡
也，夫然後行。” 連縛：連結，綁縛。

24.64 棠[1]，蹹也[2]，在車兩旁蹹憶[3]，使不得進却也[4]。

〔1〕棠:通"橖(táng)"。車橖。車兩旁控制車帷進退的横木。《急就篇》卷三:"蓋幦俾倪枙縛棠。"顏師古注:"棠也,在車兩旁,以蹹距幰,使不得以崎也。"

〔2〕蹹:同"牚(chēng)"。支撑。《説文》:"牚,距也。"段玉裁注:"《考工記》:'維角牚之。'大鄭曰:'牚讀如牚距之牚。'牚距,即牚距字之變體。"

〔3〕兩旁:左右兩邊;兩側。《六韜・動静》:"太公曰:'如此者,發我兵去寇十里而伏其兩旁,車騎百里而越其前後……敵人必敗。'" 幰(xiǎn):車帷。車上的帷幔。參見下條注〔1〕。

〔4〕進却:進退。

24.65 幰[1],憲也[2],禦熱也[3]。

〔1〕胡楚生校:"慧琳《音義》凡六引此條,卷十五、卷三十一、卷八十八並引作'車軒'……卷六十三引作'車幰,綱也'……卷九十九引作'車幔'。"許克勤校:"《晉書音義・中》'幰'引《釋名》云:'車幔也,所以禦熱也。虛偃反。'勤按:據此,則'幰'字從'巾'旁。"幰(xiǎn):車帷。車上的帷幔。《衆經音義》卷一四引《倉頡篇》:"布帛張車上爲幰。"

〔2〕憲:通"軒"。高起;擡起。《禮記・樂記》:"《武》坐致右憲左,何也?"鄭玄注:"憲,讀爲'軒'。"孔穎達疏:"軒,起也。"

〔3〕疏證本、巾箱本於"禦熱"前增"所以"二字,連下爲句。疏證本曰:"今本脱'所以'二字,據《文選・耤田賦》注引增。"胡楚生校:"慧琳《音義》凡六引此條,卷十五、卷三十一、卷八十八並引作'車軒,所以禦熱也'。卷六十三引作'軒,所以禦熱也'。卷六十三引作'車軒,綱也,所以御熱也'。卷九十九引作'車幔,所以禦熱也'。" 禦:防備。《國語・周語中》:"國有郊牧,疆有寓望,藪有圃草,囿有林池,所以禦災也。"韋昭注:"禦,備也。"又指抗拒;抵擋。《易・蒙》:"上九,擊蒙,不利爲寇,利禦寇。"《左傳・隱公九年》:"北戎侵鄭,鄭伯禦之。"

24.66 紲[1],制也[2],牽制之也[3]。

〔1〕紲(xiè):牽引牲畜的繩索。《國語・晉語四》:"從者爲羈紲之僕,居者爲社稷之守,何必罪居者?"韋昭注:"馬曰羈,犬曰紲。"

〔2〕制:管束;控制。《淮南子・脩務》:"夫馬之爲草駒之時,跳躍揚蹄翹尾而走,人不能制。"

〔3〕牽制:約束;控制。

24.67 紛[1],放也[2],防其放弛[3],以拘之也[4]。

〔1〕紛:套在馬尾的網狀物。段玉裁批注:"《説文》:'紛,馬尾韜也。'"

〔2〕放:恣縱;放任。

〔3〕放弛:猶"放弛"。放縱。放任而不受約束。弛:同"弛"。

〔4〕以:用;使。馬王堆漢墓帛書《道原》:"人皆以之,莫知其名。人皆用之,莫見其刑(形)。" 拘:束縛;拘束。《孫子·九地》:"兵士甚陷則不懼,無所往則固,深入則拘,不得已則鬥。"曹操注:"拘,縛也。"

24.68 轡[1],咈也[2],牽引咈戾[3],以制馬也。

〔1〕轡(pèi):駕馭馬的繮繩。《詩·邶風·簡兮》:"有力如虎,執轡如組。"朱熹集傳:"轡,今之繮也。"

〔2〕咈(fú):違逆;乖戾。後作"拂"。《説文·口部》:"咈,違也。"《集韻·勿韻》:"咈,通作拂。"《書·微子》:"咈其耇長,舊有位人。"僞孔傳:"違戾耇老之長。""咈",盧文弨、疏證本校作"拂",巾箱本從之,下"咈"字校同。疏證本曰:"'拂',今本作'咈',據《初學記》引改。《太平御覽》引作'佛',《一切經音義》引作'綍',誼皆通。"

〔3〕張步瀛於"牽"字上增一"言"字。丁山校:"但《初學記》引'牽'上有'言'字。" 牽引:牽制。《左傳·襄公十三年》:"使歸而廢其使,怨其君以疾其大夫,而相牽引也,不猶愈乎?" 咈戾:猶"拂捩"。牽動;撥轉。

24.69 勒[1],絡也[2],絡其頭而引之也[3]。

〔1〕勒:帶嚼子的馬絡頭。《儀禮·既夕禮》:"皮弁服,纓轡貝勒,縣於衡。"

〔2〕絡:指用網狀物兜住馬頭。《玉臺新詠·日出東南隅行》:"青絲繫馬尾,黃金絡馬頭。"

〔3〕引:牽引;拉。《禮記·檀弓上》:"喪服,兄弟之子,猶子也,蓋引而進之也。"

24.70 銜[1],在口中之言也。

〔1〕銜:馬嚼子。裝在馬口用來控制馬匹的金屬用具。《莊子·馬蹄》:"而馬知介倪,闉扼鷙曼,詭銜竊轡。"成玄英疏:"詭銜,乃吐出其勒。"陸德明釋文:"銜,口中勒也。"《說文·金部》:"銜,馬勒口中也。從金、行。銜者,行馬者也。"段玉裁注:"'銜'謂關其口。……其在口中者謂之'銜'。……銜以鐵爲之,故其字從金。引申爲凡口含之用。"

24.71 鑣[1],苞也[2],所以在旁苞斂其口也[3]。

〔1〕"鑣",盧文弨校作"鑣",巾箱本從之。鑣(biāo):馬嚼子兩端露出口外的部分。上面可繫鑾鈴。《詩·秦風·駟驖》:"輶車鸞鑣,載獫載驕。"朱熹集傳:"鑣,馬銜也。"

〔2〕疏證本校:"《初學記》引'苞'作'包',同。"篆字疏證本、張步瀛校作"包",下同。篆字疏證本曰:"今本'包'作'苞',據《初學記》引改。"皮錫瑞校:"《儀禮·既夕記》注云:'古文鑣爲苞。'是'鑣''苞'古通用。"丁山校:"《御覽》三百五十六引'苞'作'包'。"苞:通"包"。裹。《莊子·天運》:"充滿天地,苞裹六極。"陸德明釋文:"本或作'包'。"

〔3〕"所以",盧文弨、疏證本刪去,巾箱本無。疏證本曰:"今本'在'上有'所以'二字,據《初學記》引刪。"顧廣圻校:"《御覽》三百五十八引'在旁'上有'所以'二字。"吳志忠將"所以"移至"在旁"之後,曰:"各本'在旁'倒在'所以'下,今乙。"吳翊寅校議:"吳〔志忠〕本作'在旁所以苞斂其口也'。"丁山校:"《御覽》三百五十六引'在旁'上有'所以'二字。吳校云:'在旁所以包斂其口也。'(各本'在旁'倒在'所以'下,今乙。)" 包斂:包裹約束。

24.72 鞅[1],嬰也[2],喉下稱"嬰",言纓絡之也[3]。其下飾曰"樊纓"[4],其形樊樊而上屬纓也[5]。

〔1〕鞅(yāng):套在牛馬頸上或馬腹的皮帶。《左傳·僖公二十八年》:"晉車七百乘,韅靷鞅靽。"杜預注:"在腹曰鞅。"陸德明釋文:"鞅,《說文》云:'頸皮也。'"

〔2〕嬰:頸飾。引申指頸下。《慧琳音義》卷二五"嬰孩"注:"嬰,頸下也。"又指繞;圍繞。《文選·司馬遷〈報任少卿書〉》:"其次剔毛髮嬰金鐵受辱。"呂延濟注:"嬰,繞也。"

〔3〕吳志忠於"言"前增一"亦"字,連下爲句,曰:"各本脫'亦'字,今補。"吳翊寅校議:"吳〔志忠〕本'言'上有'亦'字。"王先謙校同。 纓絡:纏繞。

〔4〕飾:飾品;帶飾。《詩·鄭風·羔裘》:"羔裘豹飾。"孔穎達疏:"以豹皮爲袖飾者。" 楊樹達拾遺:"樹達按:成公二年《左傳》云:'請曲縣繁纓以朝。'杜注云:'繁纓,馬飾。'按:'繁''樊'音同,故《釋名》字作'樊'。《説文》十三篇《糸部》云:'緐,馬飾。从糸、每。'經傳皆作'繁'。"樊纓:絡馬的帶飾。樊,馬腹帶;纓,馬頸革。《周禮·春官·巾車》:"錫樊纓,十有再就。"鄭玄注:"樊,讀如'鞶帶'之'鞶',謂今馬大帶也。鄭司農云:'纓,謂當胸。'玄謂纓,今馬鞅。"

〔5〕樊樊:猶"盤盤"。曲折回繞貌。 屬(zhǔ):聯接。《書經·禹貢》:"涇屬渭汭。"

24.73 韅[1],經也[2],橫經其腹下也[3]。

〔1〕韅(xiǎn):繫在馬背腹的皮帶。《左傳·僖公二十八年》:"晉車七百乘,韅靷鞅靽。"杜預注:"在背曰韅,在胷曰靷,在腹曰鞅,在後曰靽。"孔穎達疏引《説文》:"韅,著掖(腋)皮也。"《史記·禮書》:"寢兕持虎,蛟韅彌龍,所以養威也。"裴駰集解引徐廣曰:"韅者,當馬腋之革。"司馬貞索隱:"韅,馬腹帶也。"

〔2〕經:經過;經歷。《管子·七法》:"不明於計數,而欲舉大事,猶無舟楫而欲經於水險也。"

〔3〕橫經:橫過;環繞。

24.74 靽[1],半也,拘使半行[2],不得自縱也[3]。

〔1〕靽(bàn):駕車時套在牲口後股的皮帶。《左傳·僖公二十八年》:"晉車七百乘,韅靷鞅靽。"杜預注:"在腹曰鞅,在後曰靽。"

〔2〕拘:束縛;拘束。《孫子·九地》:"兵士甚陷則不懼,無所往則固,深入則拘,不得已則鬥。"曹操注:"拘,縛也。" 半行:小步行走。

〔3〕自縱:放縱自己。《楚辭·離騷》:"啓《九辯》與《九歌》兮,夏康娛以自縱。"

24.75 羈[1],檢也[2],所以檢持制之也[3]。

〔1〕羈(jī):馬絡頭。套住馬口的嘴套。《莊子·馬蹄》:"連之以羈馽,編之以皁棧。"

〔2〕檢:約束;限制。《書·伊訓》:"與人不求備,檢身若不及。"孔穎達疏:

"檢,謂自攝斂也。"

〔3〕檢持：約束。持：控制；約束。

24.76 韁[1]，疆也[2]，繫之使不得出疆限也[3]。

〔1〕韁：同"繮"。韁繩。拴牲口的繩子。漢班固《白虎通·誅伐》："秦伯將襲鄭，入國掩人不備，行不假途，人銜枚，馬韁勒，晝伏夜行爲襲也。"《漢書·叙傳》："今吾子已貫仁誼之羈絆，繫聲名之韁鎖。"顏師古注："韁，如馬韁也。"

〔2〕疆：邊界。《周禮·地官·封人》："凡封國設其社稷之壝，封其四疆。"孫詒讓正義："疆，界也。"

〔3〕繫(xì)：拴縛。《禮記·禮器》："三月繫，七日戒，三日宿，慎之至也。"鄭玄注："繫，繫牲於牢也。" 疆限：邊界；界線。

24.77 鞧[1]，遒也[2]，在後遒迫[3]，不得使却縮也[4]。

〔1〕段玉裁注："《説文》作'緧'。"疏證本校："《説文》作'緧'，云：'馬紂也。從糸，酋聲。''紂，馬緧也。'互相訓。《太平御覽》引作'緧'，亦見《方言》。"篆字疏證本改作"緧"，下同，云："今俗從'革'，非。鞧(qiū)套於馬後臀的革帶。其與胸帶(靷)和腹帶(韅)共同組成整套駕馬鞍具。一作"緧"。《周禮·考工記·輈人》："不援其邸，必緧其牛後。"鄭玄注引鄭司農曰："關東謂紂爲緧。"孫詒讓正義引王宗涑曰："緧以生革繫般牛尾之下，引而前至背上，與繫軛之革繫相接續。"

〔2〕遒(qiú)：迫近。《楚辭·招魂》："分曹並進，遒相迫些。"

〔3〕遒迫：逼迫；迫逐。《楚辭·招魂》"分曹並進，遒相迫些"王逸注："遒亦迫也。投箸行棋，轉相遒迫，使不得擇行也。"

〔4〕"不得使"，盧文弨、疏證本、吳志忠校作"使不得"。疏證本曰："'使不得'，今本作'不得使'，據《太平御覽》引更之。"吳志忠曰："乙'使不得'，依畢校。" 却縮：退縮。

24.78 負[1]，在背上之言也。

〔1〕負：本指負載；背負。《詩·小雅·大東》："睆彼牽牛，不以服箱。"孔傳："服，牝服也；箱，大車之箱也。"陳奐傳疏："牝即牛。服者，'負'之假借字，大車重載，牛負之，故謂之牝服。"引申指車箱。《周禮·考工記·車人》："（大

車)牝服二柯,有參分柯之二。"鄭玄注:"牝服長八尺謂較也。鄭司農云:牝服謂車箱。'服'讀爲'負'。"孫詒讓正義:"'服''負'聲近段借字。《釋名·釋車》云:'負,在背上之言也。'此讀'服'爲'負',蓋亦取背負之義。箱在輿版上,若負之然。"

24.79 鞙[1],縣也[2],所以縣縛軛也[3]。

〔1〕"鞙",疏證本、巾箱本作"鞙",爲異體字。疏證本曰:"《説文》云:'鞙,大車縛軛鞓也。从革,昌聲。'今本'革'旁作'尹',《玉篇》有之。""《玉篇》有之",篆字疏證本作"非"。吳翊寅校議:"吳〔志忠〕依原本,'鞙'作'鞙'。案《玉篇》:'鞙,大車縛軛鞓也。'又:'鞙,車鞙也。'亦不以'鞙'爲'鞙'字。原本作'鞙',恐譌,當從畢改。"胡楚生校:"慧琳《音義》卷四十九引此條,'鞙'作'鞙'。"鞙(xuàn)同"鞙"。大車上懸綁車軛的皮帶。《説文·革部》:"鞙,大車縛軛鞓。"段玉裁注:"大車,牛車也。'縛軛'者,苞注《論語》云:'軛者,轅端橫木以縛枙者也。'皇曰:'古作牛車,先取一橫木縛著兩轅頭,又別取曲木爲枙縛著橫木,以駕牛脰也。'然則軛縛於橫木,橫木縛於轅,縛於轅者軛也,軛縛於軛用鞓。'鞙'亦作'鞙'。《釋名》:'鞙,縣也。所以縣縛軛也。'"

〔2〕懸:吊掛;繫掛。《國語·魯語》:"室如懸磬,野無青草,何恃而不恐?"

〔3〕所以:用以;用來。《莊子·天地》:"是三者,非所以養德也。" 縛:束;捆綁。《左傳·文公二年》:"晉襄公縛秦囚,使萊駒以戈斬之。" 軛(è):牛馬拉物件時駕在脖子上的器具。《楚辭·卜居》:"寧與騏驥亢軛乎?"朱熹集注:"軛,車轅前衡也。"

釋船第二十五

25.1 船,循也[1],循水而行也[2]。又曰"舟",言周流也[3]。其前立柱曰"桅"[4]。桅,巍也[5],巍巍高貌也[6]。[7]

〔1〕循:沿着;順着。《左傳·僖公四年》:"若出於東方,觀兵於東夷,循海而歸,其可也。"

〔2〕疏證本校:"《一切經音義》引'循水'上有'謂'字。"胡楚生校:"慧琳《音義》卷七十引此條,'循水'上有'謂'字。"

〔3〕周流：周游；到處漂泊。戰國楚屈原《離騷》：“覽相觀於四極兮，周流乎天余乃下。”

〔4〕篆字疏證本、吳志忠校本“其前”以下提行別起，另分爲條。 疏證本校：“‘其前’，《太平御覽》引作‘船前’，下‘其尾’亦作‘船尾’，今不從。”篆字疏證本校“其”爲“船”，曰：“今本‘船’作‘其’，據《太平御覽》引改。” “桹”，盧文弨、疏證本校作“桅”，巾箱本從之，下同。疏證本曰：“‘桅’，本作‘桹’，據《太平御覽》引改。”葉德炯校：“《説文》無‘桅’字，畢以爲本作‘桹’，亦非也。《説文》：‘門樞謂之桹。’與此全別。按《淮南·説林》：‘遽契其舟桹。’高誘注：‘桹，船弦板也。’‘桹’字屬船，始見於此。但船弦是船緣，仍非本義。余以爲字當作‘危’。《説文》：‘危，在高而懼也。’與‘桹’義正合。其淆‘木’者，《禮·喪服大記》：‘中屋履危。’注：‘危，棟上也。’亦淆‘木’。此‘桹’即《禮》之‘危’。屋以棟爲主，與船以桹爲主，其義一也。”黃侃《蕲春語》：“案：《廣韻》：‘桹，烏恢切。’又通作桅，《廣韻》：‘桅，小船上檣竿也。五灰切。’案：今吾鄉謂凡船檣竿皆曰桅，而音如根。然根本訓門樞曰，則檣竿之根，本字但應作巍，或作鐻。”桹(wéi)：桅杆。船上懸帆的柱杆。《淮南子·説林訓》：“譬猶客之乘舟，中流遺其劍，遽契其舟桹，暮薄而求之。”

〔5〕巍：高大的樣子。《説文·嵬部》：“巍，高也。”段玉裁注：“高者必大，故《論語》注曰：‘巍巍，高大之稱也。’”漢張衡《思玄賦》：“瞻崑崙之巍巍兮，臨縈河之洋洋。”

〔6〕巍巍：高大貌。《論語·泰伯》：“巍巍乎！舜、禹之有天下也而不與焉。”何晏集解：“巍巍，高大之稱。”

〔7〕盧文弨於此處畫一連接綫，使上下兩條相合，疏證本、巾箱本以下不另起。

25. 2 其尾曰“桅”〔1〕。桅，拖也〔2〕，後見拖曳也〔3〕；且弼正船〔4〕，使順流〔5〕，不使他戾也〔6〕。〔7〕

〔1〕“其”，篆字疏證本校作“船”，云：“‘船’，今本亦作‘其’，據《太平御覽》引改。” 桅(duò)：同“舵”。船舵。漢趙壹《刺世嫉邪賦》：“奚異涉海之失桅，坐積薪而待燃。”

〔2〕拖：曳引；牽拉。《漢書·揚雄傳上》：“拖蒼豨，跋犀犂，蹴浮麋。”顔師古注：“拖，曳也。”

〔3〕盧文弨、疏證本、吳志忠於“後見”前增一“在”字，連下爲句。疏證本

曰:"今本無'在'字,據《一切經音義》《太平御覽》引增。"吴志忠曰:"補'在',依畢校。" 見:被;受到。《孟子·梁惠王上》:"百姓之不見保,爲不用恩焉。"

拖曳:牽引;拉扯。

〔4〕弼正:糾正;矯正。

〔5〕順流:順着水流。漢劉向《新序·善謀下》:"諸侯有變,順流而下,足以委輸,此所謂金城千里,天府之國也。"

〔6〕他戾:向别處扭轉。戾:逆;違背。《淮南子·覽冥》:"舉事戾蒼天,發號逆四時。"高誘注:"戾,反也。"又通"捩(liè)"。扭轉。戰國楚宋玉《大言賦》:"壯士憤兮絶天維,北斗戾兮太山夷。"

〔7〕畢效欽刻《五雅》本、施惟誠刻本、鍾惺評本、疏證本、巾箱本以下不另起。

25.3 在旁曰"艣"〔1〕。艣,膂也〔2〕,用膂力〔3〕,然後舟行也〔4〕。

〔1〕段玉裁校:"'在旁曰艣',一本連上爲一條。" 艣:比樂長大的划船工具,安在船尾或船旁。代指船。漢王粲《浮淮賦》:"泛洪艣於中潮兮,飛輕舟乎濱濟。"

〔2〕膂(lǚ):脊骨。《書·君牙》:"今命爾予翼,作股肱心膂。"孔穎達疏:"膂,背也。"又指脊背的肉。《靈樞經·經脉》:"膀胱足太陽之脉……入循膂。"張介賓曰:"膂、吕同,脊骨曰吕,象形也。又曰夾脊兩旁肉也。"

〔3〕膂力:體力。划船主要使用背部及兩臂的力氣。漢揚雄《太玄·勤》:"陰凍沍戁創於外,微陽邸冥膂力於内。"一説:"膂力"指衆力。盧文弨、疏證本校"膂"作"旅",巾箱本從之。疏證本曰:"今本'旅'作'膂',《太平御覽》引作'旅',據改。案:'旅'之言'衆',旅力,衆力也。《詩》云:'旅力方剛。''旅'不從'月'。""月",篆字疏證本作"肉"。

〔4〕然後:表示接着某種動作或情況之後。《周禮·地官·賈師》:"展其成而奠其賈,然後令市。"

25.4 引舟者曰"筰"〔1〕。筰,作也〔2〕;作,起也〔3〕,起舟使動行也〔4〕。

〔1〕筰(zuó):用竹篾編成的纜索。

〔2〕作:起來;起身。《論語·先進》:"捨瑟而作。"何晏集解:"孔曰:'置瑟起對。'"劉寶楠正義:"作,起也。"

〔3〕起：引動；興起。《易·姤》：“包无魚，起凶。”孔穎達疏：“起凶者，起，動也。无民而動，失應而作，是以凶也。”

〔4〕動行：行動。

25.5 在旁撥水曰“櫂”〔1〕。櫂，濯也〔2〕，濯於水中也，且言使舟櫂進也〔3〕。又謂之“札”〔4〕，形似札也〔5〕。又謂之“楫”〔6〕，楫，捷也〔7〕，撥水使舟捷疾也〔8〕。所用斥旁岸曰“交”〔9〕，一人前〔10〕、一人還〔11〕，相交錯也〔12〕。

〔1〕撥：撥動；分開。《禮記·曲禮上》：“將即席，容毋怍，兩手摳衣去齊尺，衣毋撥，足毋蹶。”鄭玄注：“撥，發揚貌。”孫希旦集解：“趨走則衣易撥開，行易卒遽。毋撥毋蹶，皆爲其失容也。” 櫂（zhào）：較長的船槳。《楚辭·九歌·湘君》：“桂櫂兮蘭枻，斲冰兮積雪。”

〔2〕濯（zhuó）：洗滌。《詩·大雅·泂酌》：“泂酌彼行潦，挹彼注兹，可以濯罍。”毛傳：“濯，滌也。”

〔3〕櫂：划（船）；摇。“櫂進”之“櫂”，疏證本、吳志忠校本、巾箱本作“擢”。吳志忠曰：“‘擢’依畢校。”擢（zhuó）：引；划（船）。《説文·手部》：“擢，引也。”段玉裁注：“毛傳曰：‘楫，所以擢舟也。’擢舟，謂引舟也。”按，此書“木—扌”旁常混，此字徑視作“擢”字亦可。

〔4〕札（zhá）：船槳。

〔5〕札：古代書寫用的小而薄的木片。《史記·司馬相如列傳》：“相如曰：‘……請爲天子游獵賦，賦成奏之。’上許，令尚書給筆札。”又指鎧甲的葉片。《戰國策·燕策一》：“今臣聞王居處不安，食飲不甘，思念報齊，身自削甲札，曰：‘有大數矣。’”

〔6〕楫（jí）：船槳。短曰楫，長曰櫂。《易·繫辭下》：“刳木爲舟，剡木爲楫，舟楫之利，以濟不通。”

〔7〕捷：迅速；敏疾。《吕氏春秋·貴卒》：“吴起之智可謂捷矣。”高誘注：“捷，疾也。”

〔8〕捷疾：敏捷，迅速。《六韜·武騎士》：“選騎士之法：取年四十已下，長七尺五寸已上，壯健捷疾，超絶倫等。”

〔9〕篆字疏證本、吳志忠校本“所用”以下提行别起，另成一條。 斥：推。《素問·調經論》：“勿之深斥，無中大經，神氣乃平。”王冰注：“勿深推針。”

"旁岸",篆字疏證本作"岸旁"。　交:同"篙"。鄭珍《説文新附考》:"篙,所以進船也。按'篙'古曰'交'。《釋名》作'交',此所以名'交'之義。《方言》第九:'所以刺船謂之櫂。'"

〔10〕前:向前;前去。《莊子·盜跖》:"孔子下車而前。"

〔11〕還:返回。《左傳·隱公四年》:"諸侯之師敗鄭徒兵,取其禾而還。"

〔12〕交錯:形容往來不斷。《漢書·王莽傳中》:"冠蓋相望,交錯道路。"

25.6 帆[1],泛也[2],隨風張幔曰"帆"[3],使舟疾汎汎然也[4]。

〔1〕帆:掛在船桅上利用風力使船前進的篷。漢馬融《廣成頌》:"施雲帆,張蜺幬。"

〔2〕"泛",疏證本、吳志忠校本、巾箱本作"汎"。泛:同"汎"。漂浮;浮游。《詩·邶風·柏舟》:"泛彼柏舟,在彼中河。"　"帆,泛也",盧文弨與下句"隨風張幔曰'帆'"對調,疏證本、吳志忠校本、巾箱本此句在"隨風張幔曰'帆'"句後。疏證本曰:"《一切經音義》兩引:一引作'船隨風張幔曰颿';一引作'隨風張幔曰帆,帆,汎也,風便疾汎汎然也'。今本'帆,汎也'在'隨風'之上,非,據改正。"吳志忠曰:"乙'帆,汎也'三字在'隨風張幔曰帆'下,依畢校。"葉德炯校:"《北堂書鈔·舟部下》引'帆,汎也'三字在'隨風張幔'上。"

〔3〕隨風:順着風向。　幔:布幕;帳幕。《墨子·非攻下》:"幔幕帷蓋,三軍之用。"

〔4〕疾:快速;急速。《莊子·天道》:"斲輪,徐則甘而不固,疾則苦而不入。"　汎(fàn)汎:漂浮的樣子。《文選·張衡〈思玄賦〉》:"乘天潢之汎汎兮,浮雲漢之湯湯。"

25.7 舟中牀以薦物者曰"笭"[1],言但有簀[2],如笭牀也[3]。南方人謂之"笭突"[4],言濕漏之水突然從下過也[5]。[6]

〔1〕牀:安放器物的支架等。　薦(jiàn):藉;墊。《史記·屈原賈生列傳》:"章甫薦屨兮,漸不可久。"　笭:船艙中堆放東西的座架。

〔2〕但有:惟有;祇有。　簀(zé):用竹片、蘆葦編成的墊子。《禮記·檀弓上》:"華而晥,大夫之簀與?"

〔3〕笭牀:古時棺中墊屍的木板。《左傳·昭公二十五年》"若以羣子之靈,獲保首領以歿,唯是楄柎所以藉幹者,請無及先君"杜預注:"楄柎,棺中笭牀也。"

〔4〕笭窣：船艙底部用以避水或載物的襯板。

〔5〕突然：忽然；猝然。漢焦贛《易林·謙之中孚》：“禍不成災，突然自來。”

〔6〕疏證本以下不另起。

25.8 其上板曰“覆”[1]，言所覆衆枕也[2]。其上屋曰“廬”[3]，象廬舍也[4]。其上重室曰“飛廬”[5]，在上，故曰“飛”也。又在上曰“爵室”[6]，於中候望之[7]，如鳥雀之警示也[8]。軍行在前曰“先登”[9]，登之向敵陣也[10]。

〔1〕覆：船的上板。

〔2〕段玉裁、吳志忠於“所”字後增一“以”字，吳志忠曰：“各本脱‘以’字，今補。”所以：用以；用來。《莊子·天地》：“是三者，非所以養德也。” 覆：覆蓋；遮蔽。《吕氏春秋·音初》：“帝令燕往視之，鳴若謐隘，二女愛而争搏之，覆以玉筐。” “衆”，盧文弨、疏證本删去。疏證本曰：“今本作‘言所覆衆枕也’，非。《太平御覽》引作‘覆衆廬’，衍‘衆’字，亦非。” “枕”，吳志忠校作“桄”，曰：“各本‘桄’誤‘枕’，今改。”吳翊寅校議：“吳〔志忠〕本作‘言所以覆衆枕也’。案：原本作‘言所覆衆枕也’。改‘枕’爲‘桄’，用段氏説；又補‘以’字，是也。畢依《釋天》作‘覆廬’，恐非本書之舊。當從吳〔志忠〕本。”桄（guàng）：車、船等物上的横木。《廣雅·釋地》“輪謂之桄”王念孫疏證：“此謂船前横木，桄之言横也。”

〔3〕“其”，張步瀛校作“船”。丁山校：“《御覽》《類聚》引‘其’並作‘船’。”廬：臨時寄居或休憩所用的簡易房舍。《説文·广部》：“廬，寄也。秋冬去，春夏居。”此指船頭屋。王先謙《釋名疏證補》：“成蓉鏡曰：《方言》九：船首謂之閤閭。郭注：閤閭，今江東呼船頭屋謂之飛閭是也。閭、廬通。皮錫瑞曰：《漢書音義》李斐曰，艫，船前頭刺櫂處也。艫、廬義同。”

〔4〕廬舍：房屋；住宅。《史記·項羽本紀》：“項羽乃悉引兵渡河，皆沉船，破釜甑，燒廬舍，持三日糧，以示士卒必死，無一還心。”

〔5〕“室”，盧文弨校作“屋”，疏證本、巾箱本作“屋”。丁山校：“《御覽》《類聚》並引作‘室’，嘉靖本亦作‘室’。”重（chóng）屋：樓房。《漢書·王莽傳》：“新都顯王戚禰穆廟，殿皆重屋。”《説文·木部》：“樓，重屋也。” 飛廬：船上的小樓。

〔6〕爵室：大船上層至高處之瞭望室。爵，通“雀”。意爲似雀居最高層瞭望之處所。

〔7〕候望：伺望；偵察。《墨子·備穴》：“城内爲高樓，以謹候望敵人。”

〔8〕鳥雀：泛指小鳥。《左傳·文公十八年》：“見無禮於其君者，誅之，如鷹鸇之逐鳥雀也。” 警示：警告；提示。

〔9〕吳志忠校本“軍行”以下提行別起，另成一條。吳翊寅校議：“吳〔志忠〕本別爲一條。案：畢校自‘帆’至‘先登’爲一條，吳‘帆’與‘筡’各爲條，‘覆’與‘盧’、‘飛盧’‘爵室’爲一條，‘先登’亦別爲條。各本連上條，非是。”軍行：行軍。 先登：指先鋒。

〔10〕登：踩；踏。 吳志忠於“登之”後增一“先”字，曰：“各本脱下‘先’字，今補。”吳翊寅校議：“吳〔志忠〕本‘向’上有‘先’字。” 敵陣：敵方的陣地。

25.9 狹而長曰“艨衝”〔1〕，以衝突敵船也〔2〕。

〔1〕盧文弨、段玉裁、疏證本、邵晉涵分別於“狹”前增一“外”字，連下爲句。疏證本曰：“今本脱‘外’字，據《北堂書鈔》《初學記》《藝文類聚》《太平御覽》引增。”篆字疏證本校語無《藝文類聚》。丁錦鴻曰：“《後漢書·禰衡傳》注引作‘外狹而長曰蒙衝’。”沈錫祚校：“《後漢〔書〕·禰衡傳》注引作：‘外狹而長曰蒙衝，以衝突敵船也。’”吳翊寅校議：“吳〔志忠〕本‘狹’上無‘外’字。”艨衝：亦作“蒙衝”“艨艟”。古代攻擊型輕快戰船。船體狹長，航速較快，宜於突襲。

〔2〕吳志忠校：“下脱，各本同。”據文例推測脱“蒙”字。《廣雅·釋水》：“艨艟，舟也。”王念孫疏證：“船之有蒙衝，猶車之有衝車。蒙，冒也；衝，突也。” 衝突：衝襲；突擊。指近戰。

丁山《〈類聚〉待校録》：“71：‘外狹而長曰蒙衝，以突敵曰船。自關而東，或謂之舟、方舟，或謂之杭。南楚江湘，凡船大者謂之舸，小舸謂之艖。’”

25.10 輕疾者曰“赤馬舟”〔1〕，其體正赤〔2〕，疾如馬也〔3〕。

〔1〕輕疾：輕捷。《漢書·韓安國傳》：“且匈奴，輕疾悍亟之兵也，至如猋風，去如收電。” 赤馬舟：一種小型快速戰船。通常集群使用，與艨衝、先登等船協同作戰。

〔2〕正赤：大紅。

〔3〕疾:快速;急速。《莊子・天道》:"斲輪,徐則甘而不固,疾則苦而不入。"

疏證本校:"《太平御覽》引曰:'舟名青翰、千翼、赤馬,亦名鷁首。'唯'赤馬'見於此,餘則皆闕。"樓黎默校:"《舟賦》引:'舟名青翰、千異、赤馬。'"丁山《〈御覽〉待校録》:"768:'又曰:舟名青翰、千翼、赤馬,亦名鷁首。'"

25.11 上下重牀曰"艦"〔1〕,四方施板〔2〕,以禦矢石〔3〕,其内如牢檻也〔4〕。

〔1〕"牀",段玉裁校作"板",盧文弨、疏證本校作"版"。疏證本曰:"'版',今本作'牀',據《初學記》引改。"孫祖同校:"'版''牀'二字義别,恐傳寫有誤,或以'版'爲'牀'耳。"丁山校:"《御覽》七七〇引云:'上下重板曰艦。'"版:同"板"。木板。《説文・片部》:"版,片也。"段玉裁注:"凡施於宫室器用者,皆曰'版'。今字作'板'。" 艦:防禦之船。四方施板以禦箭。

〔2〕施:設置;安放。《韓非子・外儲説左上》:"趙主父令工施鉤梯而緣播吾,刻疎人迹其上,廣三尺,長五尺,而勒之曰:主父常(嘗)遊於此。"

〔3〕禦:抗拒;抵擋。《易・蒙》:"上九,擊蒙,不利爲寇,利禦寇。" 矢石:箭和石塊。《左傳・襄公十年》:"荀偃、士丏帥卒攻偪陽,親受矢石。"

〔4〕牢檻:監獄;牢獄。

25.12 五百斛以上還有小屋曰"斥候"〔1〕,以視敵進退也〔2〕。

〔1〕斛(hú):量詞。古代一斛爲十斗。《儀禮・聘禮》:"十斗曰斛。" 還(huán):環繞。清段玉裁《説文解字注・辵部》:"還,今人還繞字用'環',古經傳祇用'還'字。"《左傳・襄公十年》:"諸侯之師,還鄭而南,至於陽陵。"杜預注:"還,繞也。" 斥候:大船上用以瞭望的小屋。漢代水軍的偵察船,其甲板上建有小屋,僞裝爲民船,游弋或停泊於敵軍所在與可能到來之處,偵察敵情或警戒放哨。

〔2〕視:觀察。《國語・晉語八》:"叔魚生,其母視之。"韋昭注:"視,相察也。"本條指監視。 進退:前進與後退。《易・繫辭上》:"變化者,進退之象也。"

25.13 三百斛曰"艒"〔1〕。艒,貌也〔2〕;貌,短也,江南所名短而廣、安不傾危者也〔3〕。

〔1〕疏證本校:"'舠',俗字也,當作'刀',《北堂書鈔》《初學記》《太平御覽》皆引作'舠'。案《説文》:'舠,船行不安也。從舟,刂省聲。讀若兀。'則'舠'字音誼皆非矣。《毛詩·河廣》云:'曾不容刀。'鄭君箋云:'小船曰刀。'則古止作'刀'。乃《詩》正義、《詩》釋文竝云:'《説文》作舠。'今《説文》實無'舠'字,豈唐人所見異本與?《一切經音義》引《方言》:'南楚江湖小艑艖謂之艇。郭璞曰:艇,舠也。音刀。'案今《方言》郭注作:'艇,舠也。'然《一切經音義》明音'刀',則非形誤矣,'舠'字故當仍之。《詩》正義引此則作'刀',《藝文類聚》引亦作'刀','刀'正字也。"王啓原校:"畢言'舠'爲'刀',是也,'刀''貂'古通用。《管子》'豎刀'即《左氏傳》之'寺人貂',《漢書·古今人表》亦作'豎貂'。"顧廣圻校:"廣圻案《北堂書鈔》百三十八引'舠'下注:'案:舠亦舡,形如刀也。本作刀,今益舟字,附稱附虽。'陳禹謨附注:'然則《北堂書鈔》本無舠字也。其目録簡作舠'。"邵晉涵校:"《詩》正義引此'舠'作'刀'。"舠(dāo):同"舠""舠"。小船。

〔2〕"貂",段玉裁校作"紹",下同。疏證本校:"案晉韓博《嘲刀彝》謂短尾者爲'刀','刀'即'貂'也,則'貂'有'短'誼。一説當從《廣雅》作'紹',説見前。"澀江全善、森立之《經籍訪古志》:"'紹'正作'褕',以'短衣'之義轉注。而畢校作'貂',未得其義。"貂:小獸。哺乳類鼬科動物。形似鼬,毛色黃黑或帶紫,肢短,前肢更短於後肢。尾長多毛,古時以爲冠飾。

〔3〕段玉裁於"所"字後增一"爲"字。丁山校:"《類聚》引云:'船三百斛曰刀。刀,貂也,短也,江南所爲名。'"疏證本校:"'名',《詩》正義引作'謂'。"劉師培書後:"《釋船》:'江南所名短而廣、安不傾危者也',《類聚》七十一引'名'作'爲'。('名'爲'言'之誤,《詩》正義引作'謂',其證也。)"名:稱;被叫作。《韓非子·和氏》:"悲夫!寶玉而題之以石,貞士而名之以誑。"段玉裁於"名"字後增一"舠"字,曰:"《類聚》引作'刀',《初學記》引作'舠'。"廣:寬闊。《詩·周南·漢廣》:"漢之廣矣,不可泳思。"安:安穩;穩固。漢劉向《列女傳·齊孤逐女》:"夫柱不正,則棟不安;棟不安,則榱橑墮,則屋幾覆矣。"傾危:傾覆;傾側危險。漢賈誼《新書·過秦下》:"藉使秦王論上世之事,並殷周之跡,以御其政,後雖有淫驕之主,猶未有傾危之患也。"

25.14 二百斛以下曰"艇"〔1〕,其形徑挺〔2〕,一人、二人所行也〔3〕。

〔1〕艇：輕便的小船。《淮南子·俶真訓》："越舲蜀艇，不能無水而浮。"高誘注："蜀艇，一版之舟。"

〔2〕疏證本、巾箱本"其形"前有"艇，挺也"三字。疏證本曰："本無此三字，據此書之體例增。"篆字疏證本曰："據此書之例當然擅曾。" 俓挺：直貌。"挺"，原作"挺"，盧文弨校作"挺"，蔡天祐刊本、瑞桃堂刻本作"梃"，段玉裁校作"挺"，龔文照校："'梃'字……誤刊。文照。"疏證本作"挺"。丁山校："《類聚》引'挺'仍作'艇'。"按，"挺"是"挺"字明矣。一者，前文"艇"右半"廷"字作"延"。二者，卷二《釋形體》8.56："頸，俓也，俓挺而長也。"正作"俓挺"，與此同義。

〔3〕盧文弨、段玉裁、疏證本於"所"字後增一"乘"字。疏證本曰："今本無'乘'字，據《藝文類聚》引有'乘'字，據增。"吳翊寅校議："吳〔志忠〕依原本，無'乘'字。"巾箱本有"乘"字。

釋名卷第七

釋名卷第八

劉熙字成國撰

釋疾病第二十六　　　釋喪制第二十七

釋疾病第二十六[1]

〔1〕疾病：泛指病。《周禮·天官·疾醫》：“掌養萬民之疾病。”賈公彥疏：“疾病兩言之者，疾輕病重。”

26.1　疾病者[1]，客氣中人急疾也[2]。病[3]，並也[4]，並與正氣在膚體中也[5]。

〔1〕“病”，段玉裁、吳志忠校作“疾”。疾：急劇而猛烈。《易·說卦》：“動萬物者，莫疾乎雷；橈萬物者，莫疾乎風。”　“者”，段玉裁刪去；盧文弨、疏證本校作“疾，疾也”，巾箱本從之。疏證本曰：“今本作‘疾病者’，《太平御覽》引作‘疾病也’，俱無‘疾，疾’二字。案此書之例，凡兩字爲目，皆先總舉而後分釋之，則‘疾病’二字當有。《御覽》‘疾，病也’乃‘疾，疾也’之譌，下云‘急疾’，則上當云‘疾也’，以下文例之可見，爲參酌改正之。”篆字疏證本於“疾病”後增一“疾”字，使此句成爲“疾病，疾者”，無校語。吳志忠校“病者”作“疾也”，曰：“各本‘疾也’誤‘病者’，今改。”

〔2〕客氣：中醫指侵害人體的邪氣。《素問·四時刺逆從論篇》：“先病而後生中滿者治其標；先中滿而後煩心者治其本。人有客氣，有同氣。大小不利治其標；小大利治其本。”　中（zhòng）人：侵襲人；傷害人。《楚辭·九辯》：

"憯悽增欷兮,薄寒之中人。"王逸注:"有似迫寒之傷人。" 急疾:快速;急切。
《吕氏春秋·論威》:"凡兵欲急疾捷先……急疾捷先,此所以決義兵之勝也。"

〔3〕病:重病。《論語·述而》:"子疾病,子路請禱。"

〔4〕並:一起;一同。《詩·秦風·東鄰》:"既見君子,並坐鼓瑟。"

〔5〕"並與正氣",盧文弨、疏證本校作"竝與正氣",巾箱本從之。疏證本
曰:"今本作'竝與正氣在膚體中也',據《太平御覽》引改。" 正氣:中醫指人
體内的元氣。即人體的防禦、抵抗和再生的功能。與邪氣對言。《素問·刺
法論》:"正氣存内,邪不可干。" 膚體:猶"體膚"。身體和皮膚。亦指軀體。
《孟子·告子下》:"故天將降大任於是人也,必先苦其心志,勞其筋骨,餓其體
膚,空乏其身,行拂亂其所爲。"

26.2 疹[1],診也[2],有結氣可得診見也[3]。

〔1〕疹(zhěn):皮膚上起的紅色小顆粒。《素問·奇病論》:"無損不足益
有餘,以成其疹。"

〔2〕診:察病;診斷。《漢書·藝文志》:"太古有岐伯、俞拊,中世有扁鵲、
秦和,蓋論病以及國,原診以知政。"顔師古注:"診,視驗,謂視其脈及色
候也。"

〔3〕結氣:猶"氣結"。中醫謂氣留滯不行。 診見:察知;看見。

26.3 疚[1],久也[2],在體中也[3]。

〔1〕疚(jiù):宿疾;久病。患重病多年而久治不愈。《韓非子·顯學》:"無
饑饉、疾疚、禍罪之殃,獨以貧窮者,非侈則惰也。"

〔2〕久:滯留;久留。《左傳·昭公二十四年》:"寡君以爲盟主之故,是以
久子。"楊伯峻注:"久子,久留子於晉也。"

〔3〕盧文弨、疏證本、吴志忠分别於"在"前增一"久"字,連下爲句,巾箱本
從之。疏證本曰:"今本'在'上脱'久'字,案文誼補。"吴志忠曰:"補下'久',
依畢校。" 體中:身體内。

26.4 痛[1],通也,通在膚脈中也[2]。

〔1〕痛:疼痛。疾病、創傷等引起的難受的感覺。《易·説卦》:"坎爲水……
其於人也,爲加憂,爲心病,爲耳痛。"

〔2〕膚脈:皮膚至血脈。

26.5 癢[1],揚也[2],其氣在皮中欲得發揚[3],使人搔發之而揚出也[4]。

〔1〕癢:皮膚或黏膜需要搔擦的感覺。《禮記·內則》:"寒不敢襲,癢不敢搔。"

〔2〕揚:掀播;簸散。《樂府詩集·鼓吹曲辭一·有所思》:"聞君有他心,拉雜摧燒之。摧燒之,當風揚其灰。"

〔3〕氣:指脈氣(運行於經脈中之精氣)和營衛(血氣)。《周禮·天官·獸醫》:"凡療獸病,灌而行之,以節之,以動其氣。"鄭玄注:"氣,謂脈氣。"《素問·調經論》:"氣有餘則寫其經隧。"王冰注:"氣,謂營衛也。" 發揚:散發;播揚。

〔4〕搔:以指甲或他物輕刮。《禮記·內則》:"下氣怡聲,問衣燠寒,疾痛苛癢,而敬抑搔之。" 發:開啟;打開。《戰國策·齊策四》:"齊王使使者問趙威后,書未發,威后問使者曰:'歲亦無恙耶?'"

26.6 眩[1],懸也[2],目視動亂[3],如懸物遥遥然不定也[4]。

〔1〕眩:眼睛昏花,視物搖晃不定。《戰國策·燕策三》:"左右既前斬荆軻,秦王目眩良久。"

〔2〕懸:吊掛;繫掛。《國語·魯語》:"室如懸磬,野無青草,何恃而不恐?"

〔3〕目視:眼見;目睹。 動亂:晃動昏亂。

〔4〕"遥遥",疏證本、吳志忠校作"搖搖"。疏證本曰:"'搖搖',今本作'遥遥',譌,據《太平御覽》引改正。"吳志忠曰:"'遥遥'依畢校。"巾箱本作"搖搖"。遥遥:同"搖搖"。形容搖擺不定的樣子。《楚辭·九章·悲回風》:"漂翻翻其上下兮,翼遥遥其左右。"姜亮夫校注:"遥,猶搖;翼分左右,言其心如兩翼之搖搖然,左右不定也。"

26.7 歷澀[1],澀從耳鼻中出[2],歷歷然也[3]。

〔1〕"澀",盧文弨、疏證本校作"㵼",巾箱本從之;段玉裁校作"㵼",下同。疏證本云:"此病名'歷㵼'。《說文》:'㵼,頭髓也。从匕,匕,相匕箸也;巛象髮,凶象㵼形。'俗通用'腦'字。今本'水'旁作'巛'作'正',更譌謬,從段校改。"篆字疏證本無此校語。歷㵼(nǎo):王先謙注:"此鼻淵症也。《內經·氣厥論》:'膽移熱於腦,則辛頞鼻淵。'鼻淵者,濁涕下不止也。"俗稱"腦漏"。鼻

孔中常流黄色腥臭濁涕。久則鼻塞不通，嗅覺減退，甚或頭目眩暈。𦜝：同
"腦"。

〔2〕疏證本校："'耳'疑衍，𦜝止從鼻中出，與耳無涉。""'耳'疑衍"三字，
篆字疏證本校語無。吳志忠删去"耳"字，曰："'從'下删'耳'，依畢校。"

〔3〕歷歷：猶"瀝瀝"。液體不斷滴落貌。

26.8 秃[1]，無髮沐秃也[2]。髡[3]，頭生創曰瘢[4]，髡亦然也。

〔1〕秃：頭無髮。《穀梁傳·成公元年》："季孫行父秃。"

〔2〕沐秃：頭秃無髮貌。參見卷三《釋姿容》9.72〔1〕。

〔3〕吳志忠校本"髡"以下提行別起，另成一條。　疏證本校："'髡'俗字。
《説文·髟部》有'鬜'字，云：'鬢秃也。从髟，闌聲。《玉篇》音'苦閑''口瞎'
二切，《廣韻》'恪八'切，'秃鬜也。'昌黎《南山詩》'或赤若秃鬜'用此。"余巖
病釋："按《説文·髟部》'鬜'字下段玉裁注云：'《考工記》'顑脰'注曰：顑，故
書或作䯏，鄭司農云：䯏讀爲鬜頭無髮之鬜。按：大鄭改䯏爲鬜，而今書作顑，
《頁部》云：顑，頭鬢少髮也。是鬜、顑音義皆同，顑即鬜也。《明堂位》注曰：齊
人謂無髮爲秃楬。《釋名》曰：秃，無髮秃沐也。髡，頭生創曰瘢，髡亦然也。
髡與楬皆即鬜也。'據此，則'顑、鬜、髡、楬'同一字也。"髡：通"鬜（qiān）"。鬢
秃；斑秃。《周禮·考工記·梓人》"數目，顑脰"鄭玄注："故書'顑'或作'䯏'。
鄭司農云：'䯏讀爲鬜頭無髮之鬜。'""鬜"同"鬜"。"鬜頭"即瘌痢頭。《禮
記·明堂位》"夏后氏以楬豆"鄭玄注："楬，無異物之飾也。齊人謂無髮爲秃
楬。"清李調元《卍齋瑣録》："《禮·明堂位》注：'齊人謂無髮爲秃楬。''楬'與
'鬜'同。"

〔4〕創：通"瘡"。《禮記·曲禮上》："頭有創則沐。"　"曰"，吳志忠校作
"白"，曰："各本'白'誤'曰'，今改正。"吳翊寅校議："吳〔志忠〕本作：'髡，頭生
創白瘢，如髡然也。'案：原本作'髡，頭生創曰瘢，髡亦然也'。'曰瘢'即'白
瘢'之譌。"白瘢（jiǎ）：斑秃；局部頭髮脱落。孫錦標《南通方言疏證》卷二："今
俗以頭生白瘢、頭髮稀少者呼爲'瘌子'。'瘌'當作'鬜'，音如'臘'。"

26.9 盲[1]，茫也[2]，茫茫無所見也[3]。

〔1〕盲：目失明。《莊子·逍遥游》："豈唯形骸有聾盲哉？夫知亦有之。"
特指没有瞳人。《説文·目部》："盲，目無牟子。"段玉裁注："'牟'俗作'眸'。
趙注《孟子》曰：'眸子，目瞳子也。'……無牟子者，白黑不分是也。今俗謂'青

眚’。”“盲”原作“肓”，蔡天祐刊本、《古今逸史》本、郎奎金刻《逸雅》本等作
“盲”。按，此是“盲”字無疑，故改。

〔2〕茫：迷濛；模糊不清。《漢武故事》：“神道茫昧，不宜爲法。”

〔3〕茫茫：渺茫；模糊不清。漢揚雄《法言·重黎》：“神怪茫茫，若存若亡，
聖人曼云。”

26.10 瞽[1]，鼓也[2]，瞑瞑然[3]，目平合如鼓皮也[4]。

〔1〕瞽（gǔ）：失明的人；盲人。特指無目之盲，即眼瞼平合如鼓皮之盲者。
《墨子·耕柱》：“鬼神之明智於聖人，猶聰耳明目之與聾瞽也。”《韓詩外傳》卷
五：“兩瞽相扶，不觸牆木，不陷井阱，則其幸也。”

〔2〕鼓：圓桶形或扁圓形的打擊樂器。中間空，一面或兩面蒙着皮革。
《書·胤征》：“瞽奏鼓，嗇夫馳，庶人走。”

〔3〕瞑瞑：昏暗的樣子。《文子·道原》：“古者民童蒙不知東西……行蹎
蹎，視瞑瞑，鑿井而飲，耕田而食。”

〔4〕鼓皮：蒙鼓的皮革。

26.11 矇[1]，有眸子而失明[2]，蒙蒙無所別也[3]。

〔1〕矇：盲；目失明。特指眼珠外觀無異常而目盲，即睜眼瞎。《詩·大
雅·靈臺》：“矇瞍奏公。”毛亨傳：“有眸子而無見曰矇。”孔穎達疏：“故知‘有
眸子而無見曰矇’，即今之青盲者也。”《楚辭·九章·懷沙》：“玄文處幽兮，矇
瞍謂之不章。”

〔2〕眸子：瞳人。亦泛指眼睛。《孟子·離婁上》：“存乎人者，莫良於眸
子，眸子不能掩其惡。”朱熹集注：“眸子，目瞳子也。” 失明：喪失視力。漢司
馬遷《報任少卿書》：“左丘失明，厥有《國語》。”

〔3〕蒙蒙：模糊不清貌。《楚辭·九辯》：“願皓日之顯行兮，雲蒙蒙而蔽
之。” 別：明辨；區分。《書·畢命》：“旌別淑慝。”偽孔傳：“言當識別頑民之
善惡。”

26.12 瞍[1]，縮壞也[2]。

〔1〕疏證本曰：“‘瞍’，《説文》作‘䁇’，云：‘無目也。从目，叜聲。’”篆字疏
證本改作“䁇”。瞍（sǒu）：瞎；瞎子。特指沒有瞳人或眼珠。《詩·大雅·靈
臺》：“矇瞍奏公。”毛傳：“有眸子而無見曰‘矇’，無眸子曰‘瞍’。”

〔2〕吳志忠於“縮壞”前增“縮也，眸子”四字，連下爲句，曰：“各本脫‘縮也，眸子’四字，今補。”吳翊寅校議：“吳〔志忠〕本作：‘瞍，縮也，眸子縮壞也。’案《釋親屬》云：‘叟，縮也。’‘瞍’从‘目’‘叟’，故亦訓‘縮’。原本脫四字，本書例亦無兩字爲訓，吳〔志忠〕校可從。”王先謙校：“吳〔志忠〕校作：‘瞍，縮也，眸子縮壞也。’”　縮壞：萎縮壞死。

26.13　瞎[1]，迄也[2]，膚幕迄迫也[3]。

〔1〕疏證本校：“《説文》無‘瞎’字，《太平御覽》引《説文》：‘瞎，目病也。’恐未可爲據。《玉篇》：‘瞎，一目合也。瞎，同。火轄切。’案：晉以後始謂眇目者爲‘瞎’，此書乃已有之。”瞎：初指一目失明，後亦指雙目失明。

〔2〕疏證本校：“‘迄’字亦在《説文》新附字中，誼與‘訖’同，與此不合，疑當是‘迡’字，‘迡迫’聯文，古多有之。‘迡’以‘乇’爲聲，古讀‘迡’，當與‘瞎’亦不相遠也。”吳志忠校“迄”爲“迡”，曰：“‘迡’依畢校，下同。”吳翊寅校議：“吳〔志忠〕本‘迄’作‘迡’，云：‘依畢校。’”迄：通‘汔’。接近；至。《漢書·元帝紀》：“《詩》不云虖？‘民亦勞止，迄可小康，惠此中國，以綏四方。’”今本《詩·大雅·民勞》作“汔可小康”。鄭玄箋：“汔，幾也。”

〔3〕膚幕：眼瞼。　迫：閉；籠罩。《史記·周本紀》：“陽伏而不能出，陰迫而不能蒸，於是有地震。”

26.14　眸子明而不正曰“通視”[1]，言通達目匡一方也[2]。又謂之“麗視”[3]，麗[4]，離也，言一目視天[5]，一目視地，目明分離[6]，所視不同也。

〔1〕眸子：瞳人。亦泛指眼睛。參見26.11〔2〕。　通視：眼睛斜視。

〔2〕吳志忠於“言”字後增一“視”字，曰：“各本‘言’下脫‘視’字，今補。”吳翊寅校議：“吳〔志忠〕本‘言’下有‘視’字。”丁山校：“孫云：吳〔志忠〕校‘言’下增‘視’字。”　通達：通行；旁達。《周禮·地官·掌節》：“凡通達於天下者，必有節以傳輔之，無節者，有幾則不達。”　匡：“眶”的古字。眼眶。《素問·刺禁論》：“刺匡上陷骨中脈，爲漏爲盲。”　一方：一邊。《詩·秦風·蒹葭》：“所謂伊人，在水一方。”鄭玄箋：“在大水之一邊。”

〔3〕麗視：斜視。一種眼病。當一隻眼睛直視目標時，另一隻眼便斜向一側。多由眼球位置不正，或眼肌平衡失調所致。

〔4〕麗(lí)：離。《易・睽・彖傳》"說而麗乎明"李鼎祚集解引虞翻曰："麗，離也。"

〔5〕一目：一隻眼睛。

〔6〕明：眼珠；視力。《禮記・檀弓上》："子夏喪其子而喪其明。"鄭玄注："明，目精。"漢董仲舒《春秋繁露・三代改制質文》："至舜形體大上而員首，而明有二童子。" 分離：分開。《戰國策・秦策四》："剟腹折頤，首身分離。"姚宏注："分離：折，斷。"

26.15 目匡陷急曰"眇"〔1〕，眇，小也。目眥傷赤曰"曀"〔2〕，曀，末也，創在目兩末也〔3〕。

〔1〕"匡"，瑞桃堂刻本、《格致叢書》本作"眶"，段玉裁校作"匡"。胡楚生校："慧琳《音義》兩引此條，卷二十七所引，'匡'作'眶'。"匡："眶"的古字。眼眶。參見上條注〔2〕。 陷急：凹陷。急：狹窄；狹隘。《說文・心部》："急，褊也。"段玉裁注："褊者，衣小也。故凡窄陝謂之褊。"《廣韻・緝韻》："'急'，《說文》作'急'。" 眇(miǎo)：眼睛小。《易・履》："眇能視，跛能履。"陸德明釋文："眇，《說文》云：'小目。'"吳志忠校："下脱，各本同。"

〔2〕盧文弨於"目眥"前畫一分隔綫，使以下分開另起。疏證本、吳志忠校本以下提行別起，另成一條。 目眥(zì)：眼眶。《史記・項羽本紀》："（樊噲）瞋目視項王，頭髮上指，目眥盡裂。" 曀(miè)：目紅腫不明。《呂氏春秋・盡數》："精不流則氣鬱，氣鬱處目則爲曀爲盲。"高誘注："曀，眵也。盲，無見。皆目疾也。"

〔3〕創：創傷。《戰國策・燕策三》："秦王復擊軻，被八創。"

26.16 目生膚入眸子曰"浸"〔1〕。浸，侵也〔2〕，言侵明也〔3〕。亦言浸淫轉大也〔4〕。

〔1〕膚：斑；膜。 眸子：瞳人。亦泛指眼睛。《靈樞經・刺節真邪》："刺此者，必於日中，刺其聽宮，中其眸子，聲聞於耳，此其輸也。" 浸(qīn)：觸犯；侵占。《漢書・薛宣傳》："《春秋》之義，意惡功遂，不免於誅，上浸之源不可長也。"顏師古注："浸字或作'侵'。侵，犯也。"又指逐漸。《易・遯》："浸而長也。"孔穎達疏："浸者，漸進之名。"

〔2〕侵：侵襲。謂一物進入他物中或他物上。又指侵蝕。逐漸地損壞。

〔3〕明：眼珠。漢董仲舒《春秋繁露·三代改制質文》："至舜形體大上而員首，而明有二童子。"

〔4〕浸（qīn）淫：逐漸蔓延、擴展。《漢書·食貨志下》："富者不得自保，貧者無以自存，起爲盜賊，依阻山澤，吏不能禽而覆蔽之，浸淫日廣，於是青徐、荆楚之地往往萬數。"

26.17 聾[1]，籠也[2]，如在蒙籠之内[3]，聽不察也[4]。

〔1〕聾：聽覺失靈或閉塞。《左傳·僖公二十四年》："耳不聽五聲之和爲聾，目不別五色之章爲昧。"

〔2〕籠：籠罩；遮掩。

〔3〕蒙籠：蒙蓋的籠子。或指草木茂盛之處。《淮南子·修務訓》："犯津關，躐蒙籠。"高誘注："躐蒙籠之山。"形容模糊貌。字或作"朦朧"，施惟誠刻本、《格致叢書》本、鍾惺評本即作"朦朧"。

〔4〕不察：不清楚。

26.18 鼻塞曰"齆"[1]。齆，久也，涕久不通[2]，遂至窒塞也[3]。

〔1〕鼻塞：鼻腔由於黏膜腫脹或鼻中隔彎曲等而堵塞。漢張仲景《傷寒論·辨痓濕暍脈證》："濕家病，身上疼痛，發熱，面黃而喘，頭痛鼻塞而煩。" 齆（qiú）：鼻塞不通。《吕氏春秋·盡數》："精不流則氣鬱，鬱處頭則爲腫爲風……處鼻則爲齆爲窒。"

〔2〕涕：鼻涕。《素問·解精微論》："泣涕者腦也……故腦滲爲涕。"王冰注："鼻竅通腦，故腦滲爲涕流於鼻中矣。" 久：滯留；久留。《公羊傳·莊公八年》："何言乎祠兵？久之也。"何休注："爲久，稽留之辭。" 不通：阻塞；不通達。《文選·司馬相如〈難蜀父老〉》："舟車不通，人跡罕至。"

〔3〕至：導致。《墨子·非儒下》："孔丘所行，心術所至也。" 窒塞：閉塞；堵住。漢班固《白虎通·鄉射》："春氣微弱，恐物有窒塞不能自達者。"

26.19 齲[1]，朽也[2]，蟲齧之齒缺朽也[3]。

〔1〕齲（qǔ）：蛀牙。《淮南子·説山訓》："掘室而求鼠，割脣而治齲……用智如此，豈足高乎！"

〔2〕朽：腐爛；腐朽。《書·五子之歌》："予臨兆民，懍乎若朽索之馭六馬。"僞孔傳："朽，腐也。"

〔3〕齧(niè):咬;啃。《管子·戒》:"東郭有狗哇哇,旦暮欲齧我,猳而不使也。"

26.20 瘖〔1〕,唵然無聲也〔2〕。

〔1〕瘖(yīn):嗓子啞,不能出聲;失音。《墨子·尚賢下》:"此譬猶瘖者而使爲行人,聾者而使爲樂師。"

〔2〕吳志忠於"唵然"前增"唵也"二字,曰:"各本脱'唵也'二字,今補。"顧廣圻校:"當補。"吳翊寅校議:"吳〔志忠〕本'瘖'下有'唵也'二字。"王先謙校同。 唵:同"喑"。啞。《韓非子·六反》:"人皆寐,則盲者不知;皆嘿,則喑者不知。" 無聲:没有聲音。《莊子·知北游》:"視之無形,聽之無聲。"

26.21 癭〔1〕,嬰也〔2〕,在頸嬰喉也。

〔1〕癭(yǐng):囊狀瘤。多生於頸部,包括甲狀腺腫大等。《山海經·西山經》:"(天帝之山)有草焉,其狀如葵,其臭如蘪蕪,名曰杜衡,可以走馬,食之已癭。"《説文·疒部》:"癭,頸瘤也。"段玉裁注:"下文云:'瘤,腫也。'此以頸瘤與頸腫別言者,頸瘤則如囊者也,頸腫則謂暫時腫脹之疾,故異其辭。《釋名》曰:'癭,嬰也,嬰在頤纓理之中也。青徐謂之脰。'《博物志》曰:'山居多癭,飲水之不流者也。'凡楠樹樹根贅肬甚大,析之,中有山川花木之文,可爲器械。《吳都賦》所謂楠瘤之木,三國張昭作《楠瘤枕賦》,今人謂之癭木是也。"

〔2〕嬰:繞;圍繞。《文選·司馬遷〈報任少卿書〉》:"其次剔毛髮嬰金鐵受辱。"吕延濟注:"嬰,繞也。"

26.22 癰喉〔1〕,氣著喉中不通〔2〕,稍成癰也〔3〕。

〔1〕癰(yōng)喉:同"喉癰"。發生於咽喉部位的癰瘡。相當於西醫的扁桃體周圍膿腫。喉癰起病急,發展迅速,常導致咽喉腫塞,吞咽、呼吸受影響。癰:腫。亦作"癕"。《靈樞經·癰疽》篇岐伯曰:"癰發於嗌中名曰猛疽,猛疽不治,化爲膿,不寫,塞咽半日死。"

〔2〕氣:呼吸的氣息。《禮記·祭義》:"氣也者,神之盛也。"鄭玄注:"氣,謂噓吸出入者也。" 著:通"佇"。滯留。《韓非子·十過》:"兵之著於晉陽三年,今旦暮將拔之而向其利,何乃將有他心。"陳奇猷集釋:"著,即佇字,滯留也。" 不通:阻塞;不通達。《楚辭·九辯》:"閔奇思之不通兮,將去君而

高翔。”

〔3〕“稸”，疏證本校：“‘稸’，《説文》作‘蓄’。《一切經音義》引《倉頡篇》云：‘稸，聚也，積也。’《國策》《史記》皆有‘積稸’語，是與‘蓄’通用也。”稸（xù）：同“蓄”。積蓄。《戰國策·魏策四》：“或以年穀不登，稸積竭盡，而不可恃者。”癰：腫瘍。一種皮膚和皮下組織化膿性的炎症，多發於頸、背，常伴有寒熱等全身症狀，嚴重者可并發敗血症。《莊子·列禦寇》：“秦王有病召醫，破癰潰痤者得車一乘。”

26.23 消澵[1]，澵[2]，渴也，腎氣不周於胸胃中浸潤消渴[3]，故欲得水也。

〔1〕疏證本校：“《説文》：‘澵，欲飲也。从欠，渴聲。’‘渴，盡也，从水，曷聲。’《佩觿》云：‘渴音竭。’《説文》《字林》皆作‘真列’翻，‘水竭’字。《漢書·司馬相如傳》云：‘常有消渴病。’《急就篇》亦有‘消渴’，師古注云：‘消渴，引飲不止也。’皆以‘渴’爲‘澵’。《廣韻》即有‘苦曷’一切，云‘飢渴’，而以‘澵’爲古文，此書尚不沿俗。”吴騫校：“周云：‘真列’或字‘其列’。”吴志忠校“澵”作“渴”，曰：“各本‘渴’誤‘澵’，今改，下同。”吴翊寅校議：“吴〔志忠〕本作‘消渴’。案：原本不誤，吴〔志忠〕校非是。”消渴：中醫學病名。口渴，善饑，尿多，消瘦。包括糖尿病、尿崩症等。《素問·奇病論》：“肥者令人内熱，甘者令人中滿，故其氣上溢，轉爲消渴。”

〔2〕澵：同“渴”。《説文·欠部》：“澵，欲飲歙。从欠，渴聲。”段玉裁注：“渴者，水盡也。音同竭。水渴則欲水，人澵則欲飲。其意一也。今則用‘竭’爲水渴字，用‘渴’爲飢澵字，而‘澵’字廢矣，‘渴’之本義廢矣。”

〔3〕腎氣：腎精化生之氣，表現爲腎促進機體的生長、發育和生殖，以及氣化等功能活動。《素問·上古天真論》：“女子七歲，腎氣盛，齒更髮長。” 不周：不至；不到。《漢書·叙傳上》：“道悠長而世短兮，夐冥默而不周。”顏師古注引劉德曰：“周，至也。” 浸潤：沾濡；滋潤。《史記·司馬相如列傳》：“懷生之物，有不浸潤於澤者，賢君恥之。” 消渴：消除乾渴。

26.24 嘔[1]，傴也[2]，將有所吐[3]，脊曲傴也[4]。

〔1〕嘔（ǒu）：吐。《左傳·哀公二年》：“簡子曰：‘吾伏弢嘔血，鼓音不衰。’”

〔2〕傴（yǔ）：曲背；彎腰。《左傳·昭公七年》：“一命而僂，再命而傴，三命

而俯,循牆而走,亦莫余敢侮。"

〔3〕吐(tù):嘔;不自主地從嘴裏湧出。參見 26.27〔1〕。

〔4〕曲傴:彎曲。

26.25 欬[1],刻也[2],氣奔至[3],出入不平調[4],若刻物也。

〔1〕丁山校:"《御覽》引'欬'作'咳'。"欬(kài):亦作"咳"。咳嗽。《左傳·昭公二十四年》:"余左顧而欬,乃殺之。"

〔2〕刻:雕鏤;用刀子挖。《韓非子·説林下》:"刻削之道,鼻莫如大,目莫如小。"

〔3〕氣:呼吸的氣息。《禮記·祭義》:"氣也者,神之盛也。"鄭玄注:"氣,謂噓吸出入者也。"

〔4〕出入:出外與入内。《左傳·僖公二十八年》:"受策以出,出入三覲。"平調(tiáo):平静;調和。

疏證本補遺:"'欶,促也,用力急促也。'此引見《一切經音義》及《御覽》七百三十四卷《疾病部六》。案:第四卷《飲食》篇有'漱,促也,用口急促也'一條,俗本'漱'字誤從'口'旁,俗書'欶'字又輒加'口',由是二條相似,唯'口'字、'力'字異爾。後人遂疑其重出,而誤删其一,葢《太平御覽》引此入《疾病部》,自是欬㽷之'欶',《周禮·疾醫職》所謂'欶上氣疾'是也,與《飲食》篇盪口之'漱'不同,固是兩文,應補。"蘇輿校:"《補遺》一篇,又'欶'一條,畢於《釋疾病》'欬'字下引《御覽》,既云'乃《飲食》篇之嗽,不當在此',而於此復以爲兩文,據以補録,更爲前後矛盾。畢精研此書,不當全不相應,或出其幕客門下所爲,畢偶未檢,致兹乖舛耳。"

26.26 喘[1],湍也[2];湍,疾也[3],氣出入湍疾也[4]。

〔1〕喘:指氣喘。亦稱哮喘。由於支氣管發生痙攣性收縮而引起的陣發性呼吸困難、哮鳴、咳嗽的反復發作。《素問·五常政大論》:"其發欬喘。"

〔2〕湍(tuān):水勢急而旋。《孟子·告子上》:"性猶湍水也。"

〔3〕疾:急劇而猛烈。《易·説卦》:"動萬物者,莫疾乎雷;橈萬物者,莫疾乎風。"

〔4〕湍疾:湍急。

26.27 吐^[1]，瀉也^[2]，故揚^[3]、豫以東謂瀉爲吐也^[4]。

〔1〕吐(tù)：不自主地從嘴裏涌出；嘔吐。《説文·口部》：“吐，寫也。”《淮南子·脩務》：“楚人有烹猴而召其隣人，以爲狗羹也而甘之。後聞其猴也，據地而吐之，盡寫其食。”

〔2〕瀉：排泄。漢班固《白虎通·情性》：“腎者主瀉，膀胱常能有熱。”吳志忠校：“(瀉也)下脱，各本同。”

〔3〕揚：揚州。古九州之一。又漢武帝所置十三刺史部之一。轄今安徽淮河和江蘇長江以南及江西、浙江、福建三省，湖北英山、黄梅、武穴，河南固始、商城等市縣地。東漢治歷陽(今安徽和縣)，末年移壽春(今壽縣)、合肥(今合肥西北)。參見卷二《釋州國》7.3〔1〕。

〔4〕豫：豫州。古九州之一。又漢武帝所置十三刺史部之一。轄境約當今淮河以北、伏牛山以東豫東、皖北地。東漢治所在譙(今安徽亳州)。參見卷二《釋州國》7.5〔1〕。 沈錫祚校：“《韻補》‘瀉’下引作：‘吐，寫，故揚、豫以東謂吐爲瀉也。’以下文‘癖’字例之，則作‘謂吐爲瀉’是，當乙正。”余巖病釋：“又按：觀上所引《説文》《廣雅》《倉頡篇》《淮南子》，皆訓‘吐’爲‘瀉’，未聞有訓‘瀉’爲‘吐’者。且《説文》多兩字互訓，‘吐’下訓‘瀉’，而‘瀉’下不訓‘吐’。蓋‘吐’之義狹，‘瀉’之義廣，廣能包狹，故‘瀉’能包‘吐’，而不妨用‘瀉’以訓‘吐’。狹不能包廣，故‘吐’不能包‘瀉’，而不能獨用‘吐’以訓‘瀉’也。是以《釋名》特著‘揚、豫以東謂瀉爲吐’，其意若曰：謂‘吐’爲‘瀉’者，當時之通訓；謂‘瀉’爲‘吐’者，揚、豫以東之方言也云爾。”

26.28 乳癰曰“妬”^[1]。妬，褚也^[2]，氣積褚不通^[3]，至腫潰也^[4]。

〔1〕乳癰：乳瘡；奶瘡。即急性乳腺炎。 妬：當作“疛(dù)”。乳癰。徐復補疏：“妬，本作疛。《太平御覽》卷三百七十一引《通俗文》：‘乳病曰。丁故反。’”《玉篇·疒部》：“疛，乳癰也。”

〔2〕褚(zhǔ)：通“貯”。儲藏。《左傳·襄公三十年》：“取我衣冠而褚之。”杜預注：“褚，畜也。”

〔3〕氣：指脈氣(運行於經脈中之精氣)和營衛(血氣)。參見本卷26.5〔3〕。 積褚：即“積貯”。聚蓄；聚積。

〔4〕至：導致。《韓非子·説疑》：“諂諛之臣，唯聖王知之，而亂主近之，故至身死國亡。” 腫潰：腫起潰爛。

26.29 心痛曰"疝"[1]。疝,詵也[2],氣詵詵然上而痛也[3]。

〔1〕心痛:心臟所在部位感覺疼痛。《淮南子·人間訓》:"恭王欲復戰,使人召司馬子反,子反辭以心痛。" 疝(shàn):泛指體腔内容物向外突出的病症。《素問·大奇論》:"腎脈大急沉,肝脈大急沉皆爲疝。心脈搏滑急爲心疝,肺脈沉急爲肺疝。"

〔2〕詵(shēn):衆多貌;緊密貌。參見注〔3〕。

〔3〕氣:指脈氣(運行於經脈中之精氣)和營衛(血氣)。參見本卷26.5〔3〕。 詵詵:衆多貌;緊密貌。參見卷五《釋宮室》17.41〔5〕。

26.30 痞[1],否也[2],氣否結也[3]。

〔1〕疏證本校:"'痞',俗字,《説文》作'痞':'痛也。從疒,否聲。'《玉篇》:'腹内結病。'"痞(pǐ):同"痞"。中醫指在腹腔内可以摸得到的硬塊。又指稱腹胸間氣血阻塞不順暢的症狀。漢張仲景《傷寒論·太陽病中》:"傷寒大下後,復發汗,心下痞,惡寒者,表未解也,不可攻痞,當先解表,表解乃可攻痞。"

〔2〕否(pǐ):閉塞;隔隔不通。《易·否》:"否之匪人。"陸德明釋文:"否,閉也,塞也。"《説文·疒部》:"痞,痛也。"張舜徽約注:"字或作'痞'。……痞之言閉也,謂血氣閉塞不通以致内痛也。"

〔3〕否結:阻滯;鬱結。

26.31 小兒氣結曰"哺"[1]。哺露也[2],哺而寒露[3],乳食不消[4],生此疾也。

〔1〕小兒:小孩子。《史記·淮陰侯列傳》:"(蕭何)曰:'王素慢無禮,今拜大將如呼小兒耳,此乃信所以去也。'" 氣結:中醫謂氣留滯不行,積結一處。

〔2〕"哺""也"二字,吳志忠删去,曰:"各本'哺露'上衍'哺'字,下衍'也'字,今删。"吳翊寅校議:"吳〔志忠〕本作'小兒氣結曰哺露',云:'各本衍"哺""也"二字。'"哺露:小兒因胃弱而嘔吐的病症。隋巢元方《諸病源候論·哺露候》:"小兒乳哺不調,傷於脾胃,脾胃衰弱,不能飲食,血氣減損,不榮肌肉,而柴辟羸露,其腑臟之不宣,則吸吸苦熱,謂之哺露也。"

〔3〕哺:給幼兒喂食。《漢書·賈誼傳》:"抱哺其子,與公并倨;婦姑不相説,則反脣而相稽。"顏師古注:"哺,飼也。" 寒露:裸露受寒。

〔4〕乳食:以奶爲食物;吃奶。《素問·異法方宜論》:"其民樂野處而乳

食。"又指奶水。　不消：不消化。

26.32　注病[1]，一人死、一人復得[2]，氣相灌注也[3]。

〔1〕疏證本校："'注'，《太平御覽》引作'痓'。'痓'字雖見《廣雅》而《説文》無之。此作'注'字，與訓誼正合。"丁山校："《御覽》七四三引：'痓，一人死、一人復得，氣相灌注也。'"鍾惺評："即今傳染之癥是也。"注病：傳染性疾病。隋巢元方《諸病源候論》："注者，住也。言其病連滯停住，死又注易傍人也。"蔣禮鴻《義府續貂》："注、痓、疰、注易義同，今之云傳染病也。注謂流注，易謂延及也。"

〔2〕復：又；更；再。　得：（擊）中。指得病。漢王充《論衡·感虛》："使堯之時，天地相近，不過百步，則堯射日，矢能及之；過百步，不能得也。"黃暉校釋："得猶中也。"

〔3〕氣：疾氣；疾病之氣。　灌注：注入；流入。漢班固《西都賦》："源泉灌注，陂池交屬。"

26.33　泄利[1]，言其出漏泄而利也[2]。下重而赤白曰"滯"[3]，言屬滯而難也[4]。

〔1〕余巖病釋："《御覽·疾病部六》引此，'泄利'作'泄痢'。《史記·萬石張君列傳》載郎中令周仁爲人陰重不泄，集解引韋昭曰：'陰重，如今帶下病泄利。'是韋氏訓'泄'爲'利'也。《淮南子·墜形訓》曰：'輕土多利。'高誘注曰：'利疾。'《玉篇·疒部》：'痢，瀉痢下也。'《廣韻·六至》：'痢，病也。'《御覽·疾病部六》引魏武令曰：'凡山水甚强，寒飲之，皆令人痢。'此'痢'乃今之水泄也，古醫書祇作'利'字，《内經》及張仲景書皆作'利'，不作'痢'，其作'痢'者，後起之字也。今人則專以'痢'爲滯下赤白之病，而以普通水泄爲'瀉泄'，不復謂之'痢'矣。"泄利：亦作"泄痢"。水瀉；痢疾。利，通"痢"。

〔2〕漏泄：滲漏。漢袁康《越絶書·外傳記越地傳》："葦槨桐棺，穿壙七尺，上無漏泄，下無積水。"　利：疾；迅猛。《淮南子·墜形訓》："輕土多利，重土多遲。"高誘注："利，疾也。"又指排泄。《漢書·韋玄成傳》："玄成深知其非賢雅意，即陽爲病狂，卧便利，妄笑語昏亂。"

〔3〕吳志忠校本"下"以下提行別起，另成一條。　下重：指排便時下腹部及肛門有沉重脹墜感。《金匱要略·嘔吐穢下利病脈證治》："下利脈沉弦者，

下重。" 赤白：紅色與白色。 滯(zhì)：亦作"瘍"。中醫稱"滯下"。指大便中帶膿血的痢疾。

〔4〕厲：指病人。《禮記·檀弓下》："古之侵伐者，不斬祀，不殺厲，不獲二毛。" 盧文弨校："《一切經音義》引：'下重而赤白曰瘍，言厲滯而難差也。'"疏證本校："《一切經音義》引《三倉》云：'瘍，下病也。又作滯。'引此末句作'厲滯而難差也'，多一'差'字，今不從。"丁山校："《一切經音義》引'而難也'作'而難差也'，多一'差'字。"篆字疏證本於"難"字後增一"瘥"字，曰："今本挩'瘥'字，《一切經音誼》引作'差'。案《說文》云：'瘥，瘉也。从疒，差聲。'據誼當作'瘥'。"胡楚生校："慧琳《音義》卷二十五所引，'難'下有'差'字。"差(chài)：病除。《方言》卷三："差，愈也。南楚病愈者謂之差。"

26.34 陰腫曰"隤"〔1〕，氣下隤也〔2〕。又曰"疝"〔3〕，亦言"詵"也〔4〕，詵詵引小腹急痛也〔5〕。

〔1〕陰：生殖器。《史記·呂不韋列傳》："（呂不韋）私求大陰人嫪毐以爲舍人。" 王仁俊集斠："《〔一切經音義·〕九·佛阿毗曇〔論〕·下卷》引首句'隤'作'頹'。"（任按："九"爲"十"之誤。）胡楚生校："慧琳《音義》凡三引此條，卷五十八所引，'隤'並作'頹'。卷四十八引作'下重曰㿗也'。卷六十五引作'陰腫曰頹也'。"隤(tuí)：通"頹"。疝氣。小腸墜入陰囊內引起腹股溝凸起或陰囊腫大。

〔2〕氣：指脈氣（運行於經脈中之精氣）和營衛（血氣）。參見本卷26.5〔3〕。 隤：墜下。《漢書·史丹傳》："天子自臨軒檻上，隤銅丸以擿鼓，聲中嚴鼓之節。"顏師古注："隤，下也。"

〔3〕疝：指生殖器部位或腹部劇烈疼痛兼有二便不通的病症。《素問·長刺節論》："病在少腹，腹痛不得大小便，病名曰疝。"

〔4〕詵(shēn)：衆多貌；緊密貌。參見卷五《釋宮室》17.41〔5〕。

〔5〕詵詵：衆多貌；緊密貌。參見卷五《釋宮室》17.41〔5〕。 小腹：指人體臍以下的部位。漢張仲景《金匱要略·中風歷節》："脚氣上入，小腹不仁。"

急痛：劇烈疼痛。

26.35 疼痺〔1〕，氣疼疼然煩也〔2〕。

〔1〕"痺"，盧文弨、疏證本校作"痺也"，巾箱本從之。疏證本曰："今本作

'卑'，無'也'字，據《一切經音義》引改增。《説文》：'痹，濕病也。從疒，卑聲。'《内經》有'疼痹'，此故云：'疼，痹也。'今人讀'疼'爲'徒登'切，聲之轉也。"胡楚生校："慧琳《音義》凡三引此條，卷五十五、卷五十九、卷八十六所引，並作：'疼，痹也。'"吳志忠校作"痹"，曰："'痹'依畢校。"吳翊寅校議："吳〔志忠〕本上'也'字改'痹'。案：'痹'下'也'字，畢據《一切經音義》引增，非是。'疼痹'連文，《内經》有'痛痹'之證是也。《素問•痹論》：'岐伯曰：風寒濕三氣襍至，合而爲痹。'畢以'痹'訓'疼'，誤矣。"余巖病釋："玄應《一切經音義•十四•四分律•第四卷》云：'《釋名》：疼，痹也。下里間音騰。'據此，《釋名》'疼，卑，氣疼疼然煩也'，當作'疼，痹也，氣疼疼然煩也'，故畢氏據玄應書而改之也。按：'痹也'二字，畢沅所増改也，本作'疼，卑氣疼疼然煩也'，而段玉裁注《説文》'疼'下引《釋名》此條，改'卑'爲'旱'，作'疼，旱氣疼疼然煩也'，以《詩》'旱既太甚，蘊隆蟲蟲'爲證，不知據何本也。王念孫《廣雅疏證》卷二上'疼，痛也'條，下引《説文》，引《釋名》，直用玄應《一切經音義》之文，'卑'作'痹'，與畢氏所改同，但'痹'下不增'也'字耳。"疼痹：指以關節疼痛爲主證的痹證。《素問•痹論》："風寒濕三氣雜至，合而爲痹也。其風氣勝者爲行痹，寒氣勝者爲痛痹，濕氣勝者爲著痹也。"故痛痹又稱寒痹。又指痛風。虞摶謂："夫古之所謂痛痹者，即今之痛風也。"

〔2〕吳志忠於"痹（卑）"字後復增一"痹"字，連下爲句，曰："各本脱下'痹'字，今補。"痹氣即痹氣，痹濕之氣，指氣血痹阻而致的一類疾病。　疼疼：疼痛貌。　煩：頻繁攪動；煩擾。《禮記•樂記》："土敝則草木不長，水煩則魚鱉不大。"孔穎達疏："水之煩擾，故魚鱉不大。"

26.36　痔[1]，食也，蟲食之也。

〔1〕痔：痔瘡。《莊子•列禦寇》："子豈治其痔邪，何得車之多也？"成玄英疏："痔，下漏病也。"

26.37　酸[1]，遜也[2]，遜遁在後也[3]。言脚疼力少，行遁在後[4]，以遜遁者也[5]。

〔1〕酸：人身肌肉過度疲勞或因病引起的酸痛無力的感覺。《素問•刺熱論》："腎熱病者，先腰痛，胻酸。"

〔2〕遜：逃遁；逃避。《書•微子》："吾家耄，遜於荒。"偽孔傳："在家耄亂，

故欲遯出於荒野。”

〔3〕遯遁：亦作“遜遁”。退避；退隱。《詩·大雅·雲漢》“昊天上帝，寧俾我遁”鄭玄箋：“天曾將使我心遯遁，慚愧於天下，以無德也。”

〔4〕行遁：出走；逃去。《書·微子》：“我不顧行遁。”

〔5〕“以”，盧文弨、疏證本、邵晉涵、吳志忠校作“似”。疏證本曰：“今本‘似’作‘以’，譌，據文誼改正。”篆字疏證本曰：“‘似’，今本作‘以’，據誼改。”吳志忠曰：“‘似’依畢校。”

26.38　消[1]，弱也[2]，如見割削[3]，筋力弱也[4]。

〔1〕吳翊寅校議：“吳〔志忠〕本作‘消，削也’，云：‘削依畢校。’案：‘消’依《周禮·疾醫》當作‘痟’。鄭注：‘痟，酸削也。’本書多從鄭誼，故以‘削’訓‘痟’也。《説文》：‘痟，酸削頭疼。’此因《周禮》‘痟，首疾’而誤，又涉上‘瘲，頭疼也’，故衍‘頭疼’二字，非‘痟’爲頭疼甚明。至‘痟’乃‘消漱’疾，與此異誼。本書作‘消’，或亦叚借，當以‘痟’爲正。”消：減耗；消瘦。漢蔡邕《陳太丘碑》：“元方在喪毁瘁，消形嘔血。”

〔2〕疏證本校：“‘消，弱也。’案下云‘割削’，則似當以‘割削’釋‘消’。《易林》：‘耗減寡虛，日以削消。’或云當作‘削，弱也’，連上爲一條。若依此，則上條‘酸，遜也’之上亦當總標‘酸，削’二字，而後分釋之。”吳志忠校“弱”作“削”，曰：“‘削’依畢校。”徐復《〈釋名〉補疏下篇》：“疑本作‘消，削弱也’。下分釋二字之義。本書《釋言語》：‘消，削也，言減削也。’義訓亦近。”削弱：變弱；減弱。削：削除；削減。《墨子·備城門》：“寇至度必攻。主人先削城編，唯勿燒。”

〔3〕割削：切割。漢王充《論衡·效力》：“諸有鋒刃之器，所以能斷斬割削者，手能把持之也，力能推引之也。”

〔4〕筋力：體力。《禮記·曲禮上》：“貧者不以貨財爲禮，老者不以筋力爲禮。”

26.39　懈[1]，解也，骨節解緩也[2]。

〔1〕懈：疲困；鬆散。漢劉向《説苑·君道》：“昔先君桓公身體墮懈，辭令不給，則隰朋侍。”

〔2〕骨節：骨頭；骨頭的關節。《國語·魯語下》：“昔禹致群神於會稽之

山,防風氏後至,禹殺而戮之,其骨節專車。" 解緩:解散弛緩。

26.40 厥逆[1],氣從下厥起[2],上行入心脅也[3]。

〔1〕厥逆:病症名。指氣逆衝上或由此所導致的疾病,如胸膺腫、胸脅腹部脹滿等。《素問·舉痛論》:"寒氣客於腸胃,厥逆上出,故痛而嘔也。"王冰注:"腸胃客寒留止,則陽氣不得下流而反上行,寒不去則痛生,陽上行則嘔逆,故痛而嘔也。"《素問·腹中論》:"有病膺腫、頸痛、胸滿、腹脹,此爲何病?何以得之? 岐伯曰:名厥逆。"王冰注:"氣逆所生,故名厥逆。"

〔2〕吳志忠於"氣"前另增一"逆"字,連下爲句,曰:"各本脱下'逆'字,今補。"吳翊寅校議:"吳〔志忠〕本'氣'上補'逆'字。案:'厥逆'連文,與'疼痹'同。今本脱一'逆'字。"蘇輿校:"《内經·腹中論》:'帝曰:有病膺腫、頸痛、胸滿、腹脹,此爲何病? 何以得之? 岐伯曰:名厥逆。'王注:'氣逆所生,故名厥逆。'《吕氏春秋·重己》篇:'多陰則蹷。'高注:'蹷逆,寒疾也。'《中山經》:'服之不厥。'郭注:'厥逆,氣病。'即此。'厥''蹷'字同。或言'厥',或言'厥逆',其證一也。《史記·扁鵲倉公傳》正義引無'逆'字,非。" 逆氣:中醫指五臟六腑之氣逆行不順的病症。如氣喘、嘔吐、打嗝等。《素問·逆調論》:"人有逆氣不得卧而息有音者……皆何藏使然? 願聞其故。" 厥起:猶"蹷(jué)起"。突然升起。蹷:急遽;突然。《莊子·在宥》:"廣成子蹷然而起。"陸德明釋文:"蹷,驚而起也。"

〔3〕上行:上升。《易·謙》:"天道下濟而光明,地道卑而上行。" 心脅:心臟與肋骨之間;胸部。

26.41 瘧[1],酷虐也[2]。凡疾,或寒或熱耳[3],而此疾先寒後熱,兩疾似酷虐者也。

〔1〕瘧(nüè):瘧疾。瘧原蟲以瘧蚊爲媒介引起的周期性發作的急性傳染病。《左傳·昭公十九年》:"夏,許悼公瘧。"

〔2〕酷虐:殘酷暴虐。《漢書·哀帝紀》:"察吏殘賊酷虐者,以時退。" 一説:"酷"字衍。吳志忠刪去"酷"字,曰:"各本'虐'上衍'酷'字,今刪。"吳翊寅校議:"吳〔志忠〕本無'酷'字。案本書例,無兩字爲訓。此涉下'酷虐'而衍。"王先謙校:"吳〔志忠〕校刪'酷'字。"

〔3〕或:有的。《禮記·中庸》:"或生而知之,或學而知之,或困而知之。"

26.42 疥[1],齘也[2],癢搔之[3],齒頯齘也[4]。

〔1〕疥:疥瘡。《莊子·則陽》:"漂疽疥癰,内熱溲膏是也。"

〔2〕齘(xiè):牙齒相摩切。《説文·齒部》:"齘,齒相切也。"

〔3〕搔:以指甲或他物輕刮。《禮記·内則》:"下氣怡聲,問衣襖寒,疾痛苛癢,而敬抑搔之。"

〔4〕頯(jìn)齘:閉口切齒。頯:同"噤"。閉口。《説文·口部》:"噤,口閉也。"

26.43 癬[1],徙也[2],浸淫移徙處日廣也[3],故青徐謂癬爲"徙"也[4]。

〔1〕癬(xuǎn):皮膚感染霉菌的病。《山海經·中山經》:"其中是多豪魚……可以已白癬。"

〔2〕徙:遷移;移轉。《老子》:"使民重死而不遠徙。"

〔3〕浸淫:逐漸蔓延、擴展。《漢書·食貨志下》:"富者不得自保,貧者無以自存,起爲盜賊,依阻山澤,吏不能禽而覆蔽之,浸淫日廣,於是青徐、荆楚之地往往萬數。" 移徙:遷移。《史記·匈奴列傳》:"而單于之庭直代、雲中:各有分地,逐水草移徙。" 日:每天;一天一天地。《易·繫辭上》:"富有之謂大業,日新之謂盛德。"孔穎達疏:"其德日日增新。"

〔4〕青徐:青州和徐州的並稱。青:青州。在今山東。參見卷二《釋州國》7.1〔1〕。徐:徐州。大致在今淮北一帶。參見卷二《釋州國》7.2〔1〕。 沈錫祚校:"《韻補》引作'故青徐人'。"胡楚生校:"〔慧琳《音義》卷五十八所引〕'青徐'下有'人'字。"

26.44 胗[1],展也[2],癢搔之,捷展起也[3]。

〔1〕胗(zhěn):同"疹",皮膚生紅色斑點。《素問·氣交變大論》:"病寒、熱、瘡、瘍、痱、胗、癰、痤。"一説:指嘴脣上凸起的小疱。戰國楚宋玉《風賦》:"故其風中人,狀直憯溷鬱邑,驅温致濕,中心慘怛,生病造熱。中脣爲胗,得目爲篾,啗齰嗽獲,死生不卒。"

〔2〕展:展開;舒張。《莊子·盜跖》:"盜跖大怒,兩展其足,案劍瞋目,聲如乳虎。"成玄英疏:"兩展其足,伸兩脚也。"

〔3〕捷:迅速;敏疾。《吕氏春秋·貴卒》:"吴起之智可謂捷矣。"高誘注:

"捷,疾也。"

26.45 腫[1]，鍾也[2]，寒熱氣所鍾聚也[3]。

〔1〕腫：肌肉浮脹。《左傳·定公十年》："公閉門而泣之,目盡腫。"又指脹痛；癰。《素問·大奇論》："肝滿,腎滿,肺滿,皆實即爲腫。"王冰注："腫,謂癰腫也。"

〔2〕鍾：匯聚；集中。《左傳·昭公二十八年》："子貉早死無後,而天鍾美於是,將必以是大有敗也。"

〔3〕寒熱：冷和熱。《禮記·月令》："(孟秋之月)寒熱不節,民多瘧疾。"鍾聚：匯集；聚集。

26.46 癰[1]，壅也[2]，氣壅否結裹而潰也[3]。

〔1〕癰(yōng)：腫瘍。皮膚和皮下組織化膿性的炎症,常伴有寒熱等全身症狀,嚴重者可并發敗血症。《莊子·列禦寇》："秦王有病召醫,破癰潰痤者得車一乘。"

〔2〕壅：聚積；擁塞。《左傳·昭公十一年》："楚將有之,然壅也。歲及大梁,蔡復楚凶,天之道也。"杜預注："楚無德而享大利,所以壅積其惡。"

〔3〕氣：疾氣；疾病之氣。 壅否(pǐ)：阻塞不通。否：閉塞；阻隔不通。《易·否》："否之匪人。"陸德明釋文："否,閉也,塞也。" 結裹：鬱結,緊裹。 潰：爛。《素問·五常政大論》："其動瘍涌分潰癰腫。"王冰注："潰,爛也。"

26.47 痳[1]，懍也[2]，小便難[3]，懍懍然也[4]。

〔1〕"痳",施惟誠刻本作"淋"。痳(lìn)：同"淋"。古人對石淋、勞淋、血淋、氣淋、膏淋病的通稱。其症狀是小便頻數而澀,有痛感。

〔2〕懍(lǐn)：危懼；戒懼。《書·五子之歌》："予臨兆民,懍乎若朽索之馭六馬。"僞孔傳："懍,危貌。"

〔3〕小便：撒尿。《漢書·張安世傳》："郎有醉小便殿上。"

〔4〕懍懍：危懼貌；戒慎貌。《書·泰誓中》："百姓懍懍,若崩厥角。"僞孔傳："言民畏紂之虐,危懼不安。"

26.48 創[1]，戕也[2]，戕毀體使傷也[3]。

〔1〕創(chuāng)：創傷。《戰國策·燕策三》："秦王復擊軻，被八創。"

〔2〕戕(qiāng)：毀壞；損傷。《左傳·襄公二十八年》："陳無宇濟水而戕舟發梁。"杜預注："戕，殘壞也。"

〔3〕戕毀：損壞；毀傷。

26.49 痍[1]，侈也[2]，侈開皮膚爲創也[3]。

〔1〕痍(yí)：創傷。《公羊傳·成公十六年》："王痍者何？傷乎矢也。"一說："痍"當作"疷"。段玉裁校："'痍'當作'疷'。"疷(zhǐ)毆人致皮膚腫起而無創痕。泛指毆傷。《急就篇》卷四："疷痏保辜讅呼號。"顏師古注："毆人皮膚腫起曰疷，毆傷曰痏。"朱駿聲《說文通訓定聲·解部》："凡毆傷皮膚起青黑而無創瘢者爲疷，有創瘢者曰痏。"

〔2〕侈：張大。《國語·吳語》："王不如設戎，約辭行成，以喜其民，以廣侈吳王之心。"一說："侈"當作"痏"。徐復補疏下篇："成國云'侈也'，則字當作痏。《說文》：'痏，毆傷也。'《漢書·薛宣傳》：'遇人不以義而見痏者。'顏師古注：'痏，音侈。'官本考證引蕭該《音義》：'案晉灼曰：痏，音侈，侈裂也。'《急就篇》顏師古注：'毆人皮膚腫起曰疷，毆傷曰痏。'"

〔3〕侈開：張大；大開。 皮膚：身體表面包在肌肉外部的組織。《東觀漢記·明德馬皇后傳》："夢有小飛蟲萬數，隨著身入皮膚中。" 創：創傷。《戰國策·燕策三》："秦王復擊(荆)軻，被八創。"

26.50 瘢[1]，漫也[2]，生漫故皮也[3]。

〔1〕瘢(bān)：創口或瘡口愈合後留下的痕跡。《漢書·朱博傳》："長陵大姓尚方禁少時嘗盜人妻，見斫，創著其頰……博聞知，以它事召見，視其面，果有瘢。"顏師古注："瘢，創痕也。"

〔2〕漫：遮掩；覆蓋。

〔3〕生：新鮮的。《詩·小雅·白駒》："生芻一束，其人如玉。" 故：舊的。《易·雜卦》："革，去故也；鼎，取新也。"

26.51 痕[1]，根也[2]，急相根引也[3]。

〔1〕痕：瘡傷痊愈後留下的疤。舊題漢蔡琰《胡笳十八拍》之十七："沙場白骨兮刀痕箭瘢。"

〔2〕根：物體的下部、基部，或前邊、邊沿。

〔3〕急：緊；縮緊。《素問·通評虚實論》：“喘鳴肩息者，脈實大也，緩則生，急則死。”王冰注：“急，謂如弦張之急。” 根引：牽連。

26.52 瘤[1]，流也[2]，血流聚所生瘤腫也[3]。

〔1〕瘤：體表或筋骨間組織增生所形成的肉疙瘩。漢劉向《列女傳·齊宿瘤女》：“宿瘤女者，齊東郭採桑之女，閔王之后也，項有大瘤，故號曰宿瘤。”

〔2〕流：通“留”。《韓詩外傳》卷三：“萬物群來，無有流滯，以相通移。”許維遹集釋：“‘流’與‘留’古通。”

〔3〕流聚：留聚。 瘤腫：腫瘤。有機體的某一部分組織細胞長期不正常地增生所形成的新生物。依腫瘤細胞的構造和危害性的大小，可分爲良性腫瘤和惡性腫瘤。或稱爲“瘤子”。

26.53 贅[1]，屬也[2]，橫生一肉[3]，屬著體也[4]。

〔1〕贅：贅瘤；肉瘤。《莊子·大宗師》：“彼以生爲附贅縣疣。”

〔2〕屬（zhǔ）：連接；聯結。《書·禹貢》：“涇屬渭汭。”

〔3〕橫生：意外地產生。《孔叢子·陳士義》：“今李由可則寵之，何患於人之言，而使橫生不然之説。”

〔4〕屬著（zhuó）：連着；聯着。

26.54 肬[1]，丘也[2]，出皮上聚高，如地之有丘也。

〔1〕疏證本校：“‘肬’从‘肉’，‘尤’聲。《太平御覽》引《説文》并此皆作‘疣’，非也。俗多通用。《廣雅》：‘疣，小腫也。’籀文作‘黓’。”肬（yóu）：同“疣”。肉贅。《楚辭·九章·惜誦》：“竭忠誠而事君兮，反離群而贅肬。”

〔2〕丘：自然形成的小土山。《書·禹貢》：“九河既道……桑土既蠶，是降丘宅土。”僞孔傳：“地高曰丘。大水去，民下丘居平地，就桑蠶。”

《〈釋名疏證補〉補·〈釋名補遺〉補》：“疲病曰‘癃’。”沈錫祚校：“《通鑑》一百三十六注引《釋名》：‘疲病曰癃。’”

丁山《〈一切經音義〉待校録》：“‘疲，勞也。’”

釋喪制第二十七[1]

〔1〕喪制：治喪的禮制。

27.1 人始氣絶曰"死"[1]。死，澌也[2]，就消澌也[3]。

〔1〕"始"，龔文照校作"死"；畢効欽刻《五雅》本、施惟誠刻本、《格致叢書》本、鍾惺評本作"死"。　氣絶：呼吸停止。漢王充《論衡·道虛》："諸生息之物，氣絶則死。"

〔2〕澌（sī）：盡；消亡。《禮記·曲禮下》"庶人曰死"鄭玄注："死之言澌也。"孔穎達疏："今俗呼盡爲澌。"

〔3〕就：趨；趨向。《易·乾》："同聲相應，同氣相求，水流濕，火就燥。"消澌：消亡净盡。

27.2 士曰"不禄"[1]，不復食禄也[2]。大夫曰"卒"[3]，言卒竟也[4]。

〔1〕士：介於大夫與庶人之間的階層。亦泛稱知識階層。參見卷三《釋親屬》11.54〔1〕。　不禄：士死的諱稱。《禮記·曲禮下》："天子曰崩，諸侯曰薨，大夫曰卒，士曰不禄。"鄭玄注："不禄，不終其禄。"

〔2〕不復：不再。漢司馬遷《報任少卿書》："蓋鍾子期死，伯牙終身不復鼓琴。"　食禄：享受俸禄。《史記·循吏列傳》："食禄者，不得與下民争利。"

〔3〕盧文弨於"大夫"前畫一分隔綫，使以下分開。疏證本以下提行别起，另成一條。龔文照校："文炤案：吳〔琯〕本、《五疋》皆併作一條，當作兩條爲是。"　大夫：古職官名。周代在國君之下有卿、大夫、士三等；各等中又分上、中、下三級。後因以大夫爲任官職者之稱。又爲爵位名。　卒：古代指大夫死亡，後爲死亡的通稱。《禮記·曲禮下》："大夫曰卒。"孔穎達疏曰："卒，畢竟也。大夫是有德之位，仕能至此，亦是畢了平生，故曰卒也。"

〔4〕卒竟：終盡。《爾雅·釋詁》："卒，終也。"又："卒，盡也。"

27.3 諸侯曰"薨"[1]。薨[2]，壞之聲也[3]。

〔1〕諸侯：古代帝王所分封的各國君主。參見卷二《釋州國》7.27〔8〕。
薨（hōng）：死的別稱。自周代始，以稱諸侯之死。《禮記・曲禮下》：“天子死
曰崩，諸侯曰薨。”鄭玄注：“薨，顛壞之聲。”孔穎達疏：“薨者，崩之餘聲也。而
《詩》云：‘蟲飛薨薨。’是聲也。諸侯卑，死不得效崩之形，但如崩後之餘聲。”

〔2〕薨：重疊爲象聲詞。亦用來摹擬其他各種聲音。《詩・大雅・綿》：
“捄之陾陾，度之薨薨。”

〔3〕壞：傾圮；倒塌。《詩・大雅・板》：“無俾城壞，無獨斯畏。”

27.4 天子曰“崩”[1]。崩[2]，壞之形也[3]。崩，硼聲也[4]。

〔1〕天子：古以君權爲天神所授，故稱帝王爲天子。《禮記・禮運》：“故天
子適諸侯，必舍其祖廟。” 崩：古代稱帝王之死。《禮記・曲禮下》：“天子死
曰崩。”

〔2〕崩：倒塌。《詩・小雅・十月之交》：“百川沸騰，山冢崒崩。”

〔3〕壞：傾圮；倒塌。《韓非子・説難》：“宋有富人，天雨牆壞。”

〔4〕硼（pēng）：象聲詞。

27.5 殪[1]，翳也[2]，就隱翳也[3]。

〔1〕殪（yì）：死亡；絕滅。《左傳・定公八年》：“（顏高）偃，且射子鉏，中頰，
殪。”杜預注：“殪，於計反，死也。”

〔2〕翳（yì）：遮蔽；隱藏；隱没。《楚辭・離騷》：“百神翳其備降兮，九疑繽
其并迎。”王逸注：“翳，蔽也。”

〔3〕隱翳：隱避；隱没。漢王符《潛夫論・交際》：“世主不察朋交之所生，
而苟信貴臣之言，此絜士所以獨隱翳，而姦雄所以黨飛揚也。”

27.6 徂落[1]，徂[2]，祚也[3]，福祉隕落也[4]。徂亦往也[5]，言往
去落也[6]。

〔1〕徂（cú）落：死亡。《孟子・萬章上》：“《堯典》曰：‘二十有八載，放勳乃
徂落，百姓如喪考妣。”趙岐注：“徂落，死也。”

〔2〕徂：死亡；凋謝。《史記・伯夷列傳》：“于嗟徂兮，命之衰矣！”司馬貞
索隱：“徂者，往也，死也。”

〔3〕祚（zuò）：福；福運。《國語・周語下》：“若能類善物，以混厚民人者，

必有章譽蕃育之祚。”

〔4〕福祚:福禄;福分。《左傳·昭公十五年》:“福祚之不登,叔父焉在?”隕落:墜落;掉落。此指消亡。

〔5〕徂:往;去。《詩·豳風·東山》:“我徂東山,慆慆不歸。”鄭玄箋:“我往之東山,既久勞矣。” 往:死;死者。《左傳·僖公九年》:“送往事居,耦俱無猜,貞也。”杜預注:“往,死者;居,生者。”

〔6〕去落:猶“徂落”,死亡的委婉説法。

27.7 罪人曰“殺”[1]。殺,竄也[2],埋竄之[3],使不復見也[4]。

〔1〕罪人:有罪的人。《書·湯誥》:“上天孚佑下民,罪人黜伏。” 殺:死;致死。

〔2〕竄:伏匿;隱藏。《左傳·定公四年》:“天誘其衷,致罰於楚,而君又竄之。”杜預注:“竄,匿也。”《説文·穴部》:“竄,匿也。”段玉裁注:“《周易》‘逋竄’、《左氏》‘無所伏竄’是也。《堯典》‘竄三苗于三危’,與言‘流’、言‘放’、言‘極’一例,謂放之令自匿。故《孟子》作‘殺三苗’,即《左傳》‘蔡叔之粲’,‘粲’爲正字。‘竄’‘殺’爲同音叚借。”《説文·米部》:“粲,檞粲,散之也。”段玉裁注:“《左傳·昭元年》曰:‘周公殺管叔而蔡蔡叔。’釋文曰:‘上蔡字音素葛反。説文作粲。’正義曰:‘《説文》粲爲放散之義,故訓爲放。隸書改作,已失字體,粲字不可復識,寫者全類蔡字,至有爲一蔡字重點以讀之者。’定四年正義同。是粲字誤作蔡耳。亦省作殺。《齊民要術》凡云殺米者皆粲米也。《孟子》曰‘殺三苗於三危’,即粲三苗也。”

〔3〕埋竄:埋葬。

〔4〕不復:不再。《文選·張載〈七哀詩二首〉之一》:“狐兔窟其中,蕪穢不復掃。” 見(xiàn):“現”的古字。顯現;顯露。《易·乾》:“九二:見龍在田。”陸德明釋文:“見,賢遍反。”高亨注:“是即今之現字,出現也,對上文潛字而言。”

27.8 罪及餘人曰“誅”[1]。誅,株也[2],如株木根[3],枝葉盡落也[4]。

〔1〕及:連累;關連。《左傳·隱公六年》:“長惡不悛,從自及也。” 餘人:其餘的人;他人。《論語·雍也》“回也其心三月不違仁,其餘則日月至焉而已矣”何晏集解:“餘人暫有至仁時,唯回移時而不變。” 誅:殺戮;鏟除。《孟

子·梁惠王下》:“聞誅一夫紂矣,未聞弑君也。”

〔2〕株:露在地面上的樹根等。《説文·木部》:“株,木根也。”喻牽連,株連。

〔3〕株:通“誅”。《馬王堆·五行》260:“然親執株(誅),間也。”魏啓鵬注:“執株(誅),執誅殺之法也。” 木根:樹根。

〔4〕枝葉:枝條和樹葉。比喻同宗的旁支。《左傳·文公七年》:“公族,公室之枝葉也;若去之,則本根無所庇蔭矣。”

27.9 死於水者曰“溺”[1]。溺,弱也[2],不能自勝之言也[3]。

〔1〕溺:沉水;淹没。《孟子·離婁上》:“嫂溺不援,是豺狼也。男女授受不親,禮也;嫂溺,援之以手者,權也。”

〔2〕弱:衰弱;體力或能力差。漢張衡《西京賦》:“秦據雍而彊,周即豫而弱。”

〔3〕自勝:獨自承受得起。勝:能承擔;禁得起。《説文·力部》:“勝,任也。”段玉裁注:“凡能舉之,能克之,皆曰勝。”《詩·商頌·玄鳥》:“武丁孫子,武王靡不勝。”毛傳:“勝,任也。”

27.10 死於火者曰“燒”[1]。燒,燋也[2]。[3]

〔1〕燒:死於火或爲火所傷。《史記·項羽本紀》:“項王燒殺紀信。”

〔2〕燋(zhuó):同“灼”。燒灼。漢班固《白虎通·五行》:“火相金成,其火燋金。”

〔3〕吴志忠校:“下脱,各本同。”

27.11 戰死曰“兵”[1],言死爲兵所傷也[2]。

〔1〕戰死:在戰鬥中被殺死;陣亡。 兵:戰死。《禮記·曲禮下》:“死寇曰兵。”孔穎達疏:“言人能爲國家捍難禦侮爲寇所殺者。”

〔2〕兵:兵器。《吕氏春秋·慎大》:“釁鼓旗甲兵。”高誘注:“兵,戈、戟、箭、矢也。” 又指用兵器殺人。《左傳·定公十年》:“士兵之。”杜預注:“以兵擊萊人。”

27.12 下殺上曰“弑”[1]。弑,伺也[2],伺間而後得施也[3]。

〔1〕弑：殺。古代卑幼殺死尊長叫弑。多指臣子殺死君主，子女殺死父母。《易·坤》：“臣弑其君，子弑其父，非一朝一夕之故，其所由來者漸矣。”

〔2〕伺(sì)：窺伺；窺探；觀察。《荀子·王制》：“伺彊大之間，承彊大之敝，此彊大之殆時也。”

〔3〕伺間(jiàn)：窺伺間隙。　施：施行；施展。《國語·吳語》：“勾踐恐懼而改其謀，舍其愆令，輕其征賦，施民所善，去民所惡。”

27.13　懸繩曰“縊”〔1〕。縊，阸也〔2〕，阸其頸也〔3〕。

〔1〕懸繩：懸掛於繩索。指上吊。

〔2〕縊：勒頸而死；上吊。《左傳·桓公十三年》：“莫敖縊于荒谷。”杜預注：“縊，自經也。”

〔3〕阸：控制；扼守。此指勒住。　頸：頸項。頭部與軀幹連接的部分。又稱脖子。《史記·樂書》：“延頸而鳴，舒翼而舞。”

27.14　屈頸閉氣曰“雉經”〔1〕，如雉之爲也〔2〕。

〔1〕屈頸：勒脖子。屈：纏繞；勒。《儀禮·士喪禮》：“管人汲，不說繘，屈之。”鄭玄注：“屈，縈也。”　閉氣：憋氣；窒息。　雉經：自縊。《禮記·檀弓上》“再拜稽首乃卒”鄭玄注：“既告狐突，乃雉經。”孔穎達疏：“雉，牛鼻繩也。申生以牛繩自縊而死也。”

〔2〕雉：野雞。其性機警，當突然受到驚嚇、刺激時，會驚飛亂撞，發生撞傷，頭破血流，或造成死亡。《易·旅》：“六五：射雉一矢亡。”實通“綧”。指牛鼻繩。《周禮·地官·封人》“凡祭祀，飾其牛牲，設其楅衡，置其綧”鄭玄注引鄭司農曰：“綧，著牛鼻繩，所以牽牛者。今時謂之‘雉’，與古者名同。”　爲：做；幹。《詩·小雅·北山》：“或出入風議，或靡事不爲。”

27.15　獄死曰“考竟”〔1〕，考得其情〔2〕，竟其命於獄也〔3〕。

〔1〕獄死：死於獄中。　考竟：刑訊致死。

〔2〕考：拷問；刑訊。　情：實情；情況。《易·咸》：“觀其所恒，而天地萬物之情可見矣。”

〔3〕竟：終了；完畢。《詩·大雅·瞻卬》：“鞫人忮忒，譖始竟背。”鄭玄箋：“竟，猶終也。”

27.16 市死曰“棄市”[1]。市，衆所聚，言與衆人共棄之也[2]。

〔1〕市死：在鬧市處死。《初學記》卷二〇引《淮南子》：“拘囹圄者，以日爲脩；當市死者，以日爲短。”按，今本《淮南子·説山訓》作“死市”。棄市：於鬧市執行死刑，並將屍體棄置街頭示衆。語本《禮記·王制》：“刑人於市，與衆棄之。”後用以代稱死刑。古代死刑之一。《史記·秦始皇本紀》：“有敢偶語《詩》《書》者棄市，以古非今者族。”

〔2〕衆人：大家。指一定範圍内所有的人。《楚辭·漁父》：“舉世皆濁我獨清，衆人皆醉我獨醒。”

27.17 斫頭曰“斬”[1]，斬腰曰“腰斬”[2]。斬，暫也[3]，暫加兵即斷也[4]。

〔1〕斫頭：砍頭。 斬：古代刑罰之一。本謂車裂，後謂斬首或腰斬。《説文·車部》“斬”段玉裁注：“古用車裂，後人乃法車裂之意而用鈇鉞，故字亦從車。斤者，鈇鉞之類也。”

〔2〕“斬腰”之“斬”，吳志忠校作“斫”，曰：“各本下‘斫’誤‘斬’，今改。”吳翊寅校議：“吳〔志忠〕本作‘斫腰曰腰斬’。” 腰斬：將犯人從腰部斬爲兩截。《史記·商君列傳》：“令民爲什伍，而相牧司連坐，不告姦者腰斬。”

〔3〕暫：剛剛。《論衡·禍虛》：“始聞暫見，皆以爲然；熟考論之，虛妄言也。”

〔4〕加：施及；施加。《老子》：“美言可以市，尊行可以加人。” 兵：兵器。《吕氏春秋·慎大》：“鑿鼓旗甲兵。”高誘注：“兵，戈、戟、箭、矢也。”

27.18 車裂曰“轘”[1]。轘，散也，肢體分散也[2]。

〔1〕車裂：將人的肢體繫於數輛車上，分拉撕裂至死。《左傳·襄公二十二年》：“昔觀起有寵於子南，子南得罪，觀起車裂。” 轘（huàn）：車裂。《左傳·桓公十八年》：“七月戊戌，齊人殺子亹而轘高渠彌，祭仲逆鄭子于陳而立之。”杜預注：“車裂曰轘。”

〔2〕肢體：軀體；身體四肢。《莊子·大宗師》：“墮肢體，黜聰明，離形去知，同於大通，此謂坐忘。” 分散：分開；散開。《左傳·桓公五年》：“公疾病而亂作，國人分散，故再赴。”

27.19 煮之於鑊曰"烹"[1]，若烹禽獸之肉也[2]。

〔1〕鑊(huò)：古代烹煮食物的大鍋。《周禮·天官·亨人》："亨人掌共鼎鑊以給水火之齊。"孫詒讓正義："注云'鑊所以煮肉及魚、腊之器'者，《説文·金部》云：'鑊，鑴也。'《淮南子·説山訓》高注云：'無足曰鑊。'《士冠禮》鄭注云：'煮於鑊曰亨。'又《特牲饋食禮》'亨于門外東方，西面北上'鄭彼注云：'亨，煮也。煮豕、魚、腊以鑊，各一爨。'《少牢饋食禮》有羊鑊、豕鑊。是鑊爲煮肉及魚、腊之器也。" 烹：煮。《左傳·昭公二十年》："水火醯醢鹽梅，以烹魚肉，燀之以薪。"杜預注："烹，煮也。"

〔2〕禽獸：鳥類和獸類的統稱。《孟子·滕文公上》："草木暢茂，禽獸繁殖，五穀不登，禽獸偪人。"

27.20 槌而死曰"掠"[1]。掠，狼也[2]，用威大暴於犲狼也[3]。

〔1〕槌(chuí)：捶打；敲擊。《玉臺新詠·古詩〈爲焦仲卿妻作〉》："阿母得聞之，槌牀便大怒。" 掠：拷打；拷問。《禮記·月令》："(仲春之月)命有司省囹圄，去桎梏，毋肆掠，止獄訟。"鄭玄注："掠，謂捶治人。"

〔2〕狼：獸名。性凶殘，往往結群傷害禽畜。引申指凶狠。《廣雅·釋詁三》："狼、戾，很也。"王念孫疏證："狼與戾一聲之轉。《燕策》云：'趙王狼戾無親。'《漢書·嚴助傳》云：'今閩越王狼戾不仁。'"

〔3〕"於"，盧文弨、疏證本、吳志忠校作"如"，巾箱本從之。疏證本曰："今本'如'作'於'，譌。《太平御覽》引作'用威如狼也'，與此微異，然'如'字是，兹據改正。"篆字疏證本曰："《太平御覽》引作'用威如狼也'。"吳志忠曰："'如'依畢校。" 犲狼：同"豺狼"。豺和狼是兩種貪狼殘暴的野獸。比喻狠毒的惡人。《孟子·離婁上》："嫂溺不援，是犲狼也。"

27.21 老死曰"壽終"[1]。壽[2]，久也；終[3]，盡也。生已久遠[4]，氣終盡也[5]。

〔1〕老死：年老而死。《老子》："鄰國相望，雞犬之聲相聞，民至老死，不相往來。" 壽終：人享盡天年，自然死亡。

〔2〕壽：長壽；活得歲數大。《書·洪範》："五福：一曰壽，二曰富，三曰康寧，四曰攸好德，五曰考終命。"孔穎達疏："'一曰壽'，年得長也。"引申指久遠。

〔3〕終:竟;盡。《荀子·勸學》:"吾嘗終日而思矣,不如須臾之所學也。"

〔4〕久遠:長久;長遠。《孟子·萬章上》:"舜、禹、益,相去久遠。"

〔5〕盡:終止;窮盡。

27.22 少壯而死曰"夭"〔1〕,如取物中夭折也〔2〕。〔3〕

〔1〕少壯:年輕力壯。漢武帝《秋風辭》:"簫鼓鳴兮發櫂歌,歡樂極兮哀情多,少壯幾時兮奈老何。" 夭:短命;早死。《墨子·非儒下》:"壽夭貧富,安危治亂,固有天命。"

〔2〕夭折:(物體)折斷。

〔3〕疏證本校:"《一切經音義》引有'字從大,象形不伸也。不盡天年謂之夭,取其誼',多十八字。案:與上是兩誼,疑非《釋名》之文。"篆字疏證本增此十八字,云:"今本脫'字從大'以下,據《一切經音義》引補。"

27.23 未二十而死曰"殤"〔1〕。殤,傷也〔2〕,可哀傷也〔3〕。

〔1〕殤(shāng):未至成年而死。《逸周書·謚法》:"短折不成曰殤,未家短折曰殤。"朱右曾校釋引《喪服傳》:"十九至十六爲長殤,十五至十二爲中殤,十一至八歲爲下殤。"

〔2〕傷:憂思;悲傷。《詩·周南·卷耳》:"我姑酌彼兕觥,維以不永傷。"

〔3〕可:應當;應該。《史記·陳丞相世家》:"及平長,可娶妻,富人莫肯與者。" 哀傷:哀痛憂傷。《漢書·匡衡傳》:"陛下秉至孝,哀傷思慕,不絕於心。"

27.24 父死曰"考"〔1〕。考,成也〔2〕;亦言"槁"也〔3〕,"槁"於義爲"成"。凡五材〔4〕,膠〔5〕、漆〔6〕、陶〔7〕、冶〔8〕、皮革〔9〕,乾槁乃成也〔10〕。

〔1〕考:死去的父親。《公羊傳·隱公元年》:"惠公者何?隱之考也。"何休注:"生稱父,死稱考。"

〔2〕成:完成;實現;成功。《詩·大雅·靈臺》:"庶民攻之,不日成之。"又指成熟;收穫。《國語·晉語七》:"其稟而不材,是穀不成也。"

〔3〕槁(gǎo):枯槁;乾枯。《易·説卦》:"其於木也,爲科上槁。"孔穎達疏:"科,空也……既空中者,上必枯槁也。"又指死亡。漢劉向《説苑·立節》:"成公趙曰:'……吾若是而生,何面目而見天下之士。'遂立槁於彭山之上。"

〔4〕凡:總計;總共。《易·繫辭上》:"乾之策二百一十有六,坤之策百四

十有四,凡三百有六十。”

〔5〕膠:用以黏合器物的黏性物質。《周禮·考工記·弓人》:“膠也者,以爲和也。”

〔6〕漆:用漆樹汁製成的塗料。《書·禹貢》:“厥貢漆絲,厥篚織文。”

〔7〕陶:用黏土燒製的器物。《禮記·郊特牲》:“器用陶匏,以象天地之性也。”孔穎達疏:“陶謂瓦器,謂酒尊及豆篚之屬。”

〔8〕冶(yě):冶煉金屬。《逸周書·大聚》:“乃召昆吾冶而銘之金版,藏府而朔之。”

〔9〕皮革:帶毛的獸皮和去毛的獸皮。《國語·楚語下》:“龜珠角齒,皮革羽毛,所以備賦,以戒不虞者也。”韋昭注:“皮,虎豹皮也,所以爲茵鞬。革,犀兕也,所以爲甲胄。”

〔10〕乾槁:乾枯。

27.25 母死曰“妣”[1]。妣,比也[2],比之於父亦然也。

〔1〕妣:已故的母親。《禮記·曲禮下》:“生曰父,曰母,曰妻;死曰考,曰妣,曰嬪。”

〔2〕比:配合;適合。《逸周書·大武》:“男女比。”朱右曾校釋:“比,合也。使無鰥曠。”

27.26 漢以來謂死爲“物故”[1],言其諸物皆就朽故也[2]。既定死曰“尸”[3]。尸,舒也[4],骨節解舒[5],不復能自勝斂也[6]。

〔1〕物故:意外的、非正常的死亡。《荀子·君道》:“人主不能不有遊觀安燕之時,則不能不有疾病物故之變焉。”

〔2〕諸物:各種事物。《莊子·盜跖》:“能辯諸物。” 朽故:朽敗亡故。

〔3〕盧文弨於“既定”前畫一分隔綫,使以下分開。疏證本、吳志忠校本以下提行別起,另成一條。 既定:已經確定。

〔4〕舒:伸展。《説文·予部》:“舒,伸也。”《素問·氣交變大論》:“其化生榮,其政舒啓。”王冰注:“舒,展也。”

〔5〕骨節:骨頭;骨頭的關節。《國語·魯語下》:“昔禹致群神於會稽之山,防風氏後至,禹殺而戮之,其骨節專車。” 解舒:伸開;打開。解:開;開放。《文子·上德》:“雷之動也萬物啓,雨之潤也萬物解。”

〔6〕勝:能夠承受;禁得起。《詩·商頌·玄鳥》:“武丁孫子,武王靡不

勝。”　斂：收縮。《周髀算經》卷上：“冬至夏至者，日道發斂之所生也。”

27.27　衣尸曰“襲”[1]。襲，匝也[2]，以衣周匝[3]，覆衣之也[4]。

〔1〕衣（yì）：給人穿衣服。《史記·淮陰侯列傳》：“（漢王）解衣衣我，推食食我，言聽計用。”　尸：屍體。後作“屍”。《左傳·隱公元年》：“贈死不及尸。”杜預注：“尸，未葬之通稱。”　襲：爲屍體穿衣服。《儀禮·士喪禮》：“乃襲三稱，明衣不在筭。”鄭玄注：“遷尸於襲上而衣之，凡衣死者，左衽不紐。”

〔2〕匝（zā）：環繞；圍繞。

〔3〕衣（yī）：衣服。《詩·豳風·七月》：“無衣無褐，何以卒歲！”　周匝：圍繞；環繞。

〔4〕覆衣（yì）：覆蓋。衣：覆蓋。《易·繫辭下》：“古之葬者，厚衣之以薪。”

27.28　以囊韜其形曰“冒”[1]，覆其形[2]，使人勿惡也[3]。

〔1〕囊：袋子。《易·坤》：“六四，括囊，無咎無譽。”　韜（tāo）：掩藏；斂藏。形：形體；身體。《韓非子·揚權》：“夫香美脆味，厚酒肥肉，甘口而病形。”冒：古代殮屍的布囊，由上下兩截合成。《禮記·王制》：“六十歲制，七十時制，八十月制，九十日脩，唯絞、紟、衾、冒，死而后制。”也指殮屍。

〔2〕顧廣圻校：“當補‘冒’字。”吳志忠於“覆”後增一“冒”字，曰：“各本‘覆’下脫‘冒’字，今補。”吳翊寅校議：“吳〔志忠〕本‘覆’下有‘冒’字。”王先謙校同。覆冒：蒙蓋；掩蔽。《漢書·谷永傳》：“黃濁四塞，覆冒京師，申以大水，著以震蝕。”

〔3〕惡（wù）：畏懼。《吕氏春秋·振亂》：“凡人之所以惡爲無道不義者，爲其罰也。”高誘注：“惡猶畏。”

27.29　已衣所以束之曰“絞衿”[1]。絞[2]，交也[3]，交結之也[4]；衿，禁也，禁繫之也[5]。

〔1〕衣（yì）：給人穿衣服。參見 27.27〔1〕。　所以：用以；用來。《史記·孟嘗君列傳》：“若急，終無以償，上則爲君好利不愛士民，下則有離上抵負之名，非所以屬士民彰君聲也。”　絞衿（xiáojīn）：即“絞紟”“絞衾”。入殮時裹束屍體的束帶和衾被。《儀禮·既夕禮》：“凡絞紟用布，倫如朝服。”《禮記·王制》：“唯絞紟衾冒，死而後制。”孫希旦集解：“絞，大小斂，既斂，所以收束衣服

爲堅急者。紟,單被也,大斂用之。”《禮記・檀弓下》:“是故制絞衾,設蔞翣,爲使人勿惡也。”鄭玄注:“絞衾,尸之飾;蔞翣,棺之飾。”

〔2〕絞:古代喪禮中斂屍用的束帶。《禮記・喪大記》:“小斂布絞,縮者一,橫者三。”鄭玄注:“絞,既斂所用束堅之者。”

〔3〕交:交叉;交錯。《詩・秦風・小戎》:“虎韔鏤膺,交韔二弓。”毛傳:“交韔,交二弓於韔中也。”

〔4〕交結:交叉聯結。

〔5〕禁繫:約束;綁縛。

27.30 含[1],以珠[2]、具含其口中也[3]。

〔1〕段玉裁校:“含,《説文》作‘琀’。”疏證本校:“‘含’,《説文》作‘琀’,云:‘送死口中玉也。从玉、含,含亦聲。’今經典通省作‘含’。”張步瀛校“含”作“唅”。含(hàn):同“唅”“琀”。古代放在死者口中的珠、玉、米、貝等物。《春秋・文公五年》:“王使榮叔歸含且賵。”杜預注:“珠玉曰含。含,口實。”陸德明釋文:“含,本亦作‘琀’。户暗反。《説文》作‘琀’,云:‘送終口中玉瑉。’”

〔2〕“珠”,張步瀛校作“米”。沈錫祚校:“原本《北堂書鈔》九十二‘唅以米、貝’注引《釋名》云:‘唅,以米、貝含其口中也。’據正文既作‘米’,則所引‘米’字當是。”劉師培書後:“‘以珠、貝含其口中也’,《書鈔》九十二引‘珠’作‘米’。此均畢氏未及詮引者也。(案:作‘米’是。《家語・終紀》篇‘含以疏米,三貝。’是其證。)”丁山校:“《御覽》引云:‘唅,以米、貝含其口中也。’”

〔3〕“具”,盧文弨、邵晉涵校作“貝”,《古今逸史》本、郎奎金刻《逸雅》本、疏證本、吳志忠校本、巾箱本作“貝”。參見注〔2〕。

27.31 握[1],以物著尸手中[2],使握之也[3]。

〔1〕握(òu):死者入殮時纏在死者手上的布袋。用玄、纁兩塊布縫合成長條囊形,中間充填少許絲綿;兩端有帶,結於手腕處。《儀禮・士喪禮》:“設握,乃連擊。”鄭玄注:“設握者,以綦繫鉤中指,由手表與決帶之餘連結之。”賈公彥疏:“案上文握手長尺二寸,裹手一端,繞於手表,必重宜於上掩者,屬一繫於下角,乃以繫繞手一匝,當手表中指向上鉤,中指又反而上繞取繫郷下,與決之帶餘連結之。”《儀禮・既夕禮》:“設握,裹親膚,繫鉤中指,結于擊。”鄭玄注:“擊,掌後節中也。手無決者,以握繫一端,繞擊還從上自貫反,與其一端結之。”又稱“握手”。《儀禮・士喪禮》:“握手,用玄、纁裏,長尺二寸,廣五

寸,牢中旁寸,著組繫。"賈公彦疏:"名此衣爲握,以其在手,故言'握手',不謂以手握之爲握手。"

〔2〕著(zhuó):放置;安放。漢劉向《説苑·正諫》:"必樹吾墓上以梓,令可以爲器;而抉吾眼著之吳東門,以觀越寇滅吳也。"

〔3〕握:握持;執持。《詩·小雅·小宛》:"握粟出卜,自何能穀。"鄭玄箋:"持粟行卜,求其勝負,從何能得生。"篆字疏證本曰:"案:握所以裹尸手,非箸尸手中使握之也。"

27.32　衣尸棺曰"斂"[1],斂藏不復見也[2]。[3]

〔1〕衣(yì):給人穿衣服。參見27.27〔1〕。　篆字疏證本校:"《檀弓》曰:'衣足以飾身,棺周于衣。'則衣在棺中,何得云'衣尸棺'?'棺'字衍也,當云'衣屍曰斂'。《喪大記》曰:'小斂,衣十九稱;君、大夫、士一也。大斂,君百稱,大夫五十稱,士三十稱。'則斂亦衣尸,不獨襲也。"吳志忠校:"當有誤,各本同。"吳翊寅校議:"吳云'當有誤',案:'衣'字誤,當作'掩尸以棺曰斂',《説文》'棺,所以掩尸'是也。"　棺:用棺殮屍。《左傳·僖公二十八年》:"曹人兇懼,爲其所得者,棺而出之。"　斂:殯斂。給死者穿衣,入棺。也作"殮"。《儀禮·士喪禮》:"主人奉尸斂于棺。"鄭玄注:"棺在肂中斂尸焉,所謂殯也。"賈公彦疏:"以尸入棺名斂,亦名殯也。"

〔2〕盧文弨、疏證本於"斂藏"前增"斂者,斂也"四字,巾箱本從之。疏證本曰:"今本無此四字,據《一切經音義》引增。"丁山校:"〔《一切經音義》引〕但無'者'字。"吳翊寅校議:"'斂'下畢補'斂者,斂也'四字,依本書例當云:'斂,斂也。'"　斂藏:收藏。《禮記·郊特牲》:"天子樹瓜華,不斂藏之種也。"　不復:不再。漢司馬遷《報任少卿書》:"蓋鍾子期死,伯牙終身不復鼓琴。"　見(xiàn):"現"的古字。顯現;顯露。《易·乾》:"九二:見龍在田。"陸德明釋文:"見,賢遍反。"高亨注:"是即今之'現'字,出現也,對上文潛字而言。"

〔3〕王仁俊集斠:"《〔一切經音義·〕卷二·大般涅槃經·三十》引:'斂者,斂也,藏不復見也。小斂户内,大斂於階阼是。'"胡楚生校:"慧琳《音義》卷二十六引此條作:'斂,斂也,藏不復見也。小斂户内,大斂阼階也。'"

27.33　棺,關也[1],關閉也[2]。

〔1〕關:合攏;掩閉。《易林·訟之臨》:"關牢闢門,巡狩釋冤。"

〔2〕吳志忠於"關閉"前增一"言"字,連下爲句,曰:"各本脱'言'字,今

補。"吳翊寅校議:"吳〔志忠〕本作'言關閉也'。" 關閉:合攏;閉合。

27.34 槨[1],廓也[2],廓落在表之言也[3]。

〔1〕槨(guǒ):套於内棺之外的大棺。《周禮·地官·閭師》:"不樹者無槨,不蠶者不帛。"鄭玄注:"槨,周棺也。"

〔2〕疏證本校:"《説文》無'廓'字,而班固已用之。"篆字疏證本作"霩",下同。廓(kuò):"霩"的被通假字。廣大;空闊。《詩·大雅·皇矣》:"上帝耆之,憎其式廓。"毛傳:"廓,大也。"

〔3〕廓落:空闊貌。《爾雅·釋詁上》"弘、廓、宏、溥、介、純……大也"郭璞注:"廓落宇宙,穹隆至極,亦爲大也。" 表:外邊;外面。《書·立政》:"其克詰爾戎兵,以陟禹之跡,方行天下,至於海表。"

27.35 尸已在棺曰"柩"[1]。柩,究也[2],送終隨身之制皆究備也[3]。

〔1〕柩(jiù):已裝屍體的棺材。《禮記·問喪》:"三日而斂,在牀曰尸,在棺曰柩。"

〔2〕究:窮盡;終極。《詩·大雅·蕩》:"侯作侯祝,靡屆靡究。"毛傳:"究,窮也。"

〔3〕送終:爲死者辦理喪事。亦指親屬臨終時在身旁照料。漢董仲舒《春秋繁露·五行之義》:"聖人知之,故多其愛而少嚴,厚養生而謹送終,就天之制也。" 隨身:依附於身體。 究備:窮盡,完備。

27.36 於西壁下塗之曰"殯"[1]。殯,賓也[2],賓客遇之[3],言稍遠也[4]。塗曰"攢"[5],攢木於上而塗之也[6]。

〔1〕塗:塗抹;塗飾。《禮記·檀弓上》:"天子之殯也,菆塗龍輴以椁,加斧於椁上,畢塗屋,天子之禮也。"鄭玄注:"菆木以周龍輴加椁而塗之。天子殯以輴車……加椁以覆棺,已乃屋其上,盡塗之。" 殯(bìn):死者入殮後停柩以待葬。《禮記·檀弓上》:"夏后氏殯於東階之上,則猶在阼也;殷人殯於兩楹之間,則與賓主夾之也;周人殯於西階之上,則猶賓之也。"

〔2〕賓:以客禮相待。《淮南子·氾論訓》:"乃矯鄭伯之命,犒以十二牛,賓秦師而卻之。"《説文·歺部》:"殯,死在棺,將遷葬柩,賓遇之。"

〔3〕賓客:客人的總稱。《詩·小雅·吉日》:"發彼小豝,殪此大兕,以御賓客,且以酌醴。" 遇:對待。《管子·任法》:"奇術技藝之人,莫敢高言孟行,以過其情,以遇其主矣。"尹知章注:"遇,待也。"

〔4〕稍:漸;逐漸。《史記·項羽本紀》:"項王乃疑范增與漢有私,稍奪其權。" 遠:疏遠。《詩·小雅·伐木》:"籩豆有踐,兄弟無遠。"

〔5〕"塗",吳志忠校作"亦",曰:"各本'亦'誤'塗',今改。" "攢",疏證本、《小學彙函》本之吳志忠校本作"欑",下同。吳翊寅校議:"吳〔志忠〕本作'亦曰欑'。"攢(cuán):停棺待葬。也作"欑"。《禮記·喪服大記》"君殯用輴,攢至于上。畢,塗屋。"鄭玄注:"攢,猶菆也。屋,殯上覆如屋者也……以《檀弓》參之,天子之殯,居棺以龍輴,欑木題湊象椁,上四注如屋,以覆之,盡塗之。"孔穎達疏:"欑猶菆也者,謂菆聚其木周於外也。"

〔6〕攢木:指在棺椁外面攢聚木材,連綴成呈屋頂狀,然後用泥塗起來。《禮記·喪服大記》"君殯用輴,攢至于上"鄭玄注:"以《檀弓》參之,天子之殯,居棺以龍輴,欑木題湊象椁,上四注如屋,以覆之,盡塗之。"攢:聚集。《墨子·備城門》:"城上爲攢火。"

27.37 三日不生[1],生者成服曰"縗"[2]。縗,摧也[3],言傷催也[4]。

〔1〕生:生存;活(與"死"相對)。《詩·邶風·擊鼓》:"死生契闊,與子成説。"

〔2〕生者:活着的人。《孟子·盡心下》:"哭死而哀,非爲生者也。" 成服:死者親屬在喪禮大殮之後按照與死者關係的親疏穿上不同的喪服。《禮記·奔喪》:"三日成服,拜賓送賓皆如初。" 縗(cuī):喪服。用麻布條披於胸前。服三年之喪(臣爲君、子爲父、妻爲夫)者用之。《左傳·襄公十七年》:"齊晏桓子卒,晏嬰麤縗斬。"杜預注:"縗在胸前。"孔穎達疏:"衰(縗)用布爲之,廣四寸,長六寸,當心。"

〔3〕"摧",原作"摧",蔡天祐刊本、《逸雅》本、疏證本、吳志忠校本、巾箱本作"摧";瑞桃堂刻本、施惟誠刻本、《格致叢書》本、鍾惺評本作"催",段玉裁校作"摧"。丁山校:"《御覽》五四七引:'衰,摧也。'"按,"摧"明顯爲"摧"之形訛,故改。摧:悲痛;哀傷。漢蘇武《詩》之二:"長歌正激烈,中心愴以摧。"

〔4〕傷催:猶"傷摧"。悲傷。參見下條注〔3〕。"催",原作"催",施惟誠刻本、鍾惺評本作"催",《古今逸史》本、郎奎金刻《逸雅》本、疏證本、吳志忠校本

作"摧"。按,"催"明顯是"催"之形訛,故改。

27.38 絰[1],實也[2],傷摧之實也[3]。

〔1〕"絰",畢效欽刻《五雅》本、范惟一玉雪堂刻本、施惟誠刻本、《古今逸史》本、郎奎金刻《逸雅》本、疏證本、吳志忠校本作"絰"。絰(dié):古代喪服所用的麻帶。扎在頭上的稱首絰,纏在腰間的稱腰絰。《儀禮·喪服》:"喪服,斬衰裳,苴絰、杖、絞帶。"鄭玄注:"麻在首在要皆曰絰。"

〔2〕實:誠實;真實。《禮記·檀弓》:"絰也者,實也。"《楚辭·劉向〈九嘆·逢紛〉》:"后聽虛而黜實兮,不吾理而順情。"王逸注:"實,誠也。"

〔3〕傷摧:同"摧傷"。悲傷。謂傷痛之極。"摧",原作"催",蔡天祜刊本、《古今逸史》本、《逸雅》本、疏證本、吳志忠校本作"摧",畢效欽刻《五雅》本、范惟一玉雪堂刻本、施惟誠刻本作"催"。按,"催"明顯爲"摧"之形訛,故改。

27.39 絞帶[1],絞麻緫爲帶也[2]。三年之縗曰"斬"[3],不緝其末[4],直翦斬而已[5]。期曰"齊"[6],齊,齊也[7]。

〔1〕絞(xiáo)帶:古代喪制斬衰服所繫之帶,絞麻爲繩而成。《儀禮·喪服》:"喪服,斬衰裳,苴絰杖、絞帶。"鄭玄注:"絞帶者,繩帶也。"賈公彥疏:"繩帶也者,以絞麻爲繩作帶,故云絞帶。"

〔2〕絞(jiǎo):用兩股以上條狀物擰成一根繩索。《禮記·雜記上》"小斂,環絰,公大夫士一也"孔穎達疏:"知以一股所謂纏絰者,若是兩股相交,則謂之絞。""緫",吳志忠校作"繩",曰:"各本'繩'誤'緫',今改。"吳翊寅校議:"吳〔志忠〕本'緫'作'繩'。案:此即用鄭注'絞苴麻爲繩以作帶'之誼,當從之。"王先謙校:"吳〔志忠〕校'緫'作'繩'。"麻繩:麻製的繩。

〔3〕盧文弨於"三年"前畫一分隔綫,使以下分開。疏證本、吳志忠校本以下提行別起。　斬:斬衰(cuī)。舊時五種喪服中最重的一種。用粗麻布製成,左右和下邊不縫。服制三年。《周禮·春官·司服》:"凡喪,爲天王斬衰,爲王后齊衰。"

〔4〕緝(qī):縫衣邊。《儀禮·喪服》:"斬者何? 不緝也。"

〔5〕翦(jiǎn):斬斷;除去。《詩·召南·甘棠》:"蔽芾甘棠,勿翦勿伐,召伯所茇。"毛傳:"翦,去。"

〔6〕期(jī):周期。此指一周年。齊(zī):同"褯"。下衣的鎖邊。見《説文·衣部》。又特指喪服下部折轉的邊。《荀子·大略》:"父母之喪,三年不事;齊

喪大功,三月不事。”

〔7〕齊:謂將喪服下部的邊折轉縫起來。《儀禮·喪服》:“若齊,裳内衰外。”鄭玄注:“齊,緝也。凡五服之衰,一斬四緝,緝裳者,内展之,緝衰者,外展之。”胡培翬正義:“五服之衰與裳,有齊者,有不齊者,故云‘若齊’也。齊,謂緝其邊也。不齊者,謂斬也。緝裳者則先轉其邊於内,緝衰者則先轉其邊於外,而後施鍼功也。”

27.40　九月曰“大功”[1],其布如麤大之功[2],不善治練之也[3]。

〔1〕大功:喪服五服之一,服期九月。其服用熟麻布做成,較齊衰稍細,較小功爲粗,故稱。《儀禮·喪服》:“大功布衰裳,牡麻絰,無受者。”鄭玄注:“大功布者,其鍛治之功麤沽之。”胡培翬正義:“此本服齊、斬,爲殤死降在大功。”又:“大功布衰裳,牡麻絰纓,布帶,三月受以小功衰、即葛,九月者。”

〔2〕“如”,盧文弨校作“加”,疏證本、吴志忠校本、巾箱本作“加”。　如:猶乃,是。《論語·憲問》:“桓公九合諸侯,不以兵車,管仲之力也。如其仁,如其仁。”　麤(cū)大:粗而大。　功:事功。《詩·豳風·七月》:“嗟我農夫,我稼既同,上入執宫功。”鄭玄箋:“可以上入都邑之宅,治宫中之事矣。”

〔3〕善:妥善;好好地。《左傳·成公二年》:“無德以及遠方,莫如惠恤其民而善用之。”　練:漂洗;洗滌。《文選·枚乘〈七發〉》:“於是澡概胸中,灑練五藏。”李善注:“練,猶汰也。”

27.41　小功[1],精細之功[2],小有飾也[3]。

〔1〕盧文弨、疏證本、吴志忠於“小功”前增“五月曰”三字,連下爲句。疏證本曰:“今本無‘五月曰’三字,下‘緦麻’上亦無‘三月曰’三字。案:上文皆言服年月之數,此兩條不應獨缺,今據例增。”篆字疏證本曰:“今本無‘五月曰’三字,仿上三條例增之。《喪服》曰:‘小功布衰常,澡麻帶絰五月者。’又曰:‘小功布衰常,牡麻絰即葛五月。’”吴志忠曰:“補‘五月曰’,依畢校。”　小功:用熟布做成的喪服。爲服曾祖父母、伯叔祖父母、兄弟之妻等喪時所穿,時間爲五個月。《儀禮·喪服》:“小功布衰裳,澡麻帶絰,五月者。”賈公彦疏:“但言小功者,對大功是用功粗大,則小功是用功細小精密者也。”

〔2〕精細:精緻細密。

〔3〕小有:稍有一些。《易·訟》:“不永所事,小有言,終吉。”　飾:修飾;

裝飾。《國語·越語上》：“越人飾美女八人，納之太宰嚭。”

27.42 緦麻[1]，緦[2]，絲也，績麻緦如絲也[3]。

〔1〕盧文弨、疏證本、吳志忠於“緦麻”前增“三月曰”三字。吳志忠曰：“補‘三月曰’，依畢校。”篆字疏證本曰：“《喪服》云：‘緦麻三月者。’據以上諸條之例，此亦當言月數，不敢輒曾，姑仍其舊。” 緦（sī）麻：五服中之最輕者，孝服用細麻布製成，服期三月。《儀禮·喪服》：“緦麻三月者。”

〔2〕緦：細麻布。多用作製作喪服。《周禮·天官·典枲》：“掌布、緦、縷、紵之麻草之物，以待時頒功而授齎。”鄭玄注：“緦，十五升布抽其半者。”《儀禮·喪服》：“緦者，十五升抽其半，有事其縷，無事其布，曰緦。”鄭玄注：“謂之緦者，治其縷，細如絲也。”

〔3〕績：緝麻。把麻析成細縷捻接起來。《詩·陳風·東門之枌》：“不績其麻，市也婆娑。” “麻緦”之“緦”，疏證本、吳志忠校作“細”。疏證本曰：“《喪服》傳云：‘緦者，十五升抽其半，有事其縷，無事其布，曰緦。’鄭注云：‘謂之緦者，治其縷，細如絲也。或曰：有絲，朝服用布，何緦用絲乎？抽猶去也。’疏以爲‘緦’則‘絲’也，古‘緦’‘絲’字通用，殆不然。‘細如絲’，今本作‘緦如絲’，誤，據鄭注改正。”篆字疏證本曰：“‘細’，今本誤作‘緦’，據《喪服》傳注改。”吳志忠曰：“‘細’依畢校。”巾箱本作“細”。

27.43 錫縗[1]，錫，治也[2]，治其麻[3]，使滑易也[4]。

〔1〕錫縗：又作“疑衰”。細麻布所製的喪服。《周禮·春官·司服》：“王爲三公六卿錫衰。”鄭玄注：“君爲臣服弔服也。鄭司農云：‘錫，麻之滑易者。’”錫，通“緆”。細布。《儀禮·燕禮》：“冪用綌若錫。”鄭玄注：“今文錫爲緆。”《儀禮·喪服》：“傳曰：錫者，何也？麻之有錫者也。錫者，十五升抽其半，無事其縷，有事其布，曰錫。”鄭玄注：“謂之錫者，治其布使之滑易也。”

〔2〕“治”當作“易”。盧文弨、疏證本、吳志忠校“治”作“易”，巾箱本從之。疏證本曰：“今本作‘錫，治也’，據《太平御覽》引改正。”篆字疏證本校：“今本誤作‘治也’，據《音聲》改。”吳志忠曰：“‘易’依畢校。”丁山校：“‘錫，易也’之‘易’，《御覽》引亦作‘治’。”易：平坦；平易。《戰國策·秦策二》：“自殽塞、谿谷，地形險易盡知之。”

〔3〕治：加工；整治。 麻：麻類植物的總名。古代專指大麻，又名“火麻”“黃麻”。莖皮纖維長而堅韌。《詩·陳風·東門之池》：“東門之池，可以漚

麻。"又指麻的莖皮纖維，可織麻布及製繩、造紙。《詩·陳風·東門之枌》："不績其麻，市也婆娑。"

〔4〕滑易：光滑平易。

27.44　疑[1]，儗也[2]，儗於吉也[3]。

〔1〕疏證本、吳志忠於"疑"前增"疑縗"二字；段玉裁於"疑"後增"縗，疑"二字。疏證本曰："今本脱'疑縗'二字。《周禮·司服職》云：'王爲大夫、士疑縗。'注云：'弔服也。鄭司農云：疑衰，十四升衰。康成云：'疑之言擬也，擬於吉。'據此，當有'疑縗'二字，補之。"篆字疏證本曰："今本脱此二字，《周禮·司服職》云：鄭注云：疑之言擬也，擬於吉。'正合此下誼，據補。"吳志忠曰："補'疑縗'，依畢校。"巾箱本有此二字。疑：即疑縗。猶後文"總縗""疏縗"省稱爲"總""疏"。疑縗：古代王者爲參加大夫或士的喪儀而穿的喪服。又作"疑衰"。疑，通"擬"。《周禮·春官·司服》："凡喪：爲天王，斬衰；爲王后，齊衰。王爲三公六卿，錫衰；爲諸侯，總衰；爲大夫、士，疑衰。"鄭玄注："君爲臣服弔服也。疑之言擬也，擬於吉。鄭司農云：'疑衰，十四升衰。'"賈公彦疏："天子臣多，故三公與六卿同錫衰，諸侯五等同總衰，大夫與士同疑衰。"

〔2〕儗（nǐ）：比擬。《禮記·曲禮下》："儗人必於其倫。"鄭玄注："儗，猶比也。"

〔3〕吉：指吉服。古祭祀時所着之服。祭祀爲吉禮，故稱。《周禮·春官·司服》："王之吉服，祀昊天上帝，則服大裘而冕，祀五帝亦如之。"

27.45　總[1]，細如總也[2]。

〔1〕疏證本校："《説文》云：'總，細疏布也。'《喪服》云：'總衰裳，諸侯之大夫爲天子。'傳曰：'總衰者何，以小功之衰也。'鄭注云：'治其縷，如小功而成，布四升半，細其縷者，以恩輕也。升數少者以服至尊也。凡布細而疏者謂之總，今南陽有鄧總。'《太平御覽》引作：'總，而疏如總也。'并下爲一條，誤，今不從。蓋總不必皆四升半，此上'總'字指喪服言，下'總'字則尋常所服'輕細涼惠'者，見上《采帛》篇。"吳志忠於"總"後增一"縗"字，曰："補'縗'，依畢校。"總（suī）：總縗。細而稀疏的麻布所製的喪服。又作"總衰"。《儀禮·喪服》："總衰者何，以小功之總也。"

〔2〕總：細而稀疏的麻布。《儀禮·喪服禮》："總衰者何，以小功之總也。"鄭玄注："凡布細而疏者謂之總。"

27.46 疏^[1]，疏如緫也^[2]。

〔1〕吳翊寅校議："吳〔志忠〕本作：'緫衰，細而疏如緫也。'案：畢云'喪服有疏衰，在齊斬之間'，則疏衰之服甚重，不當次'錫衰''疑衰'之後。吳合'緫''疏'爲一條，是也。疏衰亦不當言'如緫'矣。"丁山校："吳〔志忠〕校云：'緫繐（補'繐'，依畢校），細而疏如緫也。'（删'細'下'如緫也疏'四字，補一'而'字，合爲一條，依畢校。）"疏：即疏繐。《周禮·天官·宮正》："辨其親疏貴賤之居。"賈公彥疏："疏，謂小功緫麻。"《禮記·曲禮上》："疏者，與主人皆成之。"鄭玄注："謂小功以下也。"疏繐：即齊繐。喪服中"五服"之一，規格次於斬繐。《儀禮·喪服》："疏衰裳：齊牡麻絰，冠布纓，削杖，布帶，疏屨，三年者。"鄭玄注："疏猶麤也。"《禮記·曾子問》："其殯服，則子麻弁絰，疏衰，菲杖。"孔穎達疏："疏衰，是齊衰也。"衰："繐"的古字。

〔2〕如：表示比較，相當於"於"。清王引之《經傳釋詞》卷七："如，猶於也。"《吕氏春秋·愛士》："人之困窮，其如饑寒。""如"，篆字疏證本作"於"。

27.47 環絰^[1]，末無餘散麻^[2]，圓如環也^[3]。

〔1〕環絰：古代用麻繞成環狀戴在頭上的喪服。《禮記·雜記上》："小斂，環絰，公、大夫、士一也。"鄭玄注："環絰者一股，所謂纏絰也。"孔穎達疏："知以一股所謂纏絰者，若是兩股相交則謂絞。今云環絰，是周迴纏繞之名，故知是一股纏絰也。"

〔2〕麻：指麻的莖皮纖維。製作喪服用的材料。《詩·陳風·東門之枌》："不績其麻，市也婆娑。"

〔3〕環：泛指圓圈形的物品。《詩·秦風·小戎》："游環脅驅，陰靷鋈續。"鄭玄箋："游環，靷環也。"

27.48 弁絰^[1]，如爵弁而素^[2]，加絰也^[3]。

〔1〕"絰"，"絰"之形訛，下同。參見27.38〔1〕。弁絰：古代貴族吊喪時所戴加麻的素冠。《周禮·春官·司服》："凡弔事，弁絰服。"鄭玄注："弁絰者，如爵弁而素，加環絰。"孔穎達疏："今言'環絰'謂以麻爲體，又以一股麻爲體，糾而横纏之，如環然，故謂之'環絰'；加於素弁之上，故言'加環絰'也。"

〔2〕"如"，施惟誠刻本、鍾惺評本作"加"，盧文弨校作"如"。　　爵弁：古代禮冠的一種，次冕一等。爵，通"雀"。《儀禮·士冠禮》："爵弁服：纁裳、純衣、緇帶、韎韐。"鄭玄注："爵弁者，冕之次，其色赤而微黑，如爵頭然。或謂之緅。

其布三十升。" 素:白色。《詩·召南·羔羊》:"羔羊之皮,素絲五紽。"毛傳:
"素,白也。"

〔3〕疏證本校:"《士喪禮》小斂、大斂,主人亦弁絰,則不獨弔服也。注又
云:'絰,大如總之絰。'疏云:'凡五服之絰,皆兩股絞之。'今言'環絰',即與絞
絰有異矣。謂以麻爲體,又以一股麻糾而橫纏之,如環然,故謂之'環絰',加
於素弁之上,故言'加環絰'也。案:此不當分兩條,'弁絰'當在前,'加絰'亦
當作'加環絰',其下乃釋'環絰'之誼,如此方順,而訓亦得貫通矣。"篆字疏證
本校:"'加'下當有'環'字。《周禮·司服》云:'凡弔事,覓絰服。'鄭注云:'覓
絰者,如爵覓而素,加環絰。'"

27.49 重[1],死者之資重也[2]。含餘米以爲粥[3],投之甕而懸
之[4]。比葬[5],未作主[6],權以重主其神也[7]。

〔1〕重(chóng):古代喪禮指在木主未及雕製之前代以受祭的木。《儀
禮·士喪禮》:"重,木刊鑿之。甸人置重於中庭。"鄭玄注:"木也,縣物焉曰
重。刊,斲治,鑿之爲縣簪孔也。士重,木長三尺。"《禮記·檀弓下》:"重,主
道也。"鄭玄注:"始死未作主,以重主其神也。"

〔2〕資重(zhòng):猶"輜重"。本指行軍時所帶的軍械、糧草、被服等物
資。此指死者所帶的糧食等物。資:糧食。《左傳·僖公三十三年》:"吾子淹
久於敝邑,唯是脯資餼牽竭矣。"杜預注:"資,糧也。"重:載重車;輜重。《左
傳·宣公十二年》:"楚重至於邲。"杜預注:"重,輜重也。"

〔3〕含(hàn):同"唅""琀"。古代放在死者口中的珠、玉、米、貝等物。參
見27.30〔1〕。 餘:剩下的;多出來的。《詩·秦風·權輿》:"今也每食
無餘。"

〔4〕甕(wèng):罐;罌。《禮記·檀弓上》:"宋襄公葬其夫人,醯醢百甕。"

〔5〕比:待到;等到。《左傳·莊公十二年》:"陳人使婦人飲之酒,而以犀
革裹之。比及宋,手足皆見。" 葬:掩埋屍體。《易·繫辭下》:"古之葬者,厚
衣之以薪,葬之中野,不封不樹,喪期無數,後世聖人易之以棺椁,蓋取諸《大
過》。"

〔6〕主:爲死者立的牌位。《禮記·曲禮下》:"如喪,曰天王登假,措之廟,
立之主,曰帝。"鄭玄注:"《春秋傳》曰:'凡君卒,哭而祔,祔而作主。'"《穀梁
傳·文公二年》:"丁丑,作僖公主。"范寧集解:"爲僖公廟作主也。主蓋神之
所馮依……天子長尺二寸,諸侯長一尺。"

〔7〕權:姑且;暫且。 主:寓居。《史記·孔子世家》:"孔子至陳,主於司城貞子家。" 神:指人死後的魂靈。《禮記·樂記》:"明則有禮樂,幽則有鬼神。"鄭玄注:"聖人之精氣謂之神。"

27.50 葬,藏也[1]。[2]

〔1〕藏(cáng):隱匿。《論語·述而》:"用之則行,舍之則藏。"

〔2〕疏證本校:"《初學記》引此句下有'藏也者,欲人之弗得見'也九字。案《檀弓》云:'葬也者,藏也。藏也者,欲人之弗得見也。'今不知劉熙本有此九字,抑徐堅取《檀弓》之文以足之。疑未能定,故寧闕如。"篆字疏證本曰:"《檀弓》云:'國子高曰:葬也者,藏也。藏也者,欲人之弗得見也。是故衣足以飾身,棺周于衣,槨周于棺,土周于槨,反壤樹之哉!'"吳志忠校:"下缺,各本同。"

27.51 壙[1]**,曠也**[2]**,藏於空曠處也**[3]。

〔1〕壙(kuàng):墓穴。《説文·土部》:"壙,塹穴也。一曰大也。"段玉裁注:"謂塹地爲穴也,墓穴也。"

〔2〕曠:空曠;開闊。《老子》:"曠兮其若谷,混兮其若濁。"

〔3〕藏(zàng):埋葬。《荀子·禮論》:"輿藏而馬反,告不用也。"楊倞注:"藏,謂埋之也。" 空曠:空寂開闊。

27.52 輿棺之車曰"輀"[1]**。輀,耳也,懸於左右前後銅魚搖絞之屬**[2]**,耳耳然也**[3]。

〔1〕輿:用車運載。 "輀",段玉裁、疏證本校作"輀",下同。疏證本曰:"《説文》:'輀,喪車也。从車,而聲。'《玉篇》作'輀','如之'切,以'輀'作'輀'之重文。今此作'輀',誤,據《説文》改正。"巾箱本作"輀"。丁山校:"何〔允中〕本、嘉靖本'輀'均作'輀'。《一切經音義》引輿書同。"胡楚生校:"慧琳《音義》卷一百引此條'輀'作'輀'。"輀(ér):同"輀"。載運棺柩的車。丁廙妻《寡婦賦》:"駕龍輀於門側,設祖祭於前廊。"

〔2〕左右前後:指事物的四周。《書·冏命》:"惟予一人無良,實賴左右前後有位之士,匡其不及。" 銅魚:銅製的魚形裝飾品。 搖絞:即"揄絞"。畫雉形爲飾的絞繒。古代葬禮上用的幡。《禮記·雜記上》:"大夫不揄絞,屬於

池下。"鄭玄注:"謂池飾也。揄,揄翟也。采青黄之間曰絞。屬猶繫也。人君之柳,其池繫絞繒於下,而畫翟雉焉,名曰振容。又有銅魚在其間。大夫去振容,士去魚。"《禮記·喪服大記》:"士布帷布荒,一池,揄絞。"鄭玄注:"揄,揄翟也。青質五色,畫之於絞繒,而垂之以爲振容,像水草之動摇,行則又魚上拂池。"陳澔集説:"絞,青黄之繒也。"

〔3〕耳耳:摇擺貌。《詩·魯頌·閟宫》:"龍旂承祀,六轡耳耳。"

27.53 其蓋曰"柳"〔1〕。柳,聚也,衆飾所聚〔2〕;亦其形僂也〔3〕。亦曰"鼈甲"〔4〕,以鼈匡亦然也〔5〕。其旁曰"牆"〔6〕,似屋牆也。

〔1〕疏證本校:"云'其'者,即承上'棺車'而言。" 蓋:器物上部有遮蔽作用的東西。指車篷或傘蓋。《周禮·考工記·輪人》:"輪人爲蓋。……蓋已崇,則難爲門也,蓋已卑,是蔽目也,是故蓋崇十尺。" 柳:棺柩及載車上呈帳篷形的尖頂木框架及其裝飾品的總稱。《周禮·天官·縫人》:"喪,縫棺飾焉,衣翣柳之材。"孫詒讓正義:"柩車之上,上荒、下帷、内材、外衣,通得'柳'名。"《禮記·檀弓上》"周人牆置翣"孔穎達疏:"在旁曰帷,在上曰荒,帷荒所以衣柳,則以帷荒之内木材爲柳。其實帷荒及木材等總名曰'柳'。"

〔2〕飾:裝飾品。《周禮·天官·縫人》:"衣翣柳之材。"鄭玄注:"柳之言聚,諸飾之所聚。"

〔3〕吴志忠於"所聚"後增一"也"字,曰:"各本脱'也'字,今補。"又於"亦"字後增一"言"字,曰:"各本脱'言'字,今補。"吴翊寅校議:"吴〔志忠〕本'聚'下有'也'字,'亦'下有'言'字。"王先謙校同。 僂(lǚ):彎曲,屈曲。

〔4〕鼈甲:靈車的車蓋。

〔5〕以:因爲;由於。《左傳·僖公十五年》:"鄭以救公誤之,遂失秦伯。""匡",蔡天祐刊本同,畢效欽刻《五雅》本、范惟一玉雪堂刻本、瑞桃堂刻本、《廣漢魏叢書》本、施惟誠刻本、郎奎金刻《逸雅》本、疏證本、吴志忠校本作"甲",《古今逸史》本空缺。按,吕柟後序之"又識"引卷七《釋疾病》26.14"通視"條"目匡"之"匡",其字形正作"匡",可知"匡"即"匡"字。匡:螃蟹的背殼。《字彙補·匚部》:"匡,蟹背也。"《禮記·檀弓下》:"蠶則績而蟹有匡。"孔穎達疏:"蟹背殼似匡。"此指鼈的背殼。 亦然:也是這樣。《穀梁傳·成公七年》:"免牲者,爲之緇衣纁裳,有司玄端,奉送至於南郊,免牛亦然。"

〔6〕牆:古代出殯時柩車上覆棺的裝飾性帷幔。《禮記·檀弓上》:"孔子之喪,公西赤爲志焉。飾棺牆,置翣。"鄭玄注:"牆之障柩,猶垣牆障家。牆,

柳衣。"孔穎達疏："牆之障柩猶垣牆障家,故謂障柩之物爲牆。障柩之物即柳也。"

27.54 翣[1],齊人謂扇爲"翣"[2],此似之也,象翣扇爲清凉也[3]。翣有黼[4]、有畫[5],各以其飾名之也[6]。兩旁引之曰"披"[7]。披,擺也[8],各於一旁引擺之[9],備傾倚也[10]。

〔1〕翣(shà):古代出殯時的棺飾,狀如掌扇。《禮記·喪服大記》:"飾棺黼翣二,黻翣二,畫翣二。"鄭玄注:"漢禮,翣以木爲筐,廣三尺,高二尺四寸,方兩角高,衣以白布。畫者,畫雲氣,其餘各如其象。柄長五尺,車行,使人持之而從,既窆,樹於壙中。"

〔2〕齊人:古代齊國的人。參見卷四《釋飲食》13.31〔6〕。

〔3〕翣扇:即扇翣。儀仗中用以障塵蔽日的大掌扇。班固《竹扇賦》:"削爲扇翣成器美,託御君王供時有。" 清凉:寒凉;凉快。《楚辭·遠遊》:"風伯爲余先驅兮,氛埃辟而清凉。"

〔4〕黼(fǔ):指黼翣。上畫斧形的棺飾。《禮記·喪服大記》"黼翣二,黻翣二,畫翣二"鄭玄注:"翣,以木爲筐,廣三尺,高二尺四寸,方兩角高,衣以白布。"孔穎達疏:"翣形似扇,以木爲之,在路則障車,入椁則障柩也。凡有六枚,二畫爲黼,二畫爲黻,二畫爲雲氣。"篆字疏證本校:"案《喪大記》:'飾棺,君黼翣二,黻翣二,畫翣二;大夫黻翣二,畫翣二。'兹不言'黻翣',不葡。"吳志忠於"有黼"後增"有黻"二字,曰:"各本脱'有黻'二字,今補。"吳翊寅校議:"吳〔志忠〕本作'翣有黼、有黻、有畫',案:此依《喪大記》補。"王先謙校:"吳〔志忠〕校'黼'下補'有黻'二字。"黻(fǔ):黻翣。畫有亞形的棺飾。《禮記·喪服大記》:"飾棺黼翣二,黻翣二,畫翣二。"

〔5〕畫:指畫翣。有彩畫的棺飾。《禮記·喪服大記》"黼翣二,黻翣二,畫翣二"孔穎達疏:"翣形似扇,以木爲之,在路則障車,入椁則障柩也。"

〔6〕飾:裝飾品。《周禮·天官·縫人》:"衣翣柳之材。"鄭玄注:"柳之言聚,諸飾之所聚。" 名:命名;取名。《書·吕刑》:"禹平水土,主名山川。"僞孔傳:"禹治洪水,山川無名者主名之。"

〔7〕盧文弨於"兩旁"前畫一分隔綫,使以下分開。疏證本、吳志忠校本以下提行別起,另成一條。 引:牽引;拉。《禮記·檀弓上》:"喪服,兄弟之子,猶子也,蓋引而進之也。" 披(bì):古喪具。用帛做成,係於柩車兩側,備牽挽之用,以防傾覆。《禮記·檀弓上》:"孔子之喪,公西赤爲志焉。飾棺牆,置

曑,設披,周也。”鄭玄注:“披,柩行夾引棺者。”孔穎達疏:“恐柩車傾虧,而以繩左右維持之。”陸德明釋文:“披,彼義反。”

〔8〕擺:分開。漢張衡《西京賦》:“置互擺牲,頒賜獲鹵。”

〔9〕引擺:拉開。

〔10〕備:防備;戒備。《孫子·計篇》:“攻其無備,出其不意。” 傾倚:傾斜;歪斜。

27.55 從前引之曰“綍”[1]。綍,發也[2],發車使前也[3]。

〔1〕引:牽引;拉。參見上條注〔7〕。 綍(fú):指下葬時引柩入穴的繩索。後泛指牽引棺材的大繩。《禮記·曲禮上》:“助葬必執綍。”《左傳·昭公三十年》:“晉之喪事,敝邑之間,先君有所助執綍矣。”

〔2〕發:出發;起程。《詩·齊風·東方之日》:“在我闥兮,履我發兮。”毛傳:“發,行也。”

〔3〕發車:啓動車輛。

27.56 懸下壙曰“縴”[1]。縴,將也[2],徐徐將下之也[3]。

〔1〕壙(kuàng):墓穴。《禮記·檀弓下》:“弔於喪者必執引,若從柩,及壙,皆執綍。” 縴(lǜ):粗繩索。《禮記·檀弓下》“公室視豐碑”鄭玄注:“豐碑,斲大木爲之,形如石碑,於槨前後四角樹之,穿中於間爲鹿盧,下棺以縴繞,天子六縴四碑。”孔穎達疏:“下棺以縴繞者,縴即綍也。以綍之一頭繫棺緘,以一頭繞鹿盧。”

〔2〕“將”,蔡天祐刊本、《古今逸史》本、《逸雅》本等作“將”,盧文弨、段玉裁、疏證本、吳志忠、孫詒讓校作“捋”,下同。疏證本曰:“今本兩‘捋’字俱作‘將’,‘將’與‘率’音既不近,又非執綍之誼,兹定作‘捋’字。‘徐徐捋下’,今人語猶然。”篆字疏證本曰:“今本‘捋’皆作‘將’,非也。以音誼求之,當爲‘捋’,遂改。”吳志忠曰:“‘捋’依畢較,下同。”孫詒讓《札迻》:“‘捋’,舊本誤‘將’,下同。今從畢、吳兩校本改。”巾箱本作“捋”。捋(luō):用手握住條狀物體向一端滑動,此處指繩索從手中緩緩滑下。

〔3〕徐徐:遲緩;緩慢。《易·困》:“來徐徐,困於金車。”高亨注:“徐徐,遲緩也。”

27.57 棺束曰“緘”[1]。緘,函也[2],古者棺不釘也[3]。旁際曰

“小要”[4]，其要約小也[5]。又謂之“衽”[6]。衽，任也[7]，任制祭會[8]，使不解也。

〔1〕棺束：束合棺木的皮革。《禮記·檀弓上》：“棺束，縮二，衡三；衽，每束一。”孔穎達疏：“棺束者，古棺木無釘，故用皮束合之。” 緘（jiān）：扎束器物的繩。特指束棺之繩。《禮記·喪服大記》“君封以衡，大夫士以咸”鄭玄注：“咸讀爲緘……今齊人謂棺束爲緘繩。”又指束縛、捆扎。《墨子·節葬下》：“殻木之棺，葛以緘之。”

〔2〕函：封裝。

〔3〕釘（dìng）：以釘釘物。

〔4〕旁際：旁邊合縫之處。 小要（yāo）：古代合棺之木。兩邊各三枚，兩頭各二枚。《禮記·檀弓上》“棺束，縮（直）二，衡（橫）三。衽，每束一”孔穎達疏：“衽，小要也。其形兩頭廣，中央小也。既不用釘棺，但先鑿棺邊及兩頭合際處作坎形，則以小要連之，令固棺，並相對，每束之處，以一行之衽連之，若豎束之處，則豎著其衽以連棺蓋及底之木，使與棺頭尾之材相固，漢時呼衽爲‘小要’也。”

〔5〕要：“腰”的古字。 約小：收束而細小。

〔6〕衽（rèn）：同“衽”。連接棺蓋與棺木的木榫。兩頭寬，中間窄，形似衽，故名。

〔7〕任（rèn）：擔荷；負載。《詩·小雅·黍苗》：“我任我輦，我車我牛。”孔穎達疏：“謂有我負任者、我輓輦者。”高亨注：“任，擔荷。”《漢書·地理志下》：“瀕洙泗之水，其民涉度，幼者扶老而代其任。”顏師古注：“任，負戴。”

〔8〕“祭”，盧文弨、邵晉涵校作“際”，巾箱本作“際”。祭會：即“際會”。聚合；聚會。交際而會合。《禮記·大傳》：“異姓主名，治際會。”鄭玄注：“際會，昏禮交接之會也。”孔穎達疏：“際會，所以主此母婦之名，正昏姻交接會合之事。”孫希旦集解：“際會，謂於吉凶之事相交際而會合也。”

27.58 送死之器曰“明器”[1]。神明之器[2]，異於人也。

〔1〕送死：送終。爲死者辦理喪事。《禮記·禮運》：“以養生送死，以事鬼神上帝。” 明器：冥器。專爲隨葬而製作的器物。《禮記·檀弓下》：“其曰明器，神明之也。塗車、芻靈，自古有之，明器之道也。”

〔2〕神明：天地間一切神靈的總稱。《易·繫辭下》：“陰陽合德，而剛柔有體，以體天地之撰，以通神明之德。”孔穎達疏：“萬物變化，或生或成，是神明

之德。”

27.59 塗車[1]，以泥塗爲車也[2]。

〔1〕塗車:泥車。古代送葬用的明器。《禮記·檀弓下》:“塗車、芻靈，自古有之，明器之道也。”孫希旦集解:“塗車、芻靈，皆送葬之物也。”

〔2〕泥塗:泥土。塗:泥。《易·睽》:“睽孤見豕負塗，載鬼一車。”高亨注:“塗，泥也。負塗，背上有泥。”

27.60 芻靈[1]，束草爲人馬[2]，“靈”名之也[3]。

〔1〕芻靈:用茅草扎成的人馬，爲古人送葬之物。《禮記·檀弓下》:“塗車、芻靈，自古有之，明器之道也。”鄭玄注:“芻靈，束茅爲人馬，謂之靈者，神之類。”孫希旦集解:“塗車、芻靈，皆送葬之物也。”

〔2〕人馬:人與馬。《吳子·治兵》:“凡行軍之道，無犯進止之節，無失飲食之適，無絶人馬之力。”

〔3〕盧文弨、疏證本、吳志忠、沈曾植於“人馬”後增“以神”二字，連下爲句。疏證本曰:“又‘靈名之也’上脱‘以神’二字，據《太平御覽》引增。”篆字疏證本曰:“今本脱‘以神’二字，據《太平御覽》引曾。”吳志忠曰:“補‘以神’，依畢校。” 名之:爲之命名。

27.61 喪祭曰“奠”[1]。奠，停也[2]，言停久也[3]。亦言“樸奠”[4]，合體用之也[5]。

〔1〕喪(sāng)祭:葬後之祭。《禮記·檀弓下》:“是日也，以吉祭易喪祭。”奠:置祭品祭祀鬼神或亡靈。《詩·召南·采蘋》:“於以奠之，宗室牖下。”毛傳:“奠，置也。”《禮記·檀弓下》:“奠以素器，以生者有哀素之心也。”孔穎達疏:“奠謂始死至葬之時祭名。以其時無屍，奠置於地，故謂之奠也。”

〔2〕疏證本校:“‘停’當作‘亭’……《攷工記·匠人》:‘凡行奠水。’‘奠’讀爲‘亭’，是有‘亭’誼。”篆字疏證本改作“亭”，下同，無校語。停:通“亭”。行人停留宿食的處所。宿站。《藝文類聚》卷二一三引漢徐幹《中論》:“俾夜作書，星言夙駕，送往迎來，停傳常滿。”漢桓寬《鹽鐵論·授時》:“田疇赤地，而停落成市，發春而後，懸青幡而策土牛，殆非明主勸耕稼之意，而春令之所謂也。”

〔3〕停久:停留時間長。

〔4〕"言",吳志忠校作"曰",云:"各本'曰'譌'言',今改。"吳翊寅校議:"吳〔志忠〕本作'亦曰樸奠'。"孫詒讓《札迻》:"'言',吳〔志忠〕校改'曰'。"樸:樸實;厚重。《老子》:"我無欲,而民自樸。"

〔5〕合體:全體;整體。指全套祭品。 丁山校:"孫云:按,'合禮用之'者,《士喪禮》'大斂奠'注云:'陳之鼎於門外,北上,豚合升。'鄭注云:'合升,合左右禮,〔升〕於鼎',即劉所據也。"

27.62 朔望祭曰"殷奠"[1],所用殷衆也[2]。

〔1〕朔望:朔日和望日。舊曆每月初一日和十五日。《漢書·蕭望之傳》:"其賜望之爵關内侯,食邑六百户,給事中,朝朔望。" 殷奠:大祭。《禮記·喪大記》:"主人具殷奠之禮。"鄭玄注:"殷,猶大也。朝夕小奠,至月朔則大奠。"

〔2〕殷衆:衆多。《管子·權修》:"百姓殷衆,官不可以無長。"

27.63 既葬[1],還祭於殯宮曰"虞"[2],謂虞樂安神[3],使還此也[4]。

〔1〕既:已經。《書·堯典》:"克明俊德,以親九族,九族既睦,平章百姓。"偽孔傳:"既,已也。"

〔2〕還(huán)祭:歸祭。《史記·封禪書》:"乃遂北巡朔方,勒兵十餘萬,還祭黄帝冢橋山。" 殯宮:停放靈柩的房舍。《儀禮·既夕禮》:"遂適殯宮,皆如啓位。" 虞:既葬而祭,有安神之意。《御覽》卷五三一《禮儀部十》"神主"引《白虎通》:"所以虞而立主何?孝子既葬,日中反虞。念親已没,棺柩已去,悵然失望,徬徨哀痛。故設桑主以虞,所以慰孝子之心,虞安其神。"

〔3〕虞樂:娱樂。虞:通"娱"。歡樂。《戰國策·楚策二》:"王惑於虞樂。"安神:使心神安定。

〔4〕還:返回;回還。《左傳·隱公四年》:"諸侯之師敗鄭徒兵,取其禾而還。"

27.64 又祭曰"卒哭"[1]。卒[2],止也,止孝子無時之哭[3],朝夕而已也[4]。

〔1〕卒哭:百日祭後,止無時之哭,變爲朝夕一哭。《儀禮·既夕禮》:"三

虞卒哭。"鄭玄注:"卒哭,三虞之後祭名。始朝夕之間,哀至則哭,至此祭止也,朝夕哭而已。"

〔2〕卒:停止。《禮記·奔喪》:"三日五哭卒。"鄭玄注:"卒,猶止也。"

〔3〕孝子:指父母亡故後居喪者。《禮記·問喪》:"孝子親死,悲哀志懣,故匍匐而哭之,若將復生然。" 無時:不定時;隨時。《儀禮·既夕禮》:"哭晝夜無時。"鄭玄注:"哀至則哭,非必朝夕。"

〔4〕朝夕:早晨和晚上。《國語·晉語八》:"朝夕不相及,誰能俟五。"韋昭注:"言朝恐不及夕。"

27.65 又祭曰"祔祭"[1],於祖廟以後死孫祔於祖也[2]。

〔1〕祔(fù)祭:卒哭次日依附死者之神主於祖廟之禮。即將新死者與祖先合享之祭。祔:在宗廟内將後死者神位附於先祖旁而祭祀。《儀禮·既夕禮》:"卒哭,明日以其班祔。"鄭玄注:"班,次也。祔,卒哭之明日祭名。"《左傳·僖公三十三年》:"凡君薨,卒哭而祔。"杜預注:"以新死者之神祔之於祖。"《儀禮·既夕禮》:"卒哭,明日以其班祔。"《禮記·檀弓下》曰:"卒哭曰成事,明日祔於祖父。"因爲祖孫昭穆相同,所以要附屬於祖父。祭祀完,仍奉神主回家。

〔2〕祖廟:供祀祖先的宫廟。《周禮·春官·甸祝》:"舍奠於祖廟。" 後死:謂死在後。《論語·子罕》:"天之將喪斯文也,後死者不得與於斯文也。"何晏集解:"文王既没,故孔子自謂後死。"

27.66 期而小祥[1],亦祭名也,孝子除首絰[2]、服練冠也[3]。祥[4],善也[5],加小善之飾也[6]。

〔1〕期(jī):"稘"的古字。一整年;周年。《漢書·王尊傳》:"一尊之身,三期之間,乍賢乍佞,豈不甚哉!"顏師古注:"期,年也。音基。" 小祥:父母喪後周年的祭名。祭後可稍改善生活及解除喪服的一部分。《儀禮·士虞禮》:"朞而小祥。"鄭玄注:"小祥,祭名。祥,吉也。"《禮記·間傳》:"父母之喪,既虞,卒哭,疏食水飲,不食菜果。期而小祥,食菜果。"

〔2〕首絰(dié):古喪服,以麻製成,環形,戴於頭上。《儀禮·喪服》"苴絰"鄭玄注:"麻在首、在要皆曰'絰'。首絰象緇布冠之缺項,要絰象大帶。"

〔3〕服:穿着。《詩·魏風·葛屨》:"要之襋之,好人服之。" 練冠:厚繒或粗布之冠。古禮親喪一周年祭禮時着練冠。《左傳·昭公三十一年》:"季

孫練冠麻衣跣行。”孔穎達疏:“練冠蓋如喪服斬衰,既練之後布冠也。”

〔4〕祥:善;吉利。《書·伊訓》:“作善,降之百祥;作不善,降之百殃。”僞孔傳:“祥,善也。”

〔5〕善:吉祥;好;美好。《禮記·中庸》:“禍福將至,善,必先知之;不善,必先知之。故至誠如神。”

〔6〕加:穿着;戴上。《穀梁傳·僖公七年》:“朝服雖敝,必加於上。” 飾:服飾。《左傳·昭公十二年》:“裳,下之飾也。”

27.67 又期而大祥[1],亦祭名也,孝子除縗服[2],服朝服、縞冠[3],如大善之飾也[4]。

〔1〕期(jī):一整年。參見上條注〔1〕。 大祥:古禮父母喪後兩周年的祭禮。《儀禮·士虞禮》:“又朞而大祥,曰薦此祥事。”鄭玄注:“又,復也。”賈公彦疏:“此謂二十五月大祥祭,故云復朞也。”

〔2〕縗(cuī)服:喪服。居喪所穿的衣服。

〔3〕朝(cháo)服:朝會和隆重典禮時穿的禮服。《儀禮·士冠禮》:“主人玄冠、朝服、緇帶、素韠,即位於門東西面。” 縞冠:白色生絹製的帽子。用於祥祭。《禮記·玉藻》:“縞冠素紕,既祥之冠也。”孔穎達疏:“縞是生絹而近吉,當祥祭之時,身著朝服,首著縞冠,以其漸吉故也。”

〔4〕“如”,盧文弨、段玉裁校作“加”,疏證本、吳志忠校本、巾箱本作“加”。加:穿着;戴上。參見上條注〔6〕。 飾:服飾。參見上條注〔6〕。

27.68 間月而禫[1],亦祭名也,孝子之意澹然[2],哀思益衰也[3]。

〔1〕間(jiàn)月:間隔一個月。 禫(dàn):除喪服的祭祀。《儀禮·士虞禮》:“中月而禫。”鄭玄注:“中,猶間也;禫,祭名也,與大祥間一月。”

〔2〕意:内心;胸懷。《漢書·高帝紀》:“(高帝)寬仁愛人,意豁如也。”澹然:猶“淡然”。安定貌;平安貌。《儀禮·士虞禮》:“中月而禫。”鄭玄注:“禫之言澹。澹然,平安意也。”

〔3〕哀思:悲傷;悲愁。《禮記·樂記》:“亡國之音哀以思。”孔穎達疏:“樂音悲哀而愁思,言亡國之時民必哀思,故樂音亦哀思。” 益:逐漸。《禮記·坊記》:“故亂益亡。”孔穎達疏:“益,漸也。” 衰:衰退;減退。《管子·形勢》:

“邪氣入内,正色乃衰。”《左傳·莊公十年》:“夫戰,勇氣也。一鼓作氣,再而衰,三而竭。”

27.69 冢[1],腫也[2],象山頂之高腫起也[3]。

〔1〕冢:本指山頂。《詩·小雅·十月之交》:“百川沸騰,山冢崒崩。”毛傳:“山頂曰冢。”引申指高大的墳墓。《周禮·春官·序官》:“冢人,下大夫二人,中士四人。”鄭玄注:“冢,封土爲丘壠,象冢而爲之。”賈公彦疏:“案《爾雅》,山頂曰冢,故云象冢而爲之也。”

〔2〕腫:本指肌肉浮脹。《左傳·定公十年》:“公閉門而泣之,目盡腫。”此指向外突出;臃腫。《周禮·考工記·輪人》:“凡揉牙,外不廉,而内不挫,旁不腫,謂之用火之善。”鄭玄注:“腫,瘣也。”

〔3〕山頂:山的最高處。《爾雅·釋山》:“山頂,冢。”郭璞注:“山顛。”

27.70 墓,慕也[1],孝子思慕之處也[2]。

〔1〕慕:思慕;向往。《周禮·春官·叙官》“墓大夫”鄭玄注:“墓,冢塋之地,孝子所思慕之處。”

〔2〕孝子:指父母亡故後居喪者。參見 27.64〔3〕。 思慕:懷念;追慕。《荀子·禮論》:“哀痛未盡,思慕未忘。”

27.71 丘[1],象丘形也[2]。陵亦然也[3]。

〔1〕丘:墳墓。《方言》卷一三:“冢,自關而東謂之丘。小者謂之塿,大者謂之丘。”

〔2〕丘:因地勢而自然形成的土山。《書·禹貢》:“九河既道……桑土既蠶,是降丘宅土。”僞孔傳:“地高曰丘。”

〔3〕陵:墳墓;墓地。《國語·齊語》:“昔者,聖王之治天下也,參其國而伍其鄙,定民之居,成民之事,陵爲之終。”韋昭注:“以爲葬地。”

27.72 假葬於道側曰“殔”[1]。殔,翳也[2]。[3]

〔1〕假葬:謂暫時淺埋以待改葬。 殔(sì):假葬;暫厝。《吕氏春秋·先識》:“威公薨,殔九月不得葬,周乃分爲二。”高誘注:“下棺置地中謂之殔。”

〔2〕翳:遮蔽;隱藏;隱没。《楚辭·離騷》:“百神翳其備降兮,九疑繽其並

迎。"王逸注:"翳,蔽也。"

〔3〕吳志忠校:"下脱,各本同。"

27.73 日月未滿而葬曰"渴"[1],言謂欲速葬無恩也[2]。

〔1〕日月:時間。《詩·小雅·小明》:"昔我往矣,日月方奥。" 渴:"渴葬"的省稱。古禮稱死者未及葬期而提前埋葬。《公羊傳·隱公三年》:"葬者曷爲或日或不日? 不及時而日,渴葬也;不及時而不日,慢葬也。"何休注:"天子七月而葬,同軌畢至;諸侯五月而葬,同盟至;大夫三月而葬,同位至;士踰月,外姻至……渴,喻急也。"

〔2〕"言",段玉裁校作"葬",篆字疏證本作"葬",顧廣圻校作"言"。按,"葬"是,與上"渴"字連讀爲"渴葬"。 恩:親愛;有情義。《詩·豳風·鴟鴞》:"恩斯勤斯。"

27.74 過時而不葬曰"慢"[1],謂慢傲不念[2],早安神也[3]。

〔1〕過時:超過一定的時限。《禮記·玉藻》:"親老,出不易方,復不過時。" 慢:不以禮葬。《公羊傳·隱公三年》:"葬者曷爲或日或不日? 不及時而日,渴葬也;不及時而不日,慢葬也。"何休注:"慢葬,不能以禮葬也。"

〔2〕慢傲:輕慢驕傲。漢王符《潛夫論·述赦》:"今夫性惡之人,居家不孝悌,出入不恭敬,輕薄慢傲,凶悍無辨。"

〔3〕安神:心神安定。

27.75 葬不如禮曰"埋"[1]。埋,痗也[2],趣使葬腐而已也[3]。[4]

〔1〕如禮:按禮俗規定來辦。如:隨順;依照。《公羊傳·桓公元年》:"繼弒君不言即位,此其言即位何,如其意也。" 埋:埋葬。《國語·吳語》:"王縊,申亥負王以歸,而土埋之其室。"

〔2〕痗:通"穰(měi)"。腐敗。《廣雅·釋詁》:"穰,敗也。"王念孫疏證:"《坤倉》:'穰,謂禾傷雨而生黑斑也。'物傷濕則敗,故穰又訓爲敗。《釋名》云:'葬不如禮曰埋,埋,痗也。趣使腐朽而已也。''埋'與'痗'聲義相近。《左傳·昭公十四年》:'貪以敗官曰墨。''墨'與'穰'聲義亦相近也。"

〔3〕趣(cù):急促;迫切。《儀禮·士相見禮》:"賓入門,皇,升堂,讓,將授

志趨。”俞樾《群經平議・儀禮二》：“‘趨’當讀爲‘促’，古字通用……將授志趨者，謂賓將授玉之時，其志彌促也。”　“葬腐”，盧文弨、疏證本、沈曾植分別校作“腐朽”。疏證本曰：“‘腐朽’，今本作‘葬腐’，據《初學記》引改。”巾箱本作“腐朽”。吳志忠校作“瘠腐”，曰：“各本下‘瘠’誤‘葬’，今改。”吳翊寅校議：“吳〔志忠〕本‘腐朽’作‘瘠腐’。案：‘瘠腐’誼亦未允，不可從。”

　　〔4〕篆字疏證本校：“其誼皆非也，當云：‘霾，晦也，言掩薶之，使昏晦也。’‘霾’‘晦’之訓見首卷《釋天》。”

27.76　不得埋之曰“棄”[1]，謂棄之於野也[2]。

　　〔1〕不得：不能得到；得不到。《詩・周南・關雎》：“求之不得，寤寐思服。”　埋：埋葬。　棄：拋屍於野。

　　〔2〕棄：捨去；拋開。《詩・周南・汝墳》：“既見君子，不我遐棄。”　野：郊外；村外。《詩・邶風・燕燕》：“之子于歸，遠送于野。”毛傳：“郊外曰野。”

27.77　不得停尸曰“捐”[1]，捐於地邊者也[2]。

　　〔1〕停尸：停放死屍。　捐：死於外地。《漢書・食貨志上》：“堯禹有九年之水，湯有七年之旱，而國亡捐瘠者，以畜積多而備先具也。”顏師古注：“孟康曰：‘肉腐爲瘠。捐，骨不埋者。’……瘠，瘦病也。言無相棄捐而瘦病者耳。”

　　〔2〕“地”，盧文弨、疏證本、邵晉涵、孫星衍、吳志忠、沈曾植分別校作“他”。疏證本曰：“又‘他境也’作‘地邊者也’，據《初學記》引改删。”吳志忠曰：“‘他’依畢校。”他：別的；另外的。《詩・鄭風・褰裳》：“子不我思，豈無他士？”鄭玄箋：“他士，猶他人也。”　“邊”，盧文弨、疏證本、邵晉涵、孫星衍、沈曾植分別校作“境”。疏證本曰：“又‘他境也’作‘地邊者也’，據《初學記》引改删。”吳翊寅校議：“吳〔志忠〕本作‘捐於他邊者也’。案：畢校作‘他境’，當從之。”境：地域；處所。　“者”，盧文弨、疏證本删去，孫星衍校：“‘者’字衍。”

釋名卷第八終

《釋名》版本目録

　　《釋名八卷》，明嘉靖三年(1524)儲良材、程鴻刻本。因其有明吕柟《重刊〈釋名〉後序》，校語中亦稱“吕〔柟〕本”。

　　《釋名八卷》，明嘉靖四年(1525)蔡天祐刊本。清黄丕烈校，蔣鳳藻跋；又清劉元簡跋。

　　《釋名八卷》，明嘉靖中畢效欽校刻《五雅》本。

　　《釋名八卷》，明嘉靖四十二年(1563)范惟一玉雪堂刻本。

　　《釋名八卷》，日本室町通鯉山町小嶋彌龍衛門刻本。

　　《新刻釋名八卷》，明萬曆十六年(1588)瑞桃堂刻本，清王鳴盛、段玉裁、龔文照校。

　　《釋名四卷》，明施惟誠校，明萬曆二十年(1592)何允中刻《廣漢魏叢書》本，清朱彬跋並録清盧文弨校；又民國沈曾植校並跋。

　　《釋名四卷》，明萬曆施惟誠刻本，清丁丙跋。

　　《新刻釋名八卷》，明萬曆三十一年(1603)胡文焕刻《格致叢書》本。清邵晉涵、王念孫、丁錦鴻校，丁錦鴻跋；又清孫星衍校；又清王宗炎校，清丁丙跋。

　　《釋名八卷》，明萬曆中吳琯刻《古今逸史》本。

　　《釋名一卷》，明萬曆中周履靖刻《夷門廣牘》本。

　　《釋名四卷》，明萬曆鍾惺評本。

　　《釋名八卷》，明刻藍印本。

　　《釋名八卷》，明刻本。

　　《逸雅八卷》，明天啓六年(1626)郎奎金刻《五雅全書》本。清汪道謙校。

　　《釋名疏證》，清江聲、畢沅，序於乾隆五十四年(1789)、乾隆五十五年(1790)。清沈濟之録顧廣圻校，沈維驥題記。

　　《釋名八卷》，清道光吳(志忠)氏璜川書塾刻本。《小學彙函》本、《龍谿精舍叢書·經部》本。

　　《釋名八卷》，巾箱本。

　　《釋名疏證》，清江聲、畢沅，序於乾隆五十四年(1789)。簡稱“疏證本”。

清吴騫校;又清許瀚校;又王國維校。

《篆字釋名疏證》,清江聲、畢沅,序於乾隆五十五年(1790)。簡稱"篆字疏證本"。

《釋名疏證補》,清王先謙編,序於光緒二十一年(1895)。樓黎默校;又丁山校。

引用文獻目録

吕柟《重刊〈釋名〉後序》,明嘉靖三年(1524)翻宋本。

汪道謙校《五雅全書》本《逸雅八卷》,手稿,署於清乾隆四年(1739)。

盧文弨(1717—1796)校《廣漢魏叢書》本《釋名四卷》,朱彬録,手稿。

王鳴盛(1722—1793)校蔡天祜刊本《釋名八卷》,手稿。

段玉裁(1735—1815)校蔡天祜刊本《釋名八卷》,手稿。

江聲(1721—1799)、畢沅(1730—1797)《釋名疏證》,序於清乾隆五十四年(1789)。簡稱"疏證本"。

江聲(1721—1799)、畢沅(1730—1797)《篆字釋名疏證》,序於清乾隆五十五年(1790)。簡稱"篆字疏證本"。

吴騫(1733—1813)校《釋名疏證》,手稿。

邵晉涵(1743—1796)校《格致叢書》本《新刻釋名八卷》,手稿。

王念孫(1744—1832)校《格致叢書》本《新刻釋名八卷》,手稿。

孫星衍(1753—1818)校《格致叢書》本《新刻釋名八卷》,手稿。

丁錦鴻校《格致叢書》本《新刻釋名八卷》,手稿。

朱彬(1753—1843)校《廣漢魏叢書》本《釋名四卷》,手稿。

王宗炎(1755—1826)校《格致叢書》本《新刻釋名八卷》。

許瀚(1757—1866)校《釋名疏證》,手稿。

黄丕烈(1763—1825)校蔡天祜刊本《釋名八卷》,手稿。

顧廣圻(1766—1835)校《釋名疏證》,手稿;沈濟之、丁士涵(?—1894)録,手稿。

吴志忠(1824—1835)校《釋名八卷》(吴氏璜川書塾刻本、《小學彙函》本、《龍谿精舍叢書》本)。

王引之(1766—1834)《吴志忠校〈釋名〉序》,署於己丑年(1829)。《小學彙函》本、《龍谿精舍叢書》本。

龔文照校蔡天祜刊本《釋名八卷》,手稿。

文孫(仲淳)校蔡天祜刊本《釋名八卷》,手稿。

王筠(1784—1854)校《釋名疏證》，手稿。

成蓉鏡(1816—1883)《釋名補證》，《南菁書院叢書》六集第三種。

李慈銘(1829—1895)《讀釋名》，《越縵堂讀書記》。

陸心源(1834—1898)《宋本〈釋名〉跋》，《儀顧堂集》卷十六。

吳翊寅《釋名疏證校議》，《廣雅書局叢書·小學·釋名疏證》。

張步瀛校《釋名疏證》，手稿(題記於戊戌年)。

王先謙(1842—1917)《釋名疏證補》(含《釋名疏證補坿》《續釋名》《釋名補遺》)，清光緒二十二年(1896)本，上海古籍出版社 1984 年影印。

王啓原校《釋名疏證》，見王先謙《釋名疏證補》。

葉德炯校《釋名疏證》，見王先謙《釋名疏證補》。

孫楷校《釋名疏證》，見王先謙《釋名疏證補》。

皮錫瑞校《釋名疏證》，見王先謙《釋名疏證補》。

蘇輿校《釋名疏證》，見王先謙《釋名疏證補》。

王先慎校《釋名疏證》，見王先謙《釋名疏證補》。

孫詒讓(1848—1908)《札迻》卷二《釋名》(據畢沅疏證本、吳志忠校刊本、成蓉鏡補證校)。

許克勤校《釋名疏證》，手稿；又見王仁俊《釋名集斠》(有删節)，又部分見於王先謙《釋名疏證補坿》。

胡玉縉(1859—1940)校《釋名疏證》，見王仁俊《釋名集斠》，部分見於王先謙《釋名疏證補坿》。

王仁俊(1866—1913)《釋名集斠》，稿本，《籀鄦詅雜著》(寫出於己亥年)；部分見於王先謙《釋名疏證補坿》。

〔日〕澀江全善、森立之《經籍訪古志》卷二《釋名八卷》。

顧震福《釋名校補》，光緒間自刻本《函雅故齋叢書》(未見)。

文廷龢校《釋名疏證》，手稿；《釋名集證備稿》，手稿(上海圖書館藏)。

沈錫祚(？—1916)、孫祖同《〈釋名疏證〉補》補。

沈濟之、丁士涵合校《釋名疏證》，手稿。

樓黎默校《釋名疏證補》，手稿。

沈曾植(1850—1922)校《廣漢魏叢書》本《釋名四卷》，手稿。

王國維(1877—1927)校《釋名疏證》，手稿。

佚名校《釋名》，手稿。

失名校《釋名》，手稿。

葉啓勳(1900—1937)《拾經樓紬書録》上《釋名八卷》。

劉師培(1884—1919)《〈釋名〉書後》,《劉申叔先生遺書·左盦集》卷四,1945 年寧武南氏鉛印。

丁山(1901—1952)校《釋名疏證補》,手稿;《釋名釋(卷第一)》(署名"丁丁山"),《北京大學研究所國學門月刊》1 卷 7、8 期合刊,1927 年。

徐復《釋名音證》,南京金陵大學文學院文史叢刊第一種之五(1935 年);《掔鄦齋讀書小識·讀釋名》,《制言》第 14 期(1936 年);《〈釋名·釋姿容〉補疏》《〈釋名·釋言語〉補疏》,《徐復語言文字學論稿》,江蘇教育出版社 1995 年。

余巌《釋名病釋》,華豐印刷鑄字所印(跋於 1938 年)。

楊樹達(1885—1956)《釋名拾遺》,手稿(署於 1939 年)。

胡楚生《釋名考》,《(臺灣)師大國文研究所集刊》第 8 號(1965 年)。

易雲秋《〈釋名〉新疏説例》,《阿壩師專教學與研究》1983 年第 2 期;《釋名新疏》,手稿(存巴蜀書社,未得)。

陳邦懷《〈釋名疏證補〉跋》,《一得集》,齊魯書社,1989 年。

周祖謨《〈釋名〉校箋》,《文史》第四十七輯,中華書局,1998 年。

晏炎吾整理《釋名》本,手稿(未得)。

任繼昉《原本〈玉篇〉殘卷與〈釋名〉的校勘》,《漢語新探》,崇文書局,2007 年。

後　記

　　二〇一六年十一月初，中華書局編輯命作《釋名注》，以與《釋名詁林》相配合。校注過程中，免不了參考《漢語大詞典》等工具書，深感國人以前實在是虧待了《釋名》這本語言學名著。比如，《釋名·釋書契》"硯，研也，研墨使和濡也"，《漢語大詞典》列舉的"硯"的書證爲晉陸雲《與平原書》"筆亦如吴筆，硯亦爾"，"研"的"研磨；研細"義書證爲南朝梁徐悱《白馬篇》"研蹄飾鏤鞍，飛鞚度河干"，《釋名》這一條的兩個關鍵詞，在《漢語大詞典》中的書證全都晚於《釋名》。再如"豬肉"這個詞兒，可太普通了吧？幾乎人人皆知，完全不難理解，故漢語詞典一般不予收録。《中國古代名物大典·醫藥類》收有此條，釋爲："豬科動物豬之肉。"所舉最早書證是南朝梁陶弘景《本草經集注·序録》："服藥有巴豆，勿食蘆笋羹及豬肉。"其實《釋名》的《釋飲食》篇就有："分乾，切豬肉以梧，分乾其中而和之也。"可見，最遲在《釋名》作者劉熙所處的東漢時期，已經有"豬肉"這個詞了！爲什麼會出現書證空缺的情況呢？還不是因爲對《釋名》這部詞源學著作缺少必要的重視嗎？其他如"別人""舌頭""鋸齒""剪刀""關閉"等等，已見於《釋名》，而《漢語大詞典》等語文辭書缺乏書證、書證晚出甚至該立未立、應釋未釋者，屢見不鮮。"豬肉""舌頭"之類，雖然習見，人人皆懂，看似不須解釋，但從詞彙史乃至文化史的角度來看，"豬肉"見於何時，"舌頭"始見何書，都是需要回答的問題，大型辭書豈可闕如？

　　因《釋名》成書於東漢末年，處於上古與中古漢語轉折時期，故於漢語詞彙史有承前啓後之特殊價值。有鑒於此，本書對於《釋名》中的所有詞語，凡可查者全部查詢，凡能注釋者皆一一注出。注中引證文獻，儘量採用早於《釋名》者，以表明其淵源有自。至於晚於《釋名》者，則一般不録，以提示該詞可能首見於《釋名》。如此注釋，觀察其如何"承前"，又怎樣"啓後"，既可爲詞典編纂提供書證，又能爲漢語詞彙史研究提供綫索和材料。

　　這樣每詞必查，詳盡注釋，還有一大好處：可以糾正對《釋名》原意的某些誤解。殷孟倫先生指出："《釋名》中有數詞而同一聲訓的，如……'木、卯、毛、髦、眸、母、牟、帽、矛'九個詞,通通用'冒也'來解釋,在語言上的關係,我們很容易明白,但在語義上的關係,作者沒有更進一步地解釋,我們就要很費心思去體會。這是否會感到作者有隨意牽扯的毛病,我想這是一定有的。"(《〈説文解字〉〈釋名〉兩書簡析》,七九頁)例如《釋水》:"天下大水四,謂之'四瀆'。江、河、淮、濟是也。瀆,獨也,各獨出其所而入海也。"這"江、河、淮、濟"大多爲人熟知,似乎並無注釋必要。"瀆,獨也,各獨出其所而入海也"看似没有道理。但當我們分別注明:"江:專指長江。上源沱沱河出青海西南部唐古拉山脈各拉丹冬峰""河:專稱黃河。上源馬曲(約古宗列曲)出青海巴顏喀拉山脈雅拉達澤山麓;卡日曲出各姿各雅山麓,在鄂陵附近相匯""淮:淮河。源出河南桐柏山,東流經河南、安徽等地到江蘇入洪澤湖""濟:河北部分源出今河南濟源西王屋山,下游屢經變遷;河南部分本係從黃河分出的一條支派",這樣看來,四瀆確實各自獨有來源,互不牽涉。這種注釋,肯定有助于理解《釋名》,儘管可商,但劉熙的説法是有根據的。

此外,注釋還可以消除以前對《釋名》的一些誤解。例如《釋天》:"曀,翳也,有姦慝也。"因爲這類解釋,《釋名》曾被貼上"唯心主義"的標籤。但我們看《左傳·莊公二十五年》:"唯正月之朔,曀未作,日有食之。"杜預注:"曀,陰氣。"何爲"陰氣"?《漢語大詞典》解釋曰:"寒氣,肅殺之氣。《管子·形勢解》:'秋者陰氣治下,故萬物收。'"陰氣又會成爲灾害、禍患。《國語·晉語八》:"蠱之慝,穀之飛實生之。"韋昭注:"言蠱之爲惡害于嘉穀。"丁山《釋名釋》卷第一云:"然則曀者言陰氣暗盛,爲害物類也。《漢書·五行志》:'上慢下暴,則陰氣勝,故其罰常雨也。水傷百穀,衣食不足,則姦軌並作。'即此曀意。""陰氣"大概包括今天所説的"冷空氣、寒流"。寒流來前,天氣悶熱;寒流來時,氣溫陡降。忽熱忽冷,人多疾病。如此天氣,豈非"姦慝"?即使在科技高度發達的今天,人們也難以完全把握。氣象臺在預報時,衹是提醒降溫,却不提醒在冷空氣到達當地以前還會升溫,搞得大人早早給孩子穿上厚衣服,結果害得孩子出汗後接着受涼,因此感冒。如此天氣,似乎故意與人捉迷藏,還不够"姦"嗎?現在尚且如此,何況在預報技術落後的古代! 由此看來,《釋天》的這條解釋,並非出自作者"唯心主義"的想當然,而是基於作者豐富的生活經驗和實踐體驗。

有些注釋則是爲校勘服務的。如《釋形體》:"膈,塞也,塞上下,使氣與穀不相亂也。"各家校勘皆認爲第一個"塞"字應爲"隔"字,第二個"塞"字前應有"隔"字。本書即對"隔""隔塞"加以注釋,表明以"隔""隔塞"爲是。雖然"隔"

是非常容易理解的常用詞,但所引《説文·阜部》"隔,障也"段玉裁注"今依《西京賦》注所引作'塞也',與《土部》'塞,隔也'爲轉注。《廣韵》亦曰'塞也'。《西京賦》曰:'隴坻之隘,隔閡華戎'",對於理解"塞"與"隔"的糾葛卻有很大幫助。

　　注釋所帶的書證,儘量選取與所在條目内容相關、相近者。如《釋衣服》"履,禮也,飾足所以爲禮也"條:"禮:禮節;禮貌。《説文·示部》:'禮,履也。所以事神致福也。'"這樣就擴大了注釋的信息量。

　　注釋完成後,又接到編著《中華經典名著全本全注全譯叢書·釋名》的任務,結合編著,又對本書稿加以修訂,發現仍有需要增補的注釋,如《釋言語》"鳴,舒也。氣憤滿,故發此聲以舒寫之也"條,這個"氣"字,是不是也要注釋?查《漢語大詞典》,"氣"的義項如下:1.雲氣。2.蜃氣。3.空氣。4.指氣體。5.氣象。6.節氣;氣候。7.氣味。8.嗅,聞。9.呼吸;氣息。10.聲氣,語氣。11.景象;氣氛。12.指社會風氣和習俗。13.指人、物的屬性或一地的天然特點。14.中國古代哲學概念。主觀唯心主義者用以指主觀精神。15.氣運。16.指人的元氣,生命力。17.指精神狀態,情緒。18.特指勇氣;豪氣。19.氣色;表情。20.氣惱;生氣。21.指氣惱、不愉快的情緒。22.使人生氣。23.謂欺壓。24.氣派;氣概。25.義氣。26.氣焰;權勢。27.指作家的氣質或作品的風格,氣勢。28.指文風。29.作風;習氣。30.中醫學術語。指脈氣和營衛。31.指脈氣和營衛方面的病象。32.指氣功。33.指效力,作用。34.動量詞。猶一頓、一陣子、一下子等。35.通'乞'。乞討。36.通'器'。(又音)xì。1.饋贈糧餉。2.指食物。這38個義項,哪個適合此條?這就需要落實。根據此條的内容,最後確定了第17個義項"指精神狀態,情緒",這樣似乎纔算圓滿。

　　本書按照一般慣例,對《釋名》原文一仍其舊,不作改動;而《中華經典名著全本全注全譯叢書·釋名》的編寫體例則允許吸收前人校勘成果中的正確意見,在原文上徑改。從這一角度來看,二書是可以互補互參的。

　　校注得詳盡了,也有不好之處,比如篇幅顯得大了一點。但對於研究者來說,資料多多益善,惟恐不夠詳盡。將來仿照《爾雅義疏》《方言箋疏》《廣雅疏證》的體例,作出《釋名義疏》之類更高級別的專著來,則是學界今後的努力方向。

任继昉

二〇一八年元月

校後記

　　在《中華經典名著全本全注全譯叢書·釋名》已經出版、《釋名詁林》業已交稿之後，再來校勘《釋名校注》的校樣，感覺古籍校注工作猶如夸父追日——只見來時之路，却無終止之境，因爲眼看就要追上，而日頭或日影却又前移了，也就是賴以校注的資料又更新了。比如，《引用文獻目録》中原來列有"文廷龢校《釋名疏證》，手稿；《釋名集證備稿》，手稿（上海圖書館藏，未得）"，這是我數十年前親到上海圖書館查詢而未得的結果，却於數月前偶然下載了《上海圖書館未刊古籍稿本》，《釋名集證備稿》赫然在列！但現在已不容參校增補了，只得删去"文廷龢校《釋名疏證》，手稿；《釋名集證備稿》，手稿（上海圖書館藏，未得）"這條內容。又如，古籍數據庫越來越多，可資檢索引用的條件越來越好，可以説是今非昔比，如此則《凡例》説"注中引證文獻，儘量採用早於《釋名》者，以明其淵源；晚於《釋名》者一般不録，以提示該詞可能首見於《釋名》"，"不同條目中相同的詞語，注釋一般不避重複，但所用書證則盡量避複"，或許與現在的檢索條件不盡相符，即還有可能找到早於《釋名》的書證，既可以增補一部分，也可以替換一部分。再如，已經出版的《中華經典名著全本全注全譯叢書·釋名》、即將出版的《釋名詁林》書稿，都有可以吸收之處。但因本書交稿較早，編輯同仁又精雕細琢，如今排版已定，不容再做大的改動，現在也祇能望稿興嘆，徒唤奈何，只好寄希望於將來了。讀者諸君若發現書中所有問題，尚祈不吝指正，煩請將意見和建議賜發至作者電子信箱1804469183@qq.com，以便一併修改。

任继昉

二〇二五年三月十七日記